KB156952

시민의
한국사

시민의 한국사 2
— 근현대편

한국역사연구회 지음

2022년 6월 24일
초판 1쇄 발행
2024년 6월 5일
초판 11쇄 발행

펴낸이	한철희
펴낸곳	돌베개
등록	1979년 8월 25일 제406-2003-000018호
주소	(10881) 경기도 파주시 회동길 77-20 (문발동)
전화	(031) 955-5020
팩스	(031) 955-5050
홈페이지	www.dolbegae.co.kr
전자우편	book@dolbegae.co.kr
블로그	blog.naver.com/imdol79
트위터	@dolbegae79
페이스북	/dolbegae

편집	윤현아
표지 디자인	김민해
본문 디자인	민진기·이은정·김민해·이연경
지도	임근선
마케팅	심찬식·고운성·김영수·한광재
제작·관리	윤국중·이수민·한누리
인쇄·제본	영신사

ISBN   979-11-91438-65-9 04910
        979-11-91438-63-5 04910 (세트)

시민의 한국사

2

근현대편

한국역사연구회 지음

학계의 최신 연구 성과를 토대로
전문 연구자 70여 명이 집필한
시민을 위한 한국사

돌베개

책을 펴내며

한국역사연구회는 1992년에 『한국역사』(역사비평사)를 펴냈다. 지금으로부터 30년 전이다. 이 책은 오래된 학설에서 벗어나 최신 연구를 반영하며 한국사 전체를 논리적·체계적으로 서술하는 데 역점을 뒀다. 이후 많은 시간이 흐르고 새로운 연구성과가 쌓이며 더러 낡은 내용이 됐다. 특히 논리적·체계적 서술에 비중을 둔 결과, 추상적 내용이 많아 이해하기 어렵다는 지적도 있었다. 그러나 새로운 책을 시도하기는 어려웠다. 사회 상황도 빠르게 바뀌고 있었기 때문이다.

인터넷이 발달하면서 역사 정보의 유통과 확산이 과거와 많이 달라졌다. 이런 상황에서 새 책을 출판한다면 얼마나 효용성이 있을까? 부정적 의견이 많았다. 더구나 연구회 내부에는 과거 집단작업을 수행한 어려움에 대한 기억이 남아 있는 터였다. 그런데도 개설서를 다시 구상하게 된 계기는 외부로부터, 사회 상황의 변화로부터 주어졌다. 2015년에 '국정 교과서 파동'이 벌어졌고, 거슬러 올라가면 2013년에 '교학사 책 파동'도 있었다. 이념만 앞세운 부실 교과서를 비호하려다 여의치 않자, 권력이 정한 역사 해석을 학생에게 획일적으로 주입하려고 시도한 것이 국정 교과서였다. 전체주의가 꿈틀거리는 상황이었다.

이 무렵 한국역사연구회 회원들 사이에서 "전문 연구자들이 객관성을 담보한 개설서를 만들 필요성"이 새삼 거론됐다. 한국사 전체의 기본 사실을 담으면서 해석보다 사실 설명에 비중을 둔 책, 일반 시민이 쉽게 읽을 수 있는 책이 필요하다는 점에 공감대가 생겨났다. 그리하여 편찬위원회를 구성하고 필진을 선정해 새 개설서를 편찬하는 데 착수했다.

독자가 한국사 개설서를 처음부터 끝까지 읽어내는 일이 어렵다는 것을 알고 있다. 필요할 때마다 관련 서술을 찾아 확인하거나, 앞뒤의 사건 흐름을 이해하려고 뒤적여 보는 게 보통이다. 개설서는 책장에 꽂아두고 필요한 때 찾아보는 책에 가깝다. 책을 만드는 일도 무척 어렵다. 연구자 개인이 여러 시대의 정확한 사실과 연구 동향을 파악하기는 불가능하다. 그래서 여러 명의 필자가 참여하게 되면 사후 작업이 반드시 따라야 한다. 연구자 개인의 판단과 해석, 개성 있는 문장까지 손질해 객관성과 일관성을 확보해야 한다. 개인이 자신의 저서를 저술하는 것보다 몇 배의 품이 들 수밖에 없는 것이다.

이 책을 만들면서 50여 명의 필자들이 시대별·주제별로 초고를 집필했다. 각 대학의 교수와 박사급 이상의 연구자들이 필진으로 참여했다. 그리고 20여 명이 넘는 교열위원들이 용어와 표현을 다듬고, 새로운 연구성과를 어느 수준까지 반영할 것인가 고심하여 결정했다. 이 과정에 여러 사람의 많은 노력과 긴 시간이 필요했다.

또한 이 책은 기획할 때부터 독자의 편의를 위한 여러 요소들을 구상했다. 정확한 사실을 중점에 두고 서술하면서 수월한 문장을 추구하는 한편 학계의 연구 동향이나 논쟁을 소개하는 박스를 뒀다. 그리고 용어·개념을 간단히 설명하는 주석도 만들었고, 꼭 필요하다고 판단된 지도나 도표도 넣었다. 단순히 서가에 꽂아놓기보다는, 필요할 때마다 꺼내 보며 실용적으로 활용될 책이 되기를 기대하며 만들었다. 여러 측면을 고려하여 만들다보니 분량이 많아져 2권으로 나눴다. 각 권의 내용은 다음과 같다.

제1권(전근대): 제1편 선사, 제2편 고대, 제3편 통일신라·발해, 제4편 고려, 제5편 조선
제2권(근현대): 제6편 개항기, 제7편 식민지기, 제8편 현대

각 편은 대체로 정치·경제·사회·문화 4개 정도의 장으로 구성했다. 각 편마다 정치를 앞세운 이유는 여러 사건을 시간의 흐름에 따라 파악하는 것이 역사 이해의 기본이기 때문이다. 이어서 각 시기별로 경제·사회·문화의 특징을 서술했다.

한국역사연구회는 이 책을 만들면서 이념이나 해석에 치중하지 않은 내용을 담으려 했다. '해석'보다는 '서술'과 '설명'에 분량을 할애했다. 어떤 시대

나 사건에 대한 해석을 바로 제시하기보다는, 사실 자체를 드러냄으로써 독자 스스로 해석하도록 내용을 담아 서술하려 했다. 특히 낡은 용어와 개념을 과감히 버렸다. 그러나 새로운 용어와 개념의 도입에는 신중하려 했고, 되도록 서술 문장 속에 풀어서 설명하는 방식을 선택했다. 새로운 연구성과를 반영하는 데서도 절제된 기준을 지키려 했지만, 과감하게 옛 학설을 버리고 새 연구성과를 채택한 경우도 많다. 전근대보다는 근현대에서 이런 비중이 상대적으로 높은 편이다.

이 책을 집필하는 과정에서 대통령 탄핵이 이뤄졌고, 국정 교과서는 곧바로 폐기됐다. 교열하는 시간이 또 많이 흘렀다. 책 출간의 필요성 자체를 회의적으로 생각한 적도 있으나, 학계 전문가의 지식과 안목을 결집한 개설서는 사회 상황에 영향받지 않고 여전히 필요하다고 판단했다.

돌베개의 한철희 사장님 이하 편집·디자인팀에서 때로는 채근하고, 오래 기다리며 문장을 고치고 지도와 이미지를 다듬어 보기 좋은 책으로 만들었다. 이 책을 만드는 데 참여한 많은 필진과 교열진, 돌베개 편집진에게 말로 표현하기 어려운 고마운 마음을 전한다.

2022년 6월
한국역사연구회

차례

제6편 # 개항기

제7편

식민지기

제8편

현대

제6편

제6편은

개항기

한국이 근대 국가를 수립하려는
움직임을 시작한 19세기 후반부터
일본에 병탄되는 1910년까지를 다룬다.

1860년대에는 서양 제국의 침략을 방어하기 위해 중국에서 양무운동, 일본에서 메이지유신이 전개됐다. 조선에서는 고종이 즉위하면서 그 아버지인 흥선대원군이 권력을 위임받았다. 흥선대원군은 안동 김씨 축출, 서원 철폐 등을 통해 무너진 왕권을 강화하고, 병인양요·신미양요 등을 통해 외세를 물리치면서 대내적 권위도 확보했다.

1873년부터 고종이 친정을 시작하면서 국정 기조가 변화했다. 조선 정부는 중국과 일본의 개혁을 참조하면서 조선을 근대 국가로 변화시키려 했다. 일본과 조일수호조규, 청과 조청상민수륙무역장정뿐 아니라 미국·영국·프랑스·러시아 등 열강과 조약을 체결함으로써 조선은 근대적 세계질서에 편입됐다.

조선 정부는 통리기무아문·교련병대·내무부 등 신설기구를 중심으로 근대적 국가체제를 구성하려 했다. 이 과정에서 소외된 구식 군대가 봉기를 일으키고 민씨 척족과 개화 세력이 충돌했으며, 지방관의 부패와 수탈로 고통받던 민중과 결합한 동학 교단이 전국적으로 봉기했다.

청일전쟁으로 동아시아의 질서는 일본 중심으로 변화했다. 개화 세력은 일본의 보호를 받으면서 갑오개혁을 추진해 한국사회의 모습을 근대적으로 변모시키려고 했으나 삼국간섭과 아관파천을 거치면서 패퇴했다. 이후 독립협회를 만들고 조선을 입헌군주제로 바꾸려던 시도도 전제군주제를 지향한 고종과 충돌하며 좌절됐다.

고종은 대한제국을 수립하고 황실을 중심으로 근대화 정책을 추진하려 했으나 러일전쟁으로 인해 어려워졌다. 입헌군주정과 민권을 지향하는 세력이 다시 활동하기 시작했으나 헤이그특사사건 이후 일본은 고종을 강제퇴위시키고 내정을 장악했다. 일본의 침략에 저항하는 양반 유생과 해산 군인, 평민 등의 의병투쟁은 참담한 희생을 치렀고, 개화 세력은 민중을 계몽해 민족의 실력을 키우는 데 역량을 집중했다. 1910년 일본이 한국을 병탄해 '조선'으로 개칭함으로써 한국은 조선총독부를 통해 일본의 통치를 받게 됐다.

1. 근대화 정책의 전개와 갈등

1 동아시아 국제질서의 변화

제국주의와 『만국공법』

18세기 중엽 영국에서 시작된 산업혁명은 상품의 생산·유통·소비의 전 과정에서 대규모화를 촉진하며 대기업을 출현시켰다. 기계화된 공장에서는 값싼 상품을 대량으로 생산했고, 증기기관의 발명으로 교통이 발전하면서 상품을 유통할 수 있는 범위도 넓어져 시장 규모가 점점 확대됐다. 그러나 대기업이 대규모 자본과 우세한 기술력을 바탕으로 시장을 독점해가는 양상도 보였다. 독점자본주의에서 성장한 자본가들은 이윤 극대화를 위해 상품 단가를 낮추는 방안을 찾기 시작했다. 또한 과잉 생산에 따른 판로를 개척해야 했으며, 잉여 자본을 소진할 새로운 투자처를 확보해야 했다. 결국 그들은 새로운 원료 공급지이자 시장, 그리고 투자처로 해외에 눈을 돌렸다.

당시 서구사회는 명예혁명과 프랑스혁명을 거치며 인간의 존엄과 자유, 평등이 보편 가치로 부각된 상황이었다. 특히 프랑스혁명은 주권이 국민(nation)에게 있음을 밝힘으로써, 국민이 국가의 주체인 국민국가(nation state)를 탄생시켰다. 국민국가는 성직자·귀족·평민·농노 등 신분으로 구분됐던 사람들을 국민으로 포섭해 동등한 의무와 권리를 부여했다. 봉건 영주나 귀족에 예속됐던 사람들은 이제 법적 자유와 평등을 획득하게 됐다.

한편 서구사회에서는 소수의 자본가에게 부(富)가 편중되는 현상이 발생했다. 부의 편중은 빈부격차를 심화시켰으며, 그에 따라 계급 및 계층 간 갈등이 표면화됐다. 국민국가는 내적 갈등과 균열을 봉합하고 국가 통합을 구현하기 위해 민족주의를 활용했다. 비스마르크 수상은 독일의 통일 이후 설립한 공립초등학교에서 독일어를 가르치는 대신 소수언어의 사용을 금지시켰다. 19세기 서구의 음악가들은 신화·역사·지리·문화를 소재로 민족·애국적 정서를 담아낸 곡을 만들었다. 서구의 국가들은 교육과 문화를 통해 모든 국민이 공통의 경험과 기억을 공유한다고 강조함으로써, 국민에게 국가에 대한 소속감과 일체감을 심어주고자 했다.

그러나 민족주의는 근대 국민국가가 형성되는 과정에서 배타성을 갖기 시작했다. 해외 시장으로 진출한 독점자본주의가 민족주의와 결합하면서 침략적 성격을 보였기 때문이다. 정치적으로 국민국가, 경제적으로 자본주의 체제를 구축한 서구의 몇몇 국가들은 비서구 지역으로 정치·경제적 침략을

17

본격화했다. 제국주의시대가 도래한 것이다.

서구 국가들은 문명국을 자처하면서, 비서구 사회를 야만으로 규정했다. 인종주의를 조장해 유색인종을 열등한 존재로 차별했다. 문명화로 인류의 진보를 달성해야 한다는 명분과 사회진화론을 앞세워 비서구 지역에 대한 지배를 정당화하기도 했다.

한편 서구의 국제법은 서구와 비서구를 구분하는 체계 중 하나였다. 국제법은 30년간의 종교전쟁을 종결하기 위해 맺은 1648년의 베스트팔렌조약(Westfälischer Friede) 이후 서구 기독교 국가 간의 관계를 규정한 공법에서 출발했다. 국제법에서 규정한 상주 사절단 파견, 무역 규정, 조약 등은 서구 기독교 국가들 사이에 적용된 규범이었다. 그러나 18세기 이후 서구 국제법 학자들은 비서구·비기독교 국가의 법체계에 비문명 요소가 작동한다고 판단해 국제법은 서구 기독교 국가에서만 적용해야 한다고 보았다. 서구식 문명화를 이루지 못한 국가에는 주권국가로서 누려야 할 권리를 제한해야 한다고도 주장했다. 결국 서구 열강은 국제법의 논리에 따라 비서구·비기독교 국가에 거주하는 자국민에게 자국법을 적용하는 치외법권을 관철시켰다.

서구의 국제법이 '만국공법(萬國公法)'으로 번역되어 동아시아에 전래된 것은 19세기 중반이었다. 청(淸)은 1864년 미국 법학자 헨리 휘턴(Henry Wheaton, 1785~1848)의 『국제법 원리(Elements of International Law)』를 『만국공법』으로 번역 출간했다. 일본은 1868년 『국제법 원리』를 일본어로 번역했고, 조선은 한역된 청의 『만국공법』을 수용했다. 청은 『만국공법』의 속국(屬國) 논리에 주목했다. 속국이란 종주국에 예속되어 있지만 종주국과의 관계를 제외한 외교와 국내 통치는 자주권(혹은 주권)을 갖는 국가를 말한다. 청은 이 논리를 근거로 조선에게 서구 열강과 조약을 체결하도록 자주를 인정함과 동시에 조선이 자국의 속국임을 분명히 했다. 1876년 일본은 조일수호조규(朝日修好條規, 강화도조약)를 통해 조선과 청 사이의 종주국-속국 관계를 부정하고자 했다. 조선에서는 개화당(開化黨)을 중심으로 『만국공법』의 독립국 지위를 획득하고자 했다. 이처럼 동아시아에는 전통적인 중화질서와 서구의 만국공법 질서가 양립하는 가운데 상호관계를 정립하려는 움직임이 나타나기 시작했다.

서구의 침략과 중화질서의 재편

서구 열강이 동아시아를 본격적으로 침략하기 시작한 때는 19세기 전후였다. 청은 서구 상인의 무역활동 지역을 광저우(廣州)로 국한했고, 특허받은 공행(公行)만 제한적으로 허락했다. 영국은 무역 확대를 목적으로 청에 개항(開港)을 요구했다. 이는 차(茶)의 수입 증가에 따른 대청 무역적자를 해소하기 위함이었다. 그런데 청이 영국의 요구를 거부하자 영국은 인도를 통해 청에 아편을 수출했고, 그 결과 청은 은화 유출에 따른 무역적자와 아편 중독자의 급증에 따른 사회적 위기에 직면했다.

1839년 청 정부는 황제의 명령으로 흠차(欽差) 대신 린쩌쉬(林則徐, 1785~1850)를 광저우로 보냈다. 린쩌쉬는 아편을 몰수하고 아편의 매매를 엄금했다. 그러자 영국은 1840년 함대를 청으로 파견해 청과 전쟁(아편전쟁, 제1차 중영전쟁)에 돌입했다. 영국군은 우세한 해군력으로 청군을 제압하고, 광저우를 포위했다. 결국 1842년 청은 영국과 난징조약(南京條約)을 체결해야 했다. 난징조약에서 청은 홍콩을 영국에 넘겼으며, 광저우와 상하이를 비롯한 5개 항구를 개방했다. 영국은 개항장에 영사관을 설치했고, 청의 관세 자주권을 인정하지 않았다. 또한 1843년 영국은 후먼조약(虎門條約)을 통해 청에서 치외법권(영사재판권)과 최혜국 대우(Most favoured nation treatment)[1] 특권까지 확보했다. 영국은 난징조약과 후먼조약에 만족하지 않고, 면제품을 비롯해 영국 제품을 판매할 수 있는 지역을 양쯔강 이북으로 확대하고자 했다.

그런데 1856년 청의 관헌이 광둥(廣東)에 정박 중이던 영국선 애로호를 강제로 수사하고 영국기를 내리게 한 사건(애로호사건(Arrow War))이 발생했다. 애로호사건을 빌미로 영국은 프랑스와 함께 광저우와 톈진(天津)을 점령하고(제2차 중영전쟁), 1858년 청과 톈진조약(天津條約)을 체결했다. 청이 톈진조약 비준(批准)을 거부하자, 1860년 영국과 프랑스 연합군은 베이징을 함락시킨 후 베이징조약(北京條約)까지 관철시켰다.

청은 톈진조약으로 외교관이 베이징에 상주하는 것을 허용했을 뿐 아니라 10개 항구의 추가 개항, 외국인의 내지 여행 및 통상의 자유 허용, 수입품에 대한 5%의 세율 적용, 기독교 포교의 자유를 보장해야 했다. 또한 청은 베

---

1 최혜국 대우 다른 국가에 부여한 특권이나 유리한 대우를 고르게 누릴 수 있는 권리를 말한다.

이징조약으로 영국에 주룽반도(九龍半島)를 넘겨줬다.

한편 1853년 미국의 매슈 페리(Matthew Calbraith Perry, 1794~1858) 제독은 일본에서 함대로 무력시위를 전개해 일본의 개항을 이끌어냈다. 그리고 이듬해 미국은 미일화친조약(가나가와조약(神奈川條約))을 체결함으로써 시모다(下田)와 하코다테(函館)를 개항시켰다. 1858년에는 일본이 미국·영국·프랑스·러시아·네덜란드와 조약을 체결해 서구 열강에 치외법권과 에도(江戶)의 외교관 상주를 허용했으며 관세자주권을 상실했다.

그런데 1863년 조슈(長州)번은 왕을 드높이고 서양을 배척한다는 존왕양이(尊王攘夷)를 내세워서 시모노세키만을 폐쇄하고, 미국 상선을 향해 포격을 개시했다. 이때 영국·네덜란드·프랑스·미국의 연합 함대는 1863년과 1864년 잇달아 조슈번을 제압했다(시모노세키전쟁(下關戰爭, Shimonoseki Campaign)). 조슈번이 배상금을 지불할 능력이 없자, 서구 열강은 막부에 배상 책임을 물었다. 결국 1866년 막부는 배상금 대신 수입관세율을 5%로 고정하는 개세약서(改稅約書)를 체결했다. 이렇듯 서구 열강은 청·일본과의 조약에서 개항과 조계지 설치 및 치외법권의 특권을 확보했다. 5%의 수입관세율을 관철시켰으며, 청과 일본의 관세자주권을 부정했다. 아울러 최혜국 대우 조항으로 청과 일본이 다른 국가에 부여한 특권을 고르게 누렸다. 그 결과 동아시아에는 불평등조약체제가 성립됐다.

서구 열강이 동아시아에 진출하면서 전통적인 중화질서는 변화를 맞았다. 영국은 청 중심의 전통적인 조공무역체제를 부정하고, 형식상 대등한 국가관계를 구축했다. 프랑스는 청의 속방(屬邦) 베트남을 자주국으로 인정함으로써, 청과 베트남 사이의 종주국-속국 관계를 부정했다. 나아가 1884년에는 베트남을 식민지로 만들었다.

일본은 1871년 청과 수호조규를 체결하면서 대등한 국가관계를 맺었고,

비공식적 제국주의로서의 불평등조약체제

19세기 중반 영국은 세계 최강의 해군력과 경제력으로 동아시아에서 패권을 장악했다. 그런데 영국은 동아시아에서 홍콩을 제외하고는 식민지 지배정책을 구사하지 않았다. 대신 불평등조약체제를 통한 경제적 이익을 추구함으로써, 영국은 동아시아에서 자국의 지배력을 관철시켰다. 이는 프랑스·독일·미국·러시아도 마찬가지였다. 이러한 형태를 비공식적 제국주의로서의 불평등조약체제(The Unequal Treaty System as Informal Imperialism)라고 한다.

1876년 맺은 조일수호조규에서는 조선이 자주국임을 명문화해 전통적인 중화질서를 부정하고자 했다. 서구 열강의 침략과 청과 일본의 경쟁 속에서 나타난 중화질서의 변화는 점차 조선에도 영향을 미치기 시작했다.

조선이 바라본 서양

19세기 이전부터 조선에는 서양문물을 배우고 수용하려는 움직임이 있었다. 17세기 중엽에는 연행사절단이 베이징의 천주당(天主堂)에서 천주교를 접했을 뿐 아니라 서양의 천문과 역학(曆學)을 배웠으며, 18세기 후반에는 북학파를 중심으로 서양문물을 선택적으로 수용하는 일을 논의했다. 물론 이러한 상황은 천주교의 위험성이 부각되지 않았기 때문에 가능했다.

19세기에 이르면, 조선은 이양선(異樣船)이라 일컫는 서양 선박의 출몰과 통상 요구, 천주교도의 출현을 계기로 서양을 위험하다고 인식하기 시작했다. 조선 집권층은 천주교를 왕조의 통치이념인 유교를 배격하고(진산사건), 서양을 끌어들여서 왕조를 멸망시키려는 존재(황사영 백서사건)로 판단했다. 조선 정부는 천주교를 대대적으로 탄압하는 동시에 서양 선박과 교류하는 일 자체를 엄격히 금지하는 정책을 추진했다.

1840년대 조선 정부는 연행사절단으로부터 제1차 중영전쟁 및 청과 서구 열강의 조약 체결 사실을 보고받았다. 조선의 일부 지식인은 영국의 침략과 청군의 패배에 충격을 받았으며, 영국이 조선을 침략할 수 있다는 점을 우려하기도 했다. 조선 정부는 청을 통한 아편 유입을 엄격히 단속함으로써, 아편의 폐해가 조선으로 확산되는 것을 차단하려고 했다. 그러나 조선 집권층

동아시아의 근대화운동

조선·청·일본의 동아시아 3국은 서구의 침략을 겪으면서 무기를 비롯한 서구의 근대 문물을 수용해야 한다는 필요성을 절감했다. 청국은 중체서용(中體西用)의 원칙 아래 양무운동(洋務運動)을 추진함으로써 서구의 기술을 받아들이고자 했다. 조선은 동도서기(東道西器) 관점에서 서구문물을 도입하고자 했으며, 갑신정변·갑오개혁·광무개혁을 통해 근대 국민국가로의 전환을 추진했다. 일본은 문명개화론(文明開化論)을 토대로 서구의 기술뿐만 아니라 문물 및 제도까지 수용하고자 했다. 동아시아 3국은 서구의 침략을 방어하고 극복하기 위해 서구의 자본주의체제와 근대 국민국가 도입을 추진했다. 서구의 근대 국민국가체제가 비서구로 전이되는 근대 국민국가의 전 지구적 연쇄 과정이 동아시아에서 나타난 것이다.

은 영국을 위시한 서구 열강의 청 진출을 직접적인 위협으로 여기지 않았다. 그들은 이양선의 출몰 배경을 천주교도의 내통과 연관 지었기에, 국내 천주교도를 단속하면 서양의 진출을 제어할 수 있으리라 믿었다. 제1차 중영전쟁을 전후로 조선에는 서구에 대한 위기의식과 낙관론이 공존했다.

제2차 중영전쟁에 대한 조선 조야(朝野)의 반응은 달랐다. 1860년 12월 영국과 프랑스 연합군이 베이징을 함락하고 함풍제(咸豊帝, 1831~1861)가 열하(熱河)로 피난을 떠난 소식이 조선에 전해졌다. 이에 조선의 일부 관리는 서구 열강의 조선 침략을 우려한 나머지 낙향하기도 했다. 조선 집권층은 청과 조선을 '이와 입술의 관계'로 규정했으며, 서양의 침략이 국내 문제와 직결되는 것을 걱정했다. 집권층은 천주교도에 대한 탄압을 강화하고 민란을 수습하는 내수(內修) 지향의 정책을 추진했다.

1860년대 이후 조선은 서구 열강과 직접 접촉했다. 1860년 베이징조약으로 청이 러시아에 연해주를 할양하면서 조선은 러시아와 국경을 마주하게 됐고, 고종이 즉위한 이듬해인 1864년에는 러시아인들이 두만강을 넘어와 경흥에서 통상을 요구하는 일이 발생했다. 1866년과 1871년에는 프랑스 함대(병인양요(丙寅洋擾))와 미국 함대(신미양요(辛未洋擾))가 강화도를 침략하기에 이르렀다.

그 무렵 조선의 일부 지식인들은 대내외적 위기를 극복할 방안으로 서구문물 수용 및 문호개방을 주장했다. 이규경(李圭景, 1788~1856)과 최한기(崔漢綺, 1803~1877)는 조선의 낙후성을 극복해야 한다며, 서구문물의 도입(서기수용론(西器受用論))을 제기했다. 최한기는 서구의 침략 행위가 일시적일 것이라는 낙관적 관점에서 서양의 정치 및 법제도를 수용하자고 주장하기도 했다. 또한 오경석(吳慶錫, 1831~1879)과 강위(姜瑋, 1820~1884)는 외세의 침략을 막고 근대문물을 도입하기 위해서 조선과 서구 열강의 조약 체결을 주장했다. 특히 오경석은 1874년과 1875년 베이징 주재 영국 영사 윌리엄 메이어스(William Frederick Mayers, 1831~1878)와 만난 자리에서 조선의 문호개방을 달성하기 위한 수단으로 영국이 조선에 진출할 수 있는지 문의하기도 했다.

2 왕권 강화와 반침략 투쟁

통치기구 재편과 왕권 강화

1863년 12월 철종(哲宗, 1831~1863)이 후사 없이 사망했다. 대왕대비 조씨는 흥선군 이하응의 둘째 아들 명복을 다음 왕으로 결정했다. 고종이 제26대 왕에 오르자, 흥선군은 왕의 친아버지에게 주는 작위인 흥선대원군으로 봉작됐다. 즉위 당시 고종은 11세에 불과했기에, 조정에서는 대왕대비 조씨의 수렴청정을 결정했다. 그런데 풍양 조씨 가문은 대왕대비 조씨를 정치적으로 보좌할 권력 기반이 미약했다. 대왕대비 조씨는 풍양 조씨의 세력을 키우고, 당시 권력을 쥐고 있던 안동 김씨의 권력을 약화시키기 위해 모든 나라의 일을 흥선대원군에게 위임했다.

흥선대원군은 세도정권을 약화시키고 왕권을 강화하는 작업에 착수했다. 왕권 강화는 인적 청산과 통치기구의 정비로 구체화됐다. 흥선대원군은 대왕대비 조씨와 안동 김씨 중 자신에게 우호적이었던 김병학(金炳學, 1821~1879), 김병국(金炳國, 1825~1905) 등과 협력했다. 양측의 지원을 받은 그는 세도정권하에서 권력을 장악한 김좌근(金左根, 1797~1869) 일파를 정권에서 축출했고, 조정에서 소외됐던 북인과 남인을 등용해 노론의 권력 기반을 약화시켰다.

또한 흥선대원군은 세도정권을 제도적으로 뒷받침했던 비변사(備邊司)를 단계적으로 폐지했다. 먼저 1864년에는 비변사의 외교·국방·치안 업무를 제외한 나머지 사무를 의정부로 이관시켰다. 1865년에는 비변사를 폐지하고, 비변사의 업무를 의정부에서 담당하도록 했다. 의정부는 본래 직무에 비변사 업무까지 맡게 되면서 국정 전반을 총괄하는 기관이 됐다. 비변사의 군사 업무는 다시 삼군부가 맡도록 했다. 흥선대원군은 의정부·육조·삼군부의 기능을 회복하고 위상을 강화해 국왕을 정점으로 하는 통치체제를 확립하고자 했던 것이다.

19세기 조선에서는 세도정치에 따른 폐단이 심화됐다. 세도정권 아래 집권층이 대토지를 소유하는 경우가 늘어났고, 지방관과 토호 및 서리가 과도하게 세금을 부과하거나 환곡에 대한 고율의 이자를 강요하는 일이 빈번했다. 지방관 중에는 세금을 부당하게 빼앗아 매관매직(賣官賣職)의 기반을 마련하는 일도 있었다. 지방의 서원과 향사(鄕祠)는 토지와 노비를 소유하면

도판1 안중식의 〈백악춘효〉, 1915

흥선대원군이 중건을 강행했던 경복궁은 조선의 화가 안중식(安中植, 1861~1919)의 〈백악춘효 (白岳春曉)〉에서도 볼 수 있다. 백악(북악산)을 배경에 둔 경복궁과 광화문의 춘효(봄날 새벽)를 담았다. 왼쪽 상단에 써 있는 묵서(墨書) 을묘하일심전사(乙卯夏日心田寫)에서 짐작할 수 있듯이 안중식은 이 작품을 여름에 그렸고, 같은 제목과 구도로 가을에 한 번 더 그렸다. 특히 이 그림에는 1915년 조선총독부에 의해 헐린 경복궁의 전각들도 그려져 있다.

서 전세와 부역을 면제받았으며, 양민에게 재화를 요구하기도 했다. 서원과 향사는 당론에만 몰두하는 지방 유생의 소굴로 전락했다. 세도정치와 삼정 문란의 폐해는 양민의 토지 이탈을 초래해 정부의 재정난을 가져오고 조선 왕조의 근간을 흔들기에 이르렀다.

집권 초기 흥선대원군은 세도정치와 삼정문란에 따른 폐단을 해결하기 위한 정책을 추진했다. 전국에 분포한 서원과 향사의 경제적 기반을 조사하는 한편, 임진왜란 당시 조선에 원군을 파병한 명나라 신종을 위해 세운 만동묘(萬東廟)를 철폐했다. 일부 지역에서는 토지대장의 정비 및 양전을 시행했으며, 호포제를 통해 그간 양인 남성에게 부과했던 군포 대신, 양반부터 천민까지 신분을 구별하지 않고 각 집(戶)마다 호포 2냥을 징수하도록 했다. 또 마을 단위 공동으로 환곡을 운영하는 사창제(社倉制)를 도입해 농민의 부담을 줄이고자 했으며, 1871년에는 전국의 600여 개 서원 중 47개만 남기고 모두 철폐하는 조치를 단행했다.

이에 앞서 1865년 흥선대원군은 경복궁 중건을 결정했다. 조선 태조 때 창건된 경복궁은 임진왜란 당시 소실됐음에도 재정 부족 등의 이유로 중건되지 못하고 방치되던 상황이었다. 흥선대원군은 경복궁 중건을 통해 세도 정권 아래에서 실추됐던 왕실의 권위를 세우고자 했다. 경복궁 중건 초기에 조선 정부는 종친·관리·백성에게 자발적으로 원납전(願納錢)을 바치도록 유도했다. 중건 중이던 1866년에는 화재로 경복궁 전각 등이 소실되는 일이 있어, 일부에서 재원 부족 등을 근거로 공사 중지를 요청했으나 흥선대원군은 중건을 강행해갔다. 오히려 그는 재정 부담을 해결하기 위해 한양 사대문 출입 시 문세를 부과하고 당백전(當百錢)을 발행하기도 했다. 그리하여 1871년, 경복궁 중건은 마무리됐다.

흥선대원군의 개혁정책은 집권층의 횡포를 줄이고 국가 재정을 확충하는 효과를 거두었지만, 삼정문란의 근본 원인을 해결하지는 못했다. 경복궁 중건은 재정 악화를 가져왔을 뿐만 아니라, 원납전 징수와 묘지림 벌목에 따른 양반층의 반발과 과도한 과세 및 부역에 따른 백성들의 원성을 낳았다. 당백전 발행으로 화폐 가치가 하락하면서 이것이 물가 상승으로 이어져 국가 경제 및 백성의 삶에도 부정적인 영향을 줬다. 서원과 향사의 철폐는 유생의 격렬한 반대를 불러일으켰고, 개혁 과정에서 발생한 여러 문제는 흥선대원군이 하야(下野)하고 고종이 친정(親政)에 나서는 결정적 원인을 제공했다.

천주교 탄압과 반침략 투쟁

19세기를 전후로 조선에서는 천주교를 믿는 사람들이 증가했으나, 조선 정부는 천주교를 사학(邪學)으로 규정하고 탄압했다. 1839년 프랑스인 신부 3명과 많은 천주교도가 처형당한 기해박해(己亥迫害)는 그 대표 예라 할 수 있다. 이에 프랑스는 1846년 중국 파견 함대의 장바티스트 세실(Jean-Baptiste Cécille, 1787~1873) 제독을 조선에 파견해 프랑스 신부를 처형한 것에 책임을 묻고 조선 침략을 예고하는 서한을 보냈다. 그럼에도 조선 정부는 오가작통법(五家作統法)을 강화해 천주교도에 대한 탄압을 계속했다.

한편 1864년 초 러시아인들이 두만강 국경을 넘어와 경흥에 도착했다. 그들은 경흥 부사 윤협(尹峽)에게 조선과 러시아의 통상조약 체결을 요청했으나 거부당했고, 함경도 관찰사 이유원(李裕元, 1814~1888)은 러시아인과 교류했다는 죄목으로 인근 지역민까지 처벌했다. 그 무렵 천주교인 남종삼(南鍾三, 1817~1866)은 흥선대원군에게 영국·프랑스와 교섭해 러시아의 위협을 극복하자는 의견을 제안했다.

흥선대원군은 이를 받아들여 천주교 조선교구를 통해 프랑스와 관계 개선을 추진했다. 그러나 조선교구장이었던 프랑스인 주교 시메옹 베르뇌(Siméon François Berneux, 1814~1866)는 정치와 종교의 분리 원칙을 내세우면서 제안을 거부했다. 마침 흥선대원군은 러시아의 침략 위협이 과장됐다는 사실을 인지했다. 게다가 남종삼과 논의한 내용이 정치적 반대 세력에게 알려지면서 흥선대원군은 1866년 프랑스와의 교섭에 따른 정치적 비판을 피하고자 천주교를 대대적으로 탄압했다(병인박해(丙寅迫害)).

병인박해로 조선인 수천 명과 프랑스인 신부 9명이 목숨을 잃었다. 베이징 주재 프랑스 대리공사 앙리 벨로네(Henri de Bellonet)는 청 정부에 조선의 천주교 탄압을 비판하며 후속 조치를 요구했다. 청 정부는 조선이 청의 속방이지만 내치와 외정은 자주적으로 행하고 있다고 답변했다. 그러자 프랑스는 청에 조선을 식민지화하겠다고 통보하고, 조선에 함대를 파견해 병인양요를 일으켰다.

1866년 10월 피에르 구스타브 로즈(Pierre-Gustave Roze, 1812~1882) 제독이 이끄는 프랑스 함대가 조선을 침략했다. 제1차 원정에서 프랑스 함대는 강화해협에서 양화진까지 진출해 지형 정찰 및 수로 탐사를 실시했다. 그리고 그해 11월 함대를 재차 파견해 강화성을 점령하고, 외규장각에 소장되어 있던 의궤 등 각종 서적을 약탈했다(제2차 원정). 프랑스는 자국 신부를 처형한 것에 대해 복수하겠다는 의지를 밝혔고, 조선군은 프랑스의 침략에 단호하게 맞섰다. 결국 프랑스 함대는 도서를 약탈한 것 외에는 별다른 성과를 거두지 못하고 물러났다.

병인양요에 앞서 1866년 8월, 미국 상선 제너럴 셔먼(General Sherman)호가 대동강을 따라 평양 인근에 도착한 일이 있었다. 제너럴 셔먼호는 통상을 요구하는 한편 소총과 대포를 쏘고 조선 관리를 감금하는 폭력을 자행했다. 그 과정에서 제너럴 셔먼호 선원과 평양 군민 사이에 무력충돌이 발생했는데, 대동강 수위가 낮아지면서 제너럴 셔먼호가 좌초되자 평양 군민은 제너럴 셔먼호를 불태우고 선원들을 몰살시켰다. 미국 정부는 청 정부에 제너럴 셔먼호사건의 책임과 진상 규명을 요구했다. 그러나 청 정부는 병인양요 때와 마찬가지로 조선이 내치와 외정은 자주적으로 행한다고 밝혔다. 이에 미국은 1871년에 존 로저스(John Rodgers, 1812~1882) 사령관이 지휘하는 해군 함대와 해병대를 조선으로 출동시켰다.

미국 함대는 조선 정부에 제너럴 셔먼호사건에 대한 사죄와 난파선 보호 협정의 체결을 요구했다. 조선 정부가 이를 거부하자, 미국 함대는 강화도의 초지진·덕진진·광성진을 무력으로 점령했다. 조선군은 광성진전투에서 미군의 공격에 격렬히 대항했고, 그 이후에도 항전의 뜻을 굽히지 않았다. 결국 미국 함대는 아무런 소득도 거두지 못한 채 강화도에서 철수했다.

조선 정부는 병인양요와 신미양요를 승리로 규정했다. 흥선대원군은 신미양요의 승리를 알리면서 전국에 척화비(斥和碑) 설치를 명령했고, 척화비에서는 서양과의 교류를 주장하는 행위를 매국(賣國)으로 규정했다. 이렇게 흥선대원군은 서구 열강의 침략을 명분으로 내부 통제를 한층 강화했다.

흥선대원군과 척화비

척화비는 고종이 서양 제국주의의 침략을 배격하고 쇄국을 강화하기 위한 결의를 드러내기 위해 세운 비석이다. 서울을 비롯한 전국 각지에 93개를 설치했다. 척화비의 비문에는 "오랑캐가 침범하는데 싸우지 않는다는 것은 화해를 하자는 것이다. 화해를 하자는 것은 나라를 팔아먹는 것과 같으니, 만대 자손에게 경고하노라. 병인년에 만들고 신미년에 세우다(洋夷侵犯非戰則和主和賣國戒我萬年子孫丙寅作辛未立)."라고 새겨져 있다.

3 개항과 근대화 정책

개항과 불평등조약

1868년 일본은 천황 중심의 왕정복고를 선언하고 메이지(明治)유신을 단행했다. 메이지 신정부는 조선 정부에 이를 알리는 외교문서, 즉 서계(書契)를 보냈다. 서계에는 종래와 달리 '황(皇)', '칙(勅)' 등의 용어를 사용했다. 조선에서 '황', '칙'은 청 황제를 상징했기에 조선 정부의 대일 외교를 담당한 동래부에서는 문서 형식이 다르다는 이유로 서계 접수를 거부했다. 이는 조선과 일본의 갈등을 고조시키는 계기가 됐다. 1873년 사이고 다카모리(西鄉隆盛, 1828~1877)는 직접 사절단을 이끌고 조선으로 가서 교섭을 시도하겠다고 하고, 만약 교섭이 결렬되면 조선을 침략하자는 정한론(征韓論)을 제안했다. 그러나 이와쿠라 도모미(岩倉具視, 1825~1883)는 내치우선론(內治優先論)을 주장하면서 사이고의 정한론을 반대했고, 결국 일본 정부는 이와쿠라의 주장을 받아들였다.

1873년 말 흥선대원군이 세력을 잃고 물러났다. 최익현(崔益鉉, 1833~1906)이 흥선대원군의 실정을 비판하면서, 흥선대원군을 정치에서 배제하고 고종이 친정해야 한다고 주장하는 상소를 올렸던 것이다. 조정에는 최익현의 처벌을 주장하는 상소가 빗발쳤지만, 고종이 최익현을 승정원의 정3품에 해당하는 동부승지(同副承旨)로 임명함으로써 그를 지지한다는 것을 밝히자 결국 흥선대원군은 하야했다. 이후 고종은 대일 교섭을 담당했던 동래부사(東萊府使)와 사역원(司譯院)에서 일본어 교육을 담당했던 왜학훈도(倭學訓導)를 처벌하고 일본과의 관계 개선을 모색하기 시작했다. 1875년 2월, 조선은 일본과 공식적인 교섭을 재개했다. 그런데 일본은 여전히 황제를 지칭하는 '황', '칙'을 서계에 사용했을 뿐 아니라 일본 관리들은 서양식 복장을 착용하고 연회에 참석했다. 이에 조선 정부는 서계 접수를 다시 거절했으며, 조선과 일본의 교섭은 결렬됐다.

일본 외무성 관리들은 함대를 파견해 조선에 위협을 가함으로써 조선과의 협상을 유리하게 이끌어내고자 했다. 1875년 4월과 5월 일본 군함 운요호(雲揚號)와 다이니테이보호(第二丁卯號)는 부산에서 무력시위를 전개했다. 9월에 운요호는 강화도 초지진에 무단으로 접근하다가 조선군과 교전했다. 교전 직후 일본군은 포격을 가하며 영종도에 상륙해 각종 물자를 약탈했다. 일본 정부는 무력 충돌의 책임을 조선에 돌리고, 운요호사건을 빌미로 조선에 근대적인 조약을 관철시키고자 했다. 이에 전권대신 구로다 기요타카(黑田清隆, 1840~1900)와 부대신 이노우에 가오루(井上馨, 1836~1915)를 조선으로 파견했다. 조선 정부는 신헌(申櫶, 1811~1884)과 윤자승(尹滋承, 1815~?)을 접견대관과 부관으로 임명해 일본과의 교섭에 임했다. 1876년 2월 강화도에서 조선과 일본의 교섭이 시작됐다. 구로다 일행은 조선 정부에 운요호사건에 대한 사죄를 요구하고, 13개조의 조약 초안을 제출했다. 그들은 교섭이 결렬된다면 일본이 수만 명의 병력을 이끌고 조선을 침략할 것이라고 협박했다.

당시 조선 조정에서는 최익현이 왜양일체론(倭洋一體論)을 주장하는 등 일본과 조약 체결을 반대하는 여론이 우세했다. 그러나 고종과 집권층은 조일수호조규가 조선과 일본의 오랜 우호관계를 회복하는 것에 지나지 않으며, 일본이 서양과 다르다는 왜양분리론(倭洋分離論)으로 그들의 주장을 일축했다. 여기에 더해 박규수(朴珪壽, 1807~1876)는 일본의 침략을 저지하기 어렵다는 현실적인 이유 등을 들어 대일 교섭을 주장했다. 고종은 일본과 조약 체결을 위한 협상을 지시했다.

1876년 2월 27일(음력 2월 3일) 조선과 일본은 12개 조관으로 구성된 조일수호조규를 체결했다. 제1관에서는 "조선국은 자주국이며 일본국과 더불어 평등한 권리를 보유한다"고 규정했다. 표면상으로는 조선이 자주국임을 대내외에 선포했지만, 그 이면에는 청국의 종주권을 부정하려는 일본의 의도가 담겨 있었다. 또한 일본의 조선 해안 측량 및 지도 작성을 허용함으로써(제7관), 일본은 군사적 목적으로 이를 시행할 수 있게 됐다.

조일수호조규 중 일부

제1관 조선국은 자주국이며 일본국과 더불어 평등한 권리를 보유한다.

제4관 (⋯) 조선국 정부는 모름지기 별도로 제5관에서 기재한 2곳의 항구를 개방해 일본국 인민이 왕래하면서 통상하게 하며, 해당 지역에 나아가 땅을 빌리거나 집을 짓고 혹은 사람들이 있는 집에 임시로 살고자 한다면 각각 그 편의를 따라 들어주도록 한다.

제10관 일본국 인민이 조선국에서 지정한 각 항구에 재류하면서 만약 죄를 범해 조선국 인민과 교섭해야 하는 것은 모두 일본 관원에게 귀속시켜 심의하고 처단한다. 만약 조선국 인민이 죄를 범해 일본국 인민과 교섭해야 하는 것은 모두 조선 관원에게 귀속시켜 조사 처리한다. 각자 국법에 의거해 신문하고 처단할 것이며, 추호도 두둔하고 편드는 일 없이 공평하고 사리에 맞음을 보여주도록 힘써야 한다.

조일수호조규를 통해 일본은 경제적 측면에서 조선에 쉽게 진출하게 됐다. 제4관과 제5관에서는 부산의 개항 및 2개 항구 추가 개방, 개항장 내 일본인 거류지(조계지) 설치를 규정했다. 개항장 내 영사관 설치와 영사 파견(제8관) 및 일본 상인의 자유로운 상행위 보장(제9관), 조선에서 일본인의 치외법권을 허용(제10관)하는 내용도 있었다. 이를 통해 일본인은 개항장에서 조선의 법적 규제를 받지 않은 채 자유롭게 상행위를 하고 거류할 수 있는 특권을 확보했다.

1876년 8월 24일(음력 7월 6일) 조선과 일본은 조일수호조규를 보완하는 조일수호조규부록과 조일무역규칙까지 체결했다. 조일수호조규부록을 통해 일본인은 조선 개항장 10리 이내 지역에서 자유로운 활동을 보장받았으며, 조선에서 일본 화폐를 사용할 수도 있게 됐다. 특히 조일무역규칙 중 제6칙("이후 조선국 항구에 주류하는 일본 인민은 쌀과 잡곡을 수출입할 수 있다.")으로 일본 상인은 조선에서 미곡 무역을 보장받았고, 일본 선박은 조선에서 톤세를 면제받았다. 일본 측 협상 담당자 미야모토 오카즈(宮本小一, 1836~1916)는 조선 측 담당자 조인희(趙寅熙)와 왕복 문서를 통해 조선의 수출입 상품에 대한 무관세를 관철했다.

일반적으로 조일수호조규는 조선이 체결한 불평등조약의 출발이자, 조선이 동아시아 불평등조약체제에 편입하는 계기가 된 조약으로 평가한다. 조선의 거부로 조일수호조규에는 최혜국 대우 조항이 제외됐지만, 일본은 동아시아에서 적용되던 치외법권, 개항 및 조계지 설치를 조선에 관철했기 때문이다. 게다가 일본은 조선에서 톤세와 관세 면제의 특권도 확보했다. 조일수호조규는 외세의 조선 진출 및 침략의 단초를 제공했으며, 조선은 개항 이후 만성적인 무역적자에 허덕여야 했다.

1880년 5월 조선 정부는 일본의 무관세 무역 및 쌀 수출에 따른 폐단을 시정하기 위해 수신사 김홍집(金弘集, 1842~1896)을 일본으로 파견했다. 일본 외무성은 김홍집이 전권이 없다는 이유로 교섭 자체를 거부했다. 이에 그는 도쿄 주재 청국공사 허루장(何如璋, 1838~1891)을 찾아가 근대적 관세제도를 논하고, 러시아의 조선 침략 가능성에 따른 대책을 상의했다. 허루장은 조선의 관세자주권 확보를 권유하며, 러시아 침략에 대한 대책으로 균세정책(均勢政策)[2]에 입각한 서구 열강과의 조약 체결을 제안했다. 특히 그는 서구 열강 중에서 미국과 가장 먼저 체결할 것을 권유했는데, 이는 미국이 일본의

도판2, 3 수신사 김홍집과 서기 강위

1880년 5월, 조선 정부는 조일수호조약 세목을 시정하기 위해 김홍집을 비롯한 58명의 수신사를 일본에 파견했다. 당시 김홍집 일행은 도쿄에 머물며 기념 촬영을 했고, 그때 남긴 흑백 사진 15점이 채색된 채로 현재까지 전해지고 있는데 이 중 8점은 인물의 성명과 직함까지 확인된다. 각 사진은 복장이나 포즈에서 조금씩 차이가 있으나, 뒤 배경과 카펫 무늬는 동일하다. 김홍집 옆에는 '수신사인(修信使印)'이라고 새겨진 인장함이 보인다.

조약 개정안을 조건부로 수락(미일관세개정약서(美日關稅改定約書))[3]한 유일한 서구 열강이었기 때문이다. 미국이 다른 국가를 침탈하지 않았다는 점도 추천의 이유였다. 청국공사관 참찬관 황쭌셴(黃遵憲, 1848~1905)은 '연미론(聯美論)'에 입각한 『조선책략(朝鮮策略)』을 김홍집에게 전달했다. 귀국 후 김홍

---

2   균세정책 균세는 '세력균형(balance of power)'의 번역어로 『만국공법』에서 유래했다. 『만국공법』에서는 균세정책을 강대국이 구축한 질서에 약소국이 편입됨으로써 독립을 유지할 수 있는 책략으로 정의하고 있다. 허루장은 조선이 서구와의 조약 체결을 통해서 강대국이 구축한 질서에 편입돼야만 러시아의 위협을 방지할 수 있다고 주장한 것이다.

3   미일관세개정약서 1878년 미국과 일본은 미일관세개정약서를 체결했다. 이를 통해 일본은 1858년 미일수호통상조약의 협정관세와 1866년 개세약서의 5%의 수입관세율 조항을 폐기하고, 관세자주권 확보 및 무역 관련 규정을 스스로 만들 수 있는 권리를 잠정적으로 보장받았다. 그러나 미일관세개정약서에는 일본과 조약을 체결한 국가들이 위 내용에 동의해야만 효력을 발휘할 수 있다는 단서 조항이 있었다. 영국을 비롯해 프랑스·독일·러시아 등이 일본의 조약 개정 요구를 거부했기에, 미일관세개정약서는 실효를 거둘 수 없었다.

집은 고종에게 관세자주권의 중요성을 강조하고, 미국과의 조약 체결을 건의했다. 1880년 11월 고종은 조선이 서구 열강과 조약을 체결할 의사가 있음을 청 정부에 전달했다. 조선 정부는 조사시찰단 조사를 바탕으로 관세자주권 확보 및 주요 수입품의 관세율을 10%로 규정하는 통상 방침을 수립했다.

당시 조선 조야에서는 보수 유생층을 중심으로 위정척사(衛正斥邪)운동이 일어나고 있었다. 위정척사파는 서학(西學)을 사학(邪學)으로 규정하고, 정부의 대미(對美) 수교 방침에 반대했다. 조선 정부는 위정척사파 인사들을 처벌해 문호개방정책에 반대하는 여론을 차단하고자 했다.

1881년 11월에 조선 정부는 영선사 김윤식(金允植, 1835~1922)을 톈진으로 파견했다. 김윤식은 청의 북양대신 리훙장(李鴻章, 1823~1901)에게 조선의 관세자주권 및 주요 수입품의 관세율을 10%로 명시한 조약 초안을 제시했다. 그는 대미 수교를 위한 청 정부의 중재를 요청하고, 조약 체결 교섭에 참여하고자 했으나 리훙장이 거부했다. 1882년 3월 톈진에서 리훙장과 미국 전권대사 로버트 W. 슈펠트(Robert W. Shufeldt, 1850~1934)의 교섭이 시작됐다. 리훙장은 조약 제1조에 "조선은 청의 속방이다"라는 문구를 삽입하려고 했다. 슈펠트가 반대하자, 리훙장은 김윤식에게 속방조회문을 미국 정부에 통지할 것을 요구했다. 청은 속방조회문을 통해 조선이 청의 속방임을 대외적으로 인정받고자 했다. 1882년 5월 슈펠트와 청의 마젠중(馬建忠, 1845~1900)이 제물포에 도착하자 조선 정부는 전권대신 신헌과 부대신 김홍집을 제물포로 파견했다. 그리고 조선과 미국은 1882년 5월 22일(음력 4월 6일)에 14개 조로 구성된 조미수호통상조약(이하 '조미조약')을 체결했다.

조미조약에는 조선이 외세의 침략에 직면했을 때 미국의 개입을 요청할 수 있는 거중조정(居中調整, good offices)이 제일 먼저 포함되었다(제1조). 미국은 치외법권(제4조)과 최혜국 대우 권리(제14조)를 확보했다. 그런데 제5조에서는 조선의 관세자주권을 보장했으며, 수입관세율을 10%(일반품) 이하, 30%(사치품) 이하로 규정했다. 이 조항은 서구 열강으로부터 협정관세와 5%의 수입관세율을 강요받았던 청과 일본의 조약과 달랐다. 게다가 조미조약은 청과 일본에서 서양인의 참여를 보장했던 개항장 간 무역을 금지했다. 청에서 서양 상인에게 부여했던 내지통상 역시 허용되지 않았다. 조선은 통상과 관련해 청과 일본보다 유리한 내용으로 미국과 조약을 체결할 수 있었다.

조미조약 체결 소식이 알려지자, 영국과 독일은 청 정부에 조선과 조약 체결을 위한 중재를 요청했다. 영국과 독일은 조미조약과 동일한 내용으로 조약을 체결해야 한다는 리훙장의 제안을 받아들였고, 조선은 영국(제1차 조영조약), 독일(제1차 조독조약)과 차례로 조약을 맺었다.

그런데 도쿄 주재 영국공사 해리 스미스 파크스(Harry Smith Parkes, 1828~1885)는 제1차 조영조약 비준을 반대했다. 청과 일본이 제1차 조영조약을 근거로 영국에 조약 개정을 요구할 것을 우려했기 때문이다. 이에 1883년 11월, 영국은 새로운 조약 체결을 위해 파크스를 전권대사로 서울에 파견했다. 조선과 영국의 조약 교섭에서 쟁점이 된 부분은 수입관세율이었다. 조선 정부는 면제품을 비롯한 주요 수입품의 관세율을 8%로 정했다. 이는 1883년 7월 체결한 조일통상장정에서 적용한 세율이었다. 파크스는 7.5%의 수입관세율 적용을 주장했다. 이는 청에서 실질적으로 시행 중인 수입관세율(수입관세율 5%+내지세 2.5%)에 기초한 것이었다. 파크스는 주요 수입품의 관세율을 7.5%로 하되, 일부 품목의 세율을 상향 조정하자는 타협안을 제시했다. 당시 협상을 지휘했던 고종과 중전 민씨는 파크스의 제안을 수용했다. 조약 협상이 결렬됐을 경우, 협상 과정에서 배제된 청의 개입을 우려했기 때문이다.

1883년 11월 26일(음력 10월 26일) 조선은 영국과 수호통상조약(제2차 조영조약)을 체결했다. 제2차 조영조약에서는 조선의 관세자주권이 부정됐다. 조선이 수입관세율을 외형적으로 4단계(5·7.5·10·20%)로 세분화할 수 있다

조청상민수륙무역장정과 조일통상장정

1882년 10월 4일(음력 8월 23일) 청국은 조선에 조청상민수륙무역장정(朝淸商民水陸貿易章程)을 관철했다. 이 장정에서 청국은 조선이 속방임을 명문화했으며, 조선에서 치외법권 특권을 확보하고, 조선의 수입관세율을 5%로 고정시켰다. 그리고 조선에서 청국 상인의 개항장 간 무역과 내지통상의 특권을 관철했다.

1883년 7월 25일 조선과 일본은 조일통상장정(朝日通商章程)을 체결했다. 이 장정은 조선에서 일본인의 수출입 행위에 따른 절차 및 관련 규정을 담고 있다. 주요 수입품에 대한 관세율을 8%로 하되, 상품별로 5, 10, 25, 30%의 세율을 차등 적용했다. 조선의 관세자주권은 부정됐으며, 일본인은 조선 개항장에서 무역을 할 수 있는 특권과 조선 근해 어업권을 확보했다. 이와 더불어 일본은 조일수호조규에서 확보하지 못한 최혜국 대우 권리도 관철했다.

청국과 일본은 이들 장정을 통해서 서구 열강에게 강요받았던 조약의 불평등한 내용을 조선에 전가했다. 이로 인해 조선은 청국과 일본과의 무역에서 적자를 면치 못했다.

고 했지만, 실제로는 청과 일본에서 시행 중인 관세율과 유사하게 조정됐다. 영국은 조선에서 개항장 간 무역 및 내지통상의 권리를 확보했으며, 최혜국 대우 및 치외법권의 특권도 관철시켰다.

파크스는 청과 일본에서 시행 중이던 조약의 내용을 제2차 조영조약에 집약했다. 독일을 필두로 러시아·이탈리아·프랑스는 제2차 조영조약과 거의 동일한 내용으로 조선과 조약을 체결했다. 조약 비준을 완료한 미국도 최혜국 대우 특권을 근거로 제2차 조영조약의 혜택을 누렸다. 제2차 조영조약은 조선이 서구 열강과 체결한 조약의 원형이 됐으며, 결과적으로 조선은 동아시아 불평등조약체제에 완전히 편입됐다.

근대화 정책의 추진과 갈등

1880년을 전후로 조선 정부는 문호개방을 위한 근대화 정책을 본격적으로 추진했다. 1880년 음력 12월에 통리기무아문(統理機務衙門)을 설치하고, 그 아래 12사를 두어 외교통상 및 군국기무를 전담하도록 했다. 통리기무아문의 위상을 의정부와 동등하게 해 서구식 근대화 정책과 부국강병책을 적극적으로 추진하고자 했다. 통리기무아문은 군대 개편 및 서구식 군대 양성도 주도했다. 1881년 기존의 군사조직인 5군영과 무위소를 무위영과 장어영으로 통폐합했다. 무위영 내에는 서구식 신식 군대를 이끌어갈 간부를 양성하기 위해 별기군을 설치했다. 별기군의 훈련 담당 교관으로 일본인 호리모토 레이조(堀本禮造, ?~1882)를 고용했으며, 소속 군인은 서구식 신식 무기로 훈련을 받았다.

조선 정부는 1881년 초에 조사시찰단을 일본으로 파견했다. 조사시찰단원들은 일본의 정부기관 및 산업시설을 시찰하고, 귀국 후에는 조사 결과를 고종에게 직접 보고했다. 나아가 시찰단원 대부분을 통리기무아문의 관리로 임명해 조사 내용을 개화정책과 관련된 업무에 활용하도록 했다. 1881년 11월에는 영선사(領選使) 김윤식 일행을 청의 톈진 기기국으로 파견해 무기 제조와 전기, 화학, 기계, 외국어 등을 배우도록 했다.

정부의 개화정책이 적극적으로 추진되는 가운데, 한편에서는 개항과 개화정책에 대한 반감과 반대 여론이 확산됐다. 그러다 1882년(고종 19) 7월 19일(음력 6월 5일), 임오군란(壬午軍亂)으로 개화정책에 대한 반발이 폭발했다. 임오군란은 별기군에 비해 차별대우를 받았던 구식 군인이 쌀겨와 모래가

섞인 봉급을 받은 후 이에 항의하는 과정에서 발생한 사건이었다. 군인의 저항운동은 서울의 하층민이 대거 동참하면서 도시 폭동 양상으로 확대됐다. 군인들은 흥선대원군의 지지를 받으며 포도청과 의금부를 습격하고, 민씨 척족 세력 및 개화파 관료의 집도 공격했다. 이 과정에서 민씨 척족인 민겸호(閔謙鎬, 1838~1882)가 사망했으며, 중전 민씨는 궁궐을 빠져나와 장호원으로 피신했다.

흥선대원군 세력과 합세한 성난 군·민은 일본인을 공격하고 일본공사관을 포위해 습격했다. 그 과정에서 별기군 교관 호리모토가 살해되고 상당수 일본인이 피해를 입었다. 일본공사 하나부사 요시모토(花房義質, 1842~1917)는 일본인들과 함께 공사관을 탈출해 제물포에 이르렀으며, 마침 그곳을 항해하던 영국 측량선 플라잉 피시(Flying Fish)호를 타고 나가사키(長崎)로 피신했다. 임오군란이 걷잡을 수 없이 확대되자, 고종은 흥선대원군에게 모든 권한을 위임했다. 흥선대원군은 통리기무아문을 폐지했으며 실종된 중전 민씨의 국상(國喪)을 선포하고, 민씨 척족의 정치적 기반을 무력화하고자 했다.

임오군란의 소식은 나가사키를 거쳐 도쿄와 베이징에도 전해졌다. 일본 정부는 병력과 함께 하나부사 공사를 다시 서울로 파견했고, 리훙장은 우창칭(吳長慶, 1829~1884) 휘하 청군 3,000여 명을 조선으로 출동시켰다. 흥선대원군은 청군과 회담을 통해 군란 수습 방안을 모색하려고 했으나, 청군은 군란에 대한 책임을 지워 흥선대원군을 톈진의 보정부로 압송하고 임오군란에 관여했던 군인들을 처단했다. 개화 세력에 반발한 임오군란이 진압되자, 고종은 척화비를 제거하라고 발표했다. 이를 통해 서구를 향한 문호개방과 근대화 정책 추진을 공식화했다. 조선 정부는 일본과 제물포조약을 체결해 임오군란 당시 일본의 인적·물적 피해에 대한 배상과 사죄, 사절단의 파견을 약속했다. 임오군란 후에도 청군은 철수하지 않고 서울에 계속 주둔하며, 1882년 10월 조청상민수륙무역장정을 체결해 조선에 대한 정치·경제적 간섭을 본격화했다.

개화당 인사들은 청의 내정 간섭에 반발했다. 제물포조약의 비준을 위해서 일본에 갔던 박영효(朴泳孝, 1861~1939)와 김옥균(金玉均, 1851~1894)은 서구 열강을 상대로 반청 자주외교를 전개했다. 그들은 영국공사 파크스에게 청의 간섭을 비판하고, 조영조약의 비준을 통해 조선의 독립을 지지해줄 것을 요청했다. 그러나 개화당의 노력에도 불구하고 조선 내에서 청의 영향력은 점차 커져갔다. 위안스카이(袁世凱, 1859~1916)와 마젠창(馬建常, 1840~1939)은 조선의 군사·외교·재정에 개입했으며, 리훙장의 추천으로 묄렌도르프(Paul George von Möllendorff, 1848~1901)가 통리교섭통상사무아문 협판으로 임명됐다. 친청 세력(사대당)이 정권을 장악한 상황에서 반청 세력인 김옥균은 일본과 미국으로부터 차관을 도입하는 데 실패했고, 한성판윤 박영효가 광주부윤으로 좌천되면서 조정 내에서 개화당의 입지는 축소됐다.

1884년 6월경 김옥균, 박영효, 홍영식(洪英植, 1856~1884), 서광범(徐光範, 1859~1897), 서재필(徐載弼, 1864~1951)을 중심으로 한 개화당 인사들은 급진적인 개혁 방안을 모색했다. 그리고 청불전쟁의 발발로 조선에 주둔한 청군 1,500여 명이 철수하자, 개화당은 본격적인 정변 준비에 착수했다. 박영효와 윤웅렬(尹雄烈, 1840~1911)이 양성했던 군인과 사관생도 등을 포섭해 병력을 확보하고, 일본공사 다케조에 신이치로(竹添進一郎, 1842~1917)에게 일본군 지원을 약속받았다.

개화당은 1884년 12월 4일(음력 10월 17일) 우정국 축하연에서 갑신정변을 일으켰다. 정변 주도 세력은 친청 세력의 핵심 한규직(韓圭稷, 1845~1884), 윤태준(尹泰駿, 1839~1884), 이조연(李祖淵, 1843~1884)과 민씨 척족 민태호(閔台鎬, 1834~1884), 민영목(閔泳穆, 1826~1884)을 처단했다. 고종의 거처를 경우궁으로 옮기고, 자체 병력과 일본군으로 경우궁을 호위하도록 했다. 개화당은 개혁 구상을 담은 정령(政令)을 반포했다. 정령은 현재 14개조만 전해지지만, 원래 80여 조항에 달했다고 한다. 개화당은 정령 제1조에서 청에 대한 "조공 허례는 의논해 폐지"하겠다고 밝힘으로써, 청으로부터 완전한 독립을 지향했다. 또한 호조를 중심으로 재정을 통합하고, 지조법(地租法) 개혁을 통해 재정 확충을 도모했다. 인민 평등권을 제정해 신분제 폐지를 구상하고, 조세·교육·군역 등에서 평등을 지향했다. 군사적으로는 4영(營)을 1영으로 통합해 서구식 훈련과 편제를 도입해 운영하고자 했다.

정령에 드러난 개혁의 핵심은 정치체제와 국가권력 운영에 대한 구상이었다. 개화당은 정부조직을 전통적 의정부와 육조로 일원화해 효율적으로 구축하려고 했다. 또한 대신과 참찬이 참여하는 의정소 회의에서 국정을 협의·결정하고 국왕이 재가하도록 해 왕권을 제한했다. 또한 문벌을 폐지하고 전국의 보부상 조직을 통제했던 혜상공국(惠商公局, 1885년 '상리국(商理局)'으로 개칭)을 혁파해 민씨 척족의 정치·경제적 기반을 와해시키고, 인재 등용 및 흥선대원군 세력과의 연대를 통해 정치적 외연을 확장하고자 했다. 개화당은 민씨 척족 세력을 제거하고 왕권을 제약하는 과정에서 고종과 중전 민씨의 반감을 샀다. 정변 3일째인 12월 6일, 청군은 고종 호위를 명분으로 개화당과 일본군을 공격했다. 청군은 조선의 좌우영군과 협조해 개화당 병력과 일본군을 제압했다. 이로써 갑신정변은 3일 만에 막을 내렸다. 김옥균·박영효·서광범·서재필은 일본으로 망명했으며, 홍영식은 고종을 보좌하다가 살해됐다.

정변 과정에서 발생한 청일 간의 무력 충돌과 일본의 개입은 외교문제로 비화됐다. 1885년 1월 9일 조선 정부는 일본에 사의를 표명하고, 일본인이 입은 피해에 대한 사죄 및 보상, 일본공사관 신축 자금 지불 등을 약속하는 한성조약(漢城條約)을 체결해 갑신정변 문제를 매듭지었다. 1885년 4월 18일

정령 14개조

제1조 대원군을 즉시 환국하도록 할 것(조공 허례는 의논해 폐지함).

제2조 문벌을 폐지해 인민 평등의 권리를 제정하고, 사람으로서 관직을 택하게 하고 관직으로써 사람을 택하지 말 것.

제3조 전국적으로 지조법을 개혁해 관리들의 부정을 막고 백성의 곤경을 구제하며, 더불어 국가 재정을 넉넉하게 할 것.

제4조 내시부(內侍府)를 혁파하고, 그 가운데 우수한 재능이 있는 자는 등용할 것.

제5조 전후로 부정해 나라를 병들게 한 것이 두드러진 자는 정죄(定罪)할 것.

제6조 각 도의 환곡은 영구히 중단할 것.

제7조 규장각을 혁파할 것.

제8조 급히 순사(巡査)를 두어 도둑을 막을 것.

제9조 혜상공국을 혁파할 것.

제10조 전후로 유배간 자와 금고(禁錮)된 자는 그 사정을 고려해 석방할 것.

제11조 4영(營)을 합해 하나의 영으로 하고, 영 중에서 장정을 뽑아 근위대를 급히 설치할 것(육군대장은 우선 세자(世子)궁으로 한다).

제12조 무릇 국내 재정은 모두 호조가 관할하고, 그 외의 모든 재정 관청은 폐지할 것.

제13조 대신과 참찬(새로 임명한 6명은 지금 그 이름을 쓸 필요가 없다)은 매일 합문(閤門) 안의 의정소(議政所)에서 의논해 아뢰어 결정하고, 정령(政令)을 반포해 시행할 것.

제14조 의정부와 6조 외에 무릇 불필요한 관청은 모두 혁파하고, 대신과 참찬으로 하여금 참작 협의해 아뢰도록 할 것.

청의 리훙장과 일본의 이토 히로부미(伊藤博文, 1841~1909)는 조선 내 청일 군대의 동시 철수, 청과 일본이 배제된 제3국 군사교관의 조선군 훈련, 청과 일본이 조선에 군대를 파견할 때 상대국에 미리 통보한다는 내용을 담은 톈진조약을 체결했다.

자주적 외교정책의 전개

1885년 4월 15일 영국은 거문도를 불법으로 점령했다. 영국이 거문도를 점령했던 데에는 아프가니스탄에서 러시아와 갈등이 고조되자 블라디보스토크를 공격하기 위한 전초 기지이자 석탄저장소로 활용하려는 목적이 있었다. 조선 정부는 『만국공법』을 인용해 점령의 불법성을 주장하고 영국의 거문도 점령에 항의했다. 영국은 거문도 임대를 시도했지만, 조선 정부는 무조건 철수를 주장하면서 영국의 제안을 거부했다. 결국 영국은 청을 통해 러시아가 조선을 침략할 의지가 없다는 것을 확인(리훙장-라디젠스키 협약)하고, 1887년 2월에 거문도에서 철수했다.

갑신정변 직후 묄렌도르프와 일본 주재 러시아 외교관은 영흥만을 러시아에 조차(租借)해주는 대가로 러시아가 조선을 보호하고 군사교관을 파견하기로 약속했다. 1885년 5월에 주일 러시아 공사관의 서기관 알렉세이 슈뻬이예르(Alexei de Speyer, 1854~1916)는 조선 정부에 러시아 군사 교관을 임명하라고 압박했다. 그러나 조선 정부는 러시아 훈련 교관을 고빙하겠다는 약속을 부인했으며, 청의 압박으로 묄렌도르프를 외아문 협판에서 해임했다. 1886년에도 고종이 러시아의 보호를 받는 대가로 영흥만을 러시아에 제공하기로 약속했다는 소문(제2차 조러밀약설)이 돌았다. 이 소문은 사실 자체가 불분명했지만, 위안스카이는 고종 폐위를 주장하면서 조러밀약설에 강경하게 대응했다. 이렇게 갑신정변 이후 조선의 독립은 크게 위협받았다. 청은 조선의 내정과 외교에 대한 간섭을 강화했고, 조선을 둘러싸고 청과 일본의 대립이 심화됐다.

한편 고종은 1885년 5월 궁궐 안에 내무부(內務府)[4]를 설치하고 군국기

4　내무부 1885년부터 1894년 갑오개혁 직전까지 사실상 국정 최고 의결 및 집행기구로 기능했다. 갑신정변 이후 청국의 간섭이 심화됐으며, 그 과정에서 친청 세력이 통리교섭통상사무아문(統理交涉通商事務衙門, 외아문)을 장악했다. 고종은 외아문 기능 약화, 군주권 보존, 그리고 부국강병을 위한 목적에서 내무부를 신설했다. 내무부는 재정·군사·외교·산업을 포괄하는 국정 업무를 주관함으로써, 정부의 개

도판4 영국 해군과 거문도 주민

1885년 4월부터 1887년 2월까지 영국이 거문도를 점령할 당시, 거문도 주민은 가뭄에 따른 굶주림의 고통을 겪고 있었다. 영국 해군은 거문도 주민으로부터 막사 부지를 비롯한 기지 건설을 위한 토지를 임대했고 막사 등의 건물을 짓는 데 거문도 주민이 참여했다. 이 과정에서 영국 해군은 거문도 주민에게 임대료와 임금을 지급했으며, 그 덕분에 거문도 주민들은 기아에서 벗어날 수 있었다. 이를 계기로 영국 해군은 거문도 주민과 우호관계도 맺었다. 하지만 영국은 거문도를 완전히 기지화하는 구상을 하며 거문도 주민의 퇴거를 계획하기도 했다.

무를 총괄하도록 했다. 내무부는 군사·재정·외교 등 개화·자강정책을 추진했다. 고종은 내무부를 통해 자주권 회복을 도모하고, 대외적으로 공사를 파견해 독립국임을 증명하고자 했다. 1887년 8월 18일(음력 6월 29일)에는 박정양(朴定陽, 1841~1904)을 미국 주재 공사로, 심상학(沈相學, 1845~?)을 유럽 5개국(영국·프랑스·독일·러시아·이탈리아) 주재 공사로 임명했다.

청은 최초로 시행되는 조선공사 파견을 반대했지만, 미국 정부가 반발하면서 이를 막을 명분을 내세우기 어려웠다. 이에 청은 박정양을 미국 주재 공사로 파견하는 대신 영약삼단(另約三端)을 맺어 3가지 사항을 준수하라고 요구했다. 첫째는 박정양이 미국에 도착하면 청국공사를 만나서 그의 안내를 받아 미국 국무부로 갈 것, 둘째는 박정양이 각종 외교 모임에서 주미 청국공사보다 상석에 위치하지 말 것, 셋째는 현안이 있을 때 박정양은 청국공

화·자강정책을 추진했다. 하지만 내무부는 청국의 적극적인 내정 간섭정책에 직면했는 데다 내무부의 핵심인 민씨 척족은 부패하고 무능했다. 이로 인해 내무부의 개화·자강정책은 실효를 거두지 못했다.

사와 협의해야 한다는 것이다.

1887년 9월 박정양은 참찬관 이완용(李完用, 1858~1926)과 미국으로 출발해 1888년 1월 워싱턴에 도착했다. 그는 워싱턴 주재 청국공사를 접견하기 전 미국 국무부를 방문했고, 이어서 미국 대통령에게 국서를 제출했다. 그러자 청국공사 장인환(張蔭桓, 1837~1900)은 박정양이 영약삼단을 어겼다고 주장했다. 이 소식을 접한 위안스카이는 고종에게 박정양의 소환을 요구했다. 청의 압력으로 결국 박정양은 부임한 지 1년 만에 소환되어 귀국했다. 유럽공사 심상학의 후임으로는 조신희(趙臣熙)가 임명됐다. 그런데 조신희는 공사로 부임하지 않은 채 홍콩에서 2년여 머물다가 귀국했다.

갑신정변 후 조선의 외교정책은 청이 간섭하지 못하게 하면서 국제법적으로 조선의 독립을 밝히는 방향으로 시도됐다. 도쿄 주재 조선공사였던 김가진(金嘉鎭, 1846~1922)은 도쿄에서 오스트리아-헝가리 제국과의 조약 체결을 추진해 청의 간섭을 배제하고 조선이 독립국임을 알리고자 했다. 한편으로는 청이 재정 면에서 지배하는 것을 극복하기 위해 고종이 미국·프랑스·일본 등과 차관 교섭을 시도했지만, 청의 방해로 실패했다. 결국 조선 정부는 해관세(海關稅)를 담보로 청으로부터 차관을 들여와야 했으며, 그로 인해 조선의 내정과 외정에 걸친 청의 간섭은 더욱 심화될 수밖에 없었다.

유길준의 「중립론」

유길준은 1885년 「중립론(中立論)」을 저술했다. 이 글은 유럽의 벨기에서 적용 중이던 중립화에 불가리아식을 더한 것으로, 그 내용은 청이 맹주가 되어 영국·프랑스·일본·러시아와 조선 중립화조약을 체결하자는 것이었다. 유길준은 중립화 조약을 통해 러시아가 침략해올 가능성을 차단하고자 했다. 내용의 일부는 아래와 같다.

"오직 중립 한 가지만이 진실로 우리나라를 지키는 방책이다. 그러나 이를 우리가 먼저 제창할 수 없으니 그것은 중국에 요청해 처리하도록 해야 한다. 만일 중국이 혹 일을 핑계 삼아 즉시 들어주지 않으면 오늘 청하고 내일 또 청해서 중국이 맹주가 되어 영국·프랑스·일본·러시아 등 아시아 지역과 관계 있는 여러 나라와 회동하고 이 자리에 우리나라를 보내어 공동으로 맹약을 체결하기를 구해야 한다."

4   동학농민전쟁의 전개

민란과 변란

19세기 조선사회는 집권층의 수탈이 심화되면서, 그에 따른 민중의 대응도 다양하게 나타났다. 관청이나 지주에게 납부해야 하는 조세나 지대를 거부하거나 자신의 거주지에서 이탈했으며, 고을 단위로 민중이 모여서 수령에게 민원을 호소하기도 했다. 그리고 '민란(民亂)'과 '변란(變亂)'이 있었다.

'민란'은 향촌사회의 부정부패한 수령과 이서배(吏胥輩)를 징계해 다스리고 폐습을 바로잡으려는 데 목적이 있었다. 민란의 주체는 향촌사회에 뿌리를 두고 일상생활을 하는 민으로, 주로 고을 단위에 국한된 경우가 많았으며 무장력을 갖추지는 않았다. 그들은 주로 부세제도 등을 국법 내지는 왕법(王法)에 맞게 실시하자고 호소했으나 왕조 질서 자체에 도전하지는 않았다. 그런 이유로 민란은 일반적으로 민중의 억울함을 호소하다가 국왕이 회유하면 바로 가라앉는 양상을 보였다.

한편 '변란'은 말세(末世)를 강조하면서 제세안민(濟世安民)을 위해 왕조를 타도하고 새 왕조를 개창하자는 정치적 목적이 강했다. 변란의 주체는 향촌사회에서 소외된 양반 혹은 중인 계층이었다. 그들은 빈민과 유랑민을 경제력으로 포섭하고 고을 단위를 벗어나 지역 간 연대를 통해 세력을 확장하며 무장력을 갖췄다. 조정에서도 민란과 변란을 구분해 인식했다.

1862년에 일어난 임술민란은 삼정문란으로 야기된 조선사회의 모순이 폭발한 결과였다. 단성 지역에서 시작된 민란은 진주를 거쳐서 경상도·전라도·충청도 일대와 제주도로 확대됐다. 농민은 관아를 부수고 부세·환곡·고리대·소작료를 통해 농민을 수탈했던 이서배·향임층·토호 양반·지주 부호층 등을 공격했다. 아울러 전결세의 정액 금납화, 신분제에 입각한 조세 차별 혁파, 명목에 없는 세금 부과 및 중간 수탈 금지 등을 요구했다. 조선 정부는 안핵사·선무사·암행어사를 파견해서 민란 수습을 시도했다. 민란 지역의 수령을 파직하고 민란 주모자를 처벌했다. 그럼에도 민란은 3남 지역으로 확대됐으며, 그럴수록 조선 정부는 민란을 강경하게 진압했다. 삼정이정책(三政釐正策)으로 환곡을 폐지하고, 전정과 군역 운영의 폐단을 완화하고자 했다. 당연히 환곡 이자를 운영비로 충당했던 정부 내 기관과 지방 관헌은 환곡 폐지를 반대했다. 관리가 부당하게 소유했던 환곡 원곡을 농민에게 전가하는 폐단도 발생했다. 결국 조선 정부는 삼정이정책 실행을 중단했다.

1894년 일어난 동학농민전쟁은 지방 관리의 부정부패에서 출발했다는 점에서 임술민란과 유사성이 있다. 하지만 동학은 1893년 교조신원운동 단계에서부터 격문을 통해 외세에 대한 반감을 표출하는 양상을 보였다는 차이도 있다. 이는 개항 이후 미곡이 주요 수출상품으로 전환되면서 대부분의 미곡 잉여분을 지주층과 외국 상인이 사실상 수탈해갔고, 이로 인해 농민층이 몰락했다는 점과 밀접한 관계가 있다. 동학의 지도자들은 지역 단위의 연대를 통해 민란의 지역적 고립성을 극복했으며, 지방 관리에서부터 중앙집권층까지 모두 개혁해야 한다고 주장하며 조선사회의 모순을 근본적으로 해결하고자 했다.

교조신원운동

경주의 몰락한 양반 최제우는 혼란에 빠진 나라를 돕고 민중의 삶을 편안하게 하기 위해서는 천명(天命)을 올바로 이해할 수 있는 새로운 사상이 필요하다고 판단했다. 이에 그는 1860년 민간신앙과 유교·불교·도교사상을 융합한 동학을 창시하고, 동학의 근본사상으로 시천주(侍天主)[5]를 제시했다.

동학은 삼정문란으로 고통받던 민중을 중심으로 확산됐다. 특히 최제우가 동학을 창시한 경주를 중심으로 동학교도 수가 증가했다. 그러나 조선 정부는 동학을 사교(邪敎)로 규정하고, 동학에 대한 대대적 탄압을 전개했다. 심지어 1864년에는 세상을 어지럽히고 백성을 속인다는 혹세무민(惑世誣民)의 죄목으로 최제우(崔濟愚, 1824~1864)를 처형했다. 이후 제2대 교주 최시형(崔時亨, 1827~1898)은 정부가 지속적으로 탄압함에도 교단을 재건하고 교세를 확장하고자 노력했다.

1871년, 이필제(李弼濟, 1825~1871)가 동학교도들과 함께 경상도 영해부 관아를 습격하고 수령을 처단한 사건인 '이필제의 난'이 발생했다. 이필제의 난은 영해 지역의 동학교도를 탄압한 것이 직접적 원인이었다. 동학교도들은 최제우의 억울함을 풀어주고 동학의 종교적 자유를 주장하는 교조신원운

---

5   시천주 시천주는 누구나 절대자를 상징하는 천주를 마음속 깊이 모시고, 그 말씀을 따르면 인생 최고의 목표에 도달할 수 있다는 의미다. 시천주사상에는 인간이 신분·남녀·빈부와 상관없이 모두 평등하며, 누구나 수행을 통해 군자가 될 수 있다는 정신이 담겨 있었다.

동(教祖伸寃運動)을 전개했다. 이필제는 이보다 수개월 전부터 영해 인접 지역의 민중을 모으고 있었는데, 그러한 점에서 고을 단위로 전개됐던 과거 여러 민란이 지닌 지역적 고립성의 한계를 벗어나는 양상을 보였다. 실제로 조정에서도 이필제의 난을 변란으로 규정했다. 정부 관군은 5일 만에 이필제의 난을 진압하고, 동학에 대한 탄압을 강화했다. 그럼에도 동학의 교세는 위축되지 않았다. 이후 갑신정변으로 정국이 혼란을 겪으면서 동학에 대한 정부의 탄압이 완화되자, 이를 기회로 최시형은 동학 교단을 정비하고 교세를 더욱 키워갔다.

한편 당시 향촌사회에서는 수령과 이서배의 민중 수탈이 계속됐다. 집권층의 매관매직 현상도 여전히 성행했다. 매관매직으로 관직을 얻은 수령들은 과다한 세금 부과와 부정부패로 부를 축적했고, 그 과정에서 민중에 대한 수탈이 강화되는 악순환이 반복됐다.

1892년 음력 10월, 동학 교단은 충청도 공주에서 집회를 개최했다. 동학 지도자들은 충청감사 조병식(趙秉式, 1823~1907)에게 교조신원과 탐관오리의 수탈 금지를 요청하는 청원서를 제출했다. 조병식은 동학금단령 해제는 조정에서 처리할 문제라며 교조신원 요청을 받아들이지 않았지만, 동학교도에 대한 탐관오리의 수탈 금지를 약속했다. 동학 지도자들은 이러한 성과를 바탕으로 향후 집회 계획에 희망을 품게 됐다. 그해 음력 11월 동학 지도자들은 전라도 삼례에서 집회를 개최해 전라감사 이경직(李耕稙, 1841~1895)에게 충청도에서와 마찬가지로 교조신원과 더불어 탐관오리의 수탈 금지를 요청하는 청원서를 제출했다. 이경직은 동학을 이단으로 규정한 정부 조치를 언급하면서, 집회를 해산하고 동학을 믿지 말라고 답했다. 동학교도가 이에 반발하자 이경직 역시 동학교도에 대한 수령의 수탈 금지를 약속했으며, 교조신원에 대해서는 조정에서 처리할 일이라고 밝혔다. 이에 지도자들은 집회 해산을 추진했는데, 교도들은 교조신원을 성취하지 못한 사실에 반발했다. 동학교단은 최시형 명의의 통문에서 임금을 상대로 교조신원운동을 전개할 뜻을 밝히면서 재차 해산을 요청했다.

1893년 음력 2월 동학교단은 대표자 40명을 서울로 보냈다. 그들은 교조신원을 요청하는 상소문을 제출하는 한편, 광화문 앞에서 교조신원과 탐관오리의 처벌을 요청했다. 정부는 동학교도에게 자진 해산을 명하면서 더 이상 죄를 묻지 않겠다고 회유했다. 동학교도들은 목적을 달성하지 못하고 해산할 수밖에 없었다. 정부는 동학교도의 서울행 및 복합상소(伏閤上疏)[6]를 막지 못한 이경직과 한성판윤 신정희(申正熙, 1833~1895)를 파면하고, 복합상소를 주도한 박광호(朴光浩)를 체포하도록 했다.

　정부가 교조신원운동에 강경하게 대응하자, 최시형을 중심으로 동학교단의 지도자들은 1893년 음력 3월 보은에서 대규모 집회를 개최했다. 전국에서 모여든 2만여 명의 동학교도는 교조신원과 종교의 자유를 요구했다. 그무렵 전라도 금구에서도 1만여 명의 동학교도가 집회를 열었다. 이들은 세도가가 탐관오리와 부정부패의 원흉이라며 비판했고, 척왜양(斥倭洋)을 내걸며 의병 봉기를 주장했다. 보은 집회를 시작으로 동학 집회에서는 교조신원과 더불어 반봉건과 반외세의 정치적 구호가 등장했다.

　정부는 보은 군수를 통해 집회 해산을 명령했다. 동학교단이 해산령을 거부하자, 정부는 어윤중(魚允中, 1848~1896)을 보은으로 파견해서 동학 지도부에게 회유와 설득을 시도했다. 동학교단은 어윤중에게 동학을 탄압하지 않겠다는 왕의 회답을 받으면 해산하겠다는 뜻을 밝혔고, 어윤중이 고종의 해산 명령을 전하자, 무력투쟁보다 평화적 노선을 택해 1893년 4월에 집회 해산을 결정했다.

　동학은 교조신원을 통한 종교적 자유를 달성하지 못했다. 그러나 동학 지도부는 교조신원과 더불어 척왜양과 탐관오리 처벌을 주장함으로써 민중의 지지를 얻을 수 있었으며, 이는 1894년 동학농민군의 봉기로 발전하는 계기가 됐다.

제1차 봉기

1894년에 일어난 동학농민군의 제1차 봉기는 전라도 고부에서 시작했다. 당시 고부 군수였던 조병갑(趙秉甲, 1844~1911)은 군민에게 탐학과 수탈을 일삼았을 뿐만 아니라, 중앙정부로 보내는 대동미를 자신이 취하는 부정부패를 자행했다. 여기에다 만석보(萬石洑)를 쌓는다는 명분으로 농민의 노동력을 동원하고, 만석보 물을 사용하는 농민들에게 세금을 징수하기도 했다.

　이러한 상황에 불만을 품은 고부 농민들은 동학 접주 전봉준(全琫準, 1855

6　복합상소 나라에 중대사가 있을 때 조신이나 유생이 상소를 받들고 대궐 문 앞에 엎드려서 호소하는 행위를 말한다.

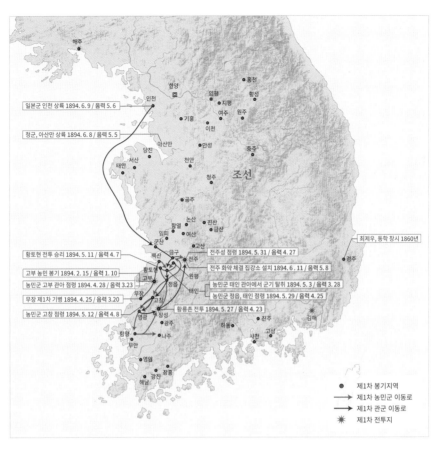

지도에 표시된 내용:

해주

함양

흥천

인천

황성

일본군 인천 상륙 1894. 6. 9 / 음력 5. 6

임평 지평 여주 원주

기홍

청군, 아산만 상륙 1894. 6. 8 / 음력 5. 5

이천

아산만 안성

당진

충주

서산 태안 천안

청주 조선

공주

논산 함열 진산

최제우, 동학 창시 1860년

임피 여산 금산

군산 금구 고산

경주

황토현 전투 승리 1894. 5. 11 / 음력 4. 7

백산 전주

전주성 점령 1894. 5. 31 / 음력 4. 27

고부 농민 봉기 1894. 2. 15 / 음력 1. 10

전주 화약 체결 집강소 설치 1894. 6. 11 / 음력 5. 8

농민군 고부 관아 점령 1894. 4. 28 / 음력 3. 23

황토현 원평

무장 제1차 기병 1894. 4. 25 / 음력 3. 20

고부 정읍 태인

농민군 태인 관아에서 군기 탈취 1894. 5. 3 / 음력 3. 28

무장 고창

농민군 정읍, 태인 점령 1894. 5. 29 / 음력 4. 25

농민군 고창 점령 1894. 5. 12 / 음력 4. 8

영광 장성

황룡촌 전투 1894. 5. 27 / 음력 4. 23

광주

전주 김해

함평 나주

하동 사천 고성

무안

영암

강진 장흥

해남

● 제1차 봉기지역
→ 제1차 농민군 이동로
→ 제1차 관군 이동로
※ 제1차 전투지

지도1 동학농민군 제1차 봉기

동학농민군의 제1차 봉기는 1894년 2월부터 6월까지 지속됐다. 동학농민군은 고부·고창을 점령했다. 황룡촌
에서 관군을 격파한 동학농민군은 정읍·태인, 그리고 전주를 점령했다. 그러나 청국과 일본이 조선에 잇달아
파병하자, 6월 11일 동학농민군은 관군과 전주화약을 체결했다.

~1895)에게 수세 징수 경감을 요청하는 내용이 담긴 민소(民訴) 작성을 부탁
했다. 전봉준은 농민들과 함께 직접 관아를 찾아가 조병갑에게 민소를 제출
했지만, 묵살당했다. 이에 전봉준은 사발통문(沙鉢通文)을 작성해서 동지들
을 모으고, 1894년 2월 15일(음력 1월 10일) 1,000여 명의 동학교도 및 농민과
함께 고부에서 봉기했다. 농민들은 고부 관아를 습격했지만, 조병갑이 전주
로 도망가 그를 처단하지는 못했다. 그렇지만 농민들은 조병갑이 불법적으
로 수탈한 수세미(收稅米)를 군민들에게 돌려줬으며, 만석보도 파괴했다.

조선 정부는 조병갑을 파면하고 박원명(朴源明)을 후임 고부 군수로 임
명했다. 박원명은 농민들에게 봉기의 책임을 묻지 않는 온건한 조치를 취했
다. 대부분의 농민이 곡식을 돌려받은 터라 자진 해산했으나, 전봉준과 일부

45

농민은 봉기를 확대하려는 계획을 세우고 백산으로 거처를 옮겼다.

그러는 중에 안핵사 이용태(李容泰, 1854~1922)가 농민과 동학교도에게 봉기의 책임을 전가하며 그들을 무자비하게 체포하고 살상하는 일이 벌어졌다. 이에 전봉준은 1894년 4월 각 지역 동학 접주들에게 보국안민(輔國安民)과 교조신원을 위해 궐기할 것을 호소하는 통문을 돌렸다. 그 통문에는 전주성을 함락시키고 서울로 진격하자는 것과 탐관오리뿐만 아니라 권력을 장악한 적족을 제거하자는 내용이 담겨 있었다.

1894년 4월 25일(음력 3월 20일) 전봉준이 지도하는 동학농민군 약 4,000여 명은 무장현에서 봉기했다. 그들은 탐관오리 숙청과 보국안민을 내세운 창의문을 발표하고, 고부 관아를 점령했다. 농민군 지도부는 백산에 주둔하면서 1만여 명으로 구성된 농민군을 편성하고, 격문·행동강령 기율을 만들어서 농민군의 기강을 세웠다. 동학농민군은 고부 봉기가 보였던 민란의 지역적 한계를 극복했다. 또한 봉기의 목적이 보국안민과 척왜양임을 밝힘으로써, 조선사회의 모순을 해결하고 국가권력을 장악하려는 의지를 피력했다. 동학농민군은 고부 점령을 시작으로 전라도 일대를 빠르게 차지했으며, 5월 11일(음력 4월 7일) 황토현전투에서 농민군이 감영군을 크게 무찌른 일을 계기로 농민군에 참여하는 사람들도 증가했다.

전라도 내 관군만으로는 동학농민군을 진압할 수 없는 상황에 이르자, 조선 정부는 5월 6일(음력 4월 2일)에 홍계훈(洪啓薰, ?~1895)을 양호초토사(兩湖招討使)로 임명해 진압을 명령했다. 5월 11일 홍계훈은 외국 교관에게 훈련받고 최신 무기를 소지한 약 800여 명의 경군(京軍)[7]을 이끌고 전주성에 입성했다. 그런데 황토현 전투에서 감영군이 패배한 소식이 전해지자, 경군에 소속된 병사 200여 명이 이탈하는 일이 발생했다. 홍계훈이 조정에 요청한 병력을 기다리며 전주성에 머무르는 사이 농민군은 정읍·고창·무장·영광·함평·장성 일대를 차례로 장악하고, 전주성 공격을 준비했다. 조정에서도 홍계훈의 요청에 응해 추가 병력을 보내 농민군을 진압하고자 했으나, 장성전투에서 농민군에게 패배했다. 농민군은 이를 기회로 북진을 거듭한 끝에 5월 31일 전주성에 무혈입성했다.

조정에서는 민영준(閔泳駿, 1852~1935, 민영휘(閔泳徽)로 개명)을 중심으

　　7　경군 한양에서 동학봉기를 진압하기 위해 파견했던 정부군을 말한다.

로 청에 파병을 요청했다. 리훙장은 동학농민군을 진압하기 위한 목적으로 청군 파병을 결정했다. 청의 파병 소식을 접한 일본도 조선에 거류하는 일본인과 공사관을 보호한다는 이유로 조선 파병을 결정했다. 이때 제물포조약과 톈진조약은 일본군 파병의 근거가 됐다.

동학농민군 지도부는 경군에게 강화 방안을 제시했는데, 그중 정부가 폐정개혁안을 수용하면 농민군을 해산하겠다는 내용이 있었다. 지도부가 강화를 제시한 것은 청일 군대가 조선에 주둔할 빌미를 주지 않으려는 의도였지만, 한편으로는 전주성 입성 이후 경군과의 거듭된 전투에서 이기지 못한 농민군 내부의 위기감도 작용했다. 농번기를 맞이해 농민군을 유지하기 어려운 현실적인 상황도 고려됐다.

청일 군대의 주둔을 우려했던 조선 정부도 농민군을 해산해 청일 군대가 철수할 명분을 마련해야 했다. 고종은 신임 전라감사 김학진(金鶴鎭, 1838~1917)에게 농민군이 요구한 탐관오리 징계, 명목 없는 잡세 폐지를 수용할 것을 명령했다. 김학진은 농민군 지도부에 폐정개혁안을 이행할 것을 약속하면서 농민군 해산을 설득했다. 동학농민군과 정부는 6월 11일(음력 5월 8일)에 전주화약을 체결했다. 동학 지도부와 농민군은 각 고을에 집강소를 설치하고 폐정개혁안을 실천에 옮기기 시작했다. 폐정개혁안에는 탐관오리에 대한 처벌을 비롯해 각종 잡세와 노비제도 폐지, 고른 인재 등용, 과부 재가 허용 등의 내용이 담겼다.

제2차 봉기

농민군이 해산했음에도 청군과 일본군은 조선에서 철수하지 않았다. 뿐만 아니라 1894년 7월 23일(음력 6월 21일) 일본군은 불법으로 경복궁을 점령하고, 청일전쟁을 일으켰다. 조정에서는 민씨 척족 정권이 몰락하고 친일적 개혁 관료가 중심이 되는 갑오 정권이 들어섰다. 정권에서 소외된 흥선대원군은 전봉준에게 밀서를 보내 봉기를 촉구했다. 농민군을 이용해 갑오 정권을 무너뜨리고 권력을 장악하려는 의도였다. 한편 일본 낭인들은 전봉준을 만나 민씨 정권을 규탄하면서 농민군의 서울 진격을 선동하기도 했다.

동학농민군 사이에는 일본군이 경복궁을 점령한 직후부터 일본의 침략을 저지하려는 분위기가 조성됐다. 지도부는 농민군의 세력을 확장하고 군량미와 무기를 확충하며, 농민군의 안정적인 운용과 전투 능력 향상을 도모

47

했다. 전봉준은 중앙정부의 동향과 일본의 동태를 면밀히 파악하는 한편 참여할 수 있는 농민군의 범위를 사족과 부호까지 확장하고자 했다. 다만 가을걷이가 끝나지 않았기 때문에 농민군 봉기를 자제했다.

가을걷이가 끝날 무렵 전봉준은 일본군을 몰아내기 위해 제2차 봉기를 본격적으로 추진했다. 그는 교통의 요지이자 대규모 병력 주둔이 가능한 삼례에 각 고을의 집강소를 지휘하는 대도소(大都所)를 두었다. 전라도와 충청도의 집강소에 통문을 보내 농민군을 소집하고 군량미와 무기 등 군수물자를 대도소로 보내줄 것을 촉구했다. 남원과 나주에 각각 주둔했던 김개남(金開南, 1853~1895)과 손화중(孫華仲, 1861~1895)은 인접 지역에 통문을 돌려서 농민군을 모았다. 농민군은 인접 고을의 관아와 산성을 공격해서 봉기에 필요한 무기를 탈취했다. 삼례에 집결해 있던 농민군은 10월 12일에 전주성을 공격해서 화포와 탄환 등의 무기를 확보했다.

최시형을 중심으로 온건파 동학지도자들이 이끌었던 북접은 주로 교조신원운동에만 관심이 있어서 전봉준·김개남·손화중 등이 이끄는 남접 중심의 제1차 봉기에 참여하지 않았다. 하지만 제2차 봉기가 다가오면서 최시형은 입장을 바꾸기 시작했다. 10월 16일(음력 9월 18일) 최시형은 접주들에게 반일을 외친 전봉준의 기포(起包) 요청에 적극적으로 협력하라고 명령했다. 그 결과 북접의 영향 아래 있었던 충청도와 경상도 일대에서도 농민군이 기포해 고을 관아를 공격했다. 10월 말에 이르면 3남 지역에서 시작한 봉기가 강원도·경기도·황해도 일대로 확산됐다. 남접의 농민군과 북접의 농민군은 논산에서 합세했다. 논산에서 대오를 정비한 농민군은 공주를 점령하고 서울로 진격하고자 했다.

동학농민군이 서울로 진격한다는 소문이 나자, 조선 정부는 동학농민군을 진압하기 위해 양호도순무영(兩湖都巡撫營)을 설치했다. 이를 두고 일본은 조선 정부가 동학농민군 진압에 소극적이라고 비판하면서 일본군이 양호도순무영의 지휘권을 장악해 진압을 실질적으로 주도했다. 그리고 일본은 서울에 주둔한 제18대대 일부를 전라도로 보냈고, 동학농민군을 없애려는 목적으로 제19대대를 조선에 추가로 파병했다. 제19대대는 1894년 10월 15일에 동학농민군을 진압하기 위해 용산 주둔지를 떠나 남하를 시작했다. 일본군 지휘부는 제19대대에 충청도와 전라도의 동학 근거지 공격, 농민군의 북쪽 월경 차단, 동학농민군 학살을 명령했다. 동학농민군은 일본군과 일본군

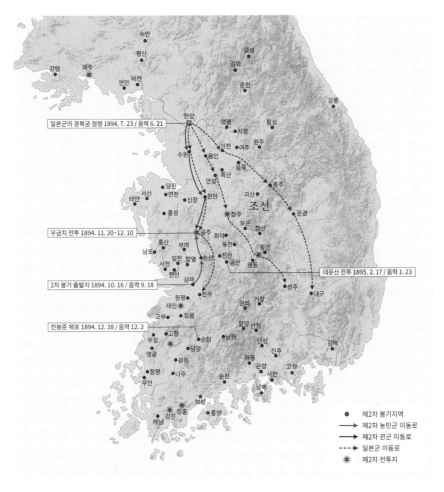

지도2 동학농민군 제2차 봉기

동학농민군의 제2차 봉기는 1894년 10월부터 12월까지 지속됐다. 동학농민군은 일본군을 몰아내기 위해 서울로 진격을 추진하면서 공주감영을 총공세의 목적지로 삼자, 11월 말부터 공주 일대에서 동학농민군과 일본군 및 조선군 사이에 치열한 전투가 진행됐다. 12월 10일 농민군은 우금치 전투에서 일본군의 우세한 화력을 극복하지 못하고 패배했다.

의 지휘를 받는 조선 정부군의 공격에 직면했다.

전봉준은 가을걷이가 마무리된 11월 9일경 동학농민군에게 북상할 것을 명령했다. 동학농민군은 공주감영을 총공세의 목적지로 삼았다. 손병희(孫秉熙, 1861~1922)가 지휘하는 동학 북접의 농민군도 이에 합세했다. 하지만 일본군 제19대대와 조선 정부군도 동학농민군을 진압하기 위해 출동했다. 결국 11월 하순부터 공주를 둘러싸고 이인·효포·우금치에서 양측 간에 치열한 전투가 전개됐다. 공주를 둘러싼 공방전에서 농민군이 패배하자, 전봉준은 논산 초포에서 전열을 재정비하고 각 지역에 원병을 요청했다.

49

　　12월 6일(음력 11월 10일) 전열을 정비한 동학농민군은 일본군 주력부대가 주둔한 우금치를 압박하기 위해 효포와 이인으로 진격했다. 다음 날인 7일에는 우금치를 향해 공격을 개시했다. 이미 우금치 고지대에 방어 진지를 구축한 일본군과 조선 정부군은 동학농민군을 향해 일제히 총탄을 퍼부었다. 동학농민군은 불리한 지형적 조건 및 일본군과 조선 정부군의 우세한 화

전봉준 공초

1894년 12월 2일 전봉준이 체포된 이후, 1895년 2월 9일에서 1895년 3월 10일까지 약 한 달간 총 5차례에 걸쳐 심문한 기록이다. 당시 농민군의 봉기 배경과 목적, 궁극적으로 지향하고자 했던 바를 확인할 수 있는 귀중한 자료다.

심문: 비록 탐관오리라고 해도 명색이 반드시 뒷일이 있을 것이니 상세히 말하라.

전봉준 진술: 지금 그 상세한 내용을 다 말할 수 없고 그 대략을 말하겠습니다. 첫째는 백성들의 보 아래에 보를 새로 쌓고는 가혹하게 민간에게 명령해 상등 논에는 1두락(斗落)에 2말을 거두고 하등 논에는 1두락에 1말을 거두니 도합 세금이 700여 석이었고, 백성들에게 황무지를 주어 경작해 먹는 것을 허락하면서 관에서 문서로 증빙해 징세하지 않겠다고 하더니 정작 가을 추수기가 되자 강제로 거둔 일이오. 둘째는 부민(富民)에게 강제로 빼앗은 돈이 엽전 2만여 냥이고, 셋째는 그 아비가 일찍이 태인 군수를 한 적이 있으므로 그 아비를 위해 비각(碑閣)을 세운다 말하고 강제로 거둔 돈은 1,000여 냥이오. 넷째는 대동미(大同米)를 민간에서 징수할 때는 고운 백미(白米)로 16말에 해당하는 값을 정해 거두어들이고 상납할 때는 거친 쌀로 바꿔 그 차액을 착복한 일이오, 그 외에도 허다한 내용은 이루 다 적을 수 없습니다.

(중략)

심문: 다시 기포한 것은 무슨 까닭인가.

전봉준 진술: 그 후에 들으니 일본이 개화라 칭하고 처음부터 민간에 일언반구도 언급하지 않고 또 격문도 없이 군사를 이끌고 우리 도성에 들어가 야반에 왕궁을 습격해 임금을 놀라게 했다 하기로 초야의 사족과 백성들이 충군애국(忠君愛國)의 마음으로 비분강개해 의병을 규합해 일본인과 전투해 이런 사실을 우선 일차 따져 묻고자 함이었습니다.

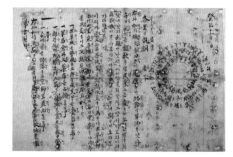

도판5 사발통문
사발통문은 일반적으로 사발을 엎어 그린 격문(檄文)이나 호소문을 일컫는 말이다. 동학농민군은 사발통문에 봉기의 주모자가 드러나지 않도록 원 테두리 밖에 참가자의 명단을 잇달아 적었다.

력을 극복하지 못한 채, 우금치전투에서 많은 사상자를 내고 패배했다. 김개남이 지휘한 동학농민군도 금산과 청주에서 일본군과 조선 정부군의 화력을 이겨내지 못하고 패배했다.

결국 농민군 지도부는 농민군 해산을 명령했다. 그러나 일본군과 조선 정부군은 계속 농민군 토벌 작전을 전개했으며, 그 과정에서 마을이 파괴되고 무고한 양민이 학살당했다. 1894년 12월 28일(음력 12월 2일) 전봉준은 자신의 부하였던 김경천(金敬天)의 밀고로 체포되어 서울로 압송됐다. 김개남도 친구의 밀고로 체포되어 전주에서 처형당했다. 법무아문은 전봉준에게 흥선대원군과의 관계를 집중적으로 추궁했지만, 전봉준은 그에 관해서는 진술하지 않았다. 1895년 4월 24일(음력 3월 30일) 전봉준은 손화중 등과 함께 의금부에서 교수형에 처해졌다.

동학농민전쟁은 반봉건·반외세를 지향한 전국적 민중항쟁이었다. 동학농민군은 탐관오리의 처벌과 매관매직 근절, 노비제도 폐지 및 고른 인재 등용, 과부 재가 허용, 조세제도의 개편을 요구하며 봉건사회의 모순을 타파하고자 했다. 또한 척왜양을 외치며 개항 이후 심화된 외세의 정치·경제적 침탈과 일본의 군사적 침략에 저항했다. 동학에 참여했던 민중은 지역 연대를 통해 전국 단위로 아래로부터의 혁명을 지향했다. 동학농민전쟁은 진압됐지만, 그 경험 속에서 민중은 근대적 개혁, 의병운동, 그리고 민족해방운동의 주체로 성장할 수 있었다.

2.

근 대 국 가 의
수 립 과 좌 절

1 갑오개혁과 근대 국가체제 도입

청·일의 대립과 청일전쟁의 발발

1894년 6월 조선에서 동학농민전쟁이 확대되자, 청과 일본 양국은 이를 정치적으로 이용하려고 했다. 청은 조선을 속방으로 간주하면서 내정에 직접 개입하려고 했다. 때마침 초토사 홍계훈(洪啓薰, ?~1895) 휘하의 장위영 병정들이 전라도 일대를 석권한 동학농민군을 진압하는 데 실패하자, 6월 3일 밤 조선 정부는 당시 정권 실세였던 민영준의 주도 아래 청에 병력 파견을 요청했다.

일본은 1884년 갑신정변을 둘러싸고 청과 군사적 충돌의 위기를 겪었지만, 양국은 조선과 관련된 일에 직접 개입할 때 상호 통지한다는 등의 내용을 담은 톈진조약(天津條約, 1885)을 맺고 청과 외교적으로 타협했다. 이후 일본은 군사력을 키워 조선에 대한 정치적 영향력을 강화하고자 했고, 1894년에 이르러서는 일본의 조선 진출에 걸림돌이라고 여긴 청과 전쟁을 일으킬 기회를 마련하고자 했다. 여기에는 당시 일본 내부의 정치적 갈등을 해소하려는 목적도 있었다.

1894년 6월 초 청이 조선의 요청에 따라 원병을 파견하자 일본도 기다렸다는 듯이 바로 조선에 군대를 보냈다. 일본은 '동학란' 속에서 자국 거류민을 보호해야 한다는 명분을 내세우며, 갑신정변 이후 체결된 제물포조약과 톈진조약을 파병의 근거로 삼았다. 그러나 두 조약은 조선에 군대를 파견할 때 상호 통지한다는 절차상 규정에 불과했을 뿐, 양국이 군대를 파견하는 것을 정당화해주는 것은 아니었다. 결국 양국 군대가 조선에서 맞닥뜨리면서 청일관계는 일촉즉발의 위기를 맞았다.

일본은 청에게 조선의 농민 반란을 해결하기 위해서는 내정 개혁이 필요하다는 점을 강조하고, 청일 양국이 함께 조선 내정에 간섭하자고 제안했다. 청은 조선 정부의 자주적 개혁이 필요하다며 일본의 제안을 거부했다. 사실 이러한 일본의 제안에는 청과 전쟁을 벌일 명분을 확보하려는 의도가 숨겨져 있었다. 일본은 다시 조선의 독립과 속방 문제의 해결을 내세우며 내정 간섭을 추구하는 동시에, 한편으로는 청과의 전쟁을 준비했다.

7월 초에는 일본이 독자적으로 조선 정부에 내정 개혁을 강요했다. 만약 조선 정부가 이를 거부한다면, 조선에 청과의 전쟁에 협력할 새로운 정부를 세울 계획이었다. 조선 정부는 남산 노인정에서 3차례 열린 회의를 통해 거

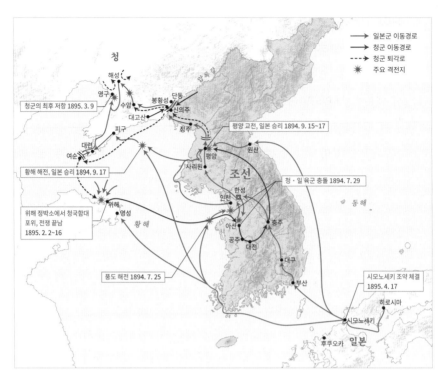

지도3 청일전쟁
1894년 6월부터 1895년 4월 사이에 청과 일본이 조선의 지배권을 놓고 다툰 전쟁의 양상을 보여준다.

부 의사를 밝혔다. 이에 조선 주재 일본공사 오토리 게이스케(大鳥圭介, 1833~1911)는 7월 19일 조선 정부에 최후통첩을 보내 아산에 있던 청군의 철수를 요청하게 하고, 청과 맺은 「조청상민수륙무역장정」 등을 모두 폐기하라고 통보했다. 이는 당시 조선 정부가 받아들이기 어려운 일방적인 강요였으며, 사실은 일본이 고종과 민씨 척족 중심의 조선 정부를 전복하기 위한 수순에 지나지 않았다.

　　7월 23일 새벽, 일본은 결국 군대를 동원해 국왕이 집무하는 경복궁을 점령했다. 일본은 경복궁 강제 점령을 양국 간 우발적 총격에서 비롯된 것으로 꾸몄다. 그러나 여기에는 조선에 대한 지배권을 확보하려는 일본의 의도가 자리했으며, 결국 이 사건은 일본의 대륙 침략, 제국주의화의 본격적 기점이 됐다. 일본 해군은 7월 25일 아산만 입구 풍도에서 청 해군을 기습 공격해 크게 승리했고, 육군은 서울에서 수원을 거쳐 남하해 7월 29일 성환역에 진주해 있던 니에스청(聶士成, 1836~1900)과 아산에 있던 예즈차오(葉志超, 1838~1901) 휘하 청군을 공격했다. 그리고 일본은 8월 1일에야 비로소 메이지 천황의 이름으로 선전포고를 했다. 일본은 조선 독립을 방해한 청을 물리치고 동양의 평화를 이루기 위한 정의의 전쟁이라고 내세웠으나 실제로는 조선과 청에 대한 침략전쟁이었다.

일본군은 서울에서 대대적인 개선식을 치렀다. 그리고 9월 15일 평양에서는 압록강을 넘어 남하한 청 육군과 성환 및 아산 방면에서 패한 후 후퇴해 합류한 부대까지 일거에 격파했다. 이튿날에는 황해 해전에서 띵위안(定遠), 전위안(鎭遠)을 포함한 청 해군을 격파하고 황해의 제해권을 장악했다. 청일의 전쟁터가 압록강을 넘어 중국 랴오닝(遼寧) 및 산둥(山東) 지역으로까지 확대된 것이다. 일본은 이 전쟁에서 조선과 중국의 수많은 민중을 학살하는 만행을 저질렀다.

군국기무처의 수립과 갑오개혁 추진

일본이 경복궁을 강제로 점령한 이후 조선에는 새 정부가 수립됐다. 7월 27일 군국기무처를 창설하고, 김홍집을 영의정으로 임명하는 등 갑오개혁(甲午改革) 정부를 출범시켰다. 군국기무처에는 김홍집, 어윤중, 김윤식(金允植, 1835~1922) 등 중견 관료와 유길준(俞吉濬, 1856~1914), 김가진(金嘉鎭, 1846~1922), 김학우(金鶴羽, 1862~1894) 등 소장 개화 관료 그리고 대원군 계열 일부가 참여했다. 총재 1명, 부총재 1명, 그리고 16명에서 20명 미만의 회의원과 2~3명의 서기관이 참여했으며, 다수결의 원칙에 따라 안건을 처리

군국기무처의안

『군국기무처의안』은 군국기무처에서 의결한 안건을 모아서 엮은 책을 말한다. 1894년 7월 27일부터 12월 17일까지 총 210건에 달했다. 군국기무처가 설립 초기 공포한 내용은 아래와 같다.

1. 죄인 본인 외에 친족에게 연좌(緣坐) 형률을 일체 시행하지 않는다.
1. 처와 첩(妾)에게 모두 아들이 없을 경우에만 양자(養子)를 세우도록 그전 규정을 거듭 밝힌다.
1. 남녀간의 조혼(早婚)을 속히 엄금하며 남자는 20살, 여자는 16살 이상이라야 비로소 혼인을 허락한다.
1. 과부(寡婦)가 재가(再嫁)하는 것은 귀천을 막론하고 자신의 의사대로 하게 한다.
1. 공노비(公奴婢)와 사노비(私奴婢)에 관한 법을 일체 폐지하고 사람을 사고파는 일을 금지한다.

	기간	주요특징	주요 사건
1기	1894.7.23~12.16	군국기무처 주도 개혁	근대 개혁 기구 및 법령 반포, 농민전쟁 진압
2기	1894.12.17~1895.7.6	일본공사 간섭	홍범 14조 및 내각관제, 청일 강화
3기	1895.7.7~10.7	삼국간섭 후 변동	고종 주도 개혁 조정기
4기	1895.10.8~1896.2.11	을미사변 이후 개혁	단발령, 태양력(건양 연호), 아관파천

도표1 갑오개혁 주체의 변화에 따른 시기 구분(1894~1895)

했다. 군국기무처는 주요 안건을 토의해 결정했고, 정부 관제기구를 설립하는 일부터 여러 사회경제적 사안에 대한 개혁까지 맡았다.

　중앙정치기구를 개편하면서 의정부와 궁내부(宮內府)를 분리하고, 궁내부 산하의 여러 기구를 통폐합해 왕실이 정치에 간여하는 것을 제한했다. 또한 의정부 아래 내무·외무·탁지·군무·법무·학무·농상·공무아문 등 8개 아문을 두고 이전의 6조와 1880년대에 병설된 여러 아문들을 통폐합해 배치했으며, 내무아문 산하에 경무청(警務廳)이라는 경찰기관을 따로 뒀다. 종래 폐단이 많았던 과거제도를 폐지하고 선거 조례를 제정해 유능한 관리 임용을 위한 절차도 마련했다. 그렇지만 주요 관리의 임면권은 모두 국왕에게 있어서 칙임관은 왕이 직접, 주임관은 대신의 추천을 받아 임명했다. 판임관의 경우 대신 등 기관의 장이 알아서 임명하게 했다. 사회 부문에서는 중국의 연호 대신 조선의 개국기년을 사용해 개국 503년으로 선언했고, 과도한 형벌로 피해를 줬던 연좌법을 폐지했으며, 조혼을 금지하고 과부의 재가를 허가했다. 이 시기 가장 획기적인 개혁은 종래 고질적인 계층 갈등을 일으켰던 노비 신분제를 일거에 없애 노비의 매매와 세습을 전면 폐지한 조치였다.

　또한 경제 부문에서는 종래 여러 기관으로 분산돼 있었던 국가재정을 탁지아문(度支衙門)으로 일원화하고, 「신식화폐발행장정(新式貨幣發行章程)」을 공포해 은을 화폐의 기본 단위로 삼는 은본위제를 채택했으며, 도량형을 통일했다. 지세의 금납화 조치를 시행해 종래 부세의 폐단도 개선했으나 궁장토(宮庄土)·역둔토(驛屯土)[1] 등을 경작하는 농민들의 소작제도를 개혁하지는 않았다. 1894년 10월까지도 조세 금납화의 시행원칙 등을 마련하지 못해

1　궁장토·역둔토 '궁장토'는 내수사와 각 궁방에 속한 토지를 뜻하며, '역둔토'는 역의 경비를 충당하기 위해 설정한 '역토(驛土)'와 관청의 경비를 충당하기 위해 설정한 '둔토(屯土)'를 합친 말이다.

농민들의 원성을 샀다.

1차 갑오개혁은 종래 관행화된 폐단을 제거하는 것을 목표로 삼아 각종 특권을 폐지하고, 자유로운 상행위를 보장하는 자본주의 경제의 수립을 지향하며 근대 국가로 탈바꿈하기 위함이었다. 다만 화폐제도와 관련해서는 본위화를 발행하지 않고 보조화인 백동화(白銅貨)를 남발하고, 일본 화폐를 사용하도록 허락해 경제적 혼란을 낳은 동시에 일본 경제에 대한 종속에서 벗어나기 어렵게 했다.

갑오개혁의 근대 국가체제 수립과 성격

1894년 9월 중순 평양전투에서 승리해 조선 전역을 장악한 일본은 10월 초 이노우에 가오루(井上馨, 1836~1915)를 특명전권공사로 교체 파견해 조선 내정에 직접 간여하기 시작했다. 일본은 군국기무처를 폐지하고 일본에 협조적이지 않았던 흥선대원군 세력을 탄압했다. 그뿐 아니라 일본의 보호국화 정책에 맞는 개혁을 추진하려고 했다. 이노우에 공사는 직접 20개조 내정 개혁 강령을 제시하고 박영효(朴泳孝, 1861~1939)와 서광범(徐光範, 1859~1897)을 영입해 고종과 갑오개혁 정부를 압박하기 시작했다. 1894년 11월 중순 이후에 일본은 전국적으로 다시 봉기한 동학농민군을 주도적으로 토벌해갔다. 1895년 1월 초에는 고종에게 종묘에 나가 개혁의 추진을 서약하는 「홍범14조(洪範十四條)」를 선포하게 했다. 여기에는 청에 의존하지 않고 자주독립의 기초를 확실히 세운다는 명분을 강조하며, 이에 걸맞게 왕실의 규범을 제정한다는 내용을 담았다. 국왕은 정전에서 사무를 보되 정무는 대신들과 의논해 재결하며, 왕비나 종친 외척이 정사에 간여하는 것을 금지했다. 또한 탁지아문으로 재정을 일원화하고, 조세 법정주의 및 예산제도의 수립, 민법·형법의 제정과 인민의 생명 및 재산 보호를 내세우는 등 근대 국가로 나아가기 위한 개혁 원칙을 새로 밝혔다.

이후 의정부를 폐지하고 일본의 제도와 유사한 내각관제를 출범시켰다. 내부·외부 등 7부를 새로 개편했으며, 중추원(中樞院)을 단순 자문기구로 격하시키고, 재판소제도를 시행해 고등재판소·개항장재판소·순회재판소·지방재판소 등을 설치했으며 종래 군수 등 지방관이 행사했던 재판권을 재판소에 귀속시켰다. 또한 탁지부(度支部) 산하에 세금 징수를 관장하는 관세사와 징세서를 따로 두어 부세 업무를 중앙에서 직접 관장하려고 했다. 지방제

시작

중추원

조선 말기, 중추원은 왕권강화를 위해 국왕을 자문하는 기관에 가까웠다. 1894년 7월 30일 중앙관제 개혁을 위한 「의정부관제」에 중추원에 관한 규정이 포함됐고, 이듬해 4월 19일 중추원 관제가 개정됐다. 당시 규정에 따르면 중추원은 정치·행정에 관한 문제를 논의하거나 결의할 권리가 없고, 오직 내각에서 교부하는 사항에 대한 의견만 제안할 수 있었다. 그러나 대한제국 이후 중추원 관제를 개정하고 기능을 활성화하려는 주장이 제기됐으며, 특히 독립협회 회원들은 중추원을 근대적인 의회로 발전시키고자 했다. 이러한 주장에 따라 중추원 관제는 이후 8차례에 걸쳐 개정되다가 1899년 이후 결국 그 기능이 유명무실해졌다.

도를 개혁해 복잡하게 분할돼 있던 군현제도를 폐지하고 동일한 군(郡)제로 변경했으며, 종래 광범위한 지역인 8도제를 폐지하고 세분된 지역으로 나누는 23부제로 개편했다. 이러한 급격한 개혁은 지방 세력의 반발을 가져왔다.

교육제도도 개혁을 시작했다. 1895년 2월 교육에 관한 조칙을 발표해 군주의 권위에 바탕을 둔 신민(臣民)교육을 천명하고 사범학교와 소학교 제도를 시행했다. 고등교육기관을 설치하지 않는 대신, 일본에 유학생을 대거 파견해 개혁에 필요한 실무지식과 전문교과를 배우도록 했다.

한편 개혁에 필요한 자금은 일본으로부터 도입된 300만 원의 재정차관으로 충당했으나, 개항장 확대와 철도부설권 등 일본의 무리한 이권 요구가 뒤따랐다. 조선 정부는 일본의 요구에 반대했지만, 가혹한 차관 조건 아래 재정위기가 이어졌고, 결국 1895년 말 일본에서의 국채 발행을 모색하면서 일본의 요구를 수용할 수밖에 없었다. 이로써 조선 정부는 철도부설권에 따른 토지침탈과 재정 파탄에 따른 일본 경제로의 예속 위기에 직면하게 됐다.

갑오개혁 정부의 붕괴 – 삼국간섭과 명성황후 피살

1895년 4월 청일전쟁에 대한 강화회담을 통해 시모노세키조약(下關條約)이 맺어지면서 동아시아 정국에도 변화가 생겼다. 러시아는 일본이 영향력을 확대하고 만주에 진출하는 것에 반대해 독일·프랑스와 함께 삼국간섭(三國干涉)[2]을 가했고, 그 결과 랴오둥반도(遼東半島)가 중국에 반환됐다. 이에 따

2   삼국간섭 청일전쟁에서 승리한 일본은 「시모노세키조약」을 통해 청국으로부터 랴오둥반도의 할양을 인정받았는데, 1895년 러시아·프랑스·독일 삼국이 이에 공동으로 개입해 랴오둥반도의 할양을 저지

라 일본의 조선 보호국화 전략도 더 이상 추진되기 어려워졌다. 일본의 영향력이 일시적으로 약화되면서 조선 정부도 변화를 맞았다. 김홍집·박영효 연립 내각에 이어 박영효가 주도권을 행사한 박정양 내각이 등장했지만, 박영효가 반역 모의 혐의로 축출되면서 보수적인 정부로 교체됐다. 또한 그간 진행된 급격한 개혁으로 지방의 이서·군인 등이 개혁에서 배제되고 일자리를 잃으면서 불만이 쌓였고, 일부 관리와 지방 유생 등이 일본의 과도한 간섭을 비판하는 분위기도 고조됐다.

이러한 상황에서 일본은 조선에 더 강하게 개입하며 상황을 바꾸려고 하다가 결국 1895년 10월 8일 왕후를 살해하는 만행을 저질렀다. 신임 조선 주재 일본공사 미우라 고로(三浦梧樓, 1846~1926)가 주둔 일본군과 영사관 경찰 및 낭인들을 경복궁에 잠입시켜 왕후를 살해하게 한 것이다. 이후 갑오개혁 정부는 일본의 후원 아래 태양력 채택과 단발령 등 급진적인 개혁을 일방적으로 밀어붙였다.

갑오개혁 정부는 일본의 근대 개혁을 모델로 삼아 위로부터 국가제도의 개혁을 추진했다. 먼저 국왕의 권한을 일부 제한했으나 관료 임면권을 얻지 못했고, 국왕의 신임도 받지 못해 입헌군주제와 같은 체제를 세우지는 못했다. 또한 복잡한 행정조직을 개혁하고 재판제도를 도입하는 등 근대 국가의 기틀을 갖추려고 했음에도 정작 근대 입법기관으로 의회를 세우지는 못하고 지방 향회를 허용하는 정도에 머물렀다. 무엇보다 개혁이라는 미명하에 정책을 강제로 밀어붙이려는 나머지 여론을 수렴하거나 여타 세력을 포용하기 어려웠다. 또한 동학농민군의 토벌과 마찬가지로 정부의 개혁에 반대하는 정치 세력을 적대시하고 탄압했다.

결과적으로 갑오개혁 정부는 일본의 지속적인 후원에 기대고 있었으므로 일본의 보호국화 전략에 적절히 대응할 수 없었을 뿐만 아니라, 을미사변을 계기로 친일 종속정권으로 권력 기반도 축소된 상황이었다. 이에 일본과 갑오개혁 정부에 반대하는 의병들이 전국적으로 봉기하기 시작했다. 더구나 고종과 측근 관료들이 아관파천(俄館播遷)을 단행하면서 갑오개혁 정부는 일거에 붕괴됐고 개혁도 실패로 돌아갔다.

한 사건을 말한다.

2 근대 국가 주도권을 둘러싼 갈등

대한제국의 수립

1896년 2월 11일 고종은 경복궁에서 러시아공사관으로 피신하는 아관파천을 단행했다. 왕후를 살해하고 조선에 대한 내정간섭을 강화하던 일본의 압력으로부터 벗어나고자 했던 비상수단이자, 일종의 친위쿠데타였다. 그러나 국왕이 러시아공사관으로 피신해 1년 가까이 머물면서 국가의 위신에 상당한 손상을 가져왔다. 특히 이 기간 러시아를 필두로 열강의 막대한 이권 침탈이 자행돼 조선은 경제적으로 큰 피해를 입었다. 한편으로는 러시아를 통해 일본을 견제할 수 있게 되면서 고종의 운신의 폭이 갑오개혁 시기보다 넓어졌다. 러시아와 일본의 세력 균형이 이루어진 이 시기부터 1904년 러일전쟁 발발까지, 조선의 자율성이 상대적으로 높아질 수 있었다.

아관파천 직후 고종은 그동안 일본에 협력한 일부 갑오개화파 관료에 체포령을 내려 그들을 처단하거나 축출했다. 갑오개혁 때 도입된 내각제도를 폐지하고 1896년 9월 24일 새로운 형태의 의정부를 조직해 국왕 중심의 친정체제를 구축하려는 시도도 했다. 군주권 확립에 대한 국왕의 의지, 자주독립에 대한 사회적 자각과 활동이 어우러져 대한제국 수립의 환경이 조성됐다. 또한 당시 독립협회(獨立協會)를 중심으로 국왕의 환궁을 요구하는 여론이 거세지자, 1897년 2월 고종은 경운궁(덕수궁)으로 돌아왔다. 이 과정에서 고종은 칭제건원(稱帝建元)[3]을 요청하는 상소를 유도했고, 심순택(沈舜澤, 1824~1906)·조병세(趙秉世, 1827~1905)·권재형(權在衡, 1854~1934, 권중현(權重顯)으로 개명) 등 전현직 관료들과 정교(鄭喬, 1856~1925)·장지연(張志淵, 1864~1921) 등 신유학자들이 적극적으로 호응했다. 상소에는 청에 대한 전통적인 사대주의를 청산하고, 열강의 간섭으로부터 자주독립을 확립하기 위해 조선도 황제의 나라가 돼야 하며 이를 위해 칭제건원이 필요하다는 내용이 담겼다.

다른 한편에는 반대 의견도 있었다. 최익현, 유인석(柳麟錫, 1842~1915) 등 보수 유학자들은 서양 의례에 따라 존호를 변경하는 것은 곧 금수의 제도

---

3   칭제건원 나라의 군주를 황제로 부르고, 독자적인 연호를 사용하는 것을 말한다. 중국 중심의 세계질서를 벗어나 중국과 대등한 관계임을 대내외에 천명하는 것으로, 전통시대 동아시아에서 하나의 나라가 자주독립국임을 나타낸다.

도판6 환구단
직접 하늘에 제사를 지내는 제천의식을 행하던 장소다. 이전의 조공체제에서 하늘의 아들인 천자(天子)로 하늘에 제사를 지낼 수 있던 사람은 중국의 황제였다. 대한제국의 군주도 스스로 황제를 칭함으로써 직접 하늘에 제사 지낼 수 있는 곳으로 환구단을 조성했다. 1913년 조선총독부가 환구단을 헐고, 그 자리에 호텔을 지었다. 현재는 웨스틴조선호텔 경내에 황궁우(皇穹宇)와 석고(石鼓)만 남아 있다.

를 받아들이는 일로, 스스로의 주제도 모르는 건방진 행동이라고 비난했다. 또 윤치호(尹致昊, 1865~1945) 등 독립협회의 일부 회원은 내정 개선으로 실질적인 자주독립의 기반을 확립해야 한다고 주장했다. 하지만 이와 같은 비판은 칭제건원을 가로막을 만큼 대중적 여론을 형성하지 못했다.

조선 정부는 8월 17일 연호를 건양(建陽)에서 광무(光武)로 변경하고, 하늘에 제사지내는 환구단(圜丘壇)을 조성해 10월 12일 국왕의 황제 즉위식을 거행했다. 이날 고종은 하늘과 땅에 제사지낸 후 황제의 면복을 입고, 황금색 옥좌에 앉아 황제의 옥새를 받았다. 다음 날인 13일에는 국호를 '대한(大韓)'으로 변경했다. 국호 '조선'은 중국으로부터 승인받은 것이었기에 독립국의 위상이나 중국과 대등한 황제국의 지위에 부합하지 않았다. 정부는 마한·진한·변한의 삼한을 일통해 제국을 형성했다는 의미에서 대한을 새로운 국호로 결정했다.

대한제국 수립의 의미는 군주를 중심으로 힘을 모아 열강의 국권 침탈로 무너져가는 국가의 자주독립체제를 강화하자는 데 있었다. 황제국을 선포한 뒤 정부는 대한제국에 대한 열강의 반응을 살피며 회답을 촉구했고, 러

도판7, 8　고종의 어진(좌)과 사진(우)

도판7은 황제를 뜻하는 '황룡포'를 입은 고종의 모습이다. 채용신이 1920년 이전에 그린 것으로 전해진다. 채용신은 1901년 고종 어진을 그린 이후에 자신이 가지고 있던 밑그림을 바탕으로 이후 여러 차례 그렸다. 도판8은 대원수 복장을 한 고종의 모습으로 1907년 일본의 무라카미 덴신이 촬영한 것으로 알려져 있다.

시아·프랑스·일본·영국·미국 등이 성립을 승인했다. 다만 청은 대한제국의 칭제건원을 스스로의 주제도 모르는 건방진 행동이라고 비난하며 승인하지 않았으나, 1899년 9월 한청통상조약을 체결하면서 어쩔 수 없이 승인했다. 한편 대한제국의 자주독립을 지키기 위해 황제권력을 강화하면서, 이와 더불어 근대화를 추구하는 방향 아래 각종 행정·법률체계를 재편해갔다.

독립협회의 대중 계몽운동

독립협회는 독립문 건립과 독립공원 조성을 위한 추진기구로 창립됐다. 1896년에 창간된 『독립신문(獨立新聞)』이 그 원동력이었다. 아관파천 후 고종은 친일 성향의 김홍집 내각을 해산시키고 친러·친미 성향의 박정양, 이범진(李範晉, 1852~1911), 이완용 등 정동구락부(貞洞俱樂部) 세력을 중심으로 한 내각을 출범시켰다.

이들은 열강 간의 세력 균형을 유지하면서 일본의 내정 간섭을 견제하려고 노력했다. 하지만 아관파천과 일본군이 서울에 주둔하는 상황이 이어져 정치는 안정을 찾기 어려웠다. 이에 정동구락부 내각은 아관파천의 불가피성을 선전하는 동시에 우호적인 여론 조성을 위한 신문 발간을 추진해, 그 책임자로 서재필을 선정했다. 서재필은 1895년 12월 미국에서 귀국했다. 이후 김홍집 내각의 협력을 받아 신문 발간을 준비하고 있었으나, 일본의 방해로 중단된 상황이었다. 새로 수립된 정동구락부 내각이 신문 발간 사업을 재추진하고 지원해주면서 서재필은 1896년 4월 7일 『독립신문』을 창간할 수 있었다.

『독립신문』은 정동구락부 내각과 서재필이 계획했던 대로 정부의 정책을 선전하고, 자주독립 및 민권사상을 확산하는 역할을 하는 동시에 개혁을 지향하는 개화파를 결집하는 데도 기여했다. 정동구락부 세력은 친러·친미적이었다는 점을 제외하면, 갑오개혁기의 김홍집 내각과 마찬가지로 개화를 지향하는 세력이었다. 이들은 러시아공사관의 지원을 받아 정권을 장악할 수 있었으나, 러시아는 일본을 비롯한 열강의 견제를 받고 있어서 조선 내정에 깊숙하게 관여하기 어려웠다. 이에 조선에 언제든 국왕 중심의 권력구조를 재건할 수 있는 가능성이 되살아났다. 실제로 고종이 의정부체제를 복구해 친정체제 구축을 시도하면서 갑오개혁 때 퇴진했던 보수파가 다시 등장해 목소리를 내기 시작했다. 가령 학부대신 신기선(申箕善, 1851~1909) 등은 갑오개혁으로 도입된 모든 제도를 폐지하고 그 이전으로 돌아가자고 요구하기도 했다.

정동구락부와 서울 클럽

1895년경 서울 정동(貞洞)에서 개화파 정치인들과 서구 외교관들이 사교와 친목 도모를 내세우며 만든 모임이다. 정동은 미국·영국·러시아 등 각국 공사관을 비롯한 외국인들의 시설이 집중된 곳으로 외국인들의 사교와 외교 활동의 중심지 역할을 했다. 서양의 외교관들은 1892년(고종 29) 6월 2일 서울 주재 외교관과 영사단(領事團) 클럽, 일명 '서울 클럽(Seoul Club)'을 결성했다. 서울 클럽은 당시 손탁(Antoinette Sontag, 孫澤, 1854~1925)이 운영하던 손탁 호텔에서 자주 모임을 가졌다.

외교관이나 유학생으로 외국에서 체류했던 경력이 있는 조선의 정치인 중, 특히 미국, 러시아와 가까웠던 정치인을 중심으로 정동구락부가 형성됐다. 주요 인물은 초대 주미 전권공사와 수행원이었던 박정양, 서광범, 윤치호, 이완용, 이채연(李采淵, 1861~1900), 이하영(李夏榮, 1858~1929) 등이었다. 이들은 갑오개혁 당시 정동의 각국 외교관 및 선교사의 후원을 받으며 정치적으로 세력을 확장했다.

이러한 정세에서 서재필과 정동구락부 세력은 고종에게 조선의 자주독립을 대내외에 천명하는 상징물로 독립문을 건립하고 독립공원을 조성하자며 건의했다. 취지에 공감한 고종이 6월에 이를 재가하자, 이들은 곧바로 추진기구를 결성한다는 명분 아래 독립협회를 창립했다. 독립협회는 7월 2일 조선 정부의 외부(外部)에서 창립총회를 개최해 임원진을 선출하고, 「독립협회규칙」을 제정·공포했다. 이에 따르면 독립협회에 보조금을 납부한 사람은 누구나 회원이 될 수 있었고, 위원들은 매주 모임을 개최해 모든 안건을 다수결로 의결한다고 규정하는 등 민주적인 운영방식을 채택했다.

창립 초기에 독립협회는 관변단체의 성격이 강했다. 일반인의 참여율이 높지 않았고, 회장 안경수(安駉壽, 1853~1900), 고문 서재필, 위원장 이완용 등 주요 임원이 모두 정동구락부 계열의 현직 관료였다. 7월 하순 왕실에서 왕세자의 명의로 독립문 건립에 들어가는 비용의 약 20%에 해당하는 1,000원을 희사했다. 이를 계기로 독립협회 회원 가입이 증가하기 시작했지만, 독립관에서 매주 개최됐던 집회는 여전히 전현직 관료들의 사교모임에 가까웠다.

독립협회를 대중 계몽운동단체로 변화시켜 나간 주역은 윤치호(尹致昊, 1865~1945)였다. 그는 8월 5일 서재필을 만나 독립협회를 강의실·독서실·박물관을 갖춘 계몽단체로 변모시키자고 제안했고, 이를 받아들여 독립협회는 매주 1회 독립관에서 토론회를 개최해 회원들의 정치의식을 고양시켰다. 8월 29일 열린 제1회 토론회의 주제는 '조선의 급무는 인민의 교육으로 작정함'이었다.

한편 1898년 2월 13일 제21회 토론회에서는 러시아의 절영도(絶影島) 조차 요구를 강력히 반대하는 의견을 상주하는 「구국선언상소」를 결정했는데, 이를 전후해 독립협회의 활동은 그 성격이 급격히 변화했다. 이 시점을 기준으로 그 이전을 '계몽운동기'로, 이후를 '개혁운동기'로 구분할 수 있다.

계몽운동기에는 관료 및 양반 신분이 회원의 주를 이뤘고, 토론회의 주제는 신교육, 미신 타파, 신문 보급, 위생문제 등 대부분 계몽적 성격을 띠었다. 반면 개혁운동기에는 신식학교 출신 및 외국 유학생 등 근대교육을 받은 젊은 층의 참여가 급증했고, 기존의 관료층은 대거 퇴진했다. 토론회의 주제도 열강의 이권 침탈 반대, 민권 신장, 의회 설립, 개혁내각 수립 등과 같은 정치 현안이 올랐다. 활동 방식도 독립관에서 토론회를 여는 틀을 벗어나 직접적 정치운동으로 발전하기 시작했다.

독립협회와 황제의 갈등

독립협회는 자주독립을 확립해야 한다는 여러 정치세력의 공통된 문제의식 아래 창립됐으나, 국가운영에 대해서는 서로 생각이 달랐다. 황제는 아관파천으로 실추된 군주권을 강화하려 했고, 서재필은 민중 계몽을 통해 근대 국민국가 수립을 지향했으며, 정동구락부 세력은 정계의 주도권을 장악해 내정 개혁의 동력을 확보하려고 했다. 이 때문에 1898년 2월 이후 독립협회가 민권운동과 참정권 획득운동을 전개해가는 동안 황제권력과의 갈등이 표면화됐다. 이 과정에서 고위 관료들이 독립협회에서 탈퇴했고, 온건파와 급진파 간의 노선 대립도 나타났다. 윤치호·이상재 등의 온건파는 관리와 백성의 화합을 표방하며 고종 황제와 협력해 내정 개혁을 이루려는 입장이었다. 반면 안경수·정교 등 급진파는 박영효 등 국외 망명자와 결합해 권력을 장악하려고 했다. 이들은 만민공동회(萬民共同會)[4]가 대중시위로 발전하는 정세를 이용해 중추원을 새로 구성하고, 중추원이 의정부 대신을 추천하는 방식으로 권력을 잡으려고 했다.

당시 독립협회는 러시아의 내정 간섭을 막기 위해서 1898년 3월 10일부터 서울 시내에서 만민공동회를 지속적으로 개최했다. 각계각층의 인사들이 대규모로 참석하면서 이는 한국 근대 정치집회의 효시로 평가받기도 한다. 결국 러시아는 군사교관 및 재정고문을 철수하고, 절영도 조차 요구를 철회했으며, 한러은행을 폐쇄했다. 이 과정에서 민권의식이 높아져 독립협회는 이를 기반으로 민권 보장 및 권력 개편운동을 본격적으로 전개해갔다.

독립협회가 주요 정치 세력으로 성장하자, 황제와 보수파 관료들은 이를 견제하기 위해 5월 서재필을 중추원 고문에서 해임하고 미국으로 추방했다. 그럼에도 독립협회의 활동은 전혀 위축되지 않았다. 오히려 안경수·정교 등의 급진파는 7월 초 고종에게 상소를 올려 「홍범 14조」를 준수하고, 공평한 인재 등용, 민의의 수용 및 의정부 관료들의 교체를 주장했다. 이러한 가

---

4   만민공동회 1898년 열강의 이권침탈에 대항해 자주독립의 수호와 자유민권의 신장을 위해 개최됐던 민중대회. 만민공동회는 독립협회가 주최하고 조직하는 민중동원집회와 독립협회와는 관계없이 민중들이 수시로 자발적으로 조직하는 만민공동회로 두 가지가 있다.

운데 안경수가 일본에 망명해 있던 박영효와 황제의 퇴위를 모의한 이른바 황태자 대리 청정 사건을 주도했다는 것이 발각됐다. 이에 황제는 조병식(趙秉式, 1823~1907) 등 보수파 관료를 기용하고, 이들을 통해 독립협회를 해산시키려 했다. 하지만 독립협회 회장대리 윤치호가 고종을 알현해 정부와 민간이 협동한다는 의미의 관민상화(官民相和)를 역설하며 반감을 무마시켰다. 황제의 해산 명령에도 불구하고 학생·상인 등 민중이 시위에 참여해 독립협회를 지지했다. 이 같은 민심에 밀려 결국 황제는 보수파 관료를 해임하고, 독립협회에 우호적인 박정양 내각을 수립했다.

이 시기부터 독립협회는 의회 설립운동을 본격 추진했다. 박정양 내각은 모든 잡세를 혁파하고 중추원 의관 중 절반을 독립협회에서 선발한다는 내용을 담은 중추원 개편안 등의 독립협회 안건에 긍정적인 반응을 보였다. 그러나 중추원 개편을 의회 개설 시도로 인식했던 황제는 이를 저지하기 위해 다시 보수 관료 및 황국협회를 동원해 박정양의 탄핵을 유도했고, 독립협회와 이에 호응한 시민의 토론과 집회를 제한하는 조칙을 내렸다. 이에 대해 독립협회는 철야농성까지 벌이며 강력히 반발했고 황제는 결국 조칙을 철회하고, 「중추원관제」의 개정을 지시했다.

황제와 독립협회 간의 갈등은 정부의 관료들도 참석한 10월 29일 관민공동회에서 정점을 맞았다. 그동안 만민공동회는 독립협회를 중심으로 민중이 참여해 개최됐지만, 이 자리에서 독립협회는 국정개혁안으로 「헌의 6조」를 제시하고 참석한 정부 고관들에게 이를 수용할 것을 요구했다. 「헌의 6조」는 제1조로 황제권의 강화를 규정한 사실에서 알 수 있듯이 표면적으로 황제 중심의 정치체제를 구상했다. 그러나 이것은 황제가 희망한 무제한적 군권

「헌의 6조」

제1조 외국인에게 의지하지 말고 관민이 합심해 황제권을 공고히 할 것.

제2조 외국과의 이권에 관한 계약과 조약은 해당 부처의 대신과 중추원 의장이 함께 날인해 시행할 것.

제3조 재정은 탁지부에서 전담해 맡고, 예산과 결산을 국민에게 공포할 것.

제4조 중대한 범죄는 공판하고, 피고에게 충분히 설명하여 그가 자복한 후 (형벌을) 시행할 것.

제5조 칙임관은 황제가 정부에 그 뜻을 물어 과반수가 동의하면 임명할 것.

제6조 「장정」(갑오개혁기에 제정된 법령들)을 실천할 것.

행사를 의미하지 않았다. 제1조 외에 다른 조항들은 황제권을 제한하는 입헌 군주제에 가까웠기 때문이다. 강력한 전제 황권을 추구한 황제로서는 수용하기 어려운 내용이 많았던 것이다.

그러나 관민공동회가 열린 다음 날인 30일 민심을 확인한 황제는 「헌의 6조」의 실행을 재가했다. 이에 박정양 내각은 「중추원관제」를 공포하는 동시에 독립협회에 의관의 절반에 해당하는 25명을 선발해줄 것을 통보했다. 그러나 11월 4일 조병식 등 보수파 관료들은 독립협회가 국체를 공화정으로 변경해 대통령에 박정양, 부통령에 윤치호를 세우려 한다는 음모설을 제기했다. 이 소식을 들은 황제는 곧바로 관민공동회를 불법집회로 규정해 독립협회 등 모든 단체의 해산 명령을 내렸고, 회장 윤치호를 비롯해 이상재와 정교 등 17명을 체포했다. 「헌의 6조」에 동의했던 박정양도 파면했고, 보수파 내각을 수립했다.

고종 황제의 이와 같은 조치에 독립협회는 서울의 민중과 함께 만민공동회를 개최하며 완강하게 저항했다. 다시 민심에 밀린 고종 황제는 조병식 등을 해임하고, 구속자 전원을 석방했다. 그럼에도 만민공동회는 해산을 거부하고 「헌의 6조」 실시, 독립협회의 복설 등을 강하게 주장하면서 집회를 확대해갔다. 외국 공사들이 반대해 경찰과 군대를 동원할 수 없었던 고종 황제는 보부상 단체를 동원해 만민공동회를 습격했지만, 독립협회를 해산시킬 수는 없었다.

11월 26일 만민공동회가 재개됐다. 고종은 윤치호를 중추원 부의장에, 총 50명의 중추원 의관 중 독립협회 계열 17명을 중추원 의관에 임명하는 등 유화책을 제시했다. 반면 32명은 황국협회(皇國協會)[5] 계열, 나머지 1명은 도약소[6] 계열로 충당했다. 그러나 이러한 중추원은 독립협회가 주장한 의회가 아닌 정부의 자문기구에 불과했기에 12월 초 만민공동회를 다시 개최해 대정부 공세를 강화했다. 여기에 더해 독립협회 내 급진파는 박영효의 사면 및 소환을 요구하면서 정변을 일으킬 기세를 보였다. 이러한 움직임은 고종 황

[5] 황국협회 독립협회와 만민공동회의 활동을 황제권력과 보수정권에 대한 도전으로 인식한 대한제국의 황실과 정부는 독립협회에 대항할 보수적 민간단체를 조직하고자 했다. 원세성·강원달·이승원·원윤·이희철·이휘종·김경수·최용한·이병조 등이 발기인이 돼 황국협회를 조직하고 1898년 7월 7일 훈련원에서 황국협회 발회식(發會式)을 거행했다.

[6] 도약소 을미의병에 참여하는 등 위정척사 계열에서 활동한 보수유생들이 중심을 이룬 단체다. 이들은 정부의 개화정책에 반대해 조선의 유교적 전통 유지를 목적으로 상소운동을 전개하기 위해 조직했다.

67

제와 정부를 결정적으로 자극했을 뿐만 아니라, 윤치호·이상재 등 온건파와 만민공동회에 호의적이었던 사람들이 반발하는 상황까지 초래했다. 이때는 상황을 주시하던 주한 외국 공사들도 무력 진압에 동의했기에 고종 황제는 12월 23일 군대와 경찰을 동원해 만민공동회를 진압하고 독립협회를 해산시켰다. 이로써 독립협회의 근대 국민국가 수립운동은 좌절됐다.

3 황실 중심의 근대화 정책

황제권의 전제화와 정치 세력

독립협회가 해산된 이후 고종 황제는 국내 정치 세력을 상호 견제하면서 군주권을 강화해갔다. 황제권력에 도전할 만한 세력은 국외 망명자 세력을 제외하면 실질적으로 없었기에 가능했던 것이다.

고종은 단발령을 폐지하고 음력을 복구했다. '구본신참(舊本新參)'의 국가 운영 기준에서 옛것을 근본으로 한다는 '구본'에 대한 상징적 조치로, 이를 통해 민심을 얻으려는 노력이기도 했다. 또한 1899년 4월 27일 조서에서는 '충군애국'에 기초한 전통적인 유교 숭상을 강조했다. 이는 민중을 황제에게 충성하는 신민으로 통합하려는 시도였다. 여기에 더해 황제의 절대권력을 상징화하는 작업도 추진했다. 같은 해 7월에는 표훈원(表勳院)[7]을 설치해 훈장제도를 창설했고, 10월에는 왕실을 위해 싸우다 희생된 관리와 장졸을 기리는 장충단(獎忠壇)[8]을 조성하고 연례 제례를 제도화했다. 1902년 1월에는 국가(國歌) 제정을 지시하고, 8월에는 국기 외에 어기(御旗)·예기(睿旗)·친왕기(親王旗)·군기(軍旗)를 새롭게 만들도록 했다.

1899년 8월 17일 고종은 황제의 권한을 법으로 규정한 총 9개조의 「대한국국제(大韓國國制)」를 반포했다. 이는 황제권 절대화의 표징이었다. 「대한국국제」는 전문에서 스스로 "법규의 대두뇌이며, 대관건"이라고 해 대한제국

---

[7] 표훈원 대한제국 때 훈장·포장 등에 관한 일을 담당하던 관청이다. 1894년(고종 31)에 충훈부(忠勳府)를 기공국(紀功局)으로 고쳐 의정부에 예속시켰으나, 1899년에 표훈원을 설치해 독립시켰다. 그리고 1905년에 표훈사(表勳司)로 고쳐 의정부에 예속시켰다가 그해 다시 표훈원으로 복원했다.

[8] 장충단 대한제국 정부에서 을미사변과 동학농민전쟁 때 희생된 군인들의 충혼을 기리기 위해 1900년에 설립한 제단이다. 현재 서울시 중구 동국대학교 정문 오른쪽 장충단공원 내에 위치한다.

의 모든 법률 중 최상위법으로 규정하고, 국가권력구조의 기본 틀을 제시했다. 이것은 대한제국의 헌법이자, 한국 역사상 최초의 헌법이라고 할 수 있다. 제1조에서 대한제국이 '자주독립제국'임을 천명한 후에 제2조에서는 대한제국의 정체를 '만세불변의 전제정치'라고 규정했다. 이외 조항들은 모두 황제의 권한을 보장하는 것으로, 황제는 신성불가침한 무한한 군권(君權)을 가지기에 군대 통수, 계엄과 해엄, 법률의 제정·공포, 행정 관제, 관료 임면, 외국과의 선전포고·강화 및 조약 체결 등 입법·행정·사법에 관한 국가의 모든 권력을 보유한다고 선포했다. 신민의 권리에 관한 조항은 전혀 없었다.

같은 시기에 정치 세력의 편성도 대폭 변화했다. 앞서 갑오개혁을 통해 과거제와 신분제가 폐지됐고, 성리학과 붕당을 기반으로 한 양반 관료들의 전통적인 정치 운영 방식도 폐기된 상황이었다. 누구나 출신과 신분 여하를 막론하고 황제의 의향 또는 고급 관료의 추천에 의해 관료로 입신출세할 수 있었다. 이에 새롭게 등장한 정치 세력은 근대적 실무에 밝은 중인 출신의 관료들과 신분적으로 출세하는 데 한계가 있었던 서얼이나 무관 출신이었다. 이는 친위 세력이 필요했던 권력과 기존 체제에서는 신분적 한계가 있었던 세력 간에 이해관계가 맞았기 때문에 가능했다. 당시 정치 세력이 형성될 수 있었던 동인은 고종 황제의 신임과 열강의 지원 여부였다. 이 시기에 등장한 새로운 정치 세력은 이완용·민종묵(閔種黙, 1835~1916)·조병식·주석면(朱錫冕, 1859~?) 등의 친러파, 민영환(閔泳煥 1861~1905)·민상호·이채연 등의 친미파, 이지용(李址鎔, 1870~1928)·민영기(閔泳綺, 1858~1927)·유기환(兪箕煥,

---

「대한국국제」

제1조 대한국은 세계 만국이 공인한 자주독립제국이다.

제2조 대한국의 정치는 만세불변의 전제정치다.

제3조 대한국 대황제는 무한한 군권을 누린다.

제4조 대한국 신민이 대황제의 군권을 침해할 수 없다.

제5조 대한국 대황제는 육·해군을 통솔하고 편제를 정하며, 계엄·해엄을 명할 수 있다.

제6조 대한국 대황제는 법률을 제정·반포·집행하며, 대사·특사·감형·복권을 명한다.

제7조 대한국 대황제는 행정 각부의 관제와 문무관의 봉급을 정하고, 필요한 칙령을 발한다.

제8조 대한국 대황제는 문무관의 임면을 행하고, 작위·훈장 및 기타 영전(榮典)을 행한다.

제9조 대한국 대황제는 조약국에 사신을 파견하고, 선전·강화 및 조약을 체결한다.

1858~?)·이재완(李載完, 1855~1922)·박제순 등의 친일파, 이용익·이근택(李根澤, 1865~1919)·강석호(姜錫浩, ?~?)·김영준 등의 황제측근파로 분류된다.

그러나 이러한 정치구도 아래 벌어졌던 세력 간 대립과 투쟁은 정치관에 기반한 것이 아니었다. 러일전쟁을 전후해 친러파였던 이완용이 친일협력 세력으로 변신한 것처럼 황제의 신임과 고종의 후궁이자 영친왕의 어머니인 엄순비와의 친소관계, 열강의 영향력을 둘러싼 이해관계에 따른 대립에 가까웠다. 또 대내외의 징세 변동에 따라 긱 파는 다른 파와 제휴하기도 했고, 새롭게 이합집산하기도 했다.

통치기구의 이원화

고종 황제가 구본신참을 표방하면서 갑오개혁 때 폐지됐던 많은 옛 제도가 복구됐다. 그러나 새로운 것을 참작한다는 '신참'이 동시에 작용했기에 예전과 똑같이 돌아가지는 않았다. 음력이 복구됐으나 관혼상제 등 의례에 국한됐고 양력이 완전히 폐지되지도 않았다. 단발령도 일시적으로 폐지됐다가 다시 시행됐다. 행정구역의 편제에서도 도제(道制)가 복구됐지만, 갑오개혁 때의 23부체제를 절충해 1부(한성부) 13도체제로 변경됐다. 통치기구에서는 의정부제도가 부활했으나, 개혁 이전의 의정부와는 그 위상과 성격이 전혀 달랐다. 내각제도의 취지와 내용을 살리면서도 황제가 각부 사무를 직접 장악할 수 있는 직할체제로 개편됐다.

대한제국 성립 이후에는 황제권이 강화되면서 통치기구가 재편됐다. 재편의 방향은 황제권을 실질적으로 뒷받침할 수 있도록 군사력과 재정을 황제에게 집중시키는 데 있었다. 이 과정에서 주요 통치기구로 부상한 것이 궁내부였다. 본래 궁내부는 갑오개혁 당시 정부와 왕실을 구분하고, 군주권을 일정하게 제한할 목적에서 설치했다. 그러나 이 시기에 이르면, 의정부를 압도할 만큼 방대한 기구로 확대됐다. 갑오개혁기에는 대신관방과 16개 기구로 편제돼 정원이 163명이었으나, 1898년 이후 12개의 기구가 신설되면서 1903년 말에는 470여 명의 관리를 거느린 거대 조직으로 확대돼 정부 부서와 별도로 재정·외교·치안 관련 사무를 처리했다.

탁지부의 화폐 주조, 홍삼 전매권, 역둔토의 소작료 징수권 및 상업세·어세·염세·선세 등의 다양한 재원이 궁내부의 내장원으로 이관됐다. 농상공부 관할의 산하기관이었던 전보사·우체사·철도사 및 광산 관리 등의 주요 기능은 궁내부에 신설된 통신원·철도원·서북철도국·광학국으로 이관됐다. 또 예식원과 수민원을 신설해 국가 간 외교 의례, 여권 발급 등 외부가 관할하던 외교 사무의 일부를 이관했다. 이 결과 정부의 기능은 축소됐고, 재정은 극도로 궁핍해졌다. 또한 통치기구가 정부 각 부서와 궁내부로 이원화되면서 혼란이 야기됐다. 지방에서도 비슷한 양상이 나타났다. 정부에서 임명한 지방관과 궁내부에서 파견한 관리 사이에 조세 수취 권한을 둘러싸고 갈등과 경쟁이 빚어진 동시에 민중에 대한 수탈이 발생해 지방을 통치하는 데 있어서도 이원화 구조가 형성됐다.

대한제국 수립 이후 근대화를 추진해가는 과정에서 고종 황제가 가장 큰 관심을 기울인 분야는 경찰력과 군사력의 강화였다. 개항 이래 군사력을 앞세운 열강의 압력과 국내의 잦은 정변으로 인해 국가의 자주독립과 군주의 신변이 계속 위협받았기 때문이다. 독립협회가 해산한 이후 황제권에 도전할 만한 국내 정치 세력은 더 이상 등장하지 않았지만, 박영효·유길준 등 국외 망명자들과 연결된 국내 세력의 정변 음모가 계속됐다. 실제로 1900년 6월 유길준과 연결된 일본육군사관학교 졸업생들의 혁명일심회사건이 있었고, 9월에는 박영효의 지시를 받은 이조현·이겸제 등이 국내로 들어와 쿠데타 모의를 하다가 체포된 사건이 있었다.

고종은 국내의 치안 확보와 경찰력의 강화를 위해 같은 해 6월 내부 산하의 경무청을 경부로 승격시키고, 최측근 인사 중 한 사람인 김영준(金永準, 1846~?)을 경부대신에 임명해 경찰 업무를 총괄하게 했다. 그러나 1901년 3월 김영준이 모반사건을 일으키자, 경부를 다시 경무청으로 격하시키고 궁내부 산하에 경위원을 설치했다. 이로 인해 경찰기구도 내부 산하의 경무청과 궁내부의 경위원으로 이원화됐다. 일련의 쿠데타 음모를 겪으면서 재판제도도 변화됐다. 황제가 지목한 죄인·정치범·칙임관·주임관 등을 재판할 때는 3심제가 아닌, 최상급 재판소인 평리원에서 단심 재판으로 처리하게 했다. 그리고 1900년 9월에는 갑오개혁으로 폐지됐던 참형을 부활시켜 정치범과 황실범에게 적용하도록 했다.

군사력을 강화하기 위한 노력은 러시아 군사교관이 철수한 1898년 3월 이후 꾸준히 추진됐다. 4월부터는 근대적인 군대의 장교 양성을 위해 육군무관학교를 설치하고, 우수한 사관을 일본육군사관학교에 유학시켰다. 1899년부터는 프랑스·러시아 등 열강으로부터 각종 무기를 구입해 무기체계를 강화했다. 1903년에는 근대식 군함으로 개조한 3,000톤급 기선 양무호(揚武號)를 일본으로부터 구입해 근대적 해군을 창설하려고 시도했으나, 러일전쟁의 발발로 중단됐다.

군사력을 강화하는 과정에서 가장 주목할 점은 모든 군대를 황제의 직속으로 편제했다는 것이다. 고종은 1898년 6월 대원수(大元帥)가 되어 직접 육해군을 통수하고 황태자를 원수로 임명했다. 이듬해인 1899년 6월에는 원수부를 설치해 국방과 군사에 관한 모든 명령을 관장하고 중앙군과 지방군을 지휘·감독하도록 했다. 이로 인해 군부의 기능은 대폭 축소됐고, 군부대신은 군사행정 사무만 관장하게 됐다.

군대는 중앙군을 친위대·시위대·호위대로 개편했고, 지방군으로 주요 도시에 진위대를 뒀다. 병력 규모는 1902년 친위대가 2개 연대 및 공병중대·치중중대 4,000명, 시위대가 2개 연대 및 시위기병대대 5,150명, 호위대가 730명, 진위대가 6개 연대와 제주진위대대 1만 8,000명이었다. 중앙군은 황제와 황실의 호위를, 진위대는 지방의 치안을 담당했다. 그러나 군사력과 무기체계를 대폭 증강한 결과 정부 재정에서 군부 예산이 차지하는 비중이 지나치게 높아졌다. 1901년 이후에는 세출예산 총액의 40%를 차지해 정부의 만성적인 재정 궁핍을 낳는 가장 큰 원인이 됐다. 게다가 병력은 모두 합쳐 불과 2만 8,000명 정도에 불과해 제대로 된 국가 방어를 기대하기는 어려웠다.

대한제국 성립 이후 국가기관의 개편 결과 통치기구는 궁내부와 정부로 이원화됐다. 정부의 고위 관료들이 외세와 결탁돼 있거나 황제의 명령이 그들에게 제대로 전달되지 않거나, 전달돼도 시행되지 못하는 경우도 많아 고종은 자신의 의지대로 국정을 운영하기 힘들었다. 이 때문에 자신이 확실히 장악할 수 있는 황제 직속의 기구인 궁내부를 중심으로 근대화 정책을 추진했다. 사업의 추진 과정에서 필요한 기구를 신설하거나, 궁내부의 기능을 확대해 주요 정무와 사업을 담당하게 했다. 그러나 기존의 정부기구를 폐지하지 않았기 때문에 동일한 기능을 담당하는 행정기구가 정부와 궁내부 양쪽에 모두 존재하는 경우가 많았다. 이러한 상황은 결국 통치기구를 이원화한 것으로 이후 상당한 문제점과 국정 혼란을 야기할 수밖에 없었다.

재원의 황실 집중과 식산흥업

대한제국 성립 이후 고종 황제는 근대화 정책을 추진하기 위해 국가의 재원을 궁내부 내장원으로 집중시켰다. 그러나 당시 대한제국의 경제 규모로는 정책을 추진하는 데 필요한 막대한 자금을 감당할 수 없었다. 이에 황제 및 정부는 사업과 재정의 안정을 위해 재원을 정확하게 파악하고, 세원을 확대하기 위해 양전사업을 시행하고 상공업을 발달시키고자 노력했다.

그러나 양전사업이나 상공업의 발달은 단기간에 이룰 수 있는 일이 아니었다. 이에 고종 황제는 자금이 부족할 때마다 전환국(典圜局)에서 백동화를 대량 발행하는 방식으로 충당했다. 문제는 이로 인해 민간에서 백동화를 위조로 주조하는 일이 빈번해졌고, 물가 폭등으로 이어졌다는 점이다. 이는 다시 정부 재정이 부족해지는 결과를 낳아 정부는 결세 인상을 단행했다. 그럼에도 재정 궁핍은 계속돼 관리의 녹봉도 제대로 지급하지 못하는 상황에 이르렀다. 결국 탁지부가 정부의 소득원으로 남아 있던 결세를 담보로 내장원으로부터 대규모의 자금을 차입하는 기현상이 나타났다. 게다가 만성적인 재정 적자에 시달리던 탁지부는 대출금을 상환할 여력이 없었다. 이에 내장원은 대출금 환수를 위해 각 지방에 봉세관을 파견해 결세를 직접 징수했는데, 이 과정에서 민중에 대한 수탈이 발생했고 지방관과 갈등이 빚어졌다.

대한제국은 농업 중심의 국가로, 토지세에 해당하는 결세가 국가의 가장 큰 조세 수입원이었다. 그런데 세금 부과의 기준이 되는 토지대장의 관리가 부실했다. 실측에 의한 정확한 토지대장의 작성, 이를 토대로 한 정확한 세원의 파악과 공평한 과세를 통한 재정 확보가 매우 시급한 사안이었다.

전환국과 백동화

고종은 1883년(고종 20) 7월, 재정위기를 보완하고 문란해진 통화정책을 정비할 목적에서 독립된 상설 조폐기관으로 전환국을 설치했다. 이곳에서는 1892년부터 1904년까지 화폐 '백동화'를 주조·유통시켰다. 그러나 당시 시중에 유통된 백동화 중에는 전환국에서 주조한 것 이외에도 민간이나 외국인에 의한 위조(僞造) 또는 외국에서 밀수입된 것도 상당수 포함돼 있었다. 이 때문에 백동화의 가치가 계속 떨어지면서 국가 재정이 파탄나고 민중의 생활이 어려워지자 화폐제도를 개혁하자는 요구가 일어났다. 결국 1904년(광무 8) 일본인 재정고문 메가타 다네타로(目賀田種太郎, 1853~1926)에 의해 전환국이 폐지되면서 백동화의 주조도 금지됐다.

도판9 백동화의 앞면과 뒷면.

대한제국 정부는 1898년 7월 전국의 토지를 측량하기 위해 양지아문(量地衙門)을 설치하고, 1899년 6월 충청남도 아산군에서부터 양전사업을 시작했다. 당시의 양전은 '시주(소유자)'와 '시작(작인)'을 구분해 토지소유관계를 명확히 하고, 두락(斗落) 단위를 사용해 실측한 토지의 절대 면적을 통일해 표기했다는 점에서 상당한 의의가 있었다. 하지만 여전히 토지문서만 가지고 있으면 토지 소유자로 인정받았기에 권력자나 외국인이 불법으로 소유한 토지가 문제가 됐다. 이를 해결하기 위해 정부는 1901년 11월 진행 중이던 양전을 중단하고, 지계아문(地契衙門)을 설립했다.

지계아문은 양지아문을 흡수·통합해 1902년 3월부터 양전을 통해 확인된 토지 소유자에게 정부가 그 소유권을 인정하는 지계(地契)를 발급했다. 이것은 국가가 개인의 토지소유권을 법적으로 보장하는 근대적 토지소유관계가 확립되기 시작했음을 의미한다. 1904년 러일전쟁의 발발로 사업이 중단됐으나, 정부는 그동안 전국 331개 군 중 3분의 2에 해당하는 지역의 토지를 조사·측량했고, 이를 바탕으로 조세 수입액이 23% 늘어났다.

근대화 추진에서 군사력 강화와 함께 역점을 뒀던 분야는 상공업 발달이었다. 근대화 사업에 필요한 재원 확대를 위해서나, 열강의 상권 및 이권 침탈에 대응하기 위해서도 상공업의 발달은 필수적이었다. 1897년 이후 부산·원산·인천 등 기존 개항지 외에 목포·진남포·군산·마산·성진 등이 추가로 개항됐다. 개항장이 늘어나고 일본에서 유입되는 자본이 늘어나면서 1894년에 비해 수출액은 3배, 수입액은 5배 정도 증가했으나, 수입 초과로 무역수지는 항상 적자였다. 일본에서 수입한 주요 상품은 면포·금속제품·성냥 등의 공산품이었다. 대한제국의 주요 수출상품은 쌀과 콩이었는데, 산업혁명기에 들어선 일본은 이것을 자국 산업의 가격경쟁력 유지를 위해 하층 노동자나 빈민층의 식량으로 공급했다. 이러한 무역 조건 속에 한국에 진출한 일본 상인들은 개항장을 거점으로 상업망을 확장하고, 본국 은행의 금융 지원을 받아 한국의 대외무역과 내륙상권을 장악했다.

이에 대응해 공장이나 회사를 고종 황제와 정부가 나서서 설립하거나 관료나 민간이 설립하는 것을 장려하고, 상공학교·우무학당 등 관립 기술교육기관을 설립하며 유학생을 파견하는 등 적극적인 상공업 정책을 추진했다. 황실과 정부는 주로 대규모 자금이 필요한 기간산업에 직접 관여했는데, 한성(한미)전기회사와 철도 건설 사업이 대표적이었다. 황실은 1898년 미국인 헨리 콜브란(Henry Collbran, 1852~1925)·해리 보스트윅(Harry R. Bost-wick, 1870~1931)과 합자해 한성전기회사를 설립하고, 이들에게 전차·전등·전화 사업의 독점권을 줬다. 이를 통해 궁궐에 전화와 전등이 가설되고 서울 시내에 전차가 운행되기 시작했다.

또한 경인철도와 경부철도는 일본이 부설권을 획득했기에 다른 철도 건설만은 대한제국 정부가 주도하려고 계획했다. 1898년 7월 정부 산하에 철도사(이후 '철도국'으로 개칭)를 설치해 서울~목포 간 철도 및 영남지선의 철도 부설을 계획했다. 고종은 경의철도를 반드시 자력으로 부설하기 위해 1900년 궁내부 산하에 서북철도국을 설치하고 사업을 추진했다. 하지만 당시에는 기술과 자본이 부족했고, 일본의 강압으로 러일전쟁 직후 부설권이 일본으로 넘어가면서 한국의 간선철도는 모두 일본이 건설하게 됐다.

이 시기 회사 설립은 상인층보다 전현직 관료 또는 황제 측근이 주도했다. 이들은 기본적으로 대지주 출신이어서 상대적으로 큰 자본을 동원할 수 있었고, 관료였기에 정부로부터 자금을 지원받기도 수월했다. 신기술을 도입하거나 정보를 얻는 데도 유리했다. 관료자본은 은행 등 금융 분야에 가장 먼저 진출했다. 갑오개혁으로 조세 수취가 금납화되고 상업이 발달해 화폐 유통이 확대됐으나, 당시 대한제국에는 대규모 자본을 관리할 수 있는 금융기관이 없었다. 이 때문에 정부는 외획(外劃)을 활용했다. 외획은 지방관리가 세금을 정부에 납부하는 대신 상인 등 제3자에게 지급하면, 지급받은 당사자가 상업 등에 활용하다가 정해진 기일에 정부에 납부하는 제도였다. 이를 통해 정부는 조세 운반의 비용을 절약할 수 있었고, 상인은 정부의 조세금으로 상업을 확장할 수 있었다. 하지만 외획을 담당한 상인의 농간으로 조세금의 연체·횡령 등 폐해가 잇따랐다. 정부의 재정 관리와 상공업 진흥을 위한 금융 지원을 위해 은행의 설립이 절실해지자 전현직 관료나 대상인에 의해 1897년 조선은행(朝鮮銀行)과 한성은행(漢城銀行), 1899년 대한천일은행(大韓天一銀行) 등이 설립됐다.

은행 등 금융기관이 정착되기 위해서는 화폐의 실질가치를 안정적으로 보장할 수 있어야 했다. 그러나 전환국에서 계속 백동화를 남발하면서 화폐에 대한 신뢰가 떨어졌고, 시장이 교란됐다. 고종 황제는 화폐의 신뢰도를 높이기 위해 서양 국가처럼 금본위제도를 기반으로 한 「화폐조례(貨幣條例)」를 1901년 공포했다. 소요되는 막대한 자본은 차관을 도입해 충당하려 했으나 실행되지는 못했다. 일본의 제일은행은 1902년 한국 정부의 승인 없이 제일은행권을 발행해 유통시키는 일을 벌였는데, 이에 고종은 1903년 「중앙은행조례」를 제정하고 자력으로 금지금(金地金)을 모아 정화를 발행할 계획을 세우고 이를 담당할 중앙은행의 설립을 준비했다. 하지만 이 역시 러일전쟁 발발로 중단됐다.

은행 다음으로 관료자본의 진출이 활발했던 분야는 교통·운수 회사였다. 우체기선회사·대한협동기선회사·대한협동우선회사 등 정부와 밀접한 관련을 맺고 국내외를 왕래하는 대규모 회사들이 속속 설립됐다. 경부철도공사의 하청을 맡기 위해 대한국내철도회사, 대한경부철도역부회사 등 토건회사도 속출했다. 제조업 분야의 회사 설립은 상대적으로 부진했다. 대한제국인공양잠합자회사, 대조선저마제사회사 등이 설립됐으나, 기술력이 부족하고 관세 등 국가적인 보호 장치가 없어서 일본의 기계로 만든 제품을 넘어설 만한 경쟁력을 갖지 못했다.

민간에서 회사 설립이 가장 활발하게 이루어진 분야는 상대적으로 소규모 자본으로도 설립 가능한 상업과 세금 징수업 등이었다. 주로 지주 및 특권 상인층이 내장원에 세금을 상납하는 대가로 정부로부터 물종·지역별 독점권을 획득해 소상인과 소생산자에게 잡세 징수를 명목으로 수탈한 수세도고 회사였다. 군부용달회사·미두회사·석유용달회사·탄상회사·어염회사 등이 여기에 속했으며, 1899년 이후 급속히 증가했다.

고종 황제는 궁내부를 중심으로 재원을 확대해가면서 각종 근대적 시설과 제도를 도입하고 상공업을 발전시키려 했다. 그러나 이러한 노력은 당시 대한제국의 자본과 기술력의 부족, 열강의 압력 및 상권 침탈, 러일전쟁의 발발 때문에 큰 성과로 이어지지 못했다.

4 일제의 국권 침탈

러일전쟁과 일본의 외교권 침탈

아관파천 이후 한반도에서 러일 간의 세력균형은 1900년 청에서 일어난 의화단운동을 계기로 급변하기 시작했다. '부청멸양(扶淸滅洋)'을 구호로 내걸고 의화단(義和團)이 격렬한 외세 배척운동을 벌이자, 영국·러시아·일본 등

8개국은 연합군을 파병해 진압했다. 이후 러시아는 다른 열강이 반발했음에도 철병하지 않고 사실상 만주를 점령했다. 1901년 1월에는 열강이 공동으로 보증했던 한국 중립화안을 일본에 제시했고, 2월에는 청군의 만주 주둔을 금지하고 러시아의 허락 없이 이권 양도를 금지하는 등의 내용을 담은 협약을 청에 강요했다. 청은 열강의 지원을 받아 러시아의 요구를 거절했지만, 이로써 만주를 독점 지배하려는 러시아의 의도가 분명히 드러나게 됐다.

일본은 이에 대해 두 가지 반응을 보였다. 이토 히로부미를 비롯한 원로들은 일본의 군사력이 아직은 러시아에 맞설 만큼 강하지 않다고 보고 만주에서 러시아가 얻으려는 이익과 한반도에서 일본이 누리려는 지위를 서로 보장하는 타협안을 주장했다. 반면 총리대신 가쓰라 타로(桂太郞, 1848~1913)와 외무대신 고무라 쥬타로(小村壽太郞, 1855~1911) 등 정부 당국자는 러시아에 강경한 태도를 취하며 영일동맹론을 주장했다.

삼국간섭(1895) 이후 일본은 러시아를 가상 적국으로 상정해 급격히 군사력을 키우고 있었다. 육군은 7개 사단에서 13개 사단으로 증강하고, 해군은 강철전함 6척, 순양함 6척의 6·6함대 보유를 목표로 삼아 청일전쟁의 배상금 대부분과 공채 발행 및 증세를 통해 군사비를 조달했다. 이는 매년 국가 예산의 40%를 초과하는 엄청난 규모였다. 일본은 의화단운동을 진압하는 데 총 2만 2,000명의 가장 많은 군대를 파견해 강화된 군사력을 과시하기도 했다. 이는 8개국 연합군 전체 병력의 3분의 2에 해당했다.

일본이 구축해가던 군사력은 동아시아에서 러시아의 남하를 저지하려는 영국의 입장에서는 매우 매력적일 수밖에 없었다. 러시아의 남하를 저지하려는 영국과 일본의 이해가 일치하자 양국의 교섭은 급속히 진전돼 1902년 2월 「제1차 영일동맹」이 성립됐다. 영일동맹에는 청과 한국에서 취할 서로의 이익을 인정하고, 동맹국이 다른 나라와 전쟁을 벌이면 엄정중립을 지키고, 2개국 이상과 전쟁을 벌일 때는 공동 참전한다는 내용이 담겼다. 이것은 러일전쟁이 벌어졌을 때 러시아의 동맹인 프랑스나 이해관계를 공유하던 독일이 참전하면 영국도 참전한다는 의미로, 사실상 프랑스와 독일의 대일참전을 불가능하게 만들었을 뿐만 아니라, 러시아를 국제적으로 고립시키는 결과를 가져왔다. 이전의 삼국간섭과는 정반대의 양상이 벌어진 것이다.

상황이 이렇게 진전되자 러시아는 중국과 열강에 만주 철병을 약속하고 1902년 10월 1차 철병을 실행했다. 하지만 러시아 정부 내에서 황제 니콜라이 2세(Nicholas II, 1868~1918)의 측근 알렉산드르 베조브라조프(Alexander M. Bezobrazoff, 1855~1921)를 중심으로 철병에 대한 비판이 일어났다. 이들은 만주에 군사력을 더욱 증강해 만주와 한반도를 독점 지배해야 한다고 주장했다. 이후 러시아는 2차 철병을 이행하지 않고, 만주에서 러시아의 특권을 보장하는 7개조 요구를 청에 강요하는 한편, 한국의 용암포(龍巖浦)를 불법으로 점령하면서 1903년 5월에는 만주와 한반도에 대한 신노선을 공식화했다. 이에 일본은 한반도를 결코 양보할 수 없다는 입장을 밝히고 러시아에 6개조의 협상안을 제시했다. 러시아는 만주는 협상의 대상이 아니라고 답하며, 한반도의 북위 39도선 이북의 중립지대화를 요구했다. 이후 양국은 전쟁의 명분을 쌓기 위한 지루한 외교 공방을 전개했다.

러시아와 일본 간 전쟁의 위기감이 고조되자, 영국은 영일동맹에 따라 엄정중립을 표방했으나 미국은 일본에 우호적 중립을 표방했다. 당시 만주는 미국 산업의 저임금 유지를 위한 저가의 농산물 수입처이자, 면제품의 주요 수출시장이어서 러시아가 독점으로 지배하는 것을 두고 볼 수만은 없었다. 고종 황제는 청일전쟁 때와 마찬가지로 1904년 1월 국외중립을 선언했지만, 이는 열강으로부터 무시됐다. 일본은 내부적으로 이미 1903년 12월에 "군사적인 실력행사를 통해 한국을 일본의 영향력 아래에 둔다"는 방침을 결정한 바 있었다.

일본은 1904년 2월 4일 전쟁을 결정하고, 8일 인천항에 정박 중이던 러시아 군함을 공격하며 러일전쟁을 일으켰다. 이와 동시에 한국에 군대를 파견해 9일 서울을 시작으로 전국 주요 지역을 점령해갔다. 23일에는 한국 점령을 사후에 합법화하기 위해 한국 정부를 강압해 「한일의정서」를 체결했는데, 일본이 군사상 한반도의 필요한 지점을 임시 수용할 수 있다는 것이 주요 내용이었다. 이는 일본이 한국에 대해 정치·군사 부분에 직접 간섭할 수 있는 근거를 확보했음을 의미한다.

용암포사건

1903년 4월 러시아는 이전에 획득한 압록강 상류에서의 삼림벌채권과 그 종업원을 보호한다는 명목으로 약 100명의 병력을 보내 용암포를 점령했다. 이어 용암포에 포대 등 군사시설을 설치하고, 병력을 증강했으며, 같은 해 7월 한국 정부에게 러시아 삼림회사에 용암포를 조차하도록 강요해 이를 획득했다. 이것을 계기로 한반도에서 러시아와 일본의 대립은 더욱 첨예화했고, 결국 1904년에 러일전쟁이 발발했다.

5월, 개전 초기 승리를 거둔 일본은 "적당한 시기에 한국을 일본의 '보호국'으로 하든가, 또는 일본에 '병합'한다"는 「대한방침」을 결정했다. 그리고 이에 대한 실행지침으로 「대한시설강령」을 입안해 한반도 군사 점령의 영구화, 외교와 재정의 실권 장악, 한국 군대의 축소, 교통·통신 장악, 농업·임업·광업·어업의 이권 확대 등 구체적인 실행목표를 세웠다. 그것을 실행하기 위한 핵심 수단은 군사력이었다. 일본은 9월까지 한국주차군을 2개 사단으로 증원 배치해 한국을 사실상 군사적으로 점령했다.

러일전쟁은 20세기 최초의 국제전이자 산업화 이후 국가의 경제력이 전쟁의 성패를 좌우하는 현대전의 특징이 처음으로 나타난 전쟁이었다. 개전 이래 일본은 전시물자와 전쟁경비를 조달하는 데 상당한 어려움을 겪었다. 다른 국가들이 일본의 승전 가능성을 낮게 보고 일본의 전시채권을 구입하지 않았기 때문이다. 하지만 1905년 1월 일본군이 뤼순항을 함락하면서 전시채권이 팔리기 시작해 전비 조달에 숨통이 트였다. 반면 러시아는 이 여파로 외부적으로는 국가 위신이 추락했고, 내부에서는 노동자들에 의해 제1차 러시아혁명이 시작됐다.

육상전에서 승리를 계속하고 동해해전에서 연합함대가 러시아의 발틱함대를 격파하면서 일본의 승전은 명확해 보였다. 그러나 당시 일본은 국력이 고갈돼 더 이상 전쟁을 수행할 인력도 경제력도 바닥난 상태였다. 게다가 전사자 8만 8,000여 명, 부상자 38만여 명으로 사상자가 총 동원병력 109만여 명의 40%를 초과했다. 일본 육군은 이미 1904년 10월 샤허전투(沙河戰鬪)[9] 이후 병력과 탄약의 부족으로 전진 불능 상태였다. 반면 러시아는 혼란한 국내 상황 속에서도 병력과 물자를 모아 반격 태세를 갖춘 상황이었다. 따라서 전쟁이 지속된다면 이후 전세의 변화는 예측할 수 없었다.

일본 정부는 발트함대를 격파해 전쟁 성과가 최고에 달한 시점에서, 유리한 조건으로 러시아와 강화조약을 체결하는 동시에 한국을 보호국으로 확정하려고 했다. 이를 위해 강화조약의 중재를 일본에 우호적인 미국에 의뢰했다. 하지만 당시 만주로 세력 확장을 노리던 미국과, 청에서 가장 큰 세력

---

9 샤허전투 러일전쟁 중기(1904년 10월)에 만주 남부의 선양(瀋陽)시 샤허(沙河)강에서 러시아군과 일본군이 치른 전투를 말한다. 이 전투에서 러시아군은 시베리아 철도를 일부 개통했음에도 제대로 된 공격을 펼치지 못했고, 결국 러일전쟁의 육상전에서 러시아의 결정적인 패배로 끝났다.

도판10 포츠머스강화회담을 상징하는 삽화

회담의 중재자인 루스벨트 미국 대통령을 중심으로 왼쪽은 니콜라이 2세 러시아 황제, 오른쪽은 메이지 일본 천황이 그려져 있다. 그 밑에는 각각 러시아와 일본의 회담 전권 대표들을 그려 넣었다. 왼쪽은 러시아의 총리대신 세르게이 비테(Sergei Yulyevich Witte, 1849~1915)와 미국 주재 러시아대사 로젠, 오른쪽은 일본의 외무내신 고무라 쥬타로(小村壽太郎, 1855~1911)와 미국 주재 일본대사 다카히라 고고로(高平小五郎, 1854~1926)다.

권을 차지하고 있던 영국은 만주에서의 이권 확보를 위해 러일전쟁이 어느 한쪽의 일방적인 승리로 끝나는 것을 바라지 않았다. 미국 대통령 시어도어 루스벨트(Theodore Roosevelt, 1858~1919)가 중재한 「포츠머스강화조약」 (1905)은 일본에게 한국에 대한 보호권과 남만주철도의 귀속, 그리고 사할린 남부의 영토를 할양받는 것을 인정했지만, 전쟁 배상금은 인정하지 않았다.

일본은 러일전쟁의 비용으로 총 19억 8,000만 엔을 지출했는데, 이는 평시 1년 국가예산의 6배를 초과하는 규모였고, 그중 13억 엔은 전시공채로 조달한 것이었다. 이 때문에 전쟁 중 증세에 허덕이던 민중은 강화조약의 내용에 대한 불만을 품고 히비야 폭동사건(日比谷暴動事件)[10]을 일으켰다. 일본 내부에서 반발이 컸음에도, 일본 정부는 전쟁을 일으킨 가장 중요한 목적인 한국에 대한 보호권을 열강으로부터 인정받았기에 강화조약을 수용했다.

일본은 러일전쟁의 막바지인 1905년 7월 「가쓰라-태프트 밀약」을 통해 미국으로부터, 8월에는 「제2차 영일동맹」을 체결해 영국으로부터, 9월에는 「포츠머스강화조약」을 통해 러시아로부터 한국에 대한 "보호·지도 및 감독의 권리"를 승인받았다. 그러나 협상 과정에서 러시아는 일본이 한국의 주권을 침해할 만한 조치를 할 경우에는 한국 정부와 합의한 후 집행해야 한다는 단서조항을 달았고, 영국과 미국 등 열강도 이에 동의했다. 그리고 이것은 러

---

10   히비야 폭동사건 러일전쟁 직후인 1905년 9월 5일, 일본 도쿄 히비야공원에서 일어난 폭동을 말한다. 러일전쟁에 대한 강화조약인 「포츠머스강화조약」에서 러시아의 배상금 지불 의무를 명시하지 않은 것에 대한 불만을 토로하는 집회 중에 일어났다. 이로 인해 러일전쟁 및 강화조약을 주도했던 가쓰라 내각이 1906년 1월 총사퇴했다.

일전쟁 후 일본의 즉각적인 한국병합을 불가능하게 만들었다.

이토는 일본 정부의 특파대사로 한국에 와서 일본군으로 경운궁(덕수궁)을 포위하고 무력시위를 통해 공포 분위기를 조성한 가운데, 11월 17일 을사조약 체결을 강요해 외교권을 박탈했다. 영국·미국·프랑스·독일·러시아 등 열강은 한국에서 공사관을 철수시켜 일본의 한국 보호국화를 인정했다.

일본은 한국의 주권을 단계적으로 침탈해갔다. 이미 체결한 「한일의정서」 제1조의 '시정개선(施政改善)'을 구실로 1904년 8월부터 일본은 재정고문 메가타 다네타로(目賀田種太郎, 1853~1926)와 외교고문 미국인 스티븐스(D. W. Stevens, 1851~1908)를 비롯한 다수의 외국인 고문, 보좌관 등을 한국 정부에 고용해 국정을 감독하게 했다. 을사조약 체결 이후에는 통감부를 설치하고 이토를 초대 통감으로 임명했다. 통감은 한국에서 일본 정부를 대표하는 역할을 하며, 한국의 외교와 시정개선의 명목으로 한국 정부 및 외국인 고문관 등을 감독할 권한을 가지고 있었다. 이에 따라 통감은 외교에 관한 사항만 감리하도록 규정돼 있었음에도, 한국의 각부 대신들과의 협의체인 시정개선협의회 등을 이용해 다양한 방식으로 한국의 내정에 간섭할 수 있었다. 하지만 이때까지만 해도 일본이 한국의 통치권을 완전히 장악하지 못한 상태였기에, 한국 정부와 통감부가 병렬적으로 존립하는 이중 권력구조였다.

헤이그특사사건을 계기로 일본의 주권 침탈은 더욱 강화됐다. 고종 황제는 1907년 6월의 제2회 네덜란드 헤이그 만국평화회의에 이상설(李相卨, 1870~1917), 이준(李儁, 1859~1907), 이위종(李瑋鍾, 1887~?) 그리고 호머 헐버트(Homer Hulbert, 1863~1949)를 특사로 파견했다. 일본 정부는 한국에서 특사를 파견하는 움직임을 사전에 파악하고 있었으나, 저지하지 않았을 뿐 아니라 헤이그에서 한국 특사단이 활동하는 것에 대해서도 직접 제지를 하지 않고 방관했다. 일본은 오히려 이 기회를 통해 열강으로부터 한국 측의 회의 참가 불허를 약속받아 한국에 대한 보호권을 공인받으려 했기 때문이다. 그리고 헤이그특사사건에 대한 책임을 물어 고종을 강제 퇴위시키고, 「제3차 한일협약(정미조약)」을 체결해 한국의 내정권을 장악했다. 결국 이중 권력이 종식되고, 통감이 한국의 외교와 내정을 총괄하는 명실상부한 최고통치자가 됐다.

민권운동과 민족운동

러일전쟁과 일본군의 주둔으로 고종의 황제권이 위축되기 시작하자 한국도 일본과 같이 국정을 개혁해 근대 국민국가로 발전해야 한다는 움직임이 확산됐다. 이 시기는 국가의 독립이 위협받는 상황이었기에 민권운동에서도 이전의 독립협회운동과 달리 민권보다 국권을 강조하는 경향이 있었다. 이를 위해서는 민족의 실력양성이 중요하다고 여겼기에 애국계몽운동으로 불리기도 한다.

근대교육을 받은 신지식인들은 일본에 국권을 침탈당한 근본 원인이 한국의 실력이 부족한 데서 비롯됐다고 인식했다. 이들은 문명개화론·사회진화론 등을 사상적 기반으로 삼아, 민족의 실력양성을 통해 국권을 회복하는 것을 가장 시급한 과제라고 판단했다. 이는 교육과 산업진흥으로 국가 발전의 토대를 세우고, 민중에 대한 계몽운동을 통해 민권을 신장하며 정치의식을 발전시켜야 한다는 실력양성론으로 구체화됐다. 정치·사회단체의 활동, 식산흥업활동, 교육구국운동, 언론계몽운동 등 다양한 방면에서 실력양성운동이 전개됐던 것이다.

이 시기 민권운동과 정치운동은 신민회를 제외하면 대체로 입헌군주제에 기초한 근대 국민국가 수립을 주장했다는 공통점이 있다. 1904년 3월 장도(張燾, 1876~?), 장지연(張志淵, 1864~1921), 김상연(金祥演, 1874~1941) 등은 중추원에 제안한 시정개선안에서 황제권으로부터 행정·사법권의 분리, 신민의 기본권, 중추원을 준의회로 개정할 것 등을 주장했다. 1905년 유성준(兪星濬, 1860~1934)은 저서 『법학통론(法學通論)』에서 군권정치를 기본으로 삼되 권력과 신민의 권리를 법률로 규정해야 한다는 법치주의를 주장했다. 같은 해 7월 이준, 윤효정(尹孝定, 1858~1939) 등이 조직한 헌정연구회(憲政硏究會)는 국가를 군주의 사유물이 아닌 국민 모두의 공동체로 규정하고, 국민의 권리와 의무를 설명하면서 입헌군주제를 주장했다.

한편 러일전쟁 중인 1904년 6월 일본은 한국 정부에 황무지 개간권을 요구했는데, 이는 국토의 30%에 해당하는 방대한 면적이었다. 이에 송수만(宋秀萬, 1857~?), 이기(李沂, 1848~1909) 등은 개간권 요구에 대항해 1905년 보안회(保安會)를 조직하고, 반대운동을 펼쳐 일본의 토지 강탈 음모를 좌절시켰다. 그러나 보안회와 헌정연구회 등은 서울에 집중돼 있었고, 결국에는 강제 해산되면서 그 활동을 지속할 수 없었다.

을사조약 체결로 한국인 간에서는 반일의식이 높아졌고, 1906년 이후에는 이와 관련된 전국 단위의 단체들이 출현하기 시작했다. 3월에는 윤효정·장지연·나수연 등이 헌정연구회를 확대·개편해 대한자강회(大韓自强會)를 설립하고, 교육과 실업의 발전을 도모하면서 입헌군주제를 채택하려는 운동을 전개했다. 대한자강회가 통감부에 의해 강제 해산되자, 중심인물은 천도교 세력과 연합해 1907년 11월 더욱 큰 규모의 대한협회(大韓協會)를 조직해 입헌군주제를 추진했다. 민권운동이 성장하자, 통감부와 한국의 친일내각은 「신문지법(新聞紙法)」[11]과 「보안법(保安法)」[12]을 공포해 민권운동단체를 탄압했다. 이에 대항해 대한협회의 지도부는 일진회·서북학회와 연합해 이완용이 주도하는 친일내각을 타도하고 권력을 차지하려 했으나, 안중근이 이토를 사살한 이후 일본의 통제가 강화되는 상황에서 활동이 위축됐다.

민권운동에 기반을 둔 정치·사회단체의 활동 외에 교육 및 학술단체를 표방한 많은 학회들이 전국 각지에 설립되기도 했다. 해당 지역 인사들을 중심으로 평안도·황해도에서 서우학회(西友學會, 1906)가, 함경도에서 한북흥학회(漢北興學會, 1906)가 설립돼 활동했다가, 1908년 1월 두 학회는 서북학회로 통합됐다. 이외에도 전라도의 호남학회(湖南學會, 1907), 경상도의 교남교육회(嶠南敎育會, 1908), 강원도의 관동학회(關東學會, 1908) 등이 설립됐다. 일본 유학생들은 태극학회(太極學會, 1905), 대한유학생회(大韓留學生會, 1906), 대한학회(大韓學會, 1908), 대한흥학회(大韓興學會, 1909) 등 유학생회를 조직해 활동했다. 이 학회들은 사회·정치단체와 마찬가지로 국권회복운동을 전개했다.

이 시기 교육운동은 학교를 설립해 근대 서구의 학문을 중심으로 한 신교육을 실시하는 데 주안점을 두고 있었다. 이는 교육을 통해 근대적 정치의식과 민족의식을 고취하려고 노력한 실력양성운동으로, 각 지역에 설립된 학회와 긴밀하게 연결돼 있었다. 1907년부터 1909년 4월까지 무려 3,000여

11　「신문지법」 1907년 7월 일본이 한국의 신문을 탄압, 통제하기 위해 제정한 법이다. 모두 41개조로 구성돼 있는데, 내용상 일본의 「신문지법」을 본뜬 것이나, 그보다 훨씬 가혹한 내용을 담고 있다. 주요 내용은 정기간행물 발행의 허가제와 보증금제로 발행허가를 억제하고, 허가받은 정기간행물도 발매·반포 금지, 발행정지(정간), 발행금지(폐간) 등의 규제를 가할 수 있도록 돼 있다.

12　「보안법」 1907년 7월 일본이 한국인들의 집회와 결사·언론의 자유를 탄압하기 위해 한국 정부에 제정·반포하게 한 법률이다. 이를 통해 일제는 한국 정부와 경찰을 내세워 항일운동을 하는 인물과 단체를 합법적으로 탄압할 수 있었다.

개의 사립학교가 설립됐고, 민간에서 편찬된 교과서를 이용해 민족교육을 실시했다. 학교 설립이 급격히 확산되자, 통감부는 1908년 8월 학교 설립 허가, 교사 자격 제한, 검정교과서 의무 사용 등을 규정한 「사립학교령」을 공포해 교육운동의 확산을 저지했다.

언론운동은 주로 신문을 통한 국민 계몽에 주안점을 두고 있었다. 『황성신문(皇城新聞)』은 논설 「시일야방성대곡」을 실어 을사조약의 부당성을 알렸다. 『대한매일신보(大韓每日申報)』는 영국인 어니스트 베델(E. Bethell, 1872~1909, 배설)을 발행인으로 내세워 통감부의 검열을 피해 일제의 침략상을 상세히 보도했다. 이외에도 여성과 하층민을 대상으로 했던 『제국신문(帝國新聞)』과 천도교에서 발행한 『만세보(萬歲報)』 등도 국민 계몽에 노력했다.

민족종교운동은 통감부의 종교계 친일화 공작에 대한 저항으로 일어났다. 일본은 유교에 대해서는 1907년 대동학회(大東學會, 이후 '공자교회'로 개칭)를 설립하게 했고, 불교에 대해서는 일본 불교의 세력 확장을 기도했다. 동학에서는 일본에 망명해 있던 손병희의 지시로 1904년 이용구(李容九, 1868~1912)가 일진회(一進會)[13]를 조직했다. 그러나 일진회가 을사조약에 찬성하는 등 친일 행태를 보이자 손병희는 귀국 후 일진회와 관계를 끊고, 1905년 12월 기존의 동학을 천도교로 개편해 국민 계몽과 민족운동에 참여했다. 나철(羅喆, 1863~1916)은 1909년 단군을 국조로 하는 단군교(檀君敎, 1910년 '대종교(大倧敎)'로 개칭)를 창건해 민족의식을 고취하면서 적극적인 독립운동을 전개했다. 유림 중 일부는 기존 유교의 폐단을 지적하면서 대동교(大同敎)를 창건해 계몽운동에 참여했다.

국학운동은 국어와 한국사 등 국학을 진흥시켜 민족의식을 고취하는 데 집중됐다. 갑오개혁 이래 국한문이 병용돼 국어 사용에 대한 사회적 관심이 높아진 분위기에서 주시경(周時經, 1876~1914) 등은 국어 연구와 보급에 노력했다. 국사학에서는 1890년대 후반부터 점차 민족주의를 바탕으로 한 근대역사학이 발전하기 시작했다. 특히 신채호(申采浩, 1880~1936)는 을지문

---

13   일진회 대한제국 말기의 대표적인 친일단체다. 1904년 8월 18일 러일전쟁에서 일본군의 통역으로 활동하던 송병준과 독립협회 출신 윤시병 등은 서울에서 민권단체로 유신회를 조직했고, 2일 후인 8월 20일 회명을 '일진회'로 회명을 개칭했다. 그리고 같은 해 9월에 동학계열의 이용구가 조직한 진보회를 일진회로 통합해 활동했다. 이후 회장 이용구와 송병준 주도하에 1910년 대한제국이 일제에 강제 병합될 때까지 1909년 12월 이른바 「합방청원서」를 발표하는 등 대표 친일단체로 활동했다.

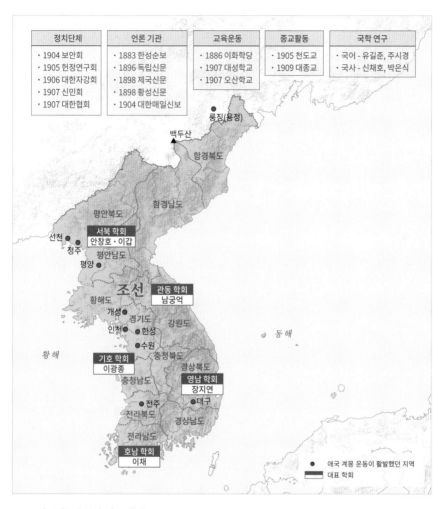

정치단체	언론 기관	교육운동	종교활동	국학 연구
· 1904 보안회 · 1905 헌정연구회 · 1906 대한자강회 · 1907 신민회 · 1907 대한협회	· 1883 한성순보 · 1896 독립신문 · 1898 제국신문 · 1898 황성신문 · 1904 대한매일신보	· 1886 이화학당 · 1907 대성학교 · 1907 오산학교	· 1905 천도교 · 1909 대종교	· 국어 - 유길준, 주시경 · 국사 - 신채호, 박은식

지도4 애국계몽운동과 대표 학회
애국계몽운동이 활발하게 이뤄졌던 지역과 대표 학회를 담고 있다.

덕·최영·이순신 등 국난을 극복한 영웅들에 대한 전기를 써서 애국심을 고취하고, 『독사신론(讀史新論)』 등을 발표해 민족주의 역사관을 형성했다.

　민권운동단체의 활동이 약화되는 상황에서 1907년 4월 안창호(安昌浩, 1878~1938), 양기탁(梁起鐸, 1871~1938), 이동녕(李東寧, 1869~1940), 신채호 등은 비밀결사 단체인 신민회(新民會)를 조직했다. 신민회는 중앙에 집행부를 두고 지방에는 군 단위까지 책임자를 임명해 국권 회복과 함께 공화정제의 국민국가 수립을 목표로 활동했다. 이후 망국의 위기가 고조되자, 1910년 3월 만주 지역을 근거지로 삼아 장기적인 대일항전을 도모하기 위해 독립군 기지 건설 계획을 확정했다. 이에 따라 1911년 이동녕, 이회영(李會榮, 1867~

1932) 등은 만주의 평톈성(奉天省) 류허현(柳河縣) 산위안푸(三源堡)에 한인촌을 건설하고, 경학사와 사관양성기관인 신흥강습소(신흥무관학교의 전신)를 설립해 신민회 계통의 독립군 기지를 건설했다.

민권운동이나 계몽운동과 달리 일제 침략에 맞서 직접 항거하는 민족운동도 고조되고 있었다. 이는 크게 '의열투쟁'과 '의병투쟁'으로 구분된다. 의열투쟁은 국가에 대한 충절을 지켜 자신의 죽음으로 항거하는 '순절'과 개인 혹은 소수의 결사로 침략의 당사자나 이에 협조한 한국인을 무력으로 응징하는 '의거'를 함께 지칭한다.

을사조약 체결 소식이 알려지면서 유생과 전직 관료들의 반대하는 목소리와 함께 이완용, 박제순(朴齊純, 1858~1916) 등 이른바 '을사5적'의 주살을 주장하는 상소가 쇄도했다. 상소로는 그 뜻을 이루지 못하자, 전 참판 홍만식(洪萬植, 1842~1905)을 시작으로 시종무관장 민영환, 전 의정대신 조병세, 전 참판 이명재(李明宰, 1892~1947), 진위대 병사 김규학, 학부주사 이상철(李相哲, ?~1905) 등 많은 사람들이 순절로 이에 항거했고 이는 전국적으로 배일 감정을 크게 자극했다.

1907년 7월 고종 황제가 강제 퇴위당하고, 군대도 해산됐다. 이에 한국에서는 황제의 퇴위를 반대하고 일본의 침략에 대항하는 직접 행동이 나타나기 시작했다. 고종의 퇴위가 결정된 직후인 7월 19일 서울의 민중은 일진회 회원들과 유혈충돌을 벌였고, 일진회의 기관지를 발행하는 국민신보사를 습격했다. 대안문(현 덕수궁 대한문) 앞에서는 일본 순사 및 헌병과 투석전을 벌였으며, 종로 집회소에서는 시위대 병사 수십 명이 일본 경찰과 총격전을 전개했다. 고종 황제의 퇴위 반대와 적신(賊臣) 타도를 외치는 민중시위는 평양·개성·대구·대전·안성·동래 등 지방에서도 격렬하게 일어났다.

이와 같은 상황에서 개인의 힘으로 침략의 중심인물을 직접 응징하려는 의거가 계속됐다. 한국의 외교고문으로 일본에 협조했던 미국인 더럼 화이트 스티븐스(Durham White Stevens, 1851~1908)는 1908년 3월 샌프란시스코에서 기자회견을 열어 한국에 대한 일본의 보호정치를 찬양하면서 한국은 독립할 자격이 없다고 폭언했다. 이에 분노한 청년 전명운(田明雲, 1884~1947)과 장인환(張仁煥, 1876~1930)이 그를 사살했다. 이 사건은 미국 내 한국 독립운동의 전환점을 마련했고, 해외 항일운동의 연합전선 구축에 자극을 줬다.

도판11 의병들
정미의병 당시의 의병들로 총을 들고 비슷한 복장을 갖추고 있다. 1907년 영국 신문인 『데일리 메일』의 기자 프리드릭 메켄지(Frederick Arthur McKenzie)가 양근군(양평)에서 촬영한 것이다.

한편 을사조약을 계기로 많은 의병이 일어나 항일투쟁을 벌였다. 의병 투쟁은 일제의 침략에 조직적이고 집단화된 무력으로 항쟁한 민족운동이었다. 일본군과 가장 큰 전투를 치른 의병은 충남의 홍주 의병이었다. 홍주 유생 안병찬(安炳瓚, 1854~1929)은 을사조약에 대한 소식을 듣고, 민종식(閔宗植, 1861~1917)을 총수로 추대해 1906년 3월 예산에서 봉기했다. 이들은 5월 홍주성을 점령했으나 일본군의 공격으로 패퇴하고, 지도부는 일본의 쓰시마로 유배됐다. 전북 태인에서는 6월 최익현이 임병찬(林炳瓚, 1851~1916) 등과 함께 의병을 일으켜 관아를 점령했으나, 진위대의 공격을 받자 동족 간의 살상을 피하기 위해 의병을 자진 해산했다. 이후 일제 관헌에 체포된 최익현은 쓰시마로 유배돼 순국했다.

평북 태천의 의병 봉기에는 현직 관찰사와 군수가 적극적으로 협조해 참여 세력의 확대를 꾀했다. 평민 출신 의병장 신돌석(申乭石, 1878~1908)의 의병부대는 경북과 강원도의 접경 산악지대를 중심으로 유격전술을 펼치며 일본군에 타격을 줬다. 특히 이들의 활동은 유생층이 아닌 평민층의 독자적 봉기라는 점과 후기 의병까지 지속됐다는 점에서 큰 의의가 있다.

의병운동은 고종 황제의 강제 퇴위, 「한일신협약(韓日新協約)」(정미조약)[14], 군대 해산 등을 계기로 더욱 치열해졌는데, 특히 해산된 군인들이 의병에 참여하면서 전술과 무기가 보충돼 전투력이 강화됐다. 군대 해산 당일 시위대 제1대대장 참령 박승환(朴昇煥, 1869~1907)이 비분 자결했고, 소속 군인 1,600여 명이 도성 내에서 일본군과 치열한 시가전을 벌였다. 이어서 원주진위대, 강화·홍주·진주·안동분견대 등이 일본군과 교전 뒤 의병에 합류했다. 이 시기 의병으로 경북의 이강년 부대, 강원의 이은찬 부대, 호남의 기삼연·심남일·전해산·안규홍 부대, 함경도의 홍범도·최경희 부대 등이 크게 활동했다.

의병투쟁이 전국석으로 확대되면서 의병부대의 연합작전도 시도됐다. 1907년 11월 총대장 이인영, 군사장 허위 및 민긍호·이강년·이은찬 등을 중심으로 13도창의군을 설립해 서울진공작전을 추진했다. 이인영은 전국의 의병장들에게 격문을 발송해 서울 탈환을 호소했다. 또한 서울 주재 각국 영사관에 통문을 보내 의병부대를 국제법상 교전단체로 인정할 것을 요구했다. 1908년 1월 1만여 명의 의병이 경기도 양주에 집결했고, 허위(許蔿, 1855~1908)가 이끄는 300명의 선발대는 동대문 밖 30리 지점까지 진격했다. 그러나 후속부대의 지원이 없는 상황에서 일본군의 공격을 받아 패퇴했다. 이후 13도창의군도 해산했으나, 각각의 의병부대는 근거지로 돌아가 항일전을 계속해 장기전으로 돌입하게 됐다.

한편 민권운동과 계몽운동을 벌이던 일부 계열에서는 통감정치에 잘못된 기대를 갖거나, 일본의 침략정책에 이용돼 친일적인 태도를 보이기까지 해서 의병투쟁 계열로부터 항일성과 혁명성이 결여됐다는 비판을 받았다. 반면 이들은 의병투쟁을 실력을 갖추지 않은 무모한 폭력투쟁이라고 매도하기도 했다. 그 결과 애국계몽운동과 의병투쟁의 양자 간의 인식 차이는 운동의 진행과정에서 서로 협력하기 어려운 제약요인으로 작용했고, 그 결과 상호 비방하거나 살상하는 등 대립과 갈등의 모습을 빚기도 했다.

---

14 「한일신협약」 1907년 헤이그특사사건을 계기로 일본은 고종 황제를 강제 퇴위시키고 「한일신협약」을 강제 체결해 한국에 대한 국권침탈을 더욱 강화했다. 이 조약에서 일본은 한국 정부는 시정 개선에 관해 통감의 지도를 받을 것(제1조), 한국 정부의 법령 제정 및 중요한 행정상의 처분은 미리 통감의 승인을 거칠 것(제2조), 한국 고등 관리의 임면은 통감의 동의로써 이를 행할 것(제4조) 등을 규정해 통감은 한국의 내외정을 모두 총괄하는 실질적인 최고 통치자가 됐다. 그리고 일본은 이와 함께 공개적으로 공표하지 않은 「한일협약 실행에 관한 각서(韓日協約實行에關한覺書)」도 한국 정부와 체결했다. 이 「각서」에는 재판소와 감옥의 설치(제1조 및 제2조) 등의 사법권 박탈강제, 황궁 수비를 위한 육군 1대대 외 모든 군대 해산(제3조) 등이 규정됐다. 1905년 한국의 외교권을 박탈하고, 통감부의 설치를 규정한 「을사조약」의 강제 체결에 이어 「한일신협약」까지 강제 체결되면서 한국은 독립국가로서의 면모를 대부분 잃었다.

일본의 한국병합

1907년 고종 황제가 강제 퇴위하고, 「한일신협약」(정미조약)이 체결된 이래 통감은 명실공히 한국의 내외정을 총괄하는 최고 통치자가 됐다. 한국 국정의 주요 사항은 통감 주도하에 한국 정부의 대신, 일본인 차관, 그리고 통감부 관리가 참석하는 시정개선협의회에서 논의하고 결정하게 됐다.

한국의 군대는 황궁 경호를 위한 친위부 700여 명 외에 모두 해산됐고, 명목상으로만 남아 있던 군부도 1909년 7월 31일 폐지됐다. 경찰은 일본군 헌병대를 주축으로 개편했다. 1908년 5월 한국의 경찰기관을 한국 주차 일본 군사령관이 지휘하도록 하고, 7월 1일부터 해산된 한국 군인이나 면직된 순사를 헌병보조원으로 채용해 일본 헌병 1인당 2~3명을 배속시켰다. 1909년 말 일본군 헌병대는 전국에 457개의 분견소를 설치해 최종 행정단위인 면 단위까지 한국의 치안을 완벽하게 장악했다.

재판기구는 일본의 재판소 구성을 모방해 1907년 12월 구재판소 113개소, 지방재판소 8개소, 공소원 3개소, 대심원 1개소로 개편했다. 또한 재판소를 행정기관으로부터 완벽하게 분리하고, 검사와 판사의 역할도 엄격히 구분했다. 이는 형식적으로는 사법기관을 행정기관으로부터 독립시켰다는 점에서 의미가 있었으나, 실제로는 판검사의 대부분을 일본인으로 채용해 일본이 한국의 사법권을 장악한 것과 다름없었다.

한국의 주권이 거의 일본에 장악된 상태에서 이토는 1909년 1~2월 순종황제의 지방 순행에 동행해 한국의 전반적인 상황을 점검한 뒤, 3월 일본으로 귀국해 통감 사임 의사를 표명했다. 내각총리대신 가쓰라와 외무대신 고무라는 한국병합(韓國倂合)을 결심하고, 4월 초 이토를 찾아가 이에 대해 동의받았다. 일본의 최고 국가원로이자, 그동안 일본의 한국정책을 총괄했던 이토의 승인 없이 '한국병합'을 추진할 수는 없었기 때문이다. 이때부터 일본은 한국 식민지화에 대해 '병합'이라는 용어를 사용했다.

이후 일본 정부는 7월 6일 각의에서 한국병합 방침을 공식적으로 확정했다. 각의에서 통과된 「대한정책의 기본방침」은 ① 적당한 시기에 한국병합을 단행할 것, ② 병합의 시기가 도래할 때까지 병합의 방침에 기초해 충분히 보호의 실권을 장악할 것이었다. 이와 함께 병합의 시기까지 보호의 실권을 충분히 장악하기 위한 실행지침으로 「대한시설대강」을 통과시켰다. 그 주요 내용은 일본의 군사력과 경찰력을 바탕으로 일본인 관리가 한국의 주요 시설 및 기관을 장악해 권한을 확대하고, 많은 일본인을 이주시켜 통치의 근거를 견고하게 한다는 것이었다.

일본 정부는 이 시기까지도 한국병합의 구체적인 실행 시기를 결정하지 못하고 있었다. 1905년 「포츠머스강화조약」에서 러시아는 일본의 한국에 대한 보호권은 인정하지만, 한국의 주권을 침해할 수 있는 사항은 반드시 한국 정부의 동의를 받아야 한다는 단서조항을 설정했다. 이 때문에 일본은 한국병합의 구체적인 실행시기를 결정하지 못하고, '적당한 시기'로 표현한 것이다. 일본의 섣부른 한국병합은 한일관계에 열강의 간섭을 불러와 청일전쟁 직후 삼국간섭의 재판이 될 수도 있기 때문이었다.

전국 각지에서 일어난 의병항쟁은 1909년에 이르기까지 잦아들지 않고 지속됐다. 이에 일본은 본국으로부터 군사력을 증파하면서 1909년 7월 한국의 사법권 및 감옥 관련 처리권을 일본 정부에 위탁한다는 내용을 담은 「기유각서(己酉覺書)」 체결을 강요해 한국의 사법 및 감옥 사무를 위탁받은 후, 적극적인 의병탄압작전을 실행했다. 1909년 9~10월에 일본은 의병항쟁이 강력하게 전개된 호남 지방 일대에서 소위 '남한폭도대토벌작전'이라는 대대적인 의병학살작전을 전개했다. 그 결과 호남 지역 의병 1,000여 명이 학살됐다. 이후 의병의 잔여 세력은 간도나 연해주로 망명해서 장기항전의 태세를 갖추고 독립군으로 전환했다.

의병탄압으로 한국병합의 시기가 다가오고 있음을 확인한 이토는 만주 시찰에 나섰다. 러시아 정부의 대표인 재무대신 코코프쵸프(V. N. Kokovtsov)를 만나 만주로 세력을 확장하려는 미국에 공동 대응할 방안을 모색하고 한국병합에 대해 러시아의 양해를 구하기 위해서였다. 그런데 이토는 10월 26

한국병합

1909년 일본 외무성 정무국장 구라치 데츠키치(倉知鐵吉, 1871~1944)는 「대한정책의 기본방침」을 작성하면서 '한국병합'이라는 용어를 만들어 사용했다. 그는 '합방'이나 '합병'은 양국이 대등하게 합친다는 의미가 있기에 한국의 식민지화와 성격이 맞지 않고, '병탄'은 침략적 성격이 노골적으로 드러나기에 표현이 과격할 뿐 아니라 한국의 민심을 자극할 우려가 있어 부적절하다고 판단했다. 구라치는 한국이 완전히 폐멸돼 일본의 일부가 된다는 뜻을 명확히 하면서도 어감이 과격하지 않은 단어로 '병합'을 선택했다. 그리고 일본이 주체가 돼 한국을 흡수·통합하는 것이므로, 주체인 일본을 생략한 한국병합을 사용하게 됐다고 했다.

일 하얼빈에 도착하자마자, 안중근(安重根, 1879~1910)에게 사살당했다. 이 사건의 여파는 상당했다. 일본 내에서는 즉각 한국을 병합해야 한다는 여론이 비등했고, 우익 낭인 우치다 료헤이(內田良平, 1874~1937)로부터 지시받은 일진회는 12월 「합방청원서」를 작성해 한국 정부와 통감부에 제출했으며, 「합방성명서」를 신문에 발표했다. 이토 사망을 계기로 한국병합이 즉각적으로 실행될 것 같은 분위기가 한국과 일본 양쪽에서 조성되고 있었다.

하지만 이것은 일본 정부가 바라던 바가 아니었다. 아직 열강이 한국병합을 승인하지 않은 상황에서 안중근의 이토 사살사건으로 인해 한국 문제가 국제적 관심사로 부상했기 때문이다. 일본 정부는 자칫하면 다시 열강의 간섭으로 그동안 추진해온 한국병합이 좌절될 수도 있다는 위기의식을 가졌다. 내각수상 가쓰라는 곧바로 열강에 "당분간 이토의 한국정책은 변함없이 유지될 것"이라고 발표했다. 이와 함께 일본 정부는 한국 문제에 대한 국제적 관심을 차단하기 위해 '안중근 의거'의 의미를 축소시켜 안중근에 대한 재판을 신속하게 진행했을 뿐 아니라 한국의 제2대 통감 소네 아라스케(曾彌荒助, 1849~1910)는 일진회의 합방청원운동을 일축했다.

한국병합의 조건은 1910년에 들어서며 마련됐다. 만주에 대한 문호개방 및 철도 부설의 문제로 미국의 개입이 강화되자, 러시아와 일본은 공동 대응이 필요하다고 판단해 「제2차 러일협약」을 체결하기 위한 협상에 들어갔다. 협상 중이었던 4월 일본은 러시아로부터 한국병합에 대해 이의를 제기하지 않겠다는 최종 양해를 얻었다. 5월에는 영국으로부터도 동일한 양해를 얻었다.

러시아와 영국이 한국병합을 양해하자, 일본은 마침내 실행을 결정했다. 일본 정부는 5월 30일 육군대신 데라우치 마사타케(寺內正毅, 1852~1919)를 제3대 통감에 임명하고, 6월 3일에는 한국 통치에 대한 개략적인 방향을 설정한 「병합 후 한국에 대한 시정방침의 건」을 결정했다. 데라우치는 일본 정부의 각 부처 실무책임자들을 모아 병합준비위원회(倂合準備委員會)[15]를 조직해 한국병합의 구체적인 실행안을 만들도록 했다. 이를 통해 '병합'은 조약

---

15 병합준비위원회 1910년 6월 일본 정부가 구체적인 한국병합 준비를 위해 내각의 비밀조직으로 구성했다. 일본 정부와 통감부의 외교, 법률, 재정, 식민지 경영의 실무책임자들로 구성돼 7월 초까지 한국병합 실행에서 예상되는 다양한 문제를 조정하는 동시에 한국병합 실행을 위한 구체적인 계획을 수립했다.

을 체결해 실행하고, 한국에서는 당분간 일본 헌법을 적용하지 않으며, 총독에게 입법·행정·사법의 전권을 부여하고, 한국 재류 외국인의 권리를 최대한 보장한다는 등 모두 22개 항목의 「병합실행방법세목」이 입안돼 7월 8일 일본 정부의 각의(閣議)[16]에서 통과됐다. 이후 한국병합은 신속하게 진행됐다. 데라우치는 7월 23일 서울에 도착했다. 그는 곧바로 한국에서 모든 정치 집회와 연설회를 금지하고 무력시위로 공포 분위기를 조성한 뒤, 8월 16일부터 내각총리대신 이완용과 한국병합 실행을 위한 협상을 시작했다.

이완용은 협상과정에서 두 가지 부분에 대해서 수정 요구를 했다. 병합 후에도 '한국'이라는 국호를 그대로 사용하고, 한국 황실을 '왕'으로 존칭해달라는 것이었다. 이에 대해 데라우치는 '한국'을 그대로 사용하면 국제사회에서 여전히 독립국가로 혼동할 소지가 있다며, 원안에서 제시한 지역명인 '조선'으로 결정했다. 황실의 존칭에 대해서는 고종과 순종은 '태공'으로 황태자는 '공'으로 제시했으나, 한국의 민심을 자극할 수 있다는 이완용의 의견을 수용해 고종은 '이태왕', 순종은 '이왕', 황태자는 '영친왕'의 칭호를 사용하도록 했다. 이것으로 담판은 종결됐고, 8월 22일 「한국병합에 관한 조약」이 체결됐다. 그리고 일주일 뒤인 8월 29일 한국병합이 공식적으로 발표됐다. 협상이 불과 일주일도 걸리지 않았던 것은 일본이 제시한 「한국병합안」을 이완용이 대부분 그대로 수용했기 때문이다.

한국은 1945년 8월 15일 해방될 때까지 일본의 식민지였는데, 그 구조가 기이했다. 한국병합은 영국의 인도 지배와 같이 식민지 모국과 식민지가 확실히 분리되는 형태가 아니라 한국이 일본의 새로운 영토로 편입돼 하나의 지역으로서 '조선'이 되고, 한국인의 국적도 일본으로 바뀌어 일본인이 되는 방식이었다. 따라서 기존의 한국 지역에서도 일본의 헌법이 시행돼야 했고, 한국인은 일본인으로서 권리와 의무를 보장받아야 했다.

하지만 한국인이 일본인에 비해 문화수준(민도)이 현격하게 떨어진다는 이유로 일본은 한반도에서 일본 헌법을 시행하지 않고, 조선총독의 제령(制令) 및 부령(府令) 등과 같은 특별 명령을 내려 통치했다. 당시 일본사회에서도 한반도 및 한국인을 일본 본토 및 자신들과 동등하게 인식하지 않았다. 일본 본토를 내지(內地)라고 해 영역적으로도 한반도와 명확하게 구분했고, 한

---

16   각의 의원내각제 국가의 내각 회의로, 현재 국무회의에 해당한다.

국인을 '조센진(조선인)'이라 부르며 일본인과 확실히 구분했다. 이와 같이 한국은 일본의 필요에 따라 일본의 영토이기도 하고, 식민지이기도 한 이중적이고 차별적인 통치구조로 병합된 것이었다.

3.

자 본 주 의
경제의 출발과
식민지적 재편

1 국제 무역의 확대와 국내 상공업의 변화

한중일 무역구조

조선은 1876년 일본과 조일수호조규를 체결한 데 이어 1882~1883년에는 미국·영국 등 서구 열강과도 연이어 조약을 체결하고 개항했다. 이 중 대외무역의 주요 대상은 일본과 청이었다. 서구 열강의 입장에서는 이미 청이 거대한 상품시장으로서 역할을 하고 있었기에 조선의 시장가치를 높게 평가하지 않았다.

개항 전 조선은 청과는 육로로, 일본과는 부산 왜관을 통해 대외무역을 했다. 청과의 무역액은 연평균 300~400만 원 정도였는데, 수출품으로는 금·은의 비중이 압도적으로 높았고, 소가죽·인삼·해삼 등이 뒤를 이었다. 수입품은 서양 면제품이 주를 이뤘고, 고급 직물류와 약재류도 있었는데 주로 지배층의 수요에 의한 소비품이 대부분이었다. 수출한 금과 은은 대부분 그에 대한 지불수단으로 사용된 것이었다. 한편 일본과의 무역액은 당시 연평균 13만 원 정도였으며, 수출품은 미곡·소가죽·인삼 등이었고, 수입품은 솥·주전자와 같은 일용기구와 서양 직물류였다.

조일수호조규를 계기로 부산과 원산 등 개항장을 통한 일본과의 무역이 확대된 반면 육로를 통한 청과의 무역은 축소됐다. 대일 수출입액은 1876~1877년 20만 원대였다가, 1879년 100만 원을 넘어섰고, 1880년대에는 300~400만 원이었던 것이 1890년대 전반에는 600만 원까지 증가했다. 청과는 1882년 조청상민수륙무역장정을 맺으면서 개항장을 통한 무역의 비중이 높아지고 무역액도 늘어나기 시작했다. 1885년 30만 원대였던 대청 수출입액이 1889년 100만 원을 넘어섰고, 1890년대 전반에는 200만 원을 초과했다.

1890년부터 1894년까지 수출입 전체를 비교해보면 일본과의 무역이 차지하는 비중이 압도적으로 높았다. 그러나 수입액만 봤을 때는 일본 60%, 청 40%로 경합을 이룬다. 1880년대 100만 원 이하였던 대청 수입액이 1890년 중반 200만 원을 넘은 것에서 알 수 있듯이 청으로부터의 수입이 단기간에 급증했던 것이다. 일본과는 수출액과 수입액이 비슷했는데, 일본 상인이 조선에 상품을 판매한 후에 다시 조선에서 대량의 곡물을 사 갔기에 수출입액이 대등하게 맞춰질 수 있었다. 반면 청과는 수입액이 수출액의 10배 이상이어서 항상 수입 적자 상태였다. 청 상인이 조선에 영국 면제품을 대량 수출

판매했지만 조선에서는 청에 수출할 품목이 인삼·해삼·종이 외에는 거의 없었다는 점에서 그 이유를 찾을 수 있다.

조선에서 일본에 수출했던 주요 품목은 쌀·콩·소가죽이었다. 조선 쌀은 일본 쌀과 유사해 일본인의 기호에 맞았는 데다 가격도 저렴했다. 1880년대 이래 일본은 자본주의가 발전하면서 오사카(大阪)와 고베(神戸) 지방에 공장이 다수 들어섰는데, 일본 노동자의 저임금을 유지하기 위해 조선에서 쌀을 대량 수입해갔다. 또한 일본인은 콩으로 간장·된장·두부 등을 만들었기에 콩 생산량이 높았는데, 값싸고 품질 좋은 조선 콩이 수입되면서 점차 콩 공급을 조선에 의존했다. 이로 인해 일본에서는 콩밭을 뽕밭으로 바꾸는 농민이 늘어나 콩의 생산량이 줄어든 반면, 조선 콩의 수출량은 지속적으로 증가했다. 또한 일본에서 군화·배낭 등 군수용품에 대한 수요가 증대하면서 소가죽의 수출량도 증가했다.

청일전쟁 이전까지 조선이 일본과 청에서 수입한 주요 품목은 영국산 면제품이었다. 개항 초기에 일본 상인은 관세 면제의 혜택을 받으면서 매매 가격에 표준이 정해져 있지 않은 것을 이용해 엄청난 폭리를 취했다. 그러나 임오군란 이후 청 상인이 진출하면서 상황이 바뀌기 시작했다. 청 상인은 영국산 면제품을 상하이에서 바로 수입해왔지만, 일본 상인은 상하이에서 일본을 경유해 조선에 수출하는 중개 무역을 했다. 이로 인해 일본 상인은 가격 경쟁에서 열세에 처했고, 청 상인이 경쟁력에서 우위를 차지했다.

청일전쟁에서 일본이 승리한 후 청 상인의 활동은 위축됐고, 그 자리를 일본 상인과 일본 물품이 차지했다. 청과 일본 상인이 수입했던 영국산 면제품은 겉모습은 아름답지만 토착 면포보다 내구력이 약해 농민들에게 큰 인기를 끌지는 못했다. 그런데 청일전쟁 이후 일본의 방직공업이 발전해 토착 면포처럼 투박하면서도 질기고 가격이 저렴한 일본산 면제품이 개발·수입되면서부터 일본산 면제품이 조선의 면포 시장을 장악해갔다. 이로써 조선은 일본에 쌀과 콩을 수출하고, 일본은 조선에 일본산 면제품을 수출하는 미면교환체제의 무역구조가 성립됐다. 개항을 계기로 세계자본주의체제에 포섭된 조선은 일본의 상품 판매 시장이자 원료·식량 공급 시장으로 편성됐고, 조선과 일본 사이에는 농산품 대 공산품이라는 국제 분업체계가 형성되기 시작했다.

상업과 상인의 변화

조선이 개항한 초기에 일본 상인은 개항장 부두로부터 동서남북 10리(4km) 이내에서만 수출입품을 거래할 수 있었다. 이에 따라 수출입무역에 종사하는 내외국 상인을 상대로 매매를 주선하는 새로운 유통조직으로서 개항장 객주[1]가 출현했다. 개항장 객주는 매매를 주선한 대가로 구문(口文)을 수취했고, 외국 상인과 조선 상인이 발행한 어음의 인수와 할인 등 금융 업무를 담당하면서 독자적인 상업활동을 전개하기도 했다.

개항장 객주가 내외국 상인의 매매를 주선하면서 '생산자(소비자) ↔ 행상·중매 ↔ 포구·산지 객주 ↔ 행상·선상 ↔ 개항장 객주 ↔ 거류지 외국 상인'이라는 수출입품의 유통구조가 형성됐다. 이 구조에서 개항장은 대외 무역뿐만 아니라 기존의 유통 중심지 대신 각지 생산품을 집결하고 국내의 다른 포구로 중개하는 유통 거점으로서의 역할을 했다. 외국 상인은 유통 거점인 개항장을 발판으로 점차 활동 범위를 넓혀 내지까지 침투했다. 결국 사방 10리 이내를 오가던 외국 상인의 활동 범위가 1882년에는 50리(20km), 1883년에는 100리(40km)까지 확대됐다. 아울러 1882년에는 서울이 개방되고, 1884년부터는 내륙 통상까지 허용됐다.

외국 상인의 내륙 통상이 허용되자 기존에 조선 상인을 통하거나 개항장 객주의 중개를 거쳐 거래했던 방식에서 벗어나 직접 내륙 지방으로 들어가 거래하는 게 가능해졌다. 이는 상품 유통의 주도권을 외국 상인이 직접 장악할 수 있게 했고, 유통 과정을 단축하면서 개항장과 내륙 간에 생긴 상품 매매가의 차이가 외국 상인에게 돌아가게 했다.

외국 상인은 개항장 동서남북 100리까지 확대된 공간에서 자유롭게 상업활동을 하고 내륙으로 들어가는 동시에 연안 해운권을 근거로 자국 선박으로 개항장들을 오가며 연안무역에 종사했다. 자국 선박으로 개항되지 않은 포구에서 교역하는 것이 금지돼 있었음에도 이들은 자신의 선박을 조선인 명의로 등록해 조선의 깃발을 매달고 개항되지 않은 포구에서 교역을 벌이기도 했다.

---

1   객주 객상, 즉 손님으로 오는 상인을 받아주는 주인이라는 의미다. 강의 포구에서 숙박시설을 갖춰 놓고, 각 지방의 상인이 화물을 싣고 오면 그 상품의 거래를 중개하면서 숙박·운송·보관·금융 등의 영업을 했다. 개항 이후에는 개항장으로 진출해 외국 무역을 중개하거나 직접 담당하기도 했다.

외국 상인의 활동 범위가 확대되고 조선 상인의 상권을 침해하는 일이 잦아지자, 개항장 객주뿐 아니라 서울과 내륙의 상인은 큰 위협을 느끼기 시작했다. 개항장 객주는 외국 상인의 침투에 대응하기 위해 상회소(商會所)를 설립했는데, 이를 '객주상회소'라고 불렀다. 객주상회소는 국가에 상업세를 내는 대신 독점적 매매 주선권을 보장받았다. 선상(船商) 등의 일반 상인도 객주처럼 객주상회사를 설립해 세금 상납의 의무를 지는 대신 정부의 보호를 받으며 상행위를 했다. 그러나 객주상회소나 객주상회사는 독점권을 보장받지 못한 조선 상인의 반발을 샀을 뿐 아니라 자유무역에 어긋난다는 이유로 외국 공사의 항의를 받기도 했다.

갑오개혁기 개화파 정권은 이처럼 특정 상인이 독점권을 갖는 상업체제를 변화시키고, 경쟁적 시장질서를 구축하기 위해 특권에 바탕을 둔 상회사를 없앴다. 그런데 이는 예상과 달리 외국 상인의 상권 침투를 가속화하는 구실을 했다. 그동안 도고 상업체제의 독점적 폐쇄성이 외국 자본의 침투를 저지하는 역할도 했기 때문이다. 대한제국기에 들어서는 다시 납세를 전제로 한 특권 회사들이 설립됐으며, 이들이 소상인과 소농민을 침해하는 양상이 나타나기도 했다. 한편, 영업 독점권을 행사하지 않고 주식회사 형태를 지향하는 근대적 기업도 본격적으로 출현하기 시작했다.

객주상회소와 객주상회사를 조직한 상인 외에 조선 후기 이래의 대표 사상(私商)이었던 송상(松商)·만상(灣商)·경강 상인 등도 상권을 지키기 위해 외국 상인과 대립하며 경쟁했다. 이로 인해 조선·청·일본 상인 사이에 상권이 지역적으로 분할되는 양상이 나타났다. 청 상인의 내륙 통상은 서울 이남의 경기도와 충청도 지역에 집중됐고, 일본 상인은 경상도와 전라도 지역을 거의 독점했으며, 서울 이북의 경기도와 황해도 지역은 조선 상인이 장악했다. 서울 시내에서도 청 상인은 지금의 을지로와 남대문 일대, 일본 상인은 남산과 명동 일대에 정착했다.

외국 상인이 서울에 점포를 개설하고 수입품뿐 아니라 국내 무역품까지 취급하며 상권을 침탈하자, 시전 상인을 비롯한 서울 상인은 1890년 외국 상인이 설치한 점포 철수를 요구하며 철시투쟁을 전개했다. 그러나 철시투쟁을 주도한 시전 상인 중 육의전 상인의 금난전권(禁亂廛權)은 1895년 3월 개화파 정부에 의해 폐지됐다. 이로 인해 피해를 본 육의전을 비롯한 시전 상인은 1898년 황국중앙총상회(皇國中央總商會)를 결성하고 독립협회와 연대해 외국 상인의 활동을 제한해달라고 정부에 요구했으나, 독립협회와 더불어 탄압·해산당했다.

보부상은 1883년 혜상공국을 설치해 영업 독점권을 확보하고, 외국 상인의 불법적인 내륙 행상을 막았다. 혜상공국의 후신인 상리국은 갑오개혁기에 해체됐지만, 정부는 1898년 독립협회를 탄압하기 위해 보부상을 중심으로 황국협회(皇國協會)를 만들었다. 정부는 독립협회와 황국협회를 모두 해산시킨 후 1899년 다시 보부상을 중심으로 상무사(商務社)를 설립했다. 상무사는 전국의 상업 관련 업무를 통할 논의하는 조직을 표방했으나, 상민에게 증명서를 발급함으로써 행상 독점권과 조직력을 기반으로 외국 상인의 불법적인 내륙 행상을 저지하는 역할을 하는 데 그쳤다.

이에 반해 내지 객주는 외국 상인의 내륙 통상으로 인해 오히려 입지를 강화할 수 있었다. 외국 상인이 개항장 객주를 배제하고 내륙에 들어오더라도 현지에서는 포구나 내지 객주의 중개를 통하지 않고는 상품 매매를 하기 어려웠기 때문이다. 그러나 1905년 을사조약 이후 외국 상인이 내륙 통상에서 더 나아가 내륙의 상업 요지에 자리 잡는 추세가 늘어나면서 내지 객주 역시 어려운 형편에 놓이게 됐다.

토착 수공업의 변화

토착 수공업 중 수요가 가장 많은 것은 면포였다. 조선 후기 이래 면포 생산의 기본 형태는 농가의 부녀자가 방적과 직포를 담당하는 농가 부업적 가내 수공업이었으며, 면화 재배까지 여성 노동력에 의존한 경우도 있었다.

당시 원면(솜)에서 1필[2] 분량의 실을 뽑아내는 데는 5일간의 노동이 필요했고, 여기서 다시 면포 1필을 짜는 데도 같은 시간의 노동을 요구했다. 즉 면포 1필을 짜는 데 10일이 필요했으므로, 면화 재배는 제외하더라도 연간 30필의 면포를 짜는 데는 약 300일이 필요했던 셈이다. 이는 1호에서 여성 한 명이 1년 내내 면포 생산에만 종사해야 한다는 의미였다.

지역별로 차이가 있었지만 토포 생산으로 유명했던 나주·순천·연기에서는 1호당 연간 40필을, 진주에서는 60필을 생산했다. 이 4곳의 생산량은 농

---

2   1필 보통 성인 옷 한 벌을 만드는 데 필요한 분량이다. 현대 도량형으로는 길이 20m, 너비 35~38cm이다.

가 부업을 넘어서는 수준이었다. 또한 면포 1필을 짜는 데 씨를 제거하지 않은 솜인 실면(實綿)이 평균 10근 정도 필요했으므로, 60필의 면포를 짜는 데는 실면 약 100관(1관≒6근)이 필요했다. 이 정도의 실면도 면화 재배농이 자력으로 겨우 생산할 수 있는 수준이었다. 따라서 이 지역에서는 전문적인 면포 직조업자들이 존재했을 뿐 아니라 면화 재배, 실 뽑기, 옷감 짜기 등 각 생산 과정이 분업화되는 수준에 이르렀다.

전문적으로 면포를 생산하는 방식에는 선대제(先貸制)와 부농 경영 두 가지가 있었다. 선대제는 상인이 생산자에게 면포 2필을 생산할 분량의 면화를 지급하면, 생산자가 자기 집에서 이를 짜서 1필은 상인에게 주고, 1필은 자신이 소유하는 방식이었다. 곧 상업 자본이 생산자를 지배하는 구조였던 것이다. 부농 경영은 고용주가 작업장에 직조기를 두고 임금 노동자를 고용해 면포를 생산시켜 임금을 주는 방식으로, 작업장 규모가 공장제 수공업 수준까지 이르지는 못했지만 노동력의 상품화가 진행된 모습을 보여준다.

선대제와 부농 경영 중에서는 부농 경영이 보편적인 생산 방식이었다. 선대제에서 생산자가 차지하는 몫이나 부농 경영의 임금노동자가 받는 임금은 비슷한 수준이었지만, 양쪽 모두 한 가족의 생계를 보장하기에는 부족했다. 따라서 직조 노동에는 대부분 부녀자가 종사했다. 부녀자는 가계를 돕기 위해 자신의 노동력을 싼값에 부농 경영에 팔았던 것이다.

선대제와 부농 경영이 공존하던 개항기 조선의 면직업은 청일전쟁을 기점으로 큰 타격을 입었다. 내구력은 토착 면포와 비슷하면서도 값이 더 저렴한 일본산 면제품이 본격적으로 수입되기 시작한 것이다. 여기에다 일본으로 수출하는 쌀과 콩의 양이 증가하면서 조선에서는 면화 재배지가 콩 재배지로 바뀌는 양상이 나타났다. 대표적인 면화 산지이자 토포 생산지였던 진주와 목포에서조차 면화 대신 콩을 재배하는 경우가 늘어났고, 면업은 점점 쇠퇴해갔다.

대신 일본산 면제품이 조선의 면포 시장을 장악해갔는데, 이에 대한 대응으로 조선에서는 방적사를 수입하고 개량 기계를 이용해 면포를 생산하는 면포업자들이 등장하기 시작했다. 방적사를 수입하면, 실 뽑는 과정이 생략되기에 시간과 노동력을 절약하고 생산 가격을 낮출 수 있었다. 수입 방적사를 구입하는 층은 가내부업을 하는 경우보다 상품화를 전제로 생산비를 낮추려는 선대제 방식의 생산을 하거나 부농 경영을 하는 경우에 많이 나타났다.

지역적으로는 다른 지역에 원료 면화를 의존하는 형태로 직포업이 발전했던 경기도·황해도·충청도에서 활발했다. 특히 황해도 남부 및 충청도 예산 부근은 농촌 시장이 광범위하게 형성되어 있어서 수입 방적사를 이용한 새로운 직물업이 발흥하는 데 좋은 조건을 갖추고 있었다. 면화 재배의 중심지였던 경상도·전라도에서도 면화 재배가 감소하면서 수입 방적사를 이용하는 쪽으로 변화해갔다. 그러나 일본산 면제품과 경쟁하는 데는 한계가 있었다. 특히 수입 방적사 가격이 오르면, 타격이 클 수밖에 없었다. 결국 1905년 이후 일본 면제품 수입이 대폭 늘어나면서 한국의 토착 면포업계는 점차 몰락의 길을 걸었다.

한편 일본 면제품이 증가하는 데에 대항하며 근대적 방직공업을 일으키려는 움직임이 일어나는 가운데 서울을 중심으로 직물회사가 설립되기 시작했다. 1897년에는 안경수(安駉壽, 1853~1900), 서재필 등 독립협회 인물이 중심이 되어 대조선저마제사회사(大朝鮮苧麻製絲會社)를 설립했다. 대조선저마제사회사는 국내에서 생산되는 삼과 모시로 실을 만들어 상하이(上海)에 있는 비단 제조소에 수출할 목적으로 내외국인이 합작한 것이다. 같은 해 안경수를 중심으로 반관반민(半官半民)의 대한직조공장 설립이 추진됐고, 1898년에는 김익승(金益昇)이 직조권업장(織造勸業場) 설립을 시도했다. 1899년에는 정섭조, 이헌규, 김창한 등의 자본가들이 주동이 되어 한상방적고본회사(漢上紡績股本會社) 설립을 기도했다. 이후 1900년대에 들어서는 개량 직기를 사용하는 크고 작은 직물회사들이 다수 설립됐다.

2 농업 변동과 대한제국의 토지조사

곡물 상품화와 지주제

조선 후기에는 농업 기술과 상품화폐 경제가 발달하면서 곡물 상품화가 진전되고 지주제가 발전했다. 개항을 계기로 일본에 수출하는 곡물이 증가하면서 상품화가 더욱 촉진됐다. 일본은 저미가정책을 유지하며 자국의 자본주의를 발전시키기 위해 값싼 조선의 쌀을 적극적으로 수입해갔다. 조선이 일본에 수출한 주요 곡물은 쌀과 콩이었다. 이 가운데 쌀은 풍흉에 따라 차이가 크지만, 콩은 기후조건에 큰 영향을 받지 않는 데다 일본에서 수요도 꾸준해 수출량이 지속적으로 늘어났다. 콩의 국내 생산량은 쌀의 10% 정도밖에 되지 않았지만 수출액은 쌀에 필적할 정도였다.

대일 수출 총액에서 쌀과 콩이 차지한 비율은 1877년 10.4%였다가 1879 년에는 74.8%까지 급증했다. 그러다 1880년대 전반에는 흉작과 임오군란·갑신정변 등의 영향으로 10~20%로 급감했으나, 1880년 후반부터 다시 증가하기 시작했다. 곡물 수출이 본격화된 1890년대에는 흉작이었던 몇 해를 제외하면 쌀과 콩이 80% 이상을 차지했다.

지주가 소작료로 받은 곡물, 지방관이 결세로 징수한 곡물, 농민이 판매한 곡물이 중심을 이뤘다. 이 가운데 가장 큰 비중을 차지한 것은 지주가 소작료로 거둔 곡물이었다. 1895년의 한 조사 보고는 "충청 북부 및 경기 남부는 서울 거주 양반의 소유지가 그 태반을 점해 소작료로 거둔 곡물은 본래 서울의 5강[3]으로 보내는 경우가 많았다. 지금은 현지에 있는 정미업자에게 팔아버리는 경향이 있다."고 기록했다. 지주가 소작료로 거둔 곡물이 서울로 오지 않고 현지에서 상품화되어 개항장으로 반출됐던 것이다.

곡물 수출을 확대하기 위해 지주들은 일본의 쌀 종자를 도입해 품종 개량을 시도하기도 했다. 일본 종자는 한해나 수재에 약한 약점이 있었지만, 수확량이 많고 비싼 가격으로 팔 수 있는 이점이 있었다. 부산 지역에서는 곡물 수출의 호조에 힘입어 1890년대 중반 황무지를 일궈 논밭을 만들어 일본 쌀 종자를 파종하기도 했다. 이러한 경향은 전라남도의 함평 지역, 영산포, 전라북도의 부안과 만경 지역에서도 나타났다. 전주 지역은 일본 쌀 종자의 경작 면적이 40~50%에 이를 정도였다.

왕실기관인 내장원(內藏院, 이후 '경리원(經理院)'으로 개칭)과 궁방(宮房)도 역둔토와 궁방전에서 소작료로 징수한 곡물을 현지에서 매각했는데, 쌀의 매수자는 대개 개항장에서 온 쌀 상인이었다. 또한 각지의 지방관은 농민에게 미곡으로 납세하도록 하고 그것을 관청 창고에 저장했다가 가격이 오를 때 개항장으로 운송해 판매하기도 했다. 지방관은 판매 대금의 일부를 중앙에 납부해야 할 상납금에 충당하고 남는 금액을 차지했다.

농민도 곡물을 상품화했지만 그로 인해 생긴 이익은 일부 부농에게 집

---

3   5강 한성으로 물화가 모여드는 한강 연변의 5개 포구로서, 한강(한남대교-노량진)·용산강(노량진-마포)·마포강·서강·양화진을 말한다.

중됐다. 부농은 곡물을 저장해뒀다가 가격이 올랐을 때 판매할 수 있는 여유가 있었다. 그러나 대다수의 소농·빈농은 금납화된 조세를 납부하기 위해 값이 쌀 때 곡물을 판매해야 했고, 비자급적 필수품인 의복 등을 구매하기 위해서 손해를 감수하며 곡물을 싸게 내놓을 수밖에 없었다. 일부 잉여 곡물을 판매하더라도 이익을 얻기가 쉽지 않았던 것이다.

곡물 수출이 증가하고 곡물 가격이 상승하면서, 농민항쟁으로 인해 침체됐던 지주제가 강화되기 시작했다. 지주는 소작과 자작을 병행해 토지를 경영했으나, 주된 방식은 소작이었다. 그러나 항조운동과 같은 소작인들의 저항이 일어날 때는 소작 경영을 축소하고 자작 경영을 확대했다. 직영지를 확대해 소작인과 직접 대립할 여지를 줄이고, 쌀 상품화로 얻는 수익을 증대시키려고 했던 것이다. 자작 경영에 필요한 노동력은 농민층 분해[4] 과정에서 빈농으로 몰락한 농민을 동원했다. 지주제 강화는 왕실기구에서도 나타났다. 내장원과 궁방은 궁방전과 역둔토에서 중답주(中畓主)[5]를 제거해 수입액을 늘리고, 화폐로 받던 지대를 현물로 징수해 부를 축적하고자 했다.

지주제가 강화되면서 지대 징수 방식이 오히려 과거로 회귀하는 경향이 나타나기도 했다. 조선 후기부터 지대 징수 방식은 타조제(打租制)에서 점차 도조제(賭租制)[6]로 전환되고 있었다. 도조제는 지대량이 생산량의 3분의 1 수준이라 타조제보다 낮고, 지주의 간섭 없이 소작인 재량대로 경영할 수 있었다. 그러나 곡물 상품화가 확대되는 가운데 지주 중에는 지대를 늘리기 위해 거꾸로 도조제에서 타조제로 전환하는 사례도 나타났다.

1890년대 경상도와 전라도 지역에서는 타조제나 도조제를 집조법(執租法)으로 전환하기도 했다. 집조법은 지주나 그 대리인이 농작 상황을 조사해 총 수확량을 산정한 다음, 종자와 결세를 소작인에게 부담시키고 수확량 중 3분의 1을 징수하는 방식이다. 집조법은 도조제에 비해 수확량을 더 철저하게 산정할 수 있고 농사의 풍흉에 따른 소작인의 저항을 봉쇄할 수 있다는 점

---

4   농민층 분해 일반 자영농인 농민 중 일부는 부농으로 성장하고, 또 다른 일부는 빈농으로 몰락해 농민층 내부에 계층 분화가 일어나는 것을 말한다.

5   중답주 조선 후기 이후 궁방전이나 역둔토에 대해 도지권(賭地權)을 갖고 있으면서 그 토지를 다시 소작농에게 전대해주고 소작료를 받는 소작인.

6   타조제와 도조제 '타조제'는 고려시대부터 행해진 병작반수 관행으로 대부분 생산량의 2분의 1을 소작료로 징수한다. '도조제'는 '도지법(賭地法)'이라고도 하는데 소작료 액수를 미리 협정해 매년 수확량에 관계없이 소작료를 징수하는 방법이다.

에서 사실상 소작료 부담을 가중시키는 방법이었다.

지주는 직영지 확대, 소작료 인상, 지대 징수 방식의 변화 등을 활용해 지주 경영을 강화했다. 곡물무역이 활성화되면서 쌀값이 땅값보다 더욱 빠른 비율로 올라갔다. 지주는 쌀 생산을 늘려 더 많은 이득을 얻기 위해 토지를 집중적으로 사들였다. 대부분 소농·빈농이 내놓은 토지였다. 소농·빈농은 곤궁한 처지에 내몰리면서 곡물을 값싸게 판매했는 데다 조세·잡세 납부 등으로 갈수록 빚이 늘어나 토지를 팔 수밖에 없었던 것이다. 이에 지주 중에는 토지 1~2필지(筆地)를 점진적으로 매득해 20~30년 사이에 대지주로 성장하는 경우가 많았다. 대지주 일부는 개항 전부터 지주인 경우도 있었지만, 활발해진 곡물무역에 적극적으로 참여해 지주층으로 진입한 경우도 있었다. 반면 농민이 토지를 방매하고 소작농으로 전락해가는 상황이 점차 심화됐다.

토지 측량과 지계 발행

조선은 1720년(숙종 46) 양전을 시행(갑술양전)한 이후 170여 년 동안 전국적인 양전을 시행하지 않아 토지와 소유자를 제대로 파악하지 못했다. 이로 인해 조세 부과와 징수가 제대로 이뤄지지 않아 정부 재정이 항상 적자 상태를 면할 수 없었다. 근대화 정책을 추진했던 대한제국 정부는 이러한 문제를 해결하기 위해 1898년 7월, 전국 단위의 양전사업에 착수했다.

정부는 먼저 독립 관청으로 양지아문을 설치했다. 토지 측량은 서양의 방식으로 시행한다는 원칙을 세우고, 5년간 외국인 기사를 모셔와 그의 주도하에 측량 견습생을 양성해 서울 및 지방의 양전을 담당하도록 했다. 그러나 토지 측량은 곧장 시행되지 못하고, 측량 방식을 둘러싼 논쟁을 거친 후에야 절충안이 나왔다. 이에 따라 서울은 외국인 기사를 중심으로 서양식으로 측량하고, 지방은 각 도 단위로 임명한 양무감리, 양전 실무를 담당한 양무위원과 학원(學員)을 중심으로 구래의 방식대로 결부제에 기초해 측량하기로 결정했다.

양지아문이 설치된 후 양전이 최초로 시행된 지역은 충청남도 아산군으로, 1899년 6월부터 약 3개월을 들여 양안을 작성했다. 아산군 양안은 양무위원에 따라 기재 양식이 달랐지만 정리 과정에서는 최종적으로 통일했다. 그리고 이것은 다른 지역에 시행될 때 기준이 됐다. 양전 지역이 확대되면서 아산군 양무위원은 경기도·전라남북도·충청남도의 양무감리 또는 양무위원으로 임명되기도 했다.

양지아문의 양전은 먼저 토지를 측량하고 이를 바탕으로 양안을 작성하는 방식이었다. 토지 측량은 각 면을 단위로 양전 실무를 담당한 양무위원과 학원이 한 조를 이뤘다. 양안은 야초책(野草冊), 중초책(中草冊), 정서책(正書冊)의 3단계로 작성됐다. 야초책은 현지에서 실제 토지를 측량하며 작성된 것으로 양안의 가장 기초적인 장부였다. 야초책에는 각 필지별로 전답과 가옥의 구별, 전답 도형과 경계, 면적, 전답 소유자, 작인의 성명 등이 기재됐다. 중초책은 각 면별로 작성된 야초책을 군 단위로 통합해 다시 작성한 장부다. 중초책은 면의 순서에 따라 자호(字號)와 지번을 부여하면서 면적과 결부, 전답 소유주와 소작인이 정확한지 여부와 토지의 경계 등을 확인하고 수정했다. 각 지방에서 작성된 중초책은 중앙의 양지아문으로 보내졌다. 양지아문의 조사위원들은 각 군별로 작성된 중초책을 검토해 각 면별로 전답의 면적 통계 및 각 필지별 결부, 전답 소유주, 작인에 대한 검토를 마친 후 최종 완성본으로 정서책을 작성했다.

양지아문에서 시행한 양전은 결부제를 바탕에 둔 전통 방식을 따랐으나, 새로운 특징도 있었다. 첫째, 전답 소유주인 시주(時主)와 소작인인 시작(時作)을 함께 기재해 납세 의무자 및 지주 전호관계를 확인할 수 있도록 했다. 둘째, 전답 위주로만 파악했던 이전 양전과 달리 산림·천택(川澤)·가사(家舍) 등 모든 부동산을 조사 대상으로 삼았다. 경작지는 토지 종목을 전(田)과 답(畓)으로 구분하되, 전은 작물의 재배 종류에 따라 더 세밀하게 나눴다. 가사는 용도에 따라 공해(公廨, 관가의 건물)·사찰·서원 등으로 표기했다. 기와집과 초가집을 구분하고 칸수도 함께 적어 거주 실태를 확인할 수 있도록 했다. 물레방아·방죽·제언·염전·화전 등도 상세히 조사해 기록했다. 셋째, 종래에는 토지면적을 조사하면서 토지의 길이와 폭만 기재했지만, 이번에는 각 토지의 절대 면적도 표시해 객관적인 파악이 가능하도록 했다.

양지아문은 1899년 6월에 양전을 시작했지만 1901년 흉년이 들면서 그해 12월에 중단됐다. 그때까지 양전을 시행한 지역은 9부(府) 1목(牧) 331군(郡) 가운데 경기도 15군, 충청북도 17군, 충청남도 22군, 전라북도 14군, 전라남도 16군, 경상북도 27군, 경상남도 10군, 황해도 3군인 총 124군으로, 대상 지역의 약 3분의 1에 해당했다.

양지아문의 양전사업으로 토지와 소유자를 조사하고 양안에 기재했지만, 토지 소유권을 법적으로 확인하고 보호해주는 제도까지는 미처 마련되지 않았다. 이에 1901년 10월 오늘날의 등기부와 같이 토지 소유권을 법적으로 보장하는 관계(官契)를 발급하기 위해 지계아문을 설치했다. 관계의 발급 대상에는 전답뿐 아니라 산림·천택·가사를 포함했고, 개항장 외에는 외국인의 토지 소유를 금지한다는 조항도 마련했다.

관계 발급은 토지 측량과 연계된 사업이기에 지계아문은 1902년 3월 양지아문을 흡수·통합했다. 토지 측량과 관계 발급을 위해 지계감독, 지계감리, 지계위원을 임명하고, 강원도에서부터 본격적으로 사업을 시행했다. 지계아문은 토지를 측량하고 양안을 작성한 다음 관계를 발급했지만, 양안에만 의거해 관계를 발급하지는 않았다. 지계아문은 양안에 기재된 시주가 토지 소유자임을 입증할 수 있는 토지 매매 문기와 같은 증빙 자료를 제출하도록 했고, 이를 통해 소유권자를 확인하는 사정 과정을 거친 뒤 관계를 발급했다. 토지 소유자가 입증 자료를 갖고 있지 않은 경우에는 토지 소유자가 소재지 군청에서 입안 문서, 행심책(行審冊)[7], 깃기(衿記)[8] 등 공문서상 기록을 얻은 후에 관계 발급이 가능했다.

지계아문은 1902년 4월 강원도에서부터 관계 발급을 시작했다. 이어서 1903년 11월에는 충청남도 직산군을 필두로 평택군까지 시행했다. 한편 양전 작업은 1902년부터 1903년까지 2년에 걸쳐 94개 군에서 실시됐으며 양지아문에서 양전한 지역까지 합치면 218개 군으로 전국의 3분의 2 정도 지역에서 토지 측량이 이뤄졌다.

그러나 1904년 1월 국가 재정의 압박과 러일 간의 전쟁 발발 분위기가 퍼지면서 지계아문을 축소해 탁지부 양지국으로 편입시킨 이후에는 관계 발급과 양전사업이 중단됐다. 이로써 근대적 토지 소유제도의 수립과 외국인 토지 침탈 금지정책은 목적을 이루지 못한 채 중간에 좌절됐다.

7 　행심책 징세를 담당한 향리들이 그해의 작황이나 경작 여부를 조사하기 위해 양안을 토대로 작성한 장부를 말한다.

8 　깃기 토지 소유자와 조세 납부액을 적어 놓은 장부를 말한다.

3 광공업·금융업·교통운수업의 발달

광공업

조선의 광업은 국가가 직접 경영해왔으나, 18세기 후반 이후 국가에서 은광 등 광산을 지정하고 자본력 있는 상인을 책임자로 파견한 후 세금을 납부하게 하는 방식으로 바뀌었다. 그러나 지방의 토호와 상인이 결탁해 사적으로 광산을 개발·채굴하려는 움직임이 계속 나타나고 있었다. 또한 1880년대 이래 일본이 금화(金貨) 축적을 목적으로 조선에 진출한 제일은행을 통해 금을 매입·유출하고, 청 상인도 수입품 판매 대금으로 받은 엽전을 금으로 바꾸면서 금 수요가 증대됐다.

이에 정부는 1880년대 들어 광산 소유권은 궁극적으로 국가가 갖되 각 관청이나 민간인이 자유롭게 광산을 개발하고 정부에 납세하게 하는 방식으로 정책을 변경했다. 다른 한편 국가 재정을 확보하는 데 있어 광산 개발이 필요하다는 판단 아래 1887년 광산 업무를 주관할 기구로 광무국(鑛務局)을 설치했다. 광무국은 전국의 광산을 관리하는 한편, 근대적 광산 기술을 도입하기 위해 미국인 광산 기술자를 광산 감독으로 고용했다. 그러나 이들은 미국의 광산 이권을 챙기기 위한 예비 탐사만 진행했을 뿐 조선 정부에 근대적 기술을 전수해주지는 않았다.

광무국은 1894년 농상공부로 소속을 옮기고, 이름도 '광산국'으로 바꿨으나 대한제국기에 들어 황실기관인 궁내부가 전국 광산의 대부분을 관할하면서부터 유명무실해졌다. 이 사이 1896년에는 미국인 제임스 모스(James R. Morse)가 평안북도 운산금광의 개발권을 얻어 동양합동광업회사(東洋合同鑛業會社)를 설립했다. 그는 황실로부터 자본금의 4분의 1을 투자받고, 매년 2만 5,000원이라는 거액을 상납했다.

운산금광 등 열강에 의해 장악된 금광과 달리 사금업은 조선인 자본으로 운영하는, 몇 안 되는 수익성 있는 산업이었다. 광업 분야의 생산조직은 주로 '물주-덕대-임금노동자'로 구성됐다. 물주는 광산 채굴에 필요한 자본을 지원하는 자로 주로 상인 자본, 고리대 자본 또는 관료 자본을 운용했다. 덕대는 물주에게 자본을 지원받아 10~20인으로 구성된 노동자 조직을 편성하고, 채굴 작업을 담당했다. 광업은 덕대제를 바탕으로 경영했는데 일부에서는 공장제 수공업 단계까지 나아가기도 했다.

광업과 아울러 제조업에도 일부 공장제 수공업 형태가 나타났다. 농기구나 솥 같은 철기류는 분업화된 협업에 기초해 생산됐다. 경상도 청도군의 솥 공장지대는 영남 일대에서 유일하게 농민에게 솥을 공급해왔는데, 1904년을 기준으로 이 지역에서는 연간 1만 8,000개의 솥을 생산했다. 이를 위해 연인원 24만 8,000명이 동원됐고, 36만 관의 무쇠, 18만 관의 백탄, 2만 짐의 장작 및 1만 바리의 점토가 소요됐다. 철기류를 제작하는 수공업은 그와 관련된 여러 산업을 불러일으키는 역할을 했다.

유기도 안성과 정주에서는 놋쇠점을 중심으로 공장제 수공업 단계까지 도달해 있었다. 1887년 이승훈은 납청과 안성에 각각 유기 제조 공장을 설립했다. 두 공장에서는 도편수(都邊首)의 지휘하에 생산 공정을 분화해 각 공정을 전문 기술자가 전담했으며, 근대적 기계를 이용해 유기를 대량으로 제조했다. 그러나 1900년 이후 값싼 일본제 도자기가 대량 수입되면서 유기 수요를 잠식해갔고, 결국 이승훈의 유기 제조 공장은 1905년 전후부터 점차 쇠락해갔다.

도자기는 조선 후기 이래 공장제 수공업체제로 생산됐으며, 19세기 후반에 이르면 관영수공업에서 민영수공업으로 재편되어 민간공장이 계속 설립됐다. 1900년대에 값싼 일본산 도자기가 수입되면서부터는 신식 개량 기계를 이용해 도자기를 생산하는 공장도 생겨났다. 1909년을 기준으로 보면 10명 이상의 노동자를 고용하거나, 생산액이 1,000원 이상인 비교적 큰 규모의 도자기 공장은 53개소였고, 그곳의 가마 수는 184개, 고용된 노동자와 기술자는 695명, 생산액은 6만 3,001원에 이르렀다.

금융업

조선 정부는 근대화를 이루기 위해서는 중앙은행이 필요하다는 점을 절실하게 인식했다. 이에 1880년대 중엽부터 외채를 도입해 중앙은행을 설립하고 화폐를 발행하기 위해 여러 차례 시도했으나, 청의 방해로 좌절됐다. 갑오개혁기에도 조세 금납화를 시행하며 중앙은행을 설립하고자 했으나, 실현되지 못했다.

갑오개혁 이후에는 관료와 상인을 중심으로 한 일반 은행이 등장했다. 최초로 설립된 근대 은행은 조선은행(朝鮮銀行)이다. 탁지부대신 심상훈(沈相薰, 1854~?) 등 정부 관료들은 조선은행을 정부 재정기관으로 설립해 탁지부 국고금을 취급하는 특권을 획득하고자 했으나, 탁지부 재정고문 존 맥리비 브라운(John McLeavy Brown, 1835~1926)이 반대해 사립은행으로 설립됐다. 조선은행은 독립협회 설립을 주도한 고위 관료와 소수 상인을 창립 발기인으로 삼아 1896년 6월 탁지부의 인가를 받고 영업을 시작했다. 당시 조선은행의 영업은 독립협회운동의 성쇠에 영향을 받았다. 독립협회운동이 고조기에 달했던 1898년까지는 정부의 조세금이나 국고금 예치 등의 특혜를 입을 수 있었다. 그러나 1898년 후반 독립협회운동이 좌절된 이후에는 영업이 부진했다. 조선은행은 1899년 10월 한흥은행(漢興銀行)으로 이름을 바꾸고 영업 부진을 극복하고자 여러 시도를 했으나 성과를 거두지 못한 채 1901년 1월 폐점했다.

한성은행과 대한천일은행도 이 시기에 설립됐다. 한성은행은 1897년 2월 김종한(金宗漢, 1844~1932), 민영찬(閔泳瓚, 1873~1948) 등 고위 관료와 상인이 합자해 설립했다. 설립 직후 한성은행도 탁지부 국고금을 취급하는 특권을 얻었으며, 1898년과 1899년 2차례에 걸쳐 주식 배당금을 지급할 만큼 영업 수익도 올렸다. 이것이 가능했던 데는 전라도·경상도·충청도·황해도의 조세금 취급 특권을 부여받았기 때문이다. 한성은행은 현지에서 지방관으로부터 받은 조세금을 상인 등 고객에게 대출해주고 상환받은 다음, 원금은 정부에 상납하고 이자를 축적하는 방식으로 영업을 해나갔다. 그러나 1899년부터 조세금을 취급하지 못하게 되면서 영업 실적이 부진해져 명맥만 유지하는 수준에 머물렀다.

한성은행은 1903년 공립한성은행으로 개편됐는데, 이는 일본 제일은행 조선 지점이 한국 경제를 침략하려는 계획의 일환이었다. 당시 고종은 러시아와 차관 교섭을 통해 중앙은행 설립을 계획했는데, 만약 중앙은행이 설립되면 제일은행이 누리던 특권이 사라질 수밖에 없었다. 이에 일본은 고종 황제의 사촌 형인 이재완(李載完, 1855~1922)에게 접근해 러시아 차관 교섭을 막고 한성은행을 공립한성은행으로 개편하도록 했다. 공립한성은행은 제일은행으로부터 자본금을 지원받아 영업을 시작했으나, 제일은행에 종속된 상태가 이어졌고, 영업 실적도 부진을 면하지 못했다.

대한천일은행은 1899년 1월 정부 관료와 대상인이 참여해 설립했으며, 고종과 측근 관료의 적극적 지원을 받았다. 대한천일은행도 각 항구와 각 지방의 조세금을 취급하는 특권을 누렸다. 특히 1902년 3월 영친왕(英親王,

1897~1970)이 은행장으로, 4월 이용익(李容翊, 1854~1907)이 은행부장으로 임명되고 대한제국 정부의 지원이 강화되면서 대한천일은행의 주주 수와 자본금이 급격히 증가했다. 그러나 대한천일은행은 1903년부터 1905년까지 대출금이 입금액을 2배 이상 초과하는 과다 대출문제를 안았다. 이런 상황에서 1905년 7월 1일부터 시작된 화폐정리사업으로 인해 금융공황까지 맞았다. 결국 대한천일은행은 과다한 대출금을 회수하지 못하고 예금을 상환해주지 못하는 악순환에 빠져 일시 휴업 상태에 빠져들었다.

교통운수업

19세기까지 조선에서는 부피와 중량이 많이 나가는 화물의 운송은 주로 바다와 강을 이용한 해운과 하운에 의존했다. 그런데 재래 선박인 판선은 구조가 취약해 험한 해로에서 침몰하는 일이 빈번했다. 이에 재래 선박을 기선으로 대체해갔는데, 여기에는 외국 기선이 침투하는 것에 대응하려는 목적도 있었다. 기선을 이용한 해운업은 1886년 8월 한성에 설립된 대흥회사(大興會社)에 의해 시작됐다. 대흥회사는 최초의 민영 기선해운회사로 미국인 에드워드 레이크(Edward Lake)에게 기선 대등리(大登利, 72톤)를 구입해 '대흥선'으로 이름을 바꾸고 운송업에 활용하려고 했다. 그러나 기선을 운행할 수 있는 조선인 항해사나 기관사가 없어서 일본인을 채용할 수밖에 없었으며, 화물 수송량의 부족으로 경영난에 부딪혀 기선 구입 대금을 갚지 못해 1년여 만에 영업을 포기했다.

이후 1890년대에 각 개항장에서는 기선이나 서양형 범선을 도입해 해운업에 종사하는 사례가 많이 나타났다. 1893년 인천에서 조선인이 사들인 서양형 범선이 12척이고, 당시 인천의 연해항운에 종사하는 조선인 소유 명의로 된 외국형 선박이 70~80척에 이를 정도로 외국 선박의 도입이 활발했다. 특히 인천·부산·원산의 세 개항장을 중심으로 정기 항로를 개설하는 해운기업이 많이 들어서면서 연안무역이 신장하는 데 크게 기여했다. 1900년 6월에는 일본인이 장악하고 있던 항해권을 가져오기 위해 관료와 객주 등 상인이 합자해 대한협동우선회사(大韓協同郵船會社)를 설립하고, 우편물과 화물·여객 운송업을 시작했다. 대한협동우선회사는 연해 각 항구에 지점과 대리점을 세우고 정부 소유 기선 3척과 일본 기선 2척을 구매해 모두 5척을 보유했다. 이 기선들은 대체로 인천을 중심으로 서해안·남해안·동해안 연변을 항행했다.

연안의 해로가 험해 상업 발달이 부진했던 원산에서는 화물 운송의 편의를 제공하기 위해 객주들이 설립한 원산상회소(元山商會所)와 원산항의 관리가 자금을 모아 기선을 구입해 항로를 개설하기도 했다. 이외에도 협동기선회사(協同汽船會社), 인한윤선합자회사(仁漢輪船合資會社), 대한통운회사(大韓通運社), 성천회사(聲天會社), 유성태사(裕盛泰社) 등의 해운회사가 설립되어 운송 업무를 담당했다.

그러나 개항장에 출입하는 기선 중 조선 기선이 차지하는 비중은 30%을 넘지 못했다. 특히 조선 기선은 톤수가 전체의 15%에도 미치지 못했는 데다 대부분 연안항로에서만 운항됐다. 이에 비해 일본 기선은 전체의 60~80%를 차지하고 대외항로를 거의 독점했다. 조선은 기선을 도입한 지 20년이 되지 않아 기반이 아직 취약한 데다 정부의 적극적인 자금 지원도 받지 못했다. 게다가 조선소를 설립하지 못해 외국에서 기선이나 서양형 범선을 구입해야 했기 때문에 해운업이 발전하는 데 한계가 있었다.

철도는 한반도를 대륙 침략과 태평양 진출의 교두보로 활용하려 했던 일본과 러시아뿐 아니라 여타 열강에게도 경제·정치·군사적 측면에서 중요한 의미가 있었다. 열강들은 앞다퉈 조선에서 철도 부설권을 획득하려 했다. 1896년 4월 미국이 처음 경인철도 부설권을 차지했고, 이어 1896년 7월 프랑스가 경의철도 부설권을, 1898년 9월 일본이 경부철도 부설권을 획득했다.

독립협회는 이러한 사태에 위기의식을 느끼고 이권수호운동을 전개했다. 대한제국 정부도 1898년 국내 철도를 외국인에게 허가하지 않는다는 방침을 천명하면서 자력으로 철도 건설을 추진했다. 그 결과 1898년부터 1904년까지 서울과 각지에서 15개 이상의 철도 관련 회사가 설립됐다. 국내 기업 중 최초로 철도 부설에 나선 곳은 1898년 5월에 창립된 부하철도회사(釜下鐵道會社)였다. 부하철도회사는 부산항과 낙동강 하구의 하단포 노선에 철도를 부설하고자 했다. 1899년에는 국내철도용달회사(鐵道用達會社)가 경원선 부설에 착수했고, 1902년에는 영호지선철도회사(嶺湖支線鐵道會社)가 농상공부에 창원·마산-밀양·삼랑진 간 철도 부설을 청원했다.

그러나 국내 회사들은 기술 수준과 자본을 충분히 구비하지 못했고, 대한제국 정부도 철도 건설을 지원할 만큼 재정을 확보하지 못해 철도 건설 사업은 좌절됐다. 그 결과 대부분의 철도 부설권은 일본이 가져갔고 일본에 의해 경인선(1899)·경부선(1904)·경의선(1906) 등이 완공됐다.

4 한국 경제의 식민지적 재편

화폐정리

러일전쟁을 일으킨 일본은 1904년 2월 「한일의정서(韓日議定書)」를 체결해 한국에 시정 개선을 요구하고 군사전략상 필요한 부분을 임의로 수용할 수 있는 권리를 얻었다. 같은 해 8월에는 「외국인고문 용빙에 관한 협약」을 체결하고, 일본이 추천하는 재정고문을 대한제국 정부가 고용해 재정에 관한 모든 사무는 그의 동의 서명을 받아야 처리할 수 있게 했다. 이에 따라 대한제국은 1904년 10월 메가타 다네타로(目賀田種太郎, 1853~1926)를 고용했다. 메가타의 직함은 재정고문이었지만, 그는 대한제국의 재정 전반을 감독할 수 있는 권한을 가졌다.

메가타는 가장 먼저 화폐정리사업에 착수했다. 당시 대한제국 정부가 백동화를 남발했는 데다 위조된 백동화까지 늘어나 물가가 폭등한 상황이었다. 백동화의 가치가 은화나 엽전의 절반으로 떨어져 백동화 2원(10냥)을 은화나 구화폐 엽전 1원(5냥)과 교환할 수 있을 정도였다. 또한 서울에서 먼 지역에 있던 지방관들이 엽전 운반비와 환전 차액을 차지하려는 목적으로 세금을 엽전으로만 받으려고 했고, 이로 인해 서울에서 먼 곳일수록 엽전만 유통하는 경향이 나타났다. 그 결과 경기도·황해도·충청도·평안도 지역에서는 백동화가, 경상도·전라도·강원도·함경도 지역에서는 엽전만 유통되어, 국내외 상인들은 거래할 때 극심한 불편을 겪을 수밖에 없었다.

이에 메가타는 일본의 상품과 자본이 안정적으로 진출할 수 있는 기반을 마련하기 위해 화폐정리사업을 추진했다. 1904년 11월 백동화 주조를 전면 중단시키고, 새로운 화폐제도를 만들어 한국의 화폐본위를 일본과 동일하게 하고자 했다. 또한 1905년 1월 「화폐조례 실시에 관한 건」을 발표해 일본은행권을 지불준비금으로 삼아 일본 제일은행이 발행한 제일은행권이 한국의 본위화로 유통하게 만들었다. 한국 화폐와 모양 및 무게가 동일한 일본 화폐를 모든 공사 거래에 자유롭게 유통할 수 있다는 칙령도 발표하게 했다.

일본 화폐와 제일은행권의 유통을 보장하는 법령을 반포하고 이에 기초

도판12, 13 제일은행권
일본 제일은행이 발행한 화폐로 1905년부터 1909년까지 대한제국의 공식 화폐로 기능했다. 1원·5원·10원·20원의 금 태환권과 보조화인 은화·백동화·청동화 등 총 9종이었다.

해 구화폐정리작업도 시작했다. 한국에서 유통되던 은화·백동화·엽전 등 모든 화폐를 신규 발행한 화폐와 교환하는 방식이었다. 구화폐 2원(엽전 단위로 10냥)을 신화폐 1원으로 교환하는 것이 원칙이었는데, 백동화 중에는 사주·밀수 등으로 인해 조악한 경우가 많다며 품질에 따라 비율을 달리 매겼다. 즉 정부가 공식으로 발행한 백동화의 기준을 충족하는 갑종은 당시 시세대로 1매당 2전 5리로 교환했으나, 부정하게 발행된 을종은 1매당 1전으로 교환하며, 화폐로 인정하기 어려울 정도로 조악한 병종은 값을 쳐주지 않았다.

그런데 갑오개혁기인 1894년 정부가 발표한 「신식화폐발행장정(新式貨幣發行章程)」에 따르면, 백동화 1원은 본위화인 은화 1원과 동일하게 유통한다고 명시했으므로, 10년 뒤 일본과 같은 화폐 본위로 바뀐다고 해도 백동화 1원은 신화폐 1원으로 바꿔주는 것이 정당했다. 그러나 메가타는 거래 가치와 시세 등의 이유를 들어 백동화를 신화폐의 절반으로 취급했던 것이다. 결국 화폐 재산, 갑종 백동화를 소지한 자는 2분의 1로, 을종 백동화를 소지한 자는 이보다 더 불리한 5분의 1로 축소됐다. 병종 백동화를 가진 자는 아예 한 푼도 받지 못했다.

한국인은 자신의 화폐 재산이 절반 이하로 평가 절하될 수 있다는 것에 불안해하며 화폐정리사업 개시 전까지 면포·쌀과 같은 상품이나 토지·가옥 등의 부동산을 매입해 손실을 줄여보려고 했다. 그런데 한국인이 백동화를 앞다투어 팔면서 물가가 더욱 치솟고, 백동화의 가치는 더욱 폭락하고 말았다. 이를 기회 삼아 백동화를 매수해 화폐 시세 차이를 이용한 투기 이익을 얻으려는 일본인을 비롯한 외국인도 등장했다. 이로 인해 한국인이 소지한 구화폐뿐 아니라 구화폐와 교환된 신화폐도 외국인의 수중에 들어가게 됐다.

게다가 시중에 유통되던 화폐 대부분이 화폐 교환소로 들어가면서 화폐 부족 현상이 일어났기 때문에, 어음이나 외상 대금을 치러야 할 한국 상인이 현금을 구하지 못해 파산하는 사태가 발생했다. 일본 금융기관과 일본인·청국인은 화폐가 부족한 한국 상인에게 고리대를 놓고 한국 상인이 파산하면 저당물을 차압하거나, 부동산을 담보로 대출해주며 자본을 축적할 수 있는 기회를 보장받았다.

금융구조 재편

메가타는 한국의 화폐제도를 일본의 화폐제도와 동일하게 재편하고 제일은행권을 본위화로 하는 화폐정리사업을 추진하는 동시에 금융기구도 재편했다. 1904년 11월 전환국 폐지를 시작으로, 1905년 1월 한국 정부와 일본 제일은행 경성 지점 사이에 일련의 계약을 체결하게 했다. 일본 제일은행 경성지점이 한국 정부의 국고금 출납 사무는 물론, 화폐정리에 관한 일체의 사무를 담당하기로 한 것이다. 또한 제일은행권을 한국 내 공사(公私)의 거래에 무제한 통용시켜 일본의 일개 사립은행이었던 제일은행의 경성지점이 한국의 중앙은행 지위에 오르도록 만들었다.

중앙은행의 지위를 차지한 제일은행은 1905년 4월 오사카에 있는 일본 조폐국과 계약을 체결해 한국에서 유통시킬 화폐를 일본 조폐국에서 제작하게 했다. 화폐정리사업에 들어가는 비용도 한국 정부가 제일은행에서 300만 원을 빌려 충당한 후에 이를 다시 제일은행에 갚는 방식으로 진행했다. 일본 정부도 1905년 3월 이를 법적으로 보장해주고 향후 일본 정부가 제일은행을 감독한다고 천명함으로써, 사실상 일본 정부가 한국의 화폐와 금융을 지배하겠다는 의사를 밝혔다.

국고금을 취급하게 된 제일은행은 경성지점을 중앙금고로 삼고 전국의 각 지점 출장소에서 금고 업무를 담당토록 했다. 제일은행이 국고금인 조세를 수납하게 되면서 메가타는 외획(外劃)제도를 폐지했다. 외획은 지방에서 납부해야 할 조세를 특정 상인이 미리 중앙 정부에 납부하고, 해당 지방에 내려가서 지방관이 징수해둔 조세금을 받아 상업 자금으로 활용하는 전통적인 금융 방식이었다. 다시 말해 지방의 조세금을 상업 자본으로 활용하는 것이라고 할 수 있다. 그런데 외획이 폐지되고 제일은행이 금고 업무를 담당하게 되면서 한국 상인은 조세금을 상업 자본으로 활용할 수 없게 됐다. 게다가 화폐정리 과정에서 발생한 화폐 부족 현상으로 인해 한국 상인은 더욱 큰 어려움에 처했다.

한국 상인은 화폐 부족 상황을 타개하기 위해 1905년 7월 경성상업회의소(京城商業會議所)를 설립하고, 정부에 300만 원의 구제 금융 자금을 대출해줄 것을 요구했다. 그러나 메가타는 일본이나 청 상인과 달리 한국 상인이 화폐 부족 현상을 겪는 이유가 상업 방식이 잘못됐기 때문이라는 억지를 부리며 대출을 반대했다. 한국인의 불만이 거세지자 메가타는 이를 무마하기 위해 일본으로부터 150만 엔을 차입하고, 이것으로 각종 금융기관을 재편하거나 설립해서 새로 발행한 신화폐를 공급하고자 했다.

신화폐 공급을 위해 먼저 공동창고와 어음조합을 설립했다. 공동창고는 상품을 보관하고, 보관한 상품을 담보로 자금을 공급하는 창고 금융회사의 성격을 지녔다. 이 구상에 따라 1905년 12월부터 한성공동창고회사(漢城共同倉庫會社)가 업무를 개시했다. 아울러 어음조합을 설립해 조합원에게만 어음 발행을 허가하고, 어음을 신화폐로만 결제하도록 규정해 신화폐 유통을 확대해갔다.

메가타는 화폐 부족으로 폐점한 대한천일은행에 자금을 대부해 재개업을 종용하며, 그 대가로 은행 경영에 간여하기 시작했다. 일본인 지배인을 임명하도록 하고, 향후 은행의 주요 업무를 일일이 정부에서 승인받아 시행하도록 했다. 한성은행도 자금을 지원받는 조건으로 재정고문부의 일본인 사무관이 파견되면서 그와 모든 업무를 협의해야 했다. 이 금융기관은 모두 제일은행에 예속된 상태에서 제일은행권 등을 보급하는 데 보조 역할을 했으며, 일본의 한국병합 이후 식민지적 금융기구로 재편·정비됐다.

재정 정리

대한제국기에 고종이 황제권을 강화하는 과정에서 황실 재정기구인 내장원은 역둔토·인삼·광산·해세 등 여러 국가 재원을 장악하고 거대 재정기구로 성장했다. 일본은 황제권을 무력화하고 대한제국의 지배권을 장악하기 위해 황실 재정을 해체해 정부 재정으로 통합하는 방향으로 재정 정리를 추진했다.

메가타는 정부 재정과 황실 재정이 혼용되어 있다며 1905년 3월 내장원을 내장사와 경리원으로 분리하고, 경리원이 황실 재정을 관리하게 했다. 이어서 황실 재정을 정리하고자 했으나 고종의 강력한 저항과 반대로 중단됐다. 그러다 1907년 헤이그특사사건으로 고종이 강제 퇴위당한 이후 황실 재정 정리작업이 다시 본격화됐다. 통감부는 1907년 7월 황실 재산과 국유 재산을 조사하고 이를 정리하는 기구인 임시 제실유 및 국유 재산 조사국(臨時帝室有及國有財産調査局, 이하 '조사국')을 설치했다. 조사국은 경리원이 관장하고 있던 역둔토와 궁방전의 소작료 징수를 탁지부로, 인삼·광산 등 각종 재원도 탁지부와 농상공부로 이속시켰다. 이어서 설치된 제실재산정리국은 황실 재산으로 분류된 것 중에서 황제 및 황족의 사적 재산과 황실 소유 토지·임야 등 공적 재산을 세밀하게 구분해 처리했다. 이로써 황제권력의 기반인 황실 재산은 사실상 해체되고, 제실재산정리국도 1908년 7월 탁지부 산하에 신설된 임시재산정리국으로 자료와 업무를 인계하고 폐지됐다.

황실 재정 정리와 아울러 조세 징수기구를 개편하고 세입을 증가시키기 위한 정책도 시행됐다. 1906년 9월에는 지방관 업무에서 세무를 분리해 이를 관장할 관리로 세무감·세무관·세무주사 3종을 신설했다. 세무감은 관찰사가 겸임하며, 세무관은 36개 지역에 파견돼 세무감의 감독을 받으며 관할 내 세무를 담당했고, 세무주사는 각 군에 파견돼 세무를 집행했다. 1906년 10월에는 면 단위마다 면장을 중심으로 한 징세기구가 들어섰다. 이로써 '세무감→세무관→세무주사→면장'으로 이어지는 징세기구가 설치되고, 종래 징수 업무를 담당했던 군수, 이서층은 징세기구에서 배제됐다.

조세 징수기구의 개편과 아울러 조세 징수와 재무를 감독하는 재정고문부도 계속 확대됐다. 재정고문부는 중앙에 재정고문본부, 지방에 재정고문지부 13개소, 지부 소속 분청 69개를 두어 징세기구의 통제 및 감독을 강화했다. 1907년 7월 정미조약 체결 이후에는 재정고문부를 폐지하고 일본인이 직접 탁지부 관리로 임명돼 국가 재정을 장악했다. 1907년 12월에는 「관세관관제」를 바탕으로 재정고문부를 재조직해, 세무와 지방의 재무를 감독하는 재무감독국 5개소, 그 아래 세무와 재무를 집행하는 재무서 231개소를 설치했다. 재무감독국장을 모두 일본인으로 임명해 일본인이 일원적으로 재무와 징세기구를 장악한 체제로 정비했다.

통감부는 징세기구를 장악하는 동시에 지세 수입을 늘리기 위해 새로운 징세대장인 결수연명부(結數連名簿)를 작성하는 작업에 착수했다. 결수연명부의 항목은 토지 소유자의 주소, 성명, 토지의 소재, 종목, 면적, 결수 등으로 구성됐다. 또한 결수연명부는 토지 소유자가 작성해 제출했기 때문에 단순한 징세대장이 아니라 토지대장의 성격도 지녔고, 일본의 한국병합 이후 조선토지조사사업의 기초 장부로 활용됐다.

　이외에도 세입을 증가시키기 위해 1907년 호구조사를 시행했다. 그 결과 1906년 74만여 호였던 과세 호수가 1907년도에는 155만여 호로 2배 이상 증가했고, 1908년은 193만여 호, 1909년은 207만여 호로 늘어났다. 이처럼 과세 호수가 증가한 것은 도저히 과세에 응할 수 없는 빈곤 가구, 파산 가구, 협호(挾戶)[9]까지 과세 대상에 포함했기 때문이다. 1909년에는 가옥세·주세·연초세 등 신3세를 설치해 세입을 더욱 증대했다.

일본인 토지 소유권의 보장

조선시대에는 양전을 시행하고 양안에 토지의 소유자와 결부 수 등을 기재했는데, 양전 이후 매매와 상속 등으로 소유권이 바뀌어도 그 사항을 양안에 반영하지 못했다. 대신 토지를 매매한 경우와 같이 소유권이 바뀌었을 때 소유자는 이를 증빙하기 위해 관에서 입안(立案)을 발급받았다. 입안은 국가에서 소유권을 보증한 증명서였지만 소유권이 변동할 때마다 발급받아야 하는 필수 자료는 아니었다. 보통은 매매 당사자들끼리 사문서를 작성해 소유권의 변동을 입증해왔기 때문에 사문서와 연계해 변동 사실을 기록한 공문서는 없었던 것이다.

　이런 상황에서 토지를 상품화하려는 경향이 확대되면서 문서를 위조하거나 훔쳐서 파는 문제가 심해졌다. 개항을 계기로 외국인이 토지를 몰래 구매하는 잠매문제도 발생했다. 1876년에 체결한 조일수호조규에 따라 일본인은 개항장의 지정된 장소 내에서 토지와 가옥을 임차하거나 축조할 수 있는 권리까지 획득한 상황이었다. 1880년대에 들어 조선이 개화정책을 적극적으로 시행하며 미국·영국 등 서구 세력과도 수호통상조약을 체결하면서 외국인의 토지 소유는 더욱 확대됐다. 게다가 1882년 조청상민수륙무역장정 체결로, 외국인이 서울에서 가옥이나 대지를 임차하거나 매매하는 것까지 허용됐다. 그리고 1883년 11월 조영수호통상조약을 체결하면서 외국인이 조계

9　협호　본채와 따로 떨어져 있어 정문 옆 작은 문을 통해 드나들 수 있는 집을 말한다. 머슴이나 소작인이 사용하는 경우가 많았다.

지 밖 10리 내의 토지도 구입할 수 있게 됐다. 이는 외국인이 조선 정부 관할 지역의 토지까지 소유하는 것을 가능케 했으며, 특히 일본인이 토지 매매를 하는 결정적 계기로 작용했다.

외국인이 토지를 잠매하는 일이 늘어나자 대한제국은 개항장을 제외한 지역에서 외국인의 토지 소유를 금지하고, 양전을 시행해 전국의 토지를 파악한 후 토지 소유자에게 관계를 발급하고자 했다. 그러나 대한제국의 양전, 관계 발급 사업은 완결되지 못한 채 중단되고 말았다.

러일전쟁을 일으킨 일본은 개항장 이외의 지역에서도 외국인이 토지를 소유할 수 있게 함으로써 조선인과 외국인의 소유권 차별을 없애고 국가가 토지 소유자에게 지권(地券)을 교부해 재산권을 보장하는 법률을 제정하고 자 했다. 이를 위해 통감부는 1906년 부동산법조사회를 설립해 조선의 토지 와 관련된 제도 및 관습을 조사했고, 이를 바탕으로 1906년 10월 「토지가옥 증명규칙」을 제정했다. 「토지가옥증명규칙」은 토지나 가옥을 매매·증여·교 환·전당할 때 계약서에 동장이나 통수의 인증을 받은 뒤 군수 또는 부윤의 증명을 받도록 한 것이다. 이를 통해 외국인의 토지 소유가 합법화되고, 국가 로부터 토지 소유권을 보장받았다.

그런데 「토지가옥증명규칙」 제정 이전에는 외국인이 잠매한 토지의 소 유권을 법적으로 보장하는 조항이 마련되지 않았다. 토지를 전당해 증명서 를 받고 돈을 빌려간 채무자가 정해진 기한 내에 채무 이행을 하지 않을 때 이를 강제할 규정 역시 마련되지 않았다. 따라서 토지를 담보로 돈을 빌려준 채권자는 법적 보호를 받을 수 없었다. 이러한 문제점을 보완하기 위해 1906 년 12월에 「토지가옥전당집행규칙」을, 1908년 7월에 「토지가옥소유권증명 규칙」을 추가로 제정했다.

「토지가옥전당집행규칙」에는 채무자가 계약 조건을 이행하지 못했을 경우 채권자가 곧바로 담보 잡은 물권을 자기 소유로 삼거나 경매에 의해 판 매할 수 있도록 하는 조항이 있었다. 특히 담보로 잡은 물권을 자기 소유로 삼도록 한 것은 일본 민법에도 없는 극악한 조항이었다. 즉 「토지가옥전당집 행규칙」은 일본인 고리대 자본과 금융 자본이 자금 대부를 통해 안정적으로 조선에 토지 투기를 할 수 있도록 보장한 법적 조치였다. 「토지가옥소유권증 명규칙」은 「토지가옥증명규칙」 제정 이전에 취득한 토지 또는 가옥의 소유 권도 증명받을 수 있게 한 법령이다. 또한 토지, 가옥 외 모든 부동산에도 국가가 법적으로 소유권을 증명해준다고 했다.

이렇게 해서 통감부는 일본인이 한국에서 잠매한 토지·가옥 등 부동산에 대한 소유권을 국가가 보장해주는 체제를 갖췄다. 이제 일본인은 안정적이고 자유롭게 토지에 투자할 수 있게 됐다. 그러나 이 규칙은 제3자의 소유권 주장에 대해서는 대항력을 보장하지 않았기에, 재산권을 절대적으로 보장받은 것은 아니었다. 이에 일제는 소유권을 절대적으로 보장하고 부동산권에 대한 국가 관리체제를 수립하기 위해 1910년 이후 조선토지조사사업을 시행했다.

4. 신분제 폐지와 사회구조의 변동

1 근대적 교육제도와 인재 양성

국민교육의 도입

조선시대 교육기관으로는 중앙에 관립고등교육기관인 성균관과 관립중등
교육기관인 사부학당(四部學堂)이, 지방에 향교가 있었다. 이외에도 지방에
는 사립중등교육기관인 서원, 사립초등교육기관인 서당이 있었다. 즉, 성균
관과 같은 고등교육기관은 정부가 직접 담당하고 서원, 서당 등의 중·하급
교육기관은 민간이 맡았다. 이는 서양 중세의 대학이 주로 민간에서 기원한
것과 구별되는 점이다. 1880년대에 들어서면 정부는 동문학(同文學)·육영공
원(育英公院) 등 신식학교를 설립했고, 선교사가 중심이 되어 설립된 배재학
당·이화학당 등 서양식 학교도 등장했다.

그러나 본격적으로 근대적 교육정책이 만들어지기 시작한 것은 1894년
갑오개혁에 이르러서다. 교육정책의 우선순위를 소학교에 두고, 그에 따라
한성사범학교와 관립소학교를 세웠다. 여기에서 국가가 '국민국가 건설'이
라는 근대교육의 목표를 중시했음을 확인할 수 있다. 1895년 2월 고종이 발
표한 「교육입국조서(敎育立國詔書)」(교육조서(敎育詔書))에는 교육 강령으로
덕육(德育)·체육(體育)·지육(智育)을 들고 있고, 교육이 국가 보존과 중흥의
근본임을 명확히 했다. 공립과 사립, 그리고 오늘날 국립과 동일한 관립학교
의 구분이 정립된 것도 이 시기의 일이다.

이후 1896년 아관파천, 1897년 대한제국 선포, 1898년 독립협회 해산 등
일련의 사건을 거치면서 교육정책도 변화했다. 그 변화의 지향점을 잘 보여
주는 것이 1899년 4월에 발포된 조칙 두 가지다. 하나는 유교의 종교화를 천
명한 것이고, 다른 하나는 상공업의 발달을 위해 신학제에 근거한 학교를 설
립한다는 것이다. 즉 근대적 신식학교를 설립하되 점진적이며 전통에 입각
한 형태로 추진하겠다는 의지를 보인 셈이다. 이로 인해 지방사회의 여론 주
도층인 유생들은 적극적으로 학교 설립에 나설 수 있는 명분을 얻었다.

소학교 수의 통계를 보면 관립소학교는 1895년 6개가 세워진 이래 9개
정도가 유지됐다. 공립소학교는 관찰부와 개항장을 중심으로 1896년 38개가
세워졌고, 1899년 61개에서 1902년 98개 정도로 꾸준히 늘어나다가 이후 정
체 현상을 보인다. 그 이유는 기본적으로 학부 예산 자체가 많지 않았기 때문
이다. 또한 지방의 성균관 관할 토지와 향교 재산 등을 내장원이 독점적으로

관할하고 있어서 재정적인 어려움에 부딪혔던 이유도 있다. 학교비 분쟁[1]으로 인해 학교 설립에 어려움을 겪는 경우도 많았다.

전문학교와 유학생 파견

갑오개혁 당시 조선 정부는 소학교부터 전문학교, 대학교에 이르는 국민교육체계를 세우려고 계획했다. 그러나 전통적 고등교육기관인 성균관의 기능은 약화됐고, 대신 해외 유학이 늘어나는 경향이 나타났다. 전문학교의 경우 1895년 4월 사법관 양성을 목적으로 하는 법관양성소가 설립됐다. 「법관양성소규정」과 「세칙」을 제정해 민법·형법 등의 교과목, 교수의 직무와 권한, 시험과 성적 및 졸업, 처벌 규칙 등을 규정했다. 그해 47명이 졸업했는데 그중에는 헤이그 특사로 파견된 후 순국한 이준도 있었다. 이후 법관양성소는 1896년 4월부터 1903년 1월까지 사실상 휴교 상태였다. 1903년 1월 서북철도국 감독 이인영이 법관양성소장에 임명되면서 다시 학생을 모집했다. 이인영은 불어에 능통했고, 교과목 중에서도 프랑스 법률을 중시했다. 프랑스인 법률고문 로랑 크레마지(Laurent Cremazy, 1837~1909)가 직접 학생들에게 형법을 가르쳤다고 한다. 그러다 1905년 이후 소장과 교관이 일본인과 일본 유학생 출신으로 대체되자 학생들은 반발하며 수업 거부에 나서기도 했다.

1895년 5월에는 소학교 운영을 위한 교원을 양성하기 위해 한성사범학교가 설립됐다. 입학시험에는 국문·한문의 독서와 작문, 그리고 조선의 지리와 역사가 포함됐고, 정원은 본과 100명, 속성과 60명이었다. 1회 졸업생 28명 중 25명이 각종 관·공립소학교에 임명됐고, 1906년까지 7회에 걸쳐 195명의 졸업생을 배출했다. 통감부는 1906년 「사범학교령」을 발포해 본과를 3년제로 늘리고, 수업 연한을 각각 1년 이내로 하는 예과, 속성과 및 강습과를 새로 만들었다. 같은 해 소학교의 명칭을 '보통학교'로 바꾸고, 일본어 교육을 강화했다. 이에 따라 한성사범학교에서도 일본어 과목의 비중이 높아졌다.

1 　학교비 분쟁 1895년부터 1910년까지 지방의 공사립학교에서 학교 설립 및 운영 비용을 둘러싸고 발생한 각종 분쟁을 말한다. 1904년 이전에는 지방관의 공립소학교 설립 당시 보수 유생들이 향교 재산을 내놓는 것에 반대하거나 내장원이 향교 재산 등을 침탈하는 문제가 발생했다. 반면 1904년 이후에는 지역민이 학교 설립을 명목으로 내장원 소관의 공공재산을 되찾으려 했고, 여기에 친일 세력이 개입하면서 양상이 복잡해졌다.

1899년 3월 광무개혁이 본격화되는 시점에서 각종 전문학교가 추가로 설립됐다. 의학교·중학교·상공학교 관제가 연달아 제정되고 개교가 이뤄졌다. 의학교 설립에 결정적 역할을 한 사람은 교장을 역임했던 지석영(池錫永, 1855~1935)이다. 의학교 졸업생들은 주로 군대에서 군의관으로 근무했으며, 1900년 11월 공포된 「의사규칙」에 따라 졸업 후 의술 개업 인허장이 부여됐다. 1900년 10월 개교한 중학교는 1895년부터 설립되기 시작한 소학교의 졸업생을 위한 학교였다. 상공학교는 공업과와 상업과로 구분됐고, 예과 1년과 본과 3년으로 나눠서 운영할 계획을 세웠으나, 실제 학교는 설립되지 못했다. 1904년 6월 「농상공학교관제」를 다시 제정한 후 학생을 모집해 공업과와 상업과 학생 80명을 선발했다.

1900년 7월에는 외국어학교를 통합해 운영하려는 계획으로 「외국어학교규칙」을 반포했다. 또한 일본어·영어·프랑스어·러시아어·중국어·독일어 학교 등은 소학교와 성균관 사이의 중등학교로 설정됐다. 이외에도 대한제국 정부는 독자적으로 광산을 개발하기 위해 근대적인 광산 기술 교육기관의 설립도 추진했으며, 우편과 전신 관련 교육을 담당하는 학교도 운영했다.

한편 갑오개혁 직후 전통적 강학 기능을 잃었던 성균관은 1895년 「성균관경학과규칙(成均館經學科規則)」을 통해 교육과정에 신식학문을 포함시키면서 재편됐다. 1896년 학부대신 신기선은 적극적으로 성균관을 최고 학부로 규정하고, 졸업생의 관직 진출 보장을 명문화하려고 했다. 그러나 대한제국 정부가 갑오개혁기 교육제도의 근간을 부정한 것은 아니었고, 변화된 관리 선발체계 속에서 성균관 졸업생에게 특혜를 주기도 쉽지 않았다. 따라서 대한제국기 성균관에 대한 정책은 유생들에 대한 위무책의 성격을 띠었고, 고등교육 기관화도 성공하지 못했다.

유학생 파견정책이 변화한 부분에서도 이 시기 고등교육에 대한 정부의 입장을 엿볼 수 있다. 1895년 관비유학생 파견은 일본공사 이노우에 가오루(井上馨, 1836~1915)의 요구에 의한 것이라고 알려져 있다. 그러나 박영효(朴泳孝)를 비롯한 개화파 역시 비슷한 구상을 가지고 있었다. 당시 400~500명의 응시자 중 113명을 선발해 일본으로 보냈고, 이들은 게이오의숙(慶應義塾)[2]에서 실용 사무를 공부하도록 되어 있었다. 그런데 그해 박영효가 반역

---

2   게이오의숙 일본 메이지시대 사상가이자 교육가인 후쿠자와 유키치(福澤諭吉, 1835~1901)가 만든 사

大韓帝國 官立仁川外國語學校 (1898)

도판14 대한제국 관립인천외국어학교 교사와 학생
관립인천외국어학교는 1895년 5월, 고종이 외국어 교육의 중요성을 강조하며 발표한 「외국어학교관제」에 의해 관립한성외국어학교의 인천 지교로 개교했다. 1898년 5월 첫 번째 졸업생 9명을 배출한 이래 '인천실업학교', '인천상업학교' 등으로 이름을 바꿔가며 꾸준히 교육의 길을 걸어왔고, 현재 '인천고등학교'로 존속하고 있다.

혐의를 받아 일본으로 망명하는 일이 벌어지자, 유학생들이 크게 동요했다. 그럼에도 유학생을 계속 파견해 1896년 3월에는 136명으로 집계됐다. 이후 이들 중에는 귀국하거나 미국으로 건너간 경우도 있었는데, 당시 관비유학생 다수는 관료층의 자제였고 상당수는 양반의 서자였던 것으로 보인다.

아관파천 이후 관비유학생 파견이 중단됐을 뿐 아니라 기존의 유학생에게는 귀국이 종용됐다. 그러자 학생들은 동맹휴학으로 반발했다. 게이오의숙은 계약 위반이라며 학비를 계속 보내라고 요구했다. 우리 정부의 학비 지원은 중단과 재개를 반복했고, 유학생도 귀국과 상급학교 진학 등으로 진로가 나뉘었다. 귀국한 유학생들은 관직을 얻지 못했고, 교육운동과 정치운동에 적극 참여했다. 관립의학교·일어학교·농상공학교 등의 교관이 되기도 했고, 독립협회운동에 참여하기도 했다. 유학생 중 일부는 유학 과정에서 『친목회회보(親睦會會報)』(1896)에 민권의 신장을 주장하고 입헌군주제를 선호

립학교다. 본래 네덜란드어 서적으로 서양 학문을 가르치면서 난학숙(蘭學塾)이라고 했는데, 1868년 당시 연호를 따라 '게이오기주쿠'로 바꿨다. 게이오기주쿠는 국가가 주도한 제국대학의 대안으로 설립됐기 때문에 자유로운 학문 분위기와 개인의 성장을 중시했다. 1890년 대학부를 신설해 이재(理財)·법률·문학의 3개 학과를 뒀고, 1898년 소학교·중학교·대학교로 이어지는 일관교육제를 확립했다.

하는 글을 발표하기도 했다. 그러나 대한제국 정부의 홀대 속에 관비유학생들은 결국 친일 관료화되는 경향을 보였다.

사립학교와 서당

대한제국의 교육정책은 1904년에 들어서면서 다시 변화를 맞았다. 1904년 2월 러일전쟁의 발발과 「한일의정서」 체결로 대한제국은 위기에 당면했고, 광무개혁의 중심에 있던 내장원의 권력 행사도 약화됐다. 그렇다고 국권이 완전히 상실된 것은 아니어서 정부가 어느 정도 자율적인 정책을 펼 수 있는 상황이었다. 그중 정부는 교육 분야에서 절박하게 학교 설립과 취학의 필요성을 강조했고, 학교를 설립하는 데 있어 일본의 영향으로부터 비교적 자유로운 사립학교로 눈을 돌렸다. 1906년 3월 26일 고종 황제의 사학(私學) 설립 조칙을 보면, "최근 교육이 해이해 치도(治道)가 밝지 않고 국가가 부진"하다며 국가 부진 원인을 교육의 해이에서 찾았고, 아울러 "급무는 오직 학교를 세우고 인재를 기르는 것"이라고 했다. 그리고 교육 진흥의 목적은 열강을 능가하는 국력 배양에 있다고 강조했다.

1905년 이후 각 지방에 다수의 사립학교가 설립됐다. 사립학교 중에는 소학교보다 상위인 중등학교도 포함됐다고 짐작되는데 둘을 명확하게 구분하기는 어렵다. 1904년 16개교가 신설된 후 1905년 70개, 1906년 227개교로 급속히 증가했고, 1908년 「사립학교령」 반포 직전에는 3,000여 개에 달했다는 기록도 있다. 한편에는 5,000여 개의 학교가 있었는데 1910년 5월에 학부의 인가를 받은 학교는 2,250개이고, 그중 민간인 학교는 1,402개교, 종교계 학교는 823개교라는 기록도 있다.

당시 통감부는 늘어나는 사립학교를 통제하고 억압하는 정책을 폈다. 이는 1910년대 식민지 통치체제를 정비하려는 목적으로 1911년 8월 「조선교육령(朝鮮敎育令)」을 공포할 때까지 계속됐다. 일제가 개입하면서 관·공립학교의 자율성이 약화되자 조선인은 사립학교로 몰려들었다. 당시 종교계 학교가 급증했던 것도 이러한 정치·사회적 현상과 밀접한 관련이 있었다. 학비를 받지 않는 공립학교를 빈민학교로 인식하기도 했다. 1908년 「사립학교령」을 보면 사립학교도 인가를 받도록 유도하고 있는데, 여기에는 일제의 의도가 담겨 있었다. 결국 각종 지방세 형태의 세원 박탈, 학교 재산 정리, 기부금품 모집 금지 등 통감부의 사립학교 재원 고갈 방법으로 인해 사립학교 운영은 심각한 타격을 입었다.

기본적으로 1905년 이후 사립학교가 폭증한 데는 일제에 저항하려는 목적이 자리했고, 배일·반일을 중심에 둔 사립학교는 탄압 대상이 될 수밖에 없었다. 당시 사립학교들이 현상 타파, 국권 회복, 자주독립 등 정치적 목적을 내세우고 있다는 점은 통감부 측도 인정하는 바였다.

그러나 사립학교를 설립한 배경에는 내적 맥락도 있었다. 본래 소학교와 전문학교 설립은 서양식 근대국민교육을 지향한 것이었으나, 대한제국 정부는 보수 유생에게 물적 도움을 받기 위해 전통 유학을 중시하겠다고 밝혔고, 이에 유생들은 지방의 공유 재산을 내놓았다. 1904년 이후 친일 세력과 통감부가 공유지 내 학교 설립에 관여하려 했을 때 지역민이 다시 사립학교 설립으로 맞서는 일도 있었다. 즉 문명화와 전통, 자주와 외세의 대립축이 학교 설립을 둘러싸고 맞물려 있었던 것이다.

한편 전통교육기관인 서당도 그 기능을 유지하고 있었다. 1905년 을사조약 이후 시세 변화에 부응해 계몽론자·개신유학자와 일부 지방관이 사립학교 설립운동과 야학운동을 주도했다. 그러나 「사립학교령」 등에 따른 통제로 이 역시 침체됐다. 이 같은 상황에서 식민 당국은 부족한 보통교육기관을 확충하기 위한 대안으로 서당의 개량에 착수했다. 이는 서당이 경사(經史) 위주의 교과목에서 벗어나 한글·산술·일본어 등을 가르치게 되는 동시에 암송 위주의 교수법에서 탈피하게 하는 계기가 됐다. 일부 계몽론자도 민족교육을 위한 방편으로 서당개량운동에 참여했다.

개량서당[3]은 이처럼 상이한 배경에서 출발했다. 1910년대까지도 식민당국은 초등교육기관으로서 서당에 대한 통제와 회유를 병행했다. 하지만 이후 3·1운동에 재학생이나 졸업생이 참여한 데서 알 수 있듯이 이 시기 서당은 민족교육기관으로서의 성격도 띠고 있었다.

---

3   개량서당 식민지기에도 서당은 초등교육기관의 역할을 담당했다. 이 시기 서당은 종래의 한학을 가르치는 전통서당 혹은 재래서당과 신식교과를 부분적으로 도입한 개량서당으로 나눌 수 있다. 조선총독부는 민족주의적 색채가 있는 서당은 탄압했지만, 경비를 지원해 식민지 교육기관으로 포섭하기도 했다. 개량서당을 선택하는 학부모는 대개 신식교육을 받고자 했다. 학생 중에는 보통학교의 비싼 수업료를 감당하지 못하거나 보통학교 입학난으로 인해 취학의 기회를 놓친 이들도 있었다.

2 신분제 폐지와 언론 매체의 발간

노비제 폐지와 여성

갑오개혁 정부는 신분차별을 받던 백성을 근대국가의 국민으로 재편성하려고 했다. 사회구조를 개혁하는 데 신분제 폐지와 과부의 재가 허용은 필수적이었다. 1894년 6월 말, 군국기무처는 "문벌과 반상(班常), 등급의 차별을 혁파하고 귀천에 관계없이 인재를 선용(選用)할 것", "과부의 재가는 귀천을 논하지 말고 자유에 맡길 것", "공·사노비 제도는 일체 혁파하고 사람을 판매하는 일은 일체 금할 것" 등과 같은 신분제 폐지안을 의결했다.

신분제 폐지의 움직임은 19세기 초에 이미 시작됐다. 순조 연간인 1801년 공노비가 해방됐고, 고종은 1886년 사노비 중 본래 노비가 아니었으나 생존을 위해 노비가 된 자나 돈을 받고 스스로 노비가 된 자를 해방시켰다. 물론 이는 현존하는 노비를 모두 해방시키는 조치는 아니었다. 그러나 1894년 신분제 폐지정책에 영향을 미쳤음에 틀림없다. 19세기 들어 조선 정부가 노비제도의 문제점을 인식하게 된 데에는 지속적으로 이어진 농민운동의 영향이 컸다. 서구 열강이 지향한 평등사회에 대해 인지하고 있던 개화지식인들역시 신분차별을 받던 이들의 목소리에 귀를 기울이지 않을 수 없었다.

노비제 폐지로 인해 양천제였던 신분제도 소멸된 셈이었다. 그러나 실질적으로는 양인 내에서 양반과 중인 등의 중간계층을 구분하던 문제가 남아 있었다. 중인들은 이전부터 자신에게 가해진 제약을 뛰어넘으려는 노력을 계속해왔다. 신분제 폐지 법령에는 문벌과 반상의 등급을 없애, 귀천에 관계없이 인재를 선발한다는 조항이 있었다. 이는 종래 양반 관료에 비해 하대받던 기술관을 차별하지 말자는 선언으로, 과거제가 폐지되고 각 관사의 대신이 하급 관료를 추천하고 임용하는 데 결정적인 힘으로 작용했다. 역관(譯官), 경아전(京衙前), 서리(胥吏) 등 전문성을 갖춘 중인층이 신식교육을 통해 관직에 진출할 가능성이 더 높아진 것이다.

또한 신분제 폐지 법령 중 과부의 재가는 귀천을 논하지 않고 자유에 맡긴다는 조항은 그간 있었던 여성차별을 금지한다는 의미를 담고 있다. 당시는 동학사상과 개화사상, 그리고 서양 개신교 여선교사들의 활발한 사회활동 등을 통해 여성의 권리에 대한 인식이 높아지고 있었다. 1898년 9월 1일에는 서울 북촌 양반부인 300~400명이 우리나라 최초의 여권선언문인 「여권

통문(女權通文)」을 발표했다. 이 선언문에는 남자와 똑같은 온전한 신체를 가진 평등한 인간인 여성이 남자에게 의지해 사는 것은 경제적으로 무능력하기 때문이라는 내용이 담겼다. 즉, 여성이 여성의식을 깨우치고 사회 진출 능력을 갖춰야 한다는 것인데, 이때 필요한 것이 여성이 교육받을 권리였다. 여성들의 신식학교 입학을 권장한 것이다.

그러나 신분제가 해체되는 실제 과정은 순조롭지 않았다. 같은 시기에 동학농민전쟁이 일어나 향촌사회에서 양반과 일반 농민, 노비 사이의 갈등이 커져갔다. 갑오개혁 정부는 신분제 폐지의 부작용을 언급하기에 이르렀다. 과부의 재가 금지를 폐지한 조항은 여성의 인권보호를 위한 조치였지만 과부가 부모나 지인에 의해 재가를 강요당하는 일로 이어지기도 했다. 문벌과 반상 등급에 관계없이 인재를 채용한다는 조항을 두고 양반의 관리 임용이 금지됐다는 오해가 생기기도 했다. 노비가 주인을 능멸하는 패륜적인 행동에 대한 우려도 있었다. 이러한 혼란을 극복하고 신분제 폐지가 안착하기 위해서는 후속 조치가 필요했다. 신분 규정을 삭제한 호적제도의 시행, 인신매매를 금지하는 새로운 형법의 제정이 그것이었다.

『한성순보』와 『한성주보』

『한성순보(漢城旬報)』와 『한성주보(漢城周報)』는 우리나라 최초의 근대 신문이다. 『한성순보』는 1883년 10월 31일에 창간됐다가 이듬해 12월 4일에 일어난 갑신정변으로 발행이 중단됐고, 『한성주보』는 1886년 1월 25일에 창간됐다가 1888년 7월경에 폐간됐다. 현재 『한성순보』는 창간호부터 제36호가, 『한성주보』는 도합 41호가 확인되고 있다. 신문의 발간 목적은 국민에게 세계정세 및 문명개화의 지식을 알리는 데 있었고, 이를 통해 나라의 안보도 굳건해질 수 있다고 보았다. 또한 정치계에서 국민의 고통을 인지할 수 있도록 하고, 광고를 통해 사업적인 이익을 창출하려는 목적도 있었다.

1882년 일본에 수신사로 갔다가 돌아온 박영효가 『한성순보』 발간을 추진하면서 유길준(兪吉濬, 1856~1914)에게 실무 작업을 맡겼다. 그런데 박영효가 한성판윤 자리에서 물러난 후 『한성순보』 발간 업무는 통리아문으로 넘어갔고, 그 아래 새로 설립된 박문국(博文局)이 전담하게 됐다. 이때 주사 김인식(金寅植)·여규형(呂圭亨, 1848~1921)·고영철(高永喆, 1853~?), 사사(司事) 장박 등이 실무를 맡았고, 일본인 이노우에 가쿠고로(井上角五郎, 1860~

1938)가 번역과 편집 실무에 참여했다.

이노우에는 후쿠자와 유키치의 추천으로 조선에 온 인물이었다. 그 때문에 박문국은 갑신정변 당시 공격 대상이 되기도 했으나, 『한성순보』 발간은 일찍부터 외국문물을 접했던 역관 출신이 주도했기 때문에 비판이 지속되기는 어려웠다. 갑신정변 이후 신문 재발간이 곧바로 추진됐고, 『한성주보』는 서구식 개념에 맞춰 일주일에 한 번 발간됐던 점에서 열흘에 한 번 발간된 『한성순보』와 달랐다. 또한 『한성순보』는 한자 전용으로 제작됐지만, 『한성주보』에는 국한문 혼용, 한글 전용의 기사도 섞여 있어서 신문의 대중성을 높이려고 시도했음을 알 수 있다. 기사는 크게 국내관보·국내사보(國內私報)·각국근사(各國近事)·논설·집록(集錄) 등으로 나뉘었다. 특히 국민의 견문을 넓히기 위해 외국의 소식을 매우 관심 있게 다루었다. 중국(청) 관련 기사가 압도적으로 많았고, 베트남·프랑스·영국·일본·미국·러시아 등이 그 뒤를 이었다. 당시 베트남을 두고 중국과 프랑스가 전쟁을 벌이고 있었기 때문에 이들 삼국에 대한 기사의 비중이 높았다. 또한 과학기술과 지리에 관한 기사가 많다는 점도 중요한 특징이다.

『독립신문』과 『황성신문』

『독립신문(獨立新聞)』은 문명개화론을 보급해 국민국가를 만들겠다는 목표를 스스로 세웠다. 1896년 4월 7일 창간해 1899년 12월 4일 폐간할 때까지 43개월간 국문과 영문으로 발간했다. 『독립신문』은 국내 개화파와 서재필의 합작으로 볼 수 있다. 조선 정부도 설립 자금 등을 지원했다. 갑신정변 이후 미국에 머물고 있던 서재필을 불러들여 신문 창간을 추진한 것은 김홍집 내각이었지만, 아관파천 이후 성립된 박정양 내각도 신문이 필요하다는 점에 대해서는 인지하고 있었다.

『독립신문』은 창간 당시 타블로이드판 크기의 4면으로 발간됐다. 대체로 1면에는 논설과 신문사고(광고), 2면에는 관보·외국통신·잡보, 3면에는 물가·우체시간표·제물포 기선출입항시간표·광고 등을 실었다. 4면 영문판 『더 인디펜던트(The Independent)』는 사설(editorial), 국내 잡보(local items), 관보(official gazette), 최신전보(latest telegrams), 국내외 뉴스요약(digest of domestic and foreign news), 통신(communications), 의견 교환(exchanges) 등으로 구분해 편집했다. 서재필은 사장 겸 주필로 있으면서 국

도판15, 16 『독립신문』(좌)과 『황성신문』(우)의 창간호
『독립신문』은 창간호에서 남녀 상하귀천 모두 신문을 보게 하기 위해 국문체를 선택했다고 밝혔고, 『황성신문』은 창간호에서 정부 방침에 따라 옛글과 새 글을 함께 쓰는 것, 즉 국한문체를 선택했다고 밝혔다.

문판 논설과 영문판 사설을 맡았다. 주시경은 조필(助筆)로 국문판의 편집과 제작을 담당했다.

　『독립신문』의 발전 단계는 크게 넷으로 나눌 수 있다. 1기는 창간부터 1896년 7월 2일 독립협회 창립 때까지다. 이 기간 『독립신문』의 논조는 국민을 계몽하는 데 맞춰져 있었으며, 정부에 대해서도 매우 협조적이었다. 2기는 서재필이 『독립신문』을 윤치호에게 인계하고 출국한 1898년 5월 11일까지다. 이 시기 『독립신문』은 독립협회의 독립문·독립공원·독립관 건립운동을 지원하는 데 주력했다. 3기는 1898년 12월 25일 독립협회가 해산당할 때까지다. 이 시기 『독립신문』은 독립협회의 자주민권운동과 자강운동을 대변했다. 1898년 7월 1일부터는 격일간지에서 일간지로 발행 횟수가 늘었는데, 이는 당시 배재학당 학생회가 발행한 『매일신문』이 일간이었던 점에 자극받은 것으로 보인다. 4기는 폐간될 때까지로, 윤치호가 지방관으로 내려간 후 미국인 헨리 거하드 아펜젤러(Henry Gerhard Appenzeller, 1858~1902)와 영국인 엠버얼리(H. Emberley)가 주필을 맡으면서 온건한 논조를 띠었다.

　『독립신문』은 기본적으로 국내외의 일을 국민에게 알려 계몽하려는 데 창간 목적이 있었다. 그러나 독립협회의 주장을 대변하면서 정치적 입장을 강하게 드러내거나, 정부정책과 특정 관리에 대해 논평하는 것을 언론의 역할로 여겼다는 점에서 『한성순보』나 『한성주보』와는 차이가 있다. 예를 들어 학부대신 신기선이 유학에 근거해 교육정책을 펴려고 하자 강력하게 규탄하기도 하고, 중국의 영향력에서 벗어나 고종이 황제국을 선포할 때는 축하를 아끼지 않았다.

그러나 『독립신문』은 1898년 내내 대한제국 정부와 갈등관계에 있었다. 『독립신문』은 대한제국 정부가 세력 균형을 위해 택한 이권 양여를 두고 자주성이 훼손됐다고 평가했으며, 『독립신문』이 민권운동의 일환으로 지지한 만민공동회와 의회 설립 요구는 고종에게 군주권에 대한 도전으로 받아들여졌다. 결국 독립협회 해산과 함께 『독립신문』의 개혁 의지는 한풀 꺾이고 말았다.

1898년 9월 5일에 창간된 『황성신문(皇城新聞)』은 『독립신문』의 유산을 물려받았으나 독자적인 노선을 걸었다. 남궁억(南宮檍, 1863~1939)이 주식을 모집해 창간했는데 4면체제의 국한문 혼용이었고, 다른 신문들처럼 논설·별보·관보·잡보·외보·광고 등으로 구성됐다. 초기 주필로 유근(柳瑾, 1861~1921), 박은식(朴殷植, 1859~1925) 등이 활약했고, 이후 장지연도 합류했다. 『황성신문』은 1904년 6월 일본의 황무지 개척권 요구의 부당성을 적극 주창했고, 1905년 11월에는 을사조약 체결을 규탄한 「시일야방성대곡」을 실었다는 이유로 일시 정간을 당했다. 이후에는 통감부의 압박과 검열 때문에 정치 논조를 드러내지 못했고, 재정난도 겹쳐 어려움을 겪다가 1910년 8월 말 강제병합 직후 폐간됐다.

『황성신문』이 『독립신문』과 달리 중도적 입장을 취했다는 점은 국한문 혼용체 채택에서 잘 드러난다. 실제로 『황성신문』은 전통과 근대, 구학과 신학, 동양과 서양, 지배층과 피지배층 사이의 조화를 꾀했다. 『황성신문』의 구성원은 유교 전통 위에서 서구문명을 취하려 한 개신유학자층이었고, 관료 경험이 있는 이들도 많이 포함됐다. 이들은 우승열패라는 사회진화론을 인식하고 있었지만 동서양을 뛰어넘는 보편 문명을 지향했으며, 민이 변혁의 주체가 되는 데는 부정적이었지만 민을 난민으로 내모는 국가의 무능력과 부패함을 비판했다. 또한 경제적으로는 지주제 유지에 동의했지만 소농민·소생산자의 입장에 서려 했고, 근대교육의 활성화로 상공업을 중흥하고 문명부강한 국가 건설을 희망했다. 한편 중도적 입장이었던 『황성신문』은 서민과 여성을 주독자로 상정했던『제국신문(帝國新聞)』과도 구분됐으며, 1904년 이후 항일민족주의에 바탕을 두고 강력한 국가주의를 표방했던『대한매일신보(大韓每日申報)』와도 차이가 있었다.

각종 학회지와 잡지

계몽운동단체들은 다양한 방식으로 국권회복운동을 전개했다. 신식학교 설립·교과서 편찬·의무교육 실시 요구 등의 교육구국운동, 국채보상운동이나 부동산 침탈 반대운동 등의 경제구국운동, 그리고 국어국문 진흥·국사교육 강화 등의 민족문화운동이 그것이다. 이러한 운동이 힘을 얻기 위해서는 운동의 취지를 일반 인민에게 전달하고 지지를 구하는 과정이 필요했다. 그래서 계몽운동단체들은 각종 강연회와 토론회 개최에 나섰다. 학회지와 잡지의 발간도 대표적인 민중계몽운동으로,『대한자강회월보(大韓自强會月報)』·『대한협회회보』·『서우』·『서북학회월보』·『기호흥학회월보』·『호남학보』·『교남교육회잡지』·『태극학보』등 수많은 학회지가 발간됐다. 학회지는 회원뿐만 아니라 일반 민중까지 독자로 상정하고 만들어진 것이었다.

각 학회지의 내용은 발간한 단체의 취지·목적·사업과 관련이 깊었고, 대체로 논설과 국내외 정세 및 사건으로 구성되어 있었다. 논설은 주로 사회진화론·민권론·실력양성론·애국정신론·사회관습개혁론 등을 바탕에 뒀고, 특히 교육과 식산(殖産)을 강조했다. 또한 대개의 학회지에는 서양 문명국가의 교육 이념과 내용·제도·방법 등을 소개하며 신교육을 통해 신학문과 신사상을 보급해야 한다는 점이 중요하게 담겼다.

『제국신문』과 『대한매일신보』

『제국신문』은 1898년 8월 10일 창간해 1910년 3월 31일까지 12년 동안 약 3,240호 정도 발행한 것으로 알려져 있다. 일반적으로 순국문의 부녀자 대상 계몽지 정도로 알려져 있으나, 다양한 계층의 사람들이 참여해 당대 현실을 날카롭게 비판한 기사도 많이 실려 있다. 근래 미발행분이 일반에 공개되면서 관련 연구도 활발하다.『대한매일신보』는 1904년 7월 18일 창간해 1910년 8월 28일 강제병합 직전까지 1,461호를 발행했다. 영국인 어니스트 토마스 베델(Ernest Thomas Bethell, 1872~1909)이 발행인이어서 상대적으로 검열에서 자유로웠고, 1907년 이후 신채호가 민족주의적 논설을 발표하면서 큰 인기를 끌었다. 이 시기 대표적인 항일민족언론으로서 국채보상운동을 후원했고, 신민회(新民會)운동과도 직접적으로 관련이 있었다.

대한자강회가 발간한 『대한자강회월보』는 창간호에서 "전국 동포 모두가 『대한자강회월보』를 읽어 조국 정신을 배양하며 세계의 현상을 이해하게 함이 국권 회복의 정로(正路)"라고 밝히며, 회지 발간의 목적이 국권 회복을 위한 국민 계몽에 있음을 분명히 했다. 그리고 논설을 통해 약육강식·적자생존의 국제사회에서 교육을 통한 국민의 개명과 문명의 고도화가 약자를 강자로 만드는 길이며, 정치가 발전해 강국화로 가는 길이라는 교육자강의 논리를 피력했다.

또한 식산을 통해 국가를 부강하게 하는 것이 국권을 회복하는 길임을 강조하기도 했다. 『대한자강회월보』와 『대한협회회보』에서 계몽운동가들은 한국이 빈약하고 경제가 낙후된 요인으로 수백 년간 이어진 압제정치와 가렴주구, 그리고 관존민비의 폐습 등에 의한 국민의 근로의욕 상실과 산업기술의 부족을 꼽았다. 이에 관존민비·직업존비의 의식을 타파해 국민의 근로 정신과 생산의욕을 고취하고, 각종 산업 기술을 개발해 생산능력을 향상시켜 국민의 경제적 자립과 국가의 부강을 실현해야 한다고 주장했다. 덧붙여서 농공상의 균형 있는 발전과 임업·광업·염업 등 각종 자원을 개발해야 한다고 했다.

계몽단체들은 학회지 외에 『조양보(朝陽報)』(1906)·『가뎡잡지(家庭雜誌, 가정잡지)』(1906)·『소년한반도(少年韓半島)』(1906)·『소년(少年)』(1908) 등의 잡지를 발행해 계몽문학을 보급하고 사회개혁을 추구했다. 이 중에서 『소년』은 신민회의 외곽 기관지로서 새로운 세대를 대상으로 했다. 이에 각국의 위인 영웅전·지리·국사·세계사 등을 게재하고, 신문학을 수록했다. 상동청년회(尙洞靑年會)에서 한글 전용으로 발간한 『가뎡잡지』는 부녀자를 주요 독자로 삼은 계몽잡지였다. 계몽을 위한 목적뿐만 아니라 정치·경제·사회 전반에 걸쳐 교양을 쌓을 수 있도록 해 가정으로부터의 개혁을 추구했다.

3 행정제도의 변화와 지역사회의 변동

지방행정구역 개편

갑오개혁 정부는 지방제도를 개정해 중앙집권을 강화하고 구래의 향촌질서, 즉 지방자치를 통제하려고 했다. 이 같은 개혁은 조선 후기 이래 면리제가 확대되고 수령의 통제권이 확장되던 추세와도 맞물려 있었다. 지역 간 경계가 불균등하고 조세수취체계가 일원화되지 않아 발생하는 문제를 해결해야 했던 것이다.

1895년 5월, 전면적인 지방행정구역 개편안이 발표됐다. 여기에는 부·목·군·현 등의 불균등한 지방구획 334개를 통폐합하고, 23개의 부를 새로 설치한다는 내용이 담겼다. 이 행정구역은 아관파천 직후 다시 개정돼 13도체제로 바뀌었고, 이때 충청도·경상도·전라도 등이 오늘날처럼 남북으로 나뉘게 된다. 23부제는 비록 단기간 존속했지만, 행정구역을 균질적이고 체계적으로 정비하려는 시도였다고 할 수 있다.

중앙정부가 지방 통치권을 장악하기 위해서는 지방관에게 분산돼 있던 징세권·군사권·경찰권·사법권 등을 다시 가져와야 했다. 이 과정에서 이서층의 불만을 어떻게 무마시키느냐가 관건이었다. 예를 들어 갑오개혁 정부는 세무를 전담하는 세무주사를 두는 방식으로 이서층을 배제하고자 했다. 향촌자치조직인 향회를 활용하기 위해 「향회조규(鄕會條規)」와 「향약판무규정(鄕約辦務規程)」[4]도 시행했다. 또한 사법권을 독립시키기 위해 재판소를 별도로 설치하기도 했다. 그러나 아관파천 후 일부 지방제도는 종래의 관행으로 회귀했고, 1896년 8월에는 이서층을 향장으로 임명해 지방관을 돕도록 했다. 징세사무상 중앙정부가 지방관을 더욱 철저하게 감독하고 처벌할 수밖에 없었던 점은 주목할 만하다.

1906년 통감부는 군을 통폐합해 지방제도를 개편하고자 했다. 하지만 한국인이 극심히 반대하자 전면적인 지방제도 개편은 보류했다. 대신 통감부는 지방재정 및 징세권을 장악하고자 했다. 즉, 1906년 9월 24일 「지방관관제 개정」으로 관찰사의 직급은 낮아지고, 신설된 군주사(郡主事)가 기존의 향장 임무를 대신하게 됐다. 향임이나 서리가 중심을 이루던 향장을 배제하고 지방의 새로운 유력자층을 주사로 임명하려고 했던 것이다. 같은 날 「관세관관제(管稅官官制)」를 바탕으로, 탁지부대신의 관할 아래 세무감·세무관·세무주사 등을 편성하고 군수와 이서들의 징세권을 박탈했다. 다음 해인 1907년

---

4   「향회조규」와 「향약판무규정」 「향회조규」는 군(郡)·면(面)·리(里)에 자치조직인 향회를 둔다는 내용이고, '향약판무규정'은 지역에 따라 다양했던 면리 조직 및 담당자의 명칭을 통일하겠다는 내용이다. 그러나 민의 정치 참여를 보장하기보다 지방관의 조세 징수를 보조하는 역할을 중시했다.

에는 재무에 관해 자문하는 지방위원회를 만들고 '자치제의 창시'라고 선전하기도 했다. 이러한 조치들은 통감부가 친일적인 지방 유력자층을 포섭해 지방을 장악하려는 목적이 있었다.

호구조사

조선은 국초부터 신분 판별·군역 조사 등을 위해 호적제도를 운용하고, 이를 위해 3년마다 호구조사를 실시했다. 그런데 아관파천 후인 1896년 9월 「호구조사규칙」과 「호구조사세칙」이 잇달아 제정되면서 호구조사 방식이 변화했다. 먼저 조사 시기가 3년에 한 번에서 매년으로 바뀌었다. 신분제가 철폐되면서 직역조사가 폐지됐고, 가택에 대한 조사가 새롭게 추가됐다.

당시 정부는 "전국 내 호수와 인구를 상세히 편적(編籍)해 인민으로 하여금 국가를 보호하는 이익을 균점케 하겠다"고 호구조사의 목적을 밝혔다. 즉 국가가 전 인민을 빠뜨리지 않고 파악한다는 대원칙하에 근대적 호구 조사의 형식을 띠고 있었다. 물론 이전에 진행했던 호구조사와 유사한 측면도 있었다. 먼저 호의 기준과 범위가 동일했다. 호의 대표자(호수·호주)를 중심으로 그와 지배예속관계에 놓인 자들(친속·노비·고공·협호·기구·고용)로 구성된 것이다. 그러나 호적표에 가택란을 두어 가옥의 기유(己有, 자신의 집 소유) 또는 차유(借有, 남의 집을 빌려서 거주) 여부, 형태(초가와 와가)와 규모(칸수)를 조사한 점은 달랐다. 이와 같이 가옥의 점유 형태를 조사함으로써 개별 가옥, 즉 자연가(自然家)에 대해 파악하는 것이 전보다 용이해졌다. 그렇다고 자연가를 그대로 호로 여긴 것은 아니었지만, 자연가를 독립호로 세울 수 있는 장치를 마련해둔 것이었다. 나중에 통감부는 실지조사 없이 증가된 과세 호수를 확보했는데, 이는 「호구조사규칙」과 「호구조사세칙」이 가택란을 통해 가옥의 점유 실태를 파악하고 있었기 때문에 가능했다.

도시 인구의 증가

전국 인구수를 지역별로 세밀하게 파악할 수 있는 자료가 발표된 것은 통감부 시기인 1907년으로, 경무고문부(警務顧問部)가 만든 『한국호구표(韓國戶口表)』가 그것이다. 이에 따르면 당시 인구수는 한국인 978만 1,671명, 일본인 9만 8,001명, 중국인 6,161명, 구미(歐美)인 387명으로 합계 988만 6,220명이었다. 인구가 5,000명 이상인 지역을 도시로 보았을 때, 57개 도시의 인구수는

75만 6,225명으로 전국의 7.65%였다. 도시의 평균 인구밀도는 km²당 280명으로 전국 45명보다 7배가 높았다. 조선 후기인 1789년 작성된『호구총수』와 비교해보면,『호구총수』에서 49개 도시 인구 총수는 57만 1,663명, 도시 인구율은 7.8%, 인구밀도는 km²당 185.74명이다. 도시 인구수는 늘어났지만 도시 인구율은 크게 변하지 않은 것이다. 개항 이후 활발하게 도시화가 진행됐다는 점은 분명한데, 인구율의 증가와 바로 연결되지 않는다는 것은 이를 상쇄할 만한 다른 요소들도 있었음을 말해준다.

　도시 인구가 증가한 요인으로는 첫째, 개항장 설치 후 외국인의 거주 허용, 둘째, 항만·철도·전신·전화 등 근대적 교통·통신수단의 도입, 셋째, 도시 내의 새로운 시설 설치를 들 수 있다.

　미국 워싱턴에 다녀온 경험이 있던 내부대신 박정양과 한성판윤 이채연이 벌인 서울 도시개조사업의 성과도 주목된다. 도로가 확장됐고 공중위생이 중시됐으며, 원각사지 10층 석탑 주위에 탑골공원이 조성됐다. 왕을 위한 궁궐 내 정원이 아닌 도시의 시민을 위한 공원이 만들어진 것이었다. 이러한 시도에도 불구하고 도시 인구율이 급증하지 않은 것은 동학농민전쟁, 청일전쟁, 단발령, 러일전쟁, 통감부 설치 등과 같은 정치·사회적 급변 속에 사대부 계층의 낙향·은둔 때문일 수 있다. 또한 새롭게 성장하는 도시와 쇠퇴하는 도시가 공존한다는 점도 원인으로 꼽을 수 있다. 인천·목포·마산·진남포·원산·성진 등이 개항으로 새롭게 생긴 도시였다면, 통영·울산·삼천포·거제·남해 등은 일본인의 어업 기지화 속에 도시화됐다. 여기에다 철도 노선에 따라 지역 중심지가 바뀌는 경우도 있었다.

생활양식의 변화

개항 이후 의식주 등도 서구의 생활양식이 도입되면서 전통 방식이 흔들리기 시작했다. 의복의 경우 황실과 정부 관리의 복식에서부터 변화가 나타났다. 1895년 서양식 군복이 도입됐고, 단발령이 내려질 때 양복을 입어도 무방하다고 고시됐다. 1900년에는 경찰과 외교관을 포함해 관리들의 복장 규정이 모두 서양식으로 바뀌었다.

　일반인의 평상복은 전통식 옷이 간소화되는 방향으로 변용됐다. 갑오개혁 이후 두루마기는 성인 남성이 사계절 내내 반드시 입어야 하는 옷이었고, 조끼는 서양 것을 본떠 만들어 한복화한 것이었다. 여성의 사회 활동이 늘어

커피

커피는 이미 유길준이 『서유견문』에서 소개한 바 있는데 아관파천 이후 고종이 매우 즐겼다고 한다. 1898년 경운궁에서는 커피에 아편을 탄 음모사건까지 있었다. 김홍륙 독차사건(金鴻陸毒茶事件)이란 것인데, 러시아어 통역관 김홍륙이 친러시아파 몰락에 앙심을 품고 고종과 황태자가 마시는 커피에 독약을 넣었다가 발각되어 사형당한 사건이다. 고종은 냄새가 이상해 조금만 마시고 조금 토했으나, 황태자는 커피를 많이 마셔 토하고 인사불성이 되었다고 한다.

나자 전통 한복에서 저고리는 약간 길고 치마는 다소 짧은, 외출에 편한 평상복으로 개량했다. 이후 이것은 여학생의 교복으로, 신여성의 옷차림으로 번져 나갔다. 쓰개용 장옷 대신 검정 우산이 유행하기도 했다.

1885년을 전후해 들어온 서양의 개신교 선교사들을 통해 한자리에서 나란히 앉아 음식을 나눠 먹는 식사법이 등장했다. 이전에는 남녀 또는 양반과 상민 사이에 보기 어려운 문화였다. 1890년대에는 지금의 세종로에 명월관 등 고급 음식점이 생겨났고, 일본인들이 들어오면서 술과 식품 가공 공장이 만들어져 식문화도 변형됐다. 궁중에 초대받은 서양인을 통해 수프, 버터, 각종 육류, 샴페인, 커피 등도 소개됐다.

4 근대적 재판제도의 도입과 민사·형사법규의 제정

근대적 재판제도의 도입과 운영

갑신정변 직후 일본에 망명했던 박영효는 1888년 1월 고종에게 올린 상소문에서 재판제도를 개혁할 필요성을 제기했다. 그의 주장은 갑오개혁기에 실현됐다. 정부는 기존의 재판기구였던 의금부(義禁府)와 형조(刑曹)를 폐지한 후 1895년 3월 근대적 재판소와 그 감독기관으로 법부(法部)를 설치했다. 재판소는 지방재판소·개항장재판소·한성재판소·고등재판소·특별법원으로 5종이었다.

지방재판소는 충주·홍주·공주 등 전국 20개 부에 설치했다가 1896년 아관파천으로 지방제도가 바뀌면서 전국 13도와 제주목에 설치했다. 개항장재판소는 인천·부산·원산 등 개항장에 설치하고 한성재판소 역시 한성부에 설

도판17 1901년 종로의 모습

동대문에서 바라본 종로. 목재로 만든 전봇대들이 줄지어 세워져 있고 그 옆에 2줄로 된 전차 선로가 보인다.

치했다. 고등재판소는 개항장재판소·한성재판소·지방재판소의 판결에 불복하는 상소를 수리하고 칙임관·주임관·판임관[5] 및 정치범을 단심으로 재판했다. 특별법원은 왕족의 범죄만 다스리는 임시재판소였다. 황제권이 강화된 1899년 이후 고등재판소 명칭은 '평리원'으로 바뀌고, 감독기관이었던 법부는 각급 재판소의 판결에 문제가 있으면 직접 심판할 수 있도록 권한이 강화됐다.

정부는 사법관을 양성하기 위해 법관양성소를 설립했다. 그러나 1896년 봄까지 80여 명의 졸업생을 배출한 후 1903년 1월까지 신입생을 받지 않았다. 이로 인해 각 지방재판소의 판사·검사의 역할을 관찰사·참서관이 겸임하고, 각 군에는 지방재판소 지소를 두지 않는 대신 군수가 민·형사재판을 담당했다. 개항장재판소 역시 각 개항장의 감리와 참서관이 각각 판사·검사를 겸임했다. 고등재판소와 한성재판소에만 전임 법관을 배치할 수 있었다.

피의자를 체포하고 신문할 때의 몇 가지 절차가 개선됐다. 피의자 체포 시에는 검사가 체포영장을 발부해 경찰이 집행하게 했다. 양반과 부녀 등을 체포하기 전에 국왕 결재를 받던 제도도 폐지했다. 단, 칙임관은 국왕 결재를 받은 후 체포하고, 주임관은 체포한 후 국왕의 결재를 받도록 했다. 피의자를 신문할 때는 과거에 쓰이던 곤·장이 아닌 가죽채찍이나 작은 매를 사용하도록 했으며, 하루에 한 번 20대 이하까지만 때리도록 제한을 뒀다.

근대적 재판 절차는 1895년 4월 「민형소송에 관한 규정」에 의해 도입됐다. 고소·고발의 양식, 기소와 공판 절차, 판결 기한, 판결 선고서 양식, 형 집행 방식 등 민사·형사재판의 세세한 절차를 규정했다. 판결에 불복할 경우를 위한 상소 절차도 마련했다. 일반인이나 하급 관리는 '군수재판→지방재판소→고등재판소' 또는 '한성재판소·개항장재판소→고등재판소'의 단계를 밟도록 했다.

재판제도 개혁은 초기에는 괄목할 만한 성과를 거뒀다. 1898년경 독립협회가 정부 대신들을 불법·부정·탐학 등의 죄목으로 재판소에 고소해 유죄 판결을 받게 한 사례가 빈번하게 나왔고, 이로 인해 각지의 민이 지방관의 부정부패와 탐학을 고소하는 경우도 급증했다. 그러나 황제권이 강화된 1899

---

5   칙임관·주임관·판임관 갑오개혁 이후 구래의 문관·무관 양반 관등체계를 폐지하고 관등을 칙임관(1   ~4등)·주임관(1~6등)·판임관(1~8등)으로 나누었다.

도판18 최초의 근대적 판결선고서
1895년 1월(음력 1894년 12월)에 설치된 법무아문 권설재판소에서 1895년 3월 27일(음력 3월 2일) 동학농민군에 대해 내린 무죄 판결문이다. 판결문 말미에 경성주재 일본영사관 일등영사 우치다 사다쓰찌(內田定槌, 1865~1942)가 회심관으로 참여하고 있는 점이 주목된다.

년 이후에는 고소당한 지방관이 무죄로 석방되거나, 고소인의 친족을 체포해 악형을 가하거나, 고소인을 평리원에 맞고소하는 일이 늘어났다. 지방관의 비리나 탐학을 고소해 평리원과 법부로부터 유죄 판결을 받더라도 지방관이 이를 무시하고 오히려 판결문을 받아온 고소인을 불법으로 고문하거나 악형을 가하는 사례까지 등장했다. 민인들은 최후의 수단으로 신문사에 투서하거나 광고를 게재해 지방관의 비리와 탐학을 폭로하기까지 했다.

재판제도의 식민지 근대화

초대 통감 이토 히로부미는 일본에 대한 한국인의 저항과 적개심을 완화시키고자 한국 정부에 1908년 8월 1일부터 새로운 재판제도를 실시하게 했다. 칙임관·주임관에 대한 신분적 우대 조항을 폐지해 일반 국민과 동등한 재판 절차를 거치게 했다.

재판소 종류는 구재판소·지방재판소·공소원·대심원 등 4종을 설치하되, '구재판소→지방재판소→대심원' 또는 '지방재판소→공소원→대심원'의 3심 제도를 정착시켰다. 관찰사·군수 등 지방관이 판사·검사를 겸임하던 제도를 폐지하고 전임 사법관이 맡도록 해 행정권으로부터 사법권을 분리시켰다. 전임 사법관이 부족한 자리에는 일본인 판사·검사를 고용하게 했다. 이로 인해 1910년까지 판사는 일본인이 한국인의 2배, 검사는 일본인이 3~9배

	1908년 8월 말			1909년			1910년		
	일본인	한국인	계	일본인	한국인	계	일본인	한국인	계
판사	81	42	123	192	87	279	183	71	254
검사	35	13	48	57	7	64	54	6	60
계	116	55	171	249	94	343	237	77	314

도표2 1908년부터 1910년까지 일본인과 한국인의 판사 수.　　　　　　　　　　단위: 명

를 차지했다.

소송규칙도 개정했다. 형사재판에서는 항고제도와 공소시효제도를 도입했다. 검사의 허가 없이 피의자를 10일 이상 경찰서에 구류할 수 없게 하고 체포·구류할 경우 영장을 발부케 했다. 재심 요구가 너무 많이 발생하는 점을 고려해 재심 요건을 엄격히 규정했다. 민사재판에서는 판결문 등본에 집행문을 부기해 군수나 경찰관이 강제 집행할 수 있게 했다. 채권자가 제1심 재판소에 판결 등본을 제출해 채무자를 유치하도록 요청하는 제도도 도입했다.

일본은 1909년 초 한국병합 방침을 확정하면서 한국에 독자적인 재판제도를 유지시킬 필요가 없다고 판단했다. 같은 해 7월 일본은 한국 정부에 사법·감옥제도를 일본에 위탁하는 각서 체결을 강요했다. 이에 따라 1909년 11월부터 한국의 재판제도는 일본의 재판제도와 거의 유사하게 바뀌었으나 한국만의 예외사항을 두기도 했다. 재판기관은 일본과 마찬가지로 구재판소·지방재판소·공소원·고등법원 등 4종으로 유지하되, 최종심 재판소 명칭인 '대심원'을 '고등법원'으로 격하시켰다. 한국인 판사는 원고·피고가 모두 한국인인 민사사건과 피고인이 한국인인 형사사건만 담당할 수 있었다.

일본에서 피고인의 인권보호를 위해 도입한 예심제도를 실시하되 사법경찰관에게 예심판사에 준하는 사법권을 줌으로써 인권 유린의 소지가 높아졌다. 가장 주목할 부분은 경찰서장 또는 분서장을 맡은 통감부 경시·경부 등에게 태형·구류 또는 벌금형에 처할 만한 범죄에 대한 즉결재판권을 부여한 점이다. 1909년 말부터 한국인은 식민지적으로 변용된 근대적 재판제도 하에 놓이게 됐다.

형사법규의 개혁과 주요 범죄

개화파 정부는 재판제도 외에 형사법규도 개혁했다. 1894년 6월 모반·대역·불경·불효 등 중대 범죄를 저지르면 범인의 가족, 친족, 마을까지 처벌하던 연좌제를 폐지해 형벌은 범죄인 개인에게만 적용하도록 했다. 능지처사형·참형 등 악형을 폐지해 민간인에게는 교수형, 군인에게는 총살형을 집행하게 했다. 장형(杖刑)을 폐지하고 태형(笞刑)으로 통합시켰으며, 유형(流刑)·도형(徒刑)[6]을 폐지하고 징역형을 도입하되 징역형 1년 이상을 판결할 때는 태형도 함께 부과했다. 정치범에게는 징역형 대신 유형을 실시하도록 했다.

　　정부는 동학농민전쟁과 청일전쟁, 갑오개혁 등으로 이어진 혼란 속에서 새로운 범죄를 처벌하기 위해 1896년 4월 「적도처단례(賊盜處斷例)」를 제정했다. 「적도처단례」는 적도 중 가장 빈번하던 강도·절도·준절도·와주의 4종으로 구분했다. 준절도는 타인을 속이고 재물을 편취한 범죄를, 와주는 강도·절도를 직접 행하지 않았지만 그 행위를 교사하거나 강도·절도한 재물을 나누어 갖는 행위를 말한다.

　　정부는 이보다 앞서 아편 관련 범죄를 처벌하기 위해 1894년 10월 법무아문고시로 반포된 「아편연금계조례」를 1898년 8월 정식 법률로 확정했다. 1896년 8월과 9월에는 전보제도와 우편제도의 시행 과정에서 발생하는 각종 사고와 범죄를 예방하고 처벌하기 위해 「전보사항범죄인처단례」, 「우체사항범죄인처단례」를 제정·반포했다. 이 법률은 범죄 행위의 등급을 형량의 순서대로 정리해놓았으며, 동일 범죄에 대해 양형의 하한과 상한을 규정했다는 점에서 오늘날의 형법에 근접한 것이었다.

　　1895~1908년 서울의 범죄 양상은 절도·준절도·와주(35.6%), 강도(10%), 폭행·살인(8.3%), 아편·도박(6.3%), 사기·공갈(5.5%), 뇌물 수수 등의 독직(5.1%), 화폐·공문서·도장 위조(4.3%), 간통·가출 등 가정 관련 범죄(3.8%) 순으로 나타났으며 이 중 강도와 절도가 가장 큰 비중을 차지했다. 1900년 전후에는 서울 동대문·아현동, 인근 시흥군·양지군·고양군 등에 강도들이 극성을 부리면서 치안이 매우 불안한 상태였다. 또한 정부는 「적도처단례」를 1900년 1월과 1901년 12월 두 차례 개정해 절도범에 대한 형량을 대

6　　장형·태형·유형·도형 '장형'은 큰 매로 죄인의 볼기를 친 형벌을, '태형'은 작은 매로 죄인의 볼기를 친 형벌을, '유형'은 죄인을 귀양 보낸 형벌을, '도형'은 죄인을 중노동에 종사하게 한 형벌을 말한다.

폭 가중시켰다. 최종적으로 절도액의 다과에 관계없이 절도 재범은 태형 100 대에 종신징역형, 절도3범은 교수형에 처하게 됐다.

정부는 1900년 6월부터 근대법 원리하에 구래의 법전과 신규 형사법규를 통합하는 작업에 착수해 1905년 5월 총 680개조에 달하는 『형법대전(刑法大全)』을 반포했다. 『형법대전』에서는 상민·천민·양반 등의 신분에 따라 차별해 처벌하던 구래의 방식을 폐지했다. 형벌의 종류를 '주형'과 '부가형'으로 나누고, 주형으로 사형·유형·역형·금옥형·태형을, 부가형으로는 면관·면역과 몰수형을 뒀다. 정부는 모든 형사재판을 『형법대전』에 의거해 진행하게 했고, 1908년 8월 새로운 재판제도를 시행하기 직전에는 『형법대전』을 대폭 개정했다. 개정의 주요 내용은 관리가 범죄를 저질렀을 경우 일반인보다 가중 처벌하는 조항, 일반인의 지방관에 대한 고소·고발 금지 조항, 칙임관·주임관과 정치범을 단심으로 재판하는 조항 등을 삭제해 관리와 일반 민 사이의 차별을 폐지한 점이다. 또한 외설죄, 군용총포·탄약 사유죄, 노인·환자·고아 포기죄, 도박죄, 복권 발매죄, 폭동죄 등 근대사회 통제와 관련한 조항이 신설됐다.

민사법규 제정과 주요 쟁점

민사재판은 기존의 관습과 『대전회통(大典會通)』의 법규에 따라 진행됐는데 정부는 간헐적으로 새로운 민사 법규를 제정했다. 1894년 6월 의안(議案)의 형식으로 신분·계층·성 차별을 폐지하는 법령이 일시에 공포됐다. 법령에 따르면 적처와 첩에 모두 자식이 없어야 양자를 들일 수 있다는 입양 요건을 규정했으며, 조혼을 금지하기 위해 남자는 20세, 여자는 16세 이상일 경우 혼인할 수 있다고 규정했다. 또한 과부의 재가는 신분의 귀천을 막론하고 개인의 자유에 맡긴다고 명시해 억압된 여성을 해방시키고자 했다. 특히 공노비·사노비를 혁파하고 인신매매를 금지해 노비제도를 영구히 해체했다.

같은 해 7월에는 지방관이나 토호가 10년 이내에 강제로 점유하거나 억지로 수매한 전답·산림·가옥 등은, 명확한 증거가 있으면 원주인에게 돌려준다는 내용을 추가했다. 이러한 조치의 연장선에서 1895년 3월에는 정부가 백성의 재산을 보호하고 불법 수탈과 뇌물 수수를 없애겠다고 천명했다. 그리고 불법 수탈이 있을 경우에는 곧바로 해당 관서에 신고하라는 법령을 공포했다. 1900년 4월에는 그동안 모든 묘지 분쟁을 형사재판으로 진행했던 관행을 폐지하고 민사재판으로 처리하도록 했다.

민사법규는 통감부가 한국 내정에 관여할 때 다수 제정·공포됐다. 개항 이래 일본인을 비롯한 외국인은 불법임에도 불구하고 한국의 토지나 가옥을 한국인에게서 구매하거나, 한국인에 대한 채권담보로 보유하고 있었다. 소유권 자체도 근대적 권리체계로 성립되지 않아 부동산 거래 시 많은 문제가 야기되고 있었다. 통감부는 이를 해결하기 위해 한국 정부를 통해 일련의 민사법규를 제정·공포하게 했다.

한국 정부는 1906년 10월 대한자강회의 건의로 외국인의 토지·가옥 소유를 방지하면서 내국인의 소유권을 보호하기 위해 법률 「토지·건물의 매매·교환·양여·전당에 관한 건」을 제정했다. 그러나 열흘 뒤 칙령 「토지가옥증명규칙」과 11월 법부령 「토지가옥증명규칙시행세칙」을 공포해 외국인의 토지 소유를 합법화해주고 말았다. 최종적으로는 1908년 7월 칙령 「토지가옥소유권증명규칙」과 법부령 「토지가옥소유권증명규칙시행세칙」을 공포해 내국인이든 외국인이든 다양한 경로로 취득한 토지·가옥 소유권을 국가가 완벽히 보장해줄 수 있도록 했다.

1909년 3월 통감부는 정확한 인구 파악을 위해 1896년에 내린 칙령 「호구조사규칙」을 폐지하고 법률 「민적법」을 제정했다. 출생·사망·호주변경·혼인·이혼·양자·파양·분가·일가창립·입가·폐가·이거(移居) 등의 사항이 발생했을 경우 신고에 의해 호적을 작성하거나 내용을 변경하도록 했는데, 한성부는 경찰관서, 기타 지역은 면장에 준하는 사람에게 신고해야 했다.

1895년 4월부터 1896년 2월까지 한성재판소에서 다룬 민사재판 245건을 분석한 연구에 따르면, 일반 채무 또는 어음·환 등 금전관계가 가장 큰 비중(159건)을 차지했다. 다음으로는 곡식·식품·가축 등 상품 거래관계에서의 분쟁 사건(47건), 토지·가옥 소유권 분쟁(35건) 순이었다. 또한 신분제가 폐지되면서 이전에는 양반 등 상급 신분과 소송을 벌이기 어려웠던 평민·천민이 과거의 상급 신분층을 상대로 민사재판을 제기해 승소하는 비율이 높아졌다.

동산·부동산에 대한 사적 소유권이 발전하는 현상은 일제가 사법권을 행정에서 분리시킨 1908년 이후 집중적으로 나타났다. 1908년 8월부터 1910년 12월까지 경성공소원에서 취급한 민사재판을 분석한 연구에 따르면, 총 465건의 한국인 간 민사재판 가운데 부당이득·불법행위와 관련된 금전 청구

사건이 107건이었다. 이 중 과반수인 63건이 관원·권력자가 빼앗은 재산을 되찾으려는 소송임을 볼 때 통감부가 내정을 장악한 가운데 사적 소유권을 보호받으려는 움직임이 활발하게 나타났음을 알 수 있다.

5.

서 양 문 화 의
유 입 과 변 용

1 서양 근대사상과 학문의 도입

사회진화론과 민족주의

사회진화론은 생물학 이론인 진화론을 사회현상에 적용한 이론이다. 인간 사회도 자연계와 마찬가지로 약육강식의 원리에 따른 적자생존을 통해 진화해간다는 것이 그 골자다. 사회진화론은 19세기 중엽 허버트 스펜서(Herbert Spencer, 1820~1903)가 제창한 이래 세계 각지로 전파돼 19세기 말에 이르면 세계적인 사조가 됐다. 한국에는 19세기 후반 일본과 중국을 통해 소개됐다.

한국인 중 사회진화론과 가장 먼저 접한 사람은 유길준이다. 그는 일본의 후쿠자와 유키치와 미국의 에드워드 모스(Edward Morse, 1838~1925)를 통해 사회진화론을 접했다. 윤치호도 사회진화론을 받아들여 이 세계를 현실적으로 지배하는 원리는 정의가 아니라 힘이라고 생각하기 시작했다. 유길준이나 윤치호와 같은 개화지식인 외에 개신유학자도 중국 량치차오(梁啓超, 1873~1929)의 『음빙실문집(飮氷室文集)』을 통해 사회진화론을 받아들였다.

사회진화론은 '진화'라는 이름으로 변화와 발전을 설명하기에 인륜과 도덕에 바탕을 둔 전통적인 유교사상과는 시작이 전혀 달랐다. 하지만 당시 제국주의적 국제질서를 가장 잘 설명해주는 이론이었기에 쉽게 무시할 수 없었다. 사회진화론을 받아들이면, 우승열패의 국제질서 속에서 살아남기 위해 무엇보다 먼저 자신의 힘부터 길러야 한다는 생각으로 이어질 수밖에 없었다. 하지만 민족의 주체의식과 제국주의 침략에 대한 도덕적 비판의식이 결여됐을 때는 민족적 패배의식으로 흘러갈 수 있는 위험도 없지 않았다.

사회진화론과 함께 떠오른 개념 중 하나가 '민족'이었다. 민족이라는 용어는 일본에서 만들어졌다. 일본에서는 1870년대 초부터 'nation'의 번역어로 '민족'을 썼다. 중국(청)에서는 량치차오가 이것을 수용해 1903년경부터 민족을 사용했다. 대한제국에서도 1906년 이후부터 '민족'이라는 용어를 쓰기 시작했으며, 이어서 '대한민족', '조선족' 등의 호칭도 생겨났다. 처음에는 민족과 함께 '국민'도 사용됐지만, 1907년 8월 고종 황제가 강제로 퇴위당하고 군대가 해산되는 등 국권 침탈이 본격화되자 국권 회복과 신국가 건설의 주체로 민족 개념이 부각되기 시작했다.

당시 민족은 박은식·신채호 등 개신유학자들에 의해 부각됐으며, 다른 한편으로 일본 유학생들을 통해서도 수용됐다. 일본 유학생들은 친족적 관념을 확대해 민족적 관념을 만들어야 한다고 강조했다. 또한 생존 경쟁이 치열한 세계에서 국가와 민족을 보존하기 위해서는 제도와 사상을 혁신해야 한다며 역사적 정신, 상무적 정신, 경제적 사상이 필요하다고 강조했다. 특히 민족 형성을 위해서는 무엇보다 역사가 중요하다는 점을 부각했다.

민족주의는 제국주의 침략에 저항하는 논리로 제기됐다. 신채호는 민족주의가 약한 나라에만 제국주의가 침략하므로 '다른 민족의 간섭을 받지 않는' 민족주의야말로 민족을 보전하는 유일한 길이라고 강조했다. 하지만 민족주의는 우리도 힘을 길러 여느 제국주의 국가들처럼 강자가 되겠다는 우승주의·국가주의 경향을 띠고 있었다. 즉 민족주의는 일본의 침략 논리인 동양주의에 대항하는 논리로 만들어졌지만, 제국주의를 비판하는 동시에 그것을 지향하는 모순을 안고 있었다.

국어와 국사

일제의 국권 침탈이 심화되면서 민족의식을 고취하고 민족문화를 지키기 위해 국어와 국사에 관한 연구가 강조됐다. 학교에서도 민족교육의 중요성을 강조했으며, 신문과 잡지에도 국학과 관련된 글이 자주 실렸다.

'국어'는 1894년 무렵부터 '독립'이라는 말과 함께 주목받기 시작했는데, 갑오개혁을 계기로 공문서에 국문과 한문이 병용되기 시작했다. 이와 함께 우리말을 문자로 표기하는 방법에 대한 연구도 시작돼 1895년 유길준의 『조선문전(朝鮮文典)』, 1897년 이봉운(李鳳雲)의 『국문정리(國文正理)』가 출간되기도 했다. 국어와 국문의 사용은 언어 면에서 중국으로부터의 독립을 의미하는 것이었다.

국어 연구는 을사조약 이후 또 다른 의미를 지니게 됐다. 국권 침탈이 본

신채호의 「제국주의와 민족주의」 중 일부

"신성한 몬로주의가 백기를 내건 뒤로 이른바 6대 강국이니 8대 강국이니 하는 열강이 모두 이 제국주의를 숭배하고 모두 앞다투어 이 제국주의에 굴복해 세계 무대가 제국주의적 활극장을 이루었도다. 그러면 이 제국주의에 저항하는 방법은 무엇인가? 민족주의를 발휘함이 그것이니라. 민족주의는 실로 민족 보전의 유일한 방법이라. (중략) 바라건대 한국 동포는 민족주의를 크게 분발해 '우리민족의 나라는 우리 민족이 주장한다'라고 하는 문구를 호신부로 삼아 민족을 보전할지어다."

『대한매일신보』 1909년 5월 28일

격화되는 상황에서 우리말과 글을 지키는 것이야말로 민족을 지키는 일이라는 의식이 생겼던 것이다. 이와 관련한 대표 인물이 주시경이다. 그는 배재학당 시절부터 우리말과 글을 연구하고 '한글'이라는 이름을 직접 짓기도 했다. 1907년 학부 안에 국문연구소가 설립되자, 이곳에서 지석영(池錫永, 1855~1935) 등과 함께 연구하며 『국어문법(國語文法)』과 『말의 소리』 등을 저술했다. 또한 최남선은 조선광문회(朝鮮光文會)를 조직하고 정약용을 비롯한 조선시대 실학자들의 저술을 대거 간행하는 등 민족의식을 높이기 위해 노력했다.

근대적 개혁의식과 강렬한 민족의식이 요구되는 상황에서 새로운 역사 서술방식도 등장하기 시작했다. 종래의 도덕적인 역사 서술 대신 실증적이며 비판적인 서술이 나타났다. 이러한 움직임은 실학사상을 바탕으로 18세기에 이미 싹트고 있었다. 당시 실학자들은 유교 관념을 배제해 역사학을 경학(經學)에서 독립시켰다. 또한 화이사상(華夷思想)을 배경에 둔 사대주의적 역사 서술에서 탈피해 사실에 근거한 실증적 역사 서술을 시도했다.

갑오개혁 이후 각종 국사 교과서가 새로 편찬되기 시작했다. 장지연, 김택영(金澤榮, 1850~1927), 현채(玄采, 1856~1925) 등이 집필을 주도했다. 새 교과서에는 종래의 역사서와는 다른 신사체(新史體)[1]라는 새로운 서술방식을 채택했다. 그 내용은 실학자 안정복(安鼎福, 1712~1791)이 지은 『동사강목(東史綱目)』을 새로운 역사 서술체계에 맞춰 축약한 것이었다. 그러나 이른바 임나일본부(任那日本府)와 신공황후(神功皇后)의 신라 정벌 등 일본인의 왜곡된 한국사 서술에서도 상당한 영향을 받았기에 적지 않은 문제가 있었다.

1905년 을사조약 이후에는 민족주의자들이 국사 교과서의 친일적인 색채를 맹렬히 비난하면서 민족주의 역사학을 제창했다. 당시 민족주의 역사학은 세 가지 과제를 안고 있었다. 첫째, 왕조 중심의 역사 인식을 극복하고 민족을 중심으로 한 근대적 역사 인식체계를 확립하는 것. 둘째, 식민주의 역사학을 비판하고 민족의 독자적인 역사 발전 능력을 입증하는 것. 셋째, 역사연구를 통해 민족의 실체를 확인하고 항일독립운동의 역사적 위치를 자리매김하는 것이었다.

민족주의 역사학을 제창한 대표 인물로는 신채호를 들 수 있다. 신채호

---

1   신사체 주제별로 사건을 분류해서 인과관계에 따라 서술하는 것을 말한다.   **149**

는 민족주의 역사학의 이론체계를 제시했다. 그는 국난 극복의 영웅인 을지문덕, 이순신, 최영 등의 전기를 저술했으며『대한매일신보』에 3개월에 걸쳐「독사신론(讀史新論)」을 연재해 사대주의적 역사 서술과 함께 일본의 왜곡된 역사 서술에 대해서도 신랄하게 비판했다. 또한 한국 역사가의 반성을 촉구하면서 한민족 중심의 역사학이 필요하다는 점도 강조했다.

박은식도 빼놓을 수 없다. 그는 1909년「유교구신론(儒敎求新論)」을 발표해 전통적인 군주 중심의 유교를 인민 중심의 유교로 개혁할 것과 양명학을 진흥하고 공자의 구세주의적 실천정신을 회복할 것을 주장한 바 있다. 그는『한국통사(韓國痛史)』를 집필해 전통적인 혼백론을 바탕에 둔 국혼론(國魂論)을 주창하기도 했다. 국가는 정신적인 요소인 '국혼'과 물질적인 요소인 '국백'으로 이뤄지는데, 국혼이 살아 있는 한 국가는 부활할 수 있다는 것이 국혼론의 요지였다. 또한 그는 자신의 저서『한국독립운동지혈사(韓國獨立運動之血史)』를 통해 일제의 폭력적 침략을 비판하고 항일투쟁의 역사를 서술하며 민족정신을 고양시켰다.

신채호와 박은식은 민족주의 사관과 근대적 역사 방법론을 수용해 한국의 역사학이 근대 학문으로 자리 잡는 데 큰 기여를 했다. 그 과정에서 신채호가 고대사에 더 비중을 두고 박은식은 근대사에 더 비중을 뒀지만, 두 사람 모두 역사 서술을 통해 민족혼을 되살리려고 했다는 점에서 공통점이 있다.

법학·경제학·정치학

개항 이후 법학·경제학·정치학 등 서양의 사회과학도 전해졌다. 엄세영(嚴世永, 1831~1900)이 1881년 조사시찰단의 일원으로 일본 사법성을 시찰한 후『일본사법성시찰기(日本司法省視察記)』,『일본견문사건초(日本見聞事件草)』등을 저술했다. 당시 일본은 서양의 법학을 받아들여 새로운 법제를 구축하고 있었기에 일본을 통해 간접적으로 서양의 법학과 접촉할 수 있었다. 이어 미국에서 공부한 유길준, 서재필 등이 서양의 법학을 직접 소개하기 시작했다. 유길준은『서유견문(西遊見聞)』을 통해 서양의 국가·법·권리·자유의 개념을 소개하고, 서재필은『독립신문』의 논설을 통해 개화된 법의식의 필요성을 강조했다.

1895년에는 이면우(李勉愚, 1812~1878)를 비롯한 유학생들이 일본에서 돌아온 후 법관양성소와 보성법률전문학교의 교관으로 임용되면서 법학 연구가 본격화됐다. 그 결과 함태영(咸台永, 1872~1964), 이준 등 법관양성소 졸업생과 주정균(朱定均) 등 보성법률전문학교 졸업생을 중심으로 국내파 법률가들이 등장됐다.

1890년대 한국 법학에 큰 영향을 준 것은 청으로부터 들어온 휘턴의 『만국공법』, 테오도르 울지(Theodore Dwight Woolsey, 1801~1889)의 『공법편람(公法便覽)』, 요한 카스퍼 블룬칠리(Johann Kasper Bluntschli, 1808~1881)의 『공법회통(公法會通)』 등이었다. 특히 『공법회통』은 1899년 「대한국국제(大韓國國制)」를 제정하는 데 큰 영향을 미쳤다. 또한 정부의 초빙으로 묄렌도르프를 비롯한 서양의 법률가들이 활동하면서 법학 발전에 기여했다. 미국의 판사 출신인 오언 데니(Owen Nickerson Denny, 1838~1900)는 『청한론(淸韓論)』을 통해 국제법에 비춰볼 때 한국이 독립국이라고 주장했다. 또한 로랑 크레마지(Laurent Cremazy, 1837~1909)는 5명의 제자를 두고 개별적으로 프랑스 법학을 가르쳤는데 이들은 모두 법관양성소 교관이 됐다. 또한 크레마지는 1905년 5월 공포한 『형법대전(刑法大全)』 제정에도 참여하고, 이를 다시 프랑스어로 번역해 세계에 알리기도 했다.

1905년 을사조약 이후에는 법학 연구가 곧 민족의 자강과 애국을 위한 지름길이라는 인식이 널리 퍼지면서 많은 법학서와 논문이 발표됐다. 법학서는 주로 1907년과 1908년을 전후해 보성관(普成館)에서 출판됐는데 대부분 일본의 법학 교과서를 그대로 번역한 것이었다. 하지만 일부에서는 우리 법의 현실을 지적하면서 자주적 근대화를 이뤄야 한다고 주장하는 애국적 계몽 법학 혹은 민주 법학의 성격을 보여주기도 했다.

1890년대 일본에서 유학했거나 1900년대 법관양성소를 졸업한 20~30대 법률가들이 중심이 되어 1908년 3월 15일 양정의숙(養正義塾)에서 창립총회를 열고 법학협회를 조직했다. 111명에 이르는 회원이 법학의 대중화를 위한 계몽강연회와 무료 법률 상담 등의 활동을 했다. 매월 『법학협회잡지(法學協會雜誌)』를 발간하기도 했는데, 1910년 국권을 상실하면서 19호로 발행이 중단되고 말았다.

'경제학'이라는 용어는 1884년 3월 27일자 『한성순보』에 처음 등장했다. 유길준과 권동진(權東鎭, 1861~1947), 이종일(李鍾一, 1858~1925) 등이 일본에서 유행하던 고전파 경제학과 역사학파 경제학을 수용해 국내에 소개했다. '정치학'은 유길준, 안국선(安國善, 1878~1926), 이승만 등에 의해서 소개됐다. 유길준은 전문 교과서로 기획한 『정치학』을 펴냈는데, 국가론과 정치사상 등 다양한 정치 이론을 체계적으로 소개했다. 1906년에는 김상연(金祥演, 1874~1941)이 블룬칠리의 영향을 많이 받은 『국가학(國家學)』을 펴냈다.

신학-구학 논쟁

개항 이후 근대화를 추진하는 과정에서 지식인들 사이에는 구학과 신학의 관계를 눌러싼 논쟁이 벌어졌다. 여기서 핵심은 전통적인 학문인 유교와 새로운 근대사상의 관계를 어떻게 설정할 것인가에 있었다. 삼강오륜에 입각한 유교의 가부장적 사회윤리는 궁극적으로 근대적인 사회 변화와 충돌할 수밖에 없었다. 하지만 500년간 조선을 지탱해온 유교가 하루아침에 무너지지는 않았다.

서양문물이 밀려오는 서세동점(西勢東漸)의 시대를 맞이하면서 가장 먼저 대두한 것이 위정척사론이었다. 위정척사론은 바른 학문인 유교를 지키고[위정(衛正)], 이단적인 학문인 서학을 몰아내자[척사(斥邪)]는 논리였다. 즉 가톨릭에 대한 배척이었는데, 19세기 후반에 들어서면서 서양 제국주의 침략에 대한 저항으로까지 확대됐다. 위정척사론자는 일본이 서양과 동일하다는 왜양일체론을 바탕으로 일본도 배척했다. 그리고 이는 항일의병운동으로 실천됐다. 또한 개화파의 개혁사업이 일본의 침략을 초래했다는 점에서 친일 개화파를 비판하며 '개화망국론(開化亡國論)'을 주장하기도 했다.

개화론은 개념적으로 위정척사론과 대척점에 있었다. 개화파 대부분은 유교적 교양을 쌓으며 성장했던 만큼 유교를 근본으로 하되 서양문화 중 필요한 부분만을 선택적으로 수용해야 한다는 절충론을 취했다. 갑오개혁에 참여한 개화파 이론가였던 김윤식이나 유길준도 이 입장이었다. 신구학 절충론의 틀은 이후에도 오래 유지됐다. 다만 시간이 갈수록 참작해야 한다고 여기는 신학문의 범위가 넓어졌다.

국권 침탈의 위기가 눈앞에 다가오면서 사상 면에서도 다시 한번 파란이 일었다. 국권 침탈에 대한 대응 논리로 민족의 정수를 지키자는 취지의 국수보전론(國粹保全論)이 제기됐고, 그 연장선에서 망국의 책임이 유교 전통 자체에 있다는 비판도 거론됐다. 그렇다고 이러한 주장이 전통문화를 완전히 부정하려는 것은 아니었다. '국수(國粹)'라는 이름 아래 정신적인 자기정체성을 강조했다. 즉 신구학 절충론의 틀을 유지하면서 구학문의 내용을 유교가 도입되기 이전의 전통문화로 바꾼 것이다.

2 근대적 과학기술과 의료

통신과 전기

개항 이후 우편·전신·전화 등이 도입되자 통신체계에도 혁명적인 변화가 시작됐다. 근대적 우편제도는 우정총국(郵征總局)에서 비롯됐다. 1884년에 설치된 우정총국은 같은 해 일어난 갑신정변으로 인해 일시 폐지됐다가 1893년 전우총국(電郵總局)으로 개명한 후 다시 우편 업무를 개시했다. 1900년 대한제국이 만국우편연합(萬國郵便聯合)에 가입한 이후에는 세계 여러 나라와 더 체계적으로 우편물을 주고받을 수 있게 됐다.

전신 업무는 1885년 한성전보총국(漢城電報總局)이 설치되면서 시작됐다. 처음 개통된 전선은 서울과 인천 사이의 노선과 서울에서 평양을 거쳐 의주를 잇는 노선이었다. 이는 청의 전신망과 연결하기 위한 목적으로, 청의 차관에 의해 가설됐다. 이후에는 청이 간섭하지 못하도록 독일에서 차관을 얻어 독자적인 기술로 전선을 가설하려고 했다. 그 결과 1888년에는 서울-부산을 잇는 남로전선이, 1891년에는 서울-원산을 연결하는 북로전선이 개통됐다. 부산·원산·인천 등 개항장과 의주를 잇는 근대적인 전신망이 완성된 것이다.

전화는 1896년 궁궐에 처음 가설됐다. 당시 궁궐에 설치된 전화는 '전어기(電語機)' 혹은 영어 '텔레폰(telephone)'의 음역인 '덕률풍(德律風)'으로 불렸다. 민간에서도 1902년 3월 서울-인천 간 전화선이 가설되고, 같은 해 6월 한성전화소가 업무를 시작하면서 전화를 처음 사용하기 시작했다.

전기는 1887년 3월 경복궁 내 건청궁의 전등불을 시작으로 사용됐다. 경복궁에 사용된 전기는 향원정 연못가에 설치한 소규모 발전 설비를 이용한 것으로, 일종의 시범사업으로서 의미가 있었다. 1898년 고종이 자금을 출연해 황실과 미국인 콜브란(Collbran)의 합자 형식으로 한성전기회사(漢城電氣會社)가 설립되면서 본격적인 전기사업이 시작됐다. 한성전기회사는 동대문에 발전소를 건설하고 전등과 전차사업의 운영권을 허가받았다. 그리고 1899년부터 서대문-종로-동대문-청량리 구간 25.9km에서 전차를 운행하고

도판19, 20 우편체전부(좌)와 전신(우)
개항은 통신체계에 변화와 발달을 가져왔다. 전국을 넘어 국외로 우편을 주고받는 일이 가능해졌고, 전화를 사용할 수 있게 됐다. 우편물을 전달하는 일을 맡던 체전부(遞傳夫)와 가설된 전신을 이용하고 있는 모습이다.(서울역사박물관)

종로 등지에 전등을 가설해 전기를 공급했다.

기선과 철도

개항장을 중심으로 기선이 도입된 이후 원격지 유통이 확대되고 국제무역이 크게 발전했다. 처음에는 주로 미쓰비시(三菱)회사, 오사카상선 등 일본상선 회사가 소유한 기선들이 조선의 바다를 누비고 다녔다. 따라서 바다를 통한 상품 유통의 주도권도 일본 상인이 장악할 수밖에 없었다. 그들은 인천-오사카 노선 등에 기선을 취역시켜 미곡 등 농산품을 실어 가고 일본에서부터 공산품을 들여왔다.

　일본 상인이 기선을 이용해 조선의 상권을 침탈하자 조선 상인은 동업 조직 결성, 자본 합자, 업종 전문화 등을 통해 대응하는 한편 자체적으로 상선회사를 설립해 운영하기 시작했다. 민영준과 정병하 등은 1892년 중국계 회사인 동순태(同順泰)의 자본을 끌어들여 관민합자회사인 이운사(利運社)를 설립했다. 이운사는 이운호(利運號), 창룡호(蒼龍號) 등 5척의 기선으로 조선

연안의 여객과 화물 수송을 담당했다. 조선 정부도 해운업에 뛰어들어 담당 기구인 전운국(轉運局)을 설치하기도 했다. 전운국은 독일 회사인 세창양행 (世昌洋行)에서 돈을 빌려 기선을 도입해 삼남 지방의 세미(稅米)를 운반했다.

기선은 조선을 세계 각국과 연결하는 중요한 교통수단이었다. 따라서 당시 기선의 출항 시간과 행선지는 매우 중요한 생활정보였다. 특히 해외여행을 하려는 사람들에게 유용했다. 당시 발간됐던 신문에 기선의 운항 정보를 게재했던 것도 그러한 이유다. 1900년 12월 8일자 『황성신문』에 따르면, 대한협동우선회사 소속의 창룡호가 청의 옌타이(烟台)로, 현익호(顯益號)가 군산·목포·부산·원산을 거쳐 러시아의 블라디보스토크(Vladivostok)로 운항할 예정이었다. 또한 일본의 기선인 후쿠오카마루(福岡丸)가 인천을 출발해 일본의 시모노세키(下關), 고베를 거쳐 오사카로 향할 예정이었고, 시나노가와(信濃川)는 부산과 나가사키를 거쳐 오사카로 운항할 예정이라는 기록도 보인다.

철도도 대표적인 근대 교통시설로 자리매김했다. 가장 먼저 부설된 철도는 서울-인천 구간의 경인선이었다. 이는 1883년 인천 제물포가 개항되면서 곧바로 구상됐으나 조선 정부가 독자적으로 경인선 철도를 부설할 능력과 재정을 가지고 있지 못해 실현이 어려웠다. 이런 상황에서 미국 정부가 경인선 철도 부설에 가장 먼저 관심을 표명했다. 미국 정부는 1883년 6월 제물포와 한강의 수심 측량을 허가받았으며, 1887년 2월에는 「전등 및 철도 신설 계획의 요청」 공문을 조선 정부에 발송했다. 조선 정부와 조선 주재 미국인 사업가 모스가 1891년 3월 철도창설조약을 체결했다. 그런데 1894년 8월에 일본 정부가 무단으로 조일잠정합동조관(朝日暫定合同條款)을 체결하면서 경인선과 경부선 철도 부설권을 획득하고자 시도했다. 그러나 1896년 3월 29일 조선 정부와 모스가 경인철도특허조관을 체결하면서 경인선 철도 부설권은 모스에게 넘어가고 말았다.

경인철도를 부설하기 위한 공사는 1897년 3월 22일 인천 우각현(牛角峴, 현재 인천 남구 숭의동 107번지)에서 기공식이 열리며 시작됐다. 그러나 일본의 방해와 기술적인 난제가 겹치면서 공사가 중단됐다. 결국 경인철도 부설권은 1898년 5월 일본계의 경인철도합자회사로 넘어갔다. 경인선은 1899년 9월 18일 인천-노량진까지 33.2km 구간이 개통됐으며, 1900년 7월 한강철교가 준공됨에 따라 노량진역에서 서울역까지 노선이 연장됐다.

도판21 경의철도 부설공사하는 모습
경의철도는 프랑스의 피브릴르사, 대한철도회사를 거쳐 내장원 산하의 서북철도국이 부설공사를 시작하였
으나 러일전쟁 발발 후 일본이 부설권을 강탈했다. 일본군 임시군용철도감부 철도대대 주도로 1906년 4월 용
산에서 신의주까지 완전히 개통됐다.

조선 정부와 일본이 1898년 경부철도합동조약을 체결하면서 경부철도
부설권이 일본으로 넘어갔다. 경부철도 부설 공사는 1901년 서울 영등포와
부산 초량에서 각기 시작됐다. 하지만 공사의 진척은 그다지 빠르지 못했다.
1904년 러일전쟁이 일어날 때 3분의 1 정도만 완성된 상태였다. 일본 정부는
러일전쟁을 시작하면서 경부철도를 군사 수송용으로 이용하기 위해 공병대
를 투입하는 등 공사를 서둘렀다. 그 결과 1905년 1월 경부철도 전 구간이 개
통됐다.

경의철도 부설권은 프랑스의 피브릴르(Fives Lile)사의 그리유(Grille)
가 1896년 7월 획득했다. 하지만 피브릴르사는 자금 문제로 공사에 착수하지
못했기 때문에 1899년 6월 철도 부설권을 상실했다. 이후 박기종(朴琪淙, 1839
~1907)이 주도하는 대한철도회사가 경의선 철도 부설권을 획득했으나 그 역
시 자금 문제로 공사를 시작하지 못했다. 그러자 대한제국 정부는 1900년 내
장원 산하에 서북철도국을 설치해 직접 경의선 철도 부설 공사에 나섰고, 우
선 서울과 개성 사이의 선로 측량부터 시작했다.

일본은 러일전쟁을 일으키면서 임시군용철도감부(臨時軍用鐵道監府)를
설치하고, 철도대대를 상륙시켜 경의철도 부설권을 불법적으로 강탈해 철도
를 부설하기 시작했다. 그 결과 1906년 4월 용산~신의주 간 경의철도를 완
전히 개통할 수 있었다.

철도는 시간을 이해하는 방식을 변화시켰다. 전통적인 농촌사회에서는
시간을 정밀하게 감각해야 할 필요가 없었으나, 근대 산업사회로 이행되면
서 상황이 달라졌다. 무엇보다 기차가 정해진 시간표에 따라 정확하게 운행

됐기에 기차를 이용하려면 근대적 시간감각에 적응해야만 했다.

서양의학

제중원(濟衆院)은 1885년 미국인 선교사 호러스 뉴턴 알렌(Horace Newton Allen, 1858~1932)의 제안으로 설립되어 서양 의학을 수용하는 데 중요한 역할을 했다. 1886년에는 제중원 산하에 의학교를 설립해 치료 기관을 넘어서 의료인을 양성하는 역할까지 수행하게 됐다.

한편 1880년대 후반부터 인구 증가를 위해서는 국가 차원에서 위생 사업이 추진돼야 한다는 주장이 제기됐다. 지석영은 『신학신설(新學新說)』을 저술해 서양의학에 기반을 둔 건강법을 제시했다. 유길준은 전염병 예방을 위해서는 경찰력을 동원해 개인의 자유를 제한해야 하며, 위생 사무를 총괄할 국가기구로 위생관사를 설치하자고 주장했다. 갑오개혁이 시작되면서 이 주장들은 대부분 실행됐다. 내부(內部) 산하에 위생국이 설치됐고, 경찰이 위생 관련 업무까지 담당하게 됐다. 방역법규가 제정됐으며 위생국 산하에 서양 의사들이 주도하는 방역위원회도 조직됐다. 하지만 운영할 수 있는 전문 인력은 많이 부족한 상태여서 의학교육에 대한 필요성이 더욱 커졌으며, 의학교 설립 청원이 잇달았다.

제중원 부설 의학교를 미국 북장로회 선교부가 운영하게 되면서 지석영 등의 상소로 관립의학교가 세워졌다. 지석영은 중앙의 관립의학교를 정점으로 각 지방에 의학교를 편제하는 체계를 구축하려고 시도했다. 또한 그는 의료인등록제도를 만들어 국가가 의사와 약제사에 개입할 수 있는 근거를 마련하기도 했다. 또한 지석영은 관립의학교 초대 교장으로 있으면서 서양의학을 일방적으로 수용하기보다는 동서양의 의학을 함께 가르쳐야 한다고 생각했다. 이는 그가 1900년 내부 직할 국립병원인 광제원(廣濟院)을 설립할 때 한의사를 채용한 것과도 일맥상통한 조치였다. 그러나 실제로는 관립의학교에 일본인 교사가 채용되면서 서양의학 위주로 교육이 진행됐다.

1905년 을사조약 이후에는 일본인 의사가 중앙의료기관을 장악했다. 우선 위생 행정 사무를 담당하는 경무고문부(警務顧問部)가 설립됐다. 경무고문부는 전국 13도에 경무고문지부를 뒀으며, 26개 분견소와 120개 분파소를 설치했다. 경무고문부가 설치된 후 지방에 파견돼 위생경찰 사무를 담당하는 경무고문의가 파견됐다. 경무고문의는 위생 사무뿐만 아니라 해당 지역에 거주하는 일본인에 대한 진료를 담당했다. 또한 일본에서 조직된 의사단체인 동인회도 평양과 대구에 동인의원(同仁醫院)을 설립하면서 경무고문부의 활동을 뒷받침했다.

1907년 3월 통감부는 새로운 중앙의료기관인 대한의원(大韓醫院)을 세웠다. 대한의원은 당시 모든 의학 관련 사무가 집중된 의료기관이었다. 과거 대한제국이 세운 교육기관인 관립의학교와 의료기관인 광제원, 그리고 황실 병원인 적십자병원이 통폐합되어 대한의원에 흡수됐다.

건축과 기계

개항 이후 개항장과 서울에 서양식 건축물이 들어서기 시작했다. 개항장인 인천에 들어선 대표적 서양식 건축물은 호텔이었다. 일본인 호리 리기타로(堀力太郎, 1870~?)가 1888년 대불(大佛)호텔을, 청국인 이타이(怡泰)가 1889년 스튜워드호텔을 세웠다. 이외에 서양인의 사교장인 제물포구락부(濟物浦俱樂部)가 1901년 개관했다. 다른 지역의 개항장에도 외교관, 상인, 그리고 여행자 등을 위한 근대적 숙박시설이 들어서기 시작했다.

서울은 정동 일대를 중심으로 서양 각국의 공사관·예배당·학교가 세워지기 시작했다. 여기에다가 고급 호텔까지 들어서면서 매우 이국적인 풍경을 연출했다. 1902년 개관한 손탁호텔은 서양의 생활문화를 소개하는 창구 역할을 했다. 1905년에는 인천각(仁川閣)이 영업을 시작했으며, 1909년에는 하남(何南)호텔이 문을 열었다. 이 호텔들은 서양식 식당과 객실, 화장실과 목욕탕 등을 갖추고 있었다.

남산 기슭 진고개에 자리 잡은 일본인 거류지에는 일본식 건축물도 많이 들어섰다. 1887년 정문루(井門樓)를 시작으로 시천여관(市川旅館), 추원정(萩園亭) 등 일본풍의 여관이 연이어 문을 열었다. 이후 1893년 일본인 후지이(藤井友吉)가 용산에서 유기여관(猶崎旅館)을 개관한 것을 시작으로 파성관(巴城館)호텔, 포미여관(浦尾旅館) 등과 함께 12개의 요리점이 생겨나면서 일본인 거류민의 사교 중심지가 됐다. 1906년에 세워진 부지화여관(不知火旅館)은 근대식 철근 콘크리트 구조의 건물로 객실마다 서양식의 세면대와 탁상전화를 갖추고 있었다. 한국인이 세운 근대식 숙박시설로는 1909년 문을 연 경천관(瓊泉館)을 들 수 있다.

궁궐 안에도 서양식 건축물이 등장했다. 1888년 경복궁에 서양식 건축

도판22 중화루로 바뀐 대불호텔
일본인에 의해 세워진 대불호텔은 일본식 2층 목조가옥 형태로 문을 열었고, 1887년에는 3층 서양식 벽돌 건물로 확장했다. 그러나 1899년 경인철도가 개통되면서 경영난을 맞았고, 1918년에 이르면 중국음식점인 '중화루'로 개점해 영업했다.

물인 관문각이 세워졌으며, 경운궁에도 정관헌·중명전·석조전 등이 들어섰다. 1890년대로 넘어오며 민간에서 세운 건축물 중에도 한옥과 양옥의 장점을 살린 집들이 등장했다. 벽돌벽에 한식기와를 얹거나 서양식 유리창을 내는 경우가 늘어났다. 이는 주로 왕족과 고관의 주택이나 종로 시전거리의 2층 상가 건물 등에서 볼 수 있었다. 당시까지만 해도 일반인의 주거생활에는 큰 변화가 나타나지 않았다.

1880년대 이후 개인 혹은 자본과의 결합에 의한 회사들이 등장하면서 제지업·도자기공업·유기제조업·철가공업 등의 분야에서 근대적 기계를 도입한 공장이 들어섰다. 경상북도 지역에 세워진 김동원 제지공장, 경기도 안성과 평안도 정주에 설립된 놋그릇 제조공장 등이 대표적이며, 이들 지역의 해당 분야에서는 개항 이전부터 공장제 수공업이 발전하고 있었다.

한편 1880년대 중반부터 철 생산지인 경상도 청도, 황해도 금천 등지를 중심으로 대규모 공장제 수공업 공장이 등장했다. 이들 중 농기구와 같은 특정 물품만을 대량 생산하는, 상품 생산의 전문화 경향도 나타났다. 하지만 정부의 지원 없이 근대적 기계를 도입한 대규모 공장을 설립하는 일은 쉬운 일이 아니었고 흔히 볼 수 있는 일도 아니었다.

3 서양 종교와 신흥 종교

천주교

천주교는 19세기에 들어서면서 기해박해·병인박해 등 거듭된 박해로 모진 수난을 겪었다. 그럼에도 교세가 꾸준히 확장돼 19세기 말에 이르면, 신자의 숫자가 3만 명에 이르렀다. 신자가 늘어난 이유는 부녀자를 비롯해 중인, 평민 등의 입교가 급증했기 때문이다.

천주교는 1886년 조불수호통상조약이 체결되면서 비로소 선교의 자유를 얻을 수 있었다. 프랑스는 조약 체결 과정에서 천주교 선교문제 해결을 조선 정부에 강력하게 요구했기에 다른 나라에 비해 조약을 체결하는 데 오래 걸렸다. 조불수호통상조약에서 선교의 자유를 직접 명시하지는 않으나 프랑스인이 토지를 구입해 건물을 지을 수 있도록 허가했고, 여행증명서인 호조(護照)만 있으면 국내 어디든 자유롭게 이동할 수 있도록 허용함으로써 천주교 선교를 사실상 묵인했다.

이후 프랑스인 천주교 선교사들은 전국 각지에 성당을 세우기 시작했다. 최초의 성당은 서울의 명동성당이다. 천주교는 조불수호통상조약 직후부터 종현 언덕에 대성당과 주교관·수녀원 등 부속시설 건설에 필요한 대지를 마련했다. 그러나 천주교와 한성부 사이에 종현 대지의 소유권 문제를 두고 이른바 '종현기지 분쟁'이 벌어졌다. 3년간 지속된 분쟁이 천주교 측의 승리로 마무리되면서 명동성당이 건립될 수 있었다.

이재수의 난

1900년 프랑스인 라쿨(Marcel Lacrouts, 1859~1915, 구마슬(具瑪瑟)), 무세(German Mousset, 1876~1957, 문제만(文濟萬)) 신부가 제주도에 들어오면서 천주교 교세가 확장됐다. 이때 제주도 봉세관으로 부임한 강봉헌(姜鳳憲)이 온갖 잡세를 부당하게 징수하면서 천주교 신자를 채용했고, 천주교도 교회 부지를 매입하면서 신목(神木), 신당(神堂) 등을 파괴했다. 이에 대정군수 채구석(蔡龜錫, 1850~?)과 유림 오대현(吳大鉉)은 상무사를 조직해 봉세관과 교회에 대항했고, 이재수 등은 일본인으로부터 입수한 무기로 민란을 일으켰다. 1901년 이재수는 제주성을 함락하고 천주교도 300여 명을 처형했다. 그러나 강화진위대가 파견되어 민란을 진압하고 이재수 등은 교수형에 처해졌다. 이 민란은 살해된 천주교인의 매장지 문제, 프랑스인 재산의 손해배상 문제 등으로 3년 뒤에야 수습됐다.

명동성당에 이어 원산·제물포·부산·마산·목포 등 개항장과 평양 등의 지방 도시에도 속속 성당이 세워졌다. 지방 각지로 천주교가 급속히 확산되면서 황해도의 경우 1895년까지만 해도 전무했던 성당이 1898년에는 4개나 들어섰다. 이로 인해 천주교가 지방민이나 지방정부와 마찰을 빚는 이른바 '교안(教案)'이 발생하기 시작했다. 교안은 주로 성당을 짓기 위한 대지를 구입하거나 건축하는 과정에서 벌어졌다. 1900년에 일어난 황해도의 해서교안과 1901년 제주도에서 발생한 신축교안이 대표적인 사례이며, 신축교안은 이른바 '이재수(李在守)의 난'으로 유명하다.

천주교 조선교구장이었던 귀스타브 샤를마리 뮈텔(Gustave Charles Marie Mutel, 1854~1933) 주교와 내부의 정준시(鄭駿時) 지방국장은 교안을 막고자, 1899년에 이른바 '교민조약(教民條約)'을 체결했다. 이로써 천주교는 선교의 자유를 명시적으로 인정받을 수 있었다. 1904년에는 외부대신과 프랑스공사가 이른바 '선교조약(宣敎條約)'을 체결함으로써 천주교 선교사들이 지방에 정착할 수 있는 권한을 완전히 인정받게 됐다.

한편 천주교는 언론과 교육을 통해 적극적으로 선교활동을 했다. 1906년에는 순한글 주간지인 『경향신문(京鄉新聞)』을 창간해 1910년 폐간될 때까지 꾸준히 발간했다. 또한 각 성당에 학당을 부설해 교육에 기반을 둔 선교를 펼치고, 국민교육과 기초교육도 함께 실시했다. 1909년에는 독일의 베네딕트 수도회를 초빙해 숭신학교(崇信學校)·숭공학교(崇工學校)를 설립하기도 했다. 이 학교들은 각기 사범교육과 실업교육을 실시해 각 성당에 부설된 학당에 교사를 공급했다.

개신교

1882년 조미조약 이후 서양 각국과 수교가 이뤄지자 서양의 개신교 선교사들이 입국해 선교 활동을 시작했다. 1884년 6월에 미국 감리교 목사인 로버트 매클레이(Robert Samuel Maclay, 1824~1907)가 김옥균(金玉均, 1851~1894)의 도움으로 입국해 고종으로부터 교육과 의료사업을 벌일 수 있도록 허락받았다. 이에 따라 그해 9월 알렌을 시작으로 호러스 그랜트 언더우드(Horace Grant Underwood, 1859~1916), 윌리엄 밴턴 스크랜턴(William Benton Scranton, 1856~1922), 헨리 거하드 아펜젤러(Henry Gerhard Appenzeller, 1858~1902) 등이 입국했다.

입국 당시에는 선교활동의 자유가 공식적으로 허용되지는 않아 부득이 교육과 의료 등을 통해 간접적인 활동만 할 수 있었다. 알렌의 제중원을 시작으로 스크랜턴과 아펜젤러는 같은 해 배재학당을 세웠으며, 스크랜턴 부인은 1886년 이화학당을 설립했다. 언더우드는 1887년 고아들을 모아 언더우드학당을 개설했는데 이것이 이후 경신학교(儆新學校)로 발전했다. 한편 선교사들은 조심스럽게 선교활동도 시작했다. 아펜젤러는 1885년 10월부터 정동에 있는 자신의 집에서 몇몇 신사를 모아 예배를 드리기 시작하면서 '벧엘예배당'이라고 이름 붙였다. 벧엘예배당은 대한제국기에 들어서 선교의 자유를 공식적으로 인정받으며 당당하게 서양식 건물도 지었다. 벧엘예배당은 현재의 정동제일교회로 발전했다.

초기 선교사들의 노력 덕분에 기독교는 뿌리를 내리기 시작했다. 개항기 지식인은 서양문명이 발전하고 수준 높은 문화를 지닌 요인을 모두 기독교에서 찾았다. 특히 서북 지방의 경우 상인층과 청년층 사이에서 기독교가 큰 호응을 얻었다. 서북 지방은 유교의 영향을 상대적으로 덜 받은 데다 상공인이 세력을 쥐고 있어서 자본주의 문명과 결합된 기독교를 적극적으로 받아들일 수 있었다. 그 결과 안창호 등 계몽운동가들이 서북 지방에서 많이 배출됐다. 또한 서북 지방의 기독교인은 숭실학교(崇實學校)와 숭의여학교(崇義女學校) 등 수많은 미션스쿨을 설립하기도 했다.

그러나 기독교가 전파된 초기에는 사람들이 신앙 그 자체보다는 선교사가 가지고 있던 치외법권적 특권에 의지하기 위해 교회를 찾는 경우가 많았다. 교회에 다니면 탐관오리의 압제에서 벗어날 수 있다고 기대했던 것이다. 애국지사 중에서도 사실상 치외법권이 보장된 교회를 근거지로 국권회복운동을 전개하고자 한 사람들이 많았다. 상동교회 내에 설치된 상동청년회를 기반으로 조직된 신민회가 그 대표 사례다. 1903년에는 황성기독교청년회가 조직돼 청년에게 애국심과 근대사상을 주입하기 위한 활동을 열성적으로 전개했다. 그 결과 황성기독교청년회를 통해서도 많은 애국지사가 배출됐다.

한편 1907년 1월 6일 평양의 장대현교회에서 시작된 대부흥회운동[2]은

---

2   대부흥회운동 1907년 1월 6일부터 10일간 평양 장대현교회를 중심으로 일어난 신앙부흥운동이다. 1905년 장대현교회에서 길선주·박치록 장로에 의해 시작된 새벽기도회가 신앙부흥을 준비하는 계기가 됐다. 평양 대부흥회를 계기로 회개운동이 일어났고, 선교사와 한국인 교인 사이에 장벽이 허물어졌으며, 전도운동이 활발해져 100만인 구령운동으로 이어졌다.

개신교 선교에 근본적인 변화를 가져온 사건이었다. 대부흥회운동을 통해 기독교를 신앙 자체로 받아들여야 한다는 생각이 퍼져 나갔다. 개신교가 세속적인 정치에 지나치게 개입해서는 안 되며, 정치와 종교는 엄격히 분리해야 한다는 주장도 기독교계 내에서 제기됐다. 대부흥회운동을 계기로 개신교는 종교적 정체성을 분명히 하면서 한국에 자리 잡기 시작했다.

동학

동학은 19세기 중엽 최제우가 창시한 민중 종교다. 경주 출신의 가난한 시골 양반이었던 최제우는 오랜 종교적 경험을 거친 끝에 동학을 창시했다. 동학은 2대 교주 최시형 등에 의해 교리가 다듬어졌다. 최시형은 동학을 전파하기 위해서 지식층을 상대로 한 『동경대전(東經大全)』과 일반 대중을 상대로 한 『용담유사(龍潭遺詞)』를 편찬했다. 특히 『용담유사』는 한글 가사체로 지어서 누구라도 쉽게 이해할 수 있었다.

19세기 중엽 창시된 동학의 교리는 유·불·선 3교의 장점을 취하고 있었다. 동학은 귀신을 기(氣)로 해석해 귀신을 매개로 사람과 하늘이 하나가 될 수 있다고 설명했다. 즉 모든 사람이 마음속에 천주를 모실 때(시천주(侍天主)) 사람이 곧 하늘이 된다고 하는 인내천(人乃天) 사상과 사람을 섬기기를 하늘처럼 해야 한다는 사인여천(事人如天)의 사상을 통해 인간주의와 평등주의를 주장했다.

동학은 부적도 중시했는데, '궁궁을을(弓弓乙乙)'이라고 쓴 부적을 태워서 마시면 병을 고칠 수 있을 뿐 아니라, 죽지 않고 영원히 살 수도 있다고 가르쳤다. '궁궁을을'은 활인 궁(弓)이 새인 을(乙)을 제압한다는 뜻인데, 궁(弓)은 동(東)을, 을(乙)은 서(西)를 상징하므로 동학이 서학을 제압하는 것을 의미한다고 설명했다. 또한 보국안민(輔國安民)과 광제창생(廣濟蒼生)을 내세워 사회 개혁과 외세 배척을 주장했으며, 『주역(周易)』의 변화 논리를 받아들여 지금은 말세이며 곧 천지개벽에 의해 새로운 시대가 올 것이라고 예언했다. 이러한 말세사상과 개벽사상은 『정감록』을 통해서 이미 일반 백성들 사이에 널리 유포되어 있었다. 동학은 삼남 지방의 농촌사회를 중심으로 교세를 급격하게 확장했으며 포(包)·접(接) 등의 교단조직을 구축했다.

동학의 교세가 급격히 확대되자 정부는 1864년 교조 최제우를 체포해 '세상을 현혹하고 백성을 속인다[혹세무민(惑世誣民)]'는 죄목으로 사형에 처했다. 이후 동학의 교세가 일시적으로 약해졌지만 제2대 교주 최시형이 충청도 보은을 중심으로 교세를 회복하기 시작했다. 1870년대 후반에 이르면 이전의 교세를 상당 부분 회복했다.

1880년대에 들어서는 동학 교단 내에 충청도의 손병희·손천민(孫天民), 전라도의 손화중(孫和中)·서장옥(徐長玉)·황하일(黃河一)·김개남(金開男)과 같은 걸출한 지도자들이 등장해 각각 충청도의 북접(北接)과 전라도의 남접(南接)을 이끌었다. 동학 지도자들은 교리와 교단조직 등을 보다 체계적으로 정비했다. 충청북도 충주에는 중앙기관으로 법소(法所)를 설치하고 그 산하에 포를 두었으며, 포의 책임자로 대접주, 군을 담당하는 수접주, 면을 담당한 접주 등을 두었다.

동학은 1894년 농민전쟁으로 큰 피해를 입었으나 농민전쟁이 끝나고 난 뒤에도 지하에서 비밀리에 교세를 지켜나갔다. 특히 서북 지방에 대한 포교에 성공해 이후 동학의 근거지가 서북 지방으로 바뀌었다. 1904년 러일전쟁이 일어나자 동학은 이른바 갑진개화운동[3]을 표방하면서 구 독립협회 세력들과 함께 일진회를 조직했다. 하지만 동학의 3대 교주인 손병희는 일진회가 친일적 색채를 노골적으로 드러내기 시작하자 일진회와의 관계를 끊었다. 그는 1906년 동학의 명칭을 천도교(天道敎)로 개칭하면서 정교분리를 명분으로 교인들에게 일진회 탈퇴를 지시했다. 당시 일진회를 이끌던 이용구(李容九, 1868~1912)는 이 지시를 거부하고 천도교에서 이탈해 시천교(侍天敎)를 창설했다. 손병희는 이용익이 설립한 보성학교(普成學校)와 조동식이 설립한 동덕여학교(同德女學校)도 인수했다. 보성학교에 속해 있던 보성사도 함께 인수해 『만세보』, 『천도교회 월보』 등을 발행하는 등 활발한 사회활동을 전개하면서 천도교의 사회적 기반을 확충했다.

---

3   갑진개화운동 '갑진혁신운동'이라고도 한다. 러일전쟁이 일어나자 동학은 민회운동을 시작했는데, 그 민회의 이름을 대동회(大同會)로 했다가 1904년 7월 중립회(中立會)라 했다. 민회운동을 하다 희생당하는 동학신도가 늘어나자 손병희는 다시 민회의 이름을 진보회(進步會)로 고치고 이용구를 귀국시켜 창립대회를 열었으며 전국에 진보회 지부를 세웠다. 이를 동학의 재건으로 이해한 정부는 군부에 연락해 토벌을 지시했다. 이처럼 진보회가 위기를 겪자 일진회가 구명운동을 전개해 체포됐던 진보회원들이 석방됐다. 1904년 10월 진보회는 일진회와 합쳐졌다. 그러나 일진회가 을사조약을 지지하는 등 친일성을 드러내자 손병희는 1906년 일본에서 귀국해 동학을 천도교로 고치고 1906년 9월 일진회에 계속 가담하는 신도를 몰아냈다.

대종교

대종교는 나철, 오기호(吳基鎬, 1863~1916), 이기(李沂, 1848~1909) 등 개신유학자들이 중광(重光)한 민족 종교다. 단군신앙은 조선시대 민간신앙으로 전해져 내려오고 있었는데, 나철 등이 이것을 근대적인 종교로 발전시킨 것이다. 나철 등은 러일전쟁 당시에는 일본으로 건너가 동양의 평화를 위해 민간외교를 전개하는 등 국권이 위기를 맞았을 때 여러 노력을 기울였다. 하지만 을사조약 체결로 이러한 노력이 물거품되자, 을사조약 체결에 참여한 대신들을 암살하려고 했으나 이마저도 실패했다. 이들은 민족정신을 보존하는 것만이 유일한 방법이라고 보고, 민족의 시조인 단군에 주목했다. 1909년 단군 대황조의 신위를 모시고 제천의식을 거행한 후 환인·환웅·단군을 받드는 삼위일체(三位一體)의 신앙을 선포했으니 그것이 바로 '단군교'였다.

단군교는 이후 일제의 탄압이 심해지자 이름을 '대종교'로 바꿨다. 대종교는 환인·환웅·단군을 삼신일체(三神一體)의 신격으로 숭배했으며, 삼신이 모든 인류의 조상이자 배달민족인 우리 민족의 조상으로서 조화(造化), 교화(敎化), 치화(治化)의 일을 맡았다고 믿었다. 그리고 만주와 한반도에 걸쳐 웅장한 고대 제국을 건설하고 세계 최고의 문명국가를 건설했다고 주장했다.

대종교의 제1세 교주는 홍암종사(弘巖宗師) 나철, 제2세 교주는 무원종사(茂園宗師) 김교헌(金敎獻, 1868~1923), 제3세 교주는 단애종사(檀崖宗師) 윤세복(尹世復, 1881~1960)이다. 대종교의 경전으로는 『삼일신고(三一神誥)』, 『신사기(神事記)』, 『회삼경(會三經)』 등이 있다. 역사책으로는 김교헌이 지은 『신단민사(神檀民史)』, 『신단실기(神檀實記)』, 『단조사고(檀祖事攷)』 등이 있다. 1910년대에는 애국지사들이 대거 대종교에 입도하는 등 신도가 급속히 늘어났다. 특히 간도·연해주 등에 거주하던 교민들 사이에 대종교가 많이 전파되어 국외 독립운동의 정신적 지주로서 역할을 했다.

4 문학과 예술의 변화

신소설과 신체시

개항 이후 사회경제적 변화에 조응해 문학과 예술 분야에도 큰 변화가 나타났다. 특히 문학 분야에서는 신소설(新小說)과 신체시(新體詩) 등 새로운 형식의 문학작품이 등장했다. 신소설은 '개화기소설'이라고 부르기도 하는데 그 개척자 역할을 한 인물은 이인직(李人稙, 1862~1916)이었다. 대표작으로 『혈의 누』, 『귀의 성』, 『치악산』 등이 있다. 이외에도 안국선(安國善, 1878~1926)의 『금수회의록』, 이해조(李海朝, 1869~1927)의 『자유종』, 최찬식(崔瓚植, 1881~1951)의 『추월색』 등을 들 수 있다. 신소설은 주로 전통사회의 모순, 봉건적인 의식구조, 정치적인 부조리 등을 비판하는 내용을 담고 있었다. 『혈의 누』의 경우 봉건질서의 타파와 남녀평등, 자주독립을 주장했고, 『금수회의록』은 정치적인 부조리와 모순을 신랄하게 비판했다. 그 결과 『금수회의록』에는 출판 다음 해인 1909년에 금서 조치가 내려지기도 했다.

신소설은 문명개화의 이념과 소설적 흥미를 결합시켜 상업적으로도 큰 성공을 거뒀다. 주독자층은 중산층 부녀자들이었는데, 이들은 신소설을 직접 구매해 읽을 정도로 독서열이 높았다. 신소설은 당시 전통사회의 모순을 비판했지만 단순한 세태 비판을 넘어서지 못하는 한계가 있었다. 또한 제국주의의 침략성을 제대로 파악하지 못해 일본을 문명개화의 구원자로 그리는 경우도 있었다. 지나치게 근대성만을 추구한 나머지 친일문학으로 흘러가버린 것이다.

한편 신채호 등을 중심으로 전통 한문학을 계승하면서도 민족자주의 정신을 고취하는 새로운 문학풍조가 등장했다. 대표작품으로 『대한매일신보』에 연재된 신채호의 「천희당시화(天喜堂詩話)」를 들 수 있다. 국내외 위인들의 전기를 엮어낸 작품도 있었다. 이러한 문학적 흐름은 1910년대 꿈의 형식으로 애국심을 고취하는 각종 사화(史話)식 소설로 발전했다.

신체시의 효시 「해에게서 소년에게」

처얼썩 처얼썩 척 쏴아
저 세상 저 사람 모두 미우나
그중에서 똑 하나 사랑하는 이 있으니
담 크고 순정한 소년배들이
재롱처럼 귀엽게 나의 품에 와서 안김이로다
오너라 소년배 입 맞춰 주마
처얼썩 처얼썩 척 튜르릉 콱

도판23 『소년』의 창간호 표지.

신체시의 선구자는 최남선(崔南善, 1890~1957)이었다. 그가 1908년 일본 유학에서 돌아와 창간한 『소년』의 창간호에는 권두 시인 「해(海)에게서 소년 (少年)에게」가 실렸는데, 이것이 신체시의 효시였다. 이 시는 전통적인 운율에서 탈피해 새로운 운율을 추구한 실험적인 작품이었다. 초기의 신체시는 분련체(分聯體)로 각 연의 대응 행에서만 음수율을 일치시켰다. 신체시는 전통적인 정형시에서 근대적 자유시로 이행되는 과도기적 형태의 문학작품이라고 할 수 있다.

창가와 애국가

'창가'란 서양의 악곡에 맞춰 지어진 노래가사를 뜻한다. 창가는 형식적인 면에서 분절·후렴구·합가·부곡 등을 갖추고, 정형률의 노랫말을 갖고 있었다. 최초의 창가로는 1896년에 지어진 「황제탄신경축가」를 들 수 있다. 이 창가는 새문안교회에서 열린 황제탄신경축회에서 불린 것으로 알려져 있다. 초창기에 창가는 주로 교회의 찬송가나 개신교 계통 학교의 교가 등으로 지어졌다. 대표적으로 배재학당·이화학당·계명의숙·동명학교의 교가가 있으며 이 밖에 「태황제폐하만수절가(太皇帝陛下萬壽節歌)」, 「권학가(勸學歌)」, 「단체보국가(團體報國歌)」, 「개교가」 등도 있다.

창가에는 주로 계몽적인 목적이 담겨 있어서 대부분 청년 학생들의 각성, 군주에 대한 충성 등을 촉구하는 내용이었다. 특히 『독립신문』이 전개한 애국가 짓기 캠페인을 계기로 수많은 애국가들이 등장했고, 〈독립가〉, 〈권학가〉, 〈한양가〉 등이 널리 애창됐다. 또한 군대를 통해서도 창가를 도입했다. 1880년대에는 이은돌(李殷乭, ?~1885)이 일본에 건너가 신식 군악을 배웠고, 대한제국 군악대를 지휘한 에케르트가 「대한제국애국가」를 작곡하기도 했다. 창작창가도 등장했다. 최초의 창작창가는 1905년 김인식(金仁湜, 1885~1963)이 작곡한 〈학도가(學徒歌)〉였다. 이를 계기로 이상준, 최남선, 이광수, 안창호, 윤치호 등이 창가를 짓기 시작했다. 〈경부철도가〉, 〈소년대한〉, 〈태백산가〉, 〈세계일주가〉 등이 대표작으로 대개 문명개화를 염원하는 내용을 담고 있었다.

사진과 영화·연극

1862년 동지사은사로 청에 갔던 이의익(李宜翼, 1794~?)과 수행원들이 러시아인이 베이징에 개설한 사진관에서 사진을 촬영했다. 이것이 사진이라는 서양문물과 첫 번째 접촉한 기록으로, '사진'이라는 단어도 이때 처음 사용됐다. 그러다 1880년대에 들어서면서 김용원(金鏞元, 1842~1896), 지운영(池雲英, 1852~1935), 황철(黃鐵, 1864~1930) 등에 의해 국내에도 사진이 도입되기 시작했다.

김용원은 도화서 화원으로 1876년 제1차 수신사의 수행원으로, 1881년에는 조사시찰단의 일원으로 일본을 다녀왔다. 그는 이 과정에서 부산포 일본인 거류지의 사진사로부터 사진술을 배웠으며, 1883년 여름에는 일본인 사진사 혼다 슈노스케(本多收之助)를 초빙해서 국내에 사진관을 개설했다. 지운영은 추사 김정희에게 배운 서화가로, 일본 고베의 헤이무라(平村) 사진관에서 사진술을 전수받아 1884년 봄 한양에서 사진관을 개설했다. 그는 1884년 3월 16일 고종을 알현해 어진을 직접 촬영하기도 했다. 황철은 청나라 상하이에서 사진술을 배웠으며 1883년 2월 귀국해 사진관을 열었다.

당시 사진은 주로 초상화를 대신하는 용도로 사용됐다. 화원을 초빙해 초상화를 제작하는 것에 비해 사진은 비용이 크게 절감됐다. 그렇다고 해도 초창기에는 사진 촬영 비용도 작지 않았기에 특권층이나 부유층만의 전유물이었다. 공교롭게도 사진이 일반 대중에게까지 확산된 계기는 단발령이었다. 머리를 자르기 전의 모습을 남기고 싶다는 사람들의 열망이 사진 촬영으로 이어졌던 것이다. 이후 1900년대 들어서 사진 수요는 더욱 늘어나 여러 사진관이 튼튼히 자리 잡게 됐다.

판소리는 조선시대의 대표적인 공연문화로 새로운 문물이 들어오던 개항기에도 여전히 인기가 높았다. 신재효(申在孝, 1812~1884)가 입에서 입으로 구전되던 판소리들을 채록해 정리했다. 개항 이후에는 일본의 신파극과 중국의 경극에 영향을 받아 창극이 등장했다. 창극은 판소리와 달리 극장에서 공연됐는데, 판소리에 비해 새롭다는 의미에서 '신연극'이라고도 불렸다.

일본의 신파극은 조선의 창극이 등장하는 데 큰 영향을 줬으며, 그 자체로 대한제국에 전해지기도 했다. 일본의 신파극은 1905년 을사조약을 전후한 시기부터 서울에 거주하는 일본인을 대상으로 공연되기 시작했다. 일본인들은 수좌(壽座) 등 전용 극장을 세워 오사카의 신파극단들을 초빙했다. 임성구(林聖九, 1887~1921)는 1911년 12월 최초의 신파극 극단인 혁신단(革新團)을 만들어 일본의 신파극을 번안한 〈불효천벌〉을 공연했는데, 여기서 확인할 수 있듯이 시간이 흐르면서 한국인 중에도 신파극을 제작하는 사람들이 나타나기 시작했다.

우리나라 최초의 극장은 1902년에 세워진 연극 전용 극장인 협률사(協律社)다. 협률사는 2층 500석 규모의 상설 극장으로 고종 즉위 40주년을 경축하는 의식을 거행하기 위해 세워졌다. 또한 협률사는 경축행사를 치르기 위해 전국의 명인·명창·무희 등 170여 명을 모아 전속단체를 만들기도 했다. 경축의식을 마친 뒤에는 유료 공연을 하는 상업적인 연희장으로 바뀌었다.

영화는 1900년대에 들어 도입되기 시작했다. 한미전기회사는 1903년부터 세계 여러 도시의 모습을 촬영한 필름을 상영했다. 또한 전차 승객을 늘리기 위해 1906년 동대문 안에 활동사진관람소를 만들어 초기 미국 영화를 상영했는데, 이것이 영화관의 시초라고 할 수 있다. 활동사진관람소는 1907년부터는 광무대(光武臺)로 이름을 바꿔 활동사진 상영관뿐만 아니라 창극단의 무대로도 활용됐다.

광무대(光武臺)에 이어 장안사(長安社)·단성사(團成社)·연흥사(演興社) 등 상설 영화관이 속속 등장했다. 일본인을 대상으로 하는 영화관인 어성좌(御成座)·경성좌(京城座)·개성좌(開城座)·고등연예관(高等演藝館)·대정관(大正館)·황금연예관(黃金演藝館) 등도 문을 열었다. 이 무렵 무성영화가 본격적으로 수입되기 시작했고, 흥행에 성공하자 영화 해설자인 변사(辯士)가 인기 직업으로 떠올랐다.

제7편

제7편은

식민지기

**일본의 식민지가 된
1910년부터 해방을 맞이한
1945년까지 다룬다.**

식민지기는 한국 근대사의 역동적이고 복합적인 전개과정을 보여줬다. 이 시기에 한국은 유례없는 수난을 겪었다. 역사상 처음으로 주권을 완전히 상실한 식민지로 전락했다. 일제는 조선총독부를 설치하고 식민지 지배체제를 구축해, 한국 민족을 억압·차별·수탈하는 한편 민족성 말살(민족동화)을 획책했다. 그 과정에서 한국은 일본의 대륙 침략과 일본 자본의 활동에 적합한 식민지 자본주의사회로 변모해갔고 사회경제적 대일(對日) 예속화와 민족 간 불평등은 심화됐다.

이에 한국인들은 민족운동을 활발하게 전개했다. 비밀결사운동·독립군 기지 건설운동·실력양성운동·사회주의운동·의열투쟁·무장투쟁 등 시기와 장소에 따라 다양한 노선과 방식의 운동을 벌였다. 그 과정에서 거족적인 3·1운동을 일으켰으며, 항일 공동전선을 구축하기 위한 민족협동·통일전선 운동을 끊임없이 추진했다. 이를 통해 신분·계층·지역·이념·종교 등의 차이를 넘어선 민족적 정체성과 민족의식이 강화됐다. 동시에 한국인들은 중국의 혁명 세력이나 일본의 반체제 세력 등과 함께 반제 연대투쟁도 전개했다.

한편 식민지기 한국사회는 근대적으로 변화해갔다. 외래의 새로운 기술·학문·사상·제도·문화 등은 수용과 변용의 과정을 거쳐 확산되면서 사회 전반이 근대적으로 변화하는 데 영향을 미쳤다. 농민·노동자·청년·학생·여성 등은 자신의 목소리를 집단적으로 내는 사회 세력으로 성장해 다양한 대중운동을 펼치기 시작했다. 이러한 가운데 민족주의운동 세력과 사회주의운동 세력 등은 신사회의 방향을 둘러싸고 경쟁과 갈등을 벌였다. 그러다 해방 직전 각 세력의 이념적 지향성은 정치적으로는 민주공화제, 사회경제적으로는 균등사회의 실현으로 모이는 경향을 보였다. 이는 해방 후 신사회·신국가 건설의 좌표가 됐다.

1. 일제의
식민지배

1 식민지배의 유형과 일제 식민지배의 특성

제1차 세계대전과 민족자결주의

근대 유럽의 여러 나라가 지구 곳곳에 무역과 식민을 위한 거점을 구축하면서 세계 자본주의체제가 형성됐다. 이후 유럽 열강은 지속적으로 식민지를 확대해나갔다. 특히 산업혁명 이후 공업 원료를 확보하고 상품을 수출할 곳이 절실히 필요해지자, 세계 각지에서 더 많은 식민지를 장악하기 위한 경쟁이 격화됐다. 제국주의시대가 본격화한 것이다.

유럽 열강은 아시아와 아프리카에서 치열한 식민지 쟁탈전을 벌였다. 여기에 열강 간 군비 경쟁, 민족 갈등이 겹치며 1914년 제1차 세계대전이 발발했다. 유럽 열강은 독일·오스트리아-헝가리제국·오스만제국 등의 '동맹국'과 영국·프랑스·러시아 등의 '연합국'으로 나뉘어 전쟁을 벌였고, 이탈리아와 미국이 뒤늦게 연합국에 가담했다. 전쟁은 양 진영의 식민지를 포함한 전 세계로 확장됐다. 1902년과 1905년 두 차례에 걸쳐 영일동맹을 맺은 일본은 연합국의 일원으로서 독일의 조차지(租借地)였던 중국의 칭다오(靑島)와 태평양의 식민지 도서들(미크로네시아)을 점령했다.

제1차 세계대전은 인적·물적 자원을 총동원한 총력전이었다. 전쟁은 엄청난 희생을 낳았고 사회불안은 커졌다. 그 결과 자본주의와 제국주의를 비판하고 평화를 바라는 목소리가 높아졌다. 1917년 러시아에서는 제국주의 전쟁에 지친 민중이 사회주의혁명을 일으켰다. 혁명 직후 블라디미르 레닌(Vladimir Il'ich Lenin, 1870~1924)은 민족자결(民族自決) 원칙을 담은 「평화에 관한 포고」를 발표했다. 1918년 1월 미국 대통령 토머스 우드로 윌슨(Thomas Woodrow Wilson, 1856~1924)이 더 이상의 전쟁을 막고 평화를 지키기 위한 원칙으로 제시한 「14개조」에도 민족자결 조항이 포함됐다. 그러나 민족자결 원칙은 1919년에 체결된 「베르사유(Versailles)조약」에서 패전국의 일부 식민지에 적용되는 데 그쳤다.

민족자결주의가 확산된 것은 제1차 세계대전이 끝난 이후였다. 민족자결주의는 하나의 이념으로서 식민지, 반식민지 상태에 놓여 있던 전 세계 약소민족들에게 독립에 대한 기대를 불러일으켰다. 1920년 1월 창립된 국제연맹(League of Nations)의 결정에 따라, 민족자결 원칙이 적용되지 않은 패전국 식민지들도 연합국의 위임통치를 받게 됨으로써 명목상으로나마 식민지

175

도판1 제1차 세계대전에 참전한 인도 병사들
약 130만 명의 인도 병사가 제1차 세계대전에 참전했고 그 가운데 7만 4,000명 이상이 목숨을 잃었다. 영국은 전쟁이 끝나면 자치권을 보장해주겠다고 약속했으나 지키지 않았다.

에서 벗어났다.

국제연맹은 발족 당시 가맹국이 42개국에 지나지 않았다. 유럽과 남북아메리카를 제외한 전 세계 대부분 지역이 식민지 상태였기 때문이다. 아시아의 가맹국은 상임이사국이었던 일본 외에 중국·인도·태국·이란 5개국에 불과했으며, 이 중 인도와 이란은 영국의 식민지 혹은 반식민지 상태였다. 중국은 연합국의 일원으로 1919년에 열린 파리강화회의에 참여했지만, 독일이 지녔던 산둥(山東)성의 권익을 일본이 차지하는 것에 반대하며 「베르사유조약」의 조인을 거부했다.

제1차 세계대전에 노동자, 농민은 물론 식민지 인민까지 총동원되면서 많은 식민지인이 고향을 떠나 유럽과 아시아, 아프리카의 전장에서 근대, 민족, 국가를 경험했다. 전쟁과정에서 각성된 민족의식은 근대화에 대한 열망으로 나타났다. 제국주의 열강도 효율적인 지배와 수탈을 위해 여러 식민지에 산업과 교육 분야의 개발정책을 시행했다. 그리고 산업의 발달과 교육의 보급은 다시 민족의식에 대한 자각으로 이어지면서 식민지 제국의 동요, 즉 비식민화(decolonization)의 흐름을 가속화했다.

영국의 식민지였던 아일랜드는 1919년 이후 독립전쟁을 계속한 끝에 1922년 영국의 자치령인 아일랜드자유국으로 새롭게 태어났다. 제1차 세계대전에서 130만 명 이상이 영국군으로 징병된 인도에서는 모한다스 카람찬드 간디(Mohandas Karamchand Gandhi, 1869~1948)와 판디트 자와할랄 네루(Pandit Jawaharlal Nehru, 1889~1964)가 지도하는 국민회의파를 중심으로 '스와라지(Swaraj, 자치)'를 얻기 위한 투쟁이 이어졌다. 미국의 식민지인 필리핀은 1916년에 자치를 인정받았고, 1934년에는 10년 후 독립을 약속받았다.

1910년 일제는 한국을 병합하고 헌병경찰을 앞세워 무단통치를 자행했다. 한국은 19세기에 정점에 오른 세계적 식민화 물결의 끝자락에 말려 들어간 것이다. 그러나 한국이 식민지로 전락한 지 채 10년이 되지 않았을 즈음 제1차 세계대전으로 인한 비식민화 흐름이 세계를 휩쓸었다. 민족자결주의에 고무된 1919년의 3·1운동, 이에 놀란 일제가 1920년대에 펼친 이른바 문화정치는 제1차 세계대전 이후 뚜렷해진 식민지 제국의 동요라는 세계사적 흐름 속에서 이해될 수 있다.

제국주의 열강의 식민지배 유형

제국주의 열강의 식민지배 유형은 이념을 기준으로 동화주의(同化主義)·자치주의(自治主義)·협력주의로 나누거나, 통치 방식을 기준으로 직접통치·간접통치로 구분하는 것이 일반적이다.

영국은 자치주의에 입각한 간접통치를 원칙으로 삼았는데, 인도통치가 대표적이다. 영국은 500여 명의 번왕(藩王)을 통해 당시 인도 인구의 3분의 1을 간접적으로 통치했다. 직할지에서도 자문기관으로 결성한 국민회의를 통해 인도인의 민족운동을 포섭·통제하고자 했다. 제1차 세계대전 이후에는 간디 등이 국민회의를 주도하며 자치와 독립을 내걸고 지방의회 선거에서 다수 당선되기도 했다. 하지만 영국의 식민지배는 인종우월주의에서 비롯된 차별을 내재하고 있었기에 자치주의를 내걸면서도 급진적 민족운동에 대해서는 가혹한 탄압을 멈추지 않았다.

프랑스의 식민지배는 초기에는 동화주의의 입장이었으나 점차 한발 물러선 협력주의로 바뀌어갔다. 협력주의는 현지의 관습·제도·기구를 인정하는 점에서 동화주의와 다르고, 식민지를 독립된 정치적 실체로 인정하지 않는 점에서 자치주의와 다르다. 프랑스는 베트남 남부 코친차이나에서는 동화주의에 입각한 직접통치를, 중부 안남과 북부 통킹에는 각각 보호국을 둔 간접통치를 실시했다. 여기에 캄보디아와 라오스를 더한 지역을 인도차이나 연방으로 묶고 총독을 파견해 통괄토록 했다.

미국의 식민지배는 일관되게 자치주의를 내세우고 행한 특징이 있다.

1898년 미서(美西)전쟁[1]에서 승리해 필리핀을 점령한 미국은 통치 초기부터 자치를 약속했다. 미국의 자치주의는 19세기의 식민지배를 비판하는 데서 나온 것으로, 19세기 말 20세기 초에 밝힌 문호개방 정책과 궤를 같이한다. 제1차 세계대전 이후 미국이 제창한 민족자결 원칙은 바로 자치주의를 전 세계로 확장한 것으로 볼 수 있다. 미국의 자치주의는 20세기 미국의 세계 전략과 부합하는 것으로, 제2차 세계대전 이후 냉전 시기 후진국정책의 원형을 이룬다.

후발 제국주의 국가였던 일본은 유럽 열강의 사례를 참조하면서 자신만의 지배 방식을 만들어갔다. 먼저 홋카이도와 오키나와를 일본 영토에 직접 편입했다. 청일전쟁의 승리로 영유한 대만에 대해서는 일본의 헌법과 법률을 그대로 적용하지 않고, 총독에게 입법·사법·행정권을 부여하는 특별통치 지역, 즉 외지(外地)로 삼았다. 1905년 러일전쟁에서 승리한 일본은 사할린 남부를 할양받았으며, 중국 랴오둥(遼東)반도의 조차권도 넘겨받았다. 1910년에는 한국을 강제병합했다.

제1차 세계대전 이후에는 국제연맹의 결정에 따라 독일 식민지였던 미크로네시아가 일본의 위임통치 지역이 됐다. 1931년 만주사변(滿洲事變)을 일으켜 중국 동북 지역을 점령한 일본은 이곳을 식민지로 삼는 대신 1932년에 괴뢰국가(傀儡國家, puppet state)[2]인 만주국을 세웠다. 새로 식민지를 만들기 어려웠던 당시 국제 정세를 의식한 조치였지만, 유럽 열강의 인정을 받지 못하자 일본은 국제연맹을 탈퇴했다. 1937년 중일전쟁 이후에는 중국 점령지에 몇 개의 괴뢰정부를 세웠고, 1941년 태평양전쟁을 일으킨 뒤에는 동남아시아 여러 지역을 편입해 '대동아공영권(大東亞共榮圈)'이라는 일본 제국주의의 세력권을 형성하고자 했다.

일제 식민지배의 보편성과 특수성

일본의 여러 식민지와 점령지 중에서 한국은 인구가 많고 영토의 규모가 크며 오랫동안 독립국이었다는 점에서 특별한 위치에 있었다. 청일전쟁과 러

---

1   미서전쟁 1898년 미국과 스페인 사이에 벌어진 전쟁이다. 미국이 승리해 필리핀·괌·푸에르토리코·쿠바 등 스페인의 식민지를 빼앗았다.

2   괴뢰국가 형식적으로는 독립국이지만 실질적으로는 다른 나라에 종속되어 그 명령에 따르는 나라를 말한다. 한때 남북한은 서로를 각각 미국과 소련의 '괴뢰(傀儡)'라고 불렀다.

일전쟁에서 승리한 일본은 대한제국을 군사적으로 점령한 상태에서 1905년 을사조약을, 1910년 병합조약을 체결했다. 이로써 한국은 일본의 식민지로 전락했다. 식민지기를 가리키는 '일제강점기'라는 용어는 병합조약의 강제성과 무효성을 강조하려는 데서 온 표현이다.

일본은 인종과 문화 면에서 유사하다는 점을 근거로 자국의 한국 통치는 유럽의 아시아, 아프리카 식민지배와 다르다고 선전했다. 유럽 열강의 동화주의가 근대 문명을 전파한다는 사명감에서 나온 것이라면, 일제의 동화주의는 일선동조론(日鮮同祖論)[3]과 같은 혈통적 근친성에 기댄 측면이 컸다. 그러면서도 일본 정부는 한국을 대만과 마찬가지로 일본의 헌법과 법률이 적용되지 않는 외지로 삼았다. 일본의 모든 법률은 부칙을 통해 규정하지 않는 한 조선에 적용되지 않았다. 일본은 한국인을 새로운 국민이라고 선전했지만, 한국인들은 일본 본국 사람들이 누렸던 일반적 권리를 가지지 못한 피식민자에 불과했다. 일제는 민족동화를 내세우면서도 민족차별을 자행했던 것이다.

일제는 경찰과 교사는 물론 행정조직의 말단까지 일본인을 배치해 한국을 식민통치했다. 중일전쟁 발발 이후에는 한국어 사용을 금지하고 창씨개명(創氏改名)을 강요하는 등 철저한 동화정책을 펼쳤다. 그러면서도 참정권을 비롯한 정치적 권리를 주는 데 망설였고 노동자를 보호하는 법률인 공장법(工場法)과 같은 사회정책도 한국에서는 실시하지 않았다.

지리적 근접성과 인종적 유사성을 고려할 때, 일본의 한국 지배는 영국의 아일랜드 지배와 비교할 만하다. 영국도 아일랜드를 식민지라고 부르지 않고 본국의 일부로 취급했다. 그러나 아일랜드는 1919년 독립전쟁을 일으켰고 영국과 협상 끝에 1922년 아일랜드자유국을 세우는 데 성공했다. 이후에도 아일랜드는 1920~1930년대 자치를 거쳐 독립으로 나아갔다. 이에 반해 일본은 1945년 제2차 세계대전에서 패전할 때까지 한국의 자치와 독립을 결코 허용하지 않았다.

일본은 같은 식민지인 한국과 대만을 지배하는 데도 차이가 보였다. 한국은 대만에 비해 면적은 여섯 배가 넓고 인구는 네 배가 많아, 일본제국 전

---

3   일선동조론 일본인과 조선인은 동일한 조상에서 나와 피로 맺어진 가까운 혈족으로, 언어·풍속·신앙 등의 문화가 본래 같았다고 보는 논리다.

체에서 차지하는 비중이 훨씬 높았다. 시기에 따라 조금씩 성격이 변하기는 하지만, 크게 보면 대만이 경제적 식민지였던 데 비해 한국은 경제적 식민지 이상으로 군사적 식민지의 성격이 강했다. 일본에게 한국은 대륙 침략의 발판이라는 의미가 컸던 것이다. 대만이 중국의 한 지방이었다면 한국이 오랜 독립국이었다는 점도 차이를 낳았다. 한국인의 독립 의지에서 비롯된 저항을 꺾기 위해 일본은 많은 노력을 기울여야 했다. 제1차 세계대전 이후 대만에는 한동안 문관이 총독으로 임명된 데 비해, 한국은 식민지기 내내 육해군 대장 출신이 총독으로 임명됐다.

제2차 세계대전의 결과 일본, 독일, 이탈리아 등 추축국(樞軸國)의 식민지는 해방됐다. 국제연맹을 대신해 1945년 성립한 국제연합(United Nations(UN), 이하 '유엔') 또한 새로운 식민지 획득을 인정하지 않았다. 유엔은 추축국의 식민지에 대해 일국의 위임통치 대신 여러 국가의 공동 신탁통치 제도를 도입했다. 연합국의 식민지도 점차 비식민화의 길을 걸었다. 특히 1960년은 한 해 동안 아프리카에서만 17개 나라가 독립해 '비식민화의 해'라고 불렸다. 같은 해 열린 제15차 유엔총회는 '식민 지역 및 인민에 독립을 부여하는 선언'(일명 '비식민화 선언')을 채택해 남아 있는 식민지에 독립과 자치를 부여할 것을 촉구했다. 21세기인 오늘날 명목상의 식민지는 지구상에서 거의 소멸했다.

2 식민지배체제의 형성

조선총독부의 설립

식민지배기구는 식민정책을 수행하기 위한 제도적 장치로, 식민정책의 목표와 피지배 민족과의 관계에 따라 설치 내용과 운용 방법이 달라진다. 일본은 한국을 병합하고 식민지의 명칭을 '조선', 통치조직을 조선총독부로 정했다. 처음에는 이전의 통감부를 그대로 유지하면서 대한제국 관청들을 축소시켰고, 그다음 그것들을 흡수하는 방향으로 총독부 통치조직을 마련해갔다.

총독부의 기구는 1910년 9월 29일에 공포된 「조선총독부 관제」에 의해 확정됐다. 조선총독은 조선의 최고 통치자로서 식민지배를 책임지고 군대를 통솔하며 여러 정무를 관장하는 권한을 가졌다. 조선총독은 육해군 대장 출신자, 곧 무관 출신만 임명될 자격이 있었다. 조선군 사령관을 자신의 지휘 아래 두고 조선에 주둔한 육군부대를 지휘할 수 있었고, 천황에 직속하며 필요한 사항에 대해 천황에게 직접 상주할 수 있었다. 일본 본국 정부는 총독부의 예산 운용과 법령 제정 등에 간섭했다. 그러나 대만총독이 내각 총리대신의 감독하에 있었던 것과 달리 조선총독은 적어도 제도적으로는 본국 정부 내각의 감독을 받지 않았다. 조선총독은 행정권·사법권·입법권과 군사권까지 장악한 막강한 식민통치자였던 것이다.

조선총독은 자신의 휘하에 정무총감(政務總監)을 뒀다. 정무총감은 대부분 행정 관료 출신으로 총독을 보좌하고 식민지배의 실무를 총괄·감독했다. 초기 총독부의 중앙행정기구로는 총무부·내무부·탁지부·농상공부·사법부의 5부와 비서실 역할을 수행하는 총독관방이 있었다.

총독부는 지방제도를 개편해 중앙집권적 성격을 한층 강화했다. 1910년 9월 30일에 공포된 「조선총독부 지방관제」는 제1조부터 "전국을 13도로 나누고, 도의 위치와 관할 구역은 조선총독이 정한다"고 규정했다. 총독부는 1913년 지방을 효율적으로 통제하기 위해 지방행정구역을 통폐합했다. 도(道) 밑에 부(府, 도시 지역)와 군(郡, 농촌 지역)을 두고, 군 아래에는 이전의 면들을 통합해 새로운 면을 만들고 면사무소를 두어 지방행정의 말단 기구로 삼았다.

1910년대 총독부 통치기구의 가장 큰 특징은 헌병경찰제를 실시한 점이었다. 헌병경찰제란 군사조직인 헌병이 민간경찰을 지휘하고 그 역할을 대신 수행하는 제도였다. 총독부 경찰조직의 수장이자 경무총감부의 장인 경무총장은 조선 주재 헌병대 사령관이 겸직했다. 조선에 주재하는 모든 헌병은 총독의 지휘·감독을 받으며, 치안 유지에 관한 경찰 업무를 담당했다. 특히 각 도의 헌병대장이 지방경찰권을 장악하도록 해 도지사격인 도장관이 간여할 수 없도록 했다.

식민지배기구는 절대권력을 지닌 총독을 정점으로 하는 관료기구와 헌병경찰기구를 중심으로 철저히 중앙집권적으로 구성됐으며, 군사지배적 형태로 운용됐다.

반인권적인 헌병경찰제

초대 총독 데라우치 마사타케(寺內正毅, 1852~1919)는 치안 확보에 가장 역점

도판2 함경북도 경성의 경찰과 헌병경찰
'함경북도경무부(咸鏡北道警務部)'와 '경성헌병대본부(鏡城憲兵隊本部)'라는 두 개의 간판이 한곳에 나란히
걸려 있다. 이는 당시 헌병대와 경찰이 하나의 조직처럼 움직였음을 보여준다.

을 뒀다. 전 사회적으로 일제의 지배에 대한 반감이 컸고, 의병 등 무장 세력
이 여전히 저항하고 있었기 때문이다. 일제는 헌병경찰을 앞세워 일종의 계
엄과 같은 무단통치를 실시했다. 헌병경찰은 약 8,000명으로, 약 6,000명이던
보통경찰보다 많았다. 경찰의 권한과 역할은 기본 업무인 치안 유지 이외에
도 행정의 많은 영역에 걸쳐 있었다. 위생, 민사소송의 조정, 집달리(執達吏),
국경 지역의 세관, 산림 감시, 어업 통제, 징세 보조 등도 경찰의 몫이었다.

　　무단통치는 1910년대 초에 연이어 실시한 「범죄즉결례」(1911. 1. 1)와
「조선태형령」(1912. 4. 1)에 의해 뒷받침됐다. 두 법령은 3개월 이하의 징역
또는 구류와 100원 이하의 벌금 또는 과료(科料)에 해당하는, 상대적으로 가
벼운 죄에 적용됐다. 조선총독부는 「범죄즉결례」를 시행하여 경찰서장이나
헌병분대장이 재판 없이 범죄자를 처벌할 수 있도록 했다. 그리고 「조선태형
령」의 시행으로 죄수를 형틀에 묶고 회초리로 볼기를 때리는, 전근대적인 신
체형인 태형을 존속시켰다. 태형이 단기간의 감옥살이나 벌금형보다 징벌
효과가 크고 집행이 간단하며 감옥 운영비용도 줄일 수 있다는 이유에서였
다. 이러한 태형은 당시 일본에서는 시행되지 않았고, 식민지 조선에서도 한
국인에게만 적용된 민족 차별적인 형벌이었다. 그러나 한국인들 사이에 불
만이 커지고 외국인 선교사 등도 강하게 비판하자, 식민통치에 대한 구미 사

회의 시선을 의식하던 총독부는 3·1운동 이후인 1920년 4월 1일부터 태형을 폐지했다.

　　총독부는 한국인의 정치 세력화를 막기 위해 기존의 사회단체를 강제로 해산하고 언론을 탄압했다. 국망 직전인 1910년 8월 25일 통감부는 일진회 (一進會), 대한협회(大韓協會), 서북학회(西北學會) 등 대표단체의 간부들을 소집해 일주일 이내에 모두 해산할 것을 명령했다. 언론 탄압은 더욱 철저해, 한국인 언론을 정간시키거나 강제로 사들여 폐간하는 방식으로 없앴다. 이에 따라 한국인이 발간하는 민간신문은 사라졌고, 한국어 신문으로는 총독부 기관지인『매일신보』만이 남아 식민정책을 선전하는 창구 역할을 했다.

　　식민지배의 경제적 기반 구축

일본은 식민지배를 통해 일본 자본주의체제가 더 안정적으로 확장할 수 있는 기반을 구축하고자 했다. 이에 일본에 필요한 식량과 원료를 싼 가격에 공급하고 일본 상품을 소비하는 안정적인 시장이자, 일본 자본이 낮은 비용으로 높은 이윤을 얻는 투자처가 되도록 식민지 조선을 개편하고자 했다. 조선

태형령 시행 규칙

「조선태형령」(제령 13호)

제1조　3월 이하의 징역 또는 구류에 처해야 할 자는 그 정상에 따라 태형에 처할 수 있다. (중략)

제4조　본령에 의해 태형에 처하거나 또는 벌금이나 과료를 태형으로 바꾸는 경우에는 1일 또는 1원을 태 하나로 친다. 1원 이

도판3 일제가 한국인에게 태형을 가하는 모습

하는 태 하나로 계산한다. 단, 태는 다섯 아래로 해서는 안 된다. (중략)

제13조　본령은 조선인에 한해 적용한다.

「태형시행규칙」

제1조　태형은 수형자를 형판 위에 엎드리게 하고 그 자의 양팔을 좌우로 벌리게 해 형판에 묶고 양다리도 같이 묶은 후 볼기 부분을 노출시켜 태로 친다. (중략)

제12조　집행 중에 수형자가 비명을 지를 우려가 있을 때에는 물에 적신 천으로 입을 막는다.

총독부는 이를 위해 토지조사사업과 임야조사사업, 회사령 등 법제적 정비와 금융과 화폐, 관세 부분의 제도 정비, 도량형의 통일, 그리고 교통망과 같은 사회 기반시설 구축 등을 진행했다.

우선, 총독부는 토지 소유권 제도를 확립하고 식민지배에 필요한 재원을 마련하기 위해 토지조사사업을 추진했다. 토지조사사업은 토지 소유권을 조사하고 확정한 뒤 이를 법적으로 보장하는 등기를 실시하도록 하는 방식으로 이뤄졌다. 이를 통해 일본인 지주들이 대한제국의 법을 위반하고 몰래 취득했던 토지가 모두 합법화됐고, 국유지가 크게 늘어났다. 농민과 공동체의 권리는 약화됐고, 등기제도가 실시되면서 지주나 농업회사는 더 쉽게 농장을 확대하고 토지를 자본으로 전환할 수 있게 됐다. 또한 총독부는 토지조사사업을 통해 그전까지 누락됐던 토지를 모두 찾아내 지세를 부과할 수 있는 대상으로 삼았다. 이로써 일제는 식민지배를 위한 재정 기반을 크게 확대할 수 있었다.

토지 외의 경제 자원에 대해서도 조사와 제도 정비가 진행됐다. 1911년 「조선어업령(朝鮮漁業令)」을 공포했으며, 산림 자원 확보와 통제를 위해 1911년 「삼림령(森林令)」을 공포하고 1916년부터 임야조사사업을 실시했다. 이에 앞서 1910년 일제는 「조선회사령(朝鮮會社令)」을 공포했다. 「조선회사령」은 회사를 설립할 때 총독부의 허가를 받아야 하며, 회사가 영업 과정에서 허가 조건을 위반했다고 판단할 경우 총독부가 회사를 해산할 수 있도록 규정했다.

일제는 경제 자원과 인력의 효율적인 이동을 위해 항만·철도·도로 등 사회 기반시설도 정비했다. 또한 한·일 간 이동과 만주 진출을 염두에 두고 1904년부터 근대 교통체제를 구축했다. 먼저 경부선·경의선·경원선·호남선 등 간선 철도망을 구축했으며, 도시와 도시 사이에 새로운 도로망도 늘렸다. 서울을 중심으로 한 철도와 도로는 부산·인천·원산·목포·군산 등 일본으로 향하는 항구로 집중되는 교통망을 형성했다.

일제는 금융제도도 개편해 식민지 자본주의에 대한 통제권을 확보하고자 했다. 1906년 설치했던 농공은행(農工銀行)을 1918년 조선식산은행(朝鮮殖産銀行)으로 통합 개편해 식민지 산업 개발의 자금원으로 활용했다. 그리고 각지에 금융조합을 설치해 주로 농민층을 대상으로 한 금융기관의 역할을 담당하게 하는 한편, 식민농정을 일선에서 보조하거나 직접 수행하도록 했다. 식민지 금융의 정점에는 조선은행이 있었다. 조선은행은 조선은행권이라는 화폐를 발행해 식민지 조선의 금융과 재정을 관할했다. 일제는 자신이 장악한 만주, 중국 일대에도 조선은행권을 통용시켜 엔화블록을 확대해나갔다.

식민지 동화교육

일제는 안정적이고 영구적인 식민지배를 위해 동화정책을 추진했다. 동화정책은 명목상으로는 한국사회의 문명화와 민족차별 철폐를 내세웠으나 실제로는 한국인의 일본인화를 도모해 한국인의 민족성을 말살하려는 식민정책의 일환이었다.

데라우치 총독은 여러 차례 한일 양 민족의 동화 가능성과 필연성을 언급했다. 한국과 일본은 같은 선조를 가진 민족이지만, 문명화된 일본과 달리 한국은 역사적으로 발전하지 못한 채 정체됐으므로 독립할 수 없을 뿐 아니라 일본의 식민지가 될 수밖에 없었다는 논리를 내세웠다. 데라우치는 이러한 일선동조론적 역사관을 가지고 있었지만, 전면적인 동화정책을 펼치지 않았다. 조선사회는 민족적 정체성이 강하고 배일(排日)적 분위기가 진정되지 않았으므로 동화정책을 전면적으로 시행하기는 어렵다고 판단하고, 그 대신 점진적 동화주의를 통치이념으로 내세웠다.

한국인의 일본화, 즉 일본 지배에 순종하는 한국인을 만드는 데 가장 효과적인 수단은 교육이었다. 조선총독부의 교육 기본 방침은 1911년 8월 23일에 공포된 제1차 「조선교육령(朝鮮敎育令)」에 잘 드러나 있다. 이에 의하면 교육은 충량한 국민을 기르는 것을 근본적인 목표로 삼아(제2조), 시세(時勢)와 민도(民度)에 맞게 실시하도록 했다(제3조). 그리고 보통학교 교육은 보통의 지식, 기능을 가르치고, 특히 (일본) 국민으로서 품성을 함양하며 일본어를 보급하는 것을 목적(제5조)으로 했다. 제1차 「조선교육령」과 함께 발표된 총독의 담화문은 조선교육의 역점이 덕성의 함양과 일본어 보급이며, 이를 통해 제국의 신민다운 자질과 품성을 갖추도록 하는 것이라고 규정했다.

총독부는 조선의 민도가 낮다는 이유로 오늘날의 초등교육에 해당하는 보통학교교육과 실업교육에 중점을 두었다. 고등교육은 물론이고 중등교육기관의 경우도 그 수를 제한했다. 1918년 5월 말 관공립 보통학교가 464개교였는 데 반해, 중등교육기관인 관공립 고등보통학교는 4개교, 여자고등보통학교는 2개교에 불과했다. 또한 모든 학교를 일본에 비해 기간을 단축한 학제로 운영했다. 그 결과 한국인은 수준 높은 학문과 기술을 배울 기회조차 얻기 어려웠다. 보통학교의 교육은 상급학교로 진학하기 위해서라기보다 완결된 교육과정으로서 직업과 기술, 사회생활을 가르치도록 했다. 보통교육에서 가장 역점을 둔 것은 일본어 보급이었다. 보통학교에서는 조선어 및 한문을 제외한 모든 과목에 일본어 교과서를 사용해 일본어로 가르치도록 했다. 한국인의 일본인화를 목표로 하는 동화교육은 일본어교육과 함께 수신(修身) 과목을 강조했다. 오늘날 도덕·윤리에 해당하는 수신교육은 천황과 일본에 충성하며 일본법을 준수하고, 정부의 정책에 순응하는 제국의 신민을 양성하는 데 중점을 뒀다.

총독부는 점진적인 동화주의를 내세웠으나 실제로는 극심한 민족차별교육을 실시했다. 일본제국의 '충량'한 국민을 양성하겠다는 목표를 내세웠지만, 실제로는 차별받는 열등한 이등 국민을 길러내는 교육을 시행하는 모순을 드러냈다.

한국인에 대한 법적 대우도 차별적이었다. 일본 헌법과 법률이 규정하는 국민의 권리와 의무는 한국인에게 적용되지 않았다. 총독부는 1912년에는 「조선민사령(朝鮮民事令)」, 1913년에는 「조선형사령(朝鮮刑事令)」을 제정해 한국인에게 일본의 민법과 형법 등을 일부 적용했으나, 중의원선거법·호적법·국적법·병역법 등은 적용하지 않았다. 조선에 거주하는 한국인과 일본인에게는 참정권을 허용하지 않고, 호적 이전을 제한해 한국인이 법적으로 일본인으로 전환하는 길도 차단한 것이다.

식민지 문화정책과 식민지배 이데올로기의 창출

식민지를 안정적으로 지배하기 위해서는 식민지 민중의 의식을 장악할 필요가 있었다. 식민지 민중 스스로 자존감을 버리고, 식민지배를 받아들여야 영속적 지배도 가능했기 때문이다. 조선총독부에게 이 문제는 특별히 중요했다. 한국인의 역사·문화적 자존감은 저항의식의 뿌리가 될 수 있기 때문이었다. 식민지배를 안정화하기 위해서는 민족적 자존감과 역사의식을 해체해야 했다. 이를 위해 총독부는 식민지배 초기부터 식민주의의 관점에서 한국의 역사와 문화를 조사했다.

일제는 한국의 전통적인 관습, 풍습 등을 조사하기 위한 구관제도조사사업을 통감부 시기부터 시작했다. 1906년 부동산법조사회에서 시작한 구관제도조사사업은 1915년 중추원으로 이관됐다. 이 사업은 1921년 이후에는 민사 관습, 상거래 관습, 제도, 풍속을 망라해 한국의 관습과 문화 전반으로 확대됐다. 통치를 위한 기본 자료 조사와 더불어 한국문화, 관습의 낙후성을 입증하기 위한 작업이었다.

한국사 연구도 1910년대부터 진행됐다. 1915년 중추원의 주관으로 조선반도사(朝鮮半島史) 편찬 작업을 개시했다. 역사 연구와 더불어 고적 및 유물에 대한 조사, 수집, 전시도 진행했다. 1916년 「고적 및 유물 보존 규칙」을 제정한 총독부는 관 주도의 대규모 발굴조사를 실시하고, 수집된 자료를 총독부 박물관에 진열했다. 식민지배자의 시선으로 배치된 고적 및 유물을 통해 조선의 역사와 문화에 대한 시선을 왜곡하고, 일본을 전통문화의 보호자로 선전하기 위해서였다.

일제가 축적한 역사와 문화 조사 연구는 식민지배를 공고히 하는 기본 자료가 됐다. 이 자료들은 한국과 일본 두 민족의 연원은 원래 같았으나, 일본은 발전한 반면 한국은 정체된 데다 민족성도 타락했다는 주장을 뒷받침함으로써 일제의 한국병합, 식민지배의 필연성을 입증하는 근거로 활용됐다. 이처럼 일제는 근대 학문 방법론을 활용해 식민주의의 역사와 문화를 창출했다.

3   식민지 개발과 민족 억압·차별·수탈

문화통치

1910년대에 헌병경찰을 앞세운 일제의 무단통치는 3·1운동이라는 거족적 저항에 부딪혔다. 3·1운동은 한국인의 민족의식과 독립 의지·역량을 보여준 대사건이자, 20세기 약소민족해방운동의 본격적인 시작을 알리는 세계사적 사건이다. 3·1운동은 일본 정부와 정계에도 큰 충격을 안겼다. 일부 친일협력자들을 제외하고 전 민족이 참여한 대규모 항쟁은, 기존 방식으로는 식민지배가 불가능하다는 것을 보여줬다. 3·1운동 이후 일본 정부는 새로운 통치 방식으로 '내지(일본)연장주의'[4]를 채택했다. 일본에서와 같은 방식과 제도로 식민지 조선을 차별 없이 통치함으로써 한국인의 저항을 무마하고, 점진적

도판4 조선총독부 청사
1926년 10월 1일, 경복궁 내부에
총독부 청사가 완공됐다. 당시
총독이었던 사이토가 연설하고
있는 모습이다.

동화를 추진하려는 전략이었다. 이 전환을 주도한 일본 수상 하라 다카시(原
敬, 1856~1921)는 조선통치를 안정시키기 위해서는 내지연장주의가 반드시
필요하다고 판단했다.

　하라의 추천으로 1919년 8월 제3대 조선총독에 부임한 사이토 마코토
(齋藤實, 1858~1936)는 새로운 통치 방침을 '문화정치'로 명명했다. 사이토는
문화통치를 "문화적 제도의 혁신으로 조선인의 행복과 이익 증진을 도모하
고, 문화 발달과 민력 충실에 따라 장차 일본인과 동일하게 대우하는" 정책으
로 규정했다. '조선인 본위'의 정책을 실시하고, 점진적으로 차별을 해소하겠
다는 점을 내세운 것이었다. 이에 따라 식민지 관료제와 지방행정, 경찰제도
도 변화했다. 일제는 조선총독에 현역 육군 장성만 임명되도록 한 것을 고쳐
문관도 가능할 수 있게 했고(실제 현역 장성이 아닌 자가 조선총독으로 임명된 사
례는 없었다), 헌병경찰제를 '보통경찰제'로 바꿨다. 언론·출판·집회는 제한
적으로 허용했고, 조선인 지방 유력자를 포섭하고 회유하기 위해 부·면협의
회와 도평의회를 신설했다.

　일제가 문화통치를 표방했지만, 실제로는 오히려 식민지배구조가 더욱
강화됐다. 헌병경찰은 없어졌지만, 헌병경찰을 포함해 1만 4,000여 명이던

4　내지(일본)연장주의 일제는 조선을 새롭게 일본제국의 일부로 편입된 지역으로 보고, 식민지가 아니
　라 '일본=내지(內地)'와 대비되는 '외지'라고 불렀다. 내지(일본)연장주의란 외지인 조선을 내지인 일
　본과 같은 방식으로 차별 없이 통치하겠다는 의미다.

경찰은 1만 8,000여 명으로 대폭 증원됐다. 언론·출판·집회는 엄격한 검열과 허가를 통과해야 했다. 관직에 진출한 한국인 숫자는 늘었지만, 그 대부분은 하급직이었다.

부·면협의회와 도평의회는 의결 권한 없이 부윤·면장·도지사의 자문 역할만 수행했다. 게다가 일정액 이상의 지방세를 납부하는 사람에게만 선거권을 부여했기에 한국인 대부분은 선거에 참여할 수 없었다. 예컨대 도시에 해당하는 부(府) 지역의 전체 인구 가운데 유권자의 비율을 보면, 1920년 한국인은 1.2%(4,714명), 일본인은 3.6%(6,252명)에 불과했고 민족 간 격차도 컸다. 1931년에 총독부는 지방제도를 개정해, 기존의 지방자문기구를 폐지하는 대신, 의결 권한이 일부 허용된 지방자치기구인 도회·부회·읍회 등을 설치했다. 그러나 도지사나 부윤이 도회나 부회의 의장을 맡아 직접 의결을 취소할 수 있었고, 도회 의원 1/3은 관선이었던 데서 알 수 있듯이, 도회·부회·읍회는 의결 권한이 제한적인 관제기구에 지나지 않았다. 부 지역의 유권자 비율 또한 여전히 낮았고, 민족 간 격차는 오히려 커졌다(1931년 기준: 한국인 2.6%, 일본인 14%)."

한편 총독부는 친일협력 세력을 체계적으로 육성하는 데 특별히 주력했다. 3·1운동을 저지하지 못한 중요한 원인 중 하나가 취약한 친일협력 세력에 있다고 판단했기 때문이었다. 일제는 한국과 일본의 자산가들을 연결시키고 친일협력 세력이 결성한 친일단체를 후원·육성하는 등 다양한 방법을 동원했다. 지방행정기관에 자문기구를 둔 데에도 지방의 유력자들을 끌어들여 체제협력 세력을 확대하려는 목적이 자리했다.

일제가 식민지배구조를 강화하고 친일협력 세력을 육성하고 있었지만, 문화통치가 실시되면서 한국인은 다양한 영역에서 활발하게 움직이기 시작했다. 언론·출판·집회의 자유가 부분적으로 허용되자『동아일보』,『조선일보』,『개벽』등의 한글 신문뿐 아니라 잡지와 출판물이 크게 늘어났고, 근대 사상과 문화가 확산됐다. 청년운동·여성운동 단체 등이 조직되고 활동하면서 대중적 민족운동의 기반이 마련됐고, 사회주의운동도 본격화됐다.

식민지배체제의 강화

일제는 문화통치로 전략을 전환하면서 정치·경제·사회의 각 부분에서 식민지배체제를 개편해나갔다. 먼저 경제 면에서는 1920년「조선회사령」을 폐지

도판5 경성제국대학 법문학부
1926년에 경성제국대학에 법문학부와 의학부가 설립됐다. 두 학부 건물은 도로(지금의 대학로)를 끼고 마주
보고 있었다. 1941년에는 이공학부가 설립됐다.

해 제1차 세계대전 시기 전시 호황으로 자본을 축적한 일본 기업이 자유롭게
조선으로 진출할 수 있도록 했다. 또한 값싼 조선 쌀을 일본 시장에 공급해
일본 미곡시장의 수급 불안정성을 해소하려는 의도에서 1920년부터 산미증
식계획을 실시했다.

　　정치사회적 측면에서 언론·출판·집회·결사의 자유는 부분적으로 허용
했지만, 경찰의 감시와 탄압은 더욱 교묘해졌다. 민족운동이 성장·확대될수
록 이를 분열·약화시키려는 시도도 강화됐다. 조선총독부는 특히 급성장하
고 있던 사회주의 세력에 대해서는 훨씬 강경한 억압책을 적용했다. 1925년
에는 일본에서 제정된 치안유지법을 조선에도 적용하기 시작했다. 치안유지
법의 핵심은 '국체를 변혁하고 사유재산제도를 부인하는 것을 목적으로 삼
은 결사를 조직하거나 이를 알고도 가입한 자는 10년 이하의 징역 또는 금고
에 처할 수 있다'는 것이었다. 1928년에는 최고형을 사형으로 높이는 개악도
이뤄졌다. 치안유지법은 사회주의운동을 탄압하기 위한 법이었지만, 식민지
조선의 독립은 일본 국체의 변혁에 해당된다는 논리를 내세워 한국인의 민
족운동을 탄압하는 데도 이용됐다.

　　민족문화와 역사에 대한 식민주의의 왜곡도 강화됐다. 총독부는 1925년
조선사편수회(朝鮮史編修會)를 설치하고, 1931년부터 1937년까지 총 36권의

방대한 『조선사』를 편찬·간행했다. 도쿄 및 교토제국대학의 관학자들이 전 과정을 주도하고, 사료 수집과 정리에 한국인 학자들을 동원하는 방식이었다. 일제 역사학자들은 한국의 역사가 고대 이래 중국 혹은 일본의 외적 자극에 의해서만 진전됐으며, 왕조가 교체됐음에도 한반도의 사회·경제적 수준은 중세 이전에 머물러 있다고 주장했다. 한국의 역사와 문화에서 타율성과 정체성을 부각시켜 식민지배의 필연성을 뒷받침하는 식민주의 역사학을 구체화한 것이었다.

이처럼 1920년대 일제의 통치정책은 한편으로 문화통치라는 유화책을 통해 민족적 저항을 약화시키면서, 다른 한편으로 식민지배체제를 구조적으로 안정화하기 위한 제도·이념적 장치들을 본격적으로 강화하기 시작한 것이다.

동화를 내세운 차별교육

문화통치가 시작되면서 조선총독부의 교육정책도 변화했다. 1922년 제2차 「조선교육령」에 의해 보통학교 연한이 4년에서 6년으로, 고등보통학교, 여자고등보통학교의 연한도 각각 4년, 3년에서 5년, 4년으로 연장됐다. 또한 제1차 「조선교육령」에서 배제됐던 대학교의 설립이 가능해졌고, 독립된 교원양성기관인 사범학교도 설립되기 시작했다. 형식적으로 일본인과 동일한 학제를 적용해 교육 차별을 받고 있다고 여기던 한국인의 불만을 완화하려 한 것이었다.

그러나 실제로 한국인의 교육 기회가 충분히 확대되지는 않았다. 1개 면당 1개 학교 설립 목표 연도인 1936년에 전국의 보통학교는 2,498개로 늘어났지만, 그 가운데 절반가량은 여전히 4년제 학교였다. 게다가 중등 이상 교육기관은 불문율처럼 모집 인원을 일본인에게 유리하도록 민족별로 할당했다. 동등한 교육을 표방했지만 한국인에게는 여전히 제한된 기회만 주어졌다. 한편 식민지배에 필요한 고등 인력 수요가 늘어나고, 고등교육기관 부재에 대한 한국인의 비판이 거세지자, 총독부는 「제국대학령」에 의거해 1924년 경성제국대학(京城帝國大學)을 설립했다.

경성제국대학은 조선의 최고 고등교육기관이자, 식민지기에 존재했던 하나뿐인 대학이었다. 총독부는 경성제국대학을 한국인을 위한 최고교육기관으로 선전했지만, 한국인 학생은 전 기간을 통해 전체의 3분의 1에 그쳤다.

도판6 〈조선박람회 도회〉의 부분

조선총독부는 식민지배가 성공적으로 진행되고 있다는 것을 선전하기 위해 1929년 9월 12일부터
10월 31일까지 50일 동안 경복궁에서 조선박람회를 열었다. 〈조선박람회 도회〉는 당시 박람회를
알리는 안내도이다. 총독부는 1915년에도 경복궁을 훼손하면서 조선물산공진회와 조선박람회를
개최한 바 있다.

경성제국대학의 핵심 기능은 엘리트 지배 관료를 육성하고 식민지배를 학문적으로 뒷받침하는 데 있었다. 졸업생은 주로 관직에 진출했다.

농촌사회 개량화와 식민지 공업화

일본은 1920년대 내내 전후 불황에 따른 경제 불안정에 시달렸다. 일본 정부의 재정·통화정책도 내각에 따라 급변해 일본 경제에 혼란을 가중시켰다. 여기에 1929년 미국발 대공황은 같은 해 7월에 출범한 하마구치 오사치(濱口雄幸, 1870~1931) 내각이 일본 경제의 체질을 개선하기 위해 추진한 재정긴축 등의 디플레이션정책과 겹치면서 일본 경제에 큰 타격을 초래했다. 특히 쌀, 누에고치 등 농산물 가격이 폭락하면서 일본 농촌사회가 맞은 위기는 심각했다. 이에 일제가 대공황의 탈출구로 선택한 것은 국내 시장의 확대를 지향한 미국의 뉴딜정책과 달리 만주침략을 통한 일본 경제권의 확장이었다.

만주사변 이후 일제는 일본·조선·만주를 잇는 경제블록 구축에 나섰다. 조선총독부는 만주를 농업지대로, 일본을 '정(精) 공업(높은 단계 공업)지대로 상정한 뒤 조선을 만주, 일본을 잇는 '조(粗) 공업(낮은 단계 공업)지대로 재편하고자 했다. 이러한 구상 아래 총독부는 조선 공업화를 추진하고, 일본 자본이 조선에 진출할 수 있도록 적극 지원했다. 일본에서 시행 중이던 규제를 조선에는 적용하지 않는 반면 노동 통제와 감시를 강화하는 등, 조선에 진출한 일본 자본에 다양한 지원정책을 제공했다. 이에 따라 시멘트·비료·화학 등 중화학공업과 만주 시장을 노리는 제사·방직업 분야에 진출하는 일본 자본이 확대됐다. 이 과정에서 한국인 자본가들의 투자도 늘어났지만, 대개 섬유나 고무신 등 특정 소비재 부문에만 집중됐으며 여전히 소규모 가내공업이 주를 이뤘다.

총독부는 농업정책의 기조도 전환했다. 본국 정부의 요구에 따라 대공황 이전부터 쌀 공급량을 조절하는 정책을 추진하다가 1934년에 이르러서는 산미증식계획 자체를 중단했다. 일본으로 보내는 조선 쌀이 늘어나자 일본 시장에서 공급 과잉에 따른 쌀값 폭락이 벌어져 일본 농촌사회에 위협을 가한다고 여겼기 때문이다. 또한 총독부는 쌀 증산을 위해 지주의 이익을 중시하던 지주 중심적 정책 대신 농촌사회를 안정화하고 농민들을 식민체제 편으로 끌어들이는 사회개량화 정책을 추진하기 시작했다. 대공황에 따른 농산물 가격 폭락이 소작쟁의 등 농민운동으로 격화하던 농촌사회에 동요와 위기를 증폭시켰기 때문이었다. 이러한 배경에서 두 가지 유형의 정책이 추진됐다. 하나는 관제 농민운동인 농촌진흥운동이었다. 농촌진흥운동은 총독부가 농가경제 갱생계획 등을 통해 농촌의 심각한 사회경제적 위기를 타개하여 농민의 불만을 잠재우고 농촌사회를 통제하고자 한 것이다. 다른 하나는 자작농지 설정사업, 「조선소작조정령」(1933), 「조선농지령」(1934)과 같은 사회개량적 농지정책이었다. 총독부는 이 정책을 통해 농촌사회의 계급 갈등을 완화하는 동시에 농촌진흥운동도 보조하고자 했다.

4 전시 통제와 강제 동원

전쟁 총동원체제와 통제경제

1931년 일제는 중국 동북 지역을 침략한 뒤 괴뢰국가인 만주국을 세워 유럽 열강이 주도하는 국제질서에 도전했다. 이후 대규모의 침략전쟁과 전시경제를 통해 팽창을 계속했다. 전쟁이 확대되자 조선도 전시공업체제로 전환했다. 1936년 10월 미나미 지로(南次郎, 1874~1955) 총독은 조선산업경제조사회(朝鮮産業經濟調査會)에서 조선의 공업도 국방상의 필요에 따라 진흥시켜야 한다고 밝혔다. 그리고 이전까지 일본에만 적용하던 「중요산업통제법」[5]을 1937년부터 조선에도 적용하기로 했다. 산업 발전이 뒤처진 조선의 상공업을 보호하기 위해 「중요산업통제법」 적용을 유예하자는 주장은 전시 통제의 필요성에 의해 밀려난 것이다.

1937년 7월 일본은 중일전쟁을 도발한 이후 자금과 노동력, 자원 모두를 군수산업에 집중시켰다. 1937년 10월에는 「임시자금조정법(臨時資金調整法)」을 시행해 광업, 철강업, 항공기 및 병기 제조업에 자금을 우선 투자하도록 했다. 1938년 5월에는 총력전 수행을 위해 국가의 모든 인적·물적 자원을 정부가 통제하고 운용할 수 있도록 규정한 「국가총동원법(國家總動員法)」을 시행했다.

---

5 「중요산업통제법」 1931년 4월 1일 일본에서 제정된 법률로 정식 명칭은 '중요산업의 통제에 관한 법률'이다. 일본 정부가 정하는 중요 산업 분야에서 정부가 생산, 판매와 가격에 관한 기업 통제 협정의 체결과 운영에 개입할 수 있도록 했다.

일제는 경제자원뿐 아니라 사회 전반을 엄격히 통제하고 동원하는 조직도 만들었다. 1938년 7월 조선총독부는 민과 관을 아우르는 조직인 국민정신총동원조선연맹(國民精神總動員朝鮮聯盟)을 조직했다. 행정 단위별로 연맹을 만든 것은 물론이고 연맹의 말단조직으로 마을마다 '부락(部落) 연맹'을 두고 다시 각 가정을 10호씩 묶은 '애국반(愛國班)'을 조직해 사회 전반을 통제하려고 했다.

총독부는 1940년 10월에 국민정신총동원조선연맹을 국민총력조선연맹으로 재편하고, 국민정신총동원운동과 농촌진흥운동을 통합해 국민총력운동을 벌였다. 국민총력운동에서는 사상 통일, 내선일체(內鮮一體) 완성, 신체제와 함께 특히 생산력 확충이 강조됐다. 국민정신총동원운동이나 국민총력운동에서는 애국반이 중요한 역할을 맡았다. 총독부는 애국반으로 하여금 매월 회의를 열고 총독부의 전시정책을 적극적으로 홍보하는 한편 천황의 조서를 읽고 궁성을 향해 절하며 황국신민의 서사를 외우는 의례를 거행하도록 강요했다. 1940년대에 접어들자 애국반에게 생활필수품 배급 역할을 맡기고, 그 역할을 활용해 일반 주민의 매월 애국일 행사 및 반상회 참여를 종용하도록 했다.

군수산업 중심의 전시경제체제는 일본의 거대 독점자본이 주도할 수밖에 없었다. 일부 한국인 자본가들도 군수산업 분야에 진출했지만 주변적 위치에 머물렀다. 일제가 침략전쟁을 위해 그 세력권 내 경제체제를 재편하면서 조선은 안정적인 군수 물자 공급을 위한 대륙 병참기지 역할을 떠맡았다. 군수공업에 진출하지 못한 한국인 공장들은 통폐합됐고, 살아남은 기업도 원자재 부족 등으로 생산성과 생산액이 크게 감소했다. 노동자들의 상황은 더욱 열악했다. 일본에서는 1916년부터 공장법이 실시돼 노동시간과 최소 연령 등이 제한됐지만, 조선에는 이 법이 끝내 적용되지 않았기 때문이다. 게다가 전쟁이 오래 지속되고 식량과 물자 부족이 심화되면서 민중의 생활고는 갈수록 악화됐다.

내선일체와 민족 말살

1936년 6월 부임한 미나미 지로 총독은 일본과 조선이 하나라는 내선일체를 내걸고, 중일전쟁 발발 이후 황국신민화 정책을 적극적으로 추진했다. 조선총독부는 1937년 10월 「황국신민의 서사」를 제정해 학교를 비롯해 사회의

도판7, 8 조선신궁 경내에 세워진 황국신민서사 비석(좌)과 신사참배 홍보전단(우)
조선총독부는 다양한 방식으로 내선일체를 강화해나갔다. 1925년 남산 자락에 조선신궁(朝鮮神宮)을 완공하고, 1939년에는 그 진입부에 '황국신민의 서사'를 새긴 황국신민서사 비석(皇國臣民誓詞之柱)을 건립했다. 비석은 1947년에 철거됐다. 또한 "아침마다 궁성을 요배합시다."라고 쓰인 전단지를 배포하며 신사참배를 강요했다.

각종 행사에서 제창하도록 하고 그 내용을 새긴 탑과 비를 각지에 세웠다. 황국신민의 서사는 조선에서만 제창된 것으로 식민지 황민화정책을 상징하는 것이었다. 학교마다 천황의 사진을 두는 봉안전(奉安殿)이 설치됐고, 천황이 사는 도쿄를 향해 절을 하는 궁성요배(宮城遙拜)도 행해졌다. 신사참배 강요도 더욱 심해져 끝내 이를 거부한 평양의 숭실(崇實)전문학교 등 일부 기독교 계통의 학교는 문을 닫아야 했다.

1938년 4월에 시행된 제3차 「조선교육령」은 일본인과 한국인이 함께 학교에 다니게 한다는 내선공학을 내걸고 한국인이 다니던 보통학교, 고등보통학교, 여자고등보통학교의 명칭을 각각 일본인 학교와 같은 '소학교', '중학교', '고등여학교'로 통일했다. 일제는 내선일체를 구현해 한국인에 대한 차별을 없앤 것이라고 선전했다. 그러나 제3차 「조선교육령」은 한국인 청년에 대한 징병제 실시를 앞둔 군부의 교육시설 개선안을 그대로 수용한 개정이었다. 한국어 교육의 기회를 실질적으로 없애고, 일본사와 수신·공민 과목을 강화하는 등 한국인을 더 철저한 황국신민으로 만들고자 한 것이다.

1941년에는 총독부가 일본의 변화에 발맞춰 소학교의 이름을 '국민학교'로 바꾸고, 명목으로만 남아 있던 한국어 교과목들도 완전히 없애버렸다.

전황이 악화되자 군사교육을 강화하고 중등학교 수업 연한도 단축했으며, 학생들을 노동 인력으로 동원했다. 결국 학교는 일상적인 교육조차 제대로 실시할 수 없게 됐다.

민족운동과 사회운동에 대한 탄압과 통제도 강화됐다. 일제는 1936년 12월 공포된 「조선사상범보호관찰령」을 공포해 전국 7곳에 보호관찰소를 두고 사회로 복귀한 사상범, 즉 치안유지법 위반자를 감시했다. 이어 1938년 7월에는 보호관찰소의 외곽 단체인 전향자조직 '시국대응전선사상보국연맹(時局對應全鮮思想報國聯盟)'을 창립했다. 전향자를 소극적으로 감시하는 것을 넘어 국책을 선전하는 사상전에 적극 동원하려는 의도에서였다.

총독부는 1941년에 사상보국연맹을 대화숙(大和塾)으로 개편했다. 한국인 전향자들을 한곳에 모아 숙식을 같이하게 하면서, 생활 속에서 일본 정신을 체득하게 하려는 것이었다. 일본 본국에서는 시행하지 않던 극단적 방식이며, 양심의 자유를 침해하는 사상 통제의 식민지적 특성을 보여주는 사례다. 1941년 3월에는 범죄 가능성이 있다는 이유로 재판 없이 보호관찰 대상자를 구금할 수 있는 「조선사상범예방구금령」이 실시됐다.

또한 총독부는 「조선민사령」을 개정해 1940년 2월부터 6개월 동안 조선식 성(姓)을 대신하는 일본식 씨(氏)를 만들어 신고하도록 했다. 이른바 '창씨개명'이다. 8월 10일까지 총 호수의 80.3%가 창씨를 신고했다. 총독부는 신고가 강제가 아니라고 선전했지만, 창씨를 하지 않으면 여러 가지 불이익이 가해졌다. 학생들은 교사로부터 집요하게 괴롭힘을 당했고, 청년들은 총독부 관련 기관에 채용될 수 없었다. 일반 주민들도 식량 및 물자 배급 순위에서 밀려나는 등 힘든 일을 겪어야 했다. 무엇보다 신고를 하지 않더라도 기존 성을 일본식 씨로 일괄 등록했으므로 창씨는 강제된 셈이다. 저항하는 뜻에서 창씨를 신고하지 않은 사람도 많았지만, 일본식 씨를 만들지 않았던 친일협력 세력도 제법 있었다. 총독부 고위 관료인 김대우(金大羽, 1900~1976), 중추원 참의 한상룡(韓相龍, 1880~1947), 일본 중의원 의원 박춘금(朴春琴, 1891~1973) 등 친일협력 세력은 특권층이었기에 자신의 성을 그대로 씨로 삼아도 불이익을 받지 않았다.

한편 1940년 8월에 한글 신문인 『동아일보』와 『조선일보』가 폐간됐다. 가혹한 언론 통제 아래 이미 이렇다 할 반일 저항이 어려웠음에도 총독부는 한글 신문의 존재 자체를 위험하다고 본 것이다. 이는 한글 연구를 독립운동으로 몰아붙인 1942년 가을의 조선어학회 사건과 맥을 같이한다. 1942년부터는 국어상용운동을 벌여 일반인들에게 일상생활에서도 일본어를 사용하도록 강요했다.

1941년 12월에 아시아태평양전쟁이 발발하고, 이듬해인 1942년 5월에 고이소 구니아키(小磯國昭, 1880~1950)가 총독으로 부임했다. 고이소 총독은 '도의(道義)조선' 건설을 강조했다. 도의 조선이라는 구호는 한국인에게 황국신민이 되어 침략전쟁 수행에 몸과 마음을 바치도록 강요하는 것이있다. 이어서 1942년 11월 일본 정부는 내외지(內外地) 행정일원화 조치를 취했다. 조선의 특수성을 부정하고 조선을 일본의 한 지방으로 완전히 편입하려는 시도를 노골화한 것이다.

강제 동원된 사람과 물자

1934년부터 중단됐던 산미증산정책은 중일전쟁 발발 이후 식량 수요가 늘면서 미곡증산계획(1939)으로 부활하기 시작했다. 이 계획은 토지개량이 아니라 경종법을 포함한 농사방법 개선에 의존해 빠른 증산을 도모하려 했으나 그해 여름 대가뭄으로 인해 실패했다. 이에 조선총독부는 농사방법 개선에 중점을 두면서도 토지개량도 병행하는「조선증미계획」을 1940년부터 실시해 적극적인 미곡증산에 나섰다. 동시에 전쟁 탓에 자금·비료·노동력 투입이 쉽지 않아 쌀의 증산이 여의치 않은 점을 고려해 쌀의 생산과 유통도 직접 통제하고 나섰다. 1940년「조선미곡배급조정령」을 시행해 그해부터 쌀 공출을 시작했다. 1943년에는 '부락(마을) 책임 공출제'와 '공출 사전 할당제'를 시행했다. 그에 따라 쌀 생산량 대비 공출량의 비율은 1941년 43%에서 64%로 크게 증가했다.

또한 총독부는 강제 저축을 통해 부족한 전쟁 자금을 메우고자 했다. 노동자에게 임금을 지급할 때는 물론 농어민에게 농수산물 대금을 치를 때도 일정액을 원천 공제하는 방식으로 강제 저축을 실시했다. 그 결과 조선의 총 저축액은 1937년에서 1944년까지 7년 동안 100배 이상 늘었다. 이렇게 모인 자금은 일본 국채를 대규모로 매입하거나 전쟁 관련 업종에 대한 대출이 필요할 때 사용했다. 그리고 총독부는 전쟁 수행에 필요한 금 등 지하자원의 채굴도 급속히 늘려갔고, 금속류 회수령(1941)을 내려 가정의 놋그릇, 교회의 종, 절의 불상까지 걷어갔다.

일제는 사람들도 전쟁에 강제로 동원했다.「육군특별지원병령」(1938), 「해군특별지원병령」(1943)을 공포해 한국인 청년을 침략전쟁에 총알받이로 동원하기 시작했다. 또한 전쟁이 갈수록 확대되고 병력 자원이 부족해지자 「육군특별 지원병 일시 채용 규칙」(1943)을 공포했다. 학도병이라는 명목으로 전문학교 재학생 이상 한국인 청년을 강제로 동원해 전선에 투입하기 위한 것이었다. 일부 한국인 청년은 전투병이 아니라 군속으로 동원됐는데, 연합군 포로 감시원으로 배치된 사람들은 전쟁이 끝난 뒤 B·C급 전범[6]으로 분류돼 군사재판에서 처벌받기도 했다.

1942년 5월 일본 정부는 1944년부터 조선에서 징병제를 실시하기로 결정했다. 이에 따라 1944년 4월에 징병검사가 실시되고, 같은 해 9월 입영이 시작됐다. 1945년 8월까지 한국인 군인 및 군속은 24만여 명이 동원됐고, 그 가운데 2만 2,000여 명이 전장에서 목숨을 잃었다. 이들 전사자는 다른 일본인 전사자와 함께 야스쿠니신사에 합사됐다. 뒤늦게 이 사실을 알게 된 유족들은 2000년대 들어 합사 반대운동을 펴기도 했다.

한편 1938년 「국가총동원법」 시행 이후 한국인은 '모집'이나 '관 알선' 방식과 '징용'을 통해 노무자로 동원됐다. 모집이나 관 알선 방식에서는 총독부가 사업주의 의뢰를 받고 행정력을 동원해 노무자의 모집, 선정, 계약, 송출 과정에 깊이 개입했다. 이러한 노무동원은 계약의 형식을 빌렸으나 계약이 끝나도 돌아올 수 없는 등 강제성이 두드러졌다. 그리고 징용은 1939년 「국민징용령」에 의거해 행해졌다. 총독부가 노무자를 직접 동원해 각 사업장에 송출하는 방식이었는데, 식민지 조선에서는 1944년부터 본격화됐다. 1945년까지 이렇게 해외로 동원된 한국인 노무자의 연인원은 70만~100만 명 이상으로 추산된다. 이들 가운데 열악한 노동조건에서 혹사당하다가 탈출하는 경우가 끊이지 않았다. 다른 한편 국내의 주요 산업시설이나 토건 공사장 등에도 모집이나 관 알선 방식과 징용은 물론 근로보국대(勤勞報國隊) 결성을 통해 수백만 명의 한국인이 노무 인력으로 동원됐다. 그중 일부 한국인 여성들은 조선여자근로정신대(朝鮮女子勤勞挺身隊)로 편성돼 국내외 노무

---

6   B·C급 전범 종전 후 연합국은 전쟁 범죄를 A. 평화에 반한 죄, B. 통상적인 전쟁 범죄, C. 인도에 반한 죄로 분류했다. A급 전범이 주로 전쟁을 기획한 지도자였던 데 반해, B·C급 전범에는 하급 관리나 군인이 많았다.

인력으로 동원됐다.

　'일본군 위안부'로서 전시 성노예 생활을 강요당한 여성도 있었다. 일본군은 만주사변 이후 침략전쟁을 수행하면서 위안소 설치와 운영에 직간접적으로 관여하기 시작했다. 1937년 중일전쟁 이후부터는 위안소 설치를 더욱 확대하고 그 운영과 이용에 대한 관리, 감독을 체계화해갔다. 그리고 일본군과 총독부는 조직적인 지원과 협력체계를 가동해 한국인 여성을 '일본군 위안부'로 동원했다. 위안부가 된 여성은 대부분 무슨 일을 하는지도 모르거나 속아서 전선의 위안소까지 끌려갔다. '일본군 위안부'는 중국, 동남아시아를 비롯해 일본군이 있는 곳이면 어디든 끌려가 엄혹한 감시 속에 비참한 생활을 견뎌야 했다.

5　친일협력 세력의 육성

한국 강제병합과 초기 친일협력 세력

1910년대 식민지배는 헌병경찰 등과 같은 강압적인 수단에 크게 의존했지만, 일본의 통치력만으로 이뤄진 것이 아니었다. 수천 년의 역사·문화 전통과 1,700만 명의 인구를 가진 한국을 일본의 물리력과 행정조직만으로 통치하는 것은 사실상 불가능했다. 부족한 통치력을 뒷받침하고, 민족적 저항을 분쇄하기 위해서는 한국인 협력 세력이 필요했다. 조선총독부는 한국 침략 초기부터 친일협력 세력을 육성하고, 포섭하기 위해 노력했다.

　러일전쟁 이후 국권 상실이 가시화되자, 일제의 한국 침략에 영합하는 세력들이 본격적으로 대두했다. 대표적으로 이완용(李完用, 1858~1926) 등 친일 고위 관료들은 일신의 안위와 특권을 유지하기 위해 일제의 을사조약 강요와 한국 강제병합에 협력했다. 친일단체도 등장했다. 친일 정치단체 일진회(一進會)는 친일 연설회를 개최하고 의병운동 탄압을 자원했으며, 1909년에는 합방청원서까지 발표했다. 일제 병합에 앞장섬으로써 새로운 지배집단이 되려 한 것이었다.

　그러나 1910년 국망 이후 한국인의 정치단체 결성과 활동이 금지되어 일진회도 해산됐고, 총독부는 친일협력 세력을 새롭게 구성했다. 먼저 조선 귀족을 임명해 친일 세력의 상징으로 내세웠다. 조선 귀족은 한국병합 과정의 공로를 기준으로 선발된 최고위층 친일협력 세력이었다. 이들은 일본 화족(華族)[7] 이상의 은사금(恩賜金)[8]과 작위를 수여받았고, 구지배층을 대표해 식민지배의 정당성을 선전했다. 또한 총독부는 양반 지배층의 주요 인사들을 형식적 자문조직인 중추원 의관에 임명해 친일 세력을 확대했다.

민족분열정책과 친일협력 세력

일제는 3·1운동에 충격을 받고 다양한 민족분열정책과 친일 세력 육성정책을 본격적으로 추진했다. 먼저 친일운동단체로서 국민협회(國民協會), 유민회(維民會), 대동동지회(大東同志會), 동민회(同民會), 대동사문회(大東斯文會) 등이 조직돼 활동했다. 이 단체들은 '내선융화', '신일본 건설'을 주장하며 '참정권 청원운동', '자치 청원운동', '내선융화운동'을 전개했다. '내지연장주의'를 실현해 한국인도 일본제국의 완전한 신민이 돼야 한다는 것이 친일세력의 주장이었다.

친일협력의 가장 중요한 동기는 정치·경제적 이익과 특권의 확보였다. 일제의 식민지배에 협력함으로써 사적 이익을 얻고 특권을 가진 식민지배층의 일원이 되고자 했던 것이다. 지주, 자본가는 지방자문기관과 각종 관변기구에 참여하는 방식으로 조선총독부에 협조해 경제적 이익을 얻고 지배권력에 접근할 수 있었다. 관리들은 충성심을 입증해 고위직에 진출하려 했다. 제국주의 침략에 편승해 아류 식민지배자가 되려는 욕망이 작용한 것이다. 특히 1930년대 만주국 관리, 군인이 된 인물들은 새로 흡수된 식민지의 지배층이 되고 싶어 했다.

그러나 친일협력활동은 개인의 욕망문제만은 아니었다. 친일협력을 정당화하는 다양한 논리가 뒷받침됐기 때문이다. 친일협력을 정당화한 핵심 논거는 민족의 주체성에 대한 불신이었다. 한민족은 독립국가를 유지할 능력이 없기 때문에, 충실한 제국 신민이 되어 현실적 이익을 확보하는 것 외에

---

7   화족 1869년에서 1947년까지 존재한 근대 일본의 귀족계급. 에도 시대의 다이묘(大名) 가문 출신자와 새로 국가에 공훈을 세운 자들로 구성됐으며 1874년 당시 2,900여 명이었다.

8   은사금 일본 천황이 한일병합에 공을 세운 조선 귀족들에게 하사한 돈을 말한다. 각자가 받은 금액은 10만~83만 엔 정도로, 현재 시가로는 20억~166억 원에 달하는 거액이었다. 은사금 액수는 작위와 공로, 대한제국 황실과의 관계 등을 고려해 결정됐고 작위가 높을수록 액수가 커졌다. 가장 많은 은사금을 받은 사람은 흥선대원군의 큰아들이자 고종의 친형이었던 이재면(李載冕, 1845~1912)이었다. 그는 궁내부 대신으로 한일병합조약 체결에 참가한 대가로 83만 엔을 받았다.

다른 선택지가 없다고 본 것이다. 대표적 친일협력 세력인 윤치호에 의하면 "물지 못하면, 짖지도 말아야" 하는 것이었다.

이런 논리는 식민 침략 초기부터 등장했다. 친일을 정당화한 첫 번째 논리는 사회진화론(Social Darwinism)이었다. 자연계와 마찬가지로 인류사회도 약육강식의 진화 법칙이 관철되며, 근대화에 실패한 한국 민족은 강국이 약소국을 지배하는 사회진화 법칙을 받아들여야 한다는 논리였다. 이는 민족적 생존을 위해 식민지배를 받아들여야 한다는 주장으로 이어졌다. 독자적인 민족국가를 운영할 수 없다면, 서구 열강의 식민지가 되기보다는 같은 동양 민족인 일본과 합방하는 것이 낫다는 주장이었다. 대한제국 말기의 대표적 친일단체 일진회에 의하면, '자발적으로 일본제국의 일원이 되어 동양평화를 유지하고 인민의 생명과 재산을 보장받는 것'이 한국 민중을 위한 최선의 선택이었다. 3·1운동을 부정한 친일세력 역시 기본적으로 같은 논리를 내세웠다. 이완용, 민원식(閔元植, 1886~1921) 등은 3·1운동을 세계정세에 무지한 민중의 위험한 맹동이라고 비판했다.

문화통치가 전개된 1920년대에는 이런 논리가 더 구체화됐다. 가망 없는 독립을 주장하기보다는 일본제국 신민의 권리를 확보하기 위한 구체적인 방법을 찾아야 한다는 논리였다. 대표적 예가 1920년대 최대 친일단체였던 국민협회가 추진한 참정권 청원운동이었다. 국민협회는 한일병합을 통해 조선민족과 일본민족을 초월하는 신일본이 건설됐으므로, 참정권을 부여받아 신일본 국민이 되자고 주장했다. 소민족을 통합한 대민족 국가만이 세계 경쟁에서 살아남을 수 있으며, 한국인이 선택할 수 있는 길은 대민족 국가의 국민이 되는 것뿐이라고 믿었기 때문이다. 물론 대민족 국가인 신일본의 국민이 되기 위해서는 일본인 이상의 충성스러운 국민성을 증명해야 한다고 여겼다.

1931년 만주사변 이후 일본의 대륙 침략이 본격화되자 민족운동에서 탈락한 세력들은 농촌진흥운동 등 총독부의 사회개량화 정책에 포섭되어 갔다. 그리고 강력한 사상통제정책과 일본의 전쟁 승리에 절망한 지식인들은 사상 전향을 시작했다. 이들은 일본제국의 팽창을 기정사실화하고 아류제국 신민의 위상을 확보하자고 주장했다. 지방 유지의 친일협력도 확대됐다. 일부 지방유지들은 도회·부회·읍회로 개편된 지방자문기관에 참여해 지배권력의 보조자로 활동하면서 정치경제적 이권을 확보하려 했다. 민족해방의 전망이 불투명해지고 전면적인 사회통제가 개시되자 체제 협력을 통해 현실적 이익을 확보하려는 세력이 확대된 것이었다.

친일 세력의 전쟁 협력

친일세력은 황국신민화 정책, 전쟁 총동원정책의 전면에 나서 일제의 침략전쟁에 협력했다. 상당수의 한국인 명망가와 지방 유지들은 자의든 타의든 국민정신총동원조선연맹(국민총력조선연맹), 시국대응전선사상보국연맹, 조선방공협회(朝鮮防共協會)와 같은 각종 관변동원단체에 참가했다. 경찰, 행정 계통의 한국인 관리들은 인력 동원과 징병, 물자 공출을 집행했다. 그 안에는 '일본군 위안부' 동원 같은 야만적 행위도 포함돼 있었다. 출세를 위해 만주국 관리, 만주국군, 일본군 장교가 된 인물들의 친일활동도 두드러졌다. 침략전쟁에 참여한 것은 물론, 간도특설대 등에 참여해 만주 지역 독립군 탄압에도 앞장섰다. 전쟁 참여가 일본제국의 일원이 될 수 있는 최상의 기회라고 주장하며, 민족 구성원의 생명과 재산을 약탈하는 활동에 적극 협력한 것이었다.

일제의 대륙 침략이 본격화되자, 친일세력은 동아시아 질서의 재편을 기정사실화하고, 내선일체를 완전히 실현해 동아 신질서의 주체가 되자고 주장했다. 특히 친일 지식인 이광수(李光洙, 1892~1950)는 법적·정치적 일체화를 넘어, 정신적으로 천황의 적자가 돼야 한다고 외쳤다. 또한 친일세력은 조선이 일본제국이 추진하는 일본·만주·중국 블록에서 제2의 내지(일본)가 되기 위해서는 전쟁에 모든 것을 헌신하는 대륙 병참기지가 돼야 한다고 주장했다. 제국주의 침략에 민족의 모든 것을 던짐으로써 또 다른 제국주의의 지배세력으로 재탄생하자는 것이었다. 친일 세력은 다양한 논리로 친일활동을 정당화했지만, 결국 제국주의 지배체제의 또 다른 지배층이 되고자 하는 욕망이야말로 친일 논리의 귀결점이었다.

2.

민족해방운동의
전개와 분화

1 1910년대 국내외 민족운동

비밀결사운동

1905년 을사조약 이후 국권회복운동은 의병운동과 계몽운동이라는 두 흐름으로 전개됐고, 이 흐름은 1910년대 비밀결사운동으로 계승됐다.

의병운동 계열의 비밀결사로는 '대한독립의군부(大韓獨立義軍府)', '풍기광복단(豊基光復團)' 등이 있었다. 이 단체들은 대한제국기 의병전쟁의 맥을 이어 친일 부호를 응징하는 등 폭력투쟁도 불사했으며, 왕정 회복이 목표인 복벽주의(復辟主義)를 이념으로 삼았다. 대한독립의군부는 1912년 의병장 출신인 임병찬(林炳瓚, 1851~1916)이 고종의 밀칙을 받아 조직한 것이다. 1914년 5월 군자금 모집활동이 발각돼 무너졌다. 풍기광복단은 1913년 경북 풍기에 거주하던 채기중(蔡基中, 1873~1921)의 주도로 10여 명이 조직했는데, 부호를 상대로 한 군자금 모집에 주력했다.

계몽운동 계열의 비밀결사로는 조선국권회복단(朝鮮國權恢復團), 조선국민회(朝鮮國民會) 등이 있었다. 이들은 겉으로는 시회(詩會), 종교·교육활동을 표방하면서 동지 규합, 군자금 모집, 독립운동 거점 확보 등을 추진했다. 조선국권회복단은 1915년 대구에서 서상일(徐相日, 1887~1962), 박상진(朴尙鎭, 1884~1921)이 국내 세력을 확장하고 해외의 민족운동 세력과 연대해 독립을 쟁취하기 위해 결성한 것이다. 대구의 상덕태상회(尙德泰商會), 태궁상점(太弓商店), 부산의 백산상회(白山商會) 등을 운영해 연락망을 구축하고 잡화나 곡물을 팔아 자금을 조달했다. 조직과 인적 구성이 치밀한 단체였지만 1919년 6월경에 발각됐다. 조선국민회는 1917년 장일환(張日煥, 1886~1918)의 주도로 평양에서 결성됐다. 미일전쟁이나 러일전쟁이 발발할 것이라는 정세 인식에 기반해 무장 독립전쟁을 모색했다. 1918년 2월 조직이 발각될 때까지 서간도에 독립군 기지를 물색하고, 무기 구입을 위한 자금을 마련하는 등의 활동을 펼쳤다.

1915년에는 의병운동 계열의 풍기광복단과 계몽운동 계열의 조선국권회복단이 연대해 대한광복회(大韓光復會)를 조직했다. 대한광복회는 1910년대에 활동한 국내외 독립운동 단체 중 규모가 가장 컸다. 회원 대부분은 양반 유생 출신이었으나, 공화주의(共和主義)[1]를 이념으로 삼았다. 박상진이 총사령으로서 조직을 관리했고, 상덕태상회가 본부 역할을 했다. 대한광복회는 비밀·폭동·암살·명령이라는 4대 강령하에 독립군 양성과 무기 구입 등을 도모했다. 이를 위해 군자금을 모집하고 비협조적인 친일 부호를 처단했는데, 그 과정에서 박상진 등이 체포되면서 1918년에 조직의 전모가 드러나고 말았다.

의병운동 계열과 계몽운동 계열, 나아가 두 흐름의 연대 속에 추진된 국내 비밀결사운동은 주로 해외 독립운동 기지 설립을 위한 자금 모금활동을 벌였다는 공통점이 있다.

독립군기지 건설운동

1910년대 민족운동 세력은 해외에 독립운동 기지를 마련해 독립전쟁을 준비한다는 구상을 갖고 있었다. 이를 '독립전쟁론'이라 한다. 국망 전후 민족 운동가들은 이미 한인사회가 형성돼 있던 서·북간도를 비롯한 만주와 연해주 지역에 한인의 집단 이주를 추진했다. 그리고 독립군을 양성하기 위한 목적으로 무관학교를 세우기도 했다.

독립군기지 건설운동은 한인사회의 자치권을 확보하는 데서 시작됐다. 민족운동 단체들은 한인사회의 경제적 안정과 정치적 자치를 도모하면서 계몽운동과 민족교육을 통해 공동체를 형성하고 독립 의지를 고취하는 데 주력했다.

북간도에서는 1910년 간민회(墾民會)가 결성됐다. 간민회는 청(淸) 관리의 허가를 받아 합법적으로 활동하며 북간도 각지에 지회를 뒀다. 한인으로부터 교육 회비를 걷고, 김약연(金躍淵, 1868~1942)이 교장을 맡아 명동학교(明東學校)를 운영하기도 했다. 신해혁명(辛亥革命)[2] 이후에는 중국 혁명정부의 지지를 얻어 자치기관의 위상을 강화했다. 그러나 중국 정부가 철폐 명령을 내림으로써 1914년 해산됐다.

서간도에서는 1910년에 망명한 이회영(李會榮, 1867~1932), 이상룡(李相龍, 1858~1932) 등이 독립운동 기지를 경영하기 위해 1911년 경학사(耕學社)를 설립했다. 1912년에는 경학사를 대신한 부민단(扶民團)이 결성됐다. 부민

---

1   공화주의 국가의 주권을 군주 개인에게 두는 군주제가 아니라 국민에게 귀속케 하는 공화제를 지향하는 정치 이념이다.

2   신해혁명 1911년 중국에서 청을 무너뜨리고, 쑨원(孫文, 1866~1925)을 대총통으로 하는 중화민국을 세운 사건을 말한다.

단이라는 명칭의 의미는 부여의 유민이 다시 일어나 결성한 단체라는 것이다. 중앙 부서와 지방조직을 결성해 한인 자치를 담당했고, 신흥강습소(新興講習所, '신흥무관학교'의 전신)를 세워 민족교육을 실시했다. 부민단은 1919년 3·1운동 이후 결성된 한족회(韓族會)로 흡수됐다.

연해주에서는 1910년 국망 직전에 유인석 등이 국내외 의병부대를 하나로 묶고자 13도의군을 창설했다. 1911년에는 블라디보스토크 신한촌에서 권업회(勸業會)를 창립해 연해주 일대에 사는 한인들을 모으고 독립운동 기지를 건설하고자 했다. 권업회는 러시아 정부로부터 합법적인 자치기관으로 인정받아 한인 관련 행정 사무를 맡았으나, 1914년 러시아 정부에 의해 강제 해산됐다.

미국에서는 1910년에 대한인국민회(大韓人國民會)가 발족돼 미국 한인 사회 최고기관으로서 자치 정부의 역할을 하고자 했다. 1912년에는 조직을 확대해 샌프란시스코에서 대한인국민회 중앙총회를 공식 출범시켰다.

임시정부 수립운동

국망을 계기로 해외에서 임시정부 수립운동이 일어났다. 대한인국민회는 기관지 『신한민보(新韓民報)』를 통해 가장 먼저 임시정부 수립을 주장했다. 1910년 9월과 10월에 발표한 여러 논설에서 대한인국민회가 자치 능력을 길러 장차 임시정부 역할을 하자고 밝혔다. 대한인국민회가 한국인을 대표해 입법·행정·사법의 3대 기관을 두고 완전한 자치기관의 역할을 하겠다는 것

명동학교와 윤동주

명동학교는 1908년 4월 김약연 등이 지금의 중국 연변 조선족자치주 룽징(龍井)시 명동촌에 세운 근대적 민족학교였다. 1925년 문을 닫을 때까지 1,000여 명의 한국인 청년들을 교육해 졸업생으로 배출했다. 3·1운동 당시에는 이곳의 학생들과 주민들이 함께 만세시위를 벌였다.

명동촌은 시인 윤동주(尹東柱, 1917~1945)가 나고 자란 마을로, 김약연은 그의 외삼촌이다. 윤동주, 그의 사촌이자 독립운동가인 송몽규(宋夢奎, 1917~1945), 해방 후 민주화운동에 앞장선 목사 문익환(文益煥, 1918~1994) 등이 명동학교에서 함께 공부했다.

도판9 평양 숭실학교 시절의 윤동주(뒷줄 오른쪽)와 문익환(뒷줄 가운데).

207

이었다.

1911년에 들어서는『신한민보』주필 박용만(朴容萬, 1881~1928)이 무형국가론[3]을 주장했다. 그리고 1912년 11월에 열린 중앙총회에서 대한인국민회는 스스로 해외 한인을 대표하는 무형의 정부임을 천명했다. 그리고 형식상 대한제국은 이미 망했으나 정신상 민주주의 국가는 이제부터 일어날 것이라고 주장했다. 대한인국민회는 중앙총회, 지방총회, 지방회로 구성됐다. 당시 지방총회는 미국, 하와이, 만주, 시베리아 등에 있었다.

1917년에는 중국 상하이에서 신규식(申圭植, 1880~1922), 박은식(朴殷植, 1859~1925), 신채호(申采浩, 1880~1936), 조소앙(趙素昂, 1887~1958) 등 14명이「대동단결선언(大同團結宣言)」을 발표했다. 이 선언에서는 해외 여러 단체의 대표자가 모이는 대회를 열어 독립운동의 최고기관으로 임시정부를 건설하자고 제안했다. 또한 대헌(大憲), 즉 헌법을 제정해 민정(民情)에 부합하는 법치를 실행하고, 왕이 없는 공화정에 기반한 임시정부를 건설하자고 주장했다.「대동단결선언」은 복벽주의를 불식하고 공화주의를 민족운동의 이념으로 정착시키는 데 기여했다.

1919년 2월 연해주의 니콜리스크(우수리스크)에서 러시아, 간도, 국내 등에서 온 130여 명이 독립운동단체 대표회의를 열었다. 이 대회에서는 임시정부 성격의 대한국민의회를 조직하기로 결의했다. 대한국민의회는 체코슬로바키아의 국민회의를 모델로 삼았다. 오스트리아-헝가리 제국의 지배를 받던 체코슬로바키아는 1916년 파리에서 국민회의를 결성하고 독립투쟁을 벌였는데, 제1차 세계대전 후 연합국의 승인을 받아 1918년에 체코슬로바키아공화국을 수립할 수 있었다. 대한국민의회는 3·1운동이 한창이던 3월 17일에「독립선언서」를 발표하면서 공식 출범했다.

2 3·1운동과 대한민국임시정부

3·1운동 준비

1917년 러시아에서 레닌이, 1918년 미국에서 윌슨이 민족자결을 주창했다.

---

3 무형국가론 영토와 국민이 없더라도 우선 한인을 대표하는 정부와 국가를 세우자는 주장을 말한다.

유럽 열강의 식민지 쟁탈전이 제1차 세계대전이라는 비극으로 귀결된 데 대한 반성이었다. 민족자결주의는 일제의 무단통치로 고통받던 식민지 조선의 지식인과 청년, 학생에게 독립에 대한 희망을 불러일으켰다.

제1차 세계대전이 끝나고 세계 개조(改造)와 평화의 분위기가 고조되는 가운데 1919년 1월 18일 파리강화회의가 개최됐다. 사흘 후인 1월 21일 식민지 조선에서는 고종이 급사하는 사건이 벌어졌다. 지식인과 청년, 학생은 이를 계기로 한국인의 독립 의지를 세계에 알리기 위한 운동을 모의했다. 2월 8일 도쿄에서 유학생들이 「독립선언서」를 발표한 것도 독립운동을 준비하는 데 큰 자극이 됐다.

먼저 종교계가 움직였다. 손병희를 비롯한 천도교 지도자들은 만세시위를 계획했다. 만세시위운동은 '대중화·일원화·비폭력'이라는 3대 원칙을 내세웠다. 평양의 기독교계 지도자들도 독자적인 독립운동을 준비하던 중 천도교계로부터 연락을 받고 이승훈(李昇薰, 1864~1930)을 서울로 파견했다. 이에 2월 24일 천도교계와 기독교계는 만세시위를 함께 벌이는 데 합의했다. 이어 불교계의 지도자였던 한용운(韓龍雲, 1879~1944) 등을 끌어들이는 데 성공했다. 그러나 유림과의 연합은 성사되지 못했다.

김원벽(金元璧, 1894~1928), 강기덕(康基德, 1886~?) 등 서울의 전문학교 학생들도 1919년 1월부터 독립운동을 논의한 끝에 3월 5일 학생시위를 일으키는 데 합의했다. 그러던 중에 종교계가 3월 1일에 시위를 벌일 계획이라는 소식을 접하고 동참하기로 결정했다. 3월 1일 만세시위에서 발표할 「독립선언서」는 최남선(崔南善, 1890~1957)이 작성했다. 「독립선언서」에는 기독교계 16명, 천도교계 15명, 불교계 2명 등 모두 33인이 서명했다. 「독립선언서」 인쇄는 천도교계가 담당했고, 배포는 학생들이 서울을, 천도교계와 기독교계가 지방을 맡았다.

독립의 함성

3·1운동의 전개 과정은 3단계로 나뉜다. 제1단계는 3월 상순의 발발 단계다. 3월 1일 오후 2시 서울 종로 태화관(泰和館)에서는 「독립선언서」에 서명한 33인 가운데 29인이 참석해 독립선언식을 가졌다. 같은 시각 탑골공원에서는 학생들이 독립선언식을 열고 거리로 나가 만세시위를 벌였다. 이날 정오 이후부터 서울 외에도 평양·진남포·안주·의주·선천·원산 등 북부 지방 도

도판10 3·1운동 당시 여학생시위
1919년 3월 5일자 『오사카 아사히신문』에 실린 경성여자고등보통학교 학생시위 모습이다. 당시 여학생 사이에서 유행한 '히사시가미'라는 머리 모양 탓에 기생 사진으로 오해받기도 했다.

시에서 독립선언식과 만세시위가 일어났다. 첫날 지방시위는 서울과 사전에 연락을 주고받으며 「독립선언서」를 전달받은 천도교인과 기독교인을 중심으로 전개됐다. 3월 5일에는 서울에서 학생들이 준비한 만세시위가 만여 명이 참가한 가운데 일어났다. 3월 상순의 만세시위는 주로 북부 지방, 부청·군청 소재지, 교통 편리 지역에서 일어났다.

제2단계는 3월 중순의 확산 단계다. 이 시기 만세시위는 지식인, 청년, 학생은 물론 노동자와 상인에 의해 전국 소도시로 확산됐다. 동시에 주로 중남부 지방, 면 단위 이하 농촌 지역에서 일어났는데, 5일마다 열리는 장날이 농촌시위의 주요 무대였다. 종교는 물론 계급·계층 간, 지역별 연대시위도 활발하게 일어났다. 각종 비밀결사, 결사대가 조직돼 시위를 준비하고 주도하는 모습이 보이기도 했다.

제3단계는 3월 하순부터 4월 상순까지 민중의 진출 단계다. 3월 22일 서울에서 열린 노동자대회에는 많은 노동자가 참여해 만세시위를 전개했다. 이후 매일 게릴라식 시위가 벌어졌고, 26일과 27일에는 전차 종업원과 철도 노동자들이 파업에 돌입했다. 또한 이 단계에서는 시위가 다소 폭력화되는 양상을 보였는데, 발포 등 과잉 진압에 맞선 정당방위 성격의 폭력투쟁이 주를 이뤘다. 경찰과 군인을 동원한 일제의 탄압이 거세지면서 사망자도 늘어났다. 수원 제암리에서 29명의 주민이 살해된 제암리 학살 사건도 이 시기에 일어났다. 만세시위는 4월 10일을 전후해 차츰 잦아들었지만 5월 말까지 계속됐다.

국외에서도 만세시위가 일어났다. 서간도에서는 3월 12일 부민단이 주도하는 독립축하회와 만세시위가 일어났다. 다음 날인 13일에는 북간도의 용정에서 1만여 명의 한인들이 독립선언식과 만세시위를 벌였다. 17일에는 연해주 블라디보스토크의 신한촌에서 한인들이 만세행진을 했다. 미국에서는 한인들이 4월 14일부터 16일까지 필라델피아에 집결해 한인자유대회를 열고 독립선언식과 시가행진을 가졌다.

3·1운동의 역사적 의의: 민족운동의 분수령

3·1운동은 민족운동사에서 가장 큰 의의를 지닌 일대 사건이었다. 3·1운동에서 한국인은 신분·계급·지역·종교 등의 차이를 넘어 하나로 모였고, 이 경험은 이후 국내외 독립운동을 이끄는 원동력이 됐다. 3·1운동에서 활약했던 지식인·청년·학생·노동자·농민을 비롯한 민중은 여러 단체를 만들어 대중운동에 적극적으로 나섰다.

3·1운동은 대외적으로는 반일 독립운동이고 대내적으로는 민주주의운동이었다. 곳곳에서 발표한 「독립선언서」는 민족의 자주와 자결, 인류의 평등과 평화를 주장했다. 또한 여러 곳에서 내놓은 임시정부안 역시 군주가 없고 국민이 주인이 되는 민주공화정을 요구했다. 한국인의 독립과 자유의지

제암리·고주리 학살 사건

1919년 3월 말 경기도 수원 지역(현재의 화성시)의 시위는 조직화·폭력화 양상을 띠었다. 4월 3일에는 시위대의 공격으로 화수리 주재소가 불에 타고 일본인 순사가 죽었다. 4월 4일부터 일본군이 출동해 방화와 살인을 저질렀다. 4월 15일 발안장터에서 400여 명이 다시 시위를 벌였다. 그날 일본 군경은 주민을 제암리에 있는 교회에 몰아넣고 살해했다. 이어 제암리 건너편인 고주리로 가서 천도교인들을 학살했다. 캐나다 선교사 프랭크 스코필드(Frank William Schofield, 1889~1970)는 제암리에서 벌어진 학살을 미국에 폭로했다.

도판11 1960년 3·1 만세운동을 세계에 알린 스코필드(첫 줄 가운데)와 제암리 유족들이 함께 찍은 사진

는 조선총독부가 통치 방식을 무단통치에서 문화정치로 바꾸는 데 큰 역할을 했다.

3·1운동이 일어날 무렵 아시아에서는 민족운동이 활발히 전개됐다. 3·1운동은 중국에서 지식인과 학생이 주도한 반제국주의 민족운동인 5·4운동, 인도·베트남·필리핀 등에서 일어난 민족운동 등 제1차 세계대전 직후 아시아에서 일어난 반제국주의 저항운동의 선구였다.

대한민국임시정부의 탄생

3·1운동과 함께 임시정부 수립운동도 본격화됐다. 천도교는 1919년 3월 3일자로 발행한 『조선독립신문』에서 임시정부가 조직돼 임시대통령을 선출할 것이라는 소식을 전했다. 이후 서울을 비롯한 전국 각지에서 임시정부 수립을 촉구하거나 임시정부안을 담은 전단이 뿌려졌다. 한결같이 공화제 정부를 지향했다는 것이 특징이다.

서울에서 임시정부 수립을 준비하는 움직임이 나타난 것은 3월 중순이었다. 천도교계, 기독교계, 유교계, 불교계 인사들이 회합해 민주제와 대의제를 따르는 정부 수립을 명시한 「임시정부 약법」을 만들었다. 그리고 정부 각료를 선출했는데, 집정관 총재는 이승만, 국무총리는 이동휘(李東輝, 1873~1935)가 됐다. 또한 4월 2일에 인천 만국공원(현재의 자유공원)에서 13도 대표자회의를 열어 임시정부를 선포하기로 결의했다. 아쉽게도 13도 대표자 회

「대한민국임시헌장」

제1조　대한민국은 민주공화제로 한다.

제2조　대한민국은 임시정부가 임시의정원의 결의에 의해 이를 통치한다.

제3조　대한민국의 인민은 남녀, 귀천 및 빈부의 계급이 없고 일체 평등하다.

제4조　대한민국의 인민은 종교, 언론, 저작, 출판, 결사, 집회, 통신, 주소 이전, 신체 및 소유의 자유를 향유한다.

제5조　대한민국의 인민으로 공민 자격이 있는 자는 선거권과 피선거권이 있다.

제6조　대한민국의 인민은 교육, 납세 및 병역의 의무가 있다.

제7조　대한민국은 신(神)의 의사에 의하여 건국한 정신을 세계에 발휘하며 나아가 인류의 문화 및 평화에 공헌하기 위하야 국제연맹에 가입한다.

제8조　대한민국은 구 황실을 우대한다.

제9조　생명형, 신체형 및 공창제(公娼制)를 전부 폐지한다.

제10조　임시정부는 국토회복 후 만 1개년 내에 국회를 소집한다.

의는 성원 부족으로 좌절됐다. 그러나 4월 23일에 한성정부 수립을 알리는 전단이 뿌려졌다.

중국 상하이에서도 임시정부 수립이 준비됐다. 3·1운동을 준비하던 천도교계와 기독교계 인사들은 상하이에 현순(玄楯, 1880~1968)을 파견했다. 현순은 프랑스 조계 내에 독립임시사무소를 열었다. 그곳에 모인 독립운동가들은 논의 끝에 독립운동의 최고기관인 임시정부를 수립하기로 결의했다. 마침내 4월 11일 각 지방 대표가 모여 의회인 임시의정원을 구성함으로써 대한민국임시정부가 수립됐다. 이날 회의에서 '대한민국'이라는 국호와 '민국'이라는 연호를 제정했다. '대한'에는 일본에 빼앗긴 나라를 잇는다는 뜻을, '민국'에는 황제가 아닌 민의 나라라는 뜻을 담았다. 대한민국임시정부의 관제를 정하고 국무원도 구성했는데, 국무총리에는 이승만이 선출됐다. 민주공화정을 지향하는 「대한민국임시헌장」도 반포했다.

상하이 임시정부의 탄생과 함께 연해주의 대한국민의회와 국내에서 나온 한성정부안을 수용한 임시정부 통합이 추진됐다. 통합의 주역은 상하이임시정부 내무총장인 안창호(安昌浩, 1878~1938)였다. 그는 임시정부 통합방안으로 한성정부의 내각 명단을 활용했다. 임시정부는 상하이에 두기로했다. 임시의정원은 9월 6일 「대한민국임시헌법」을 제정하고 한성정부안 명단에 따라 대통령 이승만, 국무총리 이동휘를 비롯한 내각을 선출했다. 임시의정원에는 김마리아(金瑪利亞, 1892~1944)를 비롯한 여성 의원도 선출돼 활약했다.

대한민국임시정부에 닥친 고난

1919년 파리강화회의 기간에 탄생한 상하이의 대한민국임시정부는 김규식(金奎植, 1881~1950)을 외무총장 겸 파리위원부 대표에 임명했다. 미국에서는 이승만이 워싱턴에 구미위원부(歐美委員部)를 설치하고 외교활동을 벌였다. 같은 해 8월에는 임시정부의 존재를 널리 알리고 독립운동 진영을 지도할 목적으로 기관지 『독립신문(獨立新聞)』을 창간했다. 9월에는 국제연맹에 제출하기 위한 『한일관계사료집』[4]을 편찬했다. 사료집 편찬에는 독립신문사

---

4 『한일관계사료집』 모두 4편으로 구성됐다. 제1편은 고대로부터 당대에 이르는 한일관계 역사, 제2편은 한국 민족과 일본 민족의 차이를 들어 일본의 동화정책이 불가능함을 밝힌 논설, 제3편은 국망 이후 일

도판12 1921년 대한민국임시정부 및 임시의정원 신년 축하식 기념사진.
대한민국임시정부 요인 59명이 상하이 대동여사(大同旅舍)에서 행사 후 찍은 사진이다. 둘째 줄 왼쪽에서 세 번째부터 신익희, 신규식, 이시영, 이동휘 그리고 임시 대통령이었던 이승만이다. 한 사람 건너 아홉 번째가 이동녕, 다시 열한 번째가 안창호다. 맨 앞줄 왼쪽에서 세 번째는 당시 내무부 경무국장을 맡았던 김구다.

사장인 이광수가 중요한 역할을 했다. 임시정부는 국내외에 영향력을 행사하고 독립운동 자금을 마련하기 위해 임시교통국을 설치하고 연통제를 실시하기도 했다.

1919년 3월 이승만이 미국에 국제연맹의 위임을 받아 한국을 통치해달라는 청원서를 제출하면서(위임통치 청원) 임시정부 비판 세력이 베이징을 중심으로 등장했다. 논란의 중심에는 독립운동 방략을 둘러싼 갈등이 자리했다. 이승만이 미국을 상대로 한 외교활동에 별다른 성과를 내지 못하자 이에 대한 비판이 일어난 것이다. 국무총리로 취임한 이동휘는 외교운동보다 독립전쟁이 필요하다고 주장했고, 임시정부는 1920년을 독립전쟁의 원년으로 선포했다. 안창호는 외교나 독립운동도 중요하지만 장기적으로 실력양성이 필요하다고 봤다. 이동휘는 이승만과 갈등을 겪다가 1921년 1월 국무총리직을 사직하고 임시정부를 떠났다. 1920년 말 상하이에 왔던 이승만 역시 반년 만에 미국으로 돌아갔다.

　　　제 식민정책의 실상과 성격, 제4편은 3·1운동과 임시정부 수립에 대한 기록이다.

독립운동이 성과를 거두지 못한 데다가 독립운동 노선을 둘러싸고 지도자들 사이에 반복과 대립이 이어지자, 1921년경부터 임시정부는 어려움에 직면하게 됐다. 게다가 임시정부의 활동력이 떨어지면서 국내와의 연결고리였던 임시교통국과 연통제도 무너져갔다.

이러한 위기를 타개하고자 독립운동가들은 국민대표회의 소집을 제창했다. 1923년 1월 지역 대표와 단체 대표로 인정된 130여 명이 상하이에 모여 국민대표회의를 열었다. 임시정부의 재편 방안과 독립운동의 활로를 모색한 이 대회는 독립운동 사상 최대 규모의 회의로 4개월 정도 계속됐다. 그러나 회의 과정에서 기존의 임시정부를 해체하고 새로운 임시정부를 조직하자는 신채호 등의 창조파와, 대한민국임시정부는 그대로 두고 조직만 개조하자는 안창호 등의 개조파로 분열되면서 국민대표회의는 아무런 성과를 거두지 못하고 종료하고 말았다. 임시의정원은 국민대표회의가 진행 중이던 1923년 4월에 이승만 탄핵안을 제출했다. 1925년 3월 23일에는 이승만을 탄핵 면직하고, 박은식을 임시대통령으로 선출했다. 이러한 혼란과 분열을 겪으며 임시정부는 침체 상태에 빠지고 말았다.

3 독립군의 무장투쟁과 의열단

봉오동전투와 청산리전투

3·1운동 이후 만주에서는 독립전쟁의 분위기가 고조됐다. 1919년부터 이듬해에 걸쳐 북간도와 서간도에서 조직된 독립군 부대만 50여 개에 달했다. 독립군 부대들은 1920년 압록강과 두만강을 건너 국내 진공 작전을 전개했다. 조선 주둔 일본군은 1920년 6월 독립군 부대를 없애려고 250여 명의 추격대를 편성해 국경을 넘어 훈춘(琿春) 부근의 봉오동 쪽으로 진격해왔다. 최진동(崔振東, ?~1941), 홍범도(洪範圖, 1868~1943) 등이 이끈 대한북로독군부(大韓北路督軍府)는 일본군을 봉오동 골짜기로 유인해 큰 피해를 입혔다(봉오동전투).

이후 일본군은 훈춘사건[5]을 계기로 2만여 명의 대병력을 동원해 서간도

---

5   훈춘사건 1920년 10월 중국 마적이 훈춘의 민가와 일본 영사관을 습격한 사건이다. 일본군이 간도 출

와 북간도를 침략했다. 독립군 부대들은 일단 일본군과의 정면승부를 피하고 백두산 서쪽 산록으로 이동했다. 독립군 부대의 동태를 파악한 일본군이 추격 부대를 파견했다. 1920년 10월 김좌진(金佐鎭, 1889~1930)이 이끈 북로군정서와 홍범도가 이끈 연합부대는 백두산 산록 청산리 일대에서 수차례에 걸쳐 일본군에 맞서 큰 손실을 입히고 추격을 뿌리쳤다(청산리전투).

자유시사변

일본군이 독립군에 대한 보복으로 한인 촌락을 습격해 한인 이주민을 학살하고 건물을 불태우는 경신참변(庚申慘變)[6]을 일으켰다. 1920년 10월과 11월에만 북간도 8개 현에서 3,600여 명이 살해됐고 3,200여 채의 가옥이 불탔다.

일본군이 대대적으로 간도를 침략하면서 1920년 정점에 달했던 독립전쟁은 일단 위축됐다. 독립군 부대는 일본군의 추격을 피해 북만주의 밀산(密山, 미산)에 집결했다가 1920년 말부터 연해주로 이동했다. 1921년 초 북로군정서를 비롯한 일부 부대는 러시아혁명군의 지원을 기대하기 어렵다고 판단하고 북만주로 돌아왔다. 홍범도, 지청천(池靑天, 1888~1957, 일명 '이청천') 등이 이끈 독립군 부대는 북으로 이동해 1921년 3월 자유시(스보보드니)에 도착했다. 연해주 지역에서 러시아혁명군과 함께 활동한 최고려(崔高麗, 1893~?)가 지휘하는 자유대대, 니콜라옙스크(尼港) 빨치산 부대 지휘관인 박일리아(1891~1938)가 이끄는 사할린의용대 등의 유격대도 자유시에 집결했다.

여러 한인 부대를 고려혁명군으로 통합하는 과정에서 자유대대와 사할린의용대가 충돌했다. 1921년 6월 28일 러시아혁명군과 자유대대 측이 사할린의용대와 일부 독립군 부대 주둔지를 포위하고 공격을 가했다. 많은 사상자가 발생했고 사할린의용대 등은 사방으로 흩어졌다. 이를 '자유시사변(自由市事變, 혹하사변(黑河事變))'이라고 부른다. 비극이 일어난 배경에는 한인 사회주의자 사이의 대립이 자리했다. 자유대대는 이르쿠츠크 고려공산당의 영향력하에 있었고 사할린의용대는 상하이 고려공산당의 세력하에 있었던 것이다. 양자의 유혈 충돌로 큰 타격을 입은 독립군 부대는 연해주를 떠나 다

병의 구실을 얻기 위해 중국 마적을 매수했다는 설도 있다.

6 경신참변 경신년인 1920년 10월부터 서너 달에 걸쳐 일본군이 간도의 한인사회를 공격해 수천 명의 동포를 학살한 사건이다. 미국인 선교사에 의해 그 참상이 기록됐다.

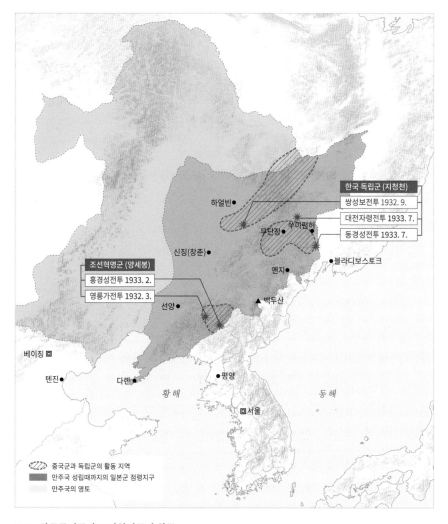

지도1 한국독립군과 조선혁명군의 활동
1930년대 초반 조선혁명당 산하의 조선혁명군은 남만주에서, 한국독립당 산하의 한국독립군은 북만주에서
한중연합군을 편성해 대일항전을 전개했다.

시 만주로 돌아왔다.

3부의 한인 자치에 기반한 무장투쟁

만주로 돌아온 독립군 부대들은 재기를 도모했다. 1922년 8월 북만주 지역에
서는 대한독립군단(大韓獨立軍團)이, 남만주 지역에서는 대한통의부(大韓統義
府)가 탄생했다. 1924년 5월에는 대한통의부의 일부 세력이 이탈해 참의부
(參議府)를 결성했다. 서간도에 근거지를 둔 참의부는 임시정부 산하기관으
로서 군사활동에 치중했다. 대한통의부는 1924년 11월 정의부로 확대 개편

됐다. 하얼빈 이남의 만주 중앙을 근거지로 하는 정의부는 군사기구이자 자치기구라는 이중적 위상을 갖고 있었다. 1925년 3월에는 대한독립군단과 북로군정서가 통합해 신민부(新民府)를 출범시켰다. 만주 동부 지역에 자리한 신민부 역시 군사기구이자 자치기구의 성격을 띠었다. 이처럼 1920년대 중반 만주에서는 3부, 즉 참의부·정의부·신민부가 성립했다.

1920년대 후반 만주에서는 민족 유일당운동의 흐름 속에 3부 통합운동이 일어났다. 하지만 통합 방법을 둘러싸고 의견이 달라 1929년에 북만주의 혁신의회(革新議會)와 남만주의 국민부(國民府)로 재편됐다. 국민부는 조선혁명당(朝鮮革命黨)의 지도를 받았고, 무장 부대로서 조선혁명군을 뒀다. 혁신의회는 1930년 한국독립당(韓國獨立黨)으로 탈바꿈하고 한국독립군을 결성했다.

1931년 9월 만주사변이 일어났을 때는 한국독립군과 조선혁명군이 일본군과의 전투에 참여했다. 한국독립군은 1932년 9월과 11월에 쌍성보전투를 승리로 이끌었다. 다음 해 6월의 동경성전투와 7월의 대전자령전투에서도 승리했다. 조선혁명군은 1932년 3월 영릉가전투를 승전으로 이끈 후 환인현·통화현·유하현 일대를 평정했다. 다음 해 2월에는 흥경성전투에서도 승리했다. 하지만 1932년 3월 만주국이 수립되고 일본군이 만주 전역을 점령하자 일본군과 지속적인 전투를 벌이기가 어려워졌다. 한국독립군과 조선혁명군의 주도 세력은 중국 관내 독립운동 세력과 손을 잡고 후일을 도모하기 위해 중국 동북 지방을 벗어나 산하이관(山海關) 이남인 관내 지역으로 이동했다.

의열단: 의열투쟁과 민중 직접 혁명론

1919년 11월 10일 만주에서 황상규(黃尙奎, 1890~1931)의 지도와 김원봉(金元鳳, 1898~1958)의 주도로 단원 13명이 모인 가운데 의열단(義烈團)이 창립됐다. 의열단은 암살과 파괴 공작을 주 임무로 삼았다. 특히 식민지배의 심장부인 조선총독부와 식민지배기관을 직접 겨냥한 거사에 주력했다. 창단 직후 근거지를 베이징으로 옮겼으며, 1924년 무렵에는 70여 명의 단원을 거느렸다.

의열단은 과감한 행동으로 독립에 대한 의지와 열망을 알렸다. 1920년 박재혁(朴載赫, 1895~1921)의 부산경찰서 폭탄 투척, 최수봉(崔壽鳳, 1894~1921)의 밀양경찰서 폭탄 투척, 1921년 김익상(金益相, 1895~1942)의 총독부

폭탄 투척, 1922년 상하이에서 오성륜(吳成崙, 1900~?)·김익상·이종암의 일본 육군대장 다나카 기이치(田中義一, 1863~1929) 저격, 1923년 김상옥(金相玉, 1889~1923)의 종로경찰서 폭탄 투척, 김지섭(金祉燮, 1885~1928)의 도쿄 니주바시 폭탄 투척, 1926년 나석주(羅錫疇, 1892~1926)의 동양척식회사 및 식산은행 폭탄 투척 등은 모두 의열단이 일으킨 거사였다.

의열단 의열투쟁의 사상적 기초는 아나키즘(anarchism)이었다. 아나키즘의 어원은 '지배자가 없다', '권력이나 정부가 없다'는 그리스어 아나코(an-archos)다. 아나키즘은 무정부주의라고 번역되는데, 아나키스트들은 국가권력을 포함한 모든 권력을 부정했다. 한국인 아나키스트들에게 국가권력 부정은 식민권력, 즉 일본 제국주의 타도를 의미했다. 따라서 아나키즘의 반권력, 반제국주의 투쟁은 독립운동과 결합할 수 있었다.

아나키즘은 민중의 직접행동을 강조했다. 신채호는 1923년 의열단의 투쟁 지침으로 작성한 「조선혁명선언」에서 민중직접혁명론을 제창했다. 이에 따르면 첫째, 지금까지 혁명은 인민을 지배하는 상전(上典)의 이름을 변경한 것에 불과했으나 앞으로 혁명은 민중이 스스로를 위해 하는 혁명, 즉 민중 직접 혁명이어야 한다. 둘째, 민중직접혁명을 완수하려면 먼저 깨달은 민중이 혁명적 선구가 돼야 한다. 셋째, 일본 제국주의를 쫓아내고 민중을 해방하기 위해서는 민중의 폭력혁명이 일어나야 한다. 즉 민중과 폭력 가운데 하나가 빠지면 그것은 곧 수그러들 수밖에 없다는 것이다. 이때 폭력혁명의 수단으로는 암살·파괴·폭동 등이 제시됐다.

그러나 의열단은 1925년 이후 암살·파괴활동에서 무장군사활동으로 노선 전환을 시도했다. 식민지배를 끝내기 위해서는 요인 암살과 기관·시설물 파괴만으로는 불가능하며, 민중의 조직적 무장투쟁이 필요하다고 판단했기 때문이었다. 의열단은 본부를 광저우(廣州)로 옮기고 핵심 단원들을 황포(黃埔)군관학교[7]에 입학시켰다.

---

7   황포군관학교 중국 국민혁명에 필요한 군사 간부를 양성하기 위해 1924년 1월 광저우에 설립된 군사 교육기관이다. 제1차 국공합작의 결실로, 교장은 장제스(蔣介石, 1887~1975)가 맡았다.

4 민족해방운동의 분화

실력양성운동

3·1운동 이후 문화정치가 실시되면서 부분적으로나마 정치활동과 사회운동
이 가능해졌다. 이때 많은 민족주의자가 독립을 위해서는 민족의 실력을 기
르는 것이 무엇보다 중요하다는 실력양성론을 주장했다. 실력양성을 위한
방법으로는 교육의 보급을 통한 인재양성과 민족 자본의 육성을 강조했다.
이러한 주장은 민립대학 설립운동과 물산장려운동으로 구체화됐다.

조선총독부가 1918년부터 3개 면당 1개 학교정책을 실시하면서 초등교
육기관인 보통학교가 늘어났으나 한국인의 교육열을 수용하기에는 여전히
학교 수가 터무니없이 부족했다. 더욱이 중등교육기관인 고등보통학교 등의
증설은 거의 이뤄지지 않았고, 한국인의 사립학교 설립과 운영은 억제됐다.
이러한 가운데 한국인 사이에 교육 기회를 늘리자고 주장하는 목소리가 커졌
다. 1920년 차미리사(車美理士, 1880~1955)는 조선여자교육협회(朝鮮女子敎育
協會)를 설립하고, 순회강연을 통해 여성교육의 필요성을 강조하기도 했다.

동아일보사와 조선청년회연합회(朝鮮靑年會聯合會)가 한국인 본위 교육
을 적극적으로 주장하는 가운데 대학 설립의 필요성이 제기됐다. 1922년 이
상재(李商在, 1851~1927)를 대표로 한 조선민립대학기성준비회가 결성됐고,
이듬해 3월 조선민립대학기성회(朝鮮民立大學期成會)가 조직됐다. 조선민립
대학기성회는 서울에 중앙부를 설치하고, 지역에는 군 단위의 지방부와 면
단위의 지회를 조직했다. 그리고 한국인의 힘으로 민립대학을 설립한다는
원칙을 정한 후에 '일천만이 일 원씩'이라는 구호 아래 1,000만 원 모금운동
을 전개했다. 모금운동은 국내뿐 아니라 간도와 하와이 등 국외에서도 전개
됐다.

그러나 민립대학 설립운동은 계속되는 일제의 방해와 탄압에 더해 1923

식민지 조선의 관세

일본은 서구 열강의 우려를 무마하기 위해 한국을 병합한 후에도 10년간 대한제국의
관세를 유지하겠다고 약속했다. 1920년 8월 「일본관세법」이 식민지 조선에 적용해 조
선과 일본 사이에 관세가 사라지자, 한국인들은 일본 상품이 한국 시장을 독점하게 될
것이라며 반대했다. 일본은 관세 특례를 두는 등 조선산업을 보호한다고 표방했으나,
점차 일본 상품의 이입세를 철폐하는 방향으로 나아갔다.

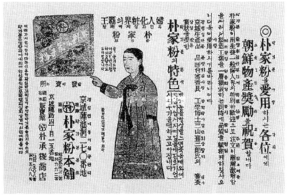

도판13, 14 조선물산장려회 포스터와 박가분 광고
조선물산장려회 포스터에는 "자- 자작자급하야 우리 것으로 살자"라는 문구가 크게 쓰여 있다. 1923년 2월 16일 『동아일보』에 실린 박가분 광고는 "박가분을 애용하시는 여러분께 조선물산장려를 축하합니다"라는 문구를 실었다.

년부터 전국적으로 가뭄과 수해가 잇달아 일어나면서 원활하게 전개되지 못했다. 한편 사회주의자들은 강습소와 야학 등 대중교육기관의 설립이 더 시급하다며 민립대학 설립운동에는 비판적이었다. 이러한 상황 속에서 지방 유력자들의 참여도 저조해 모금운동이 어려워지자 민립대학 설립운동은 중단됐다. 총독부는 민립대학 설립운동을 견제하는 한편, 1924년 경성제국대학을 설립했다.

한편 1920년 회사령이 폐지되고 일본 상품에 대한 관세철폐문제가 가시화되자, 한국인 자본가들의 위기의식이 커졌다. 이러한 가운데 평안도 지역의 민족주의자와 자본가들은 이 문제에 대응하고자, 1920년 8월 평양에서 조만식(曺晩植, 1883~1950)을 중심으로 조선물산장려회(朝鮮物産獎勵會)를 발기했다. 조선청년회연합회는 1922년에 "내 살림 내 것으로"와 "조선 사람 조선 것"이라는 표어를 선정했고, 동아일보사도 사설을 통해 물산장려운동을 적극적으로 지원했다. 마침내 1923년 1월 서울에서 조선물산장려회가 조직됐다. 조선물산장려회는 "조선 사람은 조선 사람이 지은 것을 사 쓰자"라는 슬로건을 전면에 내걸고, 선전 강연회를 열거나 시가행진을 벌였다.

토산품 애용을 강조한 물산장려운동은 청년운동단체의 금주·단연운동이나 소비절약운동과 결합해 전국적으로 큰 호응을 얻었다. 물산장려운동이 확산되면서 각 지역에는 토산장려회나 물산장려회를 표방하는 단체들도 생겨났다. 국내 상해파 사회주의자들도 사회주의혁명을 위해서는 생산력 증대가 필요하다고 보고 물산장려운동에 적극적으로 참여했다.

그러나 물산장려운동은 1923년 여름 이후 급속히 쇠퇴했다. 일본 자본에 비해 규모나 기술이 상대적으로 취약한 한국인 자본은 수요를 뒷받침할 만한 생산력을 갖추지 못했기 때문이다. 게다가 자본가와 상인은 수요가 늘자 물건값을 올려 이익을 취함으로써 혼란을 초래했다. 또한 일부 사회주의자들은 물산장려운동이 자본가와 중산계급이 민족이라는 이름을 이용해 자신들의 사적 이익을 추구한 이기적인 운동이며 일본 물품에 대한 배척운동으로 전개된 것도 아니라고 비판하여, 물산장려운동의 쇠퇴에 영향을 미쳤다.

자치운동

친일 정치 세력은 독립을 포기하고 일제의 식민지배를 받아들인 채 그 속에서 정치적 권리를 확보하기 위한 활동을 전개했다. 고원훈(高元勳, 1881~?) 등의 자치운동이나 동광회(同光會)의 내정 독립운동, 국민협회의 참정권 청원운동 등이 대표적이다.

한편 민족주의자들이 중심이 된 자치운동도 일어났다. 이는 1920년대에 걸쳐 모두 세 차례나 불거졌다. 첫 번째 움직임은 1923년 말부터 1924년 초에 본격화됐다. 이를 주도한 이는 김성수(金性洙, 1891~1955), 송진우(宋鎭禹, 1890~1945) 등 동아일보사 그룹과 천도교 신파인 최린(崔麟, 1878~1958) 등 타협적 민족주의 세력이었다. 이들은 유력한 민족단체를 조직하기 위한 연정회(硏政會) 준비 모임을 주도했다.

동아일보사는 조선총독부를 보호하자고 요구하는 사설과 더불어 법률이 허락하는 한도 내에서 합법적인 정치운동을 전개할 것을 주장하는 이광수의 「민족적 경륜」을 1924년 벽두에 게재했다. 이는 이후에 타협적 민족운동 반대와 『동아일보』 불매운동을 불러일으켰고, 결국 자치운동은 수면 아래로 가라앉았다.

1925년 11월 총독부 기관지인 『경성일보』 사장 소에지마 미치마사(副島道正, 1871~1948)가 자치론을 주장하자 자치운동은 다시 고개를 들었다. 1926년 초까지 일본인들 사이에서 조선의 자치를 놓고 찬반 논란이 전개되는 가운데, 김성수와 최린 등은 다시 자치운동단체를 조직하고자 했다. 그러나 사회주의 세력과 비타협적 민족주의 세력이 자치운동 반대를 내걸고 민족협동전선인 조선민흥회(朝鮮民興會)와 신간회(新幹會)를 조직했다. 때마침

자치운동을 후원하던 사이토 총독도 조선을 떠나면서, 자치운동은 다시 중단되고 말았다.

1929년 8월 사이토 총독이 재부임하자 자치운동의 세 번째 움직임이 전개됐다. 총독부는 조선의회 설치를 골자로 하는 자치안을 제시했고, 이에 최린과 김성수, 송진우 등은 다시 자치운동에 대한 협의를 전개했다. 또한 신간회 본부의 김병로(金炳魯, 1887~1964)·박문희(朴文熺, 1901~?) 등과 조선청년총동맹 지도부의 허일(許一, 1897~?)·이항발(李恒發, 1891~1957) 등도 당면 이익 획득운동이나 합법운동을 주장하면서 이에 동조했다. 그러나 조선의회 설치가 무산되고, 지방제도 개정도 1930년 12월에 자문기관인 도평의회·부협의회·면협의회를 도회·부회·면회 등 형식적인 의결기관으로 변경하는 데 그치면서 타협적 민족주의 세력의 자치운동은 힘을 잃었다.

사회주의의 수용과 공산주의 그룹

사회주의사상은 제1차 세계대전과 러시아혁명을 거치면서 본격적으로 수용되기 시작했다. 사회주의사상에는 마르크스주의뿐만 아니라 아나키즘, 기독교사회주의[8] 등과 같이 매우 다양한 조류가 포함돼 있었다. 그러나 3·1운동을 거치면서 마르크스주의가 사회주의운동의 지도이념으로 점차 자리 잡았다. 여기에는 식민지 피압박 민족에 대한 소비에트 러시아 및 국제 공산당조직인 코민테른(Comintern)[9]의 지원과 일본 사회주의운동이 영향을 미쳤다.

사회주의사상과 사회주의운동은 해외에서 태동했다. 일본에서는 신학문을 수용하기 위해 건너간 재일 유학생들이 사회주의사상을 수용하고 사회주의운동을 전개했다. 그 가운데 김철수(金錣洙, 1893~1986), 장덕수(張德秀, 1894~1947) 등으로 구성된 김철수 그룹이 대표적이다. 이 그룹은 1916년 도쿄에서 조선·중국·베트남 등 아시아 각국의 유학생들로 비밀리에 조직된 신아동맹당(新亞同盟黨)의 참가자들로 구성됐다. 1920년에 국내로 본거지를 옮기면서 국내 사회주의자들과 결합해 사회혁명당을 조직했다.

러시아에서는 국내에서 계몽운동을 벌이다가 1910년대에 만주로 건너

---

8   기독교사회주의 기독교 신앙을 통해 빈부격차 등을 해결하고 사회주의를 이루려는 이념이다.

9   코민테른 '코뮤니스트 인터내셔널(Communist International)'의 줄임말로, 1919년 모스크바에서 창립됐다. 국제 공산당조직으로 한국의 사회주의운동에도 큰 영향을 줬으며, 1943년에 해산됐다.

가 독립군운동을 전개한 민족주의자들이 사회주의사상을 수용해 활동했다. 이동휘(李東輝, 1873~1935), 김립(金立, ?~1922) 등은 1918년 5월 하바롭스크(Khabarovsk)에서 한인사회당을 조직했다. 이들은 1919년 8월 이동휘가 국무총리로 취임해 대한민국임시정부에 참여하면서 본거지를 상하이로 이전했다.

1921년 5월에는 한인사회당과 사회혁명당 등이 연합해 상하이에서 고려공산당(高麗共産黨)을 조직했다. 식민지 조선과 일본, 중국의 한인 사회주의자들을 망라한 이른바 상해파 고려공산당이다. 그리고 같은 해 5월 이르쿠츠크(Irkutsk)에서 활동하던 러시아 귀화 한인들과 상하이에서 활동하던 김만겸(金萬謙, 1886~1938), 안병찬(安炳瓚, 1854~1921) 등 한인사회당 반대 그룹이 결합해 고려공산당을 조직했다. 이른바 이르쿠츠크파 고려공산당의 탄생이다.

코민테른은 각 나라나 지역마다 지부를 한 곳만 인정했다. 상해파와 이르쿠츠크파는 코민테른의 배타적 지부가 되기 위해 서로 경쟁했다. 상해파는 먼저 민족해방을 수행한 뒤에 그 결과를 토대로 연이어 사회주의혁명을 도모한다는 연속혁명론을 지지했다. 반면 이르쿠츠크파는 민족해방과 사회주의혁명을 동시 병행한다는 즉각적 사회주의혁명론을 지지했다.

3·1운동 이후 대중운동단체가 속속 등장했는데, 그 이면에는 몇 개의 공산주의 그룹이 비밀결사의 형태로 활동하고 있었다. 공산주의 그룹들은 대중운동단체를 조직하는 동시에 마르크스주의 선전에 주력했다. 공산주의 그룹들은 자본주의가 극복되고 사회주의가 필연적으로 도래한다고 여겼다. 그리고 식민지 조선은 제국주의 일본에 의해 지배받는 자본주의사회이며, 제국주의 일본도 필연적으로 붕괴할 수밖에 없다고 봤다. 즉 마르크스주의를 민족해방과 사회주의 건설을 동시에 실현할 수 있는 해방의 이데올로기로 여긴 것이다.

김윤식 사회장 논쟁

1922년 1월 김윤식이 사망하자 한국인 명망가와 민족주의자는 사회장을 추진했다. 김윤식은 한국 정부의 고관을 지내 국망 당시 일본으로부터 귀족 작위를 받았다. 그러나 3·1운동이 전개될 때 조선 독립 청원을 제출해 작위를 박탈당하면서 대중의 두터운 신망을 얻었다. 민족주의자와 상해파 사회주의자가 사회장을 추진한 데 대해, 다수의 사회주의자가 귀족계급과 사회 개량가를 배격해야 한다며 반대해 논쟁이 빚어졌다.

1920년대 초반까지 사회주의운동을 주도한 국내 상해파는 당면 혁명을 민족혁명 단계로 설정하고, 민족주의 세력과 통일전선 결성에 주력했다. 1922년 조선 유림의 원로인 김윤식이 사망하자 민족주의자들은 김윤식 사회장을 추진했다. 그즈음 물산장려운동도 본격적으로 추진됐다. 국내 상해파는 김윤식 사회장에 찬성하고, 1923년에는 물산장려운동에도 적극적으로 참여했다.

국내의 다른 공산주의 그룹은 국내 상해파의 노선에 반대투쟁을 전개했다. 김윤식 사회장 과정에서 국내 상해파 중 일부 사회주의자들이 분리해 나갔다. 물산장려운동에 대해서도 서울파의 고려공산동맹 등은 반대 입장을 분명히 했다.

이러한 논쟁을 통해 사회주의운동의 주도권은 새로운 공산주의 그룹들에게 넘어갔다. 이들은 합법적인 활동을 전개하기 위해 화요회, 북풍회, 조선노동당 등과 같은 사회주의사상단체를 조직했다. 이들은 각각 화요파, 북풍파, 조선노동당파로 불리면서 이후 상해파, 이르쿠츠크파, 서울파 등과 함께 사회주의운동을 주도했다.

조선공산당

1920년대 초반 여러 공산주의 그룹은 이합집산을 거듭하면서 통일적인 공산당을 조직하고자 했다. 그 결과 두 개의 당이 출현했다. 1923년 2월 서울파를 중심으로 고려공산동맹이 조직되고, 1925년 4월 화요파가 중심이 되고 북풍파와 상해파가 참여해 조선공산당(제1차)이 결성된 것이다.

고려공산동맹과 조선공산당은 힘의 균형을 유지하면서 서로 코민테른의 지부가 되기 위해 경쟁했다. 1925년 12월 조선공산당은 지도부가 검거됐으나 바로 새로운 지도부를 세웠다(제2차 조선공산당). 1926년 3월 코민테른은 「조선문제에 대한 결정」을 통해 조선공산당을 코민테른의 지부로 최종 승인했다. 이에 따라 고려공산동맹은 조선공산당과 결합해야 한다는 서울신파와 이 결합에 소극적인 서울 구파로 분열됐다.

1926년 6·10만세운동을 주도한 조선공산당은 일제의 탄압으로 궤멸에 가까운 상태에 빠졌다. 조선공산당 중앙위원 가운데 검거를 모면한 이는 새로운 중앙위원회를 구성하기 위해 다양한 공산주의 그룹과 연계를 모색했다. 1926년 12월 ML파[10] 주도로 제2차 당대회가 열려 이른바 통일조선공산당

도판15 조선공산당과 고려 공산 청년회 재판 기사
1927년 4월 3일 『동아일보』 기사로, '기미운동 이후 조선 초유의 비밀결사 사건'이라는 제목과 함께 관련자들의 모습이 보인다.

이 조직됐다(제3차 조선공산당). 통일조선공산당은 통합에 소극적이었던 서울 구파를 포함해 국내외 모든 사회주의운동을 하나의 깃발 아래 모으는 데 일단 성공했다. 이에 앞서 조선공산당은 1926년 11월 「정우회 선언」을 통해 민족협동전선 조직, 경제투쟁에서 정치투쟁으로 전환, 분파투쟁 청산 등을 내용으로 하는 방향전환론을 주창했다. 이 선언을 계기로 민족주의자들과 더불어 신간회 결성으로 나아갔다.

그러나 1927년 서울 구파와 상해파는 ML파의 독단적인 조선공산당 운영을 비판하면서, 1927년 12월 서울의 춘경원에서 비밀리에 자신들만의 제3차 당대회를 개최했다(춘경원당). 이른바 서울상해파(약칭 '서상파')의 출현이다. 반면 조선공산당은 1928년 2월 제3차 당대회를 개최하고 노동자 출신의 차금봉(車今奉, 1898~1929)을 책임비서로 선출했다(제4차 조선공산당). 또다시 출현한 두 개의 공산당은 코민테른에서 자신들의 당대회가 갖는 정통성을 주장하면서 파쟁을 전개했다.

코민테른은 1928년 12월에 「조선의 농민 및 노동자의 임무에 관한 테제」(12월테제)를 발표해 한국 사회주의운동에 대한 견해를 밝혔다. 12월테제는 지식인의 파벌투쟁을 조선 사회주의운동의 가장 큰 문제로 규정하고, 지식인의 파벌에서 벗어나 노동자와 농민에 기반을 둔 공산당을 새롭게 조직하라고 밝혔다.

---

10   ML파 맑스 레닌주의 동맹, 서울 신파, 만주 공산주의 청년회(일명 '만주 공청파'), 일월회 그룹 등이 모여 결성한 공산주의 그룹이다.

5 민족협동전선운동

민족유일당운동

중국의 국민당과 공산당이 제1차 국공합작을 전개하는 가운데, 중국 관내 지역에서는 대혁명당을 조직하자는 안창호의 주장을 계기로 1926년 7월 민족유일당운동이 본격화됐다. 이후 일부 사회주의자들도 참가해 베이징·상하이·광둥·우한·난징 등에 민족유일당 촉성회가 조직됐다. 1927년 11월 상하이에서는 각 지역의 촉성회를 결합해 민족유일당을 조직하려는 한국독립당 관내촉성회연합회가 개최됐다.

그러나 국제 환경은 민족유일당 운동을 전개하는 데 걸림돌이 됐다. 먼저 1927년 4월 장제스의 쿠데타 이후 제1차 국공합작이 결렬됐기 때문이다. 그리고 1928년 코민테른 제6차 대회가 식민지 민족해방운동에서 민족주의자들의 혁명성을 부정하고 사회주의자와 민족주의자의 연대를 비판하는 '계급 대 계급' 전술을 채택했기 때문이다. 결국 1929년 10월 민족유일당 상해촉성회의 해체를 계기로 중국 관내 지역의 민족유일당운동은 실패로 돌아갔다.

민족유일당운동은 만주에서도 전개됐다. 1927년 4월 정의부의 주도로 일부 사회주의 세력도 참가한 가운데 민족유일당 결성을 위한 회의가 개최됐다. 그러나 참가 단체 사이의 갈등으로 인해 회의는 성과 없이 결렬됐다. 1928년 5월에는 정의부·신민부·조선공산당 대표가 만나 전민족유일당조직촉성회를 조직했다. 이 조직은 민족유일당의 조직 방법을 둘러싸고, 단체 본위를 주장하는 세력과 개인 본위를 주장하는 세력으로 다시 분열됐다.

전민족유일당조직촉성회가 결렬되자, 만주 지역의 통일운동은 정의부·참의부·신민부의 3부 통합운동으로 전환됐다. 그 결과 민족주의 세력 가운데 개인 본위를 주장한 세력은 1928년 12월 북만주에 혁신의회를 결성했고, 단체 본위를 주장한 세력은 1929년 4월 남만주에 국민부를 조직했다.

장제스의 쿠데타

1924년 쑨원이 이끄는 광둥의 국민정부는 군벌이 장악한 베이징 정부를 무너뜨리고 중국 통일을 달성하고자 공산당과 국공합작을 이뤘다. 1925년 쑨원이 사망했음에도 국민정부는 1926년 북벌을 개시했다. 그러나 1927년 4월 상하이를 점령한 국민당 장제스의 군대가 공산당 간부와 이를 따르는 노동자 수천 명을 살해하자 국공합작은 결렬됐다.

국내 민족협동전선의 모색과 6·10만세운동

3·1운동에 적극적으로 참여했던 학생들은 1920년 5월 전국 단위의 학생운동 단체인 조선학생대회를 조직했다. 1923년에는 전문학교 학생을 중심으로 조선학생회(朝鮮學生會)가 조직됐다. 이들 단체는 계몽적 성격이 강했다. 이후 사회주의사상의 영향으로 1925년에는 공산주의 그룹과 연계된 조선학생사회과학연구회(朝鮮學生社會科學研究會) 등 새로운 학생운동단체가 등장했다.

1926년 4월 순종이 사망하자, 천도교를 중심으로 하는 민족주의자와 조선공산당을 중심으로 하는 사회주의자는 장례 행렬에 맞춰 만세시위를 계획했다. 계획은 사전에 일제에 발각돼 조선공산당은 궤멸적인 타격을 입었다. 그러나 조선공산당의 외곽단체인 고려공산청년회(高麗共産青年會)의 지도 아래 있던 조선학생사회과학연구회 등 학생운동단체들의 움직임은 발각되지 않았다. 6월 10일 군경들이 삼엄한 경비를 서는 상황에서 조선학생사회과학연구회를 중심으로 전문학교·중등학교 학생들이 격문을 뿌리고 만세시위를 벌였다(6·10만세운동). 이날 군경의 강경 진압으로 수백 명의 부상자가 발생했고, 200여 명의 학생이 검거됐다.

신간회

비타협적 민족주의자들과 사회주의자들은 민족협동전선을 결성하기 위한 노력을 거듭했다. 1926년 3월 조선공산당 책임비서 강달영(姜達永, 1887~1942)은 비타협적 민족주의 세력의 지도자들과 회합하고, 자치운동에 반대하는 국민당 형태의 협동전선 결성에 합의했다. 그러나 6·10만세운동의 여파로 조선공산당이 무너질 정도의 타격을 입으면서 계획은 실현되지 못했다. 1926년 7월에는 서울파의 고려공산동맹과 조선물산장려회의 민족주의자들이 함께 민족협동전선인 조선민흥회(朝鮮民興會)를 조직했다. 조선공산당도 「정우회 선언」을 통해 비타협적 민족주의 세력과 협동전선 결성을 천명했다.

1927년 2월 15일 서울 종로 기독교청년회관에서 250여 명의 회원이 운집한 가운데 신간회가 결성됐다. 신간회는 합법 단체임에도 조직 과정에서 조선총독부의 간섭을 받아야 했다. 단체의 명칭은 '신한회'에서 '신간회'로 변경됐고, 강령도 애매한 문구로 수정됐다. 신간회는 동아일보계와 천도교 신파의 자치운동 움직임에 반대해 반자치론을 견지한 조선일보계와 천도교 구파, 그리고 조선민흥회에 참여한 비타협적 민족주의 세력과 사회주의 세력이 중심이었다. 신간회 발기인과 본부는 비타협적 민족주의 세력이 주도해 구성했다.

창립대회에서는 "우리는 정치 경제적 각성을 촉진함", "우리는 단결을 공고히 함", "우리는 기회주의를 일체 부인함"이라는 3개 항의 강령을 확정하고 이상재(李商在, 1851~1927)와 홍명희(洪命憙, 1888~1968)(사퇴 후 권동진(權東鎭, 1861~1947))를 각각 회장과 부회장으로 선출했다. 신간회는 개인 가입제로 운영했기에 입회원서를 직접 써야 하는 번거로움이 있었다. 그럼에도 회원 수는 창립 1주년에 2만 명을 돌파했고, 해소 즈음에는 4만여 명까지 증가했다. 지회 수도 1927년 말 96개에서 1931년 149개까지 늘어났다.

조선청년총동맹, 조선노동총동맹, 조선농민총동맹 등 이른바 '3총'의 집회가 금지된 상태에 있던 상황에서 신간회는 합법 공간을 활용해 한국인 본위교육 실시, 식민지교육 반대, 타협적 정치운동 반대 등을 주장하는 활동을 전개했다. 또한 노동운동·농민운동·청년운동·여성운동·형평운동 등의 대중운동과 조직적으로 연계하면서, 노동쟁의와 소작쟁의 등을 지원하고 민중 계몽활동을 벌였다.

1929년 6월 총독부의 방해를 뿌리치고 가까스로 신간회 제2차 대회가 열렸다. 이 대회에서는 규약 개정을 통해 종래의 간사제를 좀 더 효율적이고 민주적이라고 여겨진 중앙집행위원제로 변경하고, 허헌(許憲, 1885~1951)을 중앙집행위원장으로 선출했다. 이를 통해 신간회 본부의 사회주의자 비율은 50%에 육박했다. 그러나 사회주의자들과 지회에서 강력하게 요구한 단체 가입제는 관철되지 못했다.

1929년 11월 광주학생운동이 일어나자, 신간회 본부는 이를 전국적인 대중투쟁으로 전환하기 위해 민중대회를 개최하고자 했다. 그러나 총독부는 이를 허락하지 않았을 뿐 아니라 신간회 간부들을 대거 구속하는 민중대회 사건을 일으켜 집행부를 와해시켰다. 이후 신간회 집행부는 타협적인 길을 걸었다. 그 결과 본부와 지회의 갈등은 격화됐다.

한편 중국에서 제1차 국공합작이 결렬된 후 1928년 코민테른 제6차 대회는 민족주의자와 연대를 부정하는 계급 대 계급 전술을 채택했다. 이는 사회주의자들이 신간회 해소를 주장하는 이론적 근거가 됐다.

1930년 12월 신간회 부산지회의 사회주의자들이 처음으로 신간회 해소론을 제기했다. 이를 계기로 해소를 둘러싼 격렬한 찬반 논쟁이 전국적으로 전개됐다. 비타협적 민족주의자들은 적극적으로 해소 반대를 천명했다. 그러나 사회주의자들은 '해소'란 '해체'가 아니며, 한 운동에서 다른 운동으로 전화하는 자기발전을 의미한다면서 해소를 주장했다.

1931년 5월 15일 해소에 대한 입장을 결정하는 전체 대회에서 찬성 43, 반대 3, 기권 30으로 해소안이 가결됐다. 이후 일제는 신간회의 활동을 일체 금지했기 때문에 '해소'는 현실적으로 '해체'를 의미하게 됐다. 이후 사회주의자들은 혁명적 노동조합운동(일명 '적색(赤色) 노동조합운동')과 혁명적 농민조합운동을 통한 조선공산당 재건운동에 주력했다. 그리고 비타협적 민족주의자들은 조선학운동 등을 통해 새로운 활로를 모색하고자 했다.

신간회는 식민지기 국내에서 조직된 여러 단체 가운데 규모와 활동 면에서 최대의 민족운동단체였다. 또한 민족해방이라는 공통 목표를 위해 민족주의자와 사회주의자가 이념을 넘어 함께했다는 점에서 역사적 의미를 지닌다.

3. 민족통일전선운동과 해방의 준비

1 1930년대 전반 국내외 민족운동

대공황과 만주사변

1929년 미국에서 시작한 대공황은 이듬해 일본과 유럽으로 확산됐다. 이 공황은 세계를 강타하며 4년이나 지속됐고, 그동안 세계 무역량은 65% 줄었다. 1930년 런던에서는 영국·일본·미국·프랑스·이탈리아 5개국이 모여 런던 해군 군축조약을 체결해 긴축 재정에 나섰다. 그런데 열강의 공황 타개책은 각국의 처지에 따라 달랐다. 미국은 거대한 국내 시장을 토대로 한 뉴딜정책을 공황 극복책으로 추진했다. 식민지를 많이 보유한 영국과 프랑스 등은 본국과 식민지를 하나의 경제권으로 묶어 위기를 벗어나고자 했다. 이탈리아와 독일은 국내 시장이 작고 식민지도 적었던 까닭에 파시즘에 기반한 침략전쟁을 통해 공황을 넘어서고자 했다. 이탈리아에서는 베니토 무솔리니(Benito Mussolini, 1883~1945)의 파시즘 정권이, 독일에서는 아돌프 히틀러(Adolf Hitler, 1889~1945)의 나치즘 정권이 들어서 군비를 확장했고, 1930년대 중반부터 두 국가는 대외침략에 나섰다.

일본에서는 대공황의 여파로 1930년에 800개 이상의 기업이 도산했고, 300만여 명의 실업자가 생겨났다. 미국이 보호무역주의정책을 실시하면서 생사 수출이 막혀 농촌의 양잠업이 붕괴했고 농산물 가격이 폭락했다. 1931년에는 대흉작까지 겹치면서 노동운동과 농민운동이 곳곳에서 벌어졌다. 이러한 가운데 군비 축소에 불만을 품은 일본 관동군(關東軍)[1]이 1931년 9월 만주를 침략했다. 관동군은 펑톈성(奉天省) 북부 교외 류타오거우 지역에서 일본이 경영하던 남만주철도의 일부 구간을 폭파했다. 그리고 이를 중국군의 소행이라 주장하며 이 소행을 구실로 중국군의 주둔지와 펑톈성에 대한 군사 행동을 개시했다(만주사변). 이때 조선에 주둔하던 일본군까지 국경을 넘어 관동군을 지원했으며 이후 4개월 동안 일본군은 산하이관(山海關)에서 헤이룽장성[黑龍江省]까지 일본 국토의 세 배에 해당하는 중국 영토를 점령했다. 다음 해인 1932년 3월 일본 정부는 만주국을 세웠다. 중국 국민당 정부가 국제연맹에 일본을 제소하자 국제연맹은 리튼(Lytton)조사단을 파견했다.

1 　관동군 일본이 러일전쟁 승리의 대가로 러시아의 조차지였던 중국 랴오둥반도를 인수해 설치한 관동도독부 산하 군대를 가리킨다. 1919년에 일본 천황 직속의 관동군사령부가 설치됐다.

1933년 국제연맹 총회가 만주에 대한 중국 주권을 인정하고 만주국을 승인하지 않는다는 내용의 보고서를 채택했다. 이에 일본은 국제연맹을 탈퇴했다.

만주국은 연호를 대동(大同)으로 하고 수도를 신징(新京, 창춘)에 뒀으며, 퇴위한 청의 선통제 푸이(溥儀, 1906~1967)를 집정(執政)으로 세웠다. 1934년에는 제정 실시를 선포하면서 푸이를 황제로 앞세웠다. 그러나 만주국 정부에서 실권을 가진 총무청 장관과 차관은 모두 일본인이었다. 중국 국민당 정부는 만주국에 대한 승인을 전면 거부했다. 일본이 자행한 만주사변과 만주국 수립은 만주 지역만이 아니라 국내와 중국의 관내 지역에서 활동하던 민족운동 세력을 자극하기에 충분했다.

조선공산당 재건운동

만주사변 전후 식민지 조선에서는 노동운동·농민운동·대중운동이 활발히 전개되고 있었다. 하지만 일본이 군국주의의 길로 접어들면서 조선총독부는 사회운동을 점차 거세게 탄압했다. 대중운동 전반이 위축되는 가운데 사회주의자들은 노동자와 농민 중심의 공산당을 결성하라는 12월테제에 따라 본격적인 당 재건운동을 전개했다. 사회주의자들은 운동의 하나로 혁명적 노동조합과 혁명적 농민조합을 결성하는 일에 나섰다.

1929~1931년의 초기 당 재건운동은 1920년대 사회주의운동 세력의 분파에 기반해 각자가 전국 차원의 당재건준비위원회를 결성하는 형태로 추진됐다. 서울상해파는 만주에서 1929년 조선공산당재건설준비위원회를 조직하고 기관지 『볼셰비키』와 대중 기관지인 『노력자신문』을 간행했다. ML파는 만주에서 1929년 조선공산당재조직중앙간부회를 결성했고, 국내에서는 1931년 조선공산주의자재건협의회 등을 조직해 활동했다. 레닌주의 그룹을 이끈 ML파 출신의 안광천(安光泉, 1897~?)은 1929년 의열단장인 김원봉(金元鳳, 1898~1958)과 함께 상하이에서 조선공산당재건동맹을 만들었다. 조선공산당재건동맹은 베이징에 중앙부와 레닌주의정치학교를 두었다. 이 학교를 졸업한 활동가들이 국내에서 당 재건운동에 나섰다. 코민테른이 파견한 콤뮤니스트 그룹은 1929년 서울에서 조선공산당조직준비위원회를 결성하고, 상하이에서 『콤뮤니스트』를 발행해 국내에 반입시켜 전국 각지의 9개 공장 세포조직에 배포했다. 하지만 각 분파별로 전개한 조선공산당 재건운동

도판16 1937년 5월 1일 『조선일보』에 실린 이재유
앞줄 왼쪽에서 세 번째, 두 손을 앞에 모은 인물이 이재유로 체포 당시의 모습이다. 일본 형사들은 체포 성공을 기념한다는 의미에서 이재유 체포를 위해 변장한 복장 그대로 촬영했다.

은 수차례에 걸친 검거로 대부분 와해됐다.

1933년경부터는 권영태 그룹과 이재유 그룹을 중심으로 당 재건운동이 전개됐다. 권영태(權榮台, 1908~?)는 프로핀테른(Profintern)[2] 원동총국의 당 재건 지시를 받고 국내에 들어와 서울에서 활동하면서 1934년 경성공산주의자그룹을 조직했으나 곧 체포됐다. 1933년 이재유(李載裕, 1905~1944)를 중심으로 결성된 경성트로이카[3]는 초기 조선공산당 재건운동의 분파성을 비판하고, 생산 현장에서 대중활동과 대중투쟁을 강화해 당 재건의 인적·물적 토대를 닦는 것부터 해야 한다고 주장했다. 경성트로이카는 이재유가 1936년 체포될 때까지, 조선공산당재건 경성준비 그룹 등으로 개편되어 활동을 이어나갔다.

한인애국단

1931년 7월 중국 지린성 창춘현 만보산에서 한인 농민과 중국인 농민 사이에 충돌이 벌어졌다(만보산사건(萬寶山事件)). 국내에서는 이 사건으로 인해 한인이 입은 피해가 과장 보도되면서 중국인 100여 명이 학살되는 참극이 일어났다. 이 일로 중국인들은 크게 격앙했고 양국인 간 감정이 악화됐다. 만주사

---

2   프로핀테른 1921년에 결성돼 1937년에 해산된 사회주의계 노동조합의 국제조직이다. 정식 이름은 '적색노동조합 인터내셔널'이다. 1930년 프로핀테른 집행위원회는 '9월테제'라고 불리는 「조선에서 혁명적 노동조합운동의 임무에 대한 결의」를 발표했다.

3   경성트로이카 몇몇 지도부가 당을 먼저 만드는 것이 아니라, 세 마리 말이 마차를 끌 듯이 회원 저마다 자유롭게 활동하면서 동지를 획득하고 때가 되면 조직을 만들자는 뜻에서 붙인 이름이다.

변이 일어난 것도 이로부터 2개월 뒤였다. 이에 대한민국임시정부는 중국인의 반한 감정을 가라앉히고 재정난을 극복하기 위해 항일 거사를 일으키자고 결의하며 내무총장인 김구(金九, 1876~1949)에게 실행을 일임했다.

김구는 1931년 한인애국단(韓人愛國團)을 조직해, 1차 거사로 이봉창(李奉昌, 1900~1932) 의거를 준비했다. 이봉창은 일본으로 건너가 일하다가 상하이로 건너온 노동자였는데, 그곳에서 김구를 만나 한인애국단에 가입했다. 1932년 1월 8일 이봉창은 도쿄에서 천황 일행이 탄 마차를 향해 수류탄을 던졌으나 저격에는 실패했다. 이 무렵 상하이에서 일본인 승려들이 중국인들에게 폭행당하는 사건이 발생했다. 이 사건으로 중국인과 일본인 거주민이 갈등하자, 이를 빌미로 1월 28일 일본 해군 육전대 및 항공부대가 상하이에 상륙해 중국군과 한 달간 전투를 벌였고 결국 중국군이 퇴각했다(상하이사변).

상하이사변에서 승리한 일본군은 4월 29일 천황 생일을 기념하는 천장절에 상하이 홍커우공원에서 전승 기념 축하식을 열었다. 이날 한인애국단단원 윤봉길(尹奉吉, 1908~1932)이 식장에 폭탄을 던져 일본 육군대장 시라카와 요시노리(白川義則, 1869~1932)를 비롯한 7명의 요인이 죽거나 다쳤다. 이 사건으로 한인에 대한 중국인의 감정이 호전됐고, 중국 국민당 정부는 임시정부를 본격적으로 지원하기 시작했다.

중국 관내 지역의 정당 통일운동

1929년 좌우합작체인 한국유일독립당상해촉성회(韓國唯一獨立黨上海促成會)는 코민테른의 12월 테제에 따라 좌파가 이탈하자 해체를 선언했다. 이후 좌

만보산사건

1931년 3월 중국인 하오융더(郝永德)는 만보산 지방에 소유하고 있던 황무지를 한인인 이승훈 등 9인과 조차하기로 계약했다. 이승훈은 한인 180여 명을 이주시키고, 이퉁강(伊通河)으로 통하는 수로 개척과 제방 축조에 나섰으나 인근에 농지를 갖고 있던 중국 농민들의 반대와 탄원으로 공사는 중단됐다. 그 후 일본 영사관과 경찰이 보호에 나서면서 6월 말 결국 수로 공사는 마무리됐다. 그동안 중국 농민의 감정은 더욱 악화돼 7월 1일 농민 400여 명이 봉기해 관개수로 일부를 매몰해버렸다. 이때 현장에 있던 한인, 일본 영사관의 경찰과 중국인 지주, 주민 사이에 큰 충돌이 일어났고 이때 일본 경찰이 중국인 농민에게 발포했다.

파는 상하이에 있던 한인을 중심으로 1929년 유호(留滬, '호'는 상하이의 약칭) 한국독립운동자동맹을 결성했다. 그리고 우파는 안창호·이동녕·이시영(李始榮, 1869~1953)을 주축으로 1930년 한국독립당(韓國獨立黨)을 창당했다. 조소앙이 기초한 「당의」에 따르면, 한국독립당은 정치·경제·교육의 균등을 내세웠고, 「당강」에서는 참정권·국민생활권·수학권의 평등을 주장했다. 1931년 임시정부는 스스로 '한국독립당의 표현기관'이라고 명명해, 한국독립당이 임시정부의 여당으로 조직됐음을 분명히 했다. 하지만 한국독립당은 1932년 이봉창과 윤봉길의 연이은 의거로 임시정부 요인들 대부분이 상하이를 떠나 피신하면서 제대로 활동하지 못했다.

만주와 중국 관내에는 한국독립당 외에도 여러 정당이 활동하고 있었다. 남만주에서는 1929년 현익철(玄益哲, 1890~1938), 최동오(崔東旿, 1892~1963) 등이 주도하는 조선혁명당(朝鮮革命黨)이 결성됐다. 북만주에서는 1930년 홍진(洪震, 1877~1946), 지청천, 신숙(申肅, 1885~1967) 등에 의해 재만한국독립당이 창당됐다. 1932년 난징에서는 윤기섭(尹琦燮, 1887~1959), 신익희(申翼熙, 1894~1956) 등이 한국혁명당(韓國革命黨)을 창당했다. 1933년 중국 관내로 들어온 재만한국독립당은 한국혁명당과 합당해 1934년 신한독립당을 결성했다.

한편 1932년 상하이 지역 민족운동단체들은 만주사변 이후 정세 변화에 대응하기 위해 단체 연합이 필요하다고 판단했다. 이에 한국독립당, 한국광복동지회(韓國光復同志會), 조선혁명당, 한국혁명당, 의열단의 대표들이 모여 한국대일전선통일동맹(韓國對日戰線統一同盟)을 결성했다. 한국대일전선통일동맹은 1934년에 임시정부를 폐지하고, 민족단일당을 결성해 민족운동의 최고기관으로 삼자고 결정했다. 한국독립당에서는 김구 등 임시정부 옹호 세력이 반대했으나 다수는 단일당 참여를 찬성했다. 그리하여 1935년 7월 한국대일전선통일동맹 참가 단체인 한국독립당(김두봉, 조소앙), 의열단(김원봉, 윤세주), 조선혁명당(최동오, 김학규), 신한독립당(지청천, 윤기섭), 대한독립당 (김규식) 등과 미주 지역 4개 단체 등 9개의 정당 및 단체가 조선민족혁명당(朝鮮民族革命黨)을 결성했다. 조선민족혁명당은 「당의」에서 "국토의 주권을 회복하고 정치·경제·교육의 평등을 기초로 한 민주공화국을 건설해 국민 전체의 생활 평등을 확보하고, 나아가서 세계 인류의 평등과 행복을 촉진한다"고 선언했다. 이로써 조선민족혁명당은 중국 국민당 정부 군사위원회의 후원을 받는 최대 정당이 됐다.

하지만 결성 직후부터 조소앙, 홍진 등은 김원봉의 당권 장악에 불만을 품고 조선민족혁명당을 탈당해 1935년 9월 재건한국독립당을 창당했다. 지청천을 비롯한 신한독립당 계열도 김원봉과 갈등하다가 탈당해 1937년 조선혁명당을 결성했다. 조선민족혁명당에 참여하지 않은 한국독립당원들은 임시정부의 여당 격인 한국국민당을 창당했다.

만주의 유격대와 무장활동

1930년 코민테른의 일국 일당 원칙에 따라 만주의 한인 사회주의자들은 조선공산당 만주총국을 해산하고, 중국공산당 만주성위원회에 합류해 활동하게 됐다. 1931년 4월 중국공산당 만주성위원회 당원의 96% 이상, 공산주의청년단의 90% 이상이 한인이었다.

만주사변이 발발하자 중국공산당 만주성위원회는 적극 항전을 주장하며 적위대와 유격대를 조직하도록 했다. 남만주에서 창건된 적위대는 만주 지역에서 중국공산당이 이끈 첫 무장조직으로서, 적위대 대장 이홍광(李紅光, 1910~1935)을 비롯해 청년 7명이 모두 한인이었다. 적위대는 규모를 늘려 200여 명의 남만유격대로 개편됐는데, 그중 4분의 1이 한인이었다. 동만주 지역에서는 연길현, 화룡현, 왕청현, 훈춘 등지에서 유격대가 조직됐다. 이 4개 지역 유격대들은 1934년 동북인민혁명군 제2군 독립사로 발전했다. 하지만 동만주에서 일어난 민생단 사건[4]으로 유격투쟁은 크게 위축됐다. 남만주에서는 1933년 기존의 유격대를 모아 동북인민혁명군 제1군 독립사를 건립했다.

1935년 8월 중국공산당이 중국국민당에게 국공내전 중지와 항일 민족통일전선의 결성을 제안하자, 이듬해 제2차 국공합작이 이뤄졌다. 1936년 1월 중국공산당 만주성위원회는 동북인민혁명군을 동북항일연군으로 재편하기로 결정했다. 이후 동북항일연군 가운데 한인이 많았던 제1군 제6사(사장 김일성(金日成, 1912~1994))는 1937년 6월 함경남도 갑산군 보천보를 습격해 주재소 등을 파괴했다(보천보전투).[5]

---

4   민생단 사건 중국공산당에 가입했던 한인 사회주의자들이 친일단체인 민생단과 관련된 일본 첩자라는 혐의를 쓰고 1932년 11월부터 1936년 2월까지 처형된 사건을 말한다.

1935년 8월 코민테른 제7차 대회에서 식민지 피압박 민족의 해방운동 지원과 반파시즘 통일전선 결성 방침이 정해지자, 중국공산당은 민족운동을 이끌어갈 통일전선 조직체가 필요하다고 보았다. 이 같은 공산주의 진영의 움직임에 따라 1936년 재만한인조국광복회(在滿韓人祖國光復會)가 조직됐다. 조국광복회는 "전 민족의 계급·성별·지위·당파·연령·종교 등의 차이를 불문하고 백의동포는 반드시 일치단결 궐기"할 것을 촉구했다. 조국광복회는 백두산 일대에서 활동하다가 이후 조직을 넓혀 압록강 북쪽 장백현 일대와 함경남도 북부 및 평안북도 북부 지방, 그리고 함흥·원산·흥남 등지에도 지부를 만들었다. 1937년에는 국내 사회주의자들과 연계해 국내 조직인 한인민족해방동맹(韓人民族解放同盟)을 조직했다. 하지만 보천보전투를 계기로 존재가 알려지면서 관련자 739명이 체포되는 혜산 사건으로 조국광복회는 와해됐다.

2 통일전선운동과 무장투쟁

중일전쟁과 아시아태평양전쟁

일본은 1932년 만주국을 세운 이후 워싱턴 군축조약과 런던 해군 군축조약에서 차례로 탈퇴하면서 영국과 미국에 적대적 태도를 보이기 시작했다. 대신 일본은 유럽에서 제1차 세계대전으로 형성된 전후체제를 흔들며 전체주의적 행보를 걷던 독일, 이탈리아와 가까워졌다. 1933년 독일에 들어선 나치 정권은 1935년 재무장을 선언했고, 이탈리아는 1935년 에티오피아를 침략했다. 일본은 1936년 독일과 방공(防共)협정[6]을 체결했다. 1937년 7월 중일전쟁이 발발한 직후에는 이탈리아가 방공협정에 가입했다.

1937년 7월에 동아시아에서 일어난 중일전쟁은 제2차 세계대전의 신호탄이었다. 중일전쟁은 일본군 병사 한 명이 베이징의 루거우차오(蘆溝橋) 부

5 　보천보전투 1937년 6월 4일 동북항일연군 제1군 제6사는 백두산 지구 유격구를 건설하고, 박달(朴達, 1910~1960)과 박금철(朴金喆, 1911~?) 등이 이끄는 갑산군 내 조국광복회 소속 조직원들과 함께 압록강을 넘어 혜산진에서 20㎞ 떨어진 보천보에 침투했다. 그들은 경찰주재소·면사무소·소방서를 공격하고 우편국·농사시험장·산림보호구를 전소시켰다.

6 　방공협정 정식 조약 명칭은 '공산 인터내셔널에 대한 협정'이다. 비밀 부속협정은 소련이 체약국 가운데 한쪽을 공격할 경우 다른 한쪽은 소련을 돕지 않는다는 약속을 담고 있다.

근에서 실종된 사건을 빌미로 발발했다. 일본군 병사는 귀환했으나 일본군이 중국군에 포격하면서 사태가 심각해졌다. 곧 쌍방 부대가 정전에 합의했음에도 일본 정부는 중국 화북 지역 파병을 결정했다. 1937년 7월 일본군은 총공격을 개시해 베이징과 톈진을 점령했다. 이후 일본군과 중국군 사이에 8년간 긴 공방이 이어졌다.

중일전쟁이 한창이던 1938년 독일은 오스트리아를 병합했고 이듬해 봄에 체코를 점령한 뒤 9월에는 폴란드를 기습했다. 이에 영국과 프랑스가 즉각 독일에 선전포고하면서 제2차 세계대전이 일어났다. 일본은 독일, 이탈리아와 방공협정에 기반한 협력을 강화하면서 미국, 소련과의 전쟁을 준비했다. 일본이 1941년 프랑스령 인도차이나 남부에 진군하자 미국은 자국 내 일본 자산을 동결하고 일본에 대한 석유 수출도 전면 금지했다. 이에 12월 일본 함대가 하와이 진주만의 미국 해군 기지를 기습 공격하는 동시에 군대를 영국령 말레이반도에 상륙시켰다. 일본 천황은 즉각 미국과 영국에 대한 개전을 선포했고 다음 날 미국과 영국이 대일 선전포고를 하면서 아시아태평양전쟁이 시작됐다. 중일전쟁과 아시아태평양전쟁으로 동아시아는 전쟁의 포화에 휩싸였다.

국내 민족운동

중일전쟁 발발 이후에 국내 민족운동을 대표하는 조직은 조선공산당 재건운동을 전개한 경성콤그룹(京城communist group)이었다. 경성콤그룹은 이재유 그룹의 이관술(李觀述, 1902~1950)·김삼룡(金三龍, ?~1950)을 중심으로 1939년 4월 지도부를 형성했고, 1940년 2월 출옥한 박헌영(朴憲永, 1900~1955)을 지도자로 삼아 공식 결성됐다. ML-이재유파, 서울상해파, 화요파 등 각 분파를 망라했으며 끝까지 사상 전향을 하지 않은 인물들로 구성됐다. 서울을 중심으로 주로 함경도와 경상남도에 기반을 두고, 서울·부산과 함경북도 등지에 노동운동 조직인 공장반을, 경상남도 창원군 상남면에는 혁명적 농민조합을 만들었다. 또한 기관지 『공산주의자』(이후 『콤뮤니스트』로 개칭)를 간행했다. 그러나 박헌영을 제외한 지도적인 인물들이 체포되면서 경성콤 그룹은 사실상 와해됐다.

아시아태평양전쟁 시기에도 공산당 재건운동이 이어졌다. 서울의 공산주의자협의회(共産主義者協議會, 1944), 함경도의 자유와독립그룹(1943)이 대표 조직이었다. 공산주의자협의회는 서울에 거주하던 사회주의자들을 중심으로 결성했고, 용산철도국 등 경인 지역 노동자 사이에서 조직을 형성했다. 자유와독립그룹은 함경북도 청진의 일본제철소를 거점으로 함경남북도 일대의 노동운동에 깊이 개입해 활동했으며, 기관지 『자유와 독립』을 발간했다.

해방을 1년 앞둔 1944년 여운형(呂運亨, 1886~1947)을 위원장으로 하는 조선건국동맹(朝鮮建國同盟)이 서울에서 결성됐다. 조선건국동맹은 패망하는 일제에 결정적 타격을 가하고 건국을 준비할 주체 세력을 조직적으로 편성한다는 목표를 세웠다. 이에 조선건국동맹은 친일협력 세력과 민족반역자를 엄격히 제외하고, 민족적 양심이 있는 인사를 망라해 공장·회사·학교·대중단체에 세포조직을 두기로 결정한 후에 10개도 책임자를 임명하고 지방조직을 갖춰갔다.

중국 관내 좌우합작운동과 임시정부

중일전쟁이 발발하자 중국 관내 한인 민족운동가들은 중국 측과 본격적으로 연대할 수 있으리라는 기대를 갖고 민족운동 세력을 결집해갔다. 1937년에 우파 세력인 한국독립당·한국국민당·조선혁명당은 임시정부에 대한 적극적인 옹호와 지지를 표방한 「한국광복운동단체 연합전선 선언문」을 발표했다. 그리고 세 정당과 한인애국단·미주대한인국민회·하와이 대한인국민회·대한인단합회·대한인부인구제회·대한인동지회 등 9개 단체가 한국광복운동단체연합회(韓國光復運動團體聯合會)를 조직했다. 좌파 세력은 조선민족혁명당을 중심으로 결집했다. 1937년 조선민족혁명당, 조선민족해방동맹, 그리고 아나키스트그룹인 조선혁명자연맹은 조선민족전선연맹(朝鮮民族戰線聯盟)을 결성했다. 이듬해인 1938년에 조선민족전선연맹은 무장부대인 조선

「조선건국동맹 강령」

1. 각인 각파를 대동단결해 거국일치로 일본제국주의 제 세력을 구축하고 조선민족의 자유와 독립을 회복할 일.

2. 반추축 제국과 협력해 대일 연합전선을 형성하고 조선의 완전한 독립을 저해하는 일체의 반동 세력을 박멸할 일.

3. 건국방면에 있어서 일체 시위(施爲)를 민주주의적 원칙에 의거하고 특히 노농대중의 해방에 치중할 일.

의용대(朝鮮義勇隊)를 창설했다.

1938년부터 중국 국민당 정부 주석 장제스의 요구에 따라 한국광복운동단체연합회와 조선민족전선연맹을 통합하자는 논의가 시작됐다. 김구와 김원봉은 1939년 두 사람 명의로 '중국 관내 혁명단체를 모두 해소하고 공동 정강에 기초한 단일한 조직, 즉 하나의 정당으로 재편돼야 한다'는 내용의 공동선언을 발표했다. 이 공동선언을 발판으로 1939년 8월 7당 통일회의가 열렸다. 여기서 한국광복운동단체연합회 산하 3개 단체와 조선민족혁명당, 조선혁명자연맹은 개인별로 참가하는 단일 정당 방식을 주장한 반면, 조선민족해방동맹과 조선청년전위동맹은 단체별로 참가하는 연합체 구성을 주장했다. 결국 단체별 참가를 주장한 두 단체가 빠지면서 5당 회의가 계속됐다. 통합을 위한 노력의 결과로 그해 9월 마침내 전국연합진선협회(全國聯合陣線協會)를 결성하는 성과를 이뤄냈다. 하지만 5당 회의도 한국광복운동단체연합회 측과 조선민족전선연맹 측이 최고권력기관을 대한민국임시정부로 할 것인가, 당으로 할 것인가를 놓고 논란을 거듭하다 결국 결렬됐다. 재건한국독립당의 조소앙, 조선혁명당의 지청천, 한국국민당의 김구 등은 3당의 해체를 선언하고 1940년 다시 '한국독립당(韓國獨立黨)'이라는 이름의 임시정부 여당을 창당했다.

중국 관내 우파 세력이 임시정부를 중심으로 결집하는 가운데 좌파 세력을 이끌던 조선민족전선연맹이 분열됐다. 김원봉의 노선에 비판적이던 한빈(韓斌, 1901~?)은 조선민족혁명당을 탈당하고 조선민족해방동맹과 조선청년전위동맹 세력을 규합해 1940년 조선민족해방투쟁동맹(朝鮮民族解放鬪爭同盟)을 결성했다. 최창익(崔昌益, 1896~1957) 등은 중국공산당 팔로군 지역인 옌안(延安)으로 이동해 1941년 화북조선청년연합회(華北朝鮮靑年聯合會)를 결성했다.

임시정부는 충칭으로 이전한 후 1940년 헌법을 개정하면서 체제를 정비했다. 총 42조의 「대한민국임시약헌」은 의원내각제의 집단지도체제 대신 주석 중심의 집단지도체제 수립을 선포했다. 주석은 임시의정원에서 선출했지만 국가원수 및 국군통수권자로서 강력한 영도력을 갖게 됐다. 김구가 주석에 선출되면서 이후 임시정부는 김구 주석체제로 운영됐다.

1941년 중국 국민당 정부는 임시정부 승인문제 해결에 관심을 보이면서 한인 민족운동에 대한 지원 창구를 임시정부로 단일화하겠다고 천명했다.

그해 12월 아시아태평양전쟁이 발발하자 좌파 세력을 이끌던 조선민족혁명당의 김원봉은 임시정부에 참여하기로 결정했다. 그런데 좌파 세력의 임시정부 참여 방식을 놓고 임시정부와 좌파 세력이 의견을 달리했다. 임시정부는 먼저 군사통일을 한 후에 정치통일을 이루자고 주장한 반면, 좌파 세력은 정치통일을 한 후에 군사통일을 하자고 주장했다. 결국 한국광복군과 조선의용대를 관할하던 중국군사위원회가 1942년 5월 조선의용대를 광복군 제1지대로 통합할 것을 명령하고, 김원봉을 광복군 부사령에 임명하면서 군사통일이 먼저 이뤄졌다.

정치통일은 임시정부가 1942년 8월 좌파 세력이 임시의정원에 참여할 수 있도록 「임시의정원의원 선거규정」을 만들어 국무회의에서 통과시키면서 본격화됐다. 이에 따라 1942년 10월에 실시된 임시의정원 의원 보궐선거에서 기존의 23명 외에 새로 23명의 의원이 선출됐다. 23명을 당적별로 보면 한국독립당 소속 7명, 조선민족혁명당 12명, 조선민족해방동맹과 조선혁명자연맹이 각각 2명씩이었다. 한국독립당 당선자를 제외한 16명이 좌파 인사였다. 임시정부가 좌우연합 정부로 꾸려진 것이다. 1944년 4월 제36차 의정원회의가 개최될 때는 여야도 세력 균형을 이뤘다. 이 회의에서 임시정부의 마지막 헌법인 「대한민국 임시헌장」을 선포했다. 주석 김구는 한국독립당, 부주석 김규식은 조선민족혁명당 소속이었다.

반일투쟁에 나선 무장단체

중일전쟁과 아시아태평양전쟁 이후 좌우합작단체의 결성과 함께 무장단체를 결성해 반일투쟁에 나서려는 움직임도 활발해졌다.

중국 관내 지역 최초로 결성된 무장부대인 조선의용대의 대원 일부가 김원봉과 노선을 달리하며 1941년 중국공산당 관할 지역으로 이동해 조선의용대 화북지대를 결성했다. 조선의용대 화북지대는 일본군을 상대로 타이항산(太行山) 일대에서 호가장(胡家庄)전투를 비롯해 여러 전투를 치렀다. 조선의용대 화북지대는 1942년 무정(武亭, 1905~1951, 본명 김무정(金武亭))을 사령관으로 하는 조선의용군으로 개편됐다. 조선의용군은 화북 지방에서 적진 침투와 병사 모집, 그리고 선전·첩보활동을 펼쳤다.

만주에서는 한인들이 동북항일연군 소속으로 일본군과 전투를 벌였다. 최대 3만여 명에 달하던 동북항일연군은 일본군의 압박에 급속히 줄어 1940

년에 이르러 거의 사라졌다. 남은 병력은 소련 연해주로 이동했다. 소련 정부는 1941년 독소전쟁이 발발하자 동북항일연군 주축의 88중조(中朝)여단(이후 '88독립보병여단'으로 개칭)을 편성했다. 당시 전체 대원 600여 명 중 한인은 150여 명이었다.

임시정부는 중국 국민당 정부를 따라 충칭에 안착한 직후인 1940년 9월 한국광복군을 창건했다. 처음에 총사령부만 창설됐던 한국광복군은 곧 병력을 모집하고 4개 지대를 편성하면서 무장조직으로 발전했다. 1942년 5월에는 김원봉이 이끄는 조선의용대를 제1지대로 편입하면서 3개 지대로 재편됐다.

한국광복군은 중국 전역에 공작원을 파견해 병력을 모집하기도 했다. 모집된 인원은 현지 중국군관학교 분교에서 훈련받은 뒤 한국광복군에 편입됐다. 국민당 정부는 한국광복군에 대한 군사 원조를 개시하면서 「한국광복군 행동9개 준승(準繩)」을 요구해 작전권과 인사권 등 제반 권한을 장악했다. 임시정부가 꾸준히 그 권한을 돌려달라고 요구한 끝에 1945년 4월에 돌려받을 수 있었다. 한국광복군은 미얀마 전선에 지대원을 파견해 일본군 포로의 심문과 정보 수집 등의 활동으로 영국군을 지원했다. 그리고 한국광복군 제2지대는 임시정부와 미국전략첩보국(OSS)이 협정한 작전계획(독수리 작전(Eagle Project))에 따라 1945년 봄부터 국내 침투 공작 훈련을 받았다. 그러나 8월 15일 갑작스럽게 해방이 되면서 국내 침투 작전은 실행되지 못했다.

국내에서는 조선건국동맹을 비롯해 여러 단체들이 일본이 패전하고 도

한국광복군으로 활약한 여성 독립운동가들

한국광복군에는 남성뿐 아니라 오광심(吳光心, 1910~1976), 지복영(池復榮, 1920~2007) 등 30명이 넘는 여성도 참여해 활약했다. 우리나라 최초의 여성 비행사인 권기옥(權基玉, 1901~1988)을 비롯한 여성 광복군들은 교육과 훈련을 받고 대원 모집·선전·첩보수집활동을 했으며 때로는 재봉·세탁·구호대활동도 벌였다.

특히 여성 광복군으로 활약했던 지복영은 1940년 9월 한국광복군에 입대해 광복군 비서실장을 역임했다. 지복영이 남긴 회고록에는 한국광복군의 활약상이 생생히 담겨 있다.

도판17 지복영의 회고록.

래할 독립의 결정적 기회에 무장투쟁을 전개하고자 군사 준비에 나섰다. 조선건국동맹은 군사위원회를 조직하고 노농군을 편성할 계획을 세웠으며, 공산주의자 협의회는 군사부를 뒀다. 지리산에는 징병과 징용을 기피한 사람들이 모여 결성한 보광당(普光黨)이라는 유격대도 있었다.

국내외 민족운동 세력의 연대와 합작

중일전쟁과 아시아태평양전쟁의 발발로 한국이 독립할 수 있는 결정적 시기가 도래했다는 인식이 널리 퍼졌다. 국내외 민족운동 세력은 일본의 패망을 염두에 둔 독립전쟁 준비에 나섰다. 게다가 스탈린그라드전투(1942. 7~1943. 2)에서 소련이 승리하고 미드웨이해전(1942. 6)에서 미국이 승리하면서 국내 민족운동 세력 내에 일본 패망이 곧 독립이라는 공감대도 자연스럽게 형성됐다.

해방 직전 국내외 민족운동 세력은 대부분 좌우합작의 연대체로서 활동하고 있었다. 임시정부는 물론, 재미한족연합회·조선독립동맹·조선건국동맹 등이 반일 해방을 목표로 한 좌우합작체였다. 임시정부는 좌파 세력이 임시의정원과 임시정부 국무위원에 참여하면서 좌우합작 정부로 재편됐다. 미국에서는 우파인 북미대한인국민회, 동지회 등과 좌파인 조선민족혁명당 미주지부 등을 포함한 9개의 단체가 연대해 1940년 재미한족연합회를 발족했다. 그리고 항일 전선의 통일과 임시정부 지지, 군사운동, 대미 외교기관 설치, 독립금 모금 등을 임무로 천명했다. 조선독립동맹은 1942년 중국 화북에서 화북조선청년연합회의 후신으로 결성되어 해방 직전까지 중국공산당 관할 지역에서 활동했다.

당시는 세계적으로도 연대와 합작의 바람이 거세게 불고 있었다. 미국과 소련이 연합국의 일원으로 협력하고 있었고, 중국에서는 국민당과 공산당의 제2차 국공합작이 이뤄졌다. 국내외 민족운동 세력이 일본에 반대하는 모든 세력을 하나로 묶는 연대를 추구했던 것은 이러한 국제 연대의 흐름과 무관하지 않았다.

임시정부는 중국 화북 지방에서 활약했던 조선독립동맹과, 만주에서 활약했던 항일유격대와 연대를 모색했다. 먼저 조선독립동맹과 연대를 시도했는데, 1944년 4월 김구가 조선독립동맹 지도자인 김두봉(金枓奉, 1889~?)에게 서신을 보내며 양자 간 교류가 시작됐다. 임시정부에서 개최하는 해외항일조직대표회의와 조선독립동맹이 주최하는 전조선민족대회에 서로 대표자를 파견하기도 했다. 임시정부는 만주에서 활약했던 항일유격대와도 연대를 시도했다. 하지만 김구의 특사가 신임장을 갖고 만주로 가던 중 해방을 맞았다. 만주를 떠나 소련의 연해주로 이동해 88중조여단에 속해 있던 동북항일연군 출신 항일유격대도 임시정부와 연계를 시도했다.

조선건국동맹은 조선독립동맹과 자주 접촉하고 연대하면서 조선독립동맹이 조선건국동맹을 국내 지부라고 부를 만큼 가까워졌다. 양자 간의 접촉은 주로 베이징에서 이뤄졌다. 조선건국동맹은 1945년 5월 충칭의 임시정부에도 특사를 파견했으나 접촉에는 실패했다.

이처럼 국내외 민족운동 세력은 일본 패망을 앞두고 단일한 항일 연대를 꾸리고자 분주히 움직였다. 임시정부와 조선독립동맹, 조선독립동맹과 조선건국동맹의 연대 가능성은 높았다.

3 해방의 준비와 새로운 사회 건설 구상

한중일의 반제 연대활동

식민지기 내내 동아시아에서는 반제국주의 투쟁을 벌이며 한중일 간 국제연대가 활발히 이뤄졌다. 중국으로 망명했던 민족운동가들은 1911년의 신해혁명이 이룬 성공에 고무됐다. 김규홍(金奎弘, 1845~?) 등은 직접 신해혁명에 참여하기도 했다. 이 과정에서 친밀해진 천치메이(陳其美, 1878~1916), 후한민(胡漢民, 1879~1936) 등의 중국 혁명파 지도자들과 신규식, 조소앙 등의 민족운동가들이 1912년 반제국주의를 지향하는 연대조직인 신아동제사(新亞同濟社)를 결성했다. 또한 조소앙은 신아동제사와 별도로 천궈푸(陳果夫, 1892~1951), 창지(張繼, 1882~1947) 등과 함께 아세아민족반일대동당을 결성했다. 1920년대에 들어서는 중국 각지에서 한중호조사(韓中互助社)가, 광저우에서는 중한협회가 결성됐다. 중한협회는 1921년 11월에 열린 워싱턴회의와 중국 각계에 선언서 등을 보내 일본의 침략을 규탄하고, 한국의 독립과 중국 주권의 유지를 호소했다. 중한협회의 기관지 『광명(光明)』은 한인과 중국인이 함께 만들었는데, 일본 침략에 반대하고 한중 연대를 호소하는 내용을 주로 담았다.

도판18 조선의용대 창설 기념사진
김원봉이 1938년 중국 한커우(漢口)에서 창설했다. 중국 관내에서 한인 무장부대가 결성된 것은 조선의용대가 처음이었다.

　　한중일 아나키스트들도 활발한 국제 연대활동을 펼쳤다. 이정규 등은 1923년 중국 아나키스트들과 합작해 후난성(湖南省) 한수이현(漢水縣)에 이상촌인 양도촌(洋濤村)[7]을 건설했다. 베이징에서는 1924년 한중 연대 아나키스트조직인 흑기연맹(黑旗聯盟)이 결성됐다. 이정규, 이을규(李乙奎, 1894~1972) 등이 1927년 중국과 일본 아나키스트들과 함께 만든 상하이노동대학은 동아시아 아나키스트 국제 연대의 실험장 역할을 했다. 같은 해 조선·중국·타이완·일본·베트남·인도·필리핀 등 7개국 대표들이 톈진에 모여 무정부주의동방연맹(無政府主義東方聯盟)을 조직했다. 무정부주의동방연맹은 동아시아 국가의 국체를 변혁해 사유재산제도를 부인하는 동시에 자유노동사회를 건설할 것을 목표로 삼았다. 1928년 상하이에서는 이을규, 류자명, 백정기, 정화암, 유림, 이석규 등이 동방무정부주의자연맹을 결성했다. 이 연맹의 창립식에는 조선·중국·일본·인도·베트남·필리핀 등의 대표들이 참석했다. 이들은 동아시아 각국의 아나키스트들이 단결해 국제 연대를 강화하고 자유연합의 조직원리 아래 민족의 자주성과 개인의 자유를 확보하는 이상적인

7　　양도촌 농사짓는 사람이 농지를 소유한다는 경자유전(耕者有田)의 원칙에 따라 공동 경작, 공동 소비, 공동 소유를 실천하는 마을이었다.

사회 건설에 매진하자고 결의했다. 서기국 위원으로 조선의 이정규, 일본의 아카가와 케이라이(赤川啓來), 중국의 마우이보(毛一波)·우커강(鳴克剛)·덩 멍시안(鄧夢仙)을 선출했고 기관지『동방(東方)』을 발행했다.

중일전쟁 이후 무장 세력 간 국제 연대활동이 개시됐다. 김원봉 등 한인 청년들은 항일 전선을 구축하기 위해 중국 국민당 정부를 상대로 끈질기게 협의한 결과, 1938년 중국 관내 지역 최초의 무장단체인 조선의용대를 결성 했다. 이 과정에서 일본인으로서 중국에서 반전활동을 펼치고 있던 아오아 먀 가즈오(靑山和夫, 1907~1997)의 협조가 도움이 됐다. 한편 조선의용군은 일본 반전단체와 연대해 반전운동을 펼쳤다. 1944년에 결성된 일본인 반전 단체인 일본인민해방연맹은 중국공산당 소속 팔로군에 붙잡힌 일본인 포로 가 주축이었다. 조선의용군은 일본인민해방연맹과 함께 일본군 포로를 심문 하고 회유하는 선전공작을 전개했다.

신사회·신국가 건설을 향한 모색

해방이 다가오면서 국내외 민족운동단체들은 독립 후 건설할 신사회·신국 가의 모습을 구체적으로 그려가기 시작했다. 임시정부는 해방 이후 정치 이 념과 독립전쟁 준비 태세를 천명하는 「대한민국건국강령(大韓民國建國綱領)」 을 제정했다. 「대한민국건국강령」은 조소앙이 제창한 삼균주의(三均主義)를 이론적 틀로 삼았다. 정치적으로는 의회주의에 바탕을 둔 민주공화국의 건 설을, 사회·경제적으로는 균등사회의 건설을 지향했다. 정치·경제·교육의 균등을 실현하고 나아가 세계 인류의 행복을 위해 개인과 개인, 민족과 민족, 국가와 국가의 평등을 실현하고자 했다.

조선독립동맹은 당파를 망라해 항일 민족 통일전선을 구축하고 아시아 의 민족해방운동 및 일본의 반전운동과 연대할 것을 천명했다. 강령에서는 일제의 한국 지배를 전복하고, 보통선거에 의한 민주 정권을 건립하자고 했 다. 또한 언론·출판·집회·결사·신앙의 자유를 보장하고 일제·친일 대기업 의 재산과 토지를 몰수하며, 8시간 노동제, 사회노동보험제, 통일 누진세제, 의무교육제 등을 실시하자고 선언했다.

조선건국동맹은 일제의 패망을 가속화하고 건국 주체를 조직적으로 준 비하는 일에 힘썼다. 이를 위해 대동단결(大同團結)·거국일치(擧國一致)의 반 일 통일전선을 건설하고 민주주의의 원칙을 따르며 노농대중의 해방에 노력할 것을 천명했다. 조선독립동맹과 조선건국동맹은 신사회·신국가론에 대한 서로의 견해가 일치한다고 보았다. 특히 조선독립동맹은 '조선의 상황이 무산계급 혁명 단계가 아니기에 진보적 민주주의 강령을 내걸고 있어 건국동맹과 이념과 실천 면에서 완전히 합치한다'며 상호 연대의 필요성을 강조했다.

이처럼 신사회·신국가론은 여러 갈래에서 나왔지만 좌우 분열을 극복하고 정치적으로 민주공화국, 사회·경제적으로 균등사회의 실현을 지향하는 국가를 건설하자는 데 이견이 없었다. 분열이 아닌 통합을, 고립이 아닌 연대를 추구하는 것으로, 사회민주주의적 지향성을 가진 노선이었다.

4. 경제와 생활

1　식민지 자본주의체제의 형성

일제는 조선을 일본 자본주의의 발전에 이바지할 자원과 식량의 공급지이자 독점적인 상품 시장과 값싼 노동력의 공급지로 삼고자 했다. 이를 위해 우선 식민권력이 경제를 직접 지배할 수 있는 수단을 강화하고, 일본 자본이 본격적으로 활동할 수 있도록 경제제도를 개편했다.

식민지배의 기반: 토지조사사업과 임야조사사업

식민지배의 경제적 기초를 세우기 위해 조선총독부는 1910년부터 1918년까지 토지조사사업을 실시했다. 먼저 전국 토지에 대해 소유자, 경계, 지목(地目, 논·밭·대지 등과 같은 토지의 종류), 형태, 가격, 분쟁 여부 등을 조사해 토지조사부, 지적도(地籍圖), 토지대장 등을 작성했다. 이의(異議) 신청을 거쳐 토지 소유자와 경계를 법적으로 확정해 지주의 사적 소유권을 절대적이고 배타적인 법적 권리로 인정했다. 토지조사사업 이전에는 농민이 지세 대납이나 황무지 개간, 토지 형질 변경, 제방 축조 등을 통해 획득한 경작권을 지주의 승낙 없이 매매·양도하거나 저당 잡힐 수 있었다. 하지만 그 이후에는 지주의 소유권에 대항할 법적 권리로 인정받지 못하게 된 것이다.

1910년 이전부터 계속 늘어났던 일본인의 토지 소유도 더욱 확실한 법적 보장을 받게 됐다. 주로 일본인의 토지 소유를 합법화하기 위해 시행된 「토지가옥증명규칙」(1906)에서는 제3자가 토지 소유권을 주장하고 나설 때 매매 당사자가 이에 대항할 수 있는 법적 근거가 미비했는데, 토지조사사업을 통해 확보된 지적도와 토지대장이 그 부분을 해결한 것이다. 이제 지주들은 확고한 토지 소유권을 무기로 삼아 소작농민을 지배하고 지주경영을 확대할 수 있게 됐다.

토지조사사업 과정에서 확립된 부동산등기제도는 토지의 상품화와 일본 자본의 토지 침탈을 가속화했다. 부동산권리의 변동을 공시하는 부동산등기제도가 토지 매매와 토지 담보 대출을 안전하고 용이하게 진행할 수 있게 해줬기 때문이다. 그에 따라 「조선부동산등기령」(1912년 공포, 1914년 제1차 개정)에 의한 토지 매매 등기 건수는 1918년 26만여 건에서 1924년 43만여 건으로 늘어났고, 같은 기간에 금융기관의 토지 등 부동산담보 대출액은 3,400만여 원에서 1억 9,700만여 원으로 급속히 증가했다. 지주들, 특히 대토

도판19 토지 측량
토지조사사업을 실시하면서 토지의 위치와 면적을 확정하기 위해 측량하는 모습이다.

지를 소유한 일본인 지주나 회사가 이러한 등기제도를 활용해 토지 소유 규모를 확대하거나 농업 외 다른 사업에 진출해나갔다. 이처럼 토지조사사업을 통한 토지 소유권의 강화와 부동산등기제도의 시행은 식민지 지주제가 빠르게 성장하는 계기가 됐다.

한편 총독부는 토지조사사업을 통해 식민지 재정을 확충하고자 했다. 먼저 그동안 과세 대상에서 누락됐던 토지인 은결(隱結)을 대부분 찾아내 지세를 부과했다. 그 결과 과세 대상 토지의 면적이 크게 늘어났다. 1918년에 파악된 논밭의 면적은 이미 조사가 상당히 진행된 1914년에 비해 각각 69%, 50%씩 증가했다. 이에 따라 총독부의 지세 수입도 크게 늘어났다.

그리고 사유(私有)를 입증하지 못한 토지는 모두 국유(國有)로 한다는 일제의 방침에 따라 국망 이전부터 추진해온 국유지 창출 작업도 지속됐다. 그 결과 총독부의 소유지가 된 농지는 동양척식주식회사에 불하된 농지를 포함하면, 1918년 말에 13만 7,000여 정보로 이는 전국 농지의 3% 정도에 이른 것이었다. 국유지 창출 과정에서는 소유권 분쟁이 많이 발생했다. 소유권 분쟁 가운데 65%는 국유지 분쟁이었다. 특히 원래 버려져 있거나 주인이 없던 땅을 농민이 개간해 여러 세대에 걸쳐 경작, 상속, 매매하던 토지에서 주로 소유권 분쟁이 생겼다. 이 토지들은 사실상 민유지로 왕실이나 관청은 명목상의 소유주에 불과했는데, 일제가 강제로 국유지로 편입시켰기 때문에 분쟁이 발생했던 것이다.

총독부는 토지조사사업 성과를 활용해 지세제도도 개정했다. 1914년에는 「조선지세령」을 공포해 토지의 지위 등급을 기초로 토지가격을 산정하고 지주 납세의 원칙을 정했다. 1918년에는 「조선지세령」을 개정해 토지 비옥도(전품(田品))에 따라 과세 토지의 면적이 다르게 산정되던 결부제(結負制)를 폐지했다. 그 대신 평(坪)과 정보(町步)라는 면적 단위를 기준으로, 토지의 절대 면적을 파악하고 해당 토지의 가격에 비례해 지세를 부과했다. 이를 통해 결부제하에서였다면 토지 비옥도 산정과 지세 부과 과정에서 지방 관리가 부릴 농간의 여지를 없애고 면적별 지세 부담의 공평성을 높였다. 이는 지주들이 토지 매수에 적극 나서서 지주 경영의 확대를 안정적으로 도모할 수 있는 계기가 됐다.

일제는 임야도 조사하고 통제하기 시작했다. 이미 1908년에 「삼림법」을 시행해 삼림·산야의 소유자에게 3년 내에 소유를 입증할 서류를 제출하도록 했다. 그러나 소유권 신고에 필요한 측량 경비의 부담이나 신고 이후 부과될 세금 부담의 우려 때문에 신고 기피 풍조가 확산됐다. 그 결과 1911년까지 신고서가 접수된 임야는 전체 임야 1,600만여 정보 중 220만여 정보에 불과해, 나머지 임야는 일단 모두 국유로 편입됐다. 그리고 토지조사사업이 마무리되던 1917년부터 1924년까지 임야조사사업을 전개했다. 그동안 신고 누락으로 인해 국유지로 편입된 토지를 포함한 각종 임야의 소유권 및 경계에 대한 분쟁이 증가하자 다시 소유권 신고서를 제출케 해 임야의 소유권, 경계 등을 조사하고 법적으로 확정해간 것이다. 그 결과 1925년 당시 총 1,600만여 정보의 임야 가운데 660만여 정보가 사유림으로 인정되고 나머지는 국유림으로 편입됐다.

한편 총독부는 1911년 국유림 구분조사를 통해 국유림 중 임상(林相)이 빈약해 경제적 가치가 없는 곳이 적지 않다는 사실을 확인했다. 이에 국토 보안과 삼림 경영을 위해 국유로 유지할 필요가 없고 연고도 없는 불요존림(不要存林)에 대해서는 조림을 장려한다는 명분을 내세워 민간에 대부했다. 지주와 자본가들, 특히 동척 등과 같은 일본인 회사는 1911년 산림령 시행으로 도입된 조림 대부제도를 통해 대규모 삼림을 소유한 산림지주가 됐다. 이들은 이후 대부지 인근의 민유림도 매수해 삼림경영 면적을 확대하는 한편 산림 이용을 매개로 지역민을 통제해갔다.

다른 한편 총독부는 산림녹화를 명분으로 내세워 산림의 개간과 이용에 대해서도 통제했다. 국유림은 물론 사유림에서도 예전과 달리 땔감이나 퇴비 원료 등을 자유롭게 채취할 수 없도록 했다. 임야 소유자들에게는 삼림조합 가입을 강요하기도 했다. 삼림조합은 군수가 조합장인 관제단체로서 조합원들에게 조합비를 징수하고 묘목 대금을 부담하는 등 부담만 지우고 입산과 벌목을 통제했다. 이에 반발한 산림조합 반대투쟁이 각지에서 벌어졌다.

일본 자본의 침투와 한국인 자본의 종속적 재편

일제는 민족 자본의 성장을 억제하고 경제 수탈을 효율적으로 진행하기 위해 여러 법령을 제정하고 한국인의 산업활동을 세한했다. 조선총독부는 1910년 12월 「조선회사령」을 발포해 회사의 설립·운영·해산에 걸친 전 과정에 직접 간섭할 수 있도록 했다. 총독부의 허가를 받아야 회사를 설립할 수 있고, 설립해서 운영하더라도 총독부의 판단에 따라 사업이 중단되거나 회사가 해산될 수도 있었다.

총독부는 「조선회사령」을 시행해 국망 이전에 성장한 한국인 소유 대규모 유통회사 등의 활동은 규제하면서도 일본 자본을 위협할 우려가 없고 식민지배에 필요한 소공업 부문은 활동을 허용했다. 또한 정책적으로 필요한 산업 분야에는 일본 자본이 적극적으로 진출할 수 있도록 추진했다. 「조선회사령」은 한국인 자본의 성장과 민간 자본의 투자를 통제해 산업의 식민지적 재편을 도모하기 위해 실시한 것이다.

제1차 세계대전으로 일본 경제가 호황을 누리게 되자 총독부의 정책도 변화했다. 공업 제품 수출이 크게 늘면서 자본을 축적한 일본 기업들은 조선에 진출해 값싼 자원과 노동력을 활용하려고 했다. 총독부도 일본 민간 자본이 조선에 진출하는 것을 적극적으로 후원하기 시작했다. 1918년 6월 「조선회사령」을 개정해 조선에 지점을 둔 일본 회사는 일본 상법에 의거해 영업하도록 허용함으로써 회사 설립 허가주의는 유명무실해졌다. 2년 후인 1920년 「조선회사령」은 결국 폐지됐다.

이후 일본 자본이 조선에 더 많이 들어오기 시작했다. 특히 제사(製絲), 면방직, 식료품 등 소비재 산업 분야에 중소 자본이 많이 유입됐다. 그리고 점차 미쓰이(三井), 미쓰비시(三菱) 등 대자본도 광업과 화학, 금속 산업 분야에 투자했다. 한국인 회사의 설립도 증가했으나 평균 자본금은 오히려 줄어들었다. 새로 생긴 회사들이 이전보다 규모가 작았기 때문이다. 소규모 회사들은 주로 유통 부문에 몰려 있어 상업, 운수업, 창고업 등이 전체의 반 이상을 차지했다.

일부 한국인 대지주들은 소작료로 얻은 막대한 자금을 바탕으로 회사를 설립해 자본가로 변신했다. 현준호, 장길상·장직상 형제, 박기순, 김성수·김연수 형제 등 남부 지방의 대지주들이 대표적인데, 1920년대 초반 대규모 회사나 은행을 설립해 운영하기 시작했다. 그리하여 1920년대 한국인 자본은 소수의 대자본 회사와 대다수의 소규모 회사로 양극화하는 모습을 보였다. 또한 일제가 1923년 일본에서 조선으로 상품을 들여올 때 부과하던 관세인 이입세를 폐지하면서 생긴 문제도 있었다. 일본 상품들이 낮은 가격으로 조선으로 들어오면서 직물이나 의류업에서 이제 막 성장하기 시작하던 한국인 회사들은 위기에 처했다. 이에 따라 『동아일보』 등 언론과 민족주의 계열에서는 한국인 자본을 보호하기 위한 물산장려운동을 전개해 잠시나마 큰 호응을 얻기도 했다.

2 식민지 지주제와 농민생활

산미증식계획과 식민지 지주제

조선총독부는 식민지배를 위한 제도와 기반시설을 정비하면서 일본의 경제적 요구에 따라 산업 생산 분야를 재편하는 데도 본격적으로 나섰다. 일제는 농업 분야를 가장 중시했다. 농업이 조선의 주된 산업이기도 했지만, 당시 일본에서는 늘어나는 쌀 수요를 공급이 따라가지 못해 쌀값이 주기적으로 폭등하는 구조적 문제가 있었기 때문이다.

당시 일본은 급격한 산업화, 도시화와 인구증가로 쌀 소비 인구가 크게 늘어난 상황이었다. 게다가 서구 열강에 비해 기술 수준이 상대적으로 낮았던 일본으로서는 제품의 가격 경쟁력을 확보하기 위해서는 노동자의 저임금 구조가 반드시 필요했다. 이에 값싼 쌀의 안정적 공급은 필수 불가결한 정책 과제가 됐다. 또 러일전쟁 등 침략전쟁이 잦았고, 만주와 중국 각지로 이주가 늘면서 해외 주둔 군대와 이주민들에게도 지속적으로 쌀을 제공해야 했다. 그러나 비효율적인 지주제가 유지되던 일본 자체의 농업 생산은 이렇게 폭증하는 쌀 수요를 감당할 수 없었다. 게다가 일부 상인들이 유통구조를 장악하고 있어 도시나 어촌, 광산 등 소비지의 쌀값은 터무니없이 폭등했다. 이미 1890년대부터 쌀값 폭등에 항의하는 쌀 소동이 자주 일어났고, 특히 1918년

도판20 전라북도 임익수리조합의 저수지(1921년 광경)
1909년 설립된 임익수리조합은 천수답 등 열등지를 대거 사들인 일본인 대지주들이 주도해 조선시대에 폐기
됐던 대규모 제언인 요교제(腰橋堤, 전북 익산)를 복구하고, 이를 수원(水源)으로 삼아 설치한 것이다. 임익수
리조합의 설치로 기왕의 수원을 빼앗긴 인근의 한국인 토지소유자들은 식민지기 최초로 수리조합 반대운동
을 전개했다.

쌀 소동은 일본 전국으로 확산돼 많은 쌀가게와 유통회사들이 대중의 공격
을 받았다.

안정적인 해외 식량 공급지가 절실했던 일제에게, 식민지 조선은 가장 손
쉽게 쌀을 확보할 수 있는 곳이었다. 총독부는 먼저 조선의 농업을 쌀을 중점
적으로 생산하는 형태로 재편했다. 이를 '쌀 단작형 농업' 생산구조라고 한다.

총독부는 지주들을 식민지 농업정책의 동맹자로 삼아 쌀 생산을 늘리고
자 했다. 수확의 반이 넘는 높은 소작료, 지주들에게 혜택을 주는 생산장려정
책, 쌀 증산과 일본 이출을 목적으로 하는 농업정책 속에서 지주들, 특히 일
본인 식민지주들의 토지 소유는 더욱 확대됐고 소작농의 비율은 늘어났다.
소작지를 얻기 위한 경쟁도 심해지면서 높은 소작료, 잦은 소작권 이동, 부당
한 노역 등 지주에게 일방적으로 유리한 소작 관행이 형성됐다. 이런 식민지
농업 경제제도를 흔히 '식민지 지주제'라고 한다.

1912년 데라우치 총독은 「미작·면작·양잠·축우의 개량·증식에 관한
중대 훈시」를 통해 농업 생산의 확대 방향을 구체적으로 밝혔다. 이 중 중심
을 이룬 것은 쌀 증산정책이었다. 총독부는 품종 개량, 비료, 관개시설 등 세

요소를 개선해 단위 면적당 수확량을 높이는, 이른바 '개량 농법'을 보급하는 데 주력했다.

총독부가 추진한 쌀의 품종 개량은 조선에서 재배되는 쌀의 품종을 일본인들의 입맛에 맞는 일본 품종으로 바꾸는 것이었다. 총독부는 원래 조선에서 재배되던 재래종을 일본 구마모토 현이나 야마구치 현에서 널리 재배하던 고쿠료미야코(穀良都), 와세신리키(早神力) 등과 같은 일본 품종으로 교체해갔다. 1910년대 무단통치하에서는 행정기관은 물론 경찰이나 교사까지 동원해 재래종을 일본 품종으로 바꾸게 했다. 일본 품종 쌀은 재래종에 비해 생산성이 높았으나 노동력을 많이 필요로 했고, 특히 물과 비료가 충분히 공급돼야만 제대로 수확을 거둘 수 있었다.

작물에 물을 안정적으로 공급하는 수리시설의 개선에는 많은 자금이 소요되기에 총독부는 우선 농가가 자체적으로 만든 자급비료의 사용을 늘리도록 함으로써 쌀농사의 생산성을 높이고자 했다. 그러나 이러한 소극적 정책으로는 목표만큼 쌀 증산을 신속히 달성할 수 없었다. 여기에다가 1918년 일본에서 쌀 소동까지 발생하자, 일제는 1920년부터 조선에서 체계적이고 장기적인 쌀 증산과 일본 이출을 목표로 하는 산미증식계획을 실시했다.

산미증식계획(제1기 계획, 1920~1925)은 대규모 관개시설을 건설하는 토지개량사업을 중심으로 전개됐다. 관개시설을 건설해 가뭄의 영향을 줄이고 밭을 논으로 바꾸며, 개간이나 간척을 통해 새로운 논을 만들어 쌀 생산을 늘리겠다는 것이었다. 이 계획은 30년 동안에 걸쳐 관개 면적 40만 정보, 밭에서 논으로 전환 면적 20만 정보, 개간·간척 면적 20만 정보 등 총 80만 정보의 토지개량을 목표로 삼았다. 처음 15년 동안에는 43만여 정보의 토지를 개량하고 영농 방법을 개선해 900만여 석을 증산해 그중 460만여 석을 일본으로 이출하겠다는 계획을 세웠다. 그러나 실제 토지개량의 실적은 목표에 크게 못 미쳤다. 1926년까지 실제 착수된 면적은 9만 7,500정보로, 착수 예정 면적 16만 5,000정보의 59%에 머물렀다.

이 때문에 총독부는 1926년 산미증식갱신계획(제2기 계획, 1926~1934)을 세워야 했다. 제2기는 12년 동안 35만 정보의 토지개량사업을 통해 472만석을, 농사개량 사업을 통해 345만여 석을 증산하고 그중 500만여 석을 일본으로 이출하겠다는 것이었다. 이를 위해 토지개량에 이자율이 낮은 융자를 대폭 늘리고 동양척식주식회사의 토지개량부와 조선토지개량주식회사와

도판21 군산항 축항 기공식 축하탑
군산항은 일본으로 쌀이 이출되는 대표적 항구였
다. 일본으로 쌀 이출이 늘어나면서 1926년부터
1933년까지 군산항의 확장공사가 진행됐는데, 그
기공식을 축하하기 위해 군산 상인들이 쌀을 쌓아
올려 만든 탑이다.

같은 반관반민(半官半民)의 사업 대행기관을 설치해 토지개량사업을 주도하
게 했다.

일본의 경제적 필요에 의해 추진된 두 차례의 산미증식계획은, 일본 본
국의 쌀 시장 상황이 바뀌면서 변화를 겪게 됐다. 조선과 대만 등 식민지에서
쌀 공급이 늘어나는 데 반해 대공황으로 경기가 급격히 나빠지면서 1930년
대 초 일본의 쌀값이 폭락하는 농업공황이 일어났기 때문이다. 일본 내에서
산미증식계획을 중단하라는 목소리가 커졌고, 총독부도 토지개량을 위해 필
요한 정부 알선자금을 축소해갔다. 결국 1934년 토지개량사업을 중단하면서
산미증식계획은 실질적으로 중지됐다.

그러나 일제는 산미증식계획을 통해 일본 시장에 쌀을 안정적으로 공급
한다는 당초의 목적을 충분히 달성했다. 특히 제2기 계획 기간에 생산량은
채 1.4배도 증가하지 않았는데, 대일 이출량은 2배나 늘었다. 증산한 것보다
더 많은 쌀이 일본으로 빠져나가면서 한국인의 1인당 쌀 소비량은 1912년 약
0.77석에서 1926년 0.53석, 1930년 0.45석 수준으로 크게 떨어졌고 대신 잡곡
소비량이 늘어났다.

한편 산미증식계획 전 기간에 총독부는 지주들에게 낮은 이자율의 자금
을 빌려주고 각종 특혜를 제공해 토지개량사업을 주도하게 했다. 토지개량
으로 이익을 얻으려는 일본인 지주나 한국인 지주도 사업에 적극적으로 나
섰다. 사업은 대부분 수리조합(水利組合)을 중심으로 진행됐다. 그 결과 산미

증식계획 기간에 190여 개의 수리조합이 설치됐으며 수혜 면적도 20만여 정보에 달했다. 그런데 수리조합은 총독부와 대지주, 특히 열등지나 미간지를 소유하거나 대부받은 일본인 대지주의 이해관계를 중심으로 설치되고 운영되는 경향을 보였다. 그리하여 수리조합이 필요 없는 수리 안전답을 소유하고 있음에도 사업 참여를 강요당한 중소지주들, 과중한 수세(水稅, 수리조합비)를 감당하지 못해 체납하거나 토지를 헐값에 방매할 처지에 놓인 자작농들 중에 타격을 입는 사람이 늘어났다. 소작농들도 지주가 수세 부담을 전가하기 위해 소작료를 인상하는 바람에 고통받을 수밖에 없었다. 이에 수리조합 설치 반대나 수세 반대 등을 기치로 내건 수리조합 반대운동이 각지에서 발생했다.

산미증식계획은 식민지 지주제가 더욱 강화되는 계기가 됐다. 계획 기간에 지주들은 총독부로부터 받은 각종 특혜나 금융기관으로부터 대출한 자금을 활용해 토지를 사들이거나 농민을 대상으로 고리대활동을 할 수 있었다. 특히 일본인 대지주들은 수리조합 사업을 통해 자신의 천수답, 저수량지(低水量地), 미간지를 비옥한 논으로 만들거나 수리조합을 자신에게 유리한 쪽으로 운영해 막대한 이득을 취했다. 동시에 지주들은 계획 기간에 나타난 쌀 이출의 급증 등 쌀 상품화의 진전에 대응해 지주 경영을 강화했다. 소작농 선발부터 품종 선정, 시비(施肥), 수확물 건조와 포장 등 생산·유통 과정에 개입해 소작료 수입을 증대하고 소작미의 상품성을 높이고자 했다. 대지주들 가운데 일부는 소작지를 효율적으로 관리하기 위해 농장조직 등을 만들고 소작료 수입과 고리대활동을 통해 축적한 자금을 농업 외 산업에 투자해 경영을 다변화하기도 했다.

그 결과 계획 기간에 50정보 이상 소유한 대지주의 수가 늘어나는 추세를 보였으며, 특히 한국인 대지주보다 일본인 대지주의 증가가 두드러졌다. 소작지의 비율도 산미증식계획 기간(1920~1934)에 50.8%에서 57.4%로 가파르게 올랐다.

식민지 농업정책의 전환과 식민지 지주제의 변화

일본은 대공황에 연이어 농업공황이 불어닥치면서, 농산물 가격이 폭락해 농촌사회가 심대한 위기를 맞이했다. 이에 일제는 식민지에서 쌀 증산정책을 중단하고 쌀값 하락 방지를 위해 공급량을 조절하며, 일본 이출을 통제하는 방향으로 식민지 농업정책의 기조를 전환했다.

쌀값 하락과 일본의 쌀 수입 통제는 식민지 조선의 경제에도 타격을 가져왔다. 지주들은 소작료를 올리거나 여러 가지 부담을 소작농에게 떠넘기며 줄어든 수입을 만회하려 했다. 일부 지주들은 말을 잘 듣지 않거나 생산성이 떨어지는 소작농의 소작권을 빼앗아 다른 농민에게 주기도 했다. 농민들 사이에 소작권을 둘러싼 경쟁을 붙여 불리한 조건을 받아들일 수밖에 없도록 하기 위해서였다. 지주의 대리인인 마름[1]이 소작농에게 부리는 횡포 또한 심각한 사회문제였다.

결국 이러한 상황은 농민의 거센 저항을 불러일으켰다. 각지에서 소작쟁의가 빈번하게 일어났고 사회주의자들이 주도하는 혁명적 농민조합이 여러 곳에서 결성됐다. 1930년대 초반 세계적인 경제위기 속에서 식민지 조선 농촌에는 사회불안과 대립이 격화되고 있었다. 따라서 농촌의 계급 갈등을 완화시키고 농촌 지배체제를 안정되게 하는 것이 총독부의 우선 과제가 됐다. 이에 총독부는 두 가지 유형의 대책을 시행했다. 하나는 농촌의 심각한 사회경제적 위기를 타개하여 농민의 불만을 잠재우고 농촌사회를 통제하려던 관제 농민운동인 농촌진흥운동(1932~1940)이었다. 다른 하나는 자작농지설정사업, 「조선소작조정령」(1933), 「조선농지령」(1934)과 같은 사회 개량적 농지정책이다.

총독부는 농촌진흥운동의 지도기관으로 조선총독부-도-군·도(郡島)-읍·면에 각각 농촌진흥위원회를 설치하고 촌락에는 농촌진흥회를 조직했다. 그리고 식민농정을 보조하고 농촌사회를 이끌어갈 중견인물도 양성해갔다. 그 결과 식민정책이 중앙에서 농촌사회 말단까지 미칠 수 있는 계통적인 조직체계가 확립됐다.

농촌진흥운동에서 농가경제 안정화를 위해 시행된 주요 시책이 농가경제 갱생계획이었다. 총독부는 1933년 읍면별로 30~40호 단위의 갱생지도부락(촌락)을 1개씩 선정하고 농가별로 '식량 충실, 현금 수지의 균형, 부채 근절'의 갱생 목표를 설정토록 했다. 이 과정에서 농민 자신의 게으름, 낭비벽,

---

1   마름 '사음(舍音)', '농막 주인', '수작인'이라고도 한다. 지주가 소유한 토지와 멀리 떨어져 있어서 직접 관리하기 어려울 때 대신 작황을 조사하고 소작료를 거둬 납부하는 관리인 역할을 했다. 식민지기에 일본인 지주를 비롯한 부재지주가 늘어나면서 마름의 권한이 커졌고 그만큼 횡포도 심해졌다.

무지 탓에 농가경제가 위기에 처하게 됐다면서 농촌진흥을 위해 근검절약, 노동 강화, 농업 경영 합리화가 필요하다고 선전했다.

사회 개량적 농지정책은 계급대립을 완화하는 동시에 농촌진흥운동도 보조하고자 시행됐다. 그중 자작농지 설정사업은 소작농에게 토지를 갖게 해, "농촌의 갱생을 도모하고 촌락을 떠나 떠돌아다니는 폐단을 방지"할 목적으로 추진됐다. 1932년부터 10년간 체제 순응적인 농가 2만 호에게 특별 장기 저리자금을 융자해 1만 정보의 농지를 자작농지로 만들고자 한 것이다. 그러나 그 규모는 농민의 몰락 추세를 막기에는 턱없이 적었고, 자작농지로 설정될 논밭의 농가 1호당 예상 표준 면적도 5단보(1,500평)에 불과했다. 자작농을 창정하는 데에는 한참 못 미치는 수준이었다. 총독부 시책에 부응한 금융조합도 1933년부터 특별 장기 저리자금 대출을 확대해 자작농지 설정사업을 본격 추진했다. 그러나 금융조합의 자작농지 구입자금 대부 조건(금액·기간·이자)은 총독부의 그것에 비해 현저히 불리했다.

한편 「조선소작조정령」과 「조선농지령」은 지주·소작관계에 중대한 영향을 미치는 법이었다. 총독부는 소작쟁의 조정 절차를 규정한 「조선소작조정령」을 통해 소작쟁의를 더욱 통제했다. 그리고 지주의 과도한 수탈이 소작쟁의와 농촌사회의 불안을 초래한다고 보고, 소작권을 보호하고자 「조선농지령」을 시행했다. 예컨대, 작물에 따라 3년에서 7년까지 최소 소작 기간을 정해 보호하고 원성의 대상이던 마름과 같은 중간 관리자도 행정기관이 규제토록 했다. 그 결과 농민의 소작권은 이전보다 다소 안정된 듯했다. 그러나 소작쟁의의 주요 원인 중 하나였던 고율소작료나 지세 공과 부담의 전가 등 지주의 과도한 수탈을 제한하는 규정은 「조선농지령」에 없었다.

일제가 침략전쟁을 본격적으로 확대하면서부터는 조선의 농촌과 농민 전체를 전쟁에 동원하는 정책을 시행하기 시작했다. 1937년 중일전쟁 이후부터 일제는 식민지 조선의 농촌과 농민을 전면 통제하고 침략전쟁에 총동원하기 시작했다. 이때 시행된 전시 농업통제정책은 지주경영에 타격을 줬다. 지주들은 「소작료통제령」(1939)으로 인해 일방적으로 소작료를 인상할 수 없었고, 「임시농지가격통제령」과 「임시농지등관리령」(1941)에 의해 농지의 거래나 이용도 총독부의 통제를 받게 됐다. 그리고 모든 자원이 침략전쟁에 필요한 군수생산 부문에 우선 배치됨에 따라 농업 노동력과 생산자재가 부족해지자 농업생산의 타격을 피할 수 없게 됐다. 또한 1940년 쌀 공출제의 시행을 시발로 곡물의 유통 판매가 전면 통제되자 곡물을 소작료로 거둬 가공 판매하거나 판매시기를 조절함으로써 얻을 수 있는 수익도 더는 기대할 수 없게 됐다. 더욱이 공출미 대금의 일부를 강제로 저축해야 했고 국방헌금과 기부금 등을 납부하도록 강요받았다.

식민지 지주제나 지주의 권력은 일제의 식민정책상 필요에 따라 보호, 육성되기도 했고 조정, 통제되기도 했다. 대체로 산미증식계획이 추진될 때까지 식민지 지주제는 일제의 보호, 육성에 힘입어 발전했다. 반면 1930년대 이후 소작관계법이나 전시 농업통제정책의 시행으로 지주의 권리와 소작농에 대한 지배력이 조정, 통제되자 식민지 지주제는 전체적으로 둔화 내지 약화 추세를 보였다. 그런 가운데서도 일본인 지주제와 한국인 지주제의 변화 추이는 서로 달랐다. 일본인 지주제는 일제 말기까지 성장세를 유지했던 반면, 한국인 지주제는 1920년대 후반 이래 위축되는 추세를 보였다. 한편 농민들은 여전히 고율 소작료에 따른 중압으로부터 벗어나지 못했다. 게다가 일제 말기에 이르면 무리한 식량 공출, 강제저축은 물론 징용, 징병 등 강제동원까지 겹쳐 생존 자체가 위협받았다. 그에 따라 농촌 사회에서는 공출을 기피하는 것은 물론 농사를 태업하거나 이농하는 풍조조차 확산됐다.

농촌사회와 농업구조의 변화

1910년대 개량 농법의 보급과 1920년대 산미증식계획 등과 같은 일제의 쌀 증산정책은 쌀을 안정적으로 일본 시장에 공급하기 위한 것이었다. 실제로 이 정책이 시행됐던 기간에는 조선의 쌀 생산량보다 일본으로 보내는 이출량이 훨씬 빠르게 늘어났다. 조선의 쌀 이출은 소비하고 남는 것을 보내는 방식이 아니라, 수확하면 바로 일본인 미곡상 등이 사들여 일본으로 보내는 방식이었다. 당연히 한국인의 쌀 소비량은 감소할 수밖에 없었다. 게다가 쌀 증산은 밭을 논으로 만드는 등 다른 작물의 재배 기회를 줄이는 쪽으로 이뤄지면서 한국인의 식량난은 더욱 심해졌다. 추수 곡식으로는 이듬해 늦봄도 버티기 어려워 수많은 농민이 보릿고개를 경험해야 했다. 1930년 전체 농가의 48.3%, 특히 소작농가의 68.1%가 춘궁농가였는데, 이는 주요 쌀 생산지대에 더욱 많았다. 그 결과 전반적으로 농민의 생활은 어려워질 수밖에 없었고, 곡물 가격이 폭락하는 경제적 위기가 닥치면 소규모의 자작농이나 자작 겸 소작농은 버티기 힘들었다.

연도	지주	자작농	자작 겸 소작농	소작농	화전민	계
1920	3.4%	19.4%	37.4%	39.8%	—	100%
1932	3.5%	16.3%	25.4%	52.7%	2.1%	100%

도표1 농촌사회의 계급 구성 변화

농민 생활이 어려워지고 지주의 경제적인 힘이 세지면서 농촌사회의 계층구조는 자작농이나 자작 겸 소작농이 줄고, 지주와 소작농으로 양극화되는 현상이 심해졌다. 〈도표1〉에서 확인할 수 있듯이 1920년 39.8%였던 소작농은 1932년 52.7%로 늘어났고, 화전민도 통계에 반영되면서 2.1%를 차지했다. 자작농이나 자작 겸 소작농이 몰락한 결과였다.

계층 면에서 소작농의 비율이 늘어났을 뿐 아니라 자작농이 경작하는 토지도 급격히 줄어들고, 지주가 소유하는 소작지가 늘었다. 1930년대가 되면, 논의 소작지 비율은 66% 이상이 되고 밭의 소작지 비율도 50% 정도가 됐다. 자작농이나 자소작농이 소작농으로 전락하면서 소작권을 둘러싼 경쟁이 일어났다. 그로 인해 소작권은 더욱 불안정하게 됐다.

조선총독부가 쌀 증산정책을 강요하면서 다른 작물 재배나 부업을 통한 농가 수입의 비중은 크게 줄어들 수밖에 없었다. 농가의 수입에서 곡물 생산의 비중이 갈수록 높아졌고, 가내부업인 농산가공이 차지하는 부분은 크게 줄어들었다. 남부 지방의 경우 쌀농사 비율이 1910년 38%에서 1935년 70%로 크게 증가했다. 반면 농산가공 부문의 비중은 29%에서 2%로 감소했다. 원래 베를 짜거나 술을 만들어 자급하던 농가가 공산품을 구입해서 쓰게 됐고, 벼를 쌀로 가공하는 정미업도 시골 방앗간 대신 기계설비를 갖춘 정미소가 도맡아 하게 되면서 농가의 가내수공업이 급속히 몰락했기 때문이다.

그 결과 농가 경제는 자립성이 약화되고 경기 변동에 절대적인 영향을 받게 됐다. 특히 1930년대에는 농업공황으로 쌀값이 급락하자 농가경제는 큰 타격을 입었다. 근근이 수지를 맞추던 자작농들은 수입이 급격히 줄면서 땅을 팔아야만 할 처지에 놓였다.

1937년 중일전쟁 이후 군수용 식량 수요가 급격히 늘어났다. 게다가 1939년 큰 가뭄으로 쌀 수확량이 전년도의 약 60%에 머물자, 총독부는 1940년에 다시 쌀을 증산하기 위해 조선증미계획을 수립했다. 전쟁을 위한 식량의 안정적 공급과 효율적인 노동력 동원을 위해 이른바 농촌 재편성정책도 실시했다. 비효율적일 정도로 농사를 적게 짓던 영세농 중 일부를 어느 정도 규모를 갖춘 소농으로 전환시켜 농업 생산을 늘리고 부족한 농업 노동력문제도 해결하고자 한 정책이었다. 그러나 근본적으로 지나치게 높은 소작료 때문에 농민의 실질적인 소득 증대가 이뤄질 수 없었기에 생산성 증대는 기대하기 어려웠다. 또 전쟁이 진행되면서 식량을 강제로 공출당하고 노동력 동원에 시달리던 농민은 농사에 집중하기조차 어려운 형편에 처했다. 이런 상황에서 농업 생산에 투여할 자금과 물자까지 전쟁에 동원되면서 쌀 생산량은 오히려 줄어들었다.

빈농과 화전민의 생활

식민지 지주제가 발달하면서 대부분의 농민은 경제적으로 어려움을 겪었다. 그중 빈농의 생활은 끼니를 잇기 어려울 정도로 악화됐다. 특히 음력 4~5월의 늦봄은 전해에 추수한 쌀이 떨어지고 아직 보리를 수확하지 못한 시기로 가장 힘들었다. 흔히 '춘궁기'라고 하는 이 시기에 식량이 떨어져 풀뿌리와 나무껍질 등으로 끼니를 잇는 빈궁한 농민 수가 1926년 30만여 명이었던 것이 1933년에는 177만여 명으로 크게 늘어났다.

빈농의 삶은 갈수록 힘들어졌다. 하층인 빈농은 가을걷이를 해도 소작료를 내고 농사 비용을 제외하면, 그해 겨울을 넘기기조차 힘들었다. 이러한 농민은 부족한 생활비를 벌기 위해 농한기가 되면 부근 공사장이나 광산 등지에서 날품을 팔았다. 그만한 형편도 안 되는 농민은 고향을 등지고 도시로 나가거나 화전민이 됐다.

화전은 논농사가 불가능한 산간 지역에서 풀언덕이나 관목숲에 불을 놓은 후 그 재를 비료로 삼아 밭작물을 키우는 경작 방식으로, 강원도와 함경도, 평안도 등 산간 지방에서 많이 이뤄졌다. 화전민은 가난한 농민 중에서도 가장 빈곤한 계층이었다. 예컨대 남의 집 행랑에 살며 농사짓던 막실(幕室) 소작농이 그마저도 견디지 못하게 되면 산속으로 들어가 화전민이 됐다. 화전만으로 생계를 유지하는 순수 화전민은 1927년 2만 9,000여 호에서 1935년에는 두 배 이상 증가해 7만 6,000여 호에 이르렀다.

화전민 중에는 다랑논에 벼를 재배한 경우도 있었으나 대부분 감자·조·콩·메밀·옥수수 등의 잡곡을 심었다. 농사짓는 틈틈이 약초를 캐고 고사리·

더덕·두릅 등을 채취하기도 했다. 보리밥조차 먹기 어려웠고, 집은 "풀을 베어서 지붕을 덮었으나 바람과 비에 부대껴서 바람벽이 퇴폐해질" 정도로 구색만 갖춘 경우가 많았으며, 바닥에 거적, 밀짚 등을 깔고 살았다. 부엌에는 솥이나 냄비 한두 개만 걸린 데다 상과 사발 몇 개가 있을 뿐이었다. 또한 화전농가는 집단 마을을 이루지 못하고 대화를 나눌 이웃도 없이 한두 가구가 외롭게 사는 경우가 많았다.

이들이 깊은 산속의 열악한 조건 속에서 화전을 일구며 살았던 이유는 소작료나 각종 공과금, 세금을 납부하지 않아도 됐기 때문이다. 지주의 땅이 아니니 소작료도 없었고, 수리조합이나 축산조합 등에 가입하지 않았기에 조합비를 내지 않아도 되고, 학교비 등 여러 가지 공과금도 낼 필요가 없었다. 가난한 농민에게 화전은 마지막 비상구였던 셈이다.

그러나 총독부는 국유림을 훼손하는 화전민을 통제하고 이들을 몰아내기 위해 1910년대부터 화전정리사업을 꾸준히 진행했다. 특히 1930년대 들어 한반도 북부 지역의 임산 자원을 개발하는 북선(北鮮)개척정책하에 대대적인 화전정리사업을 벌였다. 결국 화전민은 마지막 삶의 터전조차 떠나야 했다. 그러나 일부 화전민들은 총독부의 강제 추방에 강력히 저항했다. 항일운동으로 발전한 함경남도 갑산(甲山)화전민투쟁(1929)은 그 대표적 사례다.

3 식민지 공업화와 노동자생활

식민지 공업화의 진전

제1차 세계대전에 따른 호황으로 1916년 무렵부터 식민지 조선에서는 공장과 회사의 설립이 조금씩 활발해졌고, 1920년에는 회사령도 폐지됐다. 그러나 1920년대 말까지는 공업화 정책이 추진된 것도 아니었고, 일본 경제도 곧 만성적인 불황기에 접어들었기 때문에 공업의 발전은 미진했다. 조선 내 회사는 몇몇 일본 대자본을 제외하고는 대부분 중소공업, 가내공업에서 벗어나지 못했다. 공장 수, 생산액 모두 중소공업이 차지하는 비중이 절대적이었다. 직물업·철공업·정미업·인쇄업 등은 대부분 전통적인 가내공업에서 시작해 근대 기술을 도입하고 규모를 확대해 전문화한 공장인 경우가 많았다.

식민정책 차원에서 공업화의 필요성이 제기된 것은 1920년대 후반부터였다. 그러다가 1931년 6월 우가키 가즈시게(宇垣一成, 1868~1956) 총독이 부임한 이후 조선총독부는 본격적인 공업화 정책을 추진하기 시작했다. 식민지 공업화는 기본적으로 일본 자본이 조선에 들어와 공장을 설립하면서 진행됐다. 조선 내에는 공업화에 필요한 자본과 기술이 부족했고, 총독부도 독자적인 공채 발행권같이 공업화 추진에 유용한 재정수단을 갖고 있지 못했기 때문이다. 그렇기에 총독부가 추진한 식민지 공업화 정책의 핵심은 기업 경영에 유리한 환경을 조성하고, 일본 자본가들에게 조선에 투자해보라고 권유하는 것이었다. 총독부는 기업에 금융·세제상 지원은 물론이고 공장 건설에 필요한 용지를 싼 가격에 쓸 수 있게 했고, 원료를 확보하는 데도 편의를 제공했다. 또한 저임금 노동자들을 쉽게 고용할 수 있도록 지원하는 한편, 노동자 보호를 위한 최소한의 장치였던 공장법을 적용하지 않았으며 노동자의 조직화를 철저히 차단했다.

일본 대자본은 석회석과 같이 조선에 특별히 풍부한 지하자원이나 수력발전을 통한 저렴한 전력 등을 노리고 공장을 세웠다. 만주사변 이후 만주와 중국 시장의 개척 가능성이 높아졌고, 조선 내 상품 수요가 지속적으로 증가하고 있었던 점도 주목했다. 게다가 일본에서 1931년부터 시행됐던 「중요산업통제법」이 조선에서는 적용되지 않아 경제활동이 상대적으로 자유로웠던 점도 조선이 새로운 투자처로 관심을 끌 수 있는 요인이었다.

일본 자본의 유입과 한국인 자본

조선에 진출했던 대표적인 일본 대자본은 신흥 재벌 일본질소비료였다. 우가키 총독의 후원하에 일본질소비료는 조선수전(水電)주식회사를 설립해 부전강 발전소를 건설했다. 여기에서 생산된 막대한 전력을 기반으로 흥남 지역에 조선질소비료주식회사를 설립해 대규모 전기화학 공업단지를 형성했다. 이밖에도 미쓰이, 미쓰비시, 가네보(鐘紡), 닛산(日産), 동양척식회사 계통의 자본이 진출해 식민지 공업화를 주도했다. 1930년대 초까지는 경공업, 특히 방직공업이 중심이었지만, 1930년대 중반 이후에는 중화학공업 회사도 많이 진출했다.

일본에서 새로운 자본이 유입된 동시에 한국인 자본이나 이전부터 조선에 진출해 있던 일본인 자본이 설립한 회사도 늘어났다. 공장 수의 변화를 민족별로 보면, 1910년대에는 일본인 공장이 큰 비중을 차지했으나, 1910년대

	민족 구분		1926	1939
민간 공장 생산액	일본 대자본		3.3%	21.8%
	조선 내 자본	일본인	37.8%	33.9%
		한국인	15.0%	20.1%
관영 공장 생산액			8.7%	4.1%
가내공업 생산액	한국인		34.2%	17.1%
	일본인		1.0%	3.0%
전체 생산액			100.0% (556,513천 엔)	100.0% (1,896,011천 엔)

도표2 1926년과 1939년, 공업 생산액 비율의 변화

후반 이후 일본인 공장보다 한국인 공장이 더 빠르게 증가했다. 1927년부터는 한국인 공장 수가 일본인 공장 수를 상회했고, 1930년대에는 양자 간 격차가 더 커졌다. 한국인 공장의 비율은 1916년 전체 공장의 38.7%였는데, 1928년 51.7%, 1938년 60.1%로 증가했다.

그러나 공장의 규모 면에서는 일본인 공장이 훨씬 컸다. 민족별 공업 생산액의 비중을 살펴보면, 1926년 한국인이 경영하는 민간 공장 생산액이 15.0%, 한국인 가내공업 생산액이 34.2%로 합계 49.2%였다. 그러나 한국인 공업은 대부분 가내공업이었고, 기계를 사용하는 한국인 공장 생산액은 일본인 공장 생산액의 3분의 1을 약간 상회하는 데 머물렀다. 이후 일본 대자본이 진출하고 식민지 공업화가 진행되자 한국인 민간 공장 생산도 증가했다. 그러나 한국인 가내공업이 그 이상 큰 폭으로 위축된 탓에 한국인 공업 생산액 전체의 비중은 1939년에 37.2%로 크게 감소했다.

식민지 공업화 정책이 시행된 이후에도 한국인 공업회사는 대부분 영세한 수준에서 벗어나지 못했다. 1941년 말 공업 분야 회사·개인 기업의 자산 총액 중 일본인 사업체의 비중이 91.5%를 차지했다면, 한국인 기업의 비중은 8.5%에 불과했다. 1945년 8월에는 한국인 기업 자산 총액의 비중이 7.4%로 더 줄어들었다. 한국인 공장은 주로 화학, 식료품, 요업, 방직공업 분야에 많았는데, 대부분 생필품을 생산하는 영세한 업체였다. 이 공장들은 제2차 세

도판22 일본의 노구치(野口)재벌이 1927년에 설립한 조선질소비료주식회사의 흥남 공장 모습.
부전강 수력발전소의 전력으로 황산암모늄비료를 생산했으며, 아시아 최대 규모라고 알려졌다. 이후 노구치
재벌은 화약과 금속제련 등 군수산업에 진출했다.

계대전 이후 전쟁이 격화되면서 결국 자재난과 자금난을 겪을 수밖에 없었고, 결국 다수가 휴업·폐업 상태에 들어갔다. 1942년 「기업정비령」이 실시된 이후에는 일본 독점자본의 군수 하청공장이 되지 않은 이상 거의 도태되고 말았다. 가령 한때 722개에 달했던 메리야스공장은 1944년 3월 174개로 급감했다. 다른 업종의 한국인 공장도 대부분 폐업하거나 군수산업체에 통폐합됐다.

공업의 식민지 이중구조와 전시체제기 군수공업화

일본인 자본이 대규모 공장을 건설하고 한국인 공장도 늘어났지만, 공업의 생산구조는 매우 취약했다. 대공장들은 첨단의 생산설비와 기술을 자랑했지만, 중소공장과 가내공업은 그보다 훨씬 낮은 수준에 머물렀다. 대공장과 중소공장 사이의 분업체계도 거의 이뤄지지 않았으니 일본인 대규모 기업이 들어서더라도 그 주변의 한국인 중소공업이 성장할 가능성은 높지 않았다. 이렇게 일본 자본 중심의 대규모 중화학공업과 한국인 중심의 중소공업, 가내공업이 유기적 분업체계가 아니라 각각의 재생산구조를 형성한 것을 식민지 이중구조라고 한다.

일본질소비료의 경우를 보자. 일본질소비료는 조선에 조선수전주식회사, 조선질소비료주식회사, 조선마그네슘주식회사, 조선금속제련주식회사

등 여러 회사를 설립했는데, 이들의 공장은 주로 흥남 지역에 건설했다. 이 회사들의 생산 공정은 흥남의 공단 내에서 대부분 완결됐기에 한국인 공장이 끼어들 여지가 없었다. 비료와 유지를 생산하는 공장에 일부 한국인 공장이 어유, 대두, 소금 등 원료를 공급했던 경우도 있으나 유기적인 분업으로 볼 수는 없었다. 이처럼 일본 대자본의 사업은 대부분 조선 내 다른 지역 및 산업과는 완전히 별개로 진행됐다. 식민지 이중구조는 이후 전시체제기 군수공업화 과정에서도 기본 틀로 유지됐다.

1937년 중일전쟁 이후 식민지 공업구조는 군수공업체제로 재편성됐다. 조선에도 주요 산업별로 카르텔을 조직해 생산과 판매에 대한 통제를 규정한 일본의 중요산업통제법이 적용되기 시작했다. 그 일환으로 배급 통제조직인 공업조합이 원료와 자재를 공급했다. 1944년에는 기업 정비가 실시되면서 민수공업은 통폐합되거나 강제로 정비됐다. 모든 역량을 군수품을 생산하는 데 집중하기 위해 비군수품 생산 부문은 노동력, 원료, 자재와 자금 등에서 심한 제약을 받았다. 반면 군수공업은 일제의 지원을 받은 데다 군수 호황까지 이어지면서 성장했다. 1940년에는 전체 공업 생산액의 약 30%가 군수공업과 관련됐다고 추산된다.

노동자의 증가와 고용구조의 성격

공업화가 진행되면서 노동자도 늘어났다. 1929년 7만 7,000여 명이던 공장 노동자 수가 1937년에는 16만 6,000여 명으로 증가했다. 공장과 광산 노동자뿐만 아니라 토목 노동자 역시 1930년대 초반부터 급증했다. 공장과 발전소 등 산업시설과 철도 등을 건설하는 일이 늘어나면서 토목 노동자를 많이 필요로 했던 것이다.

공장 노동자의 성별 구성을 살펴보면, 1940년의 경우 남성은 68%였고, 여성은 32%였다. 경공업 분야에서는 여성이 40~50% 정도를 이뤘으며, 그중 방직공업 노동자의 80%가량은 여성이었다. 반면 중화학공업에서는 남성이 80% 이상을 차지했다. 연령별 구성에서는 16세 이상 성년 노동자가 전체의 87%였으나, 16세 미만 유년 노동자도 13%나 됐다. 또한 여성 유년 노동자가 남성 유년 노동자의 2배 정도 많았다.

일본인과 한국인 노동자 사이에는 '관리기술자·숙련공=일본인, 자유노동자·비숙련공=한국인'이라는 식민지 고용구조가 형성됐다. 한국인 노동자는 대부분 비숙련 단순 육체노동에 종사했으므로 공업화가 진행된다고 해도 한국인이 현장에서 고급 기술을 습득하는 사례는 많지 않았다. 그러다 중일 전쟁 이후 전선이 확대되고 일본인 노동자들이 징병되자 한국인 노동자가 그 빈자리를 채우게 됐다. 이에 따라 일부 한국인 노동자가 숙련노동자나 중간 관리직이 될 기회를 얻기도 했다. 그러나 전시 동원에 따른 일시적 현상으로, 체계적이고 전문적인 기술교육이 실시되거나 한국인이 처음부터 관리직으로 고용되는 일은 흔치 않았다. 식민지적 고용구조가 여전히 유지됐던 것이다.

노동쟁의와 공장법 논의

식민지기에 노동조건은 매우 열악했다. 저임금, 장시간 노동, 가혹한 노동환경에 시달린 노동자들의 불만이 갈수록 커졌다. 1933년에는 노동시간이 하루에 12시간이 넘는 공장이 전체 공장의 61%를 넘었고, 전체 노동자의 82% 이상이 12시간 넘게 일해야 했다. 한 달에 이틀 쉬는 공장이 47.7%에 지나지 않았고, 휴일이 없는 공장도 35%가 넘었다. 게다가 조선총독부는 집회 금지, 노동조합 신설 금지, 어용 노동조합 설립 등을 통해 노동 통제를 강화했는데 그럴수록 노동쟁의가 급속히 증가했다. 지역의 전체 노동자들이 참여하는 총파업도 발생했다. 1929년의 원산총파업, 1930년 평양의 고무공장 노동자 파업, 함경남도 신흥탄광 노동자투쟁이 대표적이다.

노동쟁의가 늘어나면서 노동자들의 가혹한 노동조건을 법적으로 규제하기 위해 공장법을 시행해야 한다는 의견이 대두했다. 한국인이 발행하는 신문이나 잡지는 노동자의 열악한 노동조건을 지적하며, 공업 발달의 추세와 노동조건의 상황에서 볼 때 일본보다 더 진보적인 공장법이 반드시 필요하다고 주장했다. 총독부에서도 1930년대 초반 노동쟁의가 급증하자 1933년경부터 공장법을 조선에서도 시행할 필요성을 느끼고 비슷한 법령을 제정하는 방안을 검토했으나, 결국 시행되지 않았다. 공장법은 고사하고 제한적인 공장단속규칙의 제정도 무산됐다.

게다가 1937년 이후 전쟁 총동원체제로 접어들면서 노동자들이 단체를 조직하거나 파업투쟁을 벌이는 일은 상상조차 어려워졌다. 열악한 노동조건과 환경이 개선되기는커녕 오히려 전쟁 수행을 위한 강제 노동이 확산됐다.

4 해외 이주와 이주 동포들의 삶

조선에서는 19세기 중반부터 해외 이주가 시작됐으나, 만주·일본 등으로 대규모 이주가 본격화한 것은 조선이 국권을 상실하고 식민지로 전락한 이후다. 식민지 지주제가 강화되면서 소작지조차 제대로 얻지 못한 하층 농민은 어쩔 수 없이 고향 마을을 떠나야 했다. 이들 중 일부는 만주로 이주해 정착 농이 되기도 했고, 일본의 도시나 광산 등지로 이주하기도 했다. 이주가 늘어나면서 각지에서 한국인 이주자들의 공동체가 형성됐다. 이주와 이주 동포 공동체의 형성은 식민지 자본주의가 진전되면서 더욱 확대됐다. 여기에다 일본 제국주의의 탄압을 피해 해외에서 민족운동을 모색하고자 떠난 인사들도 늘어나면서, 해외 한인 공동체는 민족운동의 기반이 됐다. 그러나 나라 없는 약소민족 공동체는 국가의 보호를 받지 못하면서 여러 가지 수난을 겪을 수밖에 없었다.

일본 이주, 간토대지진과 한국인 학살

한국인이 일본에서 노동자로 일한 사례는 19세기부터 찾을 수 있다. 1880년대 규슈(九州) 지역의 탄광에서 한국인 노동자들을 집단적으로 고용한 사례가 있었다. 그러나 1913년 일본에 거주했던 한국인은 3,900여 명에 불과할 정도로 일본 이주민은 많지 않았다. 일본 이주는 1910년대 후반부터 본격적으로 이뤄졌다. 제1차 세계대전기 일본 경제가 호황을 누리면서 노동력이 부족해지자 한국인의 일본 이주가 시작됐다. 1924년부터는 도일자가 매년 10만 명을 넘어서다가, 1940년대에는 매년 40만 명 전후에 이르렀다. 1945년 8월 해방 당시 일본에 체류하던 한국인 수는 196만여 명으로 추계되나, 비공식 도항자까지 합하면 220만~240만 명으로, 당시 국내 한국인 전체 인구의 10%에 달할 만큼 많은 수였다.

그렇다고 한국인이 자유롭게 일본으로 이주할 수 있었던 것은 아니다. 기본적으로 일본 정부의 노동자 도입정책의 틀 안에서만 이주가 허락됐다. 일본은 본국의 필요에 따라 한국인의 도항을 허용하기도 금지하기도 했다. 일본으로 가기 위해서는 도항증명서가 필요했는데, 이를 구하지 못해 밀항하는 경우도 있었다.

이주민들은 일본과 지리적으로 가까운 전라도와 경상도 출신이 많았다.

특히 1923년 오사카와 제주 간 여객선이 운항하기 시작하면서 제주도인의 일본 이주가 급증해 1934년에는 전체 제주도민의 4분의 1에 해당하는 5만여 명이 일본에 체류하기도 했다.

이주 동기는 대부분 생활난이었다. 또 먼저 이주한 사람이 다른 사람을 부르는 경우가 많았다. 1920년대 이주민 중에는 15~34세 남성이 전체의 약 75%였으나 1930년대가 되면 50% 이하로 떨어졌다. 이는 단독 이주에서 가족 단위 이주로, 이주 양상이 변화했음을 보여순다. 가난한 한국인들은 십값이 싼 지역에 모여 살면서 재일 한국인사회를 형성했다. 자녀 교육을 위해 학교를 설립하고 신문과 잡지를 발간하기도 했다. 이를 통해 민족 정체성을 지키고자 노력한 것이다. 재일 한국인 대부분은 저임금 노동자로 경제적으로는 하층에 속했고, 사회적으로는 일상적인 민족차별과 멸시에 시달렸다.

여기에다 1923년 9월 1일 도쿄를 중심으로 한 간토지역에서 대지진이 발생하자, 한국인 학살이라는 끔찍한 사건이 벌어졌다. 간토대지진으로 건물이 붕괴되고 화재가 번져 10만 명 가까이 사망했다. 민심이 급격히 흥흥해진 상황에서 한국인이 방화를 저질렀다거나 우물에 독을 풀었다는 등의 유언비어가 급속히 확산됐다. 더구나 계엄령이 내려지고 일본 군대와 경찰이 한국인과 사회주의자를 보호한다는 명목으로 검속하면서, 일본 내부에서는 헛소문을 믿는 분위기가 팽배했다. 그러자 일부 일본인은 자경단을 결성해 한국인을 발견하면 죽창이나 쇠갈고리로 학살을 자행했다. 당시 희생된 한국인은 6,000명이 넘는 것으로 추정된다. 그런데 유언비어의 확산에 일본 군대와 경찰이 관여됐음이 추후 밝혀졌다.

만주 이주와 한인사회의 변화

만주로 초기에 이주한 한국인들은 주로 농사지을 땅을 찾아간 농민이었다. 가장 많은 사람이 이주한 곳은 두만강 건너편인 간도였다. 1909년 일본이 청과 간도협약을 체결해 청의 간도 영유권을 인정한 이후에도 만주로 건너가는 사람은 계속 증가했다. 1910년대 초반에 20만여 명이었던 이주민이 1910년대 후반에는 40만여 명, 1930년대 중반에는 80만여 명으로 늘어났다. 이에 한인은 간도 지역뿐 아니라, 압록강 대안과 북만주에 이르는 만주 전역에 거주하게 됐다.

민족운동, 특히 무장투쟁을 전개하려던 인사들도 만주로 모여들었다.

만주는 한반도와 인접했고 이주민사회가 발달해 있어 민족운동을 펼치기에 적합했다. 이들은 독립운동 기지 건설운동 노선에 기반해 각지에서 학교를 설립하고 독립 역량을 양성하는 데 노력했다.

일본은 만주 지역에서 민족운동 세력이 성장하는 것을 막기 위해 만주 지역 한인사회를 탄압했다. 대표적인 것이 1920년 경신참변이다. 독립군과의 전투로 일본군이 피해를 입자, 만주 각지에서 한인에 대한 학살을 자행한 것이다. 이로 인해 만주 전 지역에 걸쳐 수천 명의 한인 민간인 피해가 발생했다.

1932년 만주국이 수립된 이후 조선총독부는 한인의 만주 농업 이민을 적극 추진했다. 이를 통해 조선 농촌의 과잉 인구가 일본으로 건너가 노동 시장 등에서 일본인과 경쟁하게 되는 상황을 막는 한편, 조선 농촌에서는 인구 압력을 줄여 사회 불안정성을 줄이고자 했다. 그러나 총독부의 구상은 일본에서 늘어나는 인구를 조절하기 위해 만주 이민을 추진하던 본국 정부와 만주국의 반대에 부딪혔다. 우여곡절 끝에 총독부는 1936년 9월 한국인의 만주 이주를 전담하는 선만척식주식회사(鮮滿拓殖株式會社)를 설립했다. 그러나 열악한 자금 상황과 관동군의 반대로 만주 이민사업은 계획대로 추진될 수 없었다. 그렇지만 일부 한국인은 만주 이주의 붐 분위기 속에서 만주를 기회의 땅으로 여기면서 이주를 시도했다. 결국 1930년대 재만 한인의 수는 계속 증가하는 추세를 보이며 1938년 100만 명을 넘어섰고, 1943년에는 154만여 명에 이르렀다.

연해주의 고려인사회와 중앙아시아 강제 이주

19세기 중반에는 함경도 농민들이 연해주로 이주하기 시작했다. 처음에는 계절에 따른 이동이었으나, 점차 정주하는 경우가 늘어났다. 인구밀도가 낮은 곳이었기에 한인들은 정착과 동시에 안정적인 생활을 할 수 있었다. 러시아 정부도 새 영토를 개척하는 노동력으로 활용하기 위해 근면한 한인의 이주를 장려했다. 러시아 국적과 함께 정부로부터 토지를 분배받은 한인 농민은 비교적 생활수준이 괜찮았다. 그러나 광업·어업·공업 등 비숙련 노동에 종사하는 한인은 저임금을 받으며 생활해야 했다. 그럼에도 연해주로 이주하는 한인은 지속적으로 증가했다. 1910년경 연해주에는 8만~10만여 명의 한인이 있었을 것으로 추정되는데, 이후 지속적으로 늘어나 1937년 중앙아시아로 강제 이주될 당시 연해주 거주 한인 수는 18만 명에 이르렀다.

연해주에도 만주와 마찬가지로 농업 이민뿐 아니라 민족운동가들의 이주가 혼재된 상황이었다. 게다가 연해주는 만주보다 일본의 영향력이 약한 지역이어서 민족운동을 추진하는 데 더욱 유리했다. 그곳에서 민족운동가들은 교육과 언론을 통해 민족의식을 고취하거나 무장투쟁을 전개했다.

1917년 러시아혁명 이후 시베리아와 극동 러시아 지역에서 내전이 전개됐다. 1922년 전쟁이 끝난 후에는 이 지역의 원동(遠東)공화국이 소비에트연방에 공식 편입됐다. 연해주에 한인이 늘어나자 현지 정부는 극동 지역의 안보에 위험 요소가 될 수가 있다고 판단하고 한인을 경계하기 시작했다. 연해주 한인사회에 토지개혁과 농업집단화가 실시되고, 러시아 국적 취득이 권장됐다. 극동 러시아에 거주하던 한인들은 언제부터인지는 시기가 명확하지 않으나 '고려인(카레이스키)' 또는 '고려 사람'이라고 불리기 시작했다.

일본이 만주국을 세운 이후에는 국경 지역에서 일본군의 첩보활동이 활발해졌고, 소련군과 만주국 군대 간에도 무력 충돌이 발생했다. 긴장이 고조되는 가운데 스탈린체제하 소련 정부는 고려인이 일본 간첩의 원천이 될 가능성이 높다고 의심했다. 이에 1936년부터 1937년 사이에 소련 정부는 고려인사회 지도자급 인사 다수를 체포·처형했다. 그리고 1937년 8월 극동 거주 고려인을 중앙아시아로 강제 이주시키기로 결정했다. 극동 지역에서 농업개발을 성공적으로 수행했던 고려인을 중앙아시아의 황폐한 지역으로 이주시켜 지역개발 작업에 종사하도록 한 것이다. 소련 정부는 같은 해 9월부터 11월까지 2개월간 3만 6,400여 가구, 총 17만여 명을 강제 이주시켰다. 이 과정에서 고려인의 의사는 전혀 반영되지 않았으며, 연해주에 머무는 동안 고려인들이 획득하고 누렸던 경제·사회적 권리는 무시됐다. 뿐만 아니라 이주과정에서 1만 1,000여 명의 사망자가 발생했다.

고려인은 이주 후에도 많은 어려움을 겪었다. 일부 고려인들은 우즈베키스탄과 카자흐스탄공화국으로 이주한 후에 또 다른 지역으로 재이주해야 하는 등 정착 자체가 고난의 연속이었다. 보유 재산에 대한 보상금이나 이주수당과 정착 자금은 거의 지급받지 못했고, 현지 정부로부터도 별다른 지원을 받지 못했다. 소련 정부는 이주민의 민족문화를 부정하고 소비에트화를 강요하기까지 했다. 그럼에도 1940년대까지는 고려인사회에 교사, 교과서, 서적 등이 남아 있어 교육을 통해 민족 정체성을 유지할 수 있었다.

도판23 사진신부들
1910년 11월 28일, 하와이 호놀룰루로 건너갔던 사진신부들의 모습을 담은 사진이다. 사진 속에는 하와이 사진신부 1호인 23세 목포 출신, 최사라도 있었다. 그녀가 당시 38세이던 하와이 국민회 총회장 이내수와 결혼했다는 소식이 하와이에서 발행되던 『국민보』(1910년 12월 6일)에 보도됐다.

미주 이주와 한인 공동체의 형성

한국인의 하와이 이주는 만주나 연해주의 경우와 다르게 정부가 추진한 근대적 이민사업으로 시작됐다. 1902년 궁내부 소속 수민원과 미국인 데슐러(David W. Deshler 1872~1927)가 설립한 동서개발회사가 이민 공고문을 내고 희망자를 모집했다. 1902년 말 100명의 한국인 계약 노동자가 하와이로 이주한 후 1905년까지 7,000여 명의 한국인을 하와이로 보냈는데, 그중 6,000여 명이 독신 이민자였다.

한인 노동자들은 사탕수수 농장에서 하루 10시간씩 일하면서 고국에 봉급을 송금하는 등 하와이 현지사회에 빠르게 적응했다. 상당수가 독신 남성이었던 이주 한인들은 현지에서 결혼하기가 극히 어려웠다. 이에 남성이 고국에 사진을 보내 선을 보이고 결혼을 원하는 여성이 하와이로 찾아오는 '사진결혼'이 널리 행해졌다. 1910년부터 1924년까지 1,000여 명의 사진신부들이 하와이로 건너왔다. 10대 후반부터 20대 초반이던 신부들에 비해 남성들은 훨씬 나이가 많아 스무 살 이상 연상인 경우도 적지 않았다. 생활환경도 기대했던 것과 차이가 있어 사진신부들은 적응하는 데 어려움을 겪었다. 특히 부부간 많은 나이차로 이른 나이에 과부가 되는 경우도 흔했다. 그러나 사진결혼으로 이뤄진 가족은 한인사회에서 중요한 구성원으로 자리 잡으면서 점차 안정을 찾아갔고, 노동자에서 벗어나 자영업을 하거나 직접 농사를 짓는 사람들도 늘어났다.

한편 1900년대부터 캘리포니아 등 미국 서부 지역에서는 한국 상인이나 유학생들이 소규모 공동체를 형성하고 있었다. 1902년 미국으로 건너간 안창호는 샌프란시스코에서 한국인친목회와 대한인공립협회(大韓人共立協會)를 설립해 계몽운동을 벌였다. 여기에다가 미국 본토에서 더 높은 임금을 받을 수 있다는 소식을 듣고 캘리포니아 등 미국 본토로 이주하는 하와이 한인이 등장하면서 서부 지역에 거주하는 한인이 늘어났다. 1910년대 이후에는 미국으로 유학 온 한인 학생이 늘어나 하와이와 미국 본토의 한국사회는 더 활발해졌고, 민족운동도 활성화됐다.

한편 1905년 4월에 일본 이민회사가 낸 농부 모집 광고를 보고 이민자 1,000여 명이 인천항에서 멕시코로 이민을 떠났다. 이들은 멕시코에 도착해 여러 농장에 분산돼 일하기 시작했는데, 원래 약속과 달리 채무에 묶인 노예로 전락해 강제 노동과 고리대금, 농장주의 태형 등에 시달렸다. 1909년 일본 이민회사와 계약 만료 이후 1910년대 멕시코 이민사회는 지방회를 발족하고 각지에서 학교를 건립하는 등 한인 공동체를 유지하기 위한 다양한 활동을 전개했다. 안창호도 1917~1918년 멕시코에 머물면서 국민회 지부를 조직하고 계몽활동을 벌였으며, 멕시코의 한인들도 민족운동에 참여했다. 1921년에는 멕시코 메리다 지역에서 290여 명의 한인이 쿠바로 재이주해 쿠바의 한인사회를 형성했다.

5.

사 회 와
대 중 운 동

1 새로운 사회변화

철도가 바꾼 생활

식민지기에 철도는 운송량과 속도의 두 측면에서 다른 교통수단을 압도했다. 철도망이 형성되자 이전과 비교할 수 없을 정도로 많은 사람과 물자가 신속하게 이동하는 것이 가능해졌다. 한국 최초의 철도인 경인선이 부설되면서 이전에 꼬박 하루가 걸리던 서울-인천 간 이동 시간이 1시간 남짓으로 단축된 것은 이러한 점을 상징적으로 보여준다.

경부선·경의선·호남선·경원선이 잇달아 개통되면서 1914년에 이르면 한반도 전체를 X자로 관통하는 철도망이 완성됐다. 철도는 쌀과 주요 지하자원을 일본으로 실어 나르는 통로로 기능했다. 반대로 일본에서 생산한 공업제품을 한반도 구석구석으로 유통하는 역할도 했다. 무엇보다 한반도 철도망은 러일전쟁 이래 1930년대의 만주사변, 중일전쟁에 이르기까지 일제의 대륙 침략을 위한 중요한 수단이었다.

한반도를 남북으로 관통하는 종관철도망은 일본-조선-대륙(만주)을 연결하는 '국제 철도'의 위상을 갖고 있었다. 이것은 한반도 철도를 남만주철도회사가 위탁 경영한 것이나, 만주사변 이후 일본과 대륙을 연결하는 새로운 길로서 이른바 '북선(北鮮)루트'(일본-동해-함북 나진-길회선[1]) 개척이 이뤄진 것 등에서 잘 나타난다.

철도는 침략의 도구이기도 했지만 문화 전파의 도구이기도 했다. 철도역이 들어선 곳에는 사람이 모여들고 새로운 도시가 형성됐다. 새로운 문물이나 유행도 철도를 통해 전파됐다. 철도를 이용해 통학하는 학생도 등장했다. 민간에서 부설하고 운영하던 사설 철도가 이윤 추구를 위해 기찻길을 따라 관광지를 조성하면서 '철도 관광'이라는 새로운 문화가 생겨났다.

나아가 철도는 저항의 도구가 되기도 했다. 3·1운동이 대표 사례다. 「독립선언서」는 철도망을 통해 전국으로 배포됐다. 철도 통학을 하던 학생들은 도시의 시위 소식을 고향에 전달했으며 이를 바탕으로 새로운 운동을 기획했다. 철도가 없었다면 고종 국장을 위해 그렇게 많은 사람이 서울에 모이는 일도 불가능했을 것이다.

---

1 길회선 함경북도의 회령(會寧)과 중국 동북 지역의 지린(吉林)을 잇는 철도를 말한다.

도판24 조선총독부 철도국 발행 「조선 관광지 약도」
식민지기 한반도 철도망이 잘 드러나 있다. 굵은 선은 '국유철
도 영업선', 가는 선은 '사철(사설철도) 영업선'이다. 금강산,
경주 불국사 등과 같은 관광지가 붉은 동그라미로 표시되어
있다. 오른편에는 '만주·북중국 방면은 조선 경유를'이라고
적혀 있다.

도로와 자동차

일제는 효율적인 식민지배를 위해 새로운 도로를 부설하고 유지했다. 도로
는 행정력을 전국으로 전파하는 촉수 역할을 했다. 조선총독부는 병합 직후
인 1911년 4월 기본 법령인 「도로규칙」을 발포했다. 여기에서는 모든 도로를
1·2·3등과 등외로 구분했다.

이어서 1914년 4월 '광화문 황토현 광장'(현재의 세종대로 사거리)을 전국
도로망의 기점으로 정하고 도로 원표를 설치했다. 도로체계는 1938년에 발
포했던 「조선도로령」에서 한 차례 변화했다. 여기에서는 기존의 1·2등 도로
를 국도로, 3등 도로를 지방도로, 등외 도로를 부도(府道)와 읍면도(邑面道)로
구분했다. 식민지기에 부설된 전국 도로의 총 길이는 약 2만 7,000km였다.
그중 40%가 넘는 약 1만 2,000km가 1911~1916년에 부설됐다.

총독부는 '시구개정(市區改正)'이라는 이름으로 시가지 내부 도로도 정
비했다. 시구개정은 1910~1920년대 서울을 비롯한 각 도청 소재지에서 주
로 시행했다. 서울에서는 총독부 예산을 직접 투입해 공사를 벌인 결과 오늘
날 서울 도심부 도로망의 근간을 형성했다. 반면 지방 도시에서는 예산이 소
규모여서 주로 도청 앞을 지나는 간선도로 한두 곳을 정비하는 데 그쳤다.

도로 부설을 위해 주민들은 도로 용지를 수용당하고 부역에 동원됐다.
총독부는 공익을 위한 사업이라는 명목으로 터무니없이 싼값에 땅을 수용하
기 일쑤였다. 수용 가격에 불만이 있더라도 땅을 내놓지 않고 버티기는 어려

웠다. 공사 과정에서도 1·2등 도로는 국비로 건설하는 것이 원칙이었지만 총독부는 관행적으로 지방민의 노동력을 부역으로 동원해 예산을 절약하고자 했다. 3·1운동 이후 총독부가 부역 동원을 줄이겠다고 천명한 것은 이에 대한 지방민의 불만이 얼마나 높았는지를 역설적으로 보여준다.

한편 도로 부설은 군사와도 관련이 깊었다. 1등 도로는 원칙적으로 서울과 각 도청 소재지 등을 연결하는 도로와 군사·경제상 중요한 도로를 의미했다. 다만 서울과 강원도청 소재지인 춘천을 연결하는 길은 2등 도로였지만, 군사적으로 중요한 나남[2]과 청진을 잇는 길은 1등 도로였다. 도로 등급을 나눌 때도 군사적 목적이 중시된 것이다. 또한 도로망 구축은 선전 효과의 측면도 컸다.

그렇다면 실제 도로의 효용, 즉 자동차 교통의 규모는 어느 정도였을까. 1930년대 초 조선 전체의 자동차 수는 4,500여 대 정도였고 해방 당시에는 7,000대를 조금 넘었다. 이 중 절반 가까이는 화물자동차였다. 나머지는 도시 사이를 연결하는 승합자동차와 소수의 승용차였다. 자동차 숫자만 보면 매우 적었다고 할 수 있다. 그러나 서울과 같은 대도시에서는 교통사고가 늘어나자 안전교육을 실시하기도 했다.

전신·전화의 보급과 상업의 발달

개항 이래 지속적으로 근대화가 추진된 한국의 통신 사업은 1905년 4월 「통신기관 위탁을 위한 협정」에 의해 일제에 장악됐다. 통신시설은 러일전쟁기 군사 통신, 의병 탄압의 수단으로 이용됐다.

식민지배가 시작된 후 조선총독부는 전신·전화·우편 업무를 담당하는 기구를 설치했다. 통신기구는 1905년 당시 1군 1개소 정도에서 1939년에는 2면 1개소 정도로 증가했다. 각종 통신 사무가 크게 증가한 것은 1920년대에 들어서였다. 예컨대 1926년 우편물 수요는 1911년에 비해 3.5배 증가했다. 1916년 여의도비행장이 개설됐고, 그 후 민간 항공도 취항했는데, 항공 수요의 대부분은 우편물이었다.

상공업의 발달로 통신 사무가 증가했다. 통신 수요는 지역 경기의 영향

---

2 나남 함경북도에 위치한 곳으로, 일본군이 주둔해 군사 도시로 발달했다. 일본은 서울 용산(제20사단)과 함북 나남(제19사단)에 각각 1개 사단을 두었다.

을 크게 받았기에 통신 이용 현황을 보면, 각 지역의 경제 형편을 엿볼 수 있었다. 선물거래를 하는 미두(米豆, 쌀과 콩)거래소와 주식거래에서는 전신의 역할이 컸다. 선물거래에서는 시시각각 변하는 시세를 얼마나 신속히 알 수 있는지가 거래의 성패를 좌우했다. 미두 거래의 경우 오사카의 미곡 시세를 기준으로 삼았기에 일본과의 신속한 교신이 무엇보다 중요했다.

전화는 전신에 비해 보급 속도는 느렸지만, 회사·은행·공장·상점 등을 중심으로 꾸준히 증가했다. 당시 전화 설치비가 집 한 채 값이라고 할 정도로 비쌌지만 1920년대 대도시에서는 전화가 없는 상점을 변변치 않게 보는 풍조까지 생겼다. 전화 가입자는 대도시에 집중됐다. 1926년 기준으로 조선 전체의 시내 전화 가입자 2만 7,000여 명 중 26%가 서울 주민이었으며, 37%는 다른 도시 지역 주민이었다. 같은 지역이라도 보급률의 민족별 격차는 확연했다. 1929년 서울에서 전화 보급은 한국인은 164명당 1대인 데 반해 일본인은 14명당 1대꼴이었다.

통신시설 보급은 지역의 도시화 정도를 보여주는 척도였다. 예컨대 '높이 솟은 전신주'나 '거미줄 같은 전신망' 등이 그 지역의 도시 경관을 상징하는 표현으로 등장했다. 통신시설이 미비한 곳에서는 청원이나 기부금 모집을 통해 시설을 유치하려는 운동이 일어나기도 했다. 1920~1930년대에는 지역 유지가 주도한 이른바 '전신·전화 가설운동'이 전국 각지에서 일어났다.

1940년대 초 아시아태평양전쟁 발발을 계기로 통신이 전쟁 수행을 위한 핵심수단이 되면서 민간의 통신 보급은 제약됐다. 일반 전보 취급을 제한한 대신 전승 경축이나 전사자 조문 전보를 우선 취급하게 됐다.

식민지 의료체계와 전통 의학

식민지기 의료체계는 개항기 이래 한의와 양의를 모두 중시하는 '동서 병존' 지향을 부정하는 데에서 출발했다. 일제는 본국에서 근대적 의료체계를 세

미두거래소와 선물 거래

미곡거래의 합리화를 위해 인천을 비롯해 부산·목포·군산 등지에 '미두취인소'가 설립됐다. '취인'은 거래를 뜻하는 일본어다. 미두는 선물거래가 대부분이었는데, 예컨대 가을에 생산될 특정 농장의 쌀을 미리 사두는 방식이었기 때문에 투기의 성격이 매우 강했다. 1937년 10월부터 『조선일보』에 연재된 채만식의 소설 『탁류』에는 미두 투기 광풍 속에 가산을 탕진한 인물이 생생하게 그려져 있다.

운 과정을 답습해 조선에서도 서양의학 일원화를 추진했다. 1907년 일제의 통감부는 대한제국 정부와 민간이 설립한 의학교, 광제원, 적십자병원 등을 통폐합해 새로운 중앙의료기관인 대한의원(大韓醫院)을 설립했다.

일제는 의료를 식민지배의 정당화를 위한 중요한 매개로 인식했다. 그리하여 중앙에는 1910년 조선총독부의원(朝鮮總督府醫院)을, 지방에는 1909년 자혜의원(慈惠醫院)을 설립하고 관립 병원이 포괄할 수 없는 지역에는 공의(公醫)를 파견해 진료 범위를 넓혀 나갔다.

의학교육·연구 부문에서는 1916년 조선총독부의원 부속 강습소가 경성의학전문학교로 승격했다. 조선총독부는 관립 의학교 졸업생에게는 사립 의학교와 다르게 무시험으로 의사 면허를 부여해 관립 우위의 서열체계를 만들었다. 관립 의학교는 물론 사립 의학교도 이론 연구를 하는 의학자보다 질병을 치료하는 임상의사 육성을 목표로 삼았다. 이로써 이론 연구는 일본에 의지하고 조선에서는 임상의사 육성에 편중하는, 식민지적 의학교육체계를 벗어날 수 없었다.

그러한 가운데 1926년에 경성제국대학 의학부가 의학교육기관이자, 조선 최초의 근대적 의학연구기관으로 문을 열었다. 경성제국대학 의학부는 총독부라는 식민권력을 등에 업고 광범위한 의학 자료를 확보하고 분석하는 식민지 의학 연구기관의 역할을 수행했다.

서양의학 일원화 정책과 짝을 이뤄 전통의학(한의학)에 대한 차등화와 배제도 진행됐다. 전통의학은 조선의 상대적 열등성을 상징하는 것으로 여겨져 비판·극복의 대상으로 취급됐다. 전통 한의사에게는 별도의 의생(醫生) 규칙을 적용해 정규 의사가 아닌 의사의 보조 인력으로 규정했다. 그럼에도 총독부는 한의사의 의료 행위를 완전히 없애지 못했다. 의사가 절대적으로 부족한 현실에서 소외 지역의 의료 수요를 서양의학만으로 해결할 수 없었기 때문이다. 이에 의생규칙의 부수 조항을 통해 의생, 즉 한의사의 진료 행위를 과도기적으로 허용했다.

위생경찰

위생경찰은 당대의 표현을 빌리면 "공중위생상 위해(危害)를 방제(防除)하는" 경찰의 활동을 가리킨다. 다수의 건강을 보호하기 위해 개인의 자유를 제한한다는 취지였다. 위생경찰의 틀은 국망 즈음 헌병경찰을 총괄하던 경무

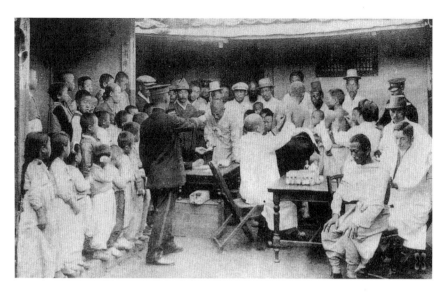

도판25 콜레라 예방접종을 하는 모습
1920년 인천의 한 마을에서 경찰 통제하에 의사가 주민들에게 콜레라 예방접종을 하고 있다. 총독부가 선전
용으로 촬영한 사진이다.

총감부가 위생 업무를 전담하면서 확립됐다. 이 체계에서 위생 업무의 기본
은 대부분 금지와 단속으로 채워졌다.

위생경찰의 다양한 업무는 청결 사업과 전염병 방역으로 요약된다. 총
독부는 청결과 방역이 일본인 이주자를 늘리는 선결 조건이라고 봤다. 일찍
부터 청소에 대한 법령인 「제예(除穢)규칙」을 제정하고 청소 사업을 강제했
다. 전염병 방역활동도 중요시됐다. 1915년 6월 제정된 「전염병예방령」은 방
역활동의 책임 주체를 각도 경무부장으로 규정했다. 방역의 핵심은 전염병
발병 시 교통로를 차단하는 것이었다. 또한 전염병 환자로 의심되면 예외 없
이 피병원(避病院)에 격리 수용했다.

사람들이 도시에 몰리고 이동이 잦아지면서 전염병의 발병 가능성도 높
아졌다. 두창과 콜레라는 검역 및 예방 접종 덕분에 발생 횟수와 사망자 수가
감소했지만, 이질이나 장티푸스는 더욱 늘었다. 근본적인 환경 개선 없이 전
염병을 잡기는 어려웠다. 다른 전염병보다 주거 환경이나 영양 상태의 영향
을 더 많이 받는 결핵도 크게 유행했다.

조선총독부가 경찰 중심의 위생 행정을 시행한 까닭은 무엇일까. 위생
의 중요성을 일일이 설명하고 동의를 구하기보다 경찰력을 동원해 강제하는
방식이 훨씬 간편하고 비용도 적게 들었기 때문이다. 총독부는 위생경찰의

활동을 통해 조선의 위생 상태가 크게 개선됐다고 선전했다. 그러나 위생이 기본적으로 경찰 행정의 틀에서 다뤄진 탓에 상하수도 보급이나 주거 환경 개선과 같은 근본적인 측면에서는 큰 진전을 이루지 못했다.

2 도시화와 농촌사회

도시의 발달과 유형

1913~1914년 조선총독부는 전국 행정구획을 정비하면서 경성·인천·군산·목포·대구·부산·마산·평양·진남포·신의주·원산·청진의 12곳을 행정도시인 부(府)로 지정했다. 부는 대부분 개항·개시장으로서 국망 이전 일본인 거류민단이 조직된 곳이었다. 따라서 이 가운데 전통도시는 조선시대 감영 소재지였던 서울·대구·평양 정도에 불과했다. 개성·전주·함흥 같은 곳은 유서 깊은 전통 도시였지만 부로 지정되지 못했다.

큰 항구나 기차역, 그 밖에 식민지배의 정책적 요인과 관련해 발달한 도시도 있었다. 예컨대 부산·목포·군산 등은 개항장으로서 일본과 교통·무역 관계가 밀접해지면서 크게 발전했다. 또한 신의주·대전 등은 철도 교통의 요지가 되면서 새롭게 대도시로 부상했다. 그런가 하면 진해는 해군 군항이 입지하면서 대표적 군사도시가 됐다. 1930년대 이후에는 식민지 공업화와 군수공업화 정책에 의해 대공장이 들어선 곳이 일약 대도시가 됐다. 흥남 같은 곳이 대표적이다.

식민지기에 새롭게 형성된 신흥도시의 특징은 무엇보다 일본인 인구의 비율이 높다는 점이었다. 1930년 인구센서스인 국세조사 결과를 보면, 일본인 인구의 비율은 전국적으로는 2.5%였는데, 대표 신흥도시인 군산에서는 33.1%나 된 반면, 대표적 전통도시인 개성에서는 3.1%로 나타났다. 서로 경계를 맞대고 있는 신흥도시인 신의주와 전통도시인 의주에서도 그 비율은 각각 15.7%, 4.3%로 대조를 보였다.

일본인 인구의 비율이 높은 신도시는 차츰 교통·통신시설이나 학교, 시장 등 기반시설 측면에서 인근의 전통도시를 앞서며 지역의 중심도시가 됐다. 그 결과 조선시대 감영 소재지에 있던 도청이 새로운 도시로 이전하는 일이 생겨났다. 평북도청(의주→신의주, 1921), 경남도청(진주→부산, 1925), 충남

연도	1925	1930	1935	1940	1944
한국인	19,020,030	20,438,108	22,208,102	23,547,465	25,120,174
일본인	443,402	527,016	619,005	707,337	708,448
기타	59,513	93,181	71,931	71,525	71,520
계	19,522,945	21,058,305	22,899,038	24,326,327	25,900,142

도표3 식민지기 인구 추이 　　　　　　　　　　　　　　　　　　　　　　　단위: 명

도청 (공주→대전, 1932) 등이 대표 사례다.

한 도시 내부에서 한국인과 일본인의 주된 주거·활동의 공간이 분리되는 현상도 보였다. 도시 중심부를 이미 한국인 유력자층이 차지하고 있는 전통도시에서는 일본인이 외곽에 자리를 잡았다가 점차 중심부로 진입해 들어왔다. 처음부터 일본인 중심으로 건설된 신도시에는 한국인이 나중에 이주해 도시 외곽에 자리 잡는 경우가 많았다.

민족 간 거주 공간의 분리는 시간이 흐르면서 다소 완화되기도 했다. 서울의 경우 한국인 중심의 전통적 중심부인 북촌(종로 일대)과 일본인이 주로 활동한 남촌(명동·을지로·충무로 일대)이 청계천을 경계로 나뉘었다. 그러나 점차 상호 생활상의 접촉면이 넓어지면서 주거·활동에서 남북을 넘나드는 모습을 보였다.

도시화의 그늘, 토막민

농촌에서 생계를 유지하기 어려운 농민들이 도시로 이주하면서 도시빈민층이 형성됐다. 경성부 사회과의 조사에 따르면, 1936년 11월 서울에 거주하는 한국인 실업자와 자신의 생계를 겨우 유지하는 세민, 다른 사람의 도움 없이는 살아갈 수 없는 궁민 등이 10만 5,000여 명에 달했다. 당시 서울 인구가 60만 명이었던 점을 감안한다면 6명 중 1명이 빈민이었던 셈이다.

도시빈민 중 많은 이들이 제대로 된 집을 구할 능력이 없어 변두리의 하천변, 산중턱, 다리 밑 등에 땅을 파거나 흙벽을 쌓고 짚으로 지붕을 덮은 움막을 짓고살았다. 이런 움막을 '토막(土幕)'이라고 했고, 토막에 사는 사람은 '토막민'이라고 불렀다.

토막민은 주로 공사판의 막일꾼, 행상, 날품팔이 등으로 도시경제의 최

도판26 토막집
빈민이 주거했던 토막집은 맨땅에 자리를 깔고 짚이나 거적때기로 지붕을 얹은 움막 형태였다. 영국의 소설가이자 1928년부터 1930년까지 경성제국대학에서 영어 강사를 했던 영국인 드레이크(H. B. Drake)가 쓴 책에 실려 있는 사진이다.

하층을 형성했다. 당시 일용노동자의 1년 평균 실업일수가 140일이었는데, 이 기간에는 일정한 수입 없이 살아갈 수밖에 없었다. 토막민은 식사가 부실했고 병에 걸리더라도 제대로 치료받지 못해 사망률이 높았다. 특히 주거와 위생 상태가 좋지 않아 영아 사망률이 높았다.

조선총독부는 1920년대 후반 토막민이 눈에 띄게 증가하자 교외에 집단 주거지를 설정하고 이들을 강제 이주시키려고 했다. 그러나 토막민의 일거리가 도심부에 몰려 있던 탓에 그들은 교외로 이주당하더라도 곧 다시 시내로 모여들었다. 1930년대에 도시 계획이 시작되면서 토막민의 주거는 결정적인 위협을 받았다. 도심 주변 개발은 대부분 토막을 철거하는 데서 시작됐다. 토막민은 진정·시위 등 여러 가지 방법으로 철거에 저항했다. 그러나 토지의 '불법' 점유자인 토막민이 '적법'한 철거와 개발을 막을 수는 없었다.

그럼에도 토막민은 쉽게 사라지지 않았다. 토막촌은 서울·인천·부산·평양·대구 등 전국 대부분의 도시에 형성됐다. 그 결과 일제 말기 전국의 토막민 수는 수만 명에 이르렀을 것으로 추정된다. 토막민이 가장 많은 도시는 역시 서울이었다. 경성제국대학 의학부 학생들은 토막민의 위생 상태를 직접 조사해 그 경험을 토대로 서울의 토막민이 3만 명 이상일 것으로 추산했다.

농촌사회, 근대적 변화와 전통의 지속

농촌사회도 많은 변화를 겪었다. 일제 초기에 조선총독부는 식민지배의 효율성을 제고하려고 인구수를 기준으로 전국의 군, 면, 동리를 통폐합해 전통적인 지역 구분을 재편했다. 1917년에는 「면제(面制)」를 시행해 면을 지방행정의 기본 단위로 규정했다. 이에 전통적으로 군을 중심으로 편제됐던 지역사회의 질서가 크게 흔들렸다.

농촌에서 새로운 문물을 접촉하던 중요한 장소는 장시(場市, 5일장)였다. 장시는 상품경제가 침투하는 주된 통로이자 오락과 사교의 장이었다. 농민은 시장에서 물건을 사고팔며 정보를 교환하고 순회극단, 곡마단, 활동사진 등 다양한 볼거리를 접했다. 일제 초기 1,000여 곳이었던 장시는 1940년대 초 1,500곳 이상으로 증가했다. 농촌사회의 변화와 농민의 새로운 수요 증가에 따른 결과였다. 장시는 농촌에서 정기적으로 사람이 모이는 장소였기 때문에 저항이 분출하는 무대가 되기도 했다. 예컨대 3·1운동 당시 농촌에서 만세시위가 대부분 장날에 맞춰 일어난 것은 이런 점을 잘 보여준다.

전통질서도 유지됐다. 농촌의 생활공동체는 동리, 마을 등으로 불린 촌락(村落)이었다. 식민지기에도 부계 친족집단이 함께 거주하는 동족촌락이 다수 유지됐다. 동족촌락에 사는 재지 양반층은 계(契), 향교(鄕校), 족보 등 전통방식을 통해 지역사회에서 영향력을 확보하고자 했다. 촌락 내의 자치 조직인 동계(洞契)도 지속됐다. 이러한 현상은 단순히 새로운 변화를 따라가지 못한 결과라기보다는 권력에 의해 강압적으로 추진되는 근대화에 대해 농촌공동체가 보여준 소극적인 저항이기도 했다.

전통적인 가족문화인 관혼상제(冠婚喪祭)[3]에서도 변화와 지속의 양면이 나타났다. 첫돌을 맞는 아이에게 새 옷을 지어 입히거나 돌잡이를 행하는 것은 중국은 물론 조선에서도 오래전부터 행해져오던 전통문화다. 성인식인 관례는 점차 줄어들었지만, 완전히 사라지지는 않았다. 전통식 혼례는 예배당 결혼, 개량 결혼 등 신식결혼으로 간소화됐으나, 여성의 혼례복으로는 한복이 계속 사용됐다. 조상과 부모를 기리는 상례와 제례는 다른 의례보다 상대적으로 변화가 적었다.

총독부는 한국인의 일상의례까지 관여하고자 했다. 특히 전통방식의 상례와 제례를 허례허식이라고 비판했다. 1912년에는 「묘지·화장장·매장 및 화장 취체(단속) 규칙」을 공포해 공동묘지 외에는 무덤을 쓸 수 없게 하는 등 전통적인 장례문화를 부정했다. 이는 한국인의 큰 반발을 불러와 농촌에서 3·1운동이 확산된 원인 가운데 하나로 꼽힌다. 그 밖에도 1934년 의례 준칙

---

3   관혼상제 사람이 살면서 겪는 의례를 유교 원리에 바탕해 이르는 말이다. 성인식인 관례, 결혼하는 혼례, 장례식을 뜻하는 상례, 제사를 지내는 제례 등이다.

제정, 1940년 창씨개명 실시 등이 가족문화에 많은 영향을 미쳤다.

한편 총독부는 농촌사회의 전통질서를 통치에 활용하고자 했다. 지역 유림 세력을 관변단체의 임원 등으로 끌어들여 양반과 상민을 차별하는 오래된 반상(班常)의식을 식민지배에 이용했다. 1930년대 농촌진흥운동에서는 향약을 보급하기도 했다. 이때 만들어진 향약은 전통향약과 달리 산업 장려, 국가에 대한 충성, 공공봉사를 강조했다. 식민지배체제에 대한 순응과 충성을 유도함으로써, 1930년대 초반 활발하게 전개된 농민운동을 견제하려는 일제의 의도가 반영된 것이다.

1930년대 들어 농촌에서도 보통학교 졸업생이 증가했다. 일제는 이들 가운데 일부를 이른바 '중견 인물'로 양성해 식민지배 방침을 농촌에 충실히 전파할 촉수로 삼고자 했다. 그러나 이들은 지역사회에서 '관의 앞잡이' 정도로 받아들여져 농민의 지지를 얻지 못했다.

1930년대 후반 이후 총독부는 전쟁 총동원체제를 강화하면서 동계 등 전통적 자치조직을 활용했다. 두레와 부역 같은 공공적 공동 노동의 전통을 되살려 공동 작업반과 근로보국대(勤勞報國隊) 등을 조직했다. 촌락 내 모든 금융은 관변단체 금융조합의 하부조직인 식산계(殖産契)와, 군사비나 시국산업 육성에 필요한 강제 저축을 위해 결성한 저축조합으로 흡수하고자 했다. 10호를 하나의 단위로 묶은 애국반(愛國班)은 전통적인 생활 단위의 부활로 포장했다. 그리고 국민정신총동원조선연맹과 이를 이은 국민총력조선연맹의 말단에 부락연맹을 조직해 기초 자치 단위인 마을까지 전시동원체제 속으로 끌어들였다.

3 언론·출판활동과 교육의 확대

1920년대 언론·출판

일제는 통감부 시기인 1907년에 신문지법을 제정해 언론 통제를 시작했다. 1910년 한국병합 직전에 『대한매일신보』를 사들인 후 같은 해 8월 30일부터 '매일신보(每日申報)'라는 이름으로 발행했다. 『매일신보』가 조선총독부의 기관지가 된 셈이다. 총독부는 『매일신보』를 제외한 모든 한국어 신문을 폐간시켰다. 여러 기관에서 발간하던 잡지들도 같은 운명을 겪었다. 발행을 허

도판27, 28, 29 신문과 잡지의 창간호
왼쪽부터 『동아일보』, 『조선일보』, 『개벽』이다. 한국어 신문 및 잡지는 한국인에게 지식과 정보를 제공하고 나아가 민족운동을 뒷받침하는 역할을 했다.

가받은 잡지도 시사나 정치 기사를 실을 수 없었으므로 언론·출판활동은 극히 위축됐다.

3·1운동 이후 부임한 사이토 총독이 문화정치를 표방하면서 한국어 신문 발행이 허가됐다. 1920년 초 『동아일보』, 『조선일보』, 『시사신문』이 창간됐다. 민족주의·민주주의·문화주의를 표방한 『동아일보』가 가장 많은 독자를 확보했고 영향력도 컸다. 『조선일보』는 경영진이 여러 번 바뀌면서 어려움을 겪었으나 1920년대 중반부터 진보적인 논조를 자기 색깔로 삼으면서 성장했다. 『시사신문』은 곧 폐간되고 1924년 『시대일보』가 창간됐으나 경영난을 겪으며 소유주와 경영진, 신문명이 계속 바뀌었다. 1933년 여운형이 사장으로 취임해 '조선중앙일보'로 이름을 바꾸고서야 비로소 안정을 찾았다.

식민지기에 신문은 세계와 조선에 대한 지식의 보고였다. 당시 신문에는 국내외 소식뿐 아니라 근대사상과 학술, 문예에 관한 전문적인 글도 많이 실렸다. 특히 1920년대에는 수십 회에 걸친 학술 기획 기사를 연재해 근대 지식과 사상에 대한 갈증을 풀어줬다. 단순히 지식을 소개하는 것이 아니라 사회 변혁과 민족운동의 초석이 될 수 있는 민주주의사상, 경제학과 경제사 이론, 마르크스주의 사조와 혁명론, 한국사에 대한 기획 연재 등이 실렸고, 여성 해방에 대한 기사도 볼 수 있었다.

아울러 1920년대에 다수 창간된 시사 교양 잡지들도 독자들에게 근대적인 지식과 정보를 전달하는 역할을 했다. 원래 천도교의 종교 잡지로 창간된

『개벽』과 교양 잡지였던『신생활』은 1922년 9월부터 시사문제를 다룰 수 있도록 허가를 받았다.『개벽』,『신생활』뿐 아니라『조선지광』,『현대평론』등의 잡지는 당시의 시사문제에 대한 분석과 비판, 새로운 사상과 사조의 소개, 사회운동과 관련된 기사를 실었다. 잡지는 지식과 사상을 소개하는 것을 넘어 일제의 식민통치를 비판하고 민족운동의 노선을 제안하는 장이 됐다.

당시 신문과 잡지의 역할이 오늘날보다 훨씬 중요했던 이유는, 식민지가 근대교육의 불모지였기 때문이다. 서당에서 약간의 한학(漢學)교육을 받고 초등교육기관인 보통학교만 졸업해도 농촌에서는 식자층으로 꼽혔다. 그러니 근대적인 중고등교육에서 소외된 대다수의 한국인에게 신문과 잡지는 가장 중요한 지식의 공급원일 수밖에 없었다. 1927년 6월과 7월『동아일보』는 식자층에 속한 농민들의 1년 가계부를 공개했는데, 그중 문화비는『동아일보』등의 신문과『별건곤』,『현대평론』과 같은 잡지 몇 권, 그리고 중학 과정 통신 강의록을 구독하거나 구입하는 데 쓰인 게 전부였다. 신문과 잡지가 지식과 사상의 주된 원천이었음을 보여주는 사례다.

그러나 총독부는 한국어 신문 및 잡지가 한국인의 민족운동을 자극하지 못하도록 통감부의「신문지법」(1907)과「출판법」(1909) 등을 동원해 통제하고 탄압했다.「출판법」에 의해 일반적인 서적이나 잡지는 발간 전 원고를 제출해 검열을 받아야 했다. 많은 잡지가 원래 예고했던 기사를 아예 싣지 못한 채 책을 내야 했고, 또한 수시로 압수당했다.「신문지법」에 따라 사후 검열을 받았던 신문이나 시사문제를 다룬 잡지들은 발행 즉시 2부를 총독부에 제출해야 했다. 총독부는 자신의 비위에 거슬리는 구절이 있으면 발간된 책이나 신문, 원고, 판형을 압수하거나 발매를 금지시켰고, 일정 기간 발행 정지 처분을 내렸다. 주요 신문은 모두 기사 압수와 정간을 겪어야 했으며, 필화사건으로 주필이나 기자가 구속되기도 했다. 1936년 베를린올림픽 마라톤에서 우승한 손기정(孫基禎, 1912~2002) 선수의 시상식 사진에서 일장기를 지워버린 일장기 말소 사건이 대표적이다. 이 사건으로『조선중앙일보』와『동아일보』는 무기정간 처분을 받았는데,『조선중앙일보』는 결국 복간하지 못하고 폐간됐다.

잡지도 마찬가지였다. 사회주의자들이 주도한『신생활』은 1922년 11월 사장과 기자들이 대거 구속되는 필화사건으로 폐간됐다.『개벽』은 발매 금지 34회, 정간 1회, 벌금 1회의 탄압을 받은 끝에 1928년 8월 1일 발매 금지를 당하고 폐간됐다(1934년 복간됐으나 오래 버티지 못했다). 그리고 『조선지광』
과 『현대평론』도 발행 금지, 기사 삭제 등을 당하다가 폐간됐다.

근대 출판과 대중적 독서문화

신문과 잡지가 널리 유통되면서 근대적인 서적 시장이 형성되고 독서문화도
확산됐다. 당국의 검열 속에서도 다양한 종류의 서적과 출판물이 등장했다.
교과서나 공식 문헌들은 모두 일본어로 쓰였지만, 한국어 서적 시장도 계속
확대됐다. 종로의 박문서관, 안국동 사거리의 이문당과 같은 대형 서점이 대
도시에 등장했는데, 박문서관은 인쇄와 출판 사업에도 진출했다. 주식회사
형태의 출판 자본도 등장해 사전, 생활서식 같은 실용서적, 수험서와 참고서,
연애소설, 동화책, 그리고 옛 소설을 알록달록한 표지로 인쇄한 딱지본 소설
등을 발행했다.

서적문화는 당대의 사회상을 반영했다. 1920년대 어린이운동이 활발하
게 전개되면서 동화책과 소년 잡지가 큰 인기를 끌었다. 방정환(方定煥,
1899~1931)이 번안한 동화집 『사랑의 선물』은 여러 판을 거듭하며 팔려나갔
다. 사회주의운동이 활발해지자 개벽사에서 발간한 『사회주의 학설 대요』
같은 소개 책자가 인기리에 읽혔다. 또한 대중운동과 정치운동의 결합을 중
시하는 방향전환론을 제시한 야마카와 히토시(山川均, 1880~1958) 같은 일본
인 사회주의자의 입문서가 번역되기도 했다.

독서문화는 서점이 없던 농촌까지 확산됐다. 농촌 지식인들은 주로 우
편 주문으로 책을 구입해 읽어봤다. 마을에서 한 권을 여러 사람이 돌려 읽거
나 한 명이 대표로 책을 읽어주는 것도 흔한 풍경이었다. 교육받지 못한 노인
이나 여성도 누군가 읽어주는 덕분에 딱지본 소설 등을 즐길 수 있었다. 『심
청전』이나 『춘향전』, 『조웅전』 등 고전소설을 각색하거나 『장한몽』, 『추월
색』 같은 신소설을 얇게 인쇄한 딱지본 소설을 행상이 직접 출판사에서 구매

『신생활』 필화사건

조선총독부는 잡지 『신생활』이 러시아 10월혁명 5주년 기념으로 실은 사회주의와 노
동운동 관련 기사를 문제 삼아 기자 등 관계자를 체포했다. 이어진 재판은 '한국 최초
의 사회주의 재판'으로 불렸다. 사장 박희도(朴熙道, 1889~1952), 주필 김명식(金明植,
1890~1943) 등은 징역형을 선고받았다.

해 시골 장터를 돌아다니며 팔았다. 국수 한 그릇 가격에 살 수 있었던 딱지
본 소설은 도시 근대문화에 소외된 식민지 민중의 상상력을 채워주는 문화
자산이었다.

학력주의와 근대교육의 확대

일제 초기에 민중은 학교교육을 신뢰하지 않았다. 그러나 점차 근대적인 사
회제도가 확산되고 학력이 사회·경제적 지위를 결정하는 주요 요소가 되자,
학교교육에 대한 열망도 커졌다. 제1차 「조선교육령」은 한국인을 노골적으
로 차별하는 내용을 담고 있어 큰 불만을 샀다. 3·1운동 이후 조선총독부는
제2차 「조선교육령」을 발표해 한국인과 일본인의 수업 연한 차이를 없애고,
두 차례에 걸쳐 「조선인 초등교육 보급 확충 계획」을 실시해 한국인이 다니
는 보통학교[4]와 교원 수를 늘렸다. 이렇게 되자 한국인의 보통학교 취학률이
크게 높아졌다.

초등교육에 들어가는 비용이 늘어나자 그 부담은 실질적으로 한국인의
몫이 됐다. 총독부가 건축비 일부를 보조하기는 했으나, 학교 설립과 운영에
드는 비용은 학교비라는 준조세 형식으로 지역 주민이 부담해야 했다. 그럼
에도 1920~1930년대 교육열은 식을 줄 몰랐고, 사람들은 앞다퉈 지역에 학
교를 설립하기 위한 모금에 나섰다. 총독부가 계획한 기존 학교의 증설로는
도저히 교육 수요를 감당할 수 없을 정도였다.

보통학교의 입학 정원이 제한된 가운데 지원자가 늘면서 경쟁이 심해졌
다. 1920년대 말에는 지원자의 80% 정도가 입학했지만, 1930년대 중반에는
60%만 가능했다. 또한 지역사회에서 자기 마을에 학교를 유치하기 위한 경
쟁이 치열해지면서 심각한 갈등이 일어나기도 했다.

그나마 일제 초기에는 초등교육을 이수하면 면서기와 같은 낮은 직위의
공직을 맡거나, 소규모 기업에 취업할 수 있었다. 하지만 초등교육을 받은 사
람이 늘어나면서 졸업장의 가치는 떨어졌고, 사회는 더 높은 학력을 요구했
다. 그러나 총독부나 지방행정기관이 세운 관립 혹은 공립 중등학교 중에 한

---

4   보통학교 제1차와 제2차 「조선교육령」이 발표된 시기(1911~1938)에 초등교육은 일본인은 소학교,
     한국인은 보통학교, 중등교육은 일본인은 중학교, 여자중학교, 한국인은 고등보통학교, 여자고등보통
     학교로 나뉘어 진행됐다.

국인이 진학할 수 있는 학교는 얼마 되지 않았다. 인문 계열의 고등보통학교나 여자고등보통학교는 각 도마다 1개 정도에 불과했고, 실업계 학교나 2~3년제의 간이 실업학교만 몇 개 있었을 뿐이다. 그 밖에 기독교 등 종교계에서 운영하는 사립 중등학교가 있었다. 한국인은 여러 지역에서 사립 고등보통학교 설립운동을 벌였으나 허가를 받기 쉽지 않았다.

중등학생이 차지하는 비율을 민족별로 보면, 한국인이 받았던 중등교육 현실이 그대로 드러난다. 1920년 인구 만 명당 중등학교 학생 수의 경우 일본인은 169명으로, 한국인이 4명인 데 비해 무려 44배나 많았다. 10년 후인 1930년에도 일본인은 373명으로, 15명에 불과한 한국인보다 여전히 24배나 많았다.

총독부는 식민지 근대교육을 통해 일본 제국의 충량한 신민을 양성하려 했다. 1930년대 농촌진흥운동을 수행하며 학교를 통한 협력자층 양성을 꾀했고, 중일전쟁과 태평양전쟁 중에는 전쟁 수행을 위해 학생을 동원했다. 그러나 근대교육을 받은 많은 학생이 지식인으로서 사명감을 가지고 민족운동에 뛰어들었다. 지역에서 3·1운동을 주도한 이들 역시 학생이었다. 학생들은 1929년에 대규모의 전국적 항일운동인 광주학생운동을 일으키기도 했다. 1930년대 이후에도 근대교육을 받은 젊은 세대가 항일운동의 새로운 사회적 동력이 됐다.

서당과 야학

조선총독부의 학교제도는 한국인 모두가 이용하기에는 턱없이 부족했다. 학교교육에서 소외된 한국인은 다른 교육기관에서 배움의 욕구를 채워야 했다. 우선 서당이 있었다. 서당 중 일부는 조선 후기 이래의 전통을 유지한 것

3면 1교와 1면 1교

조선총독부가 공립 보통학교 증설을 위해 세운 정책이다. 총독부는 1918년에 1926년까지 8년 동안 3개 면마다 보통학교 1개교씩 설립하겠다는 '3면 1교' 계획을 세웠는데, 3·1운동 이후 1922년까지 완료하는 것으로 계획을 변경했다. 이후 한국인들이 계속 학교 증설을 요구하자 1929년부터 1936년까지 1개 면마다 공립 보통학교 1개교씩 설립한다는 계획을 발표했다. 이를 '1면 1교'라고 했다. 1개 면 내에서 통학 가능한 지역과 아닌 지역 사이의 차별이 생기게 되므로 학교의 위치를 두고 지역 간 갈등을 일으키는 큰 원인이 됐다.

도판30 최용신의 샘골강습소
경기도 수원군 반월면(현재의 안산시 상록구)에 소재했던 샘골강습소는 심훈의 소설『상록수』주인공 채영
신의 실제 인물로 알려진 최용신이 1931년 부임해 1935년 사망할 때까지 교사로 활동한 곳이다. 사진은 1933
년 1월에 열린 강습소의 낙성식 모습이다. 첫 줄 오른쪽에서 다섯 번째가 최용신이다.

이었지만, 다른 일부는 대한제국기 애국계몽운동이 활발히 전개된 이래 새
롭게 생긴 것이다. 국망 이후에도 서당의 숫자는 지속적으로 늘어나 1911년
전국적으로 약 14만 명이던 서당 학생 수는 1921년에는 약 30만 명이 됐다.
이에 총독부는「서당규칙」(1918)을 공포해 서당의 교육과정까지 통제했다.
1920년대 초반까지 서당 학생이 보통학교 학생보다 많았으나 1923년에 그
수가 역전됐다. 그러나 서당은 일제 말기까지도 약 15만 명 정도 학생이 다니
는 등 한국인 교육에서 상당한 비중을 차지했다.

　　1940년까지도 한국인의 초등교육 취학률은 40%에 머물렀다. 그중 남자
는 60%였지만 여자는 20%로 성별 격차가 컸다. 교육받지 못한 어린이들을
위한 야학이 곳곳에 설립됐던 것도 이러한 연유에서였다. 1920년대 초반에
는 청년회가 야학을 설립하고 운영하는 주역이었고, 1920년대 중반부터는
노동조합이나 농민단체 등이 야학을 운영했다. 한편 사회주의운동이 활발해
지면서 한글과 산수 등 기본 지식을 학습하는 것을 넘어 일제의 식민정책을
비판하고 계급의식을 고취하는 차원에서 야학운동이 전개되기도 했다.

4 대중운동의 등장과 전개

새로운 사회 세력의 형성

개항 이후 수용된 서양의 기술, 제도, 지식은 한국사회를 변화시켰다. 한국인은 서양문물을 수용함으로써 새롭게 편입된 국제질서 속에서 생존하고 번영할 수 있으리라 기대했다. 이에 전통사회가 해체되고 새로운 질서가 들어섰다. 사회변화는 전통사회에서 소외, 배제됐던 이들이 성장하고, 새로운 사회 세력이 등장하는 계기로 작용했다.

가령 신분적으로 낮은 위치에 있던 이들은 '평등'이라는 이름 아래 자신의 권리를 주장했고, 사회적으로 소외받던 이들도 얼굴을 드러냈다. 백정과 여성 등이 집단적으로 자신의 목소리를 내는 사회 세력으로 성장했다면, 노동자·청년 등은 새롭게 출현한 사회 세력이었다. 전통적인 세력인 농민 역시 이전과 다른 모습을 보이기 시작했다. 농민들은 전국조직을 결성했고, 투쟁은 경제적인 차원을 넘어 정치문제를 해결하려는 시도로까지 나아갔다.

농민운동

일제가 지주 중심으로 농업정책을 시행하자, 많은 농민이 토지를 잃고 소작농으로 전락했다. 전체 농가 중 소작농의 비율은 1922년 40.8%에서 1932년 52.7%로 증가했다. 소작농은 고율소작료, 소작권 박탈 위험, 지주의 지세 부담 전가 등에 시달리자, 자신의 권익을 옹호하고 생존권을 지키기 위한 단체를 만들었다. 1920년대에는 농사 개량, 소작관계 개선, 생활 개선 등을 목표로 소작인조합, 농민조합, 농민공제회 등이 조직됐다. 1924년에는 사회주의자와 노동단체의 지원을 받는 조선노농총동맹(朝鮮勞農總同盟)이 결성됐다. 각지의 농민단체를 포괄한 전국적 농민운동 조직이 생겨난 것이다. 1927년 조선노농총동맹은 노동자와 농민의 조직으로 분리됐는데, 농민단체로는 조선농민총동맹(朝鮮農民總同盟)이 결성됐다.

농민운동의 중심에는 소작쟁의가 있었다. 1923년부터 1년 가까이 전개된 전라남도 무안군 암태도의 소작쟁의는 식민지기 대표적 농민투쟁이었다. 암태도의 농민들은 서태석(徐邰晳, 1885~1943)의 주도로 암태소작회(岩泰小作會)를 조직한 후 대지주의 횡포에 맞섰다. 50%가 넘는 고율 소작료를 40%로 인하할 것을 요구했고, 경찰이 지주를 옹호하자 순찰대를 조직해 대응했

연도	1922	1924	1926	1928	1930
건수	24	164	17	30	93
참가인원	3,539	6,929	2,118	3,572	10,037

도표4 소작쟁의 상황   단위: 명

다. 또한 자신들의 주장을 알리기 위해 목포로 나가 시위와 단식투쟁을 벌이며 언론에 호소했다. 마침내 소작료 인하에 성공함으로써 농민운동 활성화에 기여했다.

1930년 농업공황을 전후해 쌀값이 폭락하고 세금 부담이 늘어나면서 지주들은 소작료를 올리거나 여러 가지 부담을 소작농에게 떠넘겨 줄어든 수입을 만회하려 했다. 1920년대 중반 급격히 늘었다가 가라앉는 것 같던 소작쟁의도 1930년 즈음 다시 급증하고 쟁의 참여자도 늘었다. 이 시기 농민의 저항은 조직적·집단적·폭력적 양상을 보였다. 대규모 소작쟁의는 대부분 일본인 농장에서 발생했다. 예컨대 평북 용천의 불이흥업(不二興業) 농장에서는 1929년에 무려 2,000여 명이 참가한 소작쟁의가 일어났다. 경찰은 집회를 금지하고 농민단체를 인정하지 않는 등의 방법으로 농민운동을 탄압했다.

1930년대 초반에는 일제의 식민지배에 직접 대항하지 않고 '당면 이익 획득'을 내세우는 개량주의 농민운동이 대두했다. 천도교의 조선농민사와 전조선농민사, 기독교 계통의 농촌운동단체, 협동조합운동사의 소비조합이 대표적이었다. 이들은 자작농까지 포함한 농민 일반의 당면 이익이 될 수 있는 토목공사 실시, 농촌 구제 입법 추진, 자작농 창정과 농가 부채 탕감 등을 요구했다. 또한 농민의 생활관습을 개선하고 농사를 개량하는 한편, 소비를 절약하고 부업을 장려해 개개인의 경제생활을 개선하는 데 힘썼다.

개량주의 농민운동에 반대하는 혁명적 농민조합운동도 전개됐다. 1928년 12월 코민테른은 사회주의자들에게 지식인 중심의 당을 해체하고 민중 속으로 들어가 활동하라고 지시했다. 빈농 중심으로 조직된 혁명적 농민조합은 농민이 가난한 이유가 일본의 식민지배와 지주의 착취에 있다고 보고, "노동자, 농민이 주인인 사회를 건설하자", "토지를 밭갈이하는 농민들에게 분배하자"와 같은 급진적인 구호를 내걸었다. 사회주의자들은 농민을 항일의식과 계급의식으로 무장시켜 혁명적 정당의 기반을 구축하려고 했다.

1931년부터 1935년 사이에 일어난 혁명적 농민조합 관련 사건은 103건이었고, 관련자는 무려 4,000여 명이었다. 특히 함경도에서 가장 두드러지게 나타났다. 함경북도 명천농민조합은 1934년부터 1937년 무렵까지 세 번에 걸친 검거로 1,000명이 넘는 농민이 검찰에 송치될 만큼 활발하게 활동을 전개했다. 함경도에서는 혁명적 농민조합운동이 흥남과 청진 등지에서 혁명적 노동조합을 결성하려는 움직임과 연계해 활발히 전개됐다.

1930년대 중반 조선총독부는 소작문제를 완화하기 위해 「조선농지령」(1934) 등을 실시하고, 농촌경제를 개선하겠다며 농촌진흥운동을 벌였다. 이러한 움직임이 일정한 성과를 거두면서 개량주의적 농민운동은 식민지배체제에 포섭되어 갔다. 조선농민사는 1936년 4월 해체를 선언했고, 기독교계의 협동조합운동 역시 농촌진흥운동에 흡수됐다. 혁명적 농민조합운동도 일제의 가혹한 탄압을 견디지 못하고 점차 잦아들었다.

노동운동

1920년대 들어 노동자들은 저임금, 과도한 노동시간, 가혹한 노동환경 등의 열악한 노동조건을 개선하기 위한 투쟁을 활발하게 전개했다. 1920년 조선노동공제회(朝鮮勞動共濟會)가 조직됐다. 조선노동공제회는 기관지 『공제(共濟)』를 발행하고 노동 야학과 노동 강연회를 여는 등 계몽활동을 벌였다. 노동자들이 조직화되면서 노동운동도 활발해졌다. 1921년 부산의 부두 노동자들이 대규모 파업을 벌인 데 이어 중소 규모의 공장, 운수, 부두 노동자들의 노동쟁의가 이어졌다. 주된 요구는 임금 인상, 노동시간 단축, 대우 개선 등이었다.

초기에는 지역별 노동조합에서 시작했으나 점차 직업별 노동조합으로 확장됐다. 1924년 조선노농총동맹(朝鮮勞農總同盟), 1927년 조선노동총동맹(朝鮮勞動總同盟)과 같은 전국조직이 결성됐다. 노동운동의 발전 속도에 비해 전국적인 조직이 빨리 만들어진 편인데, 이는 식민지에서 노동운동이 지닌 정치운동적 성격이 반영된 결과였다. 다음 해인 1928년에는 노동조합이 전국적으로 500여 개나 설립됐다.

지역 전체 노동자들이 참여하는 총파업도 발생했다. 1929년 1월 원산의 한 석유회사에서 일본인 감독이 한국인 노동자를 구타한 사건을 계기로 파업이 일어났다. 이 파업은 원산노동연합회(元山勞動聯合會)가 주도한 원산총

도판31 평양 을밀대의 지붕 위에 올라간 강주룡
강주룡은 간도로 건너가 결혼생활을 했지만 남편이 독립군활동을 하다 세상을 떠났다. 국내로 돌아온 그는 부모와 형제의 생계를 위해 공장 노동자 생활을 하다가 파업에 참가했다. 『동아일보』 1931년 5월 31일자 기사에 실린 사진이다.

파업으로 발전했다. 조선총독부와 자본가들의 탄압에도 3,000여 명의 원산 지역 노동자들이 4월까지 파업투쟁을 벌였다. 이때 노동자들은 감독 파면, 최저임금제 및 해고수당제 실시 등을 요구했다. 일본·중국·프랑스·소련 등의 노동단체가 격려·후원하는 등 국제 연대의 모습이 나타나기도 했다. 하지만 총독부가 핵심 간부를 구속하고 무력 진압을 진행하면서 총파업은 실패로 끝나고 말았다.

1929년 대공황의 여파로 임금이 삭감되는 등 노동자들의 상황이 열악해지자 파업도 증가했다. 1930년대 북부 지방에 군수공업과 관련된 중화학공장이 집중적으로 들어서면서 파업투쟁 역시 평안도, 함경도 지역에서 많이 일어났다. 노동자들은 임금 인상, 8시간 노동제, 한국인 차별 대우 폐지 등을 내걸고 투쟁을 전개했다.

1931년 평양의 평원고무공장 노동자들은 임금 삭감 반대를 외치며 파업을 전개했다. 파업을 주도한 강주룡은 평양의 대표 유적지인 을밀대(乙密臺)의 지붕에 올라가 한국 노동운동 역사상 최초로 고공농성을 벌이며, 9시간이 넘게 노동 착취와 수탈을 규탄하는 연설을 하기도 했다.

1930년대 사회주의자들은 노동자와 농민을 중심으로 조선공산당을 결성하라는 코민테른의 지시에 따라 혁명적 노동조합운동을 전개했다. 이들은 기존의 노동운동이 개량주의적 투쟁에 머물렀다고 비판하고, 혁명적 활동가를 양성해 공산당을 재건하고자 했다. 혁명적 노동조합운동은 총독부의 군수공업화 정책에 따라 공장 노동자가 밀집돼 있던 함경도와 평안도 일대에서 활발하게 전개됐다. 1931년부터 1935년까지 혁명적 노동조합 관련 사건은 70여 건이었고, 관련자는 1,700여 명에 이르렀다. 중일전쟁 이후에는 탄압이 거세지면서 노동운동이 점차 잠잠해졌다.

청년운동

'청년'이라는 용어는 19세기 말 도일(渡日) 유학생의 친목단체나 기독교 계열에서 사용하기 시작했다. 이후 이 용어는 1905년 전후 계몽운동이 전개되는 과정에서 신문이나 학회지를 통해 본격적으로 사용됐다. 대체로 학생 혹은 30대 전후까지의 지식인을 지칭하는 용어였던 청년은 교육과 계몽의 대상인 동시에 근대 세계를 만들어갈 새로운 주체로 주목받았다. 청년은 정의롭고 순수하고 용감하다고 여겨졌고, 식민지기에 접어들면서 민족의 참담한 현실을 바꿀 중요한 주체 세력으로 인식됐다.

3·1운동 직후 결성된 단체 중에서 청년단체가 가장 높은 비중을 차지했다. 1920년에 이미 250여 개가 등장했고, 1년 만인 1921년에 450여 개로 늘었다. 초기 단체들은 지방 유지나 명망가 중심으로 조직되어, 청년들의 수양과 계몽을 주된 목표로 삼았다. 1920년에는 청년단체들을 통합할 중앙조직으로 조선청년회연합회(朝鮮靑年會聯合會)가 결성됐다. 이 조직은 교육 진흥·산업 진흥·도덕 수양을 통한 지덕체(智德體)의 육성을 중시했다.

그러나 새로운 이념으로 사회주의가 수용되면서 청년단체들은 급진적인 성격으로 변화했다. "노동문제의 근본 해결은 사유재산제의 철폐"라고 주장하는 등 사회주의를 지향하는 경향이 짙어졌다. 1924년에는 조선청년총동맹(朝鮮靑年總同盟)이 결성됐는데, 전국 600여 개 청년단체 가운데 250여 개가 참여했다. 조선청년총동맹은 대중 본위의 신사회 건설, 조선 민중 해방운동의 선구자가 될 것 등을 목표로 삼아, 식민교육을 비판하고 노동·농민운동을 지원했다.

1928년 조선공산당 해체 이후 사회주의 세력은 민족주의 세력이 반동화, 개량화되고 있다고 비판하면서 독자적인 활동과 투쟁을 전개했다. 여러 계급이 혼재되어 있는 조선청년총동맹을 해산하고, 여기에 참여했던 청년들을 각 조합의 청년부로 재조직하고자 했다. 하지만 일부 농민조합과 노동조합을 제외하면 사회운동 지도자나 학생들로 구성된 지역 단체를 각 조합의 청년부로 재편하는 일은 쉽지 않았다. 그 결과 1931년 조선청년총동맹이 실질적으로 사라지면서 청년운동은 독자적인 부문운동의 지위를 유지하지 못하고 약화됐다.

학생운동

3·1운동에서 시위를 조직하고 군중을 동원하는 역할을 수행한 학생들은 이후 전국적으로 자신의 요구를 결집하고 달성하기 위해 학생단체들을 조직하기 시작했다. 1920년 조선학생대회가 결성되면서 학생운동은 하나의 부문운동으로 자리 잡았다. 중등학교 이상 학생들을 조직 대상으로 삼은 조선학생대회는 지덕체를 함양하려는 목표를 지닌 계몽운동단체였다. 1920년대 초반까지 학생운동단체는 강연회·토론회·운동회·음악회·연극회 등을 개최해 회원들의 인격 수양을 도모하고 아울러 새로운 시대사조를 소개하려 노력했다. 인격 개조를 통한 사회개조, 나아가 신문화 건설은 초기 학생운동단체들의 목표였다.

1920년대부터 학생들은 교육 환경 개선과 교육 기회 확대를 요구하고, 민족차별적이고 폭력적인 학생 지도에 반대했다. 구체적으로 민족차별적인 교원의 배척, 교수 방법과 교과 과정의 시정, 학교시설의 개선·확충 등을 주장했다. 학생들은 요구를 관철하기 위해 동맹휴학 등을 전개했다. 사회주의 사상이 유입되면서 학생운동은 급진화됐다. 1925년 설립된 조선학생과학연구회(朝鮮學生科學硏究會)는 사회주의의 연구와 보급에 중점을 뒀다. 강좌와 강연회를 통해 사회주의사상을 보급하는 동시에 1926년 6·10만세운동을 이끄는 역할도 했다.

1920년대 중반에 이르러 중등학교 이상 각 학교에 일종의 비밀결사로서 사회과학독서회가 본격적으로 조직됐다. 서울의 ㄱ당이나 전남 광주의 성진회(醒進會)와 같은 비밀결사는 사회주의 이론을 학습하고 해당 지역 학교의 동맹휴학을 지도했다. 동맹휴학을 이끈 학생들의 요구 조건은 일반적인 교육 문제의 개선을 요구하는 차원에 머물지 않고 식민지 교육체계를 비판하고 반대하는 수준으로 발전했다. 식민지교육 반대, 한국인 본위교육 실시 등을 요구한 것이다. 학생이 한국인이므로 교사도 한국인, 교육 용어도 한국어, 교육 내용도 한국적인 것으로 바꿔 달라는 요구였다.

광주학생운동은 식민지기 학생운동의 절정이었다. 1920년대 후반 광주에서는 성진회를 비롯한 학생조직이 동맹휴학 등을 주도하고 있었다. 광주

학생운동은 1929년 10월 30일과 31일 나주역과 통학 열차에서 발생한 한국인 학생과 일본인 학생의 충돌에 대해·경찰이 일본인 학생을 일방적으로 두둔하면서 촉발됐다. 11월 3일과 12일, 민족차별 철폐와 식민지교육 반대를 주장하는 대규모시위가 광주에서 시작됐다. 독서회가 지도부를 구성하고 조직적으로 학생들을 동원하면서 시위는 확산됐다.

신간회 본부와 조선학생사회과학연구회 등도 진상조사단을 광주에 파견했다. 12월 9일 서울에서 첫 연합시위가 열렸다. 신간회 본부는 시위를 전국적인 대중운동으로 확산시킬 목적으로 12월 14일 민중대회를 개최하고자 했으나 일제의 탄압으로 무산됐다. 해를 넘겨 1930년 1월 15일 서울에서 여학교 학생들이 중심이 된 대규모 연합시위가 벌어진 것을 계기로 시위는 전국으로 확산됐다. 구호 역시 일본 제국주의 타도, 피억압 민족해방 만세 등 민족적 요구를 제창하는 수준으로 발전했다. 1930년 봄까지 이어진 전국의 시위에는 학교 280여 곳과 학생 5만 4,000여 명이 참가했다. 당시 전국 중등학생의 60% 이상이 참가한 셈이다. 광주학생운동은 3·1운동 이후 가장 규모가 큰 항일운동이었다.

이후 사회주의 성향의 학생운동은 학내에 독서회 형식의 비밀결사를 만들어 사회주의를 학습한 후 노농운동에 투신해 활동하는 방식을 선택했다. 반면 민족주의 계열의 학생운동은 언론기관이나 종교단체가 실시하는 생활개선, 문자 보급 등 합법적인 계몽운동에 참여해 점진적 실력양성을 도모하는 활동을 전개했다.

여성운동

개항 이후 민권의식이 확대되면서 여성도 사회의 주요한 주체로 성장했다. 선교사들이 설립한 학교를 중심으로 여성교육이 확대되면서 지식과 능력을 갖춘 여성들이 양성됐다. 여성에 대한 차별을 철폐하기 위한 구체적인 조치도 취해졌다. 갑오개혁 과정에서 과부의 재가가 허용된 것이 그 예였다. 국채보상운동이나 독립운동에 적극적으로 참여하는 여성도 등장했다. 1919년에는 대한민국임시정부가 여성에게 참정권을 부여했다.

여성운동은 1920년대에 본격적으로 전개됐다. 3·1운동 이후 창간된 신문이나 『신여자』, 『신여성』과 같은 잡지는 여성이 자신의 주장을 펼치는 공간이었다. 여성들은 가부장적인 가족질서 등과 같은 전통적인 관습에서 벗

도판32 근우회 창립총회의 모습
1927년 5월 27일 서울 소재 중앙기독교 청년회관에서 1,000여 명이 모인 가운데 창립총회가 열렸다.

어나고자 했다. 나아가 여성의 경제권을 요구했고, 자유연애와 자유결혼 그리고 이혼할 권리를 주장했다. 성에 대한 관념도 바뀌어, 여성에게만 요구되던 정조를 비판했다. 당시 이들은 '신여성, 모던걸'이라 불렸고, 사무직, 서비스직이나 의사, 교사, 기자 등 전문직에 종사했다.

문맹 타파, 여권 신장 등을 목표로 진행되던 여성운동은 사회주의가 수용되면서 이념에 따라 분화됐다. 기독교계를 중심으로 1922년에 결성된 조선여자기독교청년연합회(YWCA)가 민족주의계열 여성운동을 대표했다면, 사회주의계열 여성은 계급투쟁과 여성해방을 목표로 1924년 조선여성동우회(朝鮮女性同友會)를 조직했다. 조선여성동우회는 당시 사회의 불합리한 제도를 비판하고 노동자와 농민의 해방을 위해 함께 투쟁해야 한다고 주장했다. 이런 주장은 피억압계급에 대한 관심을 불러일으켰다.

1920년대 전반에 분화됐던 여성운동은 민족협동전선운동과 뜻을 같이해 1927년 근우회(槿友會)로 결합했다. 김활란(金活蘭, 1899~1970) 등 기독교계 인사와 정종명(鄭鍾鳴, 1896~?), 허정숙(許貞淑, 1908~1991) 등 사회주의자가 함께 활동했다. 근우회는 여성에 대한 사회·법률적 차별 철폐, 봉건적 인습과 미신 타파, 조혼 폐지와 결혼의 자유, 인신매매 및 공창 폐지, 농촌 부인의 경제적 이익 옹호, 부인 노동임금의 차별 철폐 및 산전산후 임금 지불, 부인·소년공의 위험 노동과 야간작업 폐지 등을 목표로 내걸었다. 여성만의 운동을 넘어 사회 개혁을 위한 지향을 분명히 한 것이었다. 1930년까지 60여 개의 지회가 만들어졌고, 회원은 6,000여 명에 달했다. 1931년 근우회는 신간회가 해체되면서 함께 소멸했다. 그 결과 1930년대 여성운동은 노동운동, 농민운동 속에서 분산된 채 진행됐다.

1932년 제주도에서는 해녀 1,000여 명이 일본인 자본가와 조합의 착취에 저항해 시위를 벌인 잠녀(潛女)항쟁이 일어났다. '잠녀'는 해녀를 가리키는 제주도 말로, 당시 제주도 해녀조합에는 9,000여 명의 잠녀가 등록돼 있었다. 이들은 야학에서 접한 『농민독본』, 『노동독본』 등의 계몽서를 통해 자본가의 착취와 일본의 식민지배가 부당함을 깨닫고 저항에 나서게 됐다.

1930년대 후반 일제는 전쟁 총동원체제를 구축하면서 여성에게 종래의 현모양처 관념에 더해 후방을 지키는 역할을 떠맡도록 강요했다. 여성은 전시 노동력으로 동원됐고, 아울러 다산정책이 추진되는 가운데 아이를 낳아 튼튼한 군인으로 기르는 역할 역시 요구받았다.

형평운동

가축을 잡거나 놋그릇을 만들어 파는 백정은 조선시대까지 전형적인 천민계급에 속했다. 이들은 변두리에 따로 모여 살아야 했고 일상적으로도 많은 차별을 받았다. 상투를 틀거나 두루마기를 입지 못했으며, 양인 앞에서는 담배를 피우거나 술을 마실 수도 없었고 어른이든 아이든 자신을 '소인'으로 낮춰 불러야 했다.

1894년 갑오개혁으로 백정은 법적으로 해방됐다. 일반인 중에서 도축 분야에 진출하는 이들까지 등장했다. 하지만 백정에 대한 사회적인 차별은 여전했다. 식민지기에 접어들면서 백정은 스스로 문제를 해결하기 위해 노력하기 시작했다. 1923년 경남 진주에서 처음으로 백정단체인 형평사(衡平社)가 조직됐다. 백정의 자녀가 학교 입학을 거부당한 것이 직접적 계기였다. '형평'은 균형을 맞춘다는 의미로, 차별 철폐를 통해 사회적으로 공평함을 이루자는 취지였다. 형평사는 창립 1년 만에 12개 지사와 67개 분사를 거느리는 전국조직으로 확대됐다. 전체 활동 기간 동안 전국적으로 200여 개의 지·분사가 조직됐을 것으로 추정된다.

형평사는 창립 취지에서 계급 타파·모욕적 칭호 폐지·교육 권장·상호 친목 등을 표방했다. 야학과 강습소를 설치해 사원들을 계몽하고, 신문과 잡지의 구독이나 강연을 통해 자기계발을 도모하도록 유도했다. 또한 주색잡기와 풍기문란을 금지하고, 근검절약을 통한 자기 정화와 사원 간 상호

도판33, 34 형평사 제6회 대회 (1928) 포스터(좌)와 제8회 대회(1930) 포스터(우)
제6회 대회 포스터에는 "전선(全鮮)에 산재한 형평계급아 단결하자", "천차만별의 천시를 철폐하자"는 구호가, 제8회 대회 포스터에는 "모히여라, 형평사 총본부 기치하에로!", "인생권과 생활권을 획득하자!!"는 구호가 적혀 있다.

부조 등을 추진했다. 궁극적으로 백정이 겪는 사회적 편견과 차별을 철폐하고 인간으로서 권리와 존엄성을 쟁취하고자 했다. 형평사가 활동을 지속한 결과 1930년대에 이르면 제도적인 차별이 많이 줄어들었다. 호적이나 학적부에 백정을 가리켜 '도한(屠漢)'이라고 썼던 신분 표시도 공식적으로 사라졌다.

백정들이 활발하게 형평운동을 펼치자 반대운동도 일어났다. 전통적인 신분의식을 지닌 이들은 형평운동을 가리켜, 백정이 양반이 되려는 운동이라고 비판했다. 형평사 관련 건물이나 시설을 파괴하고 형평사원들에게 폭력을 가하는 일도 벌어졌다. 이에 대해 형평사원들은 동맹파업이나 결사대 파견 등으로 맞섰다. 형평운동은 1920년대 후반 사회주의적 색채가 짙어졌다. 1930년대에는 일제의 탄압으로 퇴조했고, 1935년 형평사가 대동사(大同社)로 전환되면서 사실상 운동은 마무리됐다. 대동사는 인권 쟁취라는 초기 목표에서 물러나 백정의 친목과 경제적 이익 추구에 주력했다.

소년운동

식민지기에 아이들의 처지는 매우 열악했다. 많은 아이가 교육받을 기회를 누리지 못하고 공장이나 농촌에서 고된 노동에 시달렸다. 이러한 가운데 소년에게도 인간의 권리, 즉 인권이 있다고 주장하는 소년운동이 등장했다.

소년운동을 주도한 대표단체는 방정환이 이끄는 천도교소년회(天道教少年會)였다. 방정환은 아이들을 인격적으로 대하자는 취지에서 '어린이'라는 말을 사용했다. 그는 1921년 천도교소년회를 만들고 이듬해 5월 1일을 어린이날로 정해 기념행사와 소년보호운동을 전개했다. 1923년에는 잡지『어린이』를 발간해 동요와 동화를 싣고, 어린이 연구단체인 색동회(色─會)도 창립했다.

천도교소년회는 다른 소년운동단체와 연대했다. 1923년 5월 1일에 열린 어린이날 기념식은 천도교소년회, 불교소년회, 조선소년군 등이 함께 조선소년운동협회를 결성해 준비했다. 기념식에서는 어린이를 인격적으로 대하자는 주장을 담은「소년운동의 기초조항」을 낭독했다. 경찰이 시가행진을 불허했지만, 시내에는「어른에게 드리는 글」과「어린 동무들에게」등 두 종류의 전단 12만 장이 뿌려졌다. 이 중「어른에게 드리는 글」은 어린이를 부드럽게 대하고 적당한 운동과 놀이를 보장할 것을 호소했다.

어린이날 행사는 해가 지날수록 규모가 커졌고, 점차 사회주의적 색채가 짙어졌다. 1925년 어린이날 기념식에서는 직업 소년을 위안하는 원유회(園遊會)가 열리기도 했다. 1927년에는 조선소년운동협회와 사회주의 계열의 오월회(五月會)가 따로 행사를 치르기도 했다. 1928년에는 다시 좌우운동단체가 모여 조선소년연합회를 설립하고 방정환을 위원장으로 선출했다. 그해부터 노동절[5]과 충돌하지 않도록 어린이날을 5월 첫 번째 일요일로 변경했

「소년운동의 기초조항」

본 소년운동협회는 이 어린이날의 첫 기념되는 5월 1일인 오늘에 있어 고요히 생각하고 굳이 결심한 나머지 감히 아래와 같은 세 조건의 표방을 소리쳐 전하며 이에 대한 천하 형제의 심심한 주의와 공명과 또는 협동 실행이 있기를 바라는 바이라.

1. 어린이를 재래의 윤리적 압박으로부터 해방하야 그들에게 대한 완전한 인격적 예우를 허하게 하라.
1. 어린이를 재래의 경제적 압박으로부터 해방하야 만 14세 이하의 그들에게 대한 무상 또는 유상의 노동을 폐하게 하라.
1. 어린이 그들이 고요히 배우고 즐거이 놀기에 족할 각양의 가정 또는 사회적 시설을 행하게 하라.

도판35 어린이날 포스터

『동아일보』1923년 5월 1일

다. 이후 사회주의 소년운동이 강화되면서 천도교소년회와 방정환은 소년운동계에서 물러났다.

---

5   노동절 노동자의 연대와 단결을 과시하기 위한 국제적 기념일이다. 1886년 미국 시카고에서 벌어진 노동자들의 시위를 기리기 위해 5월 1일로 정해졌다. 한국에서는 1923년에 조선노동연맹회가 메이데이 기념행사를 개최한 것이 시작이었다. 이는 현재의 근로자의 날로 이어지고 있다.

6. 근대문화의 확산

1   근대 예술·체육의 보급과 종교활동

근대 예술·체육의 보급

식민지기에는 서양으로부터 들어온 근대문화가 전통문화와 서로 경쟁하고 때론 섞이는 가운데 차츰 확산되는 경향을 보였다. 이는 예술과 체육 분야에서 두드러졌다. 식민지라는 현실이 문화에 주는 영향도 컸다. 식민지배에 저항하는 문화인이 존재하는 동시에 중일전쟁 이후 일본에 협력하는 문화인도 늘어갔다.

1910년대는 근대 문학의 본격적인 도입기로서 계몽주의적 사조가 주류를 이뤘다. 주요한(朱耀翰, 1900~1979)은 최초의 자유시인 「불놀이」를 발표했고, 이광수는 『매일신보』에 장편소설 『무정』을 연재했다. 『무정』은 인물과 사건에 대한 사실적 묘사와 구어체 문장으로 이목을 끌었다.

1920년대에는 다양한 경향의 근대문학이 만개했다. 『창조(創造)』 (1919), 『폐허(廢墟)』(1920), 『백조(白潮)』(1922) 등의 동인지가 발간되는 등 창작활동이 활발해졌다. 특히 개인의 감정을 드러내는 서정시와 정형성을 탈피한 자유시, 그리고 상징시가 주목을 받았다. 현실에 좌절하며 퇴폐적인 낭만주의를 만끽하는 작품도 등장했다. 한용운(韓龍雲, 1879~1944), 김소월 (金素月, 1902~1934)이 개인 정서와 민족적 율조를 결합한 시를 발표했다. 소설에서는 농촌 현실에 주목하거나 소작농과 지주 간의 갈등을 그린 작품도 탄생했다. 염상섭(廉想涉, 1897~1963)의 『만세전』, 현진건(玄鎭健, 1900~ 1943)의 「빈처」와 같이 고단한 현실을 살아가는 개인의 삶을 다룬 사실주의적인 작품도 있다. 1920년대 중반에는 김기진(金基鎭, 1903~1985), 임화(林和, 1908~1953) 등을 중심으로 조선프롤레타리아예술동맹(카프(KAPF))[1]을 결성해 사회주의적 시각에서 노동자와 농민의 경제적 상황 등을 묘사한 작품을 발표했다.

1930년대에 문학은 조선총독부의 검열이 강화되는 가운데 순수문학과 현실문학이 공존했다. 김기림(金起林, 1908~?)·김광균(金光均, 1914~1993) 등 모더니스트들이 시를 발표했고, 시어의 음악성을 강조하는 시문학파가 등장했다. 소설로는 농촌 계몽운동의 흐름 속에 지식인과 농민의 삶을 작품

---

1   카프 1925년 8월에 사회주의적 경향의 작품활동을 펼치던 문학가와 예술가들이 조직한 단체다.   **309**

도판36 김관호, 〈해질녘〉, 1916
김관호가 도쿄미술학교를 수석졸업하며
발표한 작품으로, 자신의 고향인 평양 대
동강 능라도를 배경으로 석양이 비친 강
물과 두 여인을 화폭에 담았다. 그해 일본
문부성전람회에 출품해 특선을 차지했다.

화한 이기영(李箕永, 1895~1984)의 『고향』, 이광수의 『흙』, 심훈(沈熏, 1901~
1936)의 『상록수』 등이 있다. 이양하(李敭河, 1904~1963)의 「신록예찬」으로
대표되는 수필도 문학 장르로 자리를 잡았다.

음악은 1910년대부터 서양음악이 서서히 전통음악의 자리를 대신했다.
1911년 전통음악 연주가를 양성하던 조선정악원(朝鮮正樂院)에 조선악과와
함께 서양악과가 설치됐다. 1920년대에는 서양음악에 바탕을 둔 가곡과 동
요가 등장했다. 홍난파(洪蘭坡, 1898~1941)의 곡에 김형준(金亨俊, 1885~?)이
작사한 〈봉선화〉와 이원수(李元壽, 1911~1981)가 작사한 〈고향의 봄〉, 현제명
(玄濟明, 1902~1960)의 〈고향 생각〉, 윤극영(尹克榮, 1903~1988)의 〈반달〉 등
이 대표적이다. 음악 잡지 『음악계』가 창간됐고, 현제명을 이사장으로 둔 조
선음악가협회가 결성됐다.

1930년대에는 홍난파를 지휘자로 내세운 경성방송국관현악단이 발족
했으며, 최초의 민간 오케스트라인 조선교향악단이 창립됐다. 한편 전통음
악이 공연예술로 자리 잡으면서 판소리와 기악 등으로 구성된 춘향전 등의
창극 공연이 인기를 끌었다.

무용에서는 전통음악과 마찬가지로 전통무용이 공연예술로 자리 잡아
갔다. 서양무용이 소개되는 가운데 양자를 접합해 독창적인 춤의 세계를 이
룬 무용가로 한성준(韓成俊, 1875?~1941)과 최승희(崔承喜, 1911~1969)가 있
었다. 한성준은 전통무용을 재해석한 〈태평무〉, 〈살풀이〉 등을 발표했다. 최

도판37 **토월회의 공연 장면**
1924년 제3회 공연으로 올린 〈사랑과 죽음〉의 한 장면이다.
왼쪽에 러시아 민속춤을 추는 이는 무용가 조택원(趙澤元,
1907~1976)이다. 토월회는 1926년 제56회 공연을 마지막
으로 해산됐다.

승희는 전통무용의 현대화에 힘쓰며 보살춤, 부채춤, 칼춤 등을 고안했고 세계 순회공연을 통해 이를 널리 알렸다.

　미술에서는 1910년대 후반에 이르러 일본 유학을 다녀온 미술가가 늘어나면서 서양화가 미술계를 주도하는 변화가 일어났다. 최초로 서양화를 전공한 화가는 고희동(高羲東, 1886~1965)이었다. 그를 이어 도쿄미술학교 출신 김관호(金觀鎬, 1890~1959)가 〈해질녘〉이라는 작품으로 주목을 받았다.

　1920년대 이후 서양화에서는 도쿄 유학파에 이어 국내파가 화가군을 형성했다. 조각, 건축, 공예 분야에서 활약하는 미술가도 등장했다. 조각가 1호는 도쿄미술학교를 졸업한 김복진(金復鎭, 1901~1940)이었다. 그는 미술 이론가 및 비평가로도 활약하는 동시에 사회주의자로서 카프를 이끌었다. 카프에서는 포스터와 판화, 만화 등 복제 가능한 작품을 제작해 대중 선전에 활용했다.

　연극에서는 1910년대에 전통적인 가면극이 쇠퇴하고 일본에서 들어온 신파극이 인기를 끌었다. 1920년대는 연극운동의 전환기로 국내의 창작극과 해외 작품이 번안돼 무대에 올랐다. 계몽극과 상업주의적 연극, 그리고 사실주의적 연극이 다채롭게 무대에 올려졌다. 대표 극단으로는 일본에서 유학하던 박승희(朴勝喜, 1901~1964), 김기진, 이서구(李瑞求, 1899~1982) 등이 결성한 토월회(土月會)가 있었다. 토월회는 안톤 체호프(Anton Pavlovich Chekhov, 1860~1904)의 「곰」, 조지 버나드 쇼(George Bernard Shaw, 1856~

1950)의「그 남자가 그 여자의 남편에게 어떻게 거짓말을 했나」, 레프 톨스토이(Lev Nikolayevich Tolstoy, 1828~1910)의「부활」등의 번역극과 박승희의 창작극「길식」등을 공연하며 신극운동을 펼쳤다.

1931년에 창립한 극예술연구회(劇藝術研究會)는 극예술에 대한 대중의 이해를 넓히고 진정한 의미의 신극을 발표하는 것을 목표로 삼았으며, 기관지『극예술』도 발간했다. 초기에는 홍해영 연출로 니콜라이 고골(Nikolai Gogol, 1809~1852)의「검찰관」, 헨릭 입센(Henrik Johan Ibsen, 1828~1906)의「인형의 집」등 사실주의 경향의 번안극을 주로 공연했다. 그러나 차츰 유치진(柳致眞, 1905~1974)의「토막」, 이무영(李無影, 1908~1960)의「한낮에 꿈꾸는 사람들」등 창작극 공연에 힘을 쏟았다.

중일전쟁 이후 총독부는 예술을 전쟁 찬양 도구로 총동원했다. 창작활동을 통제하는 동시에 친일 성향의 단체를 만들어 문인과 예술가를 강제로 가입시키고 침략전쟁을 찬양하는 작품을 발표할 것을 요구했다. 대표 친일 문학단체로는 1939년 이광수가 회장을 맡은 조선문인협회(朝鮮文人協會)가 있었다. 1943년 조선문인협회가 다른 문학단체들과 연합해 조선문인보국회(朝鮮文人報國會)로 확대할 때는 유진오, 이광수, 유치진, 최재서(崔載瑞, 1908~1964)가 임원으로 참여했다. 최남선은「아세아의 해방」이라는 글로, 주요한은「성전찬가」라는 시로 일본의 침략전쟁을 찬양했고, 노천명(盧天命, 1911~1957)은 징병제 실시를 환영하는 시「님의 부르심을 받들고서」를 발표했다.

체육에서는 야구·축구·정구·농구 등 구기 종목이 대중 스포츠로 자리

경평축구대회

1929년 '전경성군 대 전평양군 축구대항전'이라는 긴 이름으로 시작됐다. 이 대회는 경신학교팀을 주축으로 한 '경성군'과 숭실학교팀을 주축으로 한 '평양군'이 1929년 10월 8일부터 10일까지 3일간 서울 휘문고보 운동장에서 첫 축구 경기를 가진 뒤, 매년 서울과 평양에서 열렸다. 당시 경평축구의 인기는 대단했다. 첫 대회 경기장인 휘문고보 운동장에는 7,000여 명의 시민이 몰려 열광했다.

도판38 제1회 경평축구대회를 알리는 광고

잡았다. 구기 종목 중에는 축구가 인기가 높았다. 조선일보사 주최로 1929년부터 열린 경평축구대회는 서울과 평양의 축구팀이 모여 실력을 겨루는 행사로 전국적인 관심을 모았다. 일본인이 만든 조선체육협회에 맞서 한국인이 1920년에 만든 조선체육회는 각종 구기 종목의 전국대회를 열거나 후원하며 대중 스포츠의 보급에 앞장섰다. 전국적으로는 조만식을 회장으로 하는 관서체육회(關西體育會)를 비롯한 90여 개의 체육단체가 조직됐다.

1920년대에는 운동선수 위주의 체육을 비판하면서 민중체육의 하나로 보건체조를 보급하는 운동도 일어났다. 체육의 성장과 함께 국제무대에서 활약하는 운동선수도 등장했다. 1936년에는 제11회 베를린올림픽에서 마라톤에 출전한 손기정과 남승룡(南昇龍, 1912~2001)이 각각 1위와 3위를 차지했다. 학교 체육에서는 육상 경기가 주축을 이뤘고 체조가 강조됐으며, 운동 경기로는 축구·야구·농구를 주로 했다.

종교활동

조선총독부는 한국인의 신앙을 종교와 유사 종교로 구분해 통제했다. 신도, 기독교, 불교만을 종교로 분류했다. 식민지기에 신흥종교로서 교세가 강했던 천도교, 보천교 등은 정치색을 띤 종교, 즉 유사 종교로 분류하고 경찰 업무를 맡은 경무국이 담당하도록 했다. 하지만 총독부의 이러한 구분법이 실제로 한국인 사이에서는 통용되지 않았다.

당시 가장 큰 사회적 동원력과 영향력을 갖던 종교는 천도교였다. 동학을 계승한 천도교는 1910년대에 교세가 급상승해 100만 교인을 자랑하는 종교로 성장했다. 3·1운동 당시 중앙집권적 조직과 튼튼한 재정을 발판 삼아 조직과 자금을 제공했고, 3월 1일 민족대표의 독립선언식을 이끌어내기도 했다. 이후 천도교단은 민족주의 세력을 이끄는 주류로 부상했다. 1920년대에 천도교는 교단을 민주적으로 운영하며, 천도교청년회를 중심으로 문화 계몽운동에 앞장섰다. 『개벽』·『어린이』·『신여성』·『학생』·『농민』 등의 잡지를 발행했고, 청년운동·소년운동·학생운동·여성운동·농민운동을 전개했다.

민족주의 세력이 타협파와 비타협파로 분화할 때 천도교는 신파와 구파로 분화됐다. 이종린이 이끄는 천도교 구파는 비타협적 민족주의 세력의 주축으로서 6·10만세운동을 준비했고 신간회에 참여했다. 반면 최린이 이끄는 천도교 신파는 타협적 민족주의 세력의 대표적 집단으로서 자치운동을 모색했고 조선농민사를 조직해 농민운동을 펼쳤다. 1930년대에 들어와 천도교 신파는 친일의 길을 걸었다.

총독부가 제일 먼저 옥죈 종교는 개신교였다. 1911년 105인사건[2]을 조작해 평안도를 중심으로 한 개신교 세력을 탄압했다. 선교사들이 고등교육에 관심을 보이며 대학을 세우려고 했으나 총독부는 허용하지 않았고, 오히려 학교에서 종교교육을 하지 못하도록 했다. 1919년 개신교는 천도교와 함께 3·1운동을 이끌었다. 이후 개신교는 물산장려운동, 농촌계몽운동 등에 뛰어드는 흐름과 순수하게 종교활동에 전념하고자 하는 흐름으로 나뉘었다. 1930년대에 개신교는 신사참배를 강요하는 총독부와 충돌했다. 총독부는 신사참배는 종교 행위가 아니라 국민의례라고 주장했다. 이를 수용하던 개신교인도 있었지만, 일부 개신교인은 끝내 신사참배를 거부하면서 학교 폐쇄 등의 탄압을 받아야 했다. 숭실전문학교, 수피아여학교 등은 신사참배를 거부하며 자진 폐교했다.

천주교는 식민지기 내내 정교분리의 원칙을 철저히 지키고자 했다. 3·1운동 당시에도 교단에서 시위 참여를 금지했다. 하지만 서울, 대구 등의 천주교 신학교 학생들은 만세시위를 벌였다. 1930년대에 천주교는 신사참배를 이단으로 간주하고 거부하도록 했다. 하지만 일본에 있는 주교들이 신사 참배를 국민의례로 해석하고 교황청이 이를 허용하자 따랐다.

총독부는 1911년 「사찰령」을 제정해 전국 사찰을 30본산으로 개편하고 주지를 임명해 불교계를 통제하고자 했다. 한국 불교와 일본 불교를 합병하려는 움직임도 일어났다. 한용운을 비롯한 승려들은 이에 맞서며 궐기대회를 열고 불교 개혁안 등을 내놓았다. 불교계의 청년들은 1920년 조선불교유신회(朝鮮佛敎維新會)를 결성하고, 불교 개혁과 대중화운동을 펼쳤다. 종교와 정치는 분립해야 하며 「사찰령」을 폐지해야 한다고 주장하면서 불교가 교단 혁신을 통해 사회적 대중불교로 거듭날 것을 촉구했다. 3·1운동 이후 총독부의 통제에 대한 입장 차이로 갈등하던 불교계는 1925년 조선불교중앙종무원(朝鮮佛敎中央宗務院)으로 통합했다. 1941년 불교는 교단을 정비하면서 조계

---

2 105인사건 1911년 조선총독부는 평안도와 황해도 지역의 민족운동을 탄압할 의도로 데라우치 총독 암살미수사건을 조작해 이 지역의 기독교 지도자 수백 명을 체포했다. 이 가운데 105명이 1심 재판에서 유죄 판결을 받았는데, 이런 연유로 '105인 사건'이라 불리게 되었다. 이 중 99명은 2심 재판에서 무죄를 선고받았다.

종(曹溪宗)을 종명으로 삼았다.

나철(羅喆, 1863~1916)이 창건한 대종교는 대한제국이 멸망하자 본부를 만주로 이전했다. 그곳에 살던 많은 한인이 대종교에 입교했다. 대종교는 만주에 학교를 세우고 단군사상을 전파하며 1911년 중광단(重光團)이라는 무장단체를 결성하기도 했다. 중광단은 3·1운동 이후 북로군정서에 합류했다.

1916년 박중빈(朴重彬, 1891~1943)이 창건한 원불교는 불교를 기반으로 모든 종교의 장점을 취해 생활화·시대화·대중화하는 데 노력했다. 자력 생활하는 종교를 추구하며 근검절약을 추구하고 허례 폐지, 금주와 금연을 실천했으며, 저축조합을 세우고 황무지개간사업을 전개했다. 또한 민중의 생활의식을 개혁하는 운동도 펼쳤다.

한편 총독부는 정책적으로 신도(神道) 장려에 나섰다. 신도는 자연계의 모든 사물에는 영혼이 깃들어 있다고 보는 애니미즘(animism)신앙과 조상숭배가 결합해 만들어진 종교였다. 19세기에 일본에서 국교로 자리 잡으며, 일본인의 정신·문화적 거점 역할을 했다. 총독부는 전국 각지에 신사를 세웠고, 「신사사원규칙」을 제정해 신사를 총독부 관리체제하에 두었다. 서울 남산에 위치했던 조선신궁(朝鮮神宮)도 이때 건립한 것이다. 1936년 부임한 미나미 총독은 신사제도를 확대해 하나의 읍면에 하나의 신사를 설치하도록 하고 한국인에게 신사참배를 강요했다.

2 생활양식의 변화와 근대 소비문화

새로운 의식주

서구문물이 본격적으로 유입되면서 의식주 생활도 달라졌다. 1920년대부터 관료나 전문학교 재학생과 같이 신식교육을 받은 사람들 사이에서 서양식 복장을 하는 것이 유행처럼 번지면서 한복을 입고 생활하던 방식이 변화를 맞았다. 이들은 '시대의 유행을 선도하는 사람'이라는 뜻으로 '모던보이', '모던걸'이라고 불렸다. 모던보이는 머리를 짧게 자르고 바지와 셔츠를 입고 넥타이를 매고 구두를 신었다. 모던걸 혹은 신여성은 구두, 양산, 손가방, 손목시계로 치장했다. 위생과 실용성을 내세우며 단발머리를 하는 여성도 늘어났다. 모던걸은 대개 개량 한복을 입었지만 고관대작의 가족이나 유학생 그

도판39, 40 "모-던뽀이의 산보"(좌)와 "꼬리피는 공작"(우)
서양영화 속 주인공처럼 구레나룻, 나팔바지 등으로 치장한 모던보이와 초가집에서 양장을 하고 나오는 모던 걸을 풍자하는 삽화다. 당시 이들의 문화는 종종 전통사회와 갈등을 빚으면서 '못된 보이', '못된 걸'로 불리기도 했다. 삽화를 그린 사람은 〈우리의 소원은 통일〉의 작사자로 알려져 있는 안석주(安碩柱, 1901~1950)다. 그는 일본에서 미술을 공부하고 돌아온 직후 언론사에 삽화 작가로 크게 활약했다. 두 삽화 모두 「가상소견(2)」, 「가상소견(3)」라는 제목으로 1928년 2월 7일과 9일자 『조선일보』에 실렸다.

리고 직업여성 중에는 양장을 한 이들도 적지 않았다.

그러나 양복과 양장을 하는 사람은 소수의 부유층과 지식인 정도였다. 대부분은 여전히 한복에 모자를 쓰고 고무신이나 구두를 신는 차림을 선호했다. 조선총독부는 흰옷이 경제적이지 않다는 이유로 색깔 있는 옷을 입으라고 권장했지만, 많은 한국인은 여전히 흰옷을 즐겨 입었다.

중일전쟁 이후 총독부는 한국인을 침략전쟁에 동원하면서 노동 효율성을 높이기 위해 복장을 강력하게 규제했다. 남성에게 군복과 비슷한 국민복을, 여성에게 일본 농촌 여성의 작업복(일명 '몸빼')을 입으라고 강요했다. 이를 거스르면 버스나 전차를 타지 못하게 하고 관공서나 극장 등의 출입을 금했다.

식생활도 변화를 맞았다. 도시에서는 1880년대부터 한국으로 이주하는 일본인과 중국인이 늘어나면서 이들이 만든 외래 음식이 소개됐다. 우동·어묵·단무지·양갱·모찌 같은 일본 음식과 짜장면·만두·호떡 같은 중국 음식을 파는 음식점도 생겨났다. 일본화한 서양 음식인 단팥빵·빙수·슈크림·카스텔라·모나카·알사탕 등도 판매됐다. 또한 외식업이 대중화됐다.

1920년대에 들어서는 요리점, 청요릿집, 양식당 등의 외식업소 나들이

가 여가생활로 자리를 잡아갔다. 가정에서 먹는 음식도 1930년대 무렵부터 차츰 변화를 보였다. 일본에서 서구 가정학을 익힌 여성들과 서구 위생학을 익힌 의사들이 1920년대 이후 한국인의 생활양식을 개선하자는 생활개선운동을 벌였다. 서구와 일본이 강대국이 된 것도 국민이 건강한 신체와 건전한 정신을 가졌기 때문이니 근대화를 이루려면 식생활을 바꿔야 한다는 주장이었다. 처음에는 그 일환으로 외래 음식을 그대로 이식하려 했으나 잘 받아들여지지 않았다. 이에 1930년대 들어서는 전통 요리법을 서구식으로 개량하려는 흐름이 나타났다. 신식 요리법은 전통음식에 양조간장, 화학조미료(아지노모토), 설탕 같은 새로운 양념을 넣어 요리했다. 신식 요리법은 상류층을 대상으로 하는 요리 강습회를 통해 보급했다.

근대문화가 확산되는 가운데 서민의 1인당 쌀 소비량은 갈수록 줄어들었다. 1920년대에는 산미증식계획에 따라 증산된 쌀이 일본으로 이출되고, 일제 말기에는 막대한 양의 쌀이 강제 공출됨에 따라 잡곡이나 풀뿌리, 나무 껍질 등으로 연명하는 사람들이 늘었다.

한편 대다수 서민들은 식민지기에 초가나 기와로 된 전통 가옥에서 거주했다. 반면 도시에 거주하던 일본인들은 일본식 가옥을 지어 살았다. 그러다가 일본에서 유행하던 문화주택 양식도 조선에 들여왔다. 일본식과 서구식을 가미한 문화주택은 내부에 식당, 욕실, 화장실 등을 갖췄다. 점차 일본인만이 아니라 한국인 상류층도 문화주택에 살기 시작했다.

1920년대 이후 도시 인구가 늘어나면서 다양한 주택들이 선보였다. 전통 가옥을 개량한 새로운 형태의 집을 지어 한국인 부유층에게 비싸게 팔아 부를 축적하는 사람들도 등장했다. 이들이 만든 도시형 개량 한옥은 ㄷ자나 ㅁ자 형태에 집 가운데 마당이 있는 절충식 한옥이었다. 대청마루에 유리문을 달거나 전통 가옥구조에 벽돌과 같은 근대적인 건축 자재를 일

짜장면의 탄생

짜장면은 본래 중국 음식이었다. 1880년대에 인천항을 통해 들어온 산둥반도 출신 중국인 노동자들이 만들어 먹으면서 한국에도 알려지기 시작했다. 1905년 인천 차이나타운에서 문을 연 산둥회관(1912년 '공화춘'으로 개명)에서 처음 선을 보였다. 이때 짠맛이 강한 중국식 춘장 대신 다양한 재료와 캐러멜을 혼합한 춘장이 한국인의 입맛에 맞춰 쓰였고, 이 덕분에 한국에서도 쉽게 인기를 끌었다. 또한 짜장면은 식민지기에 처음 배달 판매됐는데 지금까지도 배달음식의 대명사로 자리 잡고 있다.

부 사용했다.

　인구가 계속 도시로 집중되면서 1940년대에 이르러는 도시의 주택난이
더욱 심해졌다. 총독부는 이를 해결하고자 1941년 조선주택영단을 설립하고
영단주택을 공급했다. 영단주택은 일본식 주택에 전통 온돌을 가미한 구조
였다.

　도시의 소비문화

1920~1930년대 서울 등 대도시에 근대 소비문화가 본격적으로 들어왔다.
은행, 백화점을 비롯해 식당, 카페, 다방, 영화관, 댄스홀 등 대형 상업 건물이
들어섰고 대중교통수단으로 전차와 버스가 각광받았다. 이러한 근대적 공간
은 일본인이 거주하는 지역에 집중돼 있었다. 서울의 백화점은 주로 일본인
상권이 장악한 남촌에 조지야(丁字屋), 미나카이(三中井), 히라타(平田) 등의
이름으로 들어섰다. 1930년에는 미쓰이 재벌의 직영점인 미쓰코시 백화점이
최대 규모의 매장을 자랑하며 문을 열었다. 한국인 상점이 운집한 북촌에는
1932년 콘크리트 3층 건물의 화신백화점이 들어섰다. 일본인뿐 아니라 모던
보이, 모던걸은 근대 소비문화를 이끌어가는 주체였다. 이들은 백화점에서

문화주택과 영단주택

1920년대 초 일본에 등장한 '문화주택'은 조선에도 유입돼 1920년대 후반에 확산됐다.
문화주택의 기본 양식은 서구식 외관과 일식 내부를 절충한 것이었으나 조선의 기후환
경에 맞게 한식 온돌을 가미한 경우도 있었다. '영단주택'은 1940년대 초 총독부가 병참
기지화를 위해 개발한 공업지역의 노동자에게 공급할 목적으로 지은 주택이다."

도판41, 42　왼쪽은 문화주택으로, 홍난파의 가옥이다. 오른쪽은 인천 산곡동에 위치한 영단주택의 모습이다.

쇼핑하고 카페를 드나들며 영화와 음악, 대중소설을 즐기는 새로운 자본주의적 소비계층이었다. 한편 조선총독부는 관의 허가하에 성매매 여성을 고용해 상업활동을 하는 제도인 공창제(公娼制)[3]를 한국에 도입했다.

근대 소비문화를 확산시킨 것은 신문·잡지·영화·유성기·라디오 등 대중매체였다. 신문과 잡지는 광고로 새로운 문물을 소개했다. 유행하는 패션과 화장법을 소개했고, 자유연애를 강조했다. 그러나 당시 근대 소비문화는 대다수 한국인에게 꿈꾸기조차 어려운 사치에 가까웠다. 1920년대 말 노동자의 하루 임금이 평균 1원 10전, 날품팔이 남성 노동자의 일당이 60~80전이었던 데 반해 맥주 한 병이 40여 전이었기 때문이다.

대중문화의 확산

영화는 당시 가장 '값이 싸고 화려하고 재미있는 오락'이자 '세기의 총아'로 표현되는 가장 영향력 있는 대중문화였다. 당시 서양에서 상영된 영화 대부분을 서울에서 관람할 수 있을 정도로 배급이 활발했다. 한국에서 최초로 제작된 영화는 1919년 단성사에서 상연한 김도산(金陶山, 1891~1921) 감독의 〈의리적 구토〉였다. 1923년 극영화인 〈국경〉과 〈월하의 맹세〉가 상연됐고, 1924년 최초의 영화사인 조선키네마가 설립되면서 영화산업은 더욱 본격화됐다. 나운규(羅雲奎, 1902~1937)는 영화를 제작하고 주연으로 출연하면서 영화 발전에 기여했다. 그가 주연을 맡은 영화 〈아리랑〉은 1926년 단성사에서 처음 개봉됐는데 일제에게 탄압받던 한국인의 고통을 잘 표현해 많은 관객이 몰렸다. 1930년대에도 영화가 꾸준히 인기를 끌어 극장이 대중문화의 중심지로 자리 잡았다. 변사가 대사를 읽던 무성영화를 넘어 1935년 최초의 유성영화인 〈춘향전〉이 제작됐다. 하지만 1940년 조선총독부가 「조선영화령」을 공포하면서 영화는 침략전쟁을 미화하고 선전하는 도구로 이용됐다. 1943년 상영된 박기채(朴基采, 1906~?) 감독의 〈조선해협〉은 주인공이 형의 전사 소식을 듣고 자신도 지원병으로 입대한다는 내용을 담고 있었다.

음악 면에서는 1920년대에 유성기와 음반 보급이 점차 늘어나며 일본

---

3 공창제 1916년 일본에 의해 식민지 조선에 도입돼 1948년까지 실시된 성매매 관리제도. 일본에서 먼저 시행된 제도로서 성매매를 합법화한다는 비판이 지속되는 가운데 일본 여성운동가들이 공창제 폐지운동을 활발히 펼쳤다.

도판43 방송국 순례기
『매일신보』 1927년 2월 28일에 실린 것으로, "정동 언덕에 높이 솟은 경성방송국의 전경이올시다. 지붕 위로 솟은 기둥과 줄은 '안테나'라고 하여 갖은 노랫소리가 그 줄을 거쳐 세상에 퍼지는 신기한 줄이올시다"라는 감상이 써 있다.

대중음악의 영향을 받은 유행가가 등장했다. 1926년 〈사의 찬미〉가 인기를 끌며 음반 판매를 촉진했다. 1930년대에는 〈목포의 눈물〉(1935), 〈애수의 소야곡〉(1937), 〈눈물 젖은 두만강〉(1938) 등이 크게 유행했고, 이 중에는 4만~5만 장씩 판매되는 음반도 있었다. 1927년에는 라디오방송국인 경성방송국이 첫 전파를 탔다. 라디오방송까지 가세하면서 대중가요의 인기도 높아졌다. 사람들은 음반과 라디오로 대중가요뿐 아니라 민요와 판소리도 즐겨 들었다. 1930년대에는 기생 출신 가수가 인기를 끌었고 일본식 유행가풍이 결합된 신민요도 등장했다. 하지만 중일전쟁 이후에는 총독부가 대중문화에도 깊게 개입하면서 침략전쟁을 선전하는 유행가를 만들고 부르게 했다.

〈아리랑〉의 흥행

〈아리랑〉은 6개월 동안 110만여 명이 관람했다고 기록된다. 농촌 청년인 영진과 지주의 심부름꾼인 오기호 간의 갈등을 그렸다. 관객들은 영화를 보며 영진을 자신과 같은 식민지 조선 민중으로, 오기호를 지배자인 일본으로 여기는 경우가 많았다. 특히 영진이 오기호를 낫으로 쓰러뜨린 후 일본 경찰에게 끌려가고 마을 사람들이 아리랑을 부르며 배웅하는 마지막 장면에서는 관객들도 모두 일어나 아리랑을 불렀다고 한다. 〈아리랑〉은 1927년 일본에서도 상영됐다.

3 근대 학술의 발달과 조선학운동

조선학의 성립과 발전

근대에 들어서 언어와 역사를 중심으로 민족문화를 연구하는 경향이 생겨났다. 식민지기 근대 학문을 수용한 지식인들은 한국 민족의 역사와 문화를 연구하는 학문을 '조선학'이라고 불렀다. 조선학 연구는 일본인에 의해 이뤄진 조선 관련 학술 연구와 달리 민족적 정체성을 찾고 의미를 부여하고자 힘썼다.

먼저 조선학 연구자들은 일본인 연구자가 가진 한국에 대한 부정적 인식에 대항했다. 일본인 학자들은 문화적으로 일본이 한국보다 우월하다고 주장했다. 특히 1925년 조선총독부가 설립한 조선사편수회가 한국사를 왜곡하며 식민사관과 식민사학을 만들어가는 것에 대응해, 반(反)식민사학은 조선학 연구에서 가장 중요한 부분을 차지했다.

식민사관은 크게 타율성론과 정체성론으로 나뉜다. 타율성론은 한국사가 자율적으로 전개된 것이 아니라 외세의 간섭과 압력에 의해 좌우됐다는 주장이다. 임나일본부설이 대표 사례다. 정체성론은 한국이 외국 특히 일본에 비해 크게 뒤처졌다는 논리다. 한국사는 왕조 교체는 되풀이됐지만 사회·경제적으로 아무런 발전 없이 진행됐다는 것이다. 따라서 정체된 조선사회는 일본의 도움을 받아야만 발전할 수 있다고 주장했다.

또한 지식인들은 일제의 학문적 공세에 대응해 한국사의 독자성과 진보성을 입증하고자 했다. 근대적인 학문 방법을 통해 식민사관의 주장을 반박하고 주체적인 연구활동을 전개했다. 대한제국기와 일제 초기에 걸쳐 박은식(『한국통사』,『한국독립운동지혈사』), 신채호(『독사신론』,『조선사연구초』) 등에 의해 체계화된 민족주의 사학은 1930년대 이후 정인보(鄭寅普, 1893~1950), 안재홍(安在鴻, 1891~1965), 문일평(文一平, 1888~1939) 등의 한국사 연구로 이어졌다. 민족주의 사학자 혹은 문화사학자로 불린 이들은 역사의 발전 동력을 조선의 얼, 조선심(朝鮮心) 등 민족정신에서 찾고자 했다. 이처럼 1930년대에 민족주의 사학자를 중심으로 진행된 이러한 학술문화활동을 '조선학운동'이라고 불렀다.

1930년대 조선학운동은 일제의 식민사학에 대항해서 한국인의 주체성을 강조한 학술활동이었다. 특히 1934년 정약용 서거 99주년 기념사업을 계

기로 한국의 역사와 문화에 관한 학문적 연구의 필요성이 본격적으로 제기
됐다. 1938년에는 정인보, 안재홍의 책임교열로 정약용의『여유당전서』가
완간됐다.

그런데 1930년대 조선학운동에 대해 화려한 과거에 빠진 감상적 복고주
의적 풍토이자 한국만의 특수성을 강조한다는 비판이 나오기도 했다. 이에
관해 조선학운동에 참여했던 학자들은 약소민족의 민족주의는 제국주의 강
대국의 침략주의적 민족주의와 다르다고 강조했다. 나아가 한국문화를 제대
로 연구해서 세계문화에 기여해야 한다고 주장했다.

한편 식민사학을 부정했던 역사 연구의 다른 한 축은 사회경제사학이었
다. 대표 학자인 백남운(白南雲, 1894~1979)은『조선사회경제사』(1933)를 펴
내 식민사학의 정체성론을 비판했다. 그는 유물사관에 입각해서 우리 역사
가 세계사적 발전 과정과 동일한 역사적 경험을 갖고 있다고 논증했다. 그리
고 정약용을 기리는 글을 쓰는 등 조선학운동에도 관심을 보였다.

조선어학회와 문자보급운동

우리말과 글을 지키려는 운동이 민족운동과 조선학 연구의 일환으로 전개됐
다. 대한제국기에는 '언문'으로 불린 한글이 '국문(國文)'으로 그 지위가 격상
됐고, 국문연구소(1907)가 설립돼 주시경을 중심으로 한글 연구가 활발히 진
행됐다. 식민지기에는 일본어가 '국어'가 되고 우리말의 이름은 '조선어'로 바
뀌었으며, 학교에서는 조선어보다 일본어를 더 많이 가르쳤다. 겨우 출발점
에 섰던 국어 연구는 크게 위축될 수밖에 없었다.

1920년대에 들어와 1924년 조선어연구회(朝鮮語研究會)가 조직되면서
본격적인 한글보급운동이 전개됐다. 조선어연구회는 연구 발표회, 강습회,
강연회 등을 통해 한글 문법을 정리·통일하고, 한글을 가르치는 운동을 벌였
다. 조선어연구회를 이어 1931년 설립된 조선어학회(朝鮮語學會)는 신문사와
협조해 농민을 대상으로 광범위한 한글 연구 및 보급운동을 전개했다. 조선
일보사는 "아는 것이 힘이다. 배워야 산다"라는 구호 아래 1929년 여름부터
귀향 학생을 중심으로 문자보급운동을 시작했다. 동아일보사도 전국적으로
조선어 강습회를 열었고 이를 러시아말로 '민중 속으로'란 뜻을 지닌 '브나로
드운동'이라고 불렀다. 한글보급운동은 1930년대에 대표적인 청년·학생의
농촌계몽운동이었다. 한글 강습에 관한 대중의 호응도가 높아지자 결국 조

도판44, 45 언론사에서 주도한 한글보급운동 선전물
『동아일보』1932년 7월 17일자에는 "배워야 산다"라는 구호를 담은 삽화를 실었다. 또한 조선일보사에서는 1930년 11월 22일『문자보급반 한글원본』을 발행했다. 이 책은 한글학자이자 조선일보 문예부장이었던 장지영(張志暎, 1887~1976)이 편집했다.

선총독부는 1935년부터 이를 중단시켰다.

한편 조선어학회는 조선어연구회 시절 108명의 발기로 조직된 조선어사전편찬회의 사업을 계승해 국어사전 편찬운동을 꾸준히 전개했다. 사전편찬에 앞서「한글맞춤법 통일안」(1933)과「외래어표기법통일안」(1940)을 먼저 내놓았다. 그러나 총독부는 1942년 조선어학회를 탄압할 목적으로 조선어학회사건을 일으켰다. 조선어학회 사전 편찬에 참여한 교사를 체포하고, 이후 이윤재·최현배·이희승·이극로 등 조선어학회 회원과 그 사업에 협조한 32명을 검거했다. 이 사건으로 조선어학회가 준비하던 사전 원고를 압수당하고 말았다. 압수된 원고는 다행히 해방 직후인 1945년 9월에 발견됐다. 이를 바탕으로 1947~1957년에 걸쳐 총 6책으로 구성된 우리나라 최초의 국어대사전인『큰사전』이 발간됐다.

과학기술운동

근대 과학기술운동은 한국인의 자기 향상과 민족 발전을 추구한 활동이었다. 1920년대 경제적 실력양성운동의 일환으로 전개된 과학기술운동은 우리의 힘으로 조선의 공업을 일으키자는 공업진흥운동에서 시작됐다. 먼저 1920년 경성공업전문학교(1922년 '경성고등공업학교'로 개칭) 한국인 졸업생들이 공우구락부(工友俱樂部)를 조직하고, 기관지『공우(工友)』를 발간했다. 1922년 최초의 한국인 비행사 안창남(安昌男, 1900~1930)이 고국 방문 비행을 했는데, 이는 과학기술을 대중적으로 확산하는 계기가 됐다. 1924년에는 김용관(金容瓘, 1897~1967)을 비롯한 경성고등공업학교 졸업생들이 회원의 공업적 지식의 보급과 발명적 정신의 향상을 목표로 하는 발명학회를 창립했다.

1930년대에 들어와서는 '과학 조선 건설'의 기치 아래 과학기술자는 물론 민족주의자들이 참여하는 과학기술운동이 활발하게 일어났다. 과학 대중화 사업을 통한 계몽활동과 전문적 연구의 진흥을 위한 다양한 활동이 전개됐다. 먼저 한동안 침체에 빠졌던 발명학회가 1932년에 재건됐고, 1933년에는 대중 과학기술 잡지인 『과학조선』이 창간됐다. 1934년부터는 과학 대중화운동의 일환으로 과학의 날 행사가 대대적으로 펼쳐졌다. 이듬해부터는 과학지식보급회가 결성돼 과학 강연회, 과학영화 상영, 과학기관 견학, 라디오 강연 등을 주관했다. 과학 대중화운동과 함께 한국인 과학기술자·발명가들의 전문 연구기관인 이화학연구기관 설립이 추진되기도 했다.

4　가족문화와 여성

전통가족과 근대가족

가족은 가장 일상적이고 자연스러운 생활 단위로, 그 결합 양상과 생활공동체의 구성 형태는 역사 및 지역에 따라 다양한 형태를 보이며 변화한다.

현대의 가족은 대부분 부부와 그 자녀를 중심으로 한 소가족의 형태를 띠며 사회경제적 생활의 기본 단위로 인정받는다. 그러나 근대 이전의 삶에는 가족보다 규모가 큰 가문이라는 친족집단이 영향력을 발휘했다. 가문의 위상은 여러 세대에 걸쳐 형성되고 다른 가문들과의 관계 속에서 굳어졌으며, 그 속에서 개인은 특정한 '족', '족친'의 한 사람으로 살아갔다. 18~19세기 향촌의 사족들은 부계 친족집단으로 구성된 동족마을을 구성했고, 부계 친족집단을 확대한 문중을 중심으로 사회활동을 하기도 했다.

개항 이후 근대적 '개인'의 관념이 도입·확산되면서 가족에 대한 생각도 바뀌기 시작했다. 결혼 당사자로 인격을 가진 남녀 개인이 부각됐고, 자유결혼이 받아들여졌다. 초기의 자유결혼은 당사자들이 서로 만나보고 상대방이 배우자로 적합한지 자신의 의사로 판단하는 방식이었다. 여기에 미혼 남녀 간의 연애라는 새로운 형태의 관념이 결합하면서 자유결혼은 곧 연애결혼을 의미하게 됐다. 1920년대에 이르면서 연애는 자유로운 두 영혼의 인격적 결합이며, 연애를 통해 이상적 결혼으로 이어져야 한다는 주장이 확산됐다. 지식인 청년세대는 전통혼인을 강제결혼, 전제결혼이라고 비판했고, 일부 청년은 가문에서 결정해 혼례를 올린 아내에게 이혼을 요구하기도 했다. 연애로 결합한 부부가 구성한 근대가족은 자녀에게도 인격과 권리를 인정했다. 어린이에 대한 보호와 육아에 대한 특별한 관심은 근대가족이 지닌 또 다른 특징이었다. 부부와 자녀 중심의 가족 형태가 새로운 가족문화로 부각돼 도시를 중심으로 늘어났다.

근대화된 법제는 성숙한 두 남녀의 결합이라는 근대적 결혼관이 확산되는 데 기여했다. 갑오개혁기부터 조혼 금지의 규정이 나타났고, 1907년 이후에는 남성 만 17세, 여성 만 15세 이상이 돼야 정식으로 혼인할 수 있었다. 1922년 이후에는 관에 혼인신고를 해야 정식결혼으로 인정받았다. 그 결과 축첩과 조혼은 제도적으로 부정됐다. 1925년 16.6세였던 여성의 평균 초혼 연령이 1935년에는 21.4세로 높아졌다. 1922년 개정 「민사령」으로 이혼이 법적으로 인정됐고, 여성도 이혼을 청구해 재판상 이혼할 수 있게 됐다.

근대적 관념이 확산되는 가운데 전통적 친족관계와 공동체는 여전히 존속했다. 전통적인 동족촌은 별로 줄어들지 않았고, 사족들은 향교(鄕校)에 모이거나 족보를 편찬하고 계를 만드는 등 전통 방식으로 영향력을 행사했다. 양반 마을이 아닌 촌락도 기본적인 생활공동체로 유지됐다. 도시가 아닌 지역에서는 여전히 전통혼인이 이뤄졌고, 가족생활에 대한 친족 공동체의 영향력도 컸다.

법적으로 인정받지 못하는 조혼 관행은 오히려 늘어나기도 했다. 1930년 전체 혼인 수에서 조혼 비율이 5.4%를 차지했는데, 1933년에는 9.9%로 크게 늘었으며, 이후 거의 8% 이상을 유지했다. 여전히 결혼 당사자들의 결정권이 인정되지 않는 관행이 강하게 남아 있었기 때문이다. 특히 가난한 농촌 가정에서 여성 조혼이 많았는데, 대개 "이왕 남의 자식이 될 것이니 한 입이라도 줄이자"는 생각으로 시집보내는 경우가 많았다. 반대로 어린 며느리를 들이는 집안에서는 가족 노동력을 확보한다는 측면이 컸다. 일찍 결혼한 여성들은 평생 출산과 육아, 과중한 가사노동에 시달리면서도 가정문제에 결정권을 거의 갖지 못했고 경제적으로도 소외됐다.

식민지의 청년 남녀가 연애를 통해 개성과 인격을 존중하는 자유결혼을 한다고 해도 그들이 꿈꾸는 이상적인 가정을 꾸리기란 쉽지 않았다. 도시의 교육받은 중산층이 형성한 근대 소가족에서도 성별 역할은 철저히 분리됐고, 여성의 자리는 아내와 어머니로 국한됐다. 중산층에서도 평등한 부부관계는 기대하기 어려웠다. 대체로 아내가 남편에게 일방적으로 내조해야만 했다.

호주제와 가부장문화

조선총독부가 도입한 가족과 결혼의 법제도도 남성 우월주의를 강화했다. 여성의 이혼 청구권이 허용되는 등 개인으로서 여성의 권리를 인정받았지만 일반적으로 여성은 사회경제적으로 무능력하고 가장인 남성에게 종속된 존재로 취급됐다. 이런 현실을 반영한 대표 제도가 호주제(戸主制)였다.

총독부는 식민지 주민을 호구 단위로 파악하기 위해 일본식 가(家, 이에) 제도를 도입한 호적제도를 실시했다. 조선시대에도 호적은 있었지만 세금을 걷고 노동력을 동원하기 위해 인구와 연령 등을 파악하려는 목적이 주였다. 따라서 호적에는 부계의 직계 가족 외에도 주거를 같이하는 친족이나 노비와 머슴도 기재됐고, 호주는 호구의 대표자 정도의 의미를 지녔다.

그런데 식민지기에 편성한 호적은 실제 그 가호(家戸)에 누가 동거하고 있는지와 별개로 호주인 남편, 남편의 부모, 아내, 자녀와 그 배우자 등 남편의 직계 혈통을 중심으로 기재됐다. 호주 위주의 추상적인 가를 중심으로 '호'가 만들어진 것이다. 재산과 호주 권한의 상속도 모두 호를 단위로 이뤄졌다. 호주는 가족 구성원의 출생, 사망, 혼인, 호주 변경을 신고할 권리와 의무를 함께 가졌다. 호주가 동의하지 않으면 신고할 수 없었기 때문이다.

원칙적으로 여성은 호주가 될 수 없었다. 남편은 아내의 재산에 대한 관리권이 있었고, 아내가 중요한 법률 행위를 하려면 남편의 동의를 얻어야 했다. 결혼한 여성에게 재산상속권이 인정되지 않았으며, 호주의 장남이 최우선의 권리를 갖고 나머지를 차남 이하의 아들에게 나눠 상속했다. 호주제는 해방 이후에도 오래도록 남아 있다가 2005년에야 비로소 폐지됐다.

여성교육과 취업

개항 이후 여성교육에 대한 사회적 관심이 커지면서 1886년 이화학당을 필두로 많은 여학교가 설립됐다. 1895년 「소학교령」은 "7세에서 15세까지 남녀

학생"들을 소학교에서 교육한다고 규정했다. 1905년 이후에는 특히 여학교 설립이 활발해, 한때 전국적으로 170여 개까지 늘어났고 1908년에는 학생 수도 2,500명이 넘었다. 그러나 1910년대는 사립학교에 대한 간섭과 탄압으로 많은 여학교가 문을 닫았다.

남성 우월주의 문화와 제도 속에서 여성의 실질적인 교육 기회는 크게 늘어나지 못했다. 오히려 교육 기회의 남녀 격차는 점차 벌어지고 있었다. 가령 여성의 보통학교 취학률은 1910년대 말까지도 1%를 넘어서지 못했다. 남성의 보통학교 취학률이 1937년에 43%를 넘고 1942년에는 66% 이상이었지만, 여성의 보통학교 취학률은 1942년에도 30%에 이르지 못했다.

중등교육 과정에서는 제도 자체가 성차별적이었다. 인문계 중등교육을 담당하는 (여자)고등보통학교의 수업연한은 시기마다 차이가 있었지만, 남성이 4~5년인 데 반해 여성은 3~4년으로 남성에 비해 1년 짧았다. 게다가 현모양처 양성을 표방한 조선총독부는 여학생에게 지식이나 전문기술을 가르치기보다는 재봉, 가사와 같은 과목을 중시하며 가정에서 여성이 전통적인 역할을 할 수 있도록 능력을 키우고자 했다.

여성이 중등교육을 받을 수 있는 기회도 당연히 적었다. 1927년 여자고등보통학교(4년제)의 한국인 재학생 수는 3,243명으로, 고등보통학교(5년제)의 한국인 재학생 수 1만 1,076명과 비교하면 현저히 적었다. 게다가 남학생은 고등보통학교 외에도 농업학교, 공업학교, 상업학교와 같은 실업학교에도 입학이 가능했지만 여학생이 다닐 수 있던 실업계 중등학교는 극소수에 불과했다. 학교를 졸업한 여성이 사회적으로 인정받는 직업을 갖기가 더욱 어려웠다. 전문학교에서 고등교육을 받아도 취업 기회는 제한됐다. 교사, 의사, 간호사 등 일부를 제외하고 여성이 남성과 같은 직종에서 일하는 것은 거의 불가능했다. 여성이 기자로 취업을 해도 가정란이나 부인란을 맡아야 했고, 병원에서도 산부인과나 소아과를 담당했다.

그럼에도 여성의 사회진출은 계속 확대됐다. 도시문화가 발달하면서 새롭게 등장한 전화교환수, 버스 차장, 백화점 점원 등의 직종에 진출했고, 사무직에서 일하기도 했다. 각종 성차별과 폭력이 온존했음에도 경제적으로 자립하고 자아를 실현하는 여성이 늘어나고 있었던 것이다.

연도	전체 취학률	남성 취학률	여성 취학률
1912	2.1	3.7	0.4
1917	3.5	6.1	0.8
1922	9.5	16	2.7
1927	16.8	27.7	5.4
1932	17.8	28.4	6.8
1937	28.8	43.8	13.4
1942	47.7	66.1	29.1

도표5 초등교육 취학률의 성별 추이 　　　　　　　　　　　　　　　　단위: %

농촌과 공장의 여성

농촌 여성은 더욱 어려운 환경에 처해 있었다. 호주제하에서 가부장이 가족 구성원을 지배하려는 경향은 더욱 강화됐다. 가난한 농촌 여성은 별다른 보호 없이 가족 내 폭력에 노출되는 경우가 잦았으며, 반복적인 임신과 출산, 육아에 시달리는 동안에도 가사와 농업 노동을 함께해야 했다.

식민지 지주제하에서 소작만으로 버틸 수 없는 농민이 늘어나면서 농촌 여성의 생활 조건은 더 열악해졌다. 부업 노동에 더 자주 뛰어들어야 했고 각종 노력 동원에도 남성과 함께 나가거나 남성 대신 그 역할을 맡기도 했다. 미혼의 젊은 여성 중에는 생계를 위해 도시로 떠나는 이들도 등장했다. 그중 일부는 공장 등에서 노동자로 취업하고 다른 일부는 식모 등 가사 사용인이 돼 가족을 부양하는 노동에 종사했다.

여성 노동자들은 주로 고무신공장이나 방직공장, 제사공장에서 일했다. 여성 노동자를 많이 고용하는 공장은 대부분 낮은 임금을 주고 값싼 제품을 만드는 업종이었다. 그러다 보니 노동조건은 더욱 가혹할 수밖에 없었다. 하루 12시간 이상 일하는 것이 예사였고 불량품이 나오면 벌금을 내야 했다. 남성 감독관들이 때리고 욕설을 퍼붓고 성희롱하는 일도 흔했다. 가족을 부양해야 하는 여성 노동자들은 악조건을 견디며 일했다. 특히 고무공장은 유독한 환경과 심각한 저임금으로 악명 높았다. 고무공장의 여성 노동자는 남성 노동자 임금의 절반에 못 미치는 금액을 받았다. 1930년대 고무공장 여성 노동자의 임금은 하루 종일 일해도 겨우 80전 정도였는데, 그조차 불경기가 오면 삭감되기 일쑤였다. 결국 이들은 파업을 택해 저항할 수밖에 없었다.

제8편은

제8편은

현대

**1945년 해방 이후 현재에 이르는
동시대사를 다룬다.**

일제의 패망으로 조선이 해방되자 북위 38도선을 경계로 미소 양군이 한반도를 분할 점령했으나 해방 직후 남북을 막론하고 거의 모든 한국인이 자주적 통일독립국가 건설과 민주적 개혁의 조속한 실현을 열망했다. 그것은 식민지기 민족해방운동의 전개 과정에서 도출된 결론이었지만 그 과제를 수행하는 과정에서 남북 간에 차이가 나타났고, 결국 남북에 각기 다른 정부가 수립되는 것으로 이어졌다. 여기에는 미소 양군의 점령과 양국의 대한정책이 결정적 영향을 끼쳤다.

좌우합작·남북협상 등 분단을 저지하려는 한국인들의 노력이 결실을 맺지 못한 채 남북에 각각 정부가 수립되자 이는 곧이어 내전으로 이어졌고 미국과 중국의 참전으로 국제전으로 비화하면서 한반도는 냉전의 최전선이 됐다. 전쟁의 포화가 휩쓸고 지나가자 전 국토가 황폐화됐고 인명피해도 막심했으며 휴전 이후 양측의 대치 상태가 지금까지도 70여 년 가까이 이어지고 있다. 4·19 직후와 1980년대 후반의 민간통일 운동, 1970년대의 남북회담, 2000년대 이래 양측의 교류·협력운동, 양측 정상의 2000년 6·15 공동선언과 2018년 판문점 선언 등 남북은 여전히 통일과 평화체제 수립을 위해 계속 노력하고 있다.

한국은 1950년대 원조경제, 1960~70년대 개발독재를 거치며 1990년대 중반까지 경제적으로 고도성장을 이뤘으나 1990년대 후반 외환위기로 커다란 위기를 겪었다. 자본시장 개방, 부실기업 정리, 대량해고와 구조조정, 공기업 민영화 등 뼈를 깎는 노력 끝에 위기를 극복할 수 있었으나 그 과정에서 많은 기업이 외국 투기자본의 먹이가 됐고 일시적으로 국가 채무가 급증했다. 또한 국내적으로 경제력의 집중과 사회경제적 양극화가 일어났다. 최근 한국은 세계 10위를 넘나드는 경제 규모를 갖췄지만 동시에 분배구조의 개선과 양극화 해소, 사회적 안전망의 확충과 복지정책의 확대 등 해결해야 할 여러 가지 난제를 안고 있다.

4월혁명, 6·3항쟁, 3선개헌 반대운동으로 이어진 1960년대 민주화운동이 유신 반대운동, 재야민주화운동, 학생운동 등 1970년대의 민주화운동으로 이어지고, 그 흐름이 전태일 열사의 분신으로 상징되는 1970년대 민중운동과 결합해 1979년 부마항쟁으로 폭발하면서 박정희 군사독재 정권은 종막을 고했다. 전두환 등 신군부의 독재체제 수립을 저지하기 위한 1980년 5월

'서울의 봄'이 그 연장선이었다면 광주민주화운동은 1980년대 민주화운동의 대중화와 한층 조직화된 민중운동의 성장을 예고했다.

1987년에 일어난 6월항쟁은 민주주의의 제도화를 위한 결정적 계기를 제공했으며 이후 각종 사회운동과 시민운동의 성장은 민주화를 위한 사회적 토대를 강화시켰다. 2000년대 들어 노무현 대통령 탄핵 반대, 효순·미선사건, 광우병 사태 등 한국사회의 주요한 이슈들이 제기될 때마다 등장한 촛불집회는 시민사회의 참여를 확대하는 한국사회의 독특한 대중적 행동 양식이 되었으며, 2016~2017년 박근혜 대통령 탄핵과 적폐 청산을 요구하는 시위를 거치며 촛불혁명으로 승화됐다.

민중적 참여의 확대 속에 이룬 한국사회의 민주화는 민주주의적 사상·의식의 개화와 문화적 다양성의 확대를 동반했다. 군사독재체제하의 극심한 사상적 탄압에도 불구하고 장기간의 민주화운동 과정에서 민주주의 회복과 정치사회적 개혁을 위한 지적 탐구가 지식인과 학생, 문화인들 사이에서 이어졌다. 민주화운동이 6월항쟁 이후 대중적 실천 단계로 접어들자 과거사 청산과 정리 작업이 본격화되는 등 시민의식과 역사의식도 한층 고양됐다.

개인용 컴퓨터와 인터넷이 생활 전반에 광범한 영향력을 행사하고 SNS
가 발달하자 최근 대중문화가 뉴미디어, 디지털문화와 결합하면서 비약적으
로 발전했다. 방탄소년단(BTS)에 대한 전 세계적 팬덤 현상, 영화 〈기생충〉,
〈미나리〉의 아카데미상 수상 등이 보여주듯이 이제 한류는 동아시아 지역에
서의 일시적 유행을 넘어 세계인이 공유하는 문화적 아이콘이 됐다. 코로나
19로 초래된 팬데믹 상황에서 K-방역이 모범적인 방역체계로 주목을 받는
등 한국의 국가적 위상이 제고되면서 이제 지구촌 많은 사람이 한국사회의
생활양식, 한국인의 사고와 행동 방식을 진지하게 지켜보고 있다.

1.

해방과 분단, 1945~1953

1 해방과 점령

새로운 국제질서의 등장

제2차 세계대전의 종결은 구 질서의 붕괴와 새 질서의 등장을 예고했다. 세계인들은 수천만 명이 희생된 압도적 폭력의 기억 속에서 더 자유롭고 평화로운 세계질서가 형성되기를 갈구했다. 제2차 세계대전의 대표 승전국이자, 전후 초강대국으로 급부상하고 있었던 미국과 소련이 새로운 세계질서에 대한 비전을 제시했다.

양국은 미국 독립전쟁과 러시아혁명을 통해 개혁과 혁명에 대한 상징적인 경험을 갖고 있었고, 이미 제1차 세계대전 시기 레닌의 4월 테제(April Theses, 1917)와 윌슨의 14개조(Fourteen Points, 1918)가 발표됐을 때부터 공산주의와 자유주의로 대표되는 새로운 세계질서를 향한 헤게모니 쟁탈전을 벌이고 있었다. 그런 점에서 제국주의적 세계질서의 몰락은 양국에 자신의 이상을 현실화시킬 수 있는 기회를 열어준 셈이었다.

전후 유럽은 미국과 소련의 영향력에 따라 선명하게 두 진영으로 양분되며 힘의 균형을 이루기 시작했다. 서유럽 지역에서는 미국의 영향 아래 자본주의적이고 자유주의적인 정치·경제체제를 구축하려고 했다. 반면 동유럽 지역에서는 소련의 영향 아래 사회주의 국가들이 등장했다. 특히 1947년 미국의 해리 트루먼(Harry S. Truman, 1884~1972) 대통령이 대소봉쇄(大蘇封鎖)를 공식화하는 트루먼 독트린(Truman Doctrine)을 발표하고, 유럽 내 사회주의 확산을 막기 위한 경제원조정책으로서 마셜 플랜(Marshall Plan)[1]을 실행하자, 새로운 국제질서로서의 냉전(Cold War)은 거스를 수 없는 커다란 역사적 흐름이 됐다. 소련 또한 양대진영론(Two Camps Theory)을 발표하고, 공산권 경제상호원조회의(Council for Mutual Economic Assistance, 속칭 '코메콘')[2]를 조직하면서 미국의 대소봉쇄에 직접 대응했다. 게다가 양국이 북대서양조약기구(North Atlantic Treaty Organization, NATO)와 바르샤바

---

1   마셜 플랜 1947년부터 1951년까지 미국이 서유럽 16개국에 대해 수행한 대외원조 계획이다. 경제적으로 불안정한 유럽을 소련과 공산주의가 확장되어 가는 상황에서 보호하는 데 그 목적이 있었다.

2   경제상호원조회의 마셜 플랜에 대항해 1949년 1월 수립된 공산권 경제협력기구로, '코메콘(Communist Economic Conference, COMECON)'이라고도 한다. 소련을 비롯해 폴란드·체코·헝가리·불가리아·루마니아·동독·몽골·쿠바·베트남 등 공산주의 국가가 참여했으며, 1991년 공산권의 몰락으로 해체됐다.

조약기구(Warsaw Treaty Organization, WTO)라는 집단 방어체제까지 구축하면서 유럽은 빠르게 양극적 대립체제로 변화했다.

한반도를 포함한 동아시아 지역도 유럽과 비슷한 양상을 보였으나, 진행 방식은 사뭇 달랐다. 무엇보다 중국 대륙의 국공내전을 시작으로, 6·25전쟁, 베트남전쟁 등의 대규모 전쟁이 동아시아 여러 국가들의 직접적 개입 속에서 격렬하게 전개됐다. 동아시아에서는 군사적 충돌이 없는 차가운 '냉전'이 아닌 뜨거운 '열전(Hot War)'이 펼쳐졌던 것이다.

특히 1949년 10월 중화인민공화국의 수립으로 귀결된 국공내전의 발발과 중국 대륙의 공산화는 동아시아 냉전이 전개되는 데 큰 영향을 미쳤다. 이를테면 제2차 세계대전 종료 직후 미국의 대일본정책은 비군사화와 민주화라는 기본 방침에 따라 실시될 예정이었으나, 중국의 공산화 이후에는 일본을 재무장해 반공 방벽으로 전환시키는 정책이 구체화됐다. 한반도 또한 해방과 동시에 미국과 소련 양국에 군사적으로 점령당하면서, 2개의 정부 수립과 전쟁이라는 비극적인 상황을 맞이해야만 했다.

미소의 한반도 분할과 점령통치의 실시

1945년 8월 15일, 한국은 일본 국왕 히로히토(裕仁, 1901~1989)가 패전을 선언하며 해방을 맞았다. 해방은 연합군의 승리로 주어진 것이었지만, 일제 시기 내내 지속됐던 한국인 독립운동가들의 역할도 결코 간과할 수 없다. 해방 전후 국제사회가 한국의 독립을 당연하게 간주한 데는 독립운동가들의 민족운동이 중요하게 작용했다고 볼 수 있다.

그러나 한국이 온전히 자신의 힘만으로 일본에서 벗어나지 못한 점은 독립적이고 통일된 새 국가를 건설하는 데 커다란 장애물로 작용했다. 이는 해방과 동시에 미국과 소련이 한반도를 분할 점령하기로 결정한 것에서 드러난다. 미국은 일본의 패전 결정을 확인하자마자 소련에 38선을 경계로 군사적 분할 점령을 하자고 제안했고, 소련은 이미 한반도로 진공을 개시했음에도 이를 그대로 받아들였다. 소련군은 이후 한반도 북부 지역을 군사적으로 점령하면서 빠른 속도로 남하했다. 그러나 소련군은 미국과의 약속에 따라 38선에 멈춰 섰다. 이렇게 해 일본군의 무장 해제를 구실로 미소 양군이 각각 38선의 남북에 자리 잡게 됐다.

미군은 해방 후 한 달 정도의 시간이 지난 1945년 9월 8일, 인천항을 통

도판1, 2 **미군과 성조기**
1945년 9월 9일, 과거의 조선총독부 청사 앞에 걸려 있던 일장기가 내려지고, 같은 자리에 미국의 성조기가 게양되고 있다.

해 처음으로 한반도에 들어왔다. 미 태평양방면군 제24군단장 존 리드 하지 (John Reed Hodge, 1893~1963) 중장이 이끄는 부대였다. 미군은 서울로 입성한 직후 조선총독부로부터 모든 권한을 넘겨받았다. 조선총독부 건물에는 일장기 대신 성조기가 걸렸다.

서울에 들어온 미군은 군정청을 설치하고 38선 이남을 직접 통치하며, 미군정만이 '유일한 정부'라고 선언했다. 이는 해방 직후 한국인이 자발적으로 조직한 조선인민공화국과 지방인민위원회는 물론 대한민국임시정부까지 공식적으로 인정하지 않겠다는 의미였다. 또한 미군은 혼란을 막겠다는 이유로 조선총독부체제를 유지한 채 식민지기의 관리와 경찰을 그대로 근무하게 했다. 이는 친일 잔재 청산을 당대의 최우선 과제로 여기던 대중의 불만을 야기할 수밖에 없었다.

38선 이북 지역에 들어간 소련군은 군정을 수립해 직접 통치하는 방식을 택하지 않았다. 소련군은 1949년 국가 수립기까지 최고 권력기관으로서 소군정이 실존했던 동독의 경우와 달리, 이북 지역에서는 소련군 제25군사령부 산하에 민정기관을 조직하고, 이를 통해 조선인들의 인민위원회에 영향력을 행사하는 간접 통치 방식을 선택했다. 물론 당시 소련군은 이북 지역의 정치·경제에 절대적 영향력을 행사했다. 주요 정책 대부분이 소련의 지시와 통제 속에서 추진됐을 뿐만 아니라, 1948년 9월 조선민주주의인민공화국이 수립될 때까지 소련군의 영향력하에 북조선임시인민위원회(1946. 2)와 북조선인민위원회(1947. 2)가 이북 지역에서 실질적인 정부 역할을 수행했다.

모스크바 3상회의와 신탁통치 논쟁

1945년 12월 미국·소련·영국은 모스크바 3상회의를 개최했다. 삼국의 외무장관은 모스크바에 모여 한국의 독립을 포함해 전후에 처리해야 할 다양한 문제를 논의했다. 회의에서 결정된 한국에 대한 의결안은 크게 세 가지였다. 첫째, 독립국가 재건을 위해 민주주의적 임시정부를 수립한다. 둘째, 임시정부 수립에 대해 논의하기 위해 미소공동위원회를 설치한다. 셋째, 미국·소련·영국·중국의 4개국이 공동 관리하는 최고 5년 기한의 신탁통치를 실시한다. 이 결정은 한반도를 분할 점령한 미국과 소련의 의견 제시와 상호 절충에 의해 타결됐다. 논의 과정에서 미국은 주로 신탁통치의 중요성을 강조한 반면 소련은 즉시 독립을 주장했다. 결국 절충안으로 한국 임시정부 수립을 핵심 내용으로 하는 최고 5년 기한의 신탁통치 실시가 결정됐다.

그런데 회의의 결정 사항이 국내에 전달되는 과정에서 민주적 임시정부 수립보다는 신탁통치 실시 문제가 집중적으로 부각됐다. 일부 언론에서 잘못된 보도를 낸 점이 크게 작용했다. 이를테면 1945년 12월 27일 『동아일보』는 "소련은 신탁통치 주장, 소련의 구실은 38선 분할 점령, 미국은 즉시 독립 주장"이라는 제목의 기사를 1면 1단에 게재했는데, 이는 실제 협상 내용을 정반대로 전달한 것이었다. 더 중요한 점은 이 같은 기사가 나간 직후부터 한국에서 대규모의 반탁운동과 격렬한 좌우 갈등이 전개되기 시작했다는 것이다.

대부분의 한국인은 즉시 독립을 갈구하면서 강대국의 신탁통치 결정에 강하게 반발했다. 특히 김구(金九, 1876~1949)와 이승만(李承晩, 1875~1965) 등의 우익 세력은 신탁통치 결정에 큰 거부감을 드러내면서 강력한 반탁운동을 전개했다. 조선공산당과 같은 좌익 세력도 처음에는 신탁통치 결정에 반대했다. 그러나 이들은 모스크바 3상회의 결정의 본질이 민주주의적 임시정부 수립에 있다고 보고, 해당 결정사항을 총체적으로 지지하는 쪽으로 태도를 바꿨다. 찬반 논쟁이 미묘하게 전개되면서 반탁운동은 이내 반소·반공 운동으로 확대됐고, 좌익과 우익의 갈등은 해방 이전보다 훨씬 깊어지고 격

도판3, 4 신탁통치 찬반운동
왼쪽 플래카드에는 "신탁통치 절대 반대"라고 써 있는 반면, 오른쪽 플래카드에는 "3상 결정 절대 지지"라고
써 있다.

화됐다.

미소공동위원회의 개최와 협상의 결렬

좌우 정치 세력의 갈등과 분열이 깊어지는 가운데, 1946년 3월 20일 미국과
소련은 모스크바 3상회의의 결정에 의거해 한국 임시정부 수립을 위한 미소
공동위원회를 개최했다. 그런데 미국과 소련은 회의 개막과 동시에 한국인
정당 및 사회단체의 참여 범위를 놓고 정면으로 부딪쳤다.

소련은 반탁운동을 전개하면서 모스크바 결정안을 거부하는 정당과 사
회단체를 협의 과정에서 제외해야 한다고 주장했다. 이는 사실상 반탁운동
의 중심에 있는 우익 세력을 배제하자는 의미였다. 미국은 이에 정면으로 반
대하면서, 희망하는 모든 단체를 참여시켜야 한다고 주장했다.

미국과 소련 대표단은 이 문제로 실랑이를 벌인 끝에, 4월 18일 모스크
바 결정 지지 청원서에 서명하는 한국의 여러 정당과 사회단체를 협의 대상
으로 간주하겠다는 미소공동위원회 공동성명 제5호를 발표하기도 했다. 그
러나 일부 반탁운동 세력의 강경한 태도, 반소·반공운동의 형태로 전개되고
있는 반탁운동에 대한 소련의 불만, 미국 정부의 신탁통치 방침과 우익 세력

의 반탁운동 사이에서 딜레마에 빠져 있던 미군정의 미묘한 태도 등으로 인해 결국 제1차 미소공동위원회는 합의점을 찾지 못한 채 1946년 5월 6일 무기 휴회되고 말았다. 1947년 5월 제2차 미소공동위원회가 개최됐지만, 국제적인 냉전 갈등이 심화된 상황 속에서 양측은 이번에도 동일한 문제에 대해 합의점을 찾지 못한 채 1947년 10월 21일 최종적으로 결렬되고 말았다. 이는 통일적인 민족국가 수립을 위한 당대의 가장 현실적인 기회가 사라졌음을 의미했다.

2 자주적 통일국가 건설의 좌절

조선건국준비위원회의 조직과 활동

제2차 세계대전 말기 연합국 지도자들은 전후 한국의 자치 능력에 대해 강한 의구심을 던지고 있었다. 신탁통치의 구상과 정당화는 여기에서 비롯된 것이었다. 그러나 해방 직후 미군과 소련군이 한반도 전역에 진주하기 전에 이미 한국인들은 조선건국준비위원회(이하 '건준')를 중심으로 독자적인 정치·경제적 활동을 안정적으로 전개하고 있었다.

건준은 일제 말기 건국동맹이라는 비밀 지하조직을 이끌었던 여운형(呂運亨, 1886~1947)의 주도로 만들어진 정치단체였다. 여운형은 1945년 8월 15일 아침, 엔도 류사쿠(遠藤柳作, 1886~1963) 조선총독부 정무총감과의 회동에서 치안 유지와 건국 사업에 대한 의사를 명확히 밝히고, 정치범 석방과 식량 확보 등을 약속받을 수 있었다. 해방 당일부터 활동에 들어갔던 건준에는 중도 좌파인 여운형 위원장과 중도 우파인 안재홍(安在鴻, 1891~1965) 부위원장을 비롯해 좌우 인물들이 두루 참여하고 있었다. 건준은 치안대를 조직해 질서 유지에 힘쓰며 행정을 담당했다.

해방과 동시에 서울에서 건준이 수립되자, 이에 호응한 지방민들에 의해 8월 말까지 전국 145개소에 건준 지부가 조직됐다. 각 지부는 하나같이 지역민에 의해 자생적으로 만들어졌을 뿐 아니라, 해당 지역의 정치색을 반영하면서 대부분 좌우를 통합해 결성했다. 이를테면 기독교적이고 민족주의적 정치색이 강했던 평안도 지역의 경우에는 우익 세력 중심의 좌우 통합적인 건준 지부가 건설됐다.

도판5 **조선건국준비위원회와 여운형**
1945년 8월 17일, 여운형 위원장의 주도하에 종로 YMCA 건물에서 조선건국준비위원회 회의가 개최되던 모습이다.

그런데 건준 중앙조직은 미군 진주를 앞두고 안재홍을 비롯한 우익 세력이 이탈하면서 내적으로 흔들리기 시작했다. 또한 건준은 그 중앙조직에서 세력을 확장해나가던 조선공산당의 주도하에 1945년 9월 6일 조선인민공화국(朝鮮人民共和國)이라는 정부 형태로 확대 개편되면서 위상과 성격이 크게 변화했다. 이에 대해서는 미군 상륙을 앞두고 한국인을 대표할 기관이 필요하다는 이유를 들어 정당화했다. 그러나 건준의 개편은 여러모로 무모하고 성급한 시도였다. 좌익 세력에 의해 주도된 조선인민공화국은 국내의 우익 세력에게 제대로 인정받을 수 없었다. 게다가 미군정이 자신 외에 어떤 정부 형태도 인정하지 않는다고 공식 선언함으로써 조선인민공화국은 자연스럽게 해체의 수순을 밟을 수밖에 없었다. 한편 서울·부산 등 각지의 건준 지부는 조선인민공화국 수립과 함께 인민위원회로 그 이름을 변경했는데, 군·면·리 단위에서는 미군의 한반도 진주 이후에도 상당 기간 동안 해당 지역민의 지지를 받으면서 사실상 지방정부 역할을 지속할 수 있었다.

다양한 정치 세력의 형성과 활동

식민지기 36년 동안 정치활동을 금압당했던 한국인들은 해방과 동시에 수많은 정당과 사회단체를 조직하며 정치 의지를 폭발적으로 드러내기 시작했다. 미국 국무부에서 파견한 미군정 정치 고문이었던 헤리 메럴 베닝호프(Harry Merrell Benninghoff, 1904~1995)는 1945년 9월 한국의 상황을 "불꽃

343

만 튀어도 폭발할 화약통과 같다"라고 묘사했다. 제국주의의 지배에서 해방된 국가의 국민이라면 으레 자연스럽게 표출했던 식민 잔재의 청산과 국가재건 의지를 "선동가들이 활동하기에 딱 좋은 상태"라며 불안한 시선으로 바라봤던 것이다. 더불어 베닝호프는 서울의 정치 상황에서 가장 주목할 만한 부분은 교육을 잘 받은 수백 명의 보수주의자들의 존재인데, "그들 중 다수가 일본에 봉사했던 사람들이긴 하지만 그런 낙인은 결국에는 사라지게 될 것"이라고 전망했다. 이 같은 정세 평가는 해방 직후 한국 정치 세력의 형성과 갈등을 살피는 데 있어서 여러모로 시사적이다.

실제로 미군의 한반도 진주 소식이 알려지자 가장 발 빠르게 대응한 세력은 보수적 우익 집단이었다. 1945년 9월 16일 이들은 한국민주당을 결성했다. 한국민주당의 결성 초기에는 일부 독립운동 관계자들도 가세했으나, 그 중심 세력은 송진우(宋鎭禹, 1887~1945), 김성수(金性洙, 1891~1955), 조병옥(趙炳玉, 1894~1960) 등과 같이 자본가와 지주를 대표하는 인물이었다. 게다가 다수의 친일협력 세력이 당의 요직을 차지했기에 여타 정치 세력과 대중으로부터 친일 정당이라는 비난을 감수해야만 했다. 이로 인해 한국민주당은 태생적으로 전국적인 대중적 지지기반이 약할 수밖에 없었다. 그러나 이들은 미군정의 지속적인 지원과 탄탄한 경제력 등을 바탕으로 군정 고문, 지방 관리, 경찰 등의 요직을 독점하며 정치적 영향력을 확대해갔다.

식민지기 해외에서 활약했던 우익 정치인들의 귀국과 정치활동도 정치 세력이 재편되는 데 중요한 영향을 미쳤다. 훗날 대한민국의 초대 대통령이 된 이승만은 오랜 미국 생활을 접고 1945년 10월 16일 미군정의 환영 속에서 귀국했다. 미군정은 반공·반소적이고 친미적인 이승만의 정치활동을 적극적으로 후원했다. 그는 미군정의 지원하에 독립촉성중앙협의회(獨立促成中央協議會)를 조직해 좌우익을 두루 망라한 지도 세력을 확보하고자 했다. 그러나 이승만은 이내 한국민주당과 친일협력 세력을 정치적 기반으로 삼음으로써 좌익 세력과 갈라섰고, 독립촉성중앙협의회도 이승만을 위한 정치조직으로 축소되고 말았다.

김구를 비롯한 대한민국임시정부 요인들은 1945년 11월 23일에 이르러서야 국내로 들어올 수 있었다. 그러나 이들은 미군정의 요구에 따라 임시정부 요인이 아닌 개인 자격으로 귀국했다. 귀국 후에도 한국독립당이라는 정당의 구성원으로 활동해야만 했다. 입국 초기 임시정부 출신 요인 중에는 좌우합작에 적극적인 인사가 적지 않았다. 그러나 이들은 임시정부의 법통성을 지나치게 강조하고, 모스크바 3상회의 결정안에 대해서도 시종일관 배타적인 입장을 취하면서 광범한 정치적 결합을 만들어내지는 못했다.

좌익 계열의 사회주의자들은 해방 직후 정치활동에서 대중적으로 가장 광범한 지지를 받는 세력 중 하나였다. 실제로 1946년 미군정청이 실시한 미래 한국의 통치구조에 관한 여론조사 결과 전체 응답자의 70% 정도가 '사회주의'라고 답했을 정도였다. 식민지기에 깊어진 자본주의에 대한 불신, 일제 감옥에서 출소한 다수의 사회주의자들에 대한 신뢰, 친일잔재 청산을 위한 사회·경제적 개혁의 필요성 등이 이 같은 응답의 이유로 추정된다. 이 같은 대중적 지지에 기초해 해방 직후 조선공산당과 같은 좌익 계열의 단체들은 강한 결집력과 대중 동원력을 과시할 수 있었다. 조선공산당은 1945년 9월 11일 박헌영을 중심으로 재건되어 사회 각계각층의 전국적 대중조직을 결성하면서 영향력을 증대해갔다. 그러나 1946년의 신탁통치 파동, 미소공동위원회 결렬, 미군정의 배타적 정책 등에 의해 정치적 영향력을 빠르게 상실했다.

좌우 대립과 합작 시도

1946년 5월 제1차 미소공동위원회가 아무런 성과 없이 결렬되자 남한 지역에서는 미군정과 우익 세력에 의한 반소·반공운동이 강하게 대두됐다. 반탁 세력 내부에서는 남한 지역만의 단독정부를 수립하자는 주장도 나오기 시작했다. 이승만은 1946년 6월 전라북도 정읍에서 남한만이라도 임시정부를 수립하자고 연설했는데, 이는 한국민주당을 제외한 거의 모든 정치 세력의 격렬한 비판을 받았다.

미군정은 제1차 미소공동위원회 결렬 이후 좌익 세력에 대한 배타적인 정책을 한층 강화했다. 1946년 5월 조선정판사 위조지폐 사건이 그 대표적 예다. 미군정청은 조선공산당 기관지 『해방일보(解放日報)』의 사장 권오직(權五稷, 1906~?)과 이관술(李觀述, 1902~1950) 등이 공산당 당비를 조달할 목적으로 위조지폐를 만들어 시중에 유통시켰다고 발표했다. 이후 미군정은 공산당 본부를 강제 수색하고, 『해방일보』를 무기 정간시켰다. 조선공산당과 변호인단은 사건이 고의적으로 날조됐다고 지속적으로 주장했으나 미군정은 체포된 조선공산당원들을 법적으로 처벌하는 동시에 일체의 활동을 불법화하고, 지도부 체포령 등의 강경책을 펼쳤다. 이는 1946년 9월 총파업[3]이나 10월항쟁[4]과 같은 남한 전역에 걸친 좌우 갈등과 대중투쟁의 주요 원인이 되기도 했다.

한편 미군정은 제1차 미소공동위원회 결렬 직후부터 좌우합작정책을 추진했다. 이는 소련과의 합의를 통해 한반도 문제를 해결하려는 워싱턴의 기본 정책에 의거한 조치였다. 미국은 소련과 협의해 한국 문제를 해결하는 것이 여전히 유효하다고 판단하고 있었다. 이에 여운형과 김규식 등 좌우 온건 세력은 미군정의 지지 아래 1946년 7월 좌우합작위원회(左右合作委員會)를 조직해 통일정부 수립운동을 전개할 수 있었다.

1946년 10월 좌우합작위원회는 미소공동위원회의 속개(續開), 유상 매상과 무상 분배를 중심에 둔 토지개혁, 민족 반역자 처벌 등을 주요 내용으로 하는 좌우합작 7원칙을 발표했다. 그러나 이승만과 한국민주당 등의 우익 세력은 토지의 무상 분배에 반대하며 좌우합작운동 자체를 외면했고, 좌익 세력도 친일협력 세력 즉각 청산, 무상 몰수·무상 분배의 토지개혁 등을 주장하며 반대했다. 이후 미군정은 좌우합작위원회를 발전시킨 입법기관인 남조선과도입법의원(南朝鮮過渡立法議院)[5]을 발족시켜 한반도 정국을 자국에 유리하게 이끌고자 했다. 그러나 좌우합작 시도는 좌우익 주요 인물들의 불참, 1947년 7월 핵심 인물인 여운형의 피살, 같은 해 10월 제2차 미소공동위원회의 결렬 등으로 인해 종국에는 완전히 좌절되고 말았다.

---

3   9월 총파업 1946년 9월, 철도 노동자들의 농성으로부터 시작된 미군정기 최대의 노동자 총파업을 말한다. 서울 지역 철도 노동자들은 9월 중순부터 점심 제공, 일급제 폐지와 월급제의 실시, 임금 인상 등을 미군정 당국에 요구하던 끝에 9월 24일 파업을 단행했다. 이후 미군정의 강경탄압에 맞서 출판노동조합, 대구우편국, 서울중앙우편국, 중앙전화국 등이 파업에 합류했고, 각급 학교 학생들까지 국립대학안 반대를 이유로 동맹휴학에 들어감으로써 파업은 대대적 성격을 띠게 됐다. 이에 미군정은 경찰과 우익 단체 등을 동원해 파업 본부를 진압하고 1,000여 명의 노동자를 검거하기도 했다. 총파업은 10월 14일 협정에 의해 일단락됐으나, 지방에서의 시위는 10월항쟁이라는 새로운 국면으로 발전됐다.

4   10월항쟁 1946년 10월 1일 대구에서 발생한 유혈 충돌로부터 시작된 전국적 민중항쟁을 말한다. 대구 시민들이 미군정의 식량정책 실패에 항의하던 시위 과정에서 경찰 총격 희생자가 발생하며 커다란 유혈 충돌로 확대됐다. 미군정과 경찰에 대항한 시위는 인근 지역으로 급속히 번져나갔고, 결국 경상도·전라도·충청도·강원도 지역 등의 농민들까지 합세하는 전국 시위로 변화됐다. 미군정의 미곡 수집령과 경찰에 대한 반감이 항쟁의 전국적 확산에 중요한 영향을 미쳤다. 항쟁은 1946년 12월 중순까지 지속됐다.

5   남조선과도입법의원 1946년 12월, 미군정이 수립한 과도적 성격의 입법기관이다. 입법의원의 본원적 임무는 모스크바 협정에 의한 통일 임시정부가 수립될 때까지 정치·경제적 개혁의 기초로 사용할 법령 초안을 작성하는 것이었다. 1948년 5월 해산했다.

도판6 **북행길에 오른 김구 일행**
1948년 4월 19일, 단독정부 수립에 반대하며 남북협상을 위해 북행길에 오른 김구 일행의 모습이다. 왼쪽부터 선우진, 김구, 김신이다.

대한민국 정부의 수립

좌우합작운동과 미소공동위원회가 완전히 실패하자, 미국은 자신이 유리한 위치에 있던 국제연합(United Nations, 이하 '유엔')에 한국 문제를 이관했다. 유엔은 인구 비례에 의한 남북한 총선거를 통해 한국에 정부를 수립하기로 결정했다. 그러나 소련은 미소 양군 철수 후 자주적 임시정부를 수립하자고 주장하면서, 선거 감시활동을 담당한 유엔한국임시위원단의 북한 진입을 거부했다. 이에 유엔은 접근 가능한 지역에서라도 먼저 선거를 치르기로 결정을 바꿨다. 사실상 남한 단독정부의 수립이 결정된 것이었다.

남한만의 단독정부 수립 결정은 격렬한 정치적 갈등을 야기했다. 이승만과 한국민주당 등은 이에 찬성한 반면, 좌익과 중도 세력은 물론 김구와 김규식 등의 민족주의적 우익 세력은 반대하고 나섰다. 특히 김구와 김규식 등은 북한과 직접 협상해 남북 분단을 막아 보겠다며 김일성(金日成, 1912~1994)에게 남북한 정치 지도자 회담을 제안했다. 그리고 이에 응답한 북한 측의 역제안에 의해 1948년 4월 평양에서 남북 정치인 사이의 남북연석회의가 개최될 수 있었다. 이 회의에서는 미소 양군의 철수와 단독정부 수립 반대를 요구하는 결의문이 채택됐다. 그러나 유엔이 이미 남한 단독선거를 결정한 데다 북한 역시 내부적으로 독자적 정부 수립을 추진하고 있었기에 현실적 성과를 얻기 어려웠다.

1948년 5월 10일 유엔 감시하에 남한 지역에서 총선거(5·10선거)를 실시해 국회의원을 선출하고 제헌국회를 구성했다. 5·10선거는 21세 이상 모든

도판7 대한민국 정부 수립 선포식
1948년 8월 15일, 대한민국 정부가 수립됐다. 상단 현수막에 "대한민국 정부 수립 국민 축하식"이라는 문구가
적혀 있는 것이 보인다.

국민에게 투표권을 부여한 대한민국 최초의 민주 선거였다. 물론 좌익 세력은 단독선거 반대투쟁을 전개했고, 김구와 김규식 등은 단독정부 수립을 반대하며 선거 불참을 선언했다. 결국 제주4·3사건의 혼란 속에 있던 제주도의 2개 선거구를 제외하고는 모든 지역에서 선거가 성공적으로 마무리되어 198명의 국회의원을 선출했다. 선거 결과 다수의 무소속 후보들이 국회의원에 당선된 반면, 미군정의 지지를 받았던 한국민주당이 참패하는 의외의 결과(무소속 85석, 한국민주당 29석)를 낳기도 했다.

초대 국회는 국호를 '대한민국'으로 결정하고 제헌헌법을 제정했다. 헌법 전문은 "기미 삼일운동으로 대한민국을 건립해 세계에 선포한 위대한 독립정신을 계승"한다고 명시함으로써 대한민국임시정부의 계승을 분명히 밝혔다. 제헌헌법은 삼권 분립, 대통령 중심제, 다당제, 대통령 간선제 등의 내용으로 구성됐다. 이 헌법에 따라 국회는 대통령에 이승만, 부통령에 이시영(李始榮, 1869~1953)을 선출했다. 이승만은 정부를 구성하고, 1948년 8월 15일 대한민국 수립을 공식적으로 선포했다. 그해 12월에 개최된 유엔총회는 대한민국 정부를 유엔한국임시위원단의 선거 통제와 자문이라는 형식에 의해 수립된 선거 감시 가능 지역 내 유일한 합법 정부로 승인했다.

북한의 정부 수립 과정

해방 직후 38선 이북 지역에서도 건국준비위원회 지부와 치안유지위원회 등을 통한 자생적인 정치활동이 활발하게 전개됐다. 평양에서는 민족주의 우파 계열의 조만식(曺晩植, 1883~1950)을 중심으로 평안남도 건국준비위원회가 결성되어 자치활동을 펼쳤다. 1945년 8월의 남한과 마찬가지로, 해당 지역의 정치적 특성을 반영한 좌우 통합적인 정치단체들이 자치적으로 행정과 치안 활동을 전개했다. 북한을 군사적으로 점령한 소련군은 지역별로 좌우익이 함께 조직한 인민위원회에 행정권을 이양했고, 각 지역의 인민위원회는 관공서와 생산기관을 접수하고 치안을 유지했다.

인민위원회의 자치를 인정했다고 하지만, 소련군은 여전히 막강한 영향력을 행사했다. 당시 북한 지역에는 해외에서 모여든 여러 정파의 사회주의 인사들이 있었는데, 그중 30대 초반의 젊은 항일운동가 김일성이 빠르게 북한의 지도적 인물로 부상할 수 있었던 배경에도 소련의 강력한 지지가 존재했다. 특히 1946년 초, 반탁 노선을 굳건하게 유지했던 조만식이 북한 지역

내에서 정치력을 상실하게 되자, 김일성의 영향력은 중요한 상승 국면을 맞을 수 있었다.

김일성과 공산당은 1946년 2월 북조선임시인민위원회의 이른바 '민주개혁'을 통해 대중으로부터 지도력을 인정받고 지지를 확산할 수 있는 계기를 마련했다. 김일성이 위원장으로 있었던 북조선임시인민위원회는 이 시기부터 실질적인 정부 기능을 담당했다. 위원회는 부상 몰수·무상 분배 방식의 토지개혁, 중요 산업의 국유화, 노동자와 여성의 권익을 신장시키기 위한 노동법과 남녀평등권법의 실시 등을 추진했다. 이러한 정책들은 대중의 광범한 지지를 이끌어내며 북한 정부 수립에 중요한 밑거름이 됐다. 반면 북한 지역에 먼저 한국인 정부기관이 들어서고, 과감한 개혁 조치가 시행된 점은 남북 분단과 이질화의 주요 요인으로 작용하기도 했다.

1947년 2월, 북조선임시인민위원회는 북조선인민위원회로 개편됐다. 1947년 12월에는 임시 헌법 초안이 만들어졌고, 1948년 2월에는 조선인민군이 창설됐다. 사실상 북한 단독정부 수립에 착수했던 것이다. 임시 헌법 초안을 인민 토의에 부치는 등 정부 수립을 진행하던 북한은 남한에서 총선거가 실시되자 곧바로 정부 수립에 나섰다. 대한민국 정부 수립 직후인 1948년 8월 25일 북한에서는 최고인민회의 대의원 선출을 위한 총선거가 실시됐다. 1948년 9월 최고인민회의는 헌법을 제정하고, 김일성을 초대 수상으로 선출해 9월 9일 조선민주주의인민공화국의 수립을 대외적으로 선포했다. 이로써 남북에 별개의 정부가 수립되고 민족 분단은 현실화됐다.

정부 수립기의 격렬한 사회적 갈등

1948년 8월 대한민국 정부 수립을 전후한 시기 제주도와 전라남도 동부 지역에서 격렬한 사회적 갈등과 대규모 민간인 학살사건이 벌어졌다. 특히 1948~1949년 제주도에서 벌어진 제주4·3사건은 섬 전체 인구의 10분의 1 정도에 해당하는 2만 5,000명에서 3만 명에 달하는 민간인이 학살됐다는 점에서 매우 충격적이었다.

제주4·3사건은 1948년 4월 3일 남한 단독정부 수립에 반대했던 제주도 좌익 세력이 도내의 경찰과 우익 청년단을 동시다발적으로 습격하면서 본격적으로 시작됐다. 그런데 무장대의 습격에는 단독정부 수립 반대라는 정치적 이유뿐 아니라, 1947년 3·1절 기념시위 이후 제주도민이 당한 수탈과 폭력에 대한 분노가 중요하게 자리하고 있었다. 당시 제주도민들은 평화적인 3·1절 기념시위에서 발생한 경찰의 발포와 도민의 사망에 대해 항의의 목소리를 높이고 있었다. 이에 미군정은 육지 경찰과 우익 청년단원들을 대거 파견해 제주도민의 저항을 진압하고자 했다. 특히 그 진압 과정에서 무차별적 검거와 폭력, 재물 약탈, 부녀자 겁탈 등이 자행되면서 제주도민의 불만은 날로 커져만 갔다.

제주도에서 남녀노소를 가리지 않는 대량 학살이 보다 광범히 전개된 시기는 오히려 한국 정부가 수립된 후인 1948년 11월부터 1949년 2월 사이였다. 한국 정부는 1948년 11월 17일 제주도 전역에 계엄령을 선포했다. 이후 제주도 중산간 마을을 초토화한 강경 진압 작전이 대대적으로 전개됐다. 수많은 마을이 불타 사라졌고, 어린이와 노인을 포함한 다수의 민간인이 무차별적으로 학살됐다. 무장대에 의한 희생도 없지 않았으나, 2003년 한국 정부의 『제주4·3사건진상조사보고서』는 전체 희생자의 80% 정도가 정부 측 토벌대에 의해 학살됐으며, 전체 희생자의 3분의 1이 열 살도 안 된 어린이와 노인과 부녀자였다고 발표했다.

1948년 10월에 일어난 여순사건은 제주4·3사건과의 직접적인 연관 속에서 발생했다. 사건은 1948년 10월 19일 전라남도 여수 주둔 국방경비대 제14연대 소속 군인들이 제주도 파병을 거부한 것을 계기로 시작됐는데, 연대 내의 남로당 세력이 주도한 것이었다. 반란군은 이내 전남 동부 지역의 여러 군으로 영향력을 확장했지만, 10월 21일 계엄령 선포와 함께 정부군이 대규모 토벌 작전을 전개하면서 수일 내에 진압되고 말았다.

그런데 정부군은 여순사건 진압 과정에서 다수의 민간인에게 무차별적 학살을 자행해 해당 지역민들에게 씻을 수 없는 상처를 남겼다. 피해 규모에 대해서는 다양한 통계가 확인되는데, 대략 2,000~5,000여 명의 인명피해가 발생했다고 추정한다. 또한 한국 정부는 여순사건을 직접적 계기로 삼아 현재까지 존재하고 있는 국가보안법을 최초로 제정했고, 군 내 좌익 계열 인물들을 척결하기 위한 '숙군(肅軍)' 작업을 대대적으로 전개했다. 그 결과 1949년 7월까지 국군 병력의 약 5%에 이르는 4,700여 명이 숙청됐다. 1948~1949년 한국 정부는 제주4·3사건과 여순사건이라는 최악의 국가 폭력 상황 속에서 완연한 반공 국가로 변해갈 수 있는 제도적 기틀을 만들어가고 있었다.

3 남북의 사회·경제·문화

남한의 사회·경제

해방 이후 국가 건설과 함께 일제 식민 잔재를 청산하고 새로운 사회질서를 만드는 일이 시급한 과제로 떠올랐다. 일제의 식민지배에 협력했던 친일 반민족 행위자를 처벌해 사회정의를 바로 세우고, 식민지배를 위해 만들어지고 기능했던 각종 제도를 폐지해 기형적인 사회·경제구조를 개혁하는 과제가 제기됐다. 이에 대해서는 전 사회적으로 공감대가 형성되어 있었지만, 미군정은 일제 식민지배 청산에 미온적이었고, 이승만 정부 수립 후 반민특위 해체에서 상징적으로 드러나듯이 친일 반민족 행위자 처벌에 실패한 채 사회·경제구조 개혁도 제대로 이룰 수 없었다.

해방 후 남한의 경제는 생산량 감축, 높은 실업률, 물가 폭등 등의 문제가 심각했고, 미국의 원조물자로 겨우 지탱되는 상황이었다. 남한은 일제 식민지기 이래 농업이 경제의 중심이었기에 공업 기반이 약했으며, 에너지 자원이 부족해 생산활동에 어려움을 겪었다. 일본인 자본과 기술이 빠져나가면서 남한의 주요 생산시설이 제대로 가동되지 못한 이유도 있었다. 공업 생산력은 식민지기보다 5분의 1로 감소했다. 농업 면에서는 해방 당시 소작농이 전체 농민의 절반 이상이었는 데다 총 수확량의 50~80%에 달하는 고율의 소작료를 지불하고 있었다.

게다가 노동자의 절반이 실업 상태였고, 일본·중국 등지의 해외 귀환 동포와 북한에서 내려온 월남민이 급증하면서 사정이 더욱 악화됐다. 식량을 비롯한 생활필수품도 크게 부족해 물가가 폭등했는데, 그중에서도 쌀값 문제가 가장 심각했다. 이러한 상황에서 일본이 남긴 식민지 경제구조를 탈피하고, 일본인이 소유했던 각종 재산을 회수해 자립적인 민족경제를 건설해야 하는 과제에 직면해 있었다.

미군정은 식민지기의 식량 통제정책을 폐지하고 쌀의 자유 거래를 공포했는데, 이로 인해 쌀값이 폭등했다. 매점매석을 막기 위해 쌀과 생필품의 유통을 통제하는 정책으로 다시 돌아가 경제를 안정시키려 했으나, 쌀과 생필품 부족 문제를 근본적으로 해결하지는 못했다. 또 군정을 운영하기 위해 통화량을 늘렸지만, 통화의 남발은 인플레이션을 불러일으켰고, 재정 적자까지 가져왔다. 더구나 미군정은 일제의 모든 공유 및 사유재산을 적산(敵産)으로 규정하고 미군정청의 귀속재산으로 접수했다. 나아가 적산 공장에 대한 노동자들의 자주관리운동을 부정하고, 주로 과거 친일협력 세력 관리자들에게 귀속재산을 불하했다.

미군정은 토지개혁에 소극적인 입장이었다. 미군정은 1946년 2월 신한공사(新韓公社)를 창설해 일본인과 동양척식회사가 소유한 농지와 택지·산림 등을 접수해 관리하고, 소작료를 수확량의 3분의 1로 낮췄다. 그러나 이는 전면적인 토지개혁을 바라는 농민들의 요구에 미치지 못하는 조치였다. 또한 미군정은 북한의 토지개혁을 목도하면서 남한사회의 토지개혁 요구를 수용하지 않을 수 없었으며, 토지개혁을 통해 농촌을 안정시키는 것이 반공주의를 강화하는 데도 유리하다고 판단했다. 미군정은 대한민국 정부 수립 직전 신한공사를 해체하고, 신한공사가 관리하던 논밭을 소작인과 해외 및 북한에서 온 농민에게 매각했다. 농지의 대가는 당해 토지에서 생산된 주생산물 가격의 3배로 계산해 20%씩 15년간 연부로 현물상환하는 방식이었다.

정부 수립 후 본격적인 농지개혁이 추진됐다. 1949년 6월 농지개혁법안이, 1950년 3월 개정 법률안이 공포됐다. 북한 토지개혁의 대상이 농지와 과수원, 임야였던 반면 농지개혁의 대상은 농지에 한정됐다. 농지개혁법은 가구당 토지소유 상한선을 3정보(町步)[6]로 하고, 유상 매수와 유상 분배 방식을 원칙으로 삼았다. 이 때문에 농민의 상환액과 지주에 대한 보상액 설정 문제가 중요한 쟁점이 됐다. 국회 소장파 중심으로 마련된 당초의 법률안은 농민이 연평균 생산액의 125%를 5년에 걸쳐 상환하고, 지주에게 평년작의 150%를 보상한다는 내용이었다. 반면 정부는 상환액과 보상액을 똑같이 150%로 할 것을 주장했고, 결국 정부의 주장이 개정 법률안에 반영됐다.

농지개혁이 지연되는 사이에 일부 지주들은 미리 토지를 처분하거나 은폐해 실제로 농지개혁을 통해서 분배된 소작지는 전체의 절반에도 못 미쳤다. 농지개혁은 6·25전쟁으로 한동안 중단되는 우여곡절을 겪기도 했다. 그러나 농지개혁의 결과 지주계급이 사라지고 상당수 농민이 자신의 토지를 소유하는 자작농이 됐다는 점에서 의의가 매우 컸다. 이는 한국사회에 평등주의를 확산시켰다는 점에서도 의미가 있었다. 그러나 다른 한편 중소 지주

---

6   정보 토지를 세는 단위로, 일반적으로 1정보는 3,000평을 의미한다. 지역에 따라 2,000~3,000평으로 차이가 나기도 한다.

도판8 반민족 행위 혐의
1949년 3월 30일 열린 반민족행위
자특별재판 재판장으로 들어가는
피고인 노덕술, 김연수, 최린의 모
습이다.

의 몰락과 영세한 자영농의 퇴적이라는 한계가 존재했다.

　친일협력 세력 청산은 식민 잔재 청산과 민주주의 사회 건설을 좌우할 핵심 요소였다. 그러나 해방 직후 친일협력 세력 청산은 체계적으로 진행되지 못했다. 여기에는 반소·반공주의를 우선으로 한 미군정이 통치의 편의를 명목으로 식민지기 관리와 경찰을 기용하고 조선총독부의 행정체제를 활용하는, 현상유지정책을 실시한 점이 원인이 됐다. 또한 미군정은 친일 경력이 있는 한국민주당 인사들을 보수주의자로 인정하면서 이들을 적극 감쌌다. 남조선과도입법의원(南朝鮮過渡立法議院)에서 친일협력 세력 처벌법을 제정했으나 미군정이 공포를 기피해 실시되지 못했다. 이 과정에서 식민지기 관료들과 한국민주당 인사들은 반소·반공주의와 반탁운동의 선봉에 서서 점차 입지를 넓혀갔으며, 이것이 정부 수립 후까지 이어져 그대로 등용됐다.

　친일협력 세력 청산은 정부 수립 이후에야 본격적으로 추진됐다. 1948년 8월 16일 제헌 국회는 반민족행위처벌법(이하 '반민법')안을 상정해 9월 1일 통과시켰고, 10월 23일 반민족행위특별조사위원회(이하 '반민특위')와 특별재판부를 구성했다. 반민특위는 범국민적 호응 속에 1949년 1월 본격적인 활동을 시작해 박흥식(朴興植, 1903~1994), 최남선(崔南善, 1890~1957), 이광수(李光洙, 1892~1950), 김연수(金秊洙, 1896~1979), 최린(崔麟, 1878~1958), 노덕술(盧德述, 1899~1968) 등의 반민족 행위자를 체포하기 시작했다. 그러나 반민특위는 682건의 친일 행위를 조사하는 데 그쳤다. 기소된 자 중에도 특별재판부에서 실형을 선고받은 이는 12명에 불과했다. 실제로 집행된 사형은 한 건도 없었으며, 대부분은 감형되거나 형 집행 정지로 풀려났다.

　반민특위 활동이 이처럼 미미했던 주요 원인은 이승만 정부의 노골적인 반대와 친일협력 세력의 방해 때문이었다. 이승만 정부는 친일협력 세력 청산보다는 반공이 우선이라고 주장하며, 반민특위 활동을 공개적으로 방해했다. 친일협력 세력은 정부의 지원 아래 반공구국궐기대회 등의 군중대회를 열기도 했다. 반민특위 활동을 주도하던 국회의원들을 간첩 혐의로 구속했고, 일부 경찰들은 반민특위 사무실을 습격하기도 했다. 결국 반민법의 시효를 1950년 6월 20일에서 1949년 8월 31일로 단축한 개정법이 통과됨으로써, 반민특위는 본격적으로 활동한 지 몇 개월도 되지 않아 해체됐다.

남한의 교육·문화

해방 이후 남한의 교육은 양적·질적으로 큰 변화를 맞았다. 먼저 교육의 기회가 늘어나 국민학교(현재의 초등학교)를 비롯해 중고등학교 학생이 크게 증가하기 시작했다. 전문학교가 대학으로 승격되면서 대학도 많이 생겨났다. 교육 인구가 급속히 늘어나자 문맹률이 현저히 감소했다. 특히 일제의 식민교육을 대신할 민족과 민주주의 교육을 실시하는 일이 시급했기에 일본어 교과서를 폐지하고 한국어 교과서를 만들거나 부족한 교사를 충원하려고 했다.

미군정은 미국식 민주주의 교육과 기능인 양성을 목표로 교육정책을 추진했다. 교육 이념으로 홍익인간, 애국정신, 민주공민 육성 등이 제시됐고, '6-3-3학제'가 도입됐다. 그런데 1946년 7월 미군정이 기존의 고등교육기관을 전면 폐지하고 하나의 종합대학을 설립한다고 발표한 국립서울종합대학안(이하 '국대안')이 문제가 됐다. 식민지기에 설립된 경성제국대학을 해방 후 개편한 경성대학을 모체로 삼아, 경성의학전문학교·경성치과의학전문학교·경성법학전문학교·경성고등공업학교·경성고등상업학교·경성고등농업학교 등의 독립적인 전문대학을 통합하고 총장과 관선 이사에 미국인을 임명한다는 내용이었다. 각 학교의 고유성 확보 및 독자적 발전, 학내 친일협력 세력 청산, 대학 운영·행정권의 한국인 이양, 학문의 자유 보장 등을 이유로 교수·교직원·학생이 동맹휴학을 하는 등 1947년 2월까지 국대안 반대운동이 격렬하게 전개됐다. 이 과정에서 학생 간에 좌우 갈등이 심각해졌으며, 380여 명의 교수와 4,900여 명의 학생이 해직·퇴학됐다. 해직 교수 중 리승기(李升基, 1905~1997) 등 일부는 월북해 김일성종합대학에서 교수직을 맡았다.

이승만 정부는 미군정의 교육정책을 계승하면서 민족주의와 반공 교육을 강화하고, 1949년 9월 학도호국단(學徒護國團)을 설치했다. 군대식으로 편제된 학도호국단은 멸공의식을 북돋는 것을 목표로 군사훈련을 받았으며, 좌익 교사 색출 작업에 나섰다.

해방 공간의 정치적 상황 및 식민 잔재 청산 문제와 맞물려 문화계에서도 좌우 대립이 일어났다. 진보적 민족문학 건설을 주창하는 좌익과 순수문학을 내세운 우익 문인이 갈라져 각기 서로 다른 단체를 조직해 대립했다. 이태준(李泰俊, 1904~?)을 위원장으로 한 조선문학건설본부(이하 '문건')와 조선프롤레타리아문학동맹이 조선문학가동맹으로 통합됐다. 우익계 인사들은 조선문필가협회를 조직하고, 전위조직으로서 조선청년문학가협회를 조직했다.

조선문화단체총연맹(이하 '문련')과 전국문화단체총연합회(이하 '문총')는 좌우익의 개별 단체들을 총망라한 문화단체다. 민족문화와 진보적인 과학 등을 중시하며, 민주주의민족전선 지지를 표방한 조선문화단체총연맹은 조선학술원과 조선과학자동맹을 비롯해 좌익 계열의 문학·언어·연극·미술·음악·영화·신문기자·교육·체육단체들로 구성됐다. 문총은 문련에 반대해 우익계 조선문필가협회·조선미술협회·전국음악문화협회·조선청년문학가협회 등이 연합 결성했다.

좌우 이념 대립 속에서도 극좌와 극우 이념을 배격하고 중도 입장에 서거나 양자를 통합하려는 새로운 이념으로서 신민주주의와 신민족주의 등이 제기되기도 했다. 이는 민족주의를 바탕으로 사회주의와 자유주의가 접합하는 새로운 이념과 문화를 건설해보려는 노력 중 하나였다. 소설을 집필하고 발표해 자신의 친일 행위를 반성한 채만식(蔡萬植, 1902~1950) 등도 주목된다. 그러나 6·25전쟁으로 인해 신민족주의자와 좌익 인사들이 납북되거나 월북함으로써, 이후 남한에는 반공 중심의 냉전문화와 미국식 자유주의 문화가 중심을 이뤘다.

북한의 사회·경제

북한은 1946년에 들어서면서 빠르게 개혁 사업을 시작했다. 북조선임시인민위원회는 1946년 3월 5일 토지개혁법령을 공포한 것을 출발점으로, 남녀평등권법령 공포, 중요 산업 국유화, 노동법령 공포, 사법재판기관 개혁 등과 같은 이른바 '민주 개혁'을 실시했다. 이를 통해 새로운 사회경제체제를 세우고, 동시에 다가올 미소공동위원회에 대비하고자 했다.

1945년 통계에 의하면 북한 지역의 총 농가 중 4%의 지주가 총 경지 면적의 58.2%를 소유하고 있었다. 농가 호수의 56.7%에 달하는 빈농의 소유 경지는 총 경지의 5.4%에 불과했다. 북조선임시인민위원회는 토지개혁을 통해 이러한 불평등한 토지소유관계를 해체함으로써, 농민들의 지지를 얻고 농업 경제를 발전시키고자 했다.

토지개혁은 무상 몰수, 무상 분배의 원칙에 따라 이뤄졌다. 일본인과 민족 반역자, 그리고 5정보 이상 소유 지주가 소작을 주던 토지를 몰수해, 토지 비옥도와 노동력의 차이에 따라 소작농 등에게 분배했다. 그 결과 182만 98 정보 가운데 55.4%에 해당하는 100만 8,178정보를 몰수했고, 이 가운데 95만 5,731정보를 78만 8,249호에 분배했다. 토지개혁 이후 농민은 생산물의 25~27%에 해당하는 양곡을 농업현물세로 국가에 납부했다. 토지개혁을 계기로 사회주의 세력은 자작농이 된 농민의 지지를 얻었다. 반면 지주층과 기독교적 민족주의 세력은 약화됐다.

한편 북조선임시인민위원회는 1946년 8월 중요 산업을 국유화했다. 일본인과 민족 반역자가 소유하던 기업소·광산·산림·어장·발전소·철도·운수·체신·은행·상업·문화 관계 산업 등을 국유화함으로써, 사회주의 제도를 도입할 수 있는 토대를 마련했다. 북한은 소규모의 개인 수공업과 상업에 대해서는 소유 및 기업활동을 허용하는 인민민주주의적 경제 토대를 구축했다. 북한의 이러한 경제정책은 이후 남한에서 일본 국가나 단체, 일본인이 소유했던 재산을 민간인에게 넘겼던 정책과 상반되는데, 이는 남북 간 경제구조가 서로 달라지는 출발점이 됐다.

북한의 친일협력 세력 청산은 남한과 달리 별도의 특별법을 제정하지 않고 진행됐다. 친일협력 세력 개개인을 처벌하는 인적 청산보다는 제도적 청산을 포함해 여러 방면에서 이뤄졌다. 북한의 친일 반민족 행위자 규정은 1946년 3월 7일 북조선임시인민위원회의 「친일파, 민족 반역자에 대한 규정」에 의거했다. 이 규정에 따르면, 친일협력 세력의 범주에는 일제에 복무한 고급 관리는 물론이고 경찰 경시, 헌병 하사관급 이상의 관리와 밀정 등이 포함됐다. 하위 관리더라도 "인민들의 원한의 대상"이라면 이 범주에 해당됐다. 하지만 부칙 조항에 "현재 나쁜 행동을 하지 않은 자와 건국사업을 적극 협력하는 자에 한해서는 그 죄상을 감면할 수도 있다."라고 규정함으로써, 건국사업에 기여한 관리와 전문가를 인재로 활용하기도 했다. 1946년 11월 3일도·시·군 인민위원회 선거에서 친일분자로 규정한 사람들은 575명이었다.

　친일 반민족 행위자로 규정된 이들은 선거권과 피선거권을 박탈당했다. 다만 북조선임시인민위원회는 선거권을 박탈당한 친일분자라도 공민증을 교부하고 공민으로 관리했다. 그리고 토지개혁과 중요 산업 국유화를 통해 그들의 경제 기반을 박탈했다. 토지개혁과 국유화에 반대하거나 그로 인해 타격을 입은 민족 반역자·지주·자본가·종교인은 소련군이나 북조선임시인민위원회에 저항하기보다는 월남하는 길을 택했다. 농민들은 생활난의 이유로, 식민지기 북쪽에 이주해 있던 노동자들은 고향을 찾아 남한으로 돌아왔다.

　월남민 총 수는 자료에 따라 다른데, 한 통계에 의하면 1947년 말에 80만 명을 넘었고 6·25전쟁기까지 합하면 200만 명 이상이었다. 북한에서는 체제에 반대한 이들이 월남함으로써 내부 갈등의 요인을 해소할 수 있게 되어 개혁이 한층 수월해졌다. 반면 남한에서는 좌우 갈등과 반공주의가 더욱 심화됐다.

북한의 교육·문화

북한은 초기 인민위원회 예산의 20%를 교육·선전·문화에 배정할 정도로 교육과 문화를 중시했다. 교육은 학생을 대상으로 하는 일반학교 교육, 엘리트 양성을 위한 교육, 주민을 대상으로 하는 성인 교육의 세 방향으로 전개됐다. 인민학교(현재의 초등학교)를 비롯해 중·고등학교가 증설됐고, 이에 학생 수도 크게 증가했다. 엘리트 양성을 목적으로 1946년 2월 군사·정치 간부를 양성하는 평양학원이, 6월에는 중앙당학교가 설립됐다. 1946년 9월 15일에는 김일성종합대학이 개교했다. 초대 총장에 김두봉(金枓奉, 1889~1960)이 취임했으며, 정부의 전폭적인 지원을 받았다. 또 1947년 10월에는 항일운동 희생자들의 유자녀를 위한 평양혁명자유가족학원도 세워졌다. 일반 성인 교육은 문맹퇴치운동의 형태로 전개됐다. 해방 당시 북한의 문맹자는 230만 명에 달했는데, 북한은 1945년 11월 문맹퇴치운동을 시작해 1949년 3월 문맹을 완전히 퇴치했다고 선언했다.

　북한이 교육을 중시한 이유는 식민 잔재를 청산하고 새로운 사회를 건설하기 위해서는 새로운 사상을 가진 인물을 양성하는 일이 필요하다고 보았기 때문이다. 문맹퇴치운동도 한글 교육뿐 아니라 정치사상 교육의 성격을 가졌다. 북한은 건국사상총동원운동도 전개했는데, 이는 사상개조운동과 경제 건설·국가건설운동을 연계한 전 군중적 동원운동이었다.

북한문화에는 사회주의와 민족주의 특성이 동시에 자리했다. 이는 해방 직후부터 소련의 영향을 받았기 때문이다. 특히 조소문화협회가 소련 문화를 북한에 전파하고 교류하는 창구 역할을 했으며, 소련인과 소련계 한인이 중심이 됐다. 하지만 북한의 문화예술은 한국인이 주도했으며, 일제 식민지기의 카프(KAPF, 조선프롤레타리아예술동맹)에 뿌리를 뒀다. 1946년 3월 북조선예술총연맹이 창립됐고, 이를 1946년 10월 북조선문학예술총동맹으로 개칭했다. 산하에 문학동맹·연극동맹·음악동맹·미술동맹·사진예술동맹·무용동맹·영화동맹 등 7개 동맹이 조직됐다.

한편 북한의 문화예술계에는 남한 출신 인사들도 중요한 역할을 했다. 북조선문학예술총연맹에 이기영(李箕永, 1895~1984) 등이 참여했고, 홍명희(洪命熹, 1888~?) 부수상과 백남운 교육상도 월북 인사였다. 뿐만 아니라 6·25전쟁 중에 월북하거나 납북된 인사들이 고전 번역 등 국학 사업에 참여하기도 했다.

4   6·25전쟁과 분단의 고착

전쟁 전야의 한반도

6·25전쟁 발발 직전 한반도는 냉전체제의 한가운데 있었다. 남북에 이념과 체제를 달리하는 정부가 각각 수립되면서 긴장이 고조됐다. 1947년 미국의 트루먼 독트린 발표 이후 냉전이 본격화됐고, 1949년 중국의 공산화, 일본의 재강화 등 한반도를 둘러싼 국제 정세는 적대적인 양극구조를 형성하고 있었다.

미국과 소련은 1948년 말부터 1949년 초에 걸쳐 한반도에 주둔하고 있던 군대를 철수시켰다. 그러나 남북에 대한 군사적·경제적 지원은 계속했다. 소련은 북한의 군사력 강화와 전쟁 준비를 도왔다. 1948년 2월 북한군 창설 후 소련은 탱크와 비행기 등 무기를 원조했다. 또 내전에서 승리하고 정부를 세운 중국은 조선인 의용군 출신의 팔로군 3만여 명을 북한에 보내 북한군에 편입시켰다. 1949년 북한은 소련 및 중국과 군사협정을 체결했다. 안으로 군사력을 보강하는 한편 남한을 향해서는 대단히 공세적인 통일정책을 내세웠다. 이 시기 북한의 총선거안과 남북 국회연합안 통일정책은 8월 15일까지 통일하겠다는 의지를 담고 있었다.

1949년 38선 충돌, 한반도의 작은 전쟁

정부 수립 이후 남한의 정국은 매우 불안정했다. 남한 후방 지역에서는 '빨치산'이라 불리는 좌익 무장 유격대가 지속적으로 활동했다. 이들은 지리산·오대산·태백산 등 산악 지역을 근거지로 삼고 관공서를 습격하는 한편, 경찰·군인 등을 공격했다. 북한은 훈련된 무장 병력을 파견해 이들을 지원했다. 이에 이승만 정부는 반공 통제를 강화했다. 여순사건 이후 좌익 세력을 축출하기 위한 대대적인 숙군을 진행했고, 1948년 12월에는 국가보안법을 제정했다. 이어 국회 내에서 남북협상을 주장하던 반이승만 세력을 1949년 5월부터 '국회 프락치사건'[7]으로 제거했다. 또한 1949년부터 1950년 초까지 동계 토벌로 좌익 무장 유격대를 괴멸시켰다. 반공 강경 노선을 추구하면서 국방비와 치안 유지비를 과다 지출하여 재정 적자가 발생했고, 이를 해결하기 위해 통화량을 늘리자 인플레이션이 발생해 경제가 불안해졌다. 게다가 1950년 5월 30일에 치러진 총선[8]에서 반이승만 세력이 대거 당선되면서 이승만 정부의 정치적 입지는 상당히 불안정했다.

미군과 소련군이 철수한 이후 38선 부근에서는 국군과 북한군 간에 크고 작은 충돌이 끊이지 않았다. 특히 1949년 5월부터 8월 사이에 발생한 38선 분쟁은 미군 대신 38선 경비를 맡게 된 남한의 국방경비대가 38선을 전반적으로 정비한 데서 비롯됐다. 옹진반도는 38선 남쪽이었지만 지리상 남한의 다른 지역과 멀리 떨어져 있어, 때로 수천 명의 남북한 병력과 대포·비행기까지 동원된 대규모 전투가 벌어지기도 했다.

---

7   국회 프락치사건 1949년 5월부터 1950년 3월까지 남조선노동당의 프락치활동을 했다는 혐의로 현역 국회의원 10여 명이 검거되고 기소된 사건이다. 정부에 대해 비판적인 소장파 국회의원들이 유엔한국위원단에 외국군 철퇴와 군사고문단 설치를 반대하는 진언서를 제출한 것을 빌미로 「국가보안법」 위반으로 기소되어 모두 유죄를 선고받았다. 민족주의적 입장에서 반민족행위자 처벌, 남북의 자주적 평화통일 등에 소극적 태도를 취하는 정부를 강하게 비판했던 소장파 의원들이 제거됨으로써 국회의 대정부 견제 기능은 현저히 약화됐다.

8   5·30 총선 1950년 5월 30일 치러진 제2대 국회의원 선거에서 이승만 직계인 대한독립촉성국민회가 55명 당선(26.1% 득표), 야당인 한국민주당이 29명 당선(13.5% 득표)된 반면 무소속 당선자가 무려 85명(40.3%)에 달했다. 이 선거 결과 국회에서 대통령을 선출하는 방식으로는 이승만이 대통령에 재선될 가능성이 희박했고, 이는 결국 1952년 이승만의 부산정치파동으로 이어졌다.

38선 분쟁을 놓고 남북은 서로 상대방이 불법 도발했다고 주장했다. 주한 미군 철수 이후 미국의 대한 공약이 약화될까 우려한 남한이 긴장을 조성하고자 한 측면도 있었다. 이승만은 1949년 하반기에 집중적으로 북진통일을 주장했다. 북한은 무장 유격대를 집중적으로 남파하면서도 군사력이 충분히 갖춰지지 않아 전면 개입하지는 않았다. 그럼에도 1949년 38선 분쟁은 무력 공격이 언제든 가능하다는 것을 서로에게 확인시킨 한반도의 작은 전쟁이었다.

전쟁 발발과 전개 양상

김일성은 1950년 3~4월 비밀리에 소련을 방문해 당시 총리였던 이오시프 스탈린(Joseph Stalin, 1879~1953)과 회담했다. 이때 스탈린은 북한의 통일 과업 개시, 즉 전쟁 도발에 동의했다. 5월에는 중국 베이징을 방문해 국가주석 마오쩌둥(毛澤東, 1893~1976)과 만났다. 마오쩌둥 역시 전쟁 개시에 찬성했고, 미국이 참전할 경우 중국군을 파병할 수 있다고 언급했다. 스탈린과 마오쩌둥의 동의와 지원 약속을 담보로 김일성은 남침을 결정했다. 애치슨 선언(Acheson line declaration)으로 미군이 개입하지 않으리라는 오판도 남침

애치슨 선언

1950년 1월 12일 미 국무장관 딘 애치슨(Dean Gooderham Acheson, 1893~1971)이 워싱턴 내셔널프레스클럽 연설에서 미국의 방위선에 관해 처음 언급했다. 소련과 중국이 갖고 있던 영토에 대한 야심을 저지하기 위해 태평양의 미국 방위선을 알류산 열도-일본-오키나와-필리핀을 잇는 선으로 정한다는 내용이었다. 여기에 더해 이 방위선 밖의 한국, 대만의 안보는 유엔의 책임 아래 둘 뿐 미국이 직접 개입하지는 않겠다고 했다. 이것이 '애치슨 선언'이다.

같은 해 6·25전쟁이 발발하자 애치슨 선언은 전쟁 발발의 직접적 원인 중 하나로 지목받았다. 북한의 개전 결정에 영향을 주지 않았다는 견해도 있었지만, 북한과 소련에 잘못된 신호를 줬을 뿐만 아니라, 북한의 남침을 유도하기 위한 고도의 음모라고 해석하는 견해도 있다. 하지만 결과적으로 북한의 남침을 예측하지 못한 미국의 결정적 실책이라고 보는 입장이 강하다.

지도| 애치슨라인

결정에 영향을 미쳤다. 1950년 6월 25일 북한군의 전면적 기습 남침으로 전쟁이 시작됐다. 북한군은 사흘 만에 서울을 점령했고, 7월 20일에는 대전까지 내려갔으며, 7월 말에 낙동강까지 진출했다.

미국의 주도하에 유엔은 북한을 침략자로 규정하고, 북한군에 38선 이북으로 철수할 것을 요구하는 한편 남한에 대한 군사 원조를 결정했다. 미국은 김일성의 판단과 달리 전쟁이 발발하자 바로 참전했고, 유엔 결의에 따라 미국을 비롯한 자유 우방 16개국도 유엔군의 이름으로 참전했다. 7월 8일 유엔은 더글러스 맥아더(Douglas MacArthur, 1880~1964)를 유엔군 사령관으로 임명했고, 7월 14일 이승만 대통령이 한국군 작전지휘권을 유엔군 사령관에게 넘김으로써(일명 '대전서한') 한국군은 유엔군 지휘하에 전쟁을 치렀다.

국군과 유엔군은 낙동강 계선까지 남진한 북한군과 일진일퇴의 격전을 벌였으며, 8월 초부터 낙동강 전선에서 대대적인 반격을 시작했다. 당시 유엔군은 해군력과 공군력 면에서 압도적으로 우위에 있었다. 한반도 전역과 그 주변 해역에 대한 제공권과 제해권을 장악한 유엔군은 공중 폭격으로 북한군에 막대한 피해를 입혔다. 그리고 1950년 9월 16일 인천상륙작전을 성공하며 전세를 역전시켰다. 9월 28일 서울을 되찾은 데 이어 북한군을 38선 북쪽으로 밀어내는 데서 멈추지 않고 38선을 넘어 북진하기 시작했다. 10월 1일 국군이 먼저 38선을 넘었다. 10월 7일 유엔군도 38선을 넘어 북진했고, 이날 유엔총회에서는 통일한국안을 채택해 유엔군의 북진을 사후 승인했다. 이로써 전쟁은 새로운 국면으로 접어들었다. 전쟁 전으로 원상회복하는 봉쇄를 위한 전쟁을 넘어, 38선 북쪽으로의 진격으로 롤백을 위한 전쟁이 시작됐다. 38선 북쪽으로의 진출을 두고 미국정책 결정자들 사이에 논쟁이 있었지만, 9월 초 유엔의 결정에 따라 미군의 작전제한선을 전제로 한 조건부 북진으로 귀결됐다. 국군과 유엔군은 10월 19일 평양을 점령한 데 이어 중국 만주와의 국경까지 북상했다.

북한은 유엔군 후방에 제2전선을 조직하고 만주에서 전열을 재정비하는 한편, 중국에 지원을 요청했다. 중국은 유엔군이 38선을 넘은 다음 날 참전을 결정했다. 여기에는 소련이 중국군에 대해 공군과 전쟁물자를 지원한다는 조건이 전제됐다. 이후 소련은 결정적인 순간에 약속했던 지원을 연기했지만, 중국은 참전 결정을 번복하지 않았다. 소련은 이듬해인 1951년 초에서야 비밀리에 공군을 보내 지원했다. 소련은 철저한 비밀 개입 원칙을 고수

도판9 6·25전쟁에 참전하는 중국군
중국인민지원군이 6·25전쟁에 참전하기 위해 눈으로 덮인 압록강을 건너고 있다 1950년 10월 19일 펑더화이
지휘 아래 제13병단의 26만여 명 병력이 압록강 3개 지점을 거쳐 입국했다. 전쟁 기간 참전한 중국군의 연인
원은 300만 명에 달하는 것으로 알려져 있다.

했는데, 이는 제3차 세계대전으로 이어질 수 있는 미국과의 직접 충돌을 방지하려는 의도였다.

10월 19일 중국인민지원군이 압록강을 넘기 시작했다. 중국은 '입술이 없으면 이가 시리다'는 순망치한(脣亡齒寒)을 내세워 참전했는데, 여기에는 미국의 공격을 북한 지역에서 사전에 막아내려는 목적이 자리했다. 국경을 넘어 만주를 직접 공격할 수 있음을 우려한 것이다. 다른 한편 중국 국공내전 과정에서 공산군 편에서 함께 싸워준 한인들에 대한 보답의 의미도 있었다.

중국군의 참전으로 전쟁은 미국과 중국의 직접 대결로 변모했다. 중국군 참전 규모와 의미를 과소평가한 맥아더는 북진을 계속했고, 크리스마스까지 전쟁을 끝내겠다고 호언하며 11월 24일부터 이른바 '크리스마스 공세'를 펼쳤다. 그러나 대규모로 참전한 중국군과의 전투에서 치명적인 타격을 입고, 국군과 유엔군은 전면 후퇴하기에 이르렀다. 전세는 또다시 역전됐고 미국은 유엔을 통해 정치적 해결을 모색했다.

공산군은 북한군 제2전선부대 및 유격대의 협공으로 12월 6일에는 평양을, 곧이어 원산을 장악했다. 유엔군은 대규모 흥남철수 작전을 감행했고, 이후 국군과 유엔군은 후퇴를 거듭했다. 공산군은 12월 25일경 38선 북쪽 대부분 지역을 회복했다. 그리고 12월 31일 공세로 전환해 38선을 넘어 남진하기 시작했다. 1951년 1월 4일 또다시 서울이 공산군 수중에 떨어졌다. 1월 초 공산군은 37도선까지 남진했지만 중순 이후 방어로 돌아섰다. 미국이 중국을 직접 공격할 가능성, 병참 문제, 전쟁 초기 북한군의 패배의 경험에 따른 결정이었다. 국군과 유엔군은 전세를 가다듬고 반격 작전을 펼쳐 3월에는 서울을 되찾고 38선 일대까지 공산군을 다시 밀어냈다. 전선은 38선 부근에서 교착됐다.

전쟁 시기 점령정책과 남북한사회

전쟁 초기 남한 지역을 점령한 북한은 반제반봉건 민주주의 개혁을 강요했다. 토지개혁, 노동 법령 개정, 인민위원회 복구와 선거 실시 등 북한식 개혁을 추진했다. 또 현물세를 강제로 징수했고, 의용군 입대 및 노무 동원 등을 강요했다. 전세가 역전되어 국군과 유엔군이 북한군에 점령당했던 지역을 탈환한 후에는 북한군에 협력한 사람들을 처형하고 부역자도 처벌했다.

북한 지역을 점령한 국군과 유엔군도 공산당 관계자와 부역자를 처벌해 전쟁 이전으로 원상회복하고 공산주의 통치체제를 해체하는 동시에 우익 조직을 강화하고자 했다. 38선 북쪽 지역에 대한 통치권을 둘러싸고 남한 정부와 유엔군의 입장이 달랐지만, 결국 유엔군의 주도 아래 남한이 종속적인 위치에 놓이며 점령정책을 공동 수행하는 방식으로 진행됐다.

한편 전쟁 시기에는 민간인 학살이 전국적으로 벌어졌다. 전쟁 발발 직후 남한에서는 국민보도연맹원을 대대적으로 처형했고, 경남 거창과 충북 영동의 노근리 등지에서는 주민들이 적으로 몰려 죽임을 당했다. 또 전쟁 동원을 명목으로 징집된 100만 명의 국민방위군 가운데 무려 5만 명 이상이 추위·굶주림·질병으로 세상을 떠났다.

휴전회담, 협상과 전투의 이중주

중국군이 참전한 이후 미국에서는 국무부와 국방부 간에 확전 논쟁이 벌어졌다. 맥아더는 원자탄 사용을 주장했고, 미국의 정책 결정자들도 이를 심각하게 고려했지만 영국이 강력히 반발하면서 포기했다. 미국은 1951년 4월 11일 맥아더를 유엔군 사령관에서 해임하고, 국무부의 입장에 따라 전쟁을 제한하면서 정치적 휴전을 모색했다. 맥아더의 후임으로 유엔군 사령관을 맡은 매슈 리지웨이(Matthew Bunker Ridgway, 1895~1993)가 적극적인 반격 작전을 벌여 전선을 위로 밀어 올리는 데 성공함으로써 38도 부근에 전선이 형성됐다.

휴전 논의는 개전 초기부터 나왔지만, 어느 한쪽이 일방적으로 유리한 전세에서는 힘을 얻기 어려웠다. 유엔군과 공산군 양측이 일진일퇴의 공방전을 펼치다 38선 부근에서 전선이 교착된 시점에 휴전 논의가 본격화됐다. 어느 쪽도 군사적 승리를 담보하기 어려운 상황에서 정치적 해결을 모색한 것이다. 1951년 미국과 소련이 막후(幕後)협상을 거쳐 양측은 휴전 의사를 확인했다. 1951년 6월 소련이 유엔에 휴전을 공식 제의한 후 미국이 이를 받아들이는 형식으로 유엔군과 공산군 사이에 휴전회담이 공식 시작됐다.

미국은 휴전에 대해 군사적으로 완전한 승리가 불가능한 상황이므로 영예로운 해결을 통한 정치·심리적 승리를 거두려는 입장이었다. 공산군은 스탈린의 주도로 북한·중국·소련 간에 긴밀한 논의를 거쳐 협상에 임했다. 유엔군 측은 휴전회담 의제를 전투 중지라는 순수한 군사 문제에 국한했던 반면, 공산군 측은 외국군 철수와 한반도 통일 문제 등을 포함하고자 했다. 이승만과 한국 정부는 북진통일을 주장하며 휴전을 반대했지만, 결국 미국의 의도대로 휴전회담이 시작됐다.

그러나 휴전협상은 순조롭지 못했다. 의제 채택과 군사 분계선 설정, 휴전 감시 방법과 기구, 포로 송환, 정치 회담 등 5개 의제 중에서 포로 문제를 제외한 나머지 쟁점이 1952년 4월에 이르러서야 모두 타결됐다. 특히 간단해 보였던 포로 문제는 최대 난제로 부상했다. 양측이 보유한 포로 숫자의 심각한 불균형, 복잡한 포로 성향 등을 고려해서 미국은 자원 송환을 주장했다.

국민보도연맹 학살사건

1950년 6·25전쟁 초기 좌익 전향단체인 국민보도연맹 가입자들을 대한민국 정부가 체포해 집단 학살한 사건이다. 정부 수립 후 1949년 4월 20일, 정부는 남한 내에 잠복한 좌익 세력을 찾아내고 포섭하기 위해 관변단체로 국민보도연맹을 창설했다. 서울을 비롯해 전국적으로 조직이 확대되는 과정에서 좌익사상과 무관한 사람들이 무차별적으로 가입하는 부작용도 나타났다. 6·25전쟁이 발발하자 인민군에 밀리던 대한민국 정부는 보도연맹원을 잡아들이는 예비검속에 들어갔다. 남한 내 좌익 세력이 인민군에 동조해 이적행위를 할 수 있다는 가능성 때문이었다. 전세가 급박하자 정부는 보도연맹원을 학살하기 시작했다.

국민보도연맹 학살사건의 가장 큰 특징은 예방 학살로, 적대 세력에 동조할지 모른다는 단순한 가능성만으로 수많은 민간인을 살해했다는 점이다. 정부가 자국민을 집단 학살했다는 것 또한 세계사에서 유례를 찾아보기 힘든 일이다. 사망자는 대체로 수만 명에서 20만 명 내외로 추정되나, 여전히 진상 규명이 이뤄지지 못한 채 미완의 해결 과제로 남아 있다.

유엔군이 포로에게 본국 송환 여부를 선택하게 하자고 주장한 것과 달리, 공산군은 포로에 관한 제네바협정에 근거해 모든 포로의 자동 송환(강제 송환)을 주장했다.

유엔군 포로수용소에서 송환을 선택한 포로와 송환을 거부한 포로가 친공과 반공 포로로 구분되면서 포로수용소는 또 다른 전쟁터가 됐다. 미국이 내세운 포로의 자원 송환 원칙은 전쟁을 이념전이자 심리전으로 전화시켰다. 공산군은 미국이 세균전을 벌였다는 의혹을 제기하고, 거제도 포로수용소 폭동[9] 등을 부각해 전 세계를 대상으로 대대적인 선전전을 벌여 미국을 당혹하게 만들기도 했다. 한편 유엔군은 북한에 무차별 폭격을 퍼부었고, 중국군은 전선에서 인적 자원 소모를 통한 공세로 압박해왔다. 이로 인해 인명피해가 급증했다. 포로 문제로 협상이 지연되면서 전쟁은 1년 이상 지속됐고, 그만큼 전쟁 피해도 커졌다.

1952년 7월 북한은 송환될 포로 수보다 미군 폭격으로 인한 인적 손실이 더 크다는 점을 확인하자 즉각 휴전을 원했다. 그러나 소련과 중국은 미국의 군사적 압력에 굴복할 수 없다는 입장을 고수했다. 특히 중국은 자국 포로의 전원 송환을 주장하며 강경한 입장을 보였다. 회담이 난항을 거듭하며 협상과 군사적 압력이 교대하는 동안 전쟁 피해는 더욱 커져갔다. 양측이 자신에게 유리한 쪽으로 협상하기 위해 군사적 압력을 강화했기 때문이다. 미국은 북한에 공중 폭격을 가해 수풍댐 등 주요 댐과 발전소, 평양 등 주요 도시를 파괴했다. 실제로 이 시기에 휴전협상이 시작되기 전보다 더 많은 인명피해와 경제적 손실이 발생했으며, 이는 북한 주민이 미국에 대해 강한 적대감을 갖게 하는 계기가 됐다. 1952년 중반 협상이 결렬되고 휴전논의가 유엔으로 옮겨지자 군사적 대결은 더욱 격화됐다. 전선에서 고지쟁탈전이 끝없이 이어졌다. 그러다 1953년 6·25전쟁을 끝내겠다는 공약을 내건 드와이트 아이젠하워(Dwight David Eisenhower, 1890~1969)가 미국 대통령으로 취임하고, 6·25전쟁에서 공산군 측의 실질적 결정권자였던 스탈린이 갑자기 사망하면서 휴전협상은 타결 쪽으로 급진전됐다.

---

9 거제도 포로수용소 폭동 1952년 5월 7일 제76포로수용소의 포로들이 수용소 소장인 도드 준장을 납치하는 사건이 일어났다. 이들은 소장을 풀어주는 조건으로 포로들에 대한 처우 개선과 포로 심사 중지 등을 요구했고, 공산군은 이 사건을 선전전에 활용했다.

도판10 정전협정
1953년 7월 27일 판문점에서 유엔군 수석대표 윌리엄 해리슨 미 육군 중장과 조선인민군 및 중국인민지원군 대표단 수석대표 남일 대장이 조인식을 하는 모습이다.

한국 정부와 이승만은 시종일관 휴전을 반대하고 북진통일을 주장했다. 이승만은 협상장 밖에서 휴전 반대시위를 대대적으로 벌이며 영향력을 행사해오다가, 타결이 임박한 1953년 6월 18일 일방적으로 반공 포로 석방을 단행했다. 사실 석방이라기보다는 육지에 분산 수용됐던 본국 송환을 거부하는 포로(반공 포로)를 탈출시킨 것이었다. 그러나 결국 1953년 7월 27일, 3년여의 전쟁이 끝나고 유엔군 사령관 마크 클라크(Mark Wayne Clark, 1896~1984)와 북한군 사령관 김일성, 그리고 중국인민지원군 사령관 펑더화이(彭德懷, 1900~1974)가 서명한 정전협정이 체결됐다.

한국은 미국과의 교섭을 거쳐 휴전을 수용하는 대신 미국과 상호방위조약을 체결해 안보를 보장받았다. 그리고 미국으로부터 20개 사단 규모의 군대 증강, 이를 유지할 수 있는 군사·경제 원조를 확보했다. 한편 정전협정에 근거해 한반도 문제를 평화적으로 해결하기 위한 정치 회담이 1954년 제네바에서 개최됐으나, 성과를 내지 못한 채 한반도 문제는 또다시 유엔으로 넘겨졌다.

전쟁의 성격, 결과와 영향

6·25전쟁은 큰 인명피해를 낳았다. 전쟁으로 인한 사상자는 남북한 합쳐 300만여 명으로 추산된다. 납북 및 월북자 30만여 명, 월남자는 45만~100만 명으로 민족 대이산과 가족 해체가 발생했다. 국방부와 통계청의 공식 자료에 의하면, 남한 지역에서는 군인 62만 2,000여 명, 경찰 1만 7,400여 명, 민간인 99만 1,000여 명 등 총 162만여 명의 인명피해가 발생했다. 북한 지역에서의

인명피해는 정확한 통계수치를 확보할 수 없어 실상을 파악하기 어렵다. 다만 군사정전위원회 자료에 따르면 북한군은 64만여 명의 인명피해가 발생한 것으로 나타나며, 민간인의 경우 1954년 북한 중앙통계국에서 107만 8,000명이라고 밝힌 바 있다. 북한 지역에서 최소한 173만 8,000여 명의 인명피해가 발생한 것으로 추정된다. 남북한 모두 민간인의 인명피해가 군인 수보다 더 많음을 알 수 있다. 북한의 민간인 인명피해는 대부분 미군의 무차별 폭격에 의한 것이었다. 남북한 모두 전쟁으로 국토가 황폐화되고 산업시설은 잿더미가 됐으며, 식량은 부족해지고 공업 생산량이 축소됐다.

6·25전쟁은 국제적으로 냉전체제를 확립시키는 계기가 됐다. 국내에서는 남북 간 적대적 대립구조가 확립되고, 전쟁이 끝난 후 각 집권 세력의 권력이 더 강화되는 결과를 가져왔다. 북한은 반대파를 숙청해 김일성 유일 지도체제를 강화했으며, 군사력을 최우선으로 하는 병영국가로, 전후 복구를 거쳐 본격적인 사회주의 경제체제로 돌입했다. 남한은 이승만의 반공 독재 체제가 강화됐다. 한국군이 60만 대군으로 증강되면서 사회 전반에 군이 막강한 영향력을 행사하게 됐다. 또한 전후에는 미국의 잉여 농산물과 소비재 원조에 의존하는 대외 종속적 성격이 강화되면서 급속히 세계 자본주의체제에 편입됐다.

6·25전쟁은 장기 소모전이었기 때문에 전쟁 특수를 유발했다. 이 과정에서 미국은 일본 경제의 부흥을 의도적으로 유도했는데, 이는 전후 미국의 공산주의 봉쇄 전략의 일환이었다. 미국은 동북아 지역에 지역 통합 전략을 적용하면서 일본을 거점으로 삼고, 남한과 동남아 지역을 그 배후지로 설정했다. 이를 위해 미국은 일본이 경제적으로 성장하도록 뒷받침했으며, 나아가 한일관계를 정상화시키고자 했다. 또한 미국은 개별 국가와 군사동맹을 체결하고 이것을 지역적으로 확대해 집단 방위체제를 형성·강화하는 한편, 한미 상호방위조약 체결을 통해 한국에 대한 정치·군사적 종속화를 진행했다.

공산 진영에서는 소련과 중국 및 북한 사이에서 갈등이 나타나기 시작했다. 6·25전쟁에 되도록 직접 개입하지 않으면서 자국의 이익을 추구했던 소련을 비판적으로 보던 북한과 중국은 이후 자력갱생 노선을 추구했고, 이것은 결국 중·소 분쟁의 실마리가 됐다. 중국은 직접 참전했다는 이유로 유엔에서 침략자로 규정당해 이후 20년간 국제적으로 고립됐다. 그러나 북한에 점점 큰 영향력을 행사했을 뿐 아니라, 미국을 상대로 전쟁을 무승부로 마

국명	전사/사망	부상	실종	포로	계
한국	137,899	24,495	450,742	8,343	621,479
미국	33,686	92,134	3,737	4,439	133,996
영국	1,078	2,674	179	978	4,909
오스트레일리아	340	1,216	—	28	1,584
네덜란드	120	645	—	3	768
캐나다	516	1,212	1	32	1,761
뉴질랜드	23	79	1	—	103
프랑스	262	1,008	7	12	1,289
필리핀	112	299	16	41	468
터키	966	1,155	—	244	2,365
태국	129	1,139	5	—	1,273
남아프리카공화국	36	—	—	8	44
그리스	192	543	—	3	738
벨기에	99	336	4	1	440
룩셈부르크	2	13	—	—	15
에티오피아	122	536	—	—	658
콜롬비아	213	448	—	28	689
인도	3	23	—	—	26
노르웨이	3	—	—	—	3
합계	175,801	554,202	28,445	14,160	772,608

도표1 국군 및 유엔군 인명피해 현황 　　　　　　　　　　　　　　　　　　단위: 명

국명	전사/사망	부상	실종	계
북한	520,000	—	120,000	640,000
중국	141.000	220,000	29,000	391,000
소련	315	—	—	315
합계	520,456	220,000	149,000	1,031,315

도표2 공산군 인명피해 현황 　　　　　　　　　　　　　　　　　　단위: 명

무리했기 때문에 사회주의 진영 내에서 위상이 높아졌다. 또 전시 동원체제를 통해 내부 반발을 누르고 단기간에 사회주의 국가체제를 만드는 데 성공했다.

6·25전쟁은 남북 간 내전에서 출발해 국제전으로 비화했다. 실제로 전쟁 수행 과정에서 남북은 아무런 결정권을 갖지 못했다. 전쟁은 북한의 침략으로 시작됐지만, 그 과정에서 소련과 중국이 결정적 영향력을 발휘했다. 북한의 침공 작전도 소련의 군사 참모들이 만들었고, 개전 시점의 최종 결정권자도 스탈린이었다. 또한 중국군 참전 이후 공산군의 전투를 주도한 것은 중국이었다. 북한군은 연합사령관 펑더화이가 지휘하는 조중연합사령부 지휘 아래 전쟁을 수행했다. 한국군 역시 한국군 작전지휘권을 유엔군 사령관에게 넘긴 후 유엔군 지휘 아래 전쟁을 치렀다.

휴전협상에서도 남북한에게는 결정권은 거의 없었다. 공산군 측 휴전회담 지휘체계는 중국 주도하에 수립됐고, 스탈린이 이번에도 최종 결정권을 행사했다. 미국은 한국 정부는 물론 유엔 참전국들도 배제한 채 워싱턴의 합동참모본부가 직접 휴전회담을 주도하도록 했다. 회담에서 한국 대표는 유엔군 사령관이 임명했고, 결국 참가는 했으나 발언권도 없었고 한국의 입장을 대변할 수도 없었다. 특히 한국이 정전협정에 서명하는 당사자도 되지 못한 사실은 이후 북한군 사령관 김일성이 공식 서명했다는 점과 비교되며 논란의 불씨가 됐다.

미국과 중국은 전쟁과 휴전회담을 주도한 결과 자신들의 의도대로 정전협정까지 체결했다. 그리고 남북에는 그 이행을 준수해야 할 책임만이 남겨졌다. 전후 남북 군사적 충돌의 원인이 되는 서해 해상분계선 및 NLL(서해 북방한계선)문제, 미귀환 국군 포로 및 전시 납치문제, 피난민과 실향민, 이산가족 등은 전쟁이 우리에게 남긴 슬픈 과제다.

2.

전후~1987년 한국의 정치·대외관계·남북관계

1 민주화

이승만 독재체제
발췌 개헌과 사사오입 개헌

6·25전쟁 전후 대한민국의 대통령은 이승만이었다. 1948년 대한민국 정부 수립 당시 제정된 제헌 헌법에 따르면 대통령의 임기는 4년이었고, 대통령은 국회에서 국회의원들이 선출하도록 되어 있었다. 따라서 1952년 제2대 대통령 선거 역시 국회에서 치러야 했는데, 이미 국회의 지지를 잃은 이승만이 재선출될 가능성은 거의 없는 상황이었다. 이에 이승만은 자신의 권력 연장에 불리한 대통령 선출 방식을, 국민이 직접 대통령을 선출하는 '직선제'로 바꾸고자 했다. 직선제가 시행되면, 정부에서 공무원과 경찰, 각종 관변단체, 청년단체, 반공단체 등을 총동원해 선거에 얼마든지 개입할 수 있었다.

　물론 개헌에 대한 권한 역시 국회에 있었기에 이승만 정부는 국회를 굴복시키기 위해 무력을 동원했다. 1952년 5월 25일 임시 수도였던 부산 일대에 계엄령이 선포됐고, 다음 날부터 헌병대는 이승만에게 비판적인 국회의원들을 국제공산당이라는 혐의로 체포하기 시작했다. 이른바 '부산 정치 파동'이 일어난 것이다.

　군을 앞세운 이승만 대통령의 위협에 국회는 굴복할 수밖에 없었다. 국회는 이승만과 타협해 이승만 정부가 이전에 제출했던 개헌안에서 직선제 등 핵심 내용을 발췌하고, 당시 많은 국회의원이 별도로 제출했던 내각책임제 개헌안에서 일부 조항을 발췌해 새로운 개헌안을 만들었다. 1952년 7월 4일 국회는 이를 거의 만장일치로 통과시켰다. 이런 연유로 제1차 헌법 개정을 흔히 '발췌 개헌'이라고 부른다. 결국 1952년 8월에 치러진 제2대 대통령 선거는 이승만의 뜻대로 직선제로 진행됐을 뿐 아니라, 이승만은 손쉽게 재선에 성공했다. 그러나 이승만의 권력욕은 여기서 그치지 않았다. 그는 1956년 제3대 대통령 선거에도 재출마해 정권을 계속 유지하고자 했다. 이때도 문제는 역시 헌법이었다. 당시 헌법상 대통령은 1차 중임, 즉 2번까지만 할수 있었기 때문이다. 권력 연장을 위해 이승만은 또다시 개헌을 시도했다.

　우선 이승만 정부는 1954년 5월에 치러진 제3대 국회의원 선거에서 경찰과 공무원 등을 총동원하고, 금품 살포와 부정선거 등을 자행해 여당인 자유당 소속 후보들을 대거 국회의원에 당선시켰다. 국회에서 헌법 개정에 필요한 재적 3분의 2 수준의 의석을 확보한 자유당은 현 대통령인 이승만에 한해 3선 금지 조항을 적용하지 않는 것을 핵심으로 하는 개헌안을 국회에 제출했다. 1954년 11월 27일 국회에서 이 개헌안에 대한 표결이 이뤄진 결과, 재적 203명 중 찬성 135표, 반대 60표, 기권 7표, 결석 1표가 나왔다. 개헌안이 통과되기 위해서는 재적 203명 중 3분의 2 이상이 찬성해야 했기에 136표가 필요했다. 그러나 표결에서 찬성이 135표에 머물렀기 때문에 결국 1표 차이로 개헌안은 부결됐다. 그런데 부결이 선포된 다음 날 정부는 203명의 3분의 2는 136명이 아니라 135명이며, 따라서 개헌안이 부결이 아니라 가결이라고 주장하기 시작했다. 반올림에서 4 이하는 버리고 5 이상은 올린다는 이유로, 203의 3분의 2인 135.3333⋯을 반올림하면 135가 된다는 궤변이었다. 결국 그다음 날인 11월 29일 자유당은 단독으로 국회를 열어 개헌안의 가결을 다시 선포했다.

제2차 헌법 개정은 반올림의 한자 표현인 사사오입(四捨五入)을 따서 흔히 '사사오입 개헌'이라고 불린다. 이 결과 이승만은 1956년 제3대 대통령 선거 출마는 물론 이후에도 횟수에 상관없이 대통령 후보에 오를 수 있는 특권을 갖게 됐다.

자유당·민주당·진보당의 탄생

이승만은 애초 자신이 특정 정당의 지도자가 아니라 모든 국민의 추대를 받는 지도자라는 점을 과시하기 위해 정당에 직접 참여하지 않았다. 하지만 제2대 대통령선거를 앞두고 재선이 어려워지자 자신을 적극 지지하는 여당을 만들어 재선을 이루려고 했고, 그 결과 1951년 12월 한국 최초의 여당인 자유당이 만들어졌다.

이승만과 더불어 자유당 창당을 주도한 이들은 초대 국무총리인 이범석(李範奭, 1900~1972)이 이끄는 민족청년단(족청) 세력이었다. 하지만 이승만은 이범석과 족청 세력이 자신의 권력을 위협할 것을 우려했다. 이에 1952년 발췌 개헌에 성공한 후에는 부통령선거에서 이범석의 당선을 저지했을 뿐만 아니라, 1953년에는 이들을 자유당에서 완전히 제거했다.

족청 세력이 제거된 후 자유당은 이승만에게 충성하는 부일 협력 관료 출신들을 중심으로 운영됐다. 이 과정에서 이기붕(李起鵬, 1896~1960)이 새로운 지도자로 급부상했다. 이기붕은 이범석과 달리 정치적 야심이 적고 온

순해 이승만에게 위협이 되지 못했다. 또한 이기붕의 친아들 이강석(李康石, 1932~1960)이 이승만의 양자로 들어가면서 두 사람은 개인적으로도 더욱 가까워졌다.

한편 1950년대 자유당에 대항했던 야당으로 '민주당'과 '진보당'이 있었다. 미군정기 동안 이승만과 협력관계였던 '한국민주당(한민당)'은 1948년 정부 수립 과정에서 이승만과 갈등을 빚었다. 이후 한민당은 1949년 신익희, 지청천(池靑天, 1888~1957) 세력과 통합해 민주국민당(민국당)으로 변모해 본격적인 야당의 길로 들어섰다. 그러나 이승만 정부가 강력한 권력을 지녔던 것에 비해 민국당 등 야당 세력은 힘이 매우 약했다.

1954년 사사오입 개헌 이후 이승만 정부의 독재를 막기 위해 모든 야당 세력이 힘을 모으기 시작했다. 이 과정에서 야당 세력은 진보적인 정치인 조봉암(曺奉岩, 1899~1959)의 참여 여부를 둘러싸고 2개로 재편됐다. 결국 조봉암의 참여를 반대하는 세력이 1955년 민주당을 창당했고, 찬성하는 세력이 1956년 진보당을 만들었다. 민주당에는 '구파'라고 불리는 민국당 계열과 '신파'라고 불리는 자유당 탈당 의원, 무소속 의원, 흥사단 계열 등이 참여했다. 민주당의 구파와 신파는 이승만 정부에 함께 대항하면서도 당내 주도권을 둘러싸고 끊임없이 갈등했다.

1950년대 중후반의 선거와 진보당 사건

야당이 재편된 가운데 치러진 1956년 정부통령선거는 매우 치열하게 전개됐다. 보수 야당인 민주당에서는 대통령 후보로 신익희가 나섰다. 진보적인 야당 인사들은 대통령 후보에 조봉암을 추대했다. 이들은 이승만에 맞서 인상적인 선거운동을 펼쳤다. 민주당은 "못 살겠다 갈아보자"라는 구호를 내걸며 이승만의 독재와 부정부패를 공격했다. 이 구호는 대유행을 하며 유권자들을 파고들었다. 조봉암 역시 이승만의 북진통일론을 거부하고 평화통일론을 주장해 큰 파장을 불러일으켰다.

그런데 5월 5일 선거를 불과 열흘 앞두고 신익희가 갑자기 심장마비로 사망하는 돌발 사태가 발생했다. 이로 인해 야당의 대통령 후보는 자연히 조봉암만 남았지만, 자유당 못지않게 보수적이고 반공적이었던 민주당은 사상이 의심스럽다는 이유로 조봉암을 지지하지 않았다. 결국 1956년 5월 15일 정부통령 선거에서 이승만은 조봉암을 꺾고 다시 대통령에 당선됐다. 당시

선거에서는 세상을 떠난 신익희를 추모하는 의미를 담은 무효표도 많이 나왔다. 게다가 조봉암이 이 선거를 "투표에 이기고 개표에 진 선거"라고 표현했을 만큼 부정이 심했다. 조봉암은 선거에서 패하기는 했지만, 명실상부한 이승만의 최대 경쟁자로 떠올랐다.

이에 이승만 정부는 1958년 1월 12일 조봉암을 간첩 혐의로 체포하고, 그를 중심으로 만들어진 진보당을 해산시켰다. 조봉암이 간첩이라는 증거가 없었음에도 결국 그는 1959년 7월 31일 서대문형무소에서 사형을 당했다. 50여 년이 지난 2011년에 이르러서야 대법원은 이 사건을 다시 재판(재심)해 조봉암에 대해 무죄판결을 내렸다. 조봉암의 사형은 극단적인 반공체제 아래서 독재자가 자신의 반대 세력을 빨갱이로 몰아 제거한 전형적인 사건이었다.

한편 대통령 선거와 함께 치러진 부통령 선거에서는 민주당 장면(張勉, 1899~1966) 후보가 근소한 차이로 자유당 이기붕 후보를 이겼다. 당시 부통령은 대통령 유고 시 대통령직을 승계할 권리, 즉 계승권을 가지고 있었다. 1956년 당시 만 81세였던 이승만의 나이를 생각했을 때 이승만이 임기 중 사망한다면 하루아침에 정권이 야당인 민주당에 넘어갈 가능성이 있었다. 이에 자유당은 1958년 제4대 국회의원 선거에서 재적 3분의 2 이상의 의석을 확보해 부통령의 대통령 승계를 막는 내용으로 개헌을 추진하고자 했다. 그러나 이 선거에서 자유당은 도시에서 참패하는 바람에 개헌이 가능한 의석을 확보하는 데 실패했다.

이제 자유당이 할 수 있는 일은 1960년에 치러질 정부통령 선거에서 대통령 선거는 물론 부통령 선거까지 반드시 승리하는 것뿐이었다. 1960년 만 85세가 되는 이승만의 나이를 고려했을 때, 이는 자유당에게 더욱 절실한 사안이 됐다.

4월혁명과 그 유산

3·15 부정선거

1960년 3월 15일 정부통령선거가 실시됐다. 자유당은 4년 전과 마찬가지로 대통령 후보로 이승만을, 부통령 후보로 이기붕을 공천했다. 그러나 이승만 정부와 자유당에 대한 민심은 전보다 훨씬 악화돼 있었다. 날로 심해지는 독재와 부패에 더해, 1957년 9%까지 성장했던 경제가 1959년 5%, 1960년 2%로 성장률이 곤두박질쳤던 것이 주요 원인이었다. 반면 민주주의의 이상적 가치를 가르치는 교육이 늘어나고, 비민주적인 현실을 폭로하는 언론이 발전하면서, 사회 전반에서 정치적 비판의식은 날로 높아지고 있었다.

정부통령 선거를 불과 한 달 앞두고 민주당 대통령 후보 조병옥(趙炳玉, 1894~1960)이 지병으로 사망하면서 사실상 이승만의 당선은 확실시됐다. 하지만 부통령 선거에서 이기붕이 현직 부통령이던 민주당의 장면 후보를 이기는 것은 거의 불가능한 상황이었다. 이에 이승만 정부는 1960년 3월 15일 사상 최대의 부정선거를 자행했다(3·15 부정선거).

이승만 정부와 자유당이 사용한 부정선거 수법 중 대표적인 것은 투표소 장악을 통한 3인조, 9인조 공개 투표와 유권자 명부 조작을 통한 40% 사전투표였다. 그 밖에 전국 곳곳에서 경찰·공무원·자유당원·정치 깡패 등에 의해 다양한 형태의 선거 부정이 자행됐다.

결국 전체 유권자의 약 85%의 지지로 이승만이, 70%가 넘는 지지로 이기붕이 각각 대통령과 부통령에 당선됐다. 그러나 선거 결과를 액면 그대로 받아들이는 사람들은 많지 않았고, 3·15 부정선거에 분노한 많은 이들이 거리로 쏟아져 나오기 시작했다.

반독재 민주화 투쟁과 이승만 하야

부정선거에 대한 항의는 선거운동 기간이었던 1960년 2월 28일 대구에서 시작됐다. 28일은 일요일이었음에도 대구에서 열린 민주당 유세에 참여하지 못하도록 학생들을 강제 등교시키자, 대구 지역 고등학생들은 "학원을 정치 도구화하지 말라" 등의 구호를 외치며 시위에 나섰다.

선거 당일에는 마산·광주 등지에서 부정선거 규탄시위가 일어났다. 특히 마산에서는 민주당 간부들이 일찌감치 선거 무효를 선언하며 시위를 벌였고, 여기에 많은 시민이 동참했다(제1차 마산항쟁). 학생 중심으로 비교적 평온하게 진행됐던 낮 시위와 달리 도시빈민이 대거 결합한 밤 시위는 격렬했다. 이때 경찰이 시위대에 총과 최루탄을 무차별 발사해 8명이 사망하고, 80여 명의 중상자가 발생했다.

제1차 마산항쟁 이후 전국 각지에서 중·고등학생들을 중심으로 시위가 계속 이어졌다. 그러던 중 4월 11일 오전, 마산 앞바다에서 제1차 마산항쟁 때 실종됐던 고등학교 신입생 김주열(金朱烈, 1944~1960)의 시신이 발견됐다. 발견 당시 김주열은 경찰이 발사한 최루탄이 눈에서 뒤통수까지 관통한 상태였다. 이 소식이 삽시간에 마산 시민들에게 전해지면서 마산에서는 다시 대규모 시위가 일어나 4월 13일까지 지속됐다. 제2차 마산항쟁이 전개된 것이었다.

김주열사건과 제2차 마산항쟁을 계기로 시위는 전국 각지로 급속히 확산됐다. 특히 4월 18일부터는 그동안 침묵했던 서울의 대학생들이 시위에 앞장서기 시작했다. 4월 18일 고려대학교 학생 3,000여 명은 교내에서 집회를 연 후 일제히 거리로 진출했다. 이때 이승만 정부와 결탁한 100여 명의 정치 깡패들이 시위를 마치고 학교로 돌아가는 고려대학교 학생들을 습격해 폭행했고, 이로 인해 많은 학생이 피를 흘리며 거리에 쓰러졌다.

부정선거, 김주열의 죽음, 고려대학교 학생 습격 등에 분노한 학생과 시민들은 4월 19일 대규모 시위에 나섰다. 서울에서만 학생과 시민 10만여 명이 가담했다. 시위대가 경무대(청와대)로 향하자 경찰이 발포를 시작했고, 야간까지 서울 곳곳에서 유혈 사태가 벌어졌다. 부산과 광주 등에서도 격렬한 시위와 경찰의 발포가 있었다. 4월 19일 시위로 경찰 4명을 포함해 모두 115명이 사망하고 1,000명에 가까운 사람이 부상당했다. 4월 19일 오후 서울·부산·광주를 비롯해 몇몇 도시에 비상계엄령이 선포되면서 시위는 일단 진정되는 듯 보였다. 하지만 4월 25일 전국 대학교의 교수 258명이 서울대학교에 모여 이승만 대통령의 퇴진을 요구하는 시국선언문을 발표한 후 "학생의 피에 보답하라."라고 쓴 플래카드를 들고 나서면서 시위가 재개됐다. 이제 시위대의 주된 구호는 "부정선거 다시 하라"에서 "이승만 하야"로 완전히 바뀌었다.

다음 날인 4월 26일에는 아침부터 학생과 시민이 다시 거리로 나오기 시작했다. 10만 명으로 불어난 시위대는 서울 시내를 꽉 메우고 이승만의 퇴진을 요구했다. 그동안 이승만을 지지하던 미국마저 한국의 안정을 위해서는 이승만을 지지하기 어렵다고 밝혔다. 결국 이날 오전 이승만은 미국 대사와 시민 대표들을 만난 뒤, 국민이 원한다면 대통령직에서 물러나겠다는 하야 성명을 발표했다.

국민의 힘으로 이승만 독재체제를 무너트린 이 사건을 흔히 '4월혁명'이라고 부른다. 이 과정에서 학생은 물론 도시빈민 등 시민의 참여와 희생이 컸다. 국민의 핏값으로 민주주의를 회복했던 것이다. 무엇보다 독재 정권을 국민의 힘으로 무너트린 4월혁명은 이후 한국 민주주의가 위기에 처할 때마다

국민이 다시 일어나 불의와 싸워 이길 수 있다는 경험을 제공한 소중한 유산
이자 자신감의 원천이 됐다.

민주당 정부의 수립

1960년 4월 26일 이승만이 대통령직에서 물러나면서 수석 국무위원인 외무
부 장관 허정(許政, 1896~1988)이 대통령 권한 대행을 맡았다. 허정은 다음 정
권이 정식으로 출범할 때까지 혼란한 정국을 수습하기 위해 과도 내각을 출
범시켰다. 과도 내각의 가장 큰 임무는 헌법을 완전히 바꾸고, 이에 따라 새
로운 정권을 탄생시키는 일이었다. 그동안 야당인 민주당이 주장하던 내각
책임제가 새 헌법의 골간을 이뤘다. 1960년 6월 15일 국회는 찬성 208표, 반
대 3표라는 압도적 지지로 내각책임제 개헌안을 통과시켰다. 새 헌법은 내각
책임제 이외에도 언론·출판·집회·결사의 자유와 경찰·공무원의 정치적 중
립 보장 같은 국민의 기본권을 신장하는 내용을 담고 있었다.

내각책임제를 골자로 한 새 헌법이 제정된 후 1960년 7월 29일 국회의원
총선거가 치러졌다(7·29 총선). 이전과 달리 국회는 미국 등의 상원-하원과
비슷하게 참의원과 민의원 두 개로 나뉘었다. 선거 결과 예상대로 야당이었
던 민주당이 민의원 233석 중 175석, 참의원 58석 중 31석을 얻어 압승했다.
반면 진보당사건 이후 주춤했다가 4월혁명으로 다시 정치의 전면에 등장한
진보적 정치 세력, 즉 혁신계들은 참패했다. 이승만 정부는 무너졌지만, 오랫
동안 지속된 반공주의의 벽은 여전히 높았던 것이다.

7·29 총선에서 승리한 민주당은 드디어 정권을 잡을 수 있었다. 새 헌법

에 따르면 상징적 국가원수인 대통령과 실질적 권력을 가진 국무총리 모두 국회에서 선출하도록 했다. 일단 대통령에는 구파의 윤보선(尹潽善, 1897~1990)이 쉽게 당선됐다. 실권을 가진 국무총리에는 신파의 장면이 간신히 지명·인준됐지만, 이 과정에서 구파 의원 상당수가 민주당을 탈당해 신민당이라는 야당을 창당했다.

장면은 국무총리에 취임하면서 경제 제일주의를 내세웠다. 특히 경지 정리, 관개 및 배수, 산림녹화, 도로·교량 건설, 댐 건설 등 국토개발 사업을 의욕적으로 추진했다. 또한 경제개발을 계획성 있게 추진하기 위해 앞서 이승만 정부 당시 수립된 3개년 경제개발계획을 바탕으로 경제개발 5개년 계획을 완성했다. 그러나 1961년 5월 16일에 군사 쿠데타가 이를 실행할 기회를 갖지는 못했다.

학생운동과 통일운동의 발전

4월혁명의 주역인 학생들은 7·29 총선을 맞아 자신들의 활동을 사회운동 차원으로 확대시키기 위해 국민계몽운동과 신생활운동을 추진했다. 그러나 의지만으로는 큰 성과를 거두기 어려웠다. 이에 학생들은 근본적인 사회 모순을 해결하겠다며 통일운동으로 방향을 전환했다. 1960년 11월 이후 각 대학마다 '민족통일연맹(이하 '민통련')' 또는 이와 비슷한 이름을 내건 학생 통일운동단체들이 속속 결성됐다.

7·29 총선에서 참패를 당한 후 침체를 겪던 혁신계도 통일운동이 활성화되자 이쪽으로 다시 힘을 모았다. 1961년 2월 25일 통일운동을 주도하는 단체로 민족자주통일협의회(이하 '민자통')가 결성됐다. 민자통에는 혁신계의 여러 정당과 사회단체가 참여했으며, 특히 청년단체들이 적극적이었다.

통일운동은 1961년 2·8 한미 경제협정 체결 및 반공법과 데모규제법 제정에 반대하는 투쟁으로 이어졌다. 장면 정부가 미국의 요구를 받아들여 한국의 경제 주권을 무시하는 한미경제협정을 맺자 학생들과 혁신계는 이 협정을 "예속적·식민지적 불평등조약"으로 비판하면서 반대운동을 전개했다. 또한 1961년 3월 장면 정부가 통일운동을 반공법과 데모규제법을 만들어 억제하려 하자, 4월혁명의 민주화 기조 속에서 이 법률들을 2대 악법으로 규정하고 반대 투쟁을 강력하게 전개했다. 그 결과 실제로 두 법률 모두 제정되지 못했다.

통일운동은 1961년 5월 학생들의 남북 학생 회담 제의를 통해 절정에 달했다. 그러나 곧바로 일어난 5·16쿠데타로 좌절됐으며, 관련자들은 모두 군사정권에 의해 처벌받았다. 6·25전쟁 당시 피학살자의 유가족들도 4월혁명 직후 학살의 진상 규명과 학살자 처벌, 명예 회복을 요구하는 운동을 벌였지만, 이들 역시 5·16쿠데타 후 탄압당했다. 4월혁명 직후에는 교원노조운동이 전개되어 2만여 명의 교사가 참여하는 등 그 열기가 뜨거웠다. 하지만 장면 정부는 교원노조의 합법화를 거부했고, 역시 5·16쿠데타 후 교원노조는 해체되고 말았다.

5·16쿠데타와 군사정권의 등장

5·16쿠데타의 발발

1961년 5월 16일 군사쿠데타가 일어났다. 3,600여 명 정도의 쿠데타군이 서울의 주요 기관을 점령하고 권력을 장악했다. 장면 정부는 쿠데타 세력이 무력을 행사하자 한순간에 무너졌다. 이는 헌정질서 파괴이자 4월혁명으로 어렵게 회복한 민주주의에 대한 유린을 의미했다. 쿠데타로 군사정권이 수립된 이후 30여 년간 박정희-전두환(全斗煥, 1931~2021)-노태우(盧泰愚, 1932~2021)로 이어지는 군부통치가 계속됐다. 이에 따라 군사정권에 맞서 민주주의를 회복하는 것이 한국의 민주화 과정에서 핵심을 차지했다. 물론 여기에는 많은 사람의 노력과 희생이 뒤따랐다.

5·16쿠데타에는 박정희 육군 소장을 정점으로 육사 5기, 육사 8기 출신 장교들이 적극 가담했다. 이들이 쿠데타를 일으킨 이유에는 개인적인 권력욕과 더불어, 부정부패 및 인사 적체에 따른 군부 내 불만 등의 문제가 복합적으로 작용하고 있었다. 5·16쿠데타는 장면 총리의 도피와 주한 미군 측의 반발 때문에 애초 그 성공 여부가 불투명했다. 그러나 당시 대통령이었던 윤보선이 전방 부대를 동원한 쿠데타 진압을 반대하고, 이후 미국도 사실상 묵인하는 태도를 보이자 쿠데타는 점차 기정사실화됐다. 결국 5월 18일 그동안 도피해 있던 장면 총리가 나타나 국무회의를 열고 내각 총사퇴를 결의하면서 쿠데타는 최종적으로 성공을 거뒀다.

군사정권의 정책

쿠데타 성공으로 권력을 장악한 박정희와 군부 세력은 쿠데타 직후 설치한

도판12 박정희와 쿠데타군
5·16쿠데타 당시의 박정희 육군 소장(가운데)과 박정희의 경호를 맡았던 박종규(왼쪽), 차지철(오른쪽)의 모습이다.

군사혁명위원회를 국가재건최고회의(이하 '최고회의')로 확대·개편했다. 군사정권이 본격적으로 통치를 시작한 것이다.

　먼저 군사정권은 과거의 잘못된 사회현상이나 관행을 '구악(舊惡)'으로 규정하고 이를 일소하겠다는 의지를 천명했다. 하지만 대부분은 미봉책에 불과했고, 오히려 과거에 볼 수 없었던 새로운 문제가 군사정권하에서 발생하기 시작했다. 이를 두고 많은 사람들이 "구악을 능가하는 신악(新惡)"이라고 불렀다. 군사정권의 정책은 억압적인 성격이 강했다. 쿠데타 직후 군사정권은 모든 정당과 사회단체를 해산시켰다. 4월혁명 이후 대폭 늘어난 언론사도 일부만 남기고 통폐합시켰다. 1962년 3월에는 「정치활동정화법(政治活動淨化法)」을 제정해 정치인들의 정치활동을 법적으로 규제했다. 쿠데타 후에도 한동안 대통령직을 유지하던 윤보선이 이 법안에 반발해 사퇴하자, 박정희 최고회의 의장이 대통령 권한 대행에 올랐다.

　4월혁명 이후 학생운동·통일운동 등에 앞장섰던 사람들도 용공분자라는 혐의로 2,000명 이상 체포됐다. 이들은 소위 '혁명재판'을 통해 가혹한 처벌을 받았다. 일례로『민족일보(民族日報)』사장 조용수(趙鏞壽, 1930~1961)는 북한의 자금을 받고 북한을 도왔다는 혐의로 1961년 12월 사형당했다. 그러나 2008년 대법원은 재심을 통해 조용수에게 무죄를 선고했다. 또한 군사정권은 기존의 국가보안법에 더해 새롭게 반공법을 제정했다. '찬양고무', '통신회합', '불고지' 등 반공법의 모호한 조항들은 다양한 해석을 낳으며 민주화운동을 탄압하는 데 자주 악용됐다.

군사정권이 만든 대표적인 억압기구는 중앙정보부였다. 1961년 6월 창설된 중앙정보부는 처음부터 단순한 정보기관을 넘어 군사정권에 걸림돌이 되는 장애를 제거하기 위한 목적으로 출발했다. 이에 중앙정보부에는 정보수집, 공작 활동과 관련한 무소불위의 권한이 부여됐다. 또한 중앙정보부는 자체에 정책연구실을 두고 많은 학자들을 동원해 정책의 기획과 입안까지 관여했다.

민정 이양

박정희 등 쿠데타 세력은 5·16 쿠데타 직후 소위 '혁명공약'에서 민정 이양을 약속했고, 이에 대한 의지를 계속 천명했다. 1961년 11월에는 당시 최고회의 의장이었던 박정희가 미국을 방문해 존 케네디(John Fitzgerald Kennedy, 1917~1963) 대통령과 만나 민정 이양 약속을 재확인했다.

실제로 군사정권은 민정 이양을 위한 준비를 진행했다. 먼저 헌법 개정을 위해 1962년 10월 「국민투표법」을 만들었다. 12월 6일에는 쿠데타 이후 지속된 계엄령을 해제하고, 최고회의에서 대통령중심제(임기 4년, 직선제)를 골자로 하는 새로운 헌법 개정안을 통과시켰다. 이 개헌안은 12월 17일 국민투표를 통과한 후 12월 26일 정식으로 공포됐다. 그동안 금지했던 정치활동도 1963년 1월 1일부터 허용했다. 박정희 등 쿠데타 세력은 민정 이양 이후에도 민정에 참여해 권력을 계속 유지하고자 했다. 중앙정보부장 김종필(金鍾泌, 1926~2018) 주도로 민정 이양 시 자신들이 군복을 벗고 몸담을 수 있는 정당을 비밀리에 조직하기 시작했다. 1년여간 은밀히 진행된 민주공화당(공화당) 창당 작업은 1963년 1월에야 공개적으로 그 모습을 드러냈다.

공화당을 통해 쿠데타 세력이 민정에 참여하자 야당 정치인들은 물론 군사정권 내부에서도 강하게 반발했다. 미국 역시 박정희의 민정 참여에 부정적이었다. 결국 1963년 2월 박정희는 민정 불참을 선언했고, 김종필은 공직에서 물러나 외국으로 떠났다. 그러나 다음 달인 3월 박정희는 민정 불참은 물론 민정 이양에 대한 약속까지 파기하고 군정을 다시 5년간 연장하겠다는 성명을 발표했다. 박정희의 폭탄선언은 야당 정치인들과 미국의 강력한 반대로 곧 철회됐으나, 이 과정에서 박정희와 쿠데타 세력의 민정 참여는 기정사실화됐다.

5월이 되자 박정희는 군복을 벗고 민간인으로 변신해 공화당의 대통령 후보가 됐고, 곧이어 10월에 치러진 제5대 대통령 선거에서 야당인 민정당의 윤보선 후보와 치열한 선거전을 치렀다. 그 결과 강력한 자금력과 조직력을 앞세운 박정희가 윤보선을 근소한 표 차이로 꺾고 승리했다. 11월에 치러진 국회의원 선거에서도 공화당이 과반수 이상의 의석을 확보했다.

박정희 독재의 심화와 유신체제
3선 개헌

박정희는 1967년 5월에 치러진 제6대 대통령 선거에 여당인 공화당 후보로 다시 출마했다. 오랫동안 분열되어 있던 야당은 1967년 대통령 선거를 앞두고 신민당으로 통합했고, 신민당 대통령 후보로는 또다시 윤보선이 출마했다. 그러나 1960년대 중반부터 본격화된 경제성장을 앞세운 박정희가 4년 전보다 쉽게 윤보선을 꺾고 재선에 성공할 수 있었다.

대통령 선거 한 달 후인 6월 8일에 치러진 국회의원 선거에서 박정희 정권은 광범위한 부정을 저질렀다. 당시 헌법은 대통령의 1차 중임만 허용했기 때문에 박정희는 1971년에 예정된 제7대 대통령 선거에는 출마할 수 없었다. 권력 연장을 위해서는 대통령의 3선이 가능하도록 헌법을 개정해야 했다. 6·8 부정선거의 결과 여당인 공화당은 개헌에 필요한 3분의 2 이상의 의석을 확보할 수 있었다.

박정희 정부는 압도적인 국회 의석을 바탕으로 1969년 5월경부터 대통령의 3선 허용을 위한 개헌 논의를 본격화하기 시작했다. 신민당 등 야당 의원들이 개헌안의 국회 통과를 저지하기 위해 본회의장을 점거하고 농성을 벌였지만, 공화당은 9월 14일 야당 의원들을 따돌리고 다른 장소에서 기습적으로 3선 개헌안을 통과시켰다. 국회를 통과한 개헌안은 10월 17일 국민투표에서 약 65%에 해당하는 찬성표를 얻으며 최종 확정됐다. 이로써 박정희는 1971년 제7대 대통령 선거에 출마할 수 있게 됐다.

3선에 도전하는 박정희와 맞붙은 야당 신민당의 후보는 김대중(金大中, 1924~2009)이었다. 김영삼(金泳三, 1927~2015)과 함께 40대 기수론을 주장하며 인기를 모았던 김대중은 만약 박정희가 대통령에 당선되면 앞으로 박정희가 영구 집권할 수 있는 대만식 총통제와 같은 체제가 들어설 것이라고 경고했다. 치열한 선거전 끝에 박정희가 승리했으나, 당시 금권과 관권을 동원해 자행됐던 부정선거의 사례들이 드러났다. 그러나 이보다 더 큰 문제는 선거전에서 김대중이 했던 경고가 불과 1년 만에 현실화됐다는 데 있었다.

유신체제의 수립

1971년 제7대 대통령 선거에서 승리한 박정희는 1년 후인 1972년 10월 17일 갑자기 비상계엄을 선포하고 헌정질서를 중단시켰다(10월 유신). 동시에 국회를 해산하고 모든 정치활동을 금지시켰다. 박정희는 10월 유신을 '7·4 남북 공동성명'을 계기로 급진전되고 있던 남북대화와 평화통일 논의를 뒷받침하려는 조치라고 합리화했다. 그러나 이는 1971년 12월 특별한 상황이 아니었음에도 국가 비상사태를 선포하고,「국가보위에 관한 특별조치법」을 제정한 것 등에서 확인할 수 있듯이, 억지에 불과했다. 박정희의 유신 선포는 자신의 권력을 무한정 연장해 영구 집권을 달성하기 위한 헌정질서 파괴 행위로, 사실상 쿠데타나 다름없었다.

유신 선포 후 새로 채택된「유신헌법」에는 민주주의 국가에서 유례를 찾아보기 힘든 독재적인 내용이 많이 담겨 있었다. 먼저 대통령의 임기를 6년으로 늘리고, 더 이상 국민이 대통령을 직접 뽑지 못하도록 했다. 대신 1972년 2월 정부의 절대적인 영향력 아래 있는 통일주체국민회의(統一主體國民會議)를 만들어 이 조직의 대의원들이 대통령을 뽑도록 했다.「유신헌법」은 1972년 11월 계엄령하에서 국민투표를 통과했다. 그리고 12월「유신헌법」에 따라 치러진 제8대 대통령 선거에서, 박정희는 체육관에 모인 2,300여 명의 통일주체국민회의 대의원의 99.9% 지지를 받아 당선됐다. 당시 사람들은 이러한 요식적인 간접 선거를 흔히 '체육관 선거'라고 불렀다. 체육관 선거로 박정희가 다시 대통령에 선출되면서 유신체제가 본격적으로 운영되기 시작했다.

유신체제 아래 대통령은 긴급조치권 등 막강한 권력을 가졌다. 특히 대통령에게 국회의원 중 3분의 1을 통일주체국민회의를 통해 임명할 수 있는 권한이 주어졌는데, 이렇게 임명된 국회의원들은 유신정우회(維新政友會, 유정회)라는 원내 교섭단체를 조직해 여당인 공화당과 협조했다. 이는 행정부·

입법부·사법부를 엄격히 분리해 상호 견제하도록 하는 3권 분립의 원리를 정면으로 부정하는 것이었다. 실제로 1973년 국회의원 선거 결과 공화당과 유정회 의원이 국회 재적의 3분의 2를 차지했다. 이렇게 해서 유신체제하의 국회는 대통령에 의해 조종되는 하부기구로 전락하고 말았다. 3권 분립을 파괴한 유신체제에서는 법관 역시 대통령이 임명했다.

무엇보다 유신체제의 가장 큰 문제는 헌법에서 대통령의 연임 제한 조항이 완전히 삭제됐다는 데 있었다. 이로써 박정희는 횟수에 구애받지 않고 대통령에 오를 수 있는 기반을 마련했다. 사실상 영구 집권의 길이 열린 셈이었다.

1960~1970년대 반독재 민주화운동의 전개와 유신체제의 몰락
6·3항쟁

5·16 쿠데타 이후 민주주의를 파괴하고 인권을 유린하는 사건들이 많이 일어났다. 그때마다 학생·야당·재야·시민은 정부의 잘못된 정책을 바로잡고 민주주의와 인권을 옹호하기 위한 민주화운동에 적극적으로 나섰다.

집권 후 박정희는 자신이 정당하지 못한 방식으로 권력을 장악하면서 발생한 정통성의 문제를 급속한 경제성장을 통해 해결하려고 했다. 그리고 경제성장에 필요한 자본을 일본에서 지원받기 위해 일본과의 국교정상화 등 한일협정 체결에 적극 나섰다. 이는 미국이 오랫동안 추구했던 정책인 동아시아에서 미국-일본-한국의 수직적 지역 통합에도 부합하는 것이었다.

박정희 정부가 협상 타결을 위해 일본에 너무 많은 것을 양보하자 이를 굴욕 외교라고 비판하는 여론이 커졌다. 학생들이 먼저 움직여 1964년 3월 24일부터 굴욕적인 한일협정 체결에 반대하는 저항이 본격적으로 전개됐다. 그리고 몇 차례 대규모 시위를 거쳐 1964년 6월 3일 서울의 주요 대학교와 고등학교 학생들이 거리로 쏟아져 나와 "박정희 하야"를 외치며 4월혁명을 방불케 하는 대규모 시위를 벌였다. 이를 흔히 '6·3항쟁'이라고 부른다.

학생들의 강력한 저항에 직면한 박정희 정부는 계엄령을 선포해 군대의 힘으로 이를 탄압했다. 또한 학생들의 배후에 인민혁명당(인혁당)이 있다며, 이 항쟁을 혁신계 또는 북한의 사주를 받은 것으로 몰아갔다. 6·3항쟁은 좌절됐지만, 그 여파로 한일협정의 타결도 연기될 수밖에 없었다. 하지만 한일협정은 결국 1965년 6월 22일 정식 조인됐다. 이 협정은 8월 14일 야당의 저지에도 불구하고 공화당만의 1당 국회에서 비준됐다. 한일협정 조인과 비준 무효를 외치는 학생시위가 다시 격화됐으나, 박정희 정부는 1965년 8월 26일 위수령을 선포해 다시 군대의 힘으로 저항을 탄압했다. 이로써 1964년부터 2년간 지속된 6·3항쟁 등 일련의 한일협정 반대운동은 막을 내렸다.

3선 개헌 반대운동

박정희 정부가 3선 개헌을 미리 대비하며 1967년 6·8 부정선거를 자행하자, 학생들은 바로 다음 날인 9일부터 부정선거 규탄운동을 전개하기 시작했다. 그리고 6월 중순 이후 학생시위가 대학교는 물론 고등학교로까지 급속히 확산됐다. 박정희 정부는 학생시위가 커지는 것을 막기 위해 여러 학교에 휴교 조치를 내리고 뒤이어 조기 방학을 실시했다. 8월까지 방학이 계속 이어지면서 학생운동의 동력은 크게 떨어졌다. 또한 1967년 7월 8일 다수의 지식인들을 간첩단으로 조작한 이른바 '동베를린(동백림)사건'[1]이 발생하고 여기에 일부 학생운동 관련자들이 엮이면서, 6·8 부정선거 반대운동은 사실상 종결됐다.

이후 한동안 학생시위가 거의 일어나지 않다가, 박정희 정부의 3선 개헌 추진이 본격화되면서 학생들의 저항은 다시 활성화됐다. 1969년 6월 12일부터 시작된 3선 개헌 반대운동은 시간이 갈수록 격화됐다. 이에 대비하고 있던 박정희 정부는 고도로 훈련된 경찰기동대와 페퍼포그라는 최루가스 분사기까지 동원해 무자비하게 탄압했다. 또한 학생시위를 막고자 각 대학교에 휴교령을 내렸다. 휴교 조치에도 불구하고 학생들의 저항은 단식농성 형태로 계속 이어졌다. 1969년 9월 14일 국회에서 여당 의원만으로 개헌안이 날치기 통과되자 학생시위가 며칠간 다시 격화됐다. 그러나 학교 문이 닫힌 상황에서는 시위가 더 이상 지속되기 힘들었다. 결국 10월 17일 3선 개헌안이 국민투표를 통과하면서 3선 개헌 반대운동은 완전히 끝나고 말았다.

---

1   동베를린(동백림)사건 1950~1960년대 서독과 프랑스로 건너간 유학생과 교민들이 동독의 동베를린을 방문해 북한 측과 접촉했다는 이유로, 한국 정부가 이들 및 관련자들을 대규모 간첩단으로 엮은 사건을 말한다. 한국 정부가 이들을 독일과 프랑스에서 불법적으로 연행하면서 외교 문제가 발생했으며, 조사과정에서 고문 등 가혹 행위가 자행됐다. 하지만 실제 재판에서 간첩죄는 인정되지 않았다.

1972년 박정희가 유신을 선포했을 때, 군대를 앞세운 위협 앞에 모두가 침묵할 수밖에 없었다. 하지만 1973년 하반기부터 「유신헌법」 개정을 요구하는 학생시위와 서명운동이 급속히 확산됐고, 박정희 정부는 이를 탄압하기 위해 긴급조치를 발동했다. 1974년 1월 8일 발동된 긴급조치 1호는 「유신헌법」을 비판하거나 반대하면 영장 없이 체포해 군법회의에서 15년 이하 징역에 처하도록 했다.

긴급조치가 내려진 상황 속에서도 유신체제에 저항하는 민주화운동은 계속됐다. 1974년 4월에는 유신체제에 저항하던 많은 학생이 전국민주청년학생총연맹(이하 '민청학련')이라는 전국 단위의 학생운동 조직을 만들려고 했다는 혐의로 가혹하게 처벌을 당하는 사건이 발생했다. 특히 몇몇 인물들은 민청학련[2]의 배후 조직인 인민혁명당 재건위원회(인혁당 재건위)[3]를 만들었다는 이유로 체포되어 그중 도예종·서도원·이수병 등 8명이 실제로 사형을 당했다. 2007년 대법원은 인혁당 재건위 관련자 전원에게 무죄를 선고해 과거 사법부가 저지른 잘못을 뒤늦게 바로잡았다.

유신체제의 폭압에도 이에 저항하는 민주화운동이 계속되자 박정희 정부는 1975년 5월 13일 긴급조치의 완결판이라 할 수 있는 긴급조치 9호를 발동했다. 긴급조치 9호 역시 「유신헌법」에 대한 그 어떠한 비판도 금지했으며 긴급조치를 비난하는 일까지도 처벌 대상이 됐다. 긴급조치 9호는 1979년 박정희 정부가 무너질 때까지 계속 효력을 유지하면서 무수히 많은 사람을 감옥에 갇히게 했다.

그럼에도 유신체제에 대한 저항은 중단되지 않았다. 학생들은 학내에 경찰이 상주하는 상황에서도 기습적인 집회와 시위를 이어나갔다. 재야인사

---

2   민청학련 본격적인 반유신운동에 나선 학생들은, 개별 학교 차원의 분산적인 학생운동을 극복하고 전국적인 연대를 모색하는 과정에서 1974년 4월 3일 대규모 시위를 계획했다. 그리고 이 시위를 주도하는 조직명으로 '전국민주청년학생총연맹'을 제시했다. 하지만 사전에 정보가 유출되면서 대규모 학생 시위는 좌절됐고 관련 학생들은 가혹한 처벌을 받았다.

3   인민혁명당 4월혁명 직후 통일운동에 적극적으로 나섰던 혁신계 인사들 중 일부가 1963년 민정이양을 전후로 진보적 사회운동을 모색하기 시작했다. 박정희 정부는 1964년 6·3항쟁 당시 학생시위의 배후로 이들을 지목하고 처벌했는데, 이를 흔히 '인민혁명당(인혁당)사건' 혹은 '제1차 인혁당사건'이라고 부른다. 당시 정부의 발표는 사실관계를 부풀린 것으로 실제로는 가벼운 처벌로 마무리됐다. 박정희 정부는 10년 뒤인 1974년 반유신운동을 탄압하는 과정에서 학생운동의 배후로 이들을 다시 소환하여 사건을 조작했는데, 이를 '인혁당 재건위 사건' 혹은 '제2차 인혁당사건'이라고 부른다.

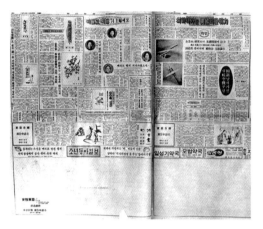

도판13. 백지 광고로 발행된『동아일보』
지면
박정희 정부는 자유언론 실천운동을 탄압
하기 위해 이에 앞장섰던『동아일보』를 재
정적으로 압박하기 시작했다. 특히 기업들
이『동아일보』광고를 철회하게 함으로써
1974년 12월 말부터『동아일보』는 백지광
고를 내보낼 수밖에 없었다.

들은 1976년 「3·1민주구국선언문」을 발표하고 1979년 민주주의와 민족 통일을 위한 국민연합을 결성했다. 지식인과 종교인은 자유실천문인협의회와 천주교정의구현사제단 등을 결성해 유신체제하에서 얼어붙은 사상과 양심의 자유를 회복하고자 했다.

그밖에도 유신체제에 대한 저항운동으로 1974~1975년 주요 일간지 기자들을 중심으로 전개된 자유언론 실천운동과『동아일보』백지 광고 사태, 1978년 전남대학교 교수 11명이 유신체제와 교육 현실을 정면으로 비판한 우리의 교육지표 사건 등이 있다. 이러한 반유신 민주화운동은 박정희 정부의 가혹한 탄압 때문에 개별적으로는 큰 성과를 거두지 못했지만, 유신체제의 폭압성과 비민주성, 반인권성을 지속적으로 폭로하며 체제의 기반을 약화시키는 역할을 했다. 이러한 끊임없는 저항 속에서 유신체제는 서서히 무너져갔다.

민중운동

1960년대 이후 한국 경제는 고도성장 단계로 진입했다. 그러나 경제성장의 혜택은 모든 계층에 공평하게 돌아가지 못했다. 이에 1970년대에 들어서면서 불평등한 사회경제구조에 저항하는 민중운동이 활발해지기 시작했다.

먼저 1970년 11월 13일 청계천 평화시장의 한 공장에서 일하던 청년 노동자 전태일(全泰壹, 1948~1970)이 노동조건 개선과 근로기준법 준수를 요구하며 스스로 몸을 불살라 목숨을 끊었다. 봉제공장이 밀집해 있던 청계천 일대에서는 한 층을 두 개로 나눠 허리를 펴기도 힘든 작업장을 흔히 볼 수 있었다. 이곳의 노동자들은 하루 15시간씩, 한 달에 한두 번밖에 쉬지 못한 채 비인간적인 환경 속에서 계속 일해야 했다. 이러한 상황에서 발생한 전태일의 분신은 그동안 모두가 외면했던 열악한 노동조건에 대한 사회적 관심을 환기했고, 이후 조금씩 노동조건이 개선되고 노동운동이 활성화되는 중요한 계기가 됐다. 또한 1970년대에는 동일방직 노조 민주화 투쟁과 같은 여성 노동자들의 민주노조운동이 크게 발전하기도 했다.

농민운동은 1972년 가톨릭농민회 결성을 계기로 본격화됐다. 1976년에는 크리스찬아카데미에 농민 교육 과정이 개설됐고, 1977년에는 기독교농민회가 결성되어 활발하게 활동했다. 농민운동의 대표 사례는 1976년부터 1978년까지 진행된 함평 고구마 피해보상 투쟁이었다. 당시 함평에서는 많은 농민이 고구마를 사들이겠다는 농협의 약속을 믿고 고구마를 재배했지만, 막상 고구마를 수확하자 농협이 약속을 지키지 않아 큰 손해를 보게 됐다. 이에 함평군 가톨릭농민회 주도로 농협에 보상을 요구하는 농민들의 투쟁이 일어났다. 결국 3년간의 투쟁 끝에 농민들은 보상을 받을 수 있었다.

도시빈민운동으로는 광주대단지사건이 대표적이다. 박정희 정부는 서울시 도시개발 과정에서 많은 강제 철거를 진행하고, 이 과정에서 발생한 철거민들을 시 외곽으로 집단 이주시켰다. 광주대단지(현 성남시)가 그렇게 만들어졌다. 하지만 정부 당국은 광주대단지에 이주민들이 생활할 수 있는 최소한의 기반이나 대책을 마련하지 않았다. 극도로 열악한 생활 여건에 대한 개선을 요구하던 광주대단지 주민들은 정부 당국에서 반응이 없자, 1971년 8월 10일 약 6시간 동안 경찰차와 관용차를 불태우고, 출장소와 파출소를 파괴하는 등 도시 봉기 수준의 저항을 벌였다. 광주대단지 사건은 외형적인 경제성장과 도시화가 만들어낸 거대한 모순을 극명하게 드러낸 사례였다.

부마 민주항쟁과 10·26 사태

1978년 7월 치러진 제9대 대통령 선거에서는 통일주체국민회의 대의원에 의한 간접 선거를 통해, 박정희가 6년 전처럼 99.9%의 지지를 얻으며 당선됐다. 그러나 국민이 직접 투표한 12월 국회의원 선거에서는 야당인 신민당이 전체 득표율에서 여당인 공화당에 1.1%p 앞서는 결과가 나왔다. 유신체제하 억압적인 선거 분위기 속에서도 야당이 여당보다 더 많은 표를 얻었다는 것은 민심 이반이 매우 광범위하게 일어나고 있다는 사실을 분명하게 보여줬다.

1979년 김영삼을 새로운 총재로 선출한 신민당은 유신체제에 맞서 강력한 저항을 전개하기 시작했다. 같은 해 8월에는 체불 임금과 직장 폐쇄 문제로 회사 측과 갈등을 벌이던 YH무역 여성 노동자들이 신민당 당사에 들어와 농성을 하기 시작했다. 그러자 박정희 정부는 야당 당사에 경찰을 투입해 농성 중인 노동자들을 강제로 연행했고, 이 과정에서 노동자 1명이 사망하는 사건이 발생했다. 박정희 정부의 폭압은 여기서 멈추지 않았다. 1979년 10월 4일에는 김영삼의 외신 기자회견 내용을 문제 삼아 국회의원 자리에서 그를 제명시켜 버렸다. 1979년에 벌어진 일련의 사건들은 박정희 정부에 대한 민심 이반을 더욱 가중시켰다.

유신체제에 대한 민심 이반이 가속화하는 가운데 부산과 마산에서 '부마 민주항쟁'이라고 불리는 대규모 저항이 발생했다. 1979년 10월 16일 부산대학교 학생들은 "유신헌법 철폐", "야당 탄압 중지", "빈부격차 해소" 등의 구호를 외치면서 가두시위를 벌였고 17일에는 일반 시민까지 합류해 경찰서·파출소·신문사·방송국 등을 공격했다. 이에 박정희 정부는 18일 부산 지역에 비상계엄령을 선포하고 공수부대 5,000명을 투입했다. 10월 18일 시위는 마산 지역으로 확산됐다. 경남대학교 학생들이 시작한 시위에 마산 수출자유 지역의 노동자 등 시민들이 대거 동참했다. 10월 20일 박정희 정부는 마산·창원 일대에도 위수령을 내리고 군대를 투입했다.

부마 민주항쟁 직후 1979년 10월 26일 밤 궁정동 중앙정보부 안가에서 박정희가 측근인 중앙정보부장 김재규(金載圭, 1926~1980)에게 살해됐다(10·26사태). 이로써 유신체제는 물론 1961년 5·16쿠데타 이후 18년 동안 지속됐던 박정희 정부는 종말을 맞았다. 10·26사태의 직접적 원인은 민심 이반에 따른 정부 내부의 갈등이었다. 민심 이반과 저항의 격화로 유신체제의 위기가 가시화되자, 이에 대응하는 과정에서 정부 핵심 세력 내부에 이견이 생겼고, 이것이 극단적 분열로 폭발한 것이다. 그런 의미에서 10·26사태는 유신체제의 가혹한 탄압에 굴하지 않고 끈질기게 전개된 민주화운동의 결과라고 할 수 있다.

신군부의 집권과 민주화운동
12·12 군사반란과 서울의 봄

10·26사태로 철옹성 같던 유신독재가 순식간에 무너져갔다. 이후 국민은 인

권과 기본권을 지켜주는 새로운 헌법과 명실상부한 민주공화국을 꿈꿨으나, 현실은 그렇지 못했다. 11월 24일 서울YWCA에 500여 명이 모여 통일주체국민회의의 대통령 선출 반대, 거국 중립 내각 수립, 조기 총선 등을 요구했다. 그러나 계엄군이 대회장에 난입해 관련자 140여 명을 연행해 고문하고 주동자 14명을 구속했다(YWCA 위장결혼사건). 결국 12월 6일 통일주체국민회의가 대통령 권한 대행이던 최규하를 제10대 대통령으로 선출했다.

12월 12일에는 박정희 정부의 비호 아래 성장한 전두환을 비롯한 신군부가 군사반란을 일으켰다. 보안사령관 전두환을 견제하려던 육군참모총장 정승화(鄭昇和, 1929~2002)는 관사에서 보안사 요원들에 의해 납치됐고, 반란을 진압하려던 수경사령관 장태완(張泰玩, 1931~2010)과 특전사령관 정병주(鄭柄宙, 1926~1989) 등도 연행됐다. 반란 세력은 전방을 지키던 9사단(사단장 노태우) 병력까지 빼내 서울로 진격시켰다. 이 과정에서 상관을 지키던 특전사령관 비서실장 김오랑(金五郎, 1944~1979) 등은 반란군이 된 선배와 동료가 난사한 총탄에 쓰러졌다. 정치 군인들의 권력욕이 빚어낸 비극이었다. 군 지휘권을 장악한 신군부는 언론 통제를 중심축으로 삼고, 정권 탈취를 목표로 한 K-공작[4]을 진행시켰다.

한편 박정희 정부기에 고통과 희생만을 강요당했던 노동자들은 노동조합을 만들고 생존권 투쟁을 벌였다. 1980년 4월 21일 강원도 사북 동원탄좌에서 노동자들의 항쟁이 발생했다(사북항쟁). 살인적인 노동조건과 쇠락하는 광산업 상황 등으로 인해 노동자들의 생존이 위협받고 있는 가운데 어용노조가 선출됐다. 이후 고용주(동원탄좌)와 노조위원장이 일방적으로 단체협약에 타협하자 노동자들의 분노가 폭발했다. 노동자들은 부정선거 무효와 임금 인상을 요구하는 집회를 열려고 했으나 경찰이 허가하지 않자 경찰과 충돌했다. 계엄사령부는 진압을 위해 11공수여단을 대기시켰지만 4월 24일 노사가 합의했다. 그 뒤 계엄사는 합의를 깨뜨리고 항쟁을 주도한 노동자 81명을 계엄령 위반으로 구속한 뒤 이원갑 등 7명에게 실형을 선고했다.

1979년 12월 8일 긴급조치 9호가 해제되면서 갇혔던 사람들이 풀려나고

---

4   K-공작 1989년 국회의원 이철에 의해 공개된 것으로, 1980년 3월 중순에 보안사 언론반의 반장이었던 이상재가 '단결된 군부의 기반을 주축으로 지속적인 국력신장을 위한 안정 세력 구축'을 표면상의 명분으로 하는 언론인 회유공작 계획을 일컫는다.

떠났던 사람들도 돌아왔다. 그리고 1980년 3월 이후 대학생들은 학내에서 유신 잔재를 청산하는 운동을 전개했다. 5월 13일 연세대학교를 시작으로 전국 곳곳의 대학생들은 거리로 진출해 유신체제 청산과 민주화를 요구했다. 시민과 학생이 함께 「유신헌법」 폐기와 민주화를 요구하는 이른바 '서울의 봄'이 도래한 것이다. 5월 15일 서울역 시위를 정점으로 학생들은 정치 군인들에게 빌미를 주지 않기 위해 정부를 믿고 기다리겠다며 '서울역 회군'을 결의했다. 다음 날 광주에서는 시민과 학생들이 전남도청 앞에서 민족민주화성회를 열었고, 이날 밤에는 경찰의 협조 아래 횃불시위를 평화롭게 마무리했다.

5·17쿠데타와 5·18민주화운동

1980년 2월부터 신군부는 충정부대에 충정훈련(시위 진압훈련)을 시키며 군 투입을 준비했다. 1980년 5월 17일 오전 전군주요지휘관회의에서 사회 혼란을 이유로 군 투입을 결의하고, 같은 날 밤 개최된 국무회의에서는 8분 만에 5월 17일 24시를 기해 비상계엄을 전국으로 확대시켰다. 이와 동시에 전두환이 본부장으로 있던 계엄사 합동수사본부가 김대중을 비롯한 야권 인사, 민주화운동 및 학생운동 지도부, 김종필(金鍾泌, 1926~2018)과 이후락(李厚洛, 1924~2009)과 같은 유신 잔당 등을 예비검속했다. 정부는 북한 위협과 국가 안보를 그 명분으로 삼았으나, 당시 판문점에서는 2주에 한 번씩 남북총리회담의 개최를 준비하는 실무 회담이 열렸다. 그리고 이날 투입됐던 계엄군 병력의 93%가 국가 보안시설이 아닌 대학에 배치됐다.

5월 18일 아침 전남대학교 정문에 모여든 학생들이 휴교령에 항의하자 공수부대원들이 학생들을 구타하며 해산시켰다. 학생들은 곧바로 금남로로 나가 '비상계엄 전국 확대'와 '김대중 연행' 등을 알리며 시위했다. 오후 4시경 전남대학교와 조선대학교에 진주한 공수부대가 금남로에 투입됐다. 공수부대원들은 학생을 비롯한 젊은이들에게 무차별적인 폭력을 휘두르더니, 점차 그 대상을 가리지 않고 구타하고 때로는 총검까지 사용했다. 상가·주택·학교·공원 등을 수색하고, 지나는 버스와 택시를 세운 뒤 젊은이들을 연행하기도 했다. 5월 19일 오후 금남로에서는 군인들이 시민들을 속옷만 입힌 채 구타하거나 기합을 준 뒤 연행하는 일도 벌어졌다. 경찰도 이들의 행동을 제어할 수 없었다.

믿기 힘든 광경을 목격한 시민들이 5월 19일부터 시위를 주도했다. 이날

도판14 1980년 5월 20일 차량시위

5월 18일부터 계속된 공수부대원들의 폭력과 야만의 행동은 광주 시민들의 분노를 불러일으켰다. 군인들은 광주 시내를 다니던 택시와 버스를 멈춰 세운 뒤 항의하는 시민들을 폭행하고, 더 나아가 운전기사들에게까지 폭력을 행사했다. 5월 20일 오후 광주 무등경기장 앞에 모인 차량(택시·버스·트럭)은 광주역을 거쳐 전남도청이 있는 금남로로 진출하는 차량시위를 전개했다. 사진은 금남로3가로 진입하는 차량시위 대열이다.

처음으로 장갑차가 진압에 투입되고 공수부대 장교가 발포해 시민들이 부상당했다. 다음 날 오후 기사들이 차량을 몰고 나와 공수부대에 대항했다. 이날 밤 고립된 부대원들을 구출한다며 공수부대가 처음으로 집단 발포해 많은 시민들이 희생됐다. 광주 시내 곳곳에서 군과 시민이 충돌하고, 광주역 앞에서는 시민들의 차량에 깔려 공수부대원들이 다치거나 사망했다.

　5월 21일 새벽 공수부대가 두 구의 시신을 광주역에 남겨 두고 전남대학교로 철수했다. 참혹한 시신을 마주한 시민들은 전남도청 앞으로 모여들었다. 이날 오전 시민들은 아세아자동차에서 차량과 장갑차를 꺼내오는 한편, 전남 도지사에게 정오까지 공수부대의 철수를 요구했다. 이것이 받아들여지지 않자 오후 1시경 시민 측 장갑차가 계엄군에게 돌진하면서 공수부대원 1명이 사망하고 공수부대의 집단 발포가 시작됐다. 집단 발포 직후 공수부대원들이 조준 사격해 많은 사람이 희생되자, 시민들은 광주와 인근 지역의 예비군 무기고에서 무기를 꺼내와 대항했다. 이날 오후 계엄사는 군을 시내에서 철수시켜 광주 외곽을 봉쇄했다. 군이 봉쇄선을 지나는 모든 시민과 차량에 발포해 많은 시민들이 희생됐다.

　5월 22일부터 시민들은 군에 의해 파괴된 공동체를 복구해갔다. 부상자들을 후송하고 헌혈하며, 주먹밥을 나누고 시신을 수습했다. 전남도청 앞에서 집회를 열고 상무관에 시신들을 안치했다. 동시에 시민수습대책위원회를 구성하고 대표단을 전투교육사령부에 설치돼 있던 전남북계엄분소로 보내 협상을 통한 평화로운 해결을 시도했다. 그러나 군은 시민들을 폭도로 몰며 무력 진압을 계획한 상황이었기에 협상은 결렬될 수밖에 없었다.

한편 미국은 5·18 기간 여러 경로를 통해 광주의 상황을 인지하고 있었고, 조기경보기와 항공모함 코럴시(CV-43 Coral Sea)호를 부산항에 정박시켜 대북 경계를 강화했다. 하지만 미국은 신군부의 행위를 비판하지 않았을 뿐 아니라 오히려 한미연합군사령부는 5월 27일 최후의 진압작전인 상무충정작전에 한미연합군사령부의 지휘를 받는 제20사단의 병력 동원을 승인했다. 그리하여 5월 27일 새벽, 광주의 주요 건물에 공수부대 특공조가 침투하는 것을 시작으로, 상무충정작전이 전개되어 시민들을 무력 진압했다. 5·18을 겪으며 국민은 민주주의와 인권, 그리고 미국과 공권력을 재인식하게 됐다. 5월 30일 서강대학교 학생 김의기(金義基, 1959~1980)가 서울의 기독교회관에서 「동포에게 드리는 글」을 남기며 투신하자, 5·18민주화운동의 진상규명에 대한 시민들의 요구가 잇달았다. 이러한 연장선상에서 그해 12월 9일 광주 미문화원이 불타는 것을 시작으로 1982년 3월 19일 부산 미문화원 방화 사건, 1982년 4월 성조기 소각이 발생했다.

5·18민주화운동에 참여했던 많은 사람이 '폭도'로 몰리며 내란죄로 감옥에 갇혔으나 이들은 석방된 뒤에도 5·18의 진실을 알리기 위해 계속 투쟁해갔다. 이들 중 몇몇은 각종 자료와 구술을 근거하여 정부가 주장하듯 '폭동'이나 '내란'이 아닌 신군부의 불법 쿠데타에 맞서 민주주의와 인권을 지키

5·18 항쟁 경고문

경고문에는 군이 광주 시민들과 시민들의 저항을 어떻게 인식하는지 잘 드러나 있다. 또한 1980년 5월 24일 오후에 광주 외곽을 봉쇄하던 공수부대가 송정리 비행장으로 이동했다. 이동 과정에서 11공수여단은 소리 나는 곳을 향해 무차별 발포해 많은 시민들이 희생됐고, 효천역 부근의 오인 사격 이후 인근 마을 청년들을 대상으로 하는 보복 학살도 발생했다.

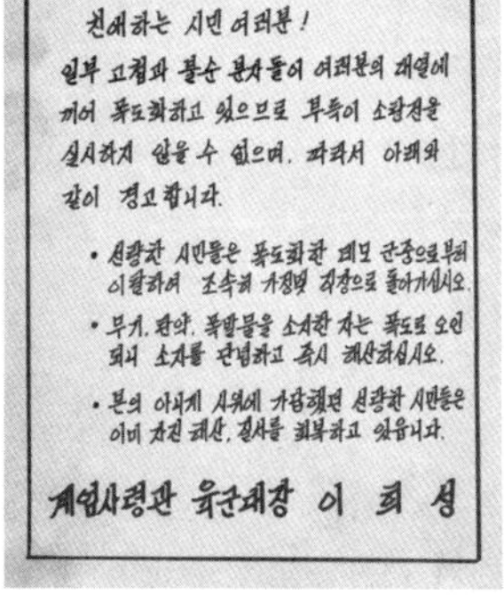
경고문

친애하는 시민 여러분!
일부 고첩과 불순 분자들이 여러분의 대열에 끼어 폭도화하고 있으므로 부득이 소탕전을 실시하지 않을 수 없으며, 따라서 아래와 같이 경고합니다.

- 선량한 시민들은 폭도화한 데모 군중으로부터 이탈하여 조속히 가정및 직장으로 돌아가십시오.
- 무기, 탄약, 폭발물을 소지한 자는 폭도로 오인되니 소지를 단념하고 즉시 해산하십시오.
- 본의 아니게 시위에 가담했던 선량한 시민들은 이미 자진 해산, 질서를 회복하고 있읍니다.

계엄사령관 육군대장 이 희 성

도판15 경고문

려는 시민들의 항쟁이었음을 정리한『죽음을 넘어 시대의 어둠을 넘어』(풀빛, 1985)를 출간했다. 신군부는 이 책의 배포를 막으려고 출판사 사장을 구속하기도 했으나, 이 책은 복사본 형태로 널리 읽히며 진상 규명에 일조했다.

국가보위비상대책위원회와 삼청교육대

1980년 5월 31일 대통령 자문보좌기구로 국가보위비상대책위원회(이하 '국보위')가 발족했다. 국보위의 위원장은 대통령이 맡았지만 실권은 13개 분과의 상임위원회(위원장 전두환)에 있었다. 국보위는 국회와 행정부를 무력화하고 사법부를 통제하는, 마치 5·16쿠데타 직후 국가재건최고회의 같은 초헌법기구였다. 상임위원 대다수는 군 출신이었으나, 민간인도 참여했다.

국보위는 사회악을 없애겠다는 목표로 삼청계획 5호를 입안해, 1980년 8월 1일부터 다음 해 1월 25일까지 총 6만 755명을 영장 없이 강제 연행했다. 군·검·경·민의 심사위원회 분류에 따라, A급 3,252명은 군법회의에 회부되고, B·C급 4만 347명 중 3만 9,742명(환자 605명 제외)은 전후방 26개 부대의 삼청교육대(26개 부대)에 입소했다. 이들은 무장 군인들의 감시 아래 순화 교육을 빙자한 구타와 고문 및 기합, 군사훈련, 강제 노역을 견뎌야 했다. 교육 도중 많은 사망자가 발생했고, 지시 불이행자나 태도 불량자에게는 고문이 자행됐다. 이후 100만 명이 넘는 '미순화자'가 전방 군부대의 도로 보수, 진지 구축, 통신선 매설 등에 투입됐고, 7,578명의 '순화 불능자'가 사회보호법[5]을 적용해 재판 없이 격리 수용됐다. 국보위는 삼청교육대에서 사망자를 54명으로 발표했으나 실제로는 후유증 사망자가 339명, 장애인이 2,700여 명에 달했다.

이외에도 김대중 내란음모사건(36명)과 5·18 관련자들의 내란죄 처벌, 언론 통폐합 및 언론인 숙청, 공직자 숙청, 10·27법난[6] 등으로 비판 세력을 탄

---

5   사회보호법 국가보위입법회의는 '죄를 범한 자로서 재범의 위험성이 있고 특수한 교육·개선 및 치료가 필요하다고 인정되는 자에 대해 보호처분함으로써 사회복귀를 촉진하고 사회를 보호함을 목적'으로 1980년 12월 18일 사회보호법을 제정했다. 이 법에 따라 법무부에 사회보호위원회가 설치됐고, 삼청교육 입소자들이 이 법의 부칙 조항에 의해 최초의 피적용자가 됐다.

6   10·27법난 1980년 합동수사본부 합동수사단(합수본부장에 노태우 보안사령관, 합수단장에 김충우 보안사 대공처장)에서 불교계 정화를 명분으로 '45계획(불교계 정화수사계획)'을 수립해 1980년 10월 27일 불교계 최대 종파인 대한불교 조계종의 스님 및 불교 관련자 153명을 강제로 연행해 수사하고, 이어서 3일 뒤인 10월 30일 포고령 위반 수배자 및 불순분자를 검거한다는 명목으로 군·경 합동병력 3만 2,076명을 투입해 전국의 사찰 및 암자 등 5,731곳을 대상으로 일제히 수색한 사건을 말한다.

압했다. 또한 김영삼을 비롯해 정부에 비판적이었던 인사들과 유신 잔당들의 정치활동을 금지했는데, 역설적이게도 5·16군사쿠데타 직후 장면 총리를 비롯한 정치인들의 활동을 막은 김종필도 그 대상자가 됐다.

한편 신군부의 압박으로 1980년 8월 16일 최규하가 대통령직에서 사퇴하고, 8월 27일 통일주체국민회의가 전두환을 제11대 대통령으로 선출했다. 국보위는 12월 27일 「유신헌법」 일부를 수정해 대통령 임기 7년 단임제와 대통령 간접 선출을 골자로 하면서 대통령의 국회의원 3분의 1 추천제 폐지, 대통령의 법관 임면권 폐지 등을 담은 새 헌법을 공포했다. 다음 해 2월 대통령선거인단이 전두환을 대통령으로 선출했고, 3월 3일 제12대 대통령 취임식과 함께 제5공화국이 출범했다.

전두환 정부의 통치와 민주화운동

제5공화국은 '정의사회 구현'과 '민주복지국가 건설'을 국정 지표로 내세웠으나 실상은 정반대였다. 건국 이래 최대 사기사건이라는 '이철희·장영자사건(1982년)'과 같은 권력형 비리가 끊이지 않았다. 정부는 기업들을 겁박해 비자금을 조성하고, 이를 거부한 국제그룹 같은 기업은 도산시켰다. 1988년 제13대 국회의 제5공화국 비리특별조사위원회에 따르면, 전두환 정부는 새마을성금, 새세대심장재단기금 등을 걷어 비자금으로 축적했다.

전두환 정부는 국민을 학살하며 등장한 '학살정권'이라는 비판을 무마시키기 위해 3S(Sports, Screen, Sex)정책을 추진하기도 했다. 유신 시절에 비해 영화가 다루는 소재도 다양해졌고 극장에서 도색 영화가 상영되기도 했지만, 검열 또한 강화됐다. 미국이 압력을 가하면서 영화 제작과 수입이 분리됐고, 이에 1986년부터는 외화 수입이 자유로워졌다.

1981년 5월 28일부터 6월 1일까지 서울 여의도에서는 민속제·전통 예술제·가요제·연극제·씨름 대회·팔도굿·남사당놀이·팔도 명물장 등을 모은 '국풍'81이 열렸다. KBS에서 기획한 행사였으나 정부가 국가행사로 만들어 군인과 공무원들을 학생처럼 꾸며 동원했다. 또한 전두환 정부는 아시안게임과 올림픽을 유치한 뒤 이를 준비한다는 이유로 서민의 터전을 강제 철거하는 일을 벌였다. 이를 비판하며 다큐멘터리를 제작한 김동원 감독은 〈상계동 올림픽〉을 제작했다. 1982년 3월 27일 준비 없이 프로야구가 출범했다. 정부는 참여 기업에 각종 특혜(홍보, 면세, 군복무 혜택)를 주고 어린이 회원과

TV 중계를 통해 프로 야구 붐을 조성했다.

1980년 12월 전두환 정부는 민주정의당(민정당)과 함께 민주한국당(민한당), 한국국민당(국민당)을 야당으로 출범시켰다. 여당인 민정당은 육군사관학교와 서울대학교 법대 출신들이 결합했다는 이유로, '육법당(陸法黨)'이라는 비아냥을 들어야 했다. 야당은 정부에 대한 견제와 비판을 포기함으로써 정부의 2중대로 비판받았다. 비판적 정치인들은 정치정화법에 막혀 활동이 금지됐는데, 이에 맞서 1983년 5월 김영삼은 23일 단식투쟁을 벌였다.

1980년대 초반 전두환 정부는 대학교에 경찰을 상주시키며 학생들을 감시 연행하고, 고문을 자행한 후 그 진상을 조작했다. 이 과정에서 학림사건, 부림사건, 무림사건 등 각종 공안사건이 발생했다. 그리고 1980년 무림사건 관련자들부터 1984년 민주화운동에 관련한 학생들까지 모두 군대에 강제징집[7]했다. 게다가 그들에게 프락치 활동을 강요하는 녹화사업[8]을 시행해 김두황(고려대학교), 이윤성(성균관대학교), 정성희(연세대학교), 최온순(동국대학교), 한영현(한양대학교), 한희철(서울대학교)을 비롯한 많은 학생들이 희생됐다. 정부의 계속된 탄압에도 학생들은 학내외에서 모였고, 몇몇은 경찰의 눈을 피해 시위를 주동했다. 이 과정에서 1983년 11월 16일 서울대학교 도서관에서는 경찰의 강제진압을 피해 밧줄을 묶어 내려오던 황정하 학생이 희생되기도 했다.

노동운동은 신군부가 권력을 장악하면서 된서리를 맞았다. 그 주역들은 구속되어 삼청교육대에 끌려갔고, 조합원들은 블랙리스트에 올라 일자리조차 구할 수 없었다. 그럼에도 노동자들은 새 조직을 만들고, 여기에 5·18을 경험한 학생들이 연대하며 힘을 보탰다. 1985년 7월 대우어패럴 노동조합 위원장이 구속되는 것을 기화로 구로 지역 노동자들이 연대 파업했다.[9]

---

7   강제징집 강제징집은 1980년 9월부터 1984년 11월까지 학생운동에 참여했다가 제적·정학·휴학 등에 의해 강제로 학적이 변동된 대학생을 대상으로 국방부 등 정부 각 부·처에서 역할을 분담하여 병역법이 정한 소정의 절차를 거치지 않고, 당사자의 의사와 무관하게 조기징집시킨 것을 말한다.

8   녹화사업 녹화사업은 보안사에서 강제징집자 및 정상입대자 중 학생운동 전력자들을 대상으로 1982년 9월부터 1984년 12월까지 있었던 일련의 일들을 말한다. '좌경오염 방지'라는 명목하에 학생운동 활동 사항과 조직체계 등을 조사하고(개인별 심사(審査)), 대상자의 생각과 이념을 바꾸도록 하는 순화(純化) 업무를 진행했으며, '순화'됐다고 판단된 병사들에게 출신 대학교의 학원첩보를 수집해오도록 요구하는 활용, 이른바 프락치활동을 강요했다.

9   구로동맹파업 6·25전쟁 이후 한국에서 일어난 최초의 동맹파업이다. 구로동 공단 지역에 산재한 여러 공장에서 1980년대 초반에 어용노조를 대신하는 민주노조 수립운동이 활발하게 전개됐다. 이들 민주

국내외의 비판과 아시안게임 및 올림픽을 앞둔 여론을 의식해 1983년 12월 전두환 정부는 학원 자율화를 발표했다. 경찰은 대학교에서 철수하고 해직 교수 복직 및 제적생 복학을 허용했다. 그러나 1984년 학생들이 학도호국단을 폐지하고 학생회를 부활시키자 정부는 학생회 간부들에게 검거령을 내렸다. 학생들이 시험 거부로 맞서자 다시 경찰이 학내로 진입해 학생들을 연행했다.

1985년 1월 김영삼 등 야당 정치인들이 신한민주당(신민당)을 출범시켰다. 신군부가 사형을 선고한 뒤 무기징역으로 감형해 미국으로 추방시킨 김대중이 총선을 나흘 앞둔 1985년 2월 8일 귀국했으나 곧바로 가택 연금됐다. 2월 12일 제12대 총선거에서 신민당이 제1야당(지역구 50, 전국구 17)으로 등장했다.

학생들은 1984년 11월 민정당사 점거, 1985년 5월 미문화원 점거와 같은 투쟁을 이어갔다. 1983년 청년들이 집결한 민주화운동청년연합(민청련), 1985년 9월 재야단체가 결집한 민주통일민중운동연합(민통련)이 결성됐다. 1985년 9월 4일부터 26일까지 민청련 의장 김근태는 남영동 치안본부 대공분실에서 23일 동안 끔찍한 고문을 당했다. 그해 12월 19일 민청련사건 재판정에서 그는 고문 사실을 폭로했다.

1986년 2월 신민당은 개헌 청원 1,000만인 서명운동을 시작했다. 5월 3일 신민당의 개헌추진위원회 경기지부 결성식(인천)이 있었는데, 야당·재야·학생·노동자 등이 참여한 이날 행사에서는 가두시위가 벌어지며 최루탄과 화염병이 등장했다. 10월 28일 전국 26개 대학교의 학생 2,000여 명이 건국대학교에 모여 전국반외세반독재애국학생투쟁연합(애학투련)을 결성했고, 이에 경찰이 헬기까지 동원해 진압한 뒤 1,447명을 연행하고 1,288명을 구속했다. 전두환 정부는 민주화운동 세력을 용공으로 몰며 탄압했다.

1987년 6월항쟁

1987년 1월 14일 서울대학교 학생 박종철(朴鍾哲, 1964~1987)이 치안본부 대

노조에 대한 탄압에 여러 공장 노동자들이 파업으로 참여하며 함께 맞섰으나 결국 파업 참가자들이 대량 해고되는 사태가 초래됐다. 이로 인해 노조운동이 노동조건 협상과 같은 경제적 운동 형태를 극복하고, 민주화와 같은 사회개혁에 많은 관심을 갖게 되는 계기이자, 기업별 노동운동의 한계를 절감하고 노동조합의 연대를 위해 노력하는 계기가 됐다. 동맹파업 이후 '서울노동운동연합'이 결성됐다.

공분실(남영동)로 연행돼 수배된 선배의 소재를 추궁하는 경찰의 물고문을 받다 사망했다. 경찰은 "책상을 탁하고 치니 억하고 쓰러졌다"면서 쇼크사로 발표하고 곧바로 화장했으나 의사들의 증언과 언론 보도로 고문 사실이 폭로됐다. 경찰의 고문을 비판하며 박종철을 추모하는 시위가 계속되자 경찰은 경관 2명을 구속하는 것으로 무마하려 했다. 그러나 5월 18일 천주교 정의구현전국사제단이 치안본부 대공본부장 박처원을 비롯한 경찰과 정부에서 사실을 은폐했다는 점을 밝혀 관련자들이 그 후 구속됐다. 국민들은 추모집회를 열고, 진상 규명과 관련자 처벌을 외쳤다.

1987년 4월 13일 대통령 전두환은 여야 개헌 합의가 이뤄지지 않는다며 헌법을 지키겠다고 선언했다(4·13 호헌 조치). 이전부터 야당과 국민들은 대통령 직선제 개헌을 요구하고 있었으나 전두환 정부는 오히려 통일민주당 창당 방해(1987년 4월 20~24일)와 같이 야당과 민주화운동을 강력하게 탄압했다. 4·13호헌 조치는 직선제 개헌이라는 국민의 요구에 대한 전두환 정부의 최후통첩이었다. 그러나 이 선언은 그동안 쌓인 국민들의 분노에 기름을 끼얹은 것이었다. 4월 13일 대한변호사협회의 성명을 시작으로, 각계각층에서 호헌에 반대하는 시국선언을 잇따라 발표하며 잠복했던 개헌운동이 다시 불붙었다. 1987년 5월 27일 서울 향린교회에서는 야당·재야·학생 등의 단체들이 모인 민주헌법쟁취국민운동본부(이하 '국본')가 출범하기도 했다.

국본은 6월 10일 전국에서 집회를 예정하고, 6월 9일 각 대학에서는 6·10대회 출정식을 열었다. 이날 연세대학교에서도 출정식이 열렸는데 시위 도중 연세대 학생 이한열(李韓烈, 1966~1987)이 교문 앞에서 경찰의 직격 최루탄에 맞아 쓰러지는 일이 벌어졌다. 이 사건은 이후 6월항쟁의 또 다른 기폭제로 작용했다. 6월 10일 민정당은 노태우를 대통령 후보로 추대했고, 같은 날 국본은 서울을 비롯한 전국 22개 도시에서 박종철 고문 살인 은폐 규탄 및 호헌 철폐 국민 대회를 개최했다. 전국에서 24만여 명이 시위에 참여했는데, 경찰은 집회 및 시위를 막고 국본 간부 13명을 포함한 220명을 구속했다. 이날 서울에서 집회를 마친 시민과 학생 600여 명은 탄압을 피해 명동성당으로 들어가 농성을 시작했다. 경찰은 명동성당을 봉쇄했으나 밖에서는 농성을 지지하는 시위가 계속됐다. '넥타이 부대'로 불린 사무직 노동자들이 시위에 합류하고 시민들이 시위를 지원했다.

6월 18일 국본 주최로 최루탄 추방대회가 전국 주요 도시에서 열려 다음

도판16 서울시청 앞 노제에 모인 사람들
1987년 7월 9일 이한열의 장례식 도중 서울시청 앞 노제 광경이다. 6·29선언 이후 사람들은 서울시청 앞 광장
에 모여 6월항쟁의 도화선이 된 이한열의 죽음을 추모했다. 이날 노제에서 문익환 목사는 민주화운동 과정에
서 쓰러진 열사들의 이름을 불러냈다.

날까지 계속됐다. 전두환 정부는 국민적 저항에 직면하자 친위쿠데타를 통한 군 투입을 검토했으나 집권 세력 내부와 미국의 반대로 실행되지 못했다. 6월 21일 미 국무부 동아시아태평양 담당 차관보 개스턴 시거(Gaston J. Sigur, 1924~1995)가 군 개입을 반대한다고 밝혔고, 이틀 뒤 방한해 정치 지도자들과 빠르게 협의를 시작했다. 5·18 당시 군 투입을 승인했던 미국이 이때는 국내외 여론을 의식해 반대 입장을 취한 것이다. 6월 24일 여야 영수 회담이 열리고 다음 날에는 김대중의 가택 연금이 해제됐다. 6월 29일에는 민정당 대표위원이자 대통령 후보인 노태우가 대통령 식신제 개헌을 수용하는 6·29선언을 발표하고, 7월 9일 이한열(7월 5일 사망)의 장례식을 분수령으로 6월 항쟁이 일단락됐다.

2 국제 정세와 대외관계의 변화

1950년대의 대외관계

1948년 8월 15일 대한민국 정부 수립 이후 같은 해 12월 12일 유엔은 한국 정부를 승인하는 안을 통과시켰다. 이후 한국은 1948년에는 미국·중화민국(타이완)과, 1949년에는 영국·프랑스·필리핀·스페인 등 4개국과, 1950년에는 쿠바와 수교를 맺었다. 이후 1950년대 초까지는 분단과 6·25전쟁을 잇달아 겪으며 다른 나라와 외교관계를 갖기가 쉽지 않았다. 그러다 1955년부터 다시 대외 수교가 본격화되어 서독(1955년), 이탈리아와 남베트남(이상 1956년), 터키(1957년), 태국(1958년)과 차례로 국교를 맺었고, 1959년에는 브라질, 덴마크, 노르웨이, 스웨덴과 관계를 정상화했다. 이 중 영국, 프랑스, 필리핀, 터키, 태국 등은 6·25전쟁 당시 유엔군의 일원으로 한반도에 파병했던 국가였다.

정부 수립 이후 한국 정부의 외교는 특히 미국에 집중됐다. 그러나 한미관계는 원만하지만은 않았다. 한미관계를 규정하는 가장 근본적인 협정은 1953년 10월에 체결된 한미상호방위조약(韓美相互防衛條約)이었다. 그러나 이 조약은 체결 과정에서부터 심각한 갈등에 부딪혔다. 정전협정 이전에 조약을 맺기를 원하는 한국 정부와 빠른 정전협정 체결을 추진하던 미국 정부 사이에 의견차가 생겼던 것이다. 이 과정에서 이승만이 1953년 6월 18일 유엔군사령관의 동의 없이 반공 포로를 석방하는 일이 있었다. 이승만은 자신의 명령에 의해 한국군이 단독으로 북진할 수 있음을 보여주려고 했던 것이다. 이에 미국 대통령 아이젠하워는 미 국무성 차관보를 한국에 보내 이승만과 협상에 들어갔다.

협상 결과 이승만은 자신의 주장을 철회했고, 1953년 7월 27일 정전협정 조인 직후 한미상호방위조약을 체결했다. 그러나 이 조약은 의회의 동의를 거쳐 발효되는 과정을 밟지 못하다가 1년이 지난 1954년 11월 18일에 가서야 발효됐다. 그 이유는 한국군의 작전통제권 문제 때문이었다. 미국은 한국군이 단독으로 북진하는 것을 방지하고자 했다.

국제적 관례에 근거할 때 한국군의 작전통제권을 한국의 대통령으로부터 분리하는 조항을 상호방위조약에 포함시킬 수 없었기 때문에 한미 간 작전통제권에 관한 또 다른 협약이 필요했다. 이를 위해 이승만은 1954년 7월 26일부터 8월 13일까지 미국을 방문했고, 같은 해 11월 17일 한국군의 작전통제권을 주한미군사령관이 겸임하는 유엔군사령관에게 이관한다는 내용을 골자로 한 한미합의의사록을 체결했다. 그리고 그다음 날이 되어서야 한미상호방위조약도 발효될 수 있었다.

한미합의의사록은 이듬해인 1955년 8월 12일 워싱턴에서 일부 조항이 수정됐다. 합의의사록의 한국 측 협조사항 2조는 주한미군사령관이 유엔군사령관을 겸임하면서 통제하는 유엔군사령부 산하에 한국군의 작전지휘권을 둘 것을 규정하고 있다. 합의의사록의 부록 A는 미국이 원조를 감축하기 위해 값싼 일본 제품을 구매하고, 환율을 통해 실질적 원조액을 줄이는 것을 내용으로 했다. 부록 B는 한국군의 규모와 그 유지비를 미국이 원조한다는 내용이었다. 결국 작전통제권 이양을 대가로 미국이 한국군 유지비를 지원한다는 것이 골자였다.

한미 간에 발생한 또 다른 문제는 원조의 사용처와 관련됐다. 미국은 한국 정부가 원조를 효율적으로 이용하지 못한다고 판단해 1953년 '경제재건 및 재정안정계획에 관한 합동경제위원회 협약'을 맺었다. 그에 따라 한미 정부는 각각 1인의 경제조정관을 임명하고, 이들로 구성되는 합동경제위원회를 조직해 이곳에서 원조의 사용을 논의하도록 했다.

당시 미국은 현금이 아니라 물자로 직접 원조해왔고, 한국 정부는 원조 물자를 민간 기업에 판매한 후에 그 금액(대충자금)을 한국은행의 특별 계좌에 넣어 뒀다가 군사비와 경제재건사업에 사용하는 방식을 취하고 있었다. 대충자금의 사용처와 그 규모는 합동경제위원회의 합의에 의해 결정됐다. 그런데 사용처에 대해 한미 간에 다른 생각을 갖고 있어서 1950년대 내내 충돌했다. 미국은 대충자금을 주로 군사비에 사용하고자 했던 반면, 한국은 군사비보다는 경제재건사업에 사용하고자 했다. 원조에 대해 서로 다른 생각을 갖고 있었던 한국과 미국 사이에서 1950년대에 계속 충돌이 발생할 수밖에 없었다.

1950년대 한국의 대외관계에서 또 하나 중요한 부분은 대일관계였다. 미국은 한일관계의 정상화를 원했다. 중국과 소련을 봉쇄하고, 재정 지출을 줄이기 위해서는 한국에서의 경제적 부담을 일부 일본과 나눠질 수 있도록 하려는 것이 미국의 정책이었다. 일본은 1950년대에 6·25전쟁의 특수를 통해서 경제재건과 부흥에 성공했기에 이것이 가능하리라 여겼던 것이다. 그러나 한국과 일본의 관계는 쉽게 정상화될 수 없었다. 무엇보다 1945년까지 35년간 일제의 식민지배를 경험했던 한국에는 일본과의 관계를 정상화하기 위해 해결해야 할 문제가 적지 않았다. 한일 갈등은 1952년 1월 18일에 선포된 '평화선(平和線)', 일명 '이승만 라인'으로부터 시작됐다. 평화선은 해양 주권과 독도에 대한 실효적 지배를 위해 그어진 해상 경계선이다. 1952년 이전까지는 일본이 영토를 재확장하는 것을 막기 위해 맥아더 사령관과 클라크 주한미군사령관이 그었던, 소위 맥아더 라인(이후에는 클라크 라인)과 동일한 경계선이었다.

한국 정부는 독도의 실효적 통제와 어업 보호라는 명목하에 평화선을 유지했지만, 일본 정부는 이에 반발했다. 평화선이 국제법상의 해양 경계선 규정(12해리)을 넘어섰다는 것이었다. 한국 정부는 평화선을 넘어오는 일본 어선을 붙잡은 후에 어부들을 감금했기 때문에 이를 둘러싼 한일 갈등은 평화선이 유지되는 동안 지속될 수밖에 없었다. 샌프란시스코협정 이후 한일관계 정상화를 위한 회담이 계속됐지만, 평화선을 둘러싼 양국의 입장은 1964년까지 팽팽한 줄다리기와 같았다.

1950년대 말에 있었던 '북송'문제는 한일관계를 더욱 악화시켰다. 재일교포들이 북한으로 귀환하는 것을 일컫는 '북송'은 국제적으로 북한과 일본 간에 이해관계가 일치하고 재일교포 당사자들의 희망이 맞물리면서 이뤄졌다. 북한은 전쟁을 복구하기 위해 노동력이 필요했고, 일본은 사회주의적 성향이

연도	북송자 수	누계	연도	북송자 수	누계
1959	2,942	2,942	1971	1,358	89,969
1960	49,036	51,978	1972	1,003	90,972
1961	22,801	74,779	1973	704	91,676
1962	3,497	78,276	1974	479	92,155
1963	2,567	80,843	1975	379	92,534
1964	1,822	82,665	1976	256	92,790
1965	2,255	84,920	1977	180	92,970
1966	1,860	86,780	1978	150	93,120
1967	1,831	88,611	1979	126	93,246
·	·	·	1980	40	93,286
·	·	·	1981	34	93,320
(3년간 중단)	·	·	1982	24	93,344

도표3 연도별 재일한국인 북송자 수　　　　　　　　　　　　　　　단위: 명

짙은 재일교포의 존재를 해결해야 할 과제로 여기고 있었던 것이다. 실제로 일본에서 차별로 고통받던 일부 재일교포는 북한으로 귀환하기를 원했다.

일본과 북한의 적십자사는 1959년 8월 13일 인도의 캘거타에서 '재일 교포 북송에 관한 협정'에 조인한 후, 이에 따라 같은 해 12월 14일부터 일본의 니가타항(新潟港)에서 재일교포에 대한 북송을 진행했다. 제1진 975명을 시작으로, 1차 협정 만료 시한인 1962년 11월까지 7만 7,288여 명이 귀환했고, 이는 1982년까지 계속됐다(〈도표3〉).

반면 한국은 북송 사업에 대해 적극적으로 반대했다. 북송에 반대하는 관제 데모를 꾸려 동원했을 뿐만 아니라, 북송을 막기 위해 비밀리에 특공대를 조직해 일본의 니가타항에 파견하기도 했다. 그러나 일부는 일본에 도착하기도 전에 배가 난파돼 희생됐고, 일본에 도착한 사람들은 불법 도일로 체포돼 수년간 일본의 감옥에 수감되어야 했다. 한국 정부는 국제적 망신을 당하지 않기 위해 이들의 존재를 부인했다.

1960~1970년대의 대외관계

1960년대의 대외관계

한국은 1960년대 들어 총 68개국과 수교했다. 1950년대 수교국이 16개였던 것과 비교했을 때 큰 성장이었다. 1960년대 군사 정부와 박정희 정부가 대외 정책과 관련된 기본 원칙을 바꾼 것에 따른 결과이기도 했다. 박정희 정부는 경제뿐 아니라 외교 면에서도 북한보다 앞서야 한다고 여겨 많은 국가와 수교를 맺으려고 했다. 시장을 개척하고 원자재를 수입하기 위해서는 무역 중심의 경제정책을 실시하고 더 많은 국가와 정상화하는 일이 필요했기 때문이다.

또한 국제사회에서 유엔의 역할이 강화되면서 제3세계 비동맹 국가와의 관계도 중요해졌다. 1950년대와 1960년대를 거치면서 비동맹 국가가 늘어나 아시아 아프리카에서 많은 구 식민지 국가들이 해방되자 유엔의 가입국이 늘어났던 것이다. 특히 한국은 유엔 회원국들과의 관계가 매우 중요했다. 1950년부터 한국에서 지속적으로 활동했던 유엔한국통일부흥위원회(UNCURK, 이하 '언커크')가 매년 한국의 통일과 경제 부흥, 정치적 상황과 관련해 논의가 필요한 내용을 유엔총회에 제출했고, 이를 총회에서 투표를 통해 결정했다. 따라서 한국은 되도록 많은 회원국과 수교를 맺어 좋은 관계를 유지할 필요가 있었다.

그러나 한국군이 베트남전에 참전하면서 유엔에서 한국의 입지는 더욱 좁아졌다. 게다가 1960년대 후반부터 한미 양국은 한국과 관련된 내용이 유엔총회에 상정되지 못하도록 하는 정책을 폈다. 제3세계 국가들이 1960년대 이후 본격적으로 유엔의 회원국이 되면서 유엔총회에서 베트남 전쟁에 개입한 미국과 한국에 우호적이지 않았기 때문이었다.

한편 한일관계의 정상화는 1960년대 대외관계에서 가장 큰 변화였다. 한일관계 정상화가 필요했던 이유는 크게 두 가지였다. 첫째는 경제재건과 성장을 위해서였고, 둘째는 안보 면에서 일본과의 협력이 필요했기 때문이다. 이는 특히 미국의 동아시아정책과 관련해 중요했다. 그러나 일본과 수교를 맺는 과정은 쉽지 않았다. 한국 시민사회는 역사 문제를 제대로 해결하지 않은 채 '청구권 자금'이라는 이름으로 돈을 받고 한일관계 정상화를 졸속으로 처리하는 데 대해 반대했다. 특히 일본은 한일협정을 통해 정부 차원뿐만 아니라 개인 차원의 배상까지 한 번에 해결하고자 했다. 일본 내에서도 반대

연도	1964	1965	1966	1967	1968	1969	1970	1971	1972
파병 수	140	20,541	45,605	48,839	49,869	49,755	48,512	45,694	37,438

도표4 한국군의 베트남 파병 규모 　　　　　　　　　　　　　　　　단위: 명

목소리가 있었다. 일본 시민사회에서는 일본이 미국의 동맹국일지라도 미국의 군사 기지화가 되는 것을 반대하며 소위 '안보투쟁'을 벌였던 것이다.

그럼에도 한일 양국 정부는 1965년 한일협정을 체결했고, 한일 간 문제들은 지금까지도 여전히 해결되지 않은 채 남아 있다. 물론 당시 한일협정을 통해 일본은 한국 기업이 기술을 도입하는 데 중요한 역할을 했다. 예를 들어 1960년대 말 금성전자가 전자산업을, 포항제철이 철강산업을 시작할 때 일본 기업의 자문과 협력이 크게 기여했다.

한일관계 정상화와 함께 1960년대 한국의 대외관계에서 중요했던 사안은 한국군의 베트남전 참전이었다. 한국 정부는 미국의 요청에 따라 1964년 베트남에 의료부대와 태권도부대를, 1965년부터는 전투부대까지 파병했다. 한국 역사상 가장 큰 규모의 해외 파병으로 매년 5만 명 정도의 전투병이 베트남에 파병되어 있었고, 1973년까지 총 파병 인원은 24만여 명에 달했다. 1970년부터 미군이 본격적으로 철수하면서 1972년에는 한국군이 미군보다 더 많은 상황이 벌어지기도 했다.

한국군의 베트남 파병은 외교적 측면에서 중요한 의미를 가졌다. 이는 한미관계를 좀 더 강고하게 하는 기회였기 때문이다. 한국은 한미동맹을 강화하는 측면에서 미국의 파병 요청을 받아들였다. 그러나 동시에 스스로 방위를 지키지 못해 외국 군대가 주둔하고 있던 한국이 다른 나라의 방위를 위해 군대를 파견한다는 것 자체가 문제시될 수 있었으며, 결국 한미동맹 강화라는 목표도 제대로 달성하지 못했다.

당시 베트남에 한국군의 파병을 요청했던 미국의 린든 존슨(Lyndon Baines Johnson, 1908~1973) 대통령은 윈스럽 브라운(Winthrop Gilman Brown, 1907~1987) 주한 미국대사의 각서를 통해 한국 정부에 대규모 전투병 파병에 대한 보상으로 대규모 원조를 약속했다. 그러나 이는 기대와 다르게 흘러갔다.

한국군이 베트남에 파병 중이던 1968년에는 한반도에 안보위기가 닥쳤

다. 1968년 1월 21일 북한의 무장게릴라가 청와대를 습격했고, 이틀 후에는 미국의 정보함 푸에블로호가 납북됐다. 푸에블로호가 납북될 때 미국의 해군 선원 70여 명이 함께 억류되자 미국은 바로 북한과 직접 대화에 나섰다. 이때 한국 정부도 참여하기를 원했고, 그 자리에서 미국이 북한의 청와대 습격에 대해 직접 항의해주기를 기대했다. 그러나 미국은 사건을 원만하게 해결하기 위해서라는 이유로 한국 정부의 참여를 거부했고, 이는 이후 한미관계가 불화하는 계기가 됐다.

1970년대의 대외관계

수교국을 늘려 유엔과 국제기구에서 한국의 위상을 높이겠다는 의지는 계속됐다. 1970년대에는 37개국과 새로이 외교관계를 수립해 총 100개 이상의 국가와 수교했다. 1970년대 수교국 중에 주목할 만한 곳은 인도와 인도네시아다. 이 두 국가는 비동맹 제3세계에서 지도적 역할을 하며 중국, 북한과도 밀접한 외교관계를 맺고 있었다. 비동맹 국가와 수교를 맺음으로써 국제기구에서 입지를 강화하고, 다른 한편으로는 외교에 다변화를 추진하고자 했다.

특히 1970년대에는 단순히 수교국을 늘리는 것을 넘어 대외관계에 다변화가 요구됐다. 이는 리처드 닉슨(Richard Milhous Nixon, 1913~1994) 행정부의 새로운 대외정책에서 비롯됐다. 닉슨 행정부는 한국 정부와 사전 협의 없이 1970년 주한미군 내 1개 사단을 철수하겠다고 통보했고, 1971년 이를 실행했다. 한미 합동군사훈련을 실시하고 미국이 한국의 군수산업을 지원해 한국군을 현대화한다는 계획이 함께 수립됐으나, 한국은 사전 협의 없이 진행된 주한미군의 감축에 위기감을 느낄 수밖에 없었다.

이에 한국 정부는 1970년대 초부터 자주국방을 중요한 국가정책으로 내세웠고, 1971년 비상사태와 1972년 유신체제를 선포할 때는 미국의 데탕트로 인해 국제 환경이 변화하고 있다는 점을 그 근거로 제시하기도 했다. 게다가 닉슨 행정부는 베트남전쟁으로 인한 과도한 지출을 막고자 한국뿐 아니라 아시아에 있는 미군을 철수하거나 규모를 줄여나갔고, 중국과 화해를 시도했으며 소련과 핵무기 감축을 추진했다. 그러나 이러한 정책은 예상과 달리 미국의 동맹국들에게는 위기로 다가왔다. 한국 정부로서는 미국과 중국이 화해함으로써 미국의 안보 공약이 약화될 가능성을 우려할 수밖에 없었다. 중국은 6·25전쟁에 참전한 북한의 동맹국이었기 때문이다. 만약 한국과 중국이 수교한다면, 미국과 중국 사이의 화해가 긴장 완화에 도움이 될 수 있 겠지만, 그렇지 않은 상태에서 미중 화해와 주한미군의 감축 또는 철수가 이 뤄진다면 안보위기가 조성될 수밖에 없었다.

이에 한국 정부는 대외관계의 다변화를 위해 1960년대부터 긴밀한 관계 를 맺어 온 서독을 중심으로 한 서유럽 국가들뿐만 아니라 제3세계와도 관계 를 강화해나갔다. 이 과정에서 한국과 아무런 관계가 없는 아프리카의 독재 자들이 한국을 방문한 일도 있었다. 1975년 가봉의 오마르 봉고(El Hadj Omar Bongo Ondimba, 1935~2009) 대통령이 방한한 것이 대표 사례다. 1975 년에는 페루의 리마에서 열린 비동맹 회의에 외무부 장관인 김동조를 파견 했지만, 비동맹국이 베트남에 파병한 한국에 대해 반감을 보여 회의장에도 들어가지 못했다.

이렇게 외교 국가를 확대하기 위한 노력은 1973년의 6·23선언에서도 잘 나타났다. 당시 박정희는 남북한이 국제기구에 각각 가입할 수 있다고 발표 했다. 비록 북한이 이 제안을 받아들이지 않았지만, 1948년 이후 남북 모두 서로를 국가나 정부로 인정하지 않았던 상황을 감안하면 이는 매우 중요한 변화였다. 당시 미국이 동북아시아에서 평화 분위기를 고양하기 위해 미국 과 일본이 북한과 수교하고, 중국과 소련이 남한과 수교하는 교차승인을 추 진하고 있었던 상황이었기 때문에 이러한 제안이 가능했던 것이다. 이 제안 은 후에 1991년 남북기본합의서나 남북한의 유엔가입의 기원이 됐다.

이후 한국 정부는 안보를 중심으로 미국과의 관계 개선에 노력했지만, 1977년 카터가 대통령으로 취임하면서 한미관계는 다시 악화됐다. 카터는 대통령 선거 당시 주한미군 중 지상군을 철수하겠다는 것을 공약으로 내세 웠고, 인권 외교를 중시해 한국의 유신체제에는 비판적일 수밖에 없었다. 또 한 미국 의회에서 한국 정부가 미 의회 의원에게 불법 로비를 했는지 여부를 조사하는 일도 있었다. 이 사건은 닉슨이 대통령직에서 하야하는 계기가 된 워터게이트에 비견되는 '코리아게이트'로 불렸다. 코리아게이트는 한국 정부 의 미 의회 의원에 대한 뇌물 전달, 주미한국대사관에서 박정희 정부에 비판 적인 재미 교포 사찰, 그리고 통일교의 불법적인 뇌물 전달 등이 주요한 조사 대상이었다.

1978년 말 이란에서 반미 혁명이 일어나고, 1979년 니카라과에서 반미 게릴라가 정권을 잡았으며, 같은 해 12월 소련이 아프가니스탄을 침공하면서, 카터 행정부의 주한미군 중 지상군을 철수하겠다는 정책은 백지화되고 말았다. 이는 소련이 아시아에서 세력을 키우고, 미국의 동맹국에서 미국에 비우호적인 정부가 들어선 것이기 때문이었다. 한국에서도 부마항쟁과 광주항쟁이 발생한 상황이었기에 미국으로서는 주한미군을 철수함으로써 북한 세력이 확대될 가능성에 대해 고려하지 않을 수 없었다. 1979년 카터 대통령이 한국에 방문했음에도 한미관계가 개선되지 않은 상태에서 10·26까지 발생하면서 한미관계는 다시 조정 상태로 들어갔다.

1980년대의 대외관계

1980년대에도 한국 정부는 꾸준히 수교국을 확대했다. 1980년 5개국(키리바시, 바누아투, 리비아, 아랍에미리트, 나이지리아)으로 시작해 1981년 2개국(앤티가 바부다, 레바논), 1983년 3개국(파키스탄, 세인트킷츠네비스, 아일랜드), 1984년 1개국(브루나이), 1985년 3개국(바하마, 트리니다드토바고, 북예멘), 1987년 2개국(소말리아, 부탄), 1988년 2개국(카보베르데, 상투메프린시페), 1989년 5개국(세르비아, 헝가리, 폴란드, 유고슬라비아, 이라크)으로 이어졌다.

신군부하에서 한미관계는 박정희 정부 시기에 비해 호전됐다. 신군부가 미국의 협조를 얻기 위해 미국의 요구를 수용했기 때문이다. 이는 크게 두 가지로, 핵무기 개발을 포기하는 것과 시장을 개방하는 것이었다. 특히 시장 개방은 한미관계 개선에 중요한 역할을 했다. 미국은 1970년대 말 이후 한국이 더 많은 품목에 대해 시장을 개방해야 한다고 주장해왔다. 그러다 신군부가 집권하면서 금융·보험 시장뿐 아니라 여러 면에서 이를 실행했다. 그 결과 외국 자본이 참여한 한미은행과 신한은행이 설립됐고, 1986년 한미 간에 처음으로 지적재산권협정을 맺었으며, 이를 사례로 점차 다른 국가와도 지적재산권협정을 맺어갔다. 1981년 전두환의 미국 방문(1.28~2.7)과 1983년 미국 대통령 로널드 레이건(Ronald Wilson Reagan, 1911~2004)의 한국 방문(11.12~11.14)은 개선된 한미관계를 확인하게 해주는 사례다. 심지어 전두환은 레이건 행정부에서 제일 처음 방문한 외국 수반이었다.

한편 민주화운동이 확산되면서 시민사회의 목소리가 대외관계에 중요한 변수로 등장했다. 한미관계가 대표적이었다. 한미 양국 정부의 관계는 좋았으나 시민사회에서는 미국의 한국정책에 대한 비판이 점차 강해졌다. 특히 광주항쟁에 대한 미국을 입장을 두고 비판의 목소리를 높였다. 1980년 12

월 광주 미문화원 방화사건과 1982년 3월 부산 미문화원 방화사건에서 시작해, 1985년 학생들이 서울 미문화원을 점거하면서 갈등은 정점에 달했다. 게다가 미문화원 점거가 일어난 시점이 남북 적십자사의 합의에 의해 이산가족 상호 방문이 이뤄지기 직전이었기에 당시 보도를 위해 한국에 왔던 외신 기자들에 의해 이 사건은 전 세계로 알려졌다.

결국 1987년 열린 국회의 청문회에서 미국 정부에 광주항쟁 당시 미국의 정책에 대한 질문서를 보냈고, 미국 국무성은 당시 한국 정부의 요청에 따라 한국군의 이동을 승인했을 뿐 다른 책임은 없다는 답변서를 보내왔다. 이후 1992년 윤금이사건이 발생해 1966년 이후 처음으로 한미행정협정(SO-FA)[10]을 개정했고, 주한미군 철수를 요구하는 학생들의 요구가 처음으로 표출되기 시작했다.

시민사회에서 표출된 비판의 또 다른 축은 한일관계였다. 바로 1982년 일본의 교과서 왜곡과 재일교포의 지문 날인 문제였다. 이에 대해서는 한국 정부 역시 일본 정부에 항의했지만, 문제를 해결하기에는 근본적인 한계가 있었다. 당시 외채가 너무 많았던 한국 정부가 일본에 차관을 요청한 상황이었기 때문이다. 이에 일본을 강력하게 비판할 수 없었고, 1984년 9월에는 전두환이 차관을 도입하겠다는 목적으로 일본을 방문하는 일까지 더해졌다. 굴욕적인 한일관계에 대한 시민사회의 비판이 이어졌으나, 한미관계의 이슈에 가려 갈등이 본격화되지는 못했다. 그러나 이때의 경험은 1990년대 이후 한일관계에 중요한 영향을 미쳤다.

3 남북관계의 변화

4월혁명 전후의 남북관계

1953년 7월 27일 정전협정이 체결되면서 한반도에서 벌어진 3년간의 전쟁이 일단락됐다. 정전협정에는 협정 체결 후 3개월 이내에 한국문제를 평화롭게 해결하기 위해 관련 국가들이 고위 정치회담을 개최한다는 조항(제4조 60항)

---

10   한미행정협정 주한미군의 법적 지위에 관한 한미 양국의 협정으로 형사재판권 문제 등 한국에 불리한 불평등한 조항을 담고 있어 체결 이래 계속 문제가 됐다.

도판17 제네바 정치회담
한국문제 토의를 위한 제네바 정치회담은 남아프리카공화국을 제외한 참전 16개국과 한국 소련 중국 북한 등
19개국이 참석한 가운데 1954년 4월 26일부터 6월 15일까지 개최됐다.

이 있었다. 이에 체결 직후 판문점에서 양측 대표 사이에 정치회담 개최를 위한 예비회담이 진행됐지만 결렬됐다. 그러다 1954년 2월 미국·영국·프랑스·소련의 4대국 외상이 회담을 열고 같은 해 4월부터 스위스 제네바에서 한반도문제와 베트남 휴전문제를 논의하기 위한 국제 정치회담을 개최하기로 합의했다(제네바 정치회담).

제네바 정치회담이 개최되자 남한 대표 변영태(卞榮泰, 1892~1969)는 유엔 감시 아래 북한만의 선거를 통한 통일, 또는 대한민국 헌법 절차하의 총선거를 주장했다. 한편 북한 대표 남일(南日, 1914~1976)은 남북의 의회 조직(국회, 최고인민회의)의 대표로 '전조선위원회'를 결성하고, 이 기구의 주관으로 총선거를 거쳐 통일하자는 내용과 함께 남북한의 군대를 각기 10만 명 이하로 감축하고, 남북한 사이에 평화협정을 체결할 것 등을 제안했다. 그러나 제네바 정치회담은 아무런 합의도 이뤄지지 못한 채 결렬됐다.

이승만 정부는 정전협정 체결 이후에도 북진통일론을 계속 주장했다. 이는 공산주의자들과의 타협과 협상은 무의미하며, '자유 진영'과 '공산 진영'

이 장기적으로 공존하는 것도 결국 공산주의 세력을 확대해 전쟁을 일으킬 수 있는 시간을 벌어주므로 위험하다는 멸공(滅共) 논리에 입각한 것이었다. 이러한 관점에서 남북한 간의 교류도 무의미하고 위험하다고 치부했다. 그러나 이에 반대하는 입장도 있었다. 1956년 5월 제3대 대통령 선거를 앞두고 조봉암과 진보당 정치 세력은 평화통일론을 주장하며 북진통일론을 정면 반박했다. 조봉암은 이 선거에서 200만여 표를 획득했지만, 결국 1958년 총선을 앞두고 탄압받아 진보당이 해산되고 이듬해 조봉암이 사형에 처해지면서 북진통일론에 대한 비판은 다시 주춤해졌다.

1950년대 북한은 남한에 비해 전후 복구와 경제 건설 면에서 앞서 있었기에 남북 교류에도 더 적극적이었다. 또한 남한에서 평화통일론이 일자 1956년 7월에는 6·25전쟁 때 납북된 조소앙(趙素昻, 1887~1958), 안재홍(安在鴻, 1891~1965) 등 중간파 민족주의 인사들이 '재북평화통일촉진협의회(在北平和統一促進協議會)'를 결성해 평화통일, 전쟁 반대, 남북한 사이의 협상과 교류를 주장했다. 그러나 이러한 단체의 결성과 활동은 남한에 정치적 영향력을 행사하려 했던 북한 당국의 허용과 후원 없이는 불가능한 것이었다. 1956년 '8월 종파 사건' 이후 만주 빨치산 세력을 제외한 다른 정치 집단이 북한 정치에서 숙청되고 배제되자, 재북 인사들은 더 이상 활동을 이어갈 수 없었다. 결국 재북평화통일촉진협의회는 1년 반 정도 활동하다가 사라졌다.

남한에서 1960년 4월혁명으로 이승만 정권이 붕괴되자 장면 정부는 무력 북진통일론을 공식적으로 폐기하고, 유엔 감시 아래 남북한 총선거를 통일 방안으로 내세웠다. 이와 더불어 통일에 대비하기 위해서는 먼저 경제 건설이 필요하다고 보고, '선건설 후통일론'을 주장했다. 그러나 여전히 남북 교류 및 남북 협상은 위험하다는 시각을 유지했다.

북한은 4월혁명이 발생하자 남한에 대한 평화 공세를 강화했다. 김일성은 1960년 8월 남북 두 정부의 대표로 구성되는 '최고민족위원회'를 만들어 남북한의 경제 및 문화를 동등하게 발전하도록 조절하는 과도기를 거쳐 남북 협상을 통해 총선거로 통일하자는 이른바 '과도적 연방제'안을 제안했다. 나아가 경제·사회·문화를 비롯한 모든 분야에서 남북 교류를 단행하자고 제안했다. 그러나 실상은 경제 교류에 초점이 맞춰졌고, 남북이 대등한 입장에서 교류하는 것이 아니라 일방적인 대남 원조에 가까운 제안을 했다.

장면 정부가 출범한 무렵부터 4월혁명의 여파 속에서 대학생과 지식인

집단을 중심으로 남북 교류론, 남북 협상론, 중립화 통일론 등 다양한 차원의 민간 통일 논의가 등장했다. 4월혁명 직후 만들어진 진보 정당과 사회단체는 남북한 서신 교환, 언론인 상호 방문 등과 같은 남북 교류를 주장했고, 일부 보수 정치인들도 제한적 차원의 남북 교류에 대해서는 동조했다. '남북 협상론'은 외세의 간섭 없이 남북이 협상을 통해 통일하자는 주장이었고, '중립화 통일론'은 한국을 스위스나 오스트리아의 경우처럼 영세 중립화하는 방식으로 통일을 이루자는 주장이었다. 영세중립화란 주변 나라들이 국제협정 등을 통해 특정 나라의 영토보존과 독립을 보장하고, 해당 나라는 외국과 군사동맹을 맺지 않고, 외국군을 자국의 영토에 주둔시키지 않는 중립화를 약속하는 것을 말한다.

1960년 11월 1일 서울대학교 민족통일연맹의 발족을 계기로 대학생과 진보적 사회운동 세력들이 각종 통일운동 단체를 결성했다. 한편 통일사회당, 사회대중당, 혁신당, 사회당 등 진보 정당은 영세 중립화 통일론과 남북 협상론 등을 주장하면서 통일운동에 적극 참여했다. 1961년 2월 25일 통일사회당을 제외한 나머지 세 개의 혁신 정당과 일부 민간 통일운동 단체가 연합해 '민족자주통일중앙협의회(이하 '민자통')'를 결성했다. 민자통은 자주·평화·민주라는 통일의 기본 원칙과 남북 교류를 주장했지만 구체적인 통일 방안을 확정하지는 못했다. 그러나 내부에서 상대적으로 온건한 개혁적 인사들은 중립화 통일론을 주장했으며, 좀 더 급진적 부류는 외세의 간섭 없이 남북 협상으로 통일을 달성해야 한다는 남북 협상론을 주장했다.

민족통일연맹은 1961년 5월 4일 남북한 학생들 간의 기자 교류, 학술 토론회, 문화 교류를 위해 남북학생회담을 개최하자는 성명서를 발표했다. 다음 날 전국의 학생 통일운동 단체를 망라한 민족통일전국학생연맹 결성 준비 대회에서 이 제안은 전국적인 민통련 조직의 결의로 다시 확인됐다. 민자통은 서울·대구·부산·광주·대전 등의 대도시에서 남북학생회담을 지지하는 집회를 개최했다. 학생들의 남북학생회담 제안은 남북 교류의 물꼬를 튼다는 의미에서 이루어진 것이었지만, 이는 보수 정당, 언론, 사회단체로부터 큰 반발을 불러일으켰다. 이러한 상황에서 5·16 쿠데타가 발생했고, 4월혁명 직후 민간 통일운동을 이끌었던 사람들은 대부분 검거되거나 투옥됐다.

박정희 정권은 민간 차원에서 진행되는 통일 논의와 운동을 철저히 탄압했다. 또한 선건설 후통일론을 내세우며 남북 교류나 대화는 북한을 압도할 수 있는 역량을 쌓은 후인 1970년대 말에나 가능할 것이라 했다. 박정희 정권은 1965년 한일협정을 체결하고, 베트남에 한국군 전투 병력을 파견했다. 여기에는 경제성장이라는 목표가 자리했으나, 북한은 이를 철저히 군사적 의미로 해석했다. 남한·미국·일본이 연대해 북한을 공격하려 한다고 주장하며, 민감한 반응을 보이기도 했다. 이에 북한은 국방, 경제 병진 노선을 내세워 국방비 지출을 늘리고, 1960년대 말부터는 조속한 통일과 베트남 전쟁 지원을 명목으로 다수의 무장 간첩을 남파하는 등 모험주의적인 대남 무력 공세를 강화했다. 특히 1968년 1월에는 북한의 특수부대원들이 청와대 습격을 시도하는 사건(1·21 사태)과 미국 정보선 푸에블로호가 북한 해군에 의해 나포되는 사건이 이틀 간격으로 발생해 한반도에 전쟁 위기가 조성됐다. 한편 북한은 같은 해 11월 울진, 삼척 산악 지역에 100명이 넘는 특수부대원을 침투시키기도 했다. 1968년 한 해에만 북한의 대남 무력 공세와 관련해 휴전선 남쪽에서 사망한 사람이 500명이 넘었다.

7·4 공동성명 전후의 남북관계

1960년 말 위기로 치닫던 남북관계는 1970년대에 접어들면서 데탕트 국제정세를 맞이해 급변했다. 1960년대 말부터 서독 빌리 브란트(Willy Brandt, 1913~1992) 수상의 동방 정책이 시행되며, 유럽에서는 동서 양 진영 사이에 긴장 완화와 타협을 추구하는 분위기가 생겼다. 한편 1971년 4월 미국 탁구 대표팀이 중국 베이징을 방문해 친선 경기를 갖는 등 미중 간에 관계 개선 조짐도 나타났다.

남한은 1971년 4월 대통령 선거에서 박정희와 경쟁한 야당 후보 김대중이 남북 교류론, 4대 강국의 한반도 안전 보장론 등 획기적인 공약을 발표해 주목을 받았다. 이 무렵 대학가에서는 정부의 교련 강화 조치에 반발하는 시위가 발생했다. 교련 반대운동은 단순히 군사 교육에만 저항한 것이 아니라 한반도의 평화와 남북관계 개선, 통일을 추구하는 운동으로 나아가려는 조짐을 보였다.

특히 1971년 7월 미국 국가안보 담당 보좌관 헨리 키신저(Henry A. Kissinger, 1923~)가 비밀리에 베이징을 방문했고, 대통령 닉슨이 이듬해 직접 중국을 방문할 것이라는 충격적인 발표가 이어졌다. 미국과 중국은 한국 전쟁 때 한반도에서 격돌한 국가로, 양국의 수뇌부는 관계를 개선하려는 과정에서 한반도 문제도 논의할 것이기 때문이다. 주로 중국이 한반도 문제를 의제로 꺼냈고, 주한미군 철수, 평화협정 체결, 일본군의 남한 진입 가능성에 대한 반대 등을 주장했다. 중국의 이러한 요구는 일본이 한반도에 진입하는 것을 차단하려는 이유 외에는 대부분 자신의 이해관계에 따른 것이라기보다 북한의 요청을 미국에 그대로 전달하는 것에 가까웠다. 1971년 10월 키신저가 베이징을 2차로 방문했을 때는 저우언라이(周恩來, 1898~1976) 총리가 북한이 미국에 전하는 메시지를 직접 전달하기도 했다. 미국과 중국은 한반도 문제에 대해 여러 논의를 했지만, 결과적으로는 어느 쪽도 한반도의 분단 상태와 정전 상태를 획기적으로 개선하려 하지 않았다. 다만 양측은 한국전쟁 때처럼 한반도 문제 때문에 양 강대국이 상호 격돌하는 상황을 막으려는 데 주로 관심을 보였다.

미중 양국은 비밀리에 공조해 1973년 가을, 한반도 문제를 전담하는 유엔 기구인 언커크를 해체시켰다. 이는 미국과 중국이 한반도를 둘러싸고 다시 격돌하는 상황을 방지하려는 목적이었다. 한반도문제를 가급적 국제적 분쟁으로 연결하지 않고 남북한 간에 해결해야 할 문제로 만드는 한국 분단 문제의 한국화, 내재화와 관련이 있다.

미중관계의 개선은 남북한 모두에 큰 영향을 미쳤다. 1971년 9월 남북의 적십자사는 이산가족 문제 해결을 위한 예비회담을 개최했다. 분단 이후 처음으로 남북한 간에 공식적인 대화가 시작된 것이었다. 이는 미국과 중국이 일방적으로 한반도 문제를 논의해 결정하는 것을 막고, 한반도 문제의 당사자들이 자기 주도권을 갖겠다는 의도였다. 북한은 남북대화를 통해 데탕트 국제 정세에 부응해 주한미군 철수에 유리한 여건을 마련하고자 했다. 반면 남한은 남북이 대화하는 과정에서 주한미군이 크게 줄거나 철수할 경우 남한의 협상력이 떨어진다는 이유를 들며 주한미군 철수를 지연시키고자 했다.

한편 남북 양측은 각자의 중요 동맹국인 미국과 중국이 관계 개선에 나서는 상황에 보조를 맞출 수밖에 없었다. 1972년 2월 닉슨의 베이징 방문이 성사되자, 같은 해 5월 남한의 중앙정보부장 이후락이 평양을 방문해 김일성을 만났고, 북한의 박성철(朴成哲, 1913~2008) 부수상이 서울을 방문해 박정희를 만났다. 이와 같은 남북 수뇌부의 만남을 거쳐 1972년 7월 4일 남북한은 '자주', '평화', '민족 대단결'의 3대 원칙하에 통일을 추구한다는 남북공동성명서를 발표했다(7·4 공동성명).

오랫동안 교착 상태에 있던 남북대화는 7·4 공동성명 발표 이후 급진전 됐다. 남북 적십자회담과 남북한 사이의 정치·경제·사회·문화 등 제반 현안을 논의하는 남북조절위원회 회담이 서울과 평양에서 번갈아 가며 수차례 진행됐다. 양측의 대표단과 기자들이 서울과 평양을 상호 방문하면서 한반도에도 데탕트 분위기가 조성됐다. 그러나 한편으로 남북대화는 자신의 체제 우월성을 선전하고 과시하며 체제 경쟁을 더욱 고조시키는 계기가 되기도 했다. 남측은 "자유의 바람"을 북한에 불어넣으려 했고, 인도주의 논리를 내세워 북한 주민들을 공산주의 이데올로기에 세뇌되어 인간성을 상실한 사람들로 묘사해갔다. 반면 북측은 남쪽에 와서 노골적으로 김일성과 주체사상을 선전했으며, 남한의 주민들을 외세에 종속되어 민족성을 상실한 사람들로 몰아갔다.

남북 집권층은 데탕트 국제 정세의 불확실성과 남북의 체제 경쟁을 강조하며 위기감을 조성했을 뿐 아니라 정치적으로도 활용했다. 박정희는 유신체제를 수립해 실제로 자신이 영구 집권을 할 수 있도록 만들었고, 김일성은 사회주의 헌법을 통해 유일 체제를 제도화함으로써 권력 세습의 토대를 닦았다. 이러한 상황 때문에 남북대화 이후 남북의 체제 경쟁은 더욱 격렬해졌다. 유엔 등 국제무대에서 남북한은 치열한 외교적 경쟁을 벌였고, 그럴수록 남북의 군비 경쟁도 더욱 심해졌다.

북한은 1973년 8월 김대중 납치사건[11]을 명분 삼아 남북대화를 중단한다는 성명을 발표하고, 1974년 3월 북미 간에 평화협정을 체결하자고 주장했다. 북한은 제네바 정치회담 이래 주한미군의 철수를 전제로 한 남북한 평화협정의 체결을 주장해왔다. 그러나 이때부터 북한은 평화협정 문제는 북한과 미국이 담판한다는 입장으로 전환했으며, 이러한 기조는 최근까지도 유지되고 있다.

북한이 평화협정을 제안했다는 것에는 북한이 중국을 매개로 미국과 접촉하지 않고 직접 미국과 협상하겠다는 의지가 담겨 있었다. 실제로 북한은

---

11 김대중 납치사건 1973년 8월 8일 일본 도쿄에서 야당 지도자 김대중이 한국 중앙정보부 요원들에 의해 납치된 사건이다. 김대중은 납치된 후 8월 13일 자택부근에서 풀려났지만, 국제적으로 커다란 파문을 일으켰다. 일본 정부는 명백하게 자국의 주권이 침해된 사건이라며 한국 정부에 항의했지만, 김종필 총리가 일본을 방문하여 유감의 뜻을 표하는 박정희 대통령의 친서를 전달하면서 정치적으로 마무리됐다. **417**

도판18 판문각에 도착하는 북한 인사들
1985년 5월 30일, 남북 적십자회담을 마치고 판문점 자유의집을 지나 판문각에 도착하는 북한적십자 대표단을 북한측 인사들이 환영하고 있다.

북미 평화협정 제안 이후 다양한 경로를 활용해 직접적인 만남을 시도했다. 그러나 미국은 북한과의 접촉과 대화는 남북관계 및 미중관계와 관계될 때만 의미가 있다는 입장이었다. 그런데 북한이 남북대화도 차단하고, 중국과의 공조도 중단한 채 접촉을 시도하자 미국은 냉담한 반응을 보였다. 북한은 이에 유엔 등 국제무대에서 제3세계 국가들의 지지를 동원해 미국을 거세게 압박했다. 이 과정에서 1976년 8월 18일 판문점 공동경비구역에서 북한군 경비병이 미군 장교 2명을 도끼로 구타해 살해하는 사건이 발생해 다시 한반도에 전쟁 위기가 몰아쳤다.

1977년에 출범한 미국 카터 행정부는 주한미군 지상군 철수 정책을 추진하고, 북한에 대한 여행 제재를 철폐했다. 북한도 카터가 당선된 직후부터 미국 정부에 대한 접촉 시도를 한층 강화했다. 카터는 북미 간 대화가 가능하기 위해서는 남한도 참여해야 한다는 입장을 북한에 거듭 밝혔다. 마침내 1979년 7월 카터의 서울 방문을 계기로 한국과 미국 정부는 북한에 3자 회담을 공식적으로 제안했다. 그러나 북한이 이를 거부하고, 1979년 12월 소련의 아프가니스탄 침공으로 동서 데탕트 분위기가 가라앉아 신냉전 상황이 도래하면서 아무런 성과를 거두지 못했다.

전두환 정부의 수립 이후 남북관계는 더욱 악화됐다. 1983년 9월 소련

공군기가 항로를 이탈해 자국의 영공에 진입한 대한항공 민간 항공기를 격추해 승무원과 승객 전원이 사망하는 사건이 발생했다. 1981년 취임한 미국 대통령 레이건은 소련을 악의 제국이라 칭하며 대소 강경책을 취했고, 이로 인해 대소 강경 노선이 더욱 강화됐다. 10월에는 미얀마를 방문해 그곳 독립 영웅 아웅산(Aung San, 1915~1947) 묘소를 참배하는 전두환 일행에게 북한의 특수공작원들이 폭탄 테러를 감행하는 사건이 발생하면서 남북관계는 더욱 악화됐다.

그러다 1984년 남북관계는 일시적 해빙기를 맞이했다. 1984년 1월 북한은 과거에는 반대했던 남한·북한·미국 간의 3자 회담을 다시 제안했다. 8월 남한에 큰 홍수가 발생하자 북한은 수해 복구 물자를 지원하겠다고 제안해 왔고, 전두환 정부는 과감하게 받아들였다. 이를 계기로 1973년 이래 중단됐던 남북 적십자회담 본회담이 개최됐고, 1985년 9월 추석을 맞아 이산가족 상봉단과 예술공연단 상호 방문이 성사돼 92명의 공식적인 이산가족 상봉이 이루어졌다. 1970년대 초부터 이산가족 재회를 위한 남북 적십자대화가 진행됐지만, 실제로 성사된 것은 이번이 처음이었다. 아울러 남북경제회담, 남북국회회담 예비 접촉, 국제올림픽위원회 중재 로잔느 체육회담 등 다방면에 걸친 남북대화도 동시에 진행됐다. 그러나 1986년 1월 북한이 한미 합동 군사훈련(팀 스피리트)을 이유로 남북대화중단을 선언함에 따라 남북한의 짧았던 해빙기는 막을 내렸다.

1970년대 남북대화가 시작된 이래, 최근까지도 군사적 위기 사태 직후 남북대화가 일시적으로 진행되다가 다시 군사적 위기로 마무리되는 양상이 반복되고 있다. 이와 같은 악순환은 기본적으로 1953년 정전협정이 갖는 전쟁도 평화도 아닌 구조적 제약, 남북의 체제 경쟁과 정통성 경쟁, 주변 강대국의 한반도 현상 유지 정책 등의 문제에 기인한다고 할 수 있다.

3.

1987년 이후
한국의 정치 ·
대외관계 · 남북관계

1 민주화 이후의 민주주의

군사정권에서 '문민정부'로
6·29선언과 노태우 정부의 수립

전두환 정부는 결국 6월항쟁에 굴복해 1987년 6월 29일 민정당 대통령 후보 노태우에게 시국 수습 방안을 발표하게 했다. 6·29선언[1]의 골자는 여야 합의에 따라 대통령 직선제 개헌 후 대통령 선거를 실시하자는 것이었다. 그러나 6·29선언 뒤 야당 정치 세력과 민주화운동 세력은 군사독재를 청산하고 새로운 정권 창출에 대한 공동의 합의나 전망을 마련하지 못한 채 대통령 선거 국면을 맞았다. 야당의 대표 지도자였던 김영삼과 김대중은 통일민주당과 평화민주당으로 나뉘었고, 재야의 민주화운동 세력도 대선 전략을 둘러싸고 분열했다. 결국 1987년 12월 16일 제13대 대통령 선거에서 민정당 후보 노태우는 양 김씨의 지지 기반인 영남과 호남 사이의 지역감정을 이용해 총투표의 36.6%를 얻어 당선됐다. 6월항쟁의 성과가 민주 정부 수립으로 이어지지 못한 채 민정당 대표인 노태우를 대통령으로 하는 제6공화국의 탄생으로 귀결됐다.

3당 합당과 문민정부의 수립

노태우 정부는 취약한 정권의 기반을 극복하고, 집권을 연장하기 위해 1990년 1월 여당인 민주정의당, 야당인 김영삼의 통일민주당과 김종필의 신민주공화당을 통합해 민주자유당(민자당)을 만들었다. 민자당은 헌정사상 계엄령이나 쿠데타 등 물리적 강제 없이 집권당과 야당의 일부가 결합한 최초의 사례였다. 그러나 내각제 중심의 개헌을 통한 권력 배분을 전제로 합당을 선언함으로써 노태우 정부에서 여소야대[2]를 만들어준 국민의 뜻을 외면했고,

---

1   6·29선언 대통령 선거법 개정, 김대중 사면·복권과 시국사범 대폭 석방, 인권침해 시정을 위한 제도적 개선, 언론기본법 개폐 등으로 언론 자유 창달, 지방자치제·교육자치제의 조속 실시, 정당활동 보장, 사회정화 조치 강구 등 8개항으로 구성됐다.

2   여소야대 '작은 여당'에 '큰 야당'을 일컫는 말이다. 1988년 4월 26일에 열린 13대 국회의원 총선에서 집권 여당인 민정당은 전체 의석 299석의 절반에 한참 못 미치는 125석을 확보하는 데 그쳤고, 김대중이 이끄는 평민당이 70석, 김영삼이 이끄는 민주당이 59석, 김종필이 이끄는 공화당이 35석을 차지했다. 이러한 총선 결과는 야당 주도의 국회활동을 활성화시켰으나 1990년 1월 3당 합당으로 여소야대 정국은 끝나고 말았다.

도판19 **3당 합당과 보수대연합**
노태우 정부의 여당인 민주정의당은 1988년 13대 국회의원 선거에서 총의석 299석 가운데 과반에 훨씬 못 미
치는 125석을 획득했다. 이러한 여소야대 상황에서 여당은 1990년 정치적 안정을 추구한다는 명분으로 '보수
대연합'이라는 정계 개편 논리를 내걸고 통일민주당, 신민주공화당과 합당해 민주자유당이라는 거대 여당을
탄생시켰다.

공작과 야합에 의해 국민의 선택을 하루아침에 뒤집었다는 비판을 받으며
출발했다. 집권 여당과 두 야당이 합당한 이유는 4당 구조로는 앞으로 집권
연장이나 권력 배분에 참여할 수 있는 기회가 줄어들 것이라는 위기의식을
느꼈기 때문이다. 보수 세력은 안정적인 권력분점체제를 구축하기 위해 인
위적이지만 3당 합당으로 정계 개편을 하고, 이를 통해 여소야대 정국을 여
대야소 정국으로 전환시키는 일이 필요했다. 여기에는 민주화운동에 위기감
을 느끼고 보수 대연합을 통해 기득권을 안정적으로 유지하려는 의도도 작
용했다.

　3당 합당의 결과 탄생한 민자당의 새 총재로 오랫동안 야당을 이끌며 민
주화운동을 벌인 김영삼이 취임했다. 그리고 1992년 5월 19일 민자당 전당
대회에서 김영삼이 총 투표수의 66.3%를 획득하며 대통령 후보가 됐다. 의석
수를 비롯해 여러 면에서 민정당계가 훨씬 우세했지만, 야당 대표인 김대중
을 앞서려면 김영삼밖에 없다는 대세론 때문에 민자당은 김영삼을 대통령
후보로 내세우지 않을 수 없었다. 12월 18일 제14대 대통령 선거 결과 김영삼
이 997만여 표(총 유효표의 41.9%)로 804만여 표를 얻은 김대중을 이기고 대
통령에 당선됐다. 김영삼이 당선되면서 1993년, 마침내 문민정부가 출범했
다. 문민정부의 등장은 일단 32년간의 군부독재체제에서 벗어나 민간인 출

신 정치인이 집권했다는 점에서, 그리고 선거를 통해 민간 정부가 수립됐다는 점에서 6월항쟁 이후 한국사회에서 화두가 된 민주주의를 절차적으로 수립하는 계기가 됐다.

그러나 문민정부 출범은 일정 부분 한계도 있었다. 우선 문민정부 출범으로 민정당으로 대표되는 군사독재 정권 이래의 집권 세력과 기득권 세력이 3당 합당의 한 축으로 참여함으로써 1987년 6월항쟁 이후 그들이 처했던 정치적 수세 국면을 극복하고 지배체제의 안정적 재생산을 위한 정치적 기반을 확보할 수 있었다.

야당 세력 가운데 김대중의 평민당은 1992년 대선 선거 과정에서 기득권층과 화해를 추구하고, 선거에서 중간층 유권자들의 표를 확보한다며 중도 보수 세력의 정치적 성향에 영합하는 전략을 취했으나 선거에서 패했다. 이 선거에서 한국의 유력한 재벌인 현대그룹 총수 정주영(鄭周永, 1915~2001)이 국민당을 창당해 대통령 선거에 출마했으나 낙선했다. 또 민주화운동 내부의 민중 후보파가 민중 대통령 추대운동을 벌였으나 당시 후보였던 백기완(白基玩, 1932~2021)은 23만 표를 얻는 데 그쳤다. 민중운동 세력이 독자적인 대통령 후보를 낸 것은 그간의 민중운동의 성과를 반영한 것이기에 그 자체로 큰 의미가 있으나, 동시에 민중운동 세력의 미미한 득표는 한국사회의 보수적인 정치 지형에서 그들이 가지는 영향력의 한계를 보여줬다.

문민정부의 개혁정책과 그 한계

김영삼은 1993년 2월 대통령에 취임하자마자 개혁을 추진해 취임 초에는 90%에 가까운 지지율을 기록했다. 김영삼은 군부 내 사조직 하나회[3]를 해체해 군부의 정치 개입을 차단하려고 노력했고, 「공직자윤리법」을 개정해 공직자의 재산을 등록케 했으며, 고위 공무원의 경우 등록 재산을 공개하게 해 공직 사회의 투명성을 확보하고자 했다. 또한 1993년 8월에는 금융 거래시 가명이나 차명을 허용하지 않는 금융실명제를 전격 실시했다. 금융실명제는 지하 경제를 없애고 금융질서를 투명하게 만들기 위해 실시된 것으로, 기업의 비자금 축적 관행, 차명 계좌를 통한 정치자금 밀거래를 방지해 정경유착

---

3   하나회 박정희의 후원 아래 세력을 확대하고 12·12쿠데타 이후 군의 실권과 전두환이 주도한 신군부 정부의 요직을 차지했던 군부 내 사조직이다.

도판20 김영삼 정부의 대표적 개혁 정책 금융실명제
김영삼 대통령과 문민정부는 군부 내 사조직 하나회 해체, 공직자 재산 등록제 실시, 금융실명제 실시, 지방자
치제의 부활, 전직 대통령 전두환과 노태우 구속 등 일련의 개혁정책과 '역사바로세우기'를 추진했으나 기득
권층의 공세와 불철저한 개혁 의지, 지지 세력의 이탈 등으로 인해 많은 어려움을 겪었다.

의 고리를 끊겠다는 목적도 있었다.

1995년에는 전직 대통령 전두환과 노태우가 구속되는 일이 있었다. 전두환은 12·12쿠데타, 광주학살 등에 가담한 14명과 함께 내란 수괴 등의 혐의로, 노태우는 비자금 조성과 뇌물 수수 혐의로 기소됐다. 1997년 4월 대법원은 전두환 무기징역, 노태우 17년 징역의 원심을 확정했다. 그러나 김영삼 퇴임 직전 차기 대통령 김대중의 건의에 따라 1997년 12월 국민 대화합의 명분으로 이들 모두는 특별 사면됐다.

김영삼은 1994년 3월 공직 선거 및 선거부정 방지법, 정치자금법 개정 법률, 지방자치법 개정 법률 등에 서명했고, 선거제도 개혁 등 정치 개혁을 시도했다. 1991년 기초의회 의원 선거를 시작으로 1995년 6월에는 도지사·시장·구청장·군수 등 지방자치단체장 선거가 실시되면서 1961년 5·16군사쿠데타 이후 유보됐던 지방자치제가 부활했다.

김영삼 정부의 개혁은 TK 세력[4]이 반발하고, 3당 합당의 한 축이었던 김종필이 이탈하면서 권력 기반이 약화됐을 뿐 아니라 수구 언론의 개혁 흠집

---

4   TK 세력 대구-경북 지역의 영어 앞 문자를 따서 만들어진 용어다. 박정희·전두환·노태우 군사독재 정권의 권력 실세들이 대부분 대구-경북 지역 출신이었던 데서 비롯됐다.

내기 등 기득권층의 공세에 시달리다가 점차 일관성을 상실한 채 전진과 퇴행을 거듭했다. 급기야 1997년에는 외환위기라는 수렁에 빠졌다. 정치 개혁이 성공할 수 없었던 이유는 김영삼이 단독으로 추진한 데다 이를 뒷받침해줄 세력이 불안정했기 때문이라고 할 수 있다. 지배 세력 내 대통령과 민주계의 불철저한 개혁 의지와 수구 세력인 민정-공화계의 반대, 야당의 보수화와 민중운동의 약화도 그 원인으로 작용했다.

무엇보다 과거 독재체제하에서 배제되고 소외됐던 사회 계층에 대한 정책적 고려가 없었던 것도 정치 개혁 실패에 크게 작용했다. 국가보안법, 노동관계법, 전국교직원노동조합(이하 '전교조') 문제 등에 대한 정책은 과거 독재 정권과 별다른 차이가 없었고, 진보 세력의 정치 참여 허용 폭을 매우 좁은 상태로 방치했으며, 경우에 따라 사회운동을 강력하게 탄압하기도 했다. 1996년 12월 노동관계법과 안기부법의 날치기 통과는 김영삼 정부의 이러한 성격을 잘 보여준다. 노동관계법은 노동조합의 강한 반발을 불러일으켰다. 전국민주노동조합총연맹(이하 '민주노총')[5]의 주도하에 12월 말 단행된 총파업에는 매일 20만 명 이상의 노동조합원이 참여했다. 궁지에 몰린 김영삼 정부는 1997년 3월 상급단체 복수노조를 허용하는 등 노동관계법을 전면적으로 수정하기에 이르렀다.

1990년대 사회운동과 시민운동의 성장
민중운동의 성장과 사회운동의 전국적 조직화

6월항쟁 이후 몇 년 동안은 여러 가지 우여곡절이 있었음에도 민주화가 상당히 진척됐고 통일운동도 활발히 전개됐다. 민주화는 이제 어떤 세력도 꺾기 어려운 대세였고, 남북관계도 과거와는 다른 차원으로 전개됐다. 1990년대 들어 민주화운동 세력은 6월항쟁 이후 강화된 역량을 계급·계층별로 나눈 후 전국조직으로 결집했고, 민주화운동은 점차 뚜렷한 목적의식 아래 광범위한 대중이 참가하는 장기적인 운동으로 발전했다. 그리고 전국대학생대표

---

5   전국민주노동조합총연맹(민주노총) 한국노총과 함께 한국의 대표적인 노동조합 연맹체로서 양대 노총체제를 형성하고 있다. 한국노총의 어용성을 비판하면서 출범했는데 복수노조 금지 조항으로 인해 공식적 지위를 인정받지 못하다가, 1999년 11월 합법화됐다. 노동법의 복수노조 금지 조항 및 정치활동 금지 조항 삭제, 비정규직 철폐, 주 40시간 노동제 등을 요구해왔다. 1998년 노사정위원회에 참여했으나 오래지 않아 탈퇴했다. 2019년 4월 현재 2,042개 단위노조에 회원 수 101만 4,845명을 보유하고 있다.

자협의회(이하 '전대협'), 전국노동조합협의회(이하 '전노협'), 전국농민운동연합(이하 '전농'), 전국민족민주운동연합(이하 '전민련') 등으로 대표되는 민주화운동의 전국조직이 진보적인 강령과 정책을 공유하며 상호 연대함으로써 계급·계층별 이익을 뛰어넘어 사회의 진보적 개혁을 추구하는 사회운동을 전개할 수 있게 됐다.

특히 전대협은 6월항쟁 직후 결성된 학생운동의 전국조직으로, 1987년 대선 시 공정선거감시단 활동, 1988년 8·15남북학생회담 추진, 1989년 임수경(林琇卿, 1968~)의 제3회 평양 세계청년학생축전 참가, 1990년 8·15범민족대회 추진 등 민주화운동과 통일운동의 선봉에서 활동했다. 1993년 5월에는 전대협이 한국대학총학생회연합(이하 '한총련')으로 재발족했다. 하지만 1990년대에 들어 정치적 변혁보다는 취업 준비 같은 현실적인 문제에 관심을 돌리는 대학생이 늘어나면서 학생운동은 비정치화되고, 활동도 점차 축소됐다. 1996년 여름에는 한총련이 연세대학교에서 개최된 8·15 통일대축전 및 범민족대회 당시 과격한 시위를 벌였다는 이유로 정부의 대대적 탄압을 받았고, 이듬해 대법원에 의해 이적단체로 규정됐다. 이후 학생운동은 급속히 정치적 영향력을 상실해갔다.

6월항쟁 이후 그해 7월부터 9월까지 전국적으로 노동자들의 대규모 시위와 파업이 일어났다(7~9월 노동자대투쟁). 이러한 노동운동의 열기를 바탕으로 노동조합 설립이 급증했으며, 어용 노동조합에 대항하는 민주 노동조합을 설립하는 움직임이 활발해졌다. 노동조합 설립은 1989년 7,883개로 최대에 이르렀고 많은 노동조합에서 기존의 한국노동조합총연맹(이하 '한국노총')[6]을 대신하는 새로운 상급단체의 필요성을 제기했다. 이는 1990년 전노협의 결성으로 실현됐으나 노태우 정부의 억압적인 노동정책으로 계속 법적 지위를 인정받지 못하다가 1995년 민주노총이 설립되면서 결실을 보았다.

민주노총은 설립 이후 한국노총과 함께 한국 노동운동단체의 양대 축이 됐다. 주로 임금 인상 요구, 최저임금제도 개선, 노동시간 단축, 경영 참가, 고

---

6   한국노동조합총연맹 한국의 대표적인 노동조합 연맹체다. 1946년 3월 결성된 대한독립촉성노동총연맹을 모체로 한다. 이승만 정부 이래로 노사 협조주의·경제주의·반공주의 노동운동을 전개했다. 1991년 2월 전국대의원대회에서 민주복지사회 실현을 위한 노동조합주의로 전환할 것을 표방하면서 1998년 IMF 외환위기 극복을 위한 노사정위원회에 참여했다. 2018년 12월 현재 3,571개의 단위노조에, 회원 수 103만 6,236명을 보유하고 있다.

용 안정, 해고자 복직, 부패 추방, 국제노동기구(ILO) 기준에 맞는 단결권 및 쟁의권 확보를 목표로 활동했으며, 노사정위원회에 참가하기도 했다.

1990년대 사회운동은 1980년대 운동의 특징인 학생운동의 과잉 정치화 현상이 해소되고, 노동운동 중심으로 변화했다. 특히 노동운동의 정치사회적 영향력이 이전 시기보다 한층 커졌다. 1996년 12월 하순에 벌어진 노동법·안기부법 반대투쟁은 민주노총 산하 노동자들의 총파업이 노동자·민중 연대투쟁 및 범국민적 연대투쟁으로 발전한 것이었다. 이것이 가능했던 이유는 노동법·안기부법의 비민주적 성격 때문이었다. 개악된 노동관계법은 노동자들이 노조활동을 하는 데 많은 제약을 가했고, 결국 한국의 임금노동자 전체에 대해 기업가의 실질적 지배력을 획기적으로 강화하는 것으로 이어졌다. 또한 개정된 안기부법은 안기부의 수사권을 확대함으로써 사회 구성원들이 자유롭게 정치활동을 하고 정치적인 의사표현을 하는 것을 크게 위협했다. 게다가 여당이 국회에서 노동법·안기부법 개정안을 충분히 논의하지 않았을뿐더러 야당과 협의하지 않고 날치기로 통과시켰다는 점에서 민주주의 정치의 기초인 절차적 민주주의까지 무시한 것이었다.

농민운동은 1980년대 중반 이후 소몰이 시위 등을 벌이며 농축산물 수입 반대운동을 펴오다가 1989년 전국농민운동연합을 결성했고, 이를 확대해 1990년 전국농민회총연맹(이하 '전농맹')을 출범했다. 전농맹의 주요 활동은 쌀값 보장, 쌀 전량 수매 쟁취투쟁과 함께 농산물 개방 반대투쟁에 집중됐다. 1987년 대통령 선거를 앞두고 분열했던 재야 민주화운동은 1988년 이후 다시 힘을 결집해 1989년 1월 민주화운동의 전국조직인 전국민족민주운동연합(이하 '전민련')을 결성했다. 전민련은 민중 해방과 진정한 자유·평등 사회의 실현을 내걸고 출범 이후 국가보안법 철폐, 토지 공개념 도입, 민주자유당 해체 등의 반파쇼 민주화운동과 한미합동군사훈련인 팀 스피리트 훈련 중지, 주한미군 철수 등의 반미 자주화운동, 그리고 8·15범민족대회 등의 조국 통일운동을 전개했다. 또한 1990년 4월 21일 전노협·전대협 등 13개 사회운동 단체들과 함께 국민연합을 결성하는 등 운동 세력의 통일 단결을 위해 노력했다. 전민련은 1991년 12월 민주주의민족통일전국연합(이하 '전국연합')이 결성되면서 해체됐다.

1987년은 6월항쟁, 7~9월의 노동자대투쟁을 경험하며 한국사회 곳곳에서 민주화 요구가 터져 나온 해였다. 특히 화이트칼라로 불리던 사무·전문직 종사자들과 참교육을 위해 나선 교사들이 스스로 노동자임을 선언하면서 노조와 전교조 등 직종별로 노동조합을 결성한 점, 그리고 환경운동을 비롯한 다양한 부문의 운동이 새롭게 등장한 점은 이 시기 민주화운동의 확산 양상에서 주목할 만한 특징이다. 전교조 결성은 1980년대 이래 민주교육운동의 성과에 바탕을 둔 것으로, 이후에도 전교조는 교육민주화운동에서 중요한 위치를 차지했다.

6월항쟁 이후 언론·사상·문화·예술 등의 분야에서도 민주화가 진전됐고, 전문직 종사자들에 의한 부문운동도 활성화됐다. 교수들은 6월항쟁 중에 민주화를위한전국교수협의회(이하 '민교협')를 결성했고, 이 단체는 이후 대학 사회의 민주화를 촉진하는 데 큰 역할을 했다. 1987년 10월 하순부터는 주요 신문사와 방송사에서 노동조합을 결성하기 시작했고, 1988년 4월에는 14개 노조가 참여해 전국언론노조협의회를, 11월에는 41개 노조 1만 3,000여 언론 노동자가 참여해 전국언론노동조합연맹(이하 '언노련')을 창립했다. 1988년 11월 5일에는 진보적인 연구소, 학회 등이 모여 학술단체협의회(이하 '학단협')라는 연구자들의 전국 모임을 결성했다. 1980년대 민주화운동에서 큰 역할을 했던 춤패·노래패를 포함해 문학·미술·음악·연극·영화·춤·건축·사진 등 여러 예술 분야가 결집한 민족예술인총연합(이하 '민예총')이 1988년 12월에 창립됐다. 또한 유신체제 때부터 인권 옹호에 노력해온 변호사들과 1980년대에 노동사건 등을 맡아온 변호사들이 1986년 구로동맹파업 사건을 공동 변론한 것을 계기로 결성한 정의실천법조인회(이하 '정법회')가 1988년 5월 발전적으로 해소되고, 민주사회를위한변호사모임(이하 '민변')이 창립됐다. 민변은 민주화운동·인권운동·노동운동 관련 사건에 대한 변론뿐 아니라 전반적인 법제도, 그리고 경제·사회적 약자들이 처한 상황에 깊이 있는 조사를 벌이며 대안을 마련하기도 했다.

1990년대 시민운동의 성장

1990년 9월 미국·소련·영국·프랑스 등이 독일의 통일을 인정함으로써 동서 냉전체제는 사실상 막을 내렸다. 1990년 11월 유럽안보협력회의 34개 회원국들은 "대결과 분열의 시대는 유럽에서 종말을 고했다."라고 선언했다. 그리고 1991년 유고슬라비아와 소련의 해체, 1992년 체코슬로바키아의 해체가 연달아 일어나면서 동구와 소련에서 사회주의체제의 몰락으로 냉전의 한 축이 무너졌다. 이러한 변화는 한국사회에도 영향을 끼쳤다. 1980년대 이후 운동을 주도해온 민족민주주의, 민중민주주의 등 체제 변혁적 성격을 가진 이념의 영향력이 약해지면서 기존 사회운동은 새로운 모색이 필요했다. 문민정부가 등장하면서 절차적 민주주의가 수립되고, 반독재 민주화운동도 어느 정도 성과를 거뒀기에 사회운동의 이념과 조직적 틀에서 방향 전환이 필요한 시점이기도 했다.

민주주의 정착과 제도화, 실질적 민주주의의 증진을 목표로 했던 시민운동은 1990년대 시민적 권리의식이 확대되면서 정치적 민주화를 비롯해 경제·사회적 민주화를 달성하기 위한 운동으로 발전했다. 김영삼 정부의 등장은 시민운동이 성장할 수 있는, 상대적으로 열린 공간을 마련했다. WTO체제의 출범과 함께 닥쳐온 농업위기의 현실(쌀 개방 압력)은 여론을 결집할 수 있는 조건이 됐고, 성수대교와 삼풍백화점 붕괴 등 대형사고와 환경 문제, 각종 범죄가 무분별한 성장주의의 결과였다는 인식이 생기면서 발전 지상주의적 근대화에 대한 성찰을 요구하는 시민적 관심을 촉발시켰다. 1980년대 후반 이후 한국의 사회운동에서 중심을 차지한 노동운동·통일운동과 더불어 1990년대에 들어오면서 환경운동·여성운동·평화운동 등이 주목받기 시작했다. 기존의 계급·계층운동에서 벗어나 새로운 연대를 위한 틀의 모색이 시작된 것이다.

1990년대 들어 시민운동이 본격적으로 활성화됐다. 1984년 여성평우회·여성의전화 등이 출범한 이후 1987년 2월 여러 계층의 여성단체가 한국여성단체연합을 발족시켰다. 또한 1960년대 후반 산업화가 급진전하면서부터 공해 문제의 심각성이 이야기됐는데, 1970년대에는 성장 우선 논리에 밀려 주목받지 못했다. 그러다 1982년 공해문제연구소가 설립됐고, 1984년 반공해운동협의회가, 1986년 공해반대시민운동협의회가 탄생했다. 그리고 공해반대운동단체의 연합체로 1988년 공해추방운동연합이 조직됐고, 이것이 1993년 환경운동연합으로 발전했다. 1989년에는 본격적인 시민운동단체로 학계·법조계 등 전문직 종사자들이 다수 참여한 경제정의실천시민연합(이하 '경실련')이 탄생했다. 1994년에는 당시 변호사였던 박원순(朴元淳, 1956~2020)을 비롯한 진보적인 전문직 종사자들이 참여연대를 조직해 인권 문제, 사회 개혁 문제, 국가 공권력의 부당한 행사, 재벌 문제 등을 감시하며 시민사회의 대표로서 발언권을 행사했다.

도판21 1990년대 시민운동의 활성화
1990년대에 시민적 권리 의식이 확대되면서 민주주의 정착과 제도화, 실질적 민주주의의 증진을 목표로 하는 시민운동이 활성화됐다. 2000년 4·13 총선에서 부패·반개혁 정치인들의 '국회 퇴출'을 목표로 삼아 참여연대, 문화연대, 녹색연합, 민교협, 민언련 등의 시민단체들이 총선시민연대 활동을 벌였고, 낙선운동 대상자의 70% 가 낙선했다. 낙선반대운동은 시민이 직접 개입해 한국 정치의 낡은 틀을 바꿀 수 있는 가능성을 보여줬다.

시민운동단체의 확대와 시민의 의식 변화는 시민단체의 활동에 적극 반영됐다. 1994년에 결성된 한국시민단체협의회에는 36개 시민단체가 참여했으며, 활동 범위도 교통·노사·복지·보건의료·언론 개혁·문화운동·외국인 노동자 문제·장애자와 청소년운동·의식 개혁·지방자치·환경운동·교육 개혁·통일운동·정치행정·경제개혁·여성·소비자운동 등 사회 전 분야를 망라했다. 당시 시민운동단체들은 부패 방지, 시민의 직접 정치 참여와 권력 견제를 지향하면서도 여성, 환경, 통일 등으로 나뉜 각자 고유의 활동 영역이 있었으나 주요 사안이 제기될 때는 함께 연대해 사회적 영향력을 확대했다. 예를 들어 주한미군기지에 환경오염 문제가 불거졌을 때는 환경운동단체, 반미운동단체, 반전평화운동단체가 함께 활동하며 목소리를 높였다.

정치 개혁 분야에서 부패·반개혁 정치인들의 국회 퇴출을 목표로 삼아 참여연대, 문화연대, 녹색연합, 민교협, 민주언론시민연합 등이 총선시민연대 활동을 벌였는데, 이는 당시 시민운동의 지향점과 사회적 역할을 잘 보여준다. '참여 속의 선거 혁명'을 슬로건으로 삼은 낙천·낙선운동은 부패 정치 추방, 금권 선거 감시, 정치 개혁을 위한 온라인 캠페인을 전개했고 국회의원에 출마하는 후보자들의 과거 경력과 납세 실적, 전과 기록 등을 공개해 사회적으로 검증할 수 있는 정치 문화를 형성하는 데 기여했다. 2000년 4·13총선 결과 낙선운동 대상자의 70%가 낙선했다. 총선시민연대가 낙천·낙선이라는 새로운 방식으로 한국 정치에 개입해 일정한 성공을 거두면서 시민이 직접 개입해 한국 정치의 낡은 틀을 바꿀 수 있는 가능성을 보여줬다.

1997년 금융위기 이후의 정치: 개혁과 보수 사이
김대중 정부의 경제위기 관리와 개혁정책

1997년 금융위기 상황에서 치러진 15대 대선에서 야당 후보 김대중이 당선 됐다. 김대중 정부는 외환위기로부터 비롯된 경제위기가 진행되는 와중에 정부를 인수했고, 자신의 정책 방향으로 '민주주의와 시장경제의 결합'이라는 구호를 제시했다. 김대중 정부는 당시 거세게 몰아닥치던 신자유주의적 세계화를 피할 수 없는 흐름으로 인식했고, 그 연장선상에서 정부 초기 국제통화기금(International Monetary Fund, IMF)[7] 처방에 입각해 경제위기 관리 정책을 폈다. 경제위기는 한편으로 재벌의 경제 지배를 변화시킬 수 있는 절호의 기회였다. 김대중 정부는 기업 경영의 투명성 제고, 상호 채무 보증의 해소, 재무구조 개선, 재벌 간 업종 교환을 통한 업종 전문화정책, 경영자의 책임성 확립, 제2금융권 경영 지배 개선, 순환출자 및 부정 내부거래 억제, 변칙 상속·증여 방지 등의 정책을 제시했다. 그중 기업 경영의 투명성 등 몇 가지는 효과를 보았으나 업종 전문화 정책 등은 실패로 평가받았고, 재벌의 경제 지배력도 낮아지지 않았다. 또한 김대중 정부는 내수 진작과 경기 부양을 위해 신용카드 발급 조장, 중소 벤처기업 육성, 가계 대출 확대, IT 장려 등의 정책을 폈는데, 이 정책들은 신용불량자의 양산과 가계 부채 증대 등 심각한 부작용을 낳았다.

김대중 정부의 적극적인 구조조정과 국민의 희생 위에서 한국은 조기에 IMF 경제 관리체제를 극복할 수 있었다. 김대중 정부는 실업률이 높아지면서 노사관계가 악화되자 노사정위원회를 통해 노사 안정에 관심을 기울였으며, 외국의 신용평가를 제고하고 기업 경영 부실을 개선하기 위해 기업 개혁

---

7   국제통화기금 환율과 국제 수지를 감시함으로써 국제 금융체계를 감독하는 국제기구다. 회원국의 요청이 있을 때는 기술 및 금융 지원을 직접 제공한다. 한국은 1997년 외환위기 당시 IMF에 구제금융을 요청해 간신히 국가부도사태를 면했으나 그 과정에서 노동자의 대량 해고와 기업의 구조조정, 공기업 민영화, 자본 시장 개방 확대, 기업의 인수 합병 간소화 등 국민과 기업의 희생이 뒤따랐다.

을 실시했다. 김대중 정부의 시장 개혁은 재벌만의 개혁이 아니라 노동시장
의 개혁과 유연화로 인한 노동자의 희생을 수반한 것이었다. 최초의 평화적
정권 교체를 통해 그동안 누적됐던 민중의 불만과 민주적 변화에 대한 요구
가 어느 정도 실현됐고, 민주주의와 시장경제의 결합이라는 대의명분은 실
업 증가, 노동자 탄압의 증대라는 현실 속에서 좌절해 있던 민중에게 기대감
을 심어줬다. 또한 국가인권위원회, 의문사진상규명위원회와 같이 인권과
소수자의 권익을 보호하는 기관들이 설치되기도 했다.

　　김대중 정부는 남북관계에서도 새로운 이정표를 만들었다. 2000년 6월
13일부터 6월 15일까지 김대중 대통령과 북한의 김정일 국방위원장이 남북
정상으로는 분단 이래 최초로 평양에서 만나 정상회담을 개최했고, 6·15 남
북공동선언을 발표함으로써 남북 간 화해 및 평화적 통일을 위한 초석을 놓
았다.[8]

노무현 정부의 개혁정책

2002년 대선 이전에는 유권자들이 최종 투표에만 참여했을 뿐 정치에 직접
개입하는 경우는 드물었다. 반면 2002년 대선은 여당의 대통령 후보 경선에
국민 경선이라는 참여 장치가 작동했고, 그 과정에서 당내 기반이 약했던 노
무현이 여당 대통령 후보로 올라서는 이변이 나타났다. 또한 2002년 대선은
소위 인터넷으로 대표되는 정보통신혁명과 결합된 새로운 참여민주주의의
가능성을 열었고, 탈냉전과 반권위주의를 지향하는 세력이 등장했음을 보여
주는 한편 기득권 세력이 시대 변화에 적응하지 못하고 있다는 점을 드러냈
다. 또한 노사모(노무현을 사랑하는 사람들)의 활동에서 나타나듯이 젊은 층의
정치 참여도 두드러졌다. 16대 대선은 보수·진보의 구도로 나뉘면서, 진보를
표방한 노무현 후보가 대통령으로 당선됐다.

　　참여정부를 표방한 노무현 정부는 2003년 취임 이후 국가보안법 개정
안, 사학법 개정안, 친일반민족행위 진상규명특별법 등 각종 과거사 관련 법

8　6·15 남북공동선언 대한민국 김대중 대통령과 조선민주주의인민공화국 김정일 국방위원장이 평양에
　서 분단 이후 첫 번째 남북정상회담을 진행하고 2000년 6월 15일 5개 항의 선언문을 발표했다. 5개 항
　은 이산가족과 장기수 문제 등 장기간의 분단으로 야기된 문제들의 인도적 해결, 남북 간 경제협력 및
　사회, 문화 등 제반 분야의 협력과 교류 활성화 등 남북관계를 개선하고 발전시키기 위한 제반 조치들
　을 포함하고 있다. 통일 문제의 자주적 해결과 남북의 통일 방안에 공통성이 있음을 인정한 데 나타나
　듯이 통일의 원칙과 방안에 관해 양측 정상이 합의한 점에 이 선언의 역사적 중요성이 있다.

안, 호주제 폐지, 주민소환법 등 개혁 법안을 국회에 상정했고, 그중 일부가 의결되어 실시됐다. 참여정부는 김대중 정부 이래의 개혁정책을 이어갔고, 햇볕정책을 계승해 대북 포용·협력정책을 유지했다. 김대중 정부의 대북정책이 주로 남북관계 개선을 통한 화해와 협력에 초점을 맞췄다면 노무현 정부의 평화번영정책은 한반도 평화의 제도화와 남북뿐 아니라 동북아시아 전체의 공동 번영을 이루기 위해 노력하겠다는 의도를 보여줬다. 실질적으로 남북관계의 최대 현안이었던 북핵 문제에 관해 노무현 정부는 북핵 불용, 대화를 통한 평화적 해결, 한국 정부의 적극적인 역할을 제시했다. 노무현 정부는 집권 말기인 2007년 10월에 남북정상회담을 개최했고, 10·4남북공동선언을 발표해 남북 간 교류와 협력을 한 차원 더 높게 현실화하기 위한 방안에 합의했다.

이명박·박근혜 정부 시기의 사회

참여정부의 정책은 그 필요성과 당위성에도 불구하고 실현 과정에서 여론의 충분한 지지를 얻지 못했다. 보수 언론의 비우호적 태도가 크게 작용했지만, 정책 실현 과정과 방법에서 신중치 못한 행동도 영향을 미쳤다. 제17대 대선에서 이명박 정부는 보수층과 노인층을 결집시켜 대통령에 당선됐다. 62.9%라는 역대 가장 낮은 대선 투표율에 알 수 있듯이 정치에 대한 국민의 불신과 무관심 속에 치러진 선거에서 이명박은 국정 지표인 경제 살리기에 서민층이 걸었던 기대와, 이전 정부에 대해 보수층이 갖고 있던 반발심을 적절히 활용했다.

이명박 정부는 선거운동 당시부터 실용주의와 경제 살리기를 국정 지표로 내걸었고, 취임 후에는 각종 기업 규제를 철폐하는 등 기업 친화적인 정책을 노골적으로 추진했다. 특히 취임 직후부터 추진한 한반도 대운하 사업은 일부 대형 건설사들을 위한 사업일 뿐 경제적 효율성이 낮고, 생태계를 파괴하며 막대한 사업 자금이 든다는 등의 이유로 반대 여론이 거셌다. 그럼에도 정부는 그 명칭을 '4대강 살리기 사업'으로 바꾸고 밀어붙였다. 2008년 12월에 시작해 2012년 4월에 끝난 이 사업은 공사비만 22조 원에 달하는 방대한 규모의 국책 사업이었다. 진행 과정에서 시공사들의 담합과 로비 의혹이 끊이지 않았으며, 수많은 보를 만들어 강물의 흐름을 끊는 바람에 오히려 수질을 악화시키고 결과적으로 생태계를 파괴했다는 비판이 사후에도 계속 이어졌다.

2008년 가을에 시작한 미국발 금융위기는 큰 폭의 주가 하락과 환율 상승을 가져왔고, 이어진 수출 부진과 내수 위축으로 이명박 정부의 경제 살리기는 사실상 무색해졌다. 물론 집권 초기 한때 마이너스를 기록했던 성장률이 2010년 6.3%로 회복되기도 했다. 그러나 인위적인 고환율 유지 등과 같이 대기업 위주 경제정책이 중심이었기에 대기업의 수출과 무역수지는 크게 늘었으나 중소기업과 소상인은 불황에서 좀처럼 벗어나지 못했고, 경제적 불평등과 사회적 양극화가 심화됐다. 또 이른바 광우병 파동과 촛불시위를 몰고 온 집권 초기의 미국산 쇠고기 수입 협상은 민심 이반에 중요한 계기가 됐다. 시민들의 자발적 참여로 시작된 미국산 쇠고기 수입 반대집회는 자연스럽게 전국적인 촛불시위로 이어졌고, 2008년 6월 10일 서울시청 앞 시위에는 거의 100만 명에 육박하는 시민들이 모였다.

한편 2009년 4월 노무현 전 대통령이 검찰에 소환되어 조사를 받기 시작했다. 그리고 조사 중이던 5월 23일 새벽 고향 봉하마을 뒷산에서 뛰어내려 스스로 목숨을 끊는 불행한 사건이 일어났다. 그의 죽음을 애도하기 위해 덕수궁 대한문 앞을 비롯해 전국 곳곳에 설치된 분향소를 찾는 조문객의 발길이 끊이지 않았다. 약 3개월 뒤인 2009년 8월 18일에는 김대중 전 대통령이 노환으로 타계했다.

이명박 정부는 대북정책에서도 이전 정부의 햇볕정책을 사실상 방기했고, 금강산 관광 사업 중단, 개성 관광 중단, 경의선 철도 운행 중단 등으로 북한을 압박했다. 거기에다 2010년 3월 천안함 침몰, 같은 해 11월 북한의 연평도 포격 등이 연이어 발생해 남북관계가 크게 악화됐다.

2012년 12월 18대 대통령 선거에서 여당 후보 박근혜가 당선됐다. 선거 과정에서 컴퓨터 백신 개발로 명성을 날린 안철수(安哲秀, 1962~)가 젊은 층과 기존 정치에 혐오감을 가진 중도층의 지지를 받으며 새로운 대안 세력으로 등장했다. 안철수와 야당 후보 문재인(文在寅, 1953~)은 후보 단일화를 요청하는 지지자들의 압력으로 결국 후보 단일화에 합의했고, 문재인이 야당의 단일 후보로 결정됐다. 문재인과 안철수의 연대에 위기감을 느낀 여당은 당명을 한나라당에서 새누리당으로 바꾸고, 야당이 주장하던 복지정책을 대거 차용해 선거 공약으로 내걸며 이미지를 쇄신하는 한편 선거 과정에서 노무현의 NLL 관련 발언을 문제 삼는 등 이념 공세를 집요하게 벌였다. 선거에서 박근혜가 51.6%, 문재인이 48%의 득표율을 기록하며 박근혜가 근소한 차이로 당선됐다. 그러나 댓글 공작을 통한 국정원의 선거 개입 등이 불거져 후유증이 만만찮았다.

박근혜는 대통령 취임 직후 적극적인 대미·대중 정상 외교를 펼쳤고, 2015년 9월에는 미국의 만류에도 불구하고 베이징에서 개최된 중국의 '전 중국 인민의 항일전쟁 승리 및 세계 반(反)파시스트 전쟁 승리 70주년(전승절)' 기념 대규모 열병식에 참석하는 등 독자적이고 탄력적인 외교를 추구하는 듯했다. 그러나 2016년 7월 그 이전까지 배치 유보 입장을 취했던 미국의 고고도미사일방어체계(THADD, 이하 '사드')[9]를 한반도에 배치한다고 갑작스레 발표해 배치 후보지 주민들의 격렬한 반발은 물론 야당과 국민의 반대 여론을 불러일으켰다. 사드가 자국의 안보를 위협한다는 이유로 중국과 러시아가 크게 반발하면서 동북아시아에는 긴장이 한층 격화됐다.

박근혜 정부는 국민 행복·복지정책·국민 화합 등을 국정 목표로 내걸고 출발했지만, 그녀는 임기를 마치지 못한 채 4년여 만에 대통령직에서 파면됐다. 2016년 9월 박근혜·최순실(본명 최서원)의 국정 농단과 헌법 파괴 실상이 처음 언론을 통해 공개된 뒤, 12월 9일 국회의 탄핵소추안 가결, 검찰과 특검의 박근혜·최순실 국정 농단 수사, 2017년 3월 10일 헌법재판소의 탄핵 인용과 대통령 파면 결정이 이어졌다. 이 과정에서 입법·사법·행정부의 주권활동이 제대로 작동할 수 있었던 것은 이른바 촛불혁명으로 상징되는, 광장을 가득 메운 시민들의 자발적인 참여에 의한 직접민주주의 덕분이었다. 2016년 10월 29일 광화문 광장에서 개최된 제1차 촛불집회를 시작으로 매주 주말 전국적으로 전개된 촛불시위에는 2017년 3월 12일 제20차 집회에 이르기까지 연인원 1,500만 명 이상의 남녀노소 시민들이 참가해서 한국 민주주의의 역사는 물론 세계 민주주의의 역사를 새로 썼다.

박근혜 대통령 탄핵의 직접적 계기는 집권 4년차에 공개되기 시작한 박근혜·최순실의 국정 농단이었지만 이미 재임 중에도 적폐와 국정의 총체적 난맥상이 곳곳에서 위험 신호를 보내왔다. 그중에서도 2014년 4월 16일 일어난 세월호 참사는 박근혜 정부의 난맥상과 집권층의 적폐구조를 드러낸 상징적 사건이었다. 구조 과정에서 드러난 국가의 부재는 물론 진상 규명 과정

9　고고도미사일방어체계 단·중거리 탄도미사일이 발사됐을 때 레이더와 인공위성 등에서 수신한 정보를 바탕으로 요격 미사일을 발사시켜 40~150km의 높은 고도에서 파괴하는 미국의 미사일 요격체계다.

에서 확인된 정부와 기득권층의 무성의한 태도와 사실상 진상 규명활동의 방기와 방해, 정부기관과 공무원의 기강 해이 현상은 그것을 실시간으로 바라보던 국민을 참담하게 했다.

박근혜 정부는 민생 살리기를 위한 경제 개혁을 목표로 내걸었지만 취임 직후 3%를 상회하던 경제성장률이 집권 중반 2%대로 떨어졌다. 또한 선거 과정에서 공약했던 복지 확대는 오히려 집권 이후 복지 축소라는 결과로 나타났다. 내수 침체가 계속되는 가운데 집권 후반기에 들어서는 대외 여건도 악화되어 국제수지도 불황형 흑자[10]로 접어들었고, 성장 동력을 상실한 채 일본형 장기 불황이 현실화되는 것이 아니냐는 위기의식까지 낳았다. 실업이 증가하고, 가계 부채가 급증하는 등 서민 경제는 한계 상황으로 내몰렸고, 사회활동에 정력적으로 참여해야 할 젊은이들은 '헬조선'[11]이라는 조어가 상징하듯 한국사회에 대한 절망감을 감추지 않았다.

박근혜·최순실 국정 농단 사태를 수사하는 과정에서 청와대를 정점으로 해 정부기구들이 문화·예술인을 분류해 블랙리스트를 만들어 관리했다는 사실이 밝혀졌다. 박근혜 정부가 들어서면서 권력이 직접 나서서 민주주의를 파괴하는 행위를 노골적이고 체계적으로 자행했던 것이다. 마치 1970년대의 유신체제로 한국사회를 돌려놓기라도 하려는 듯이 통합진보당 해체, 역사 교과서 국정화, 개성공단 폐쇄, 한일 간 일본군 '위안부' 문제 합의 선언, 사드 배치 등을 야당과 국민들의 의견을 무시한 채 강행했다. 이 과정에서 법치와 민주주의는 부정됐고, 외교는 총체적 난국에 빠졌다. 대통령 탄핵을 요구하며 주말마다 광장을 메운 촛불 시민들은 박근혜 개인에 대한 탄핵을 넘어 적폐 청산과 국정 난맥상의 극복, 실제로 작동하는 민주주의를 요구했다.

박근혜 대통령 탄핵 이후 한국사회는 경제적 불평등과 사회적 양극화 해소, 한국 경제의 구조 개혁과 새로운 성장 동력 마련이 필요한 상황이었다. 사드의 한반도 배치를 둘러싼 미중 간의 대립에 나타나듯이 긴장이 더해가는 동아시아 정세에 대한 지혜로운 대처, 남북관계의 정상화를 통한 한반도

---

10 불황형 흑자 수입 감소폭이 수출 감소폭을 상회해 무역수지가 흑자로 나타나는 현상을 말한다. 한국의 경우 주로 높은 환율에 의해 해외에서 한국 기업 제품들의 가격 경쟁력이 높아지면서 수입보다는 수출이 덜 줄어들어 전반적인 불황 속에서도 무역수지 흑자를 기록했다.

11 헬조선 삼포세대·N포세대 등으로 대변되는 청년층이 한국을 자조하며 일컫는 말이다. 지옥(Hell)과 조선(朝鮮)을 합성한 신조어로 말 그대로 '지옥 같은 대한민국'이란 뜻이다. 현실에 대한 청년층의 불안·절망·분노를 잘 드러낸다.

평화체제의 수립도 무시할 수 없는 과제였다.

문재인 정부 시기의 사회

박근혜가 탄핵된 뒤 치러진 대통령 선거에서 문재인이 당선됐다. 문재인 정부는 한반도 평화체제 구축, 소득주도 성장과 포용적 복지, 검찰·언론 개혁, 에너지 전환정책 등을 주요한 정책으로 내걸고 임기를 시작했다. 취임 이후 북한의 거듭되는 중·장거리 미사일 발사 실험과 이에 대한 미국 신임 대통령 도널드 트럼프(Donald Trump, 1946~)의 강경 대응으로 북미관계가 심각한 갈등 국면으로 치달으면서 한반도 정세가 극히 위태로워지자 문재인 정부는 북미 간에 적극적인 중재외교를 가동했다. 북한이 이에 화답하면서 2018년 4월 판문점 남북 정상회담, 6월 싱가포르 북미 정상회담, 9월 평양 남북 정상회담이 연이어 개최되는 등 남북, 북미 관계에 일정한 개선을 이루었으나 2019년 2월 하노이 북미 정상회담이 최종적으로 결렬되면서 남북관계와 북미관계의 개선은 더이상 진전을 보지 못하고 정체상태에 들어갔다.

문재인 정부 내내 과거사 문제를 외교 갈등과 경제 제재로 몰아간 일본 정부의 태도로 인해 한일관계가 좀처럼 개선되지 않았다. 한국사회는 박근혜 정부 시절인 2015년 12월 피해자들의 동의 없이 이루어진 한일 간 위안부 협약에 대해 강한 거부감을 보였고, 또 한국 대법원이 2012년 강제동원 피해자의 일본 기업에 대한 위자료 청구권을 인정함으로써 신일철주금(현 일본제철), 미쓰비시중공업 등 일본 기업을 상대로 한 강제동원 피해자들의 손해배상 청구소송이 이어졌다. 2019년 7월 일본 정부가 반도체 생산을 위한 핵심 소재 수출을 규제하는 등 경제 제재를 실시했고, 한국 정부와 한국인들이 이에 크게 반발하면서 한일관계가 한층 더 경색되었다. 문재인 정부와 기업은 일본의 수출규제에 대해 소재, 부품, 장비의 국산화로 대응했고, 소비자들도 일본 상품 불매운동으로 호응하였다.

2020년에 발생하여 장기간 계속된 코로나19 팬데믹은 전세계적으로 의료 대란과 경제 위기를 초래하였다. 한국은 효과적인 방역으로 다른 나라들보다 상대적으로 피해가 적었고, 'K-방역'이 코로나19에 대한 모범적인 방역 사례로서 각국의 주목을 받았다. 하지만 문재인 정부는 코로나19로 야기된 중소 자영업자들의 경제적 처지의 악화에 효과적으로 대처하지 못했고, 최저임금 인상 등 소득 재분배를 위해 나름대로 노력하였으나 부동산 가격 상승으로 인해 이 시기에 자산 불평등은 좀처럼 완화되지 않았다.

문재인 정부 후반기에 미중 갈등의 격화, 러시아의 우크라이나 침공, 한일관계의 경색 등 전 세계적 차원에서나 지역적 차원에서나 국제 정세의 불안정성이 가중되었고, 국내에서도 정치적으로나 경제적으로나 양극화가 강화되는 등 한국사회는 국내외적으로 많은 어려움에 직면하게 됐다.

촛불집회와 국민 참여의 확대

1990년대 시민운동이 시민운동단체가 확대되고 성장하는 방식이었다면, 2000년대 이후 시민운동은 각종 국내외 현안에 국민이 자발적으로 참여하면서 확대·발전했다. 주요 사안이 있을 때마다 자생적으로 이뤄진 촛불집회는 그 상징적 표현이었다.

촛불집회는 노무현 대통령 탄핵 반대, 국보법 반대, 용산 참사 추모, 국정원 댓글 공작 규명, 박근혜 대통령 탄핵 요구 등 국내 정치적 현안과 관련된 경우도 있지만 효순·미선사건, 광우병 사태, 이라크 파병 반대, FTA 반대 등 대외적 현안도 있다. 어느 경우에나 모두 집회를 촉발한 구체적인 계기가 있지만 각 집회가 해당 사안의 해결만을 목표로 삼은 것은 아니었다. 한국사회가 안고 있는 구조적 문제를 해결하고 세계사 차원의 보편적 권리 신장, 한국 민주주의의 실질적 개선을 지향했으며, 이런 의미에서 정치·사회적으로 큰 파장을 일으키거나 영향을 끼쳤다.

한국사회의 촛불집회

2002년 11월: 미군 장갑차에 의한 여중생 사망 사건(효순·미선사건) 추모 촛불집회

2003년 3월~2004년 4월: 미국의 한국군 이라크 파병 요청을 반대하는 집회

2004년 3~4월: 노무현 대통령 탄핵 소추안 통과 반대 촛불집회

2004년 11월~2005년 2월: 국가보안법 반대 촛불집회

2006년 4~7월, 2011년 11~12월: 한미 FTA 반대 집회

2008년 5월: 미국산 쇠고기 수입 협상 반대 촛불집회

2009년 2월: 용산 참사 추모 촛불문화제

2013년 6월: 국가정보원 여론 조작 사건 규명 촛불집회

2014년 5~7월: 세월호 희생자 추모 및 진상 규명 촉구 촛불집회

2015년 10~11월: 임금피크제, 역사 교과서 국정화, 밥쌀 수입 등을 반대하는 집회

2016년 10월~2017년 3월: 박근혜·최순실 국정 농단 규탄 및 박근혜 대통령 퇴진 요구 촛불집회

촛불집회의 연원은 1970년대의 시국집회 또는 그 이전으로까지 거슬러 올라갈 수 있으나 다수의 대중이 자연발생적으로 참여해 촛불집회를 이끈 효시가 됐던 것은 2002년 11월에 있었던 효순·미선사건이었다. 미군 장갑차에 의해 희생된 2명의 중학생을 추모하고, 미국의 공식 사과를 요구하기 위해 출발한 이 촛불집회는 한미행정협정 개정운동으로 발전했고, 한미동맹의 민주화를 요구하기에 이르렀다. 또한 2003년의 한국군 이라크 파병 반대운동은 국제적인 반전 평화운동과 연대해 추진됐다. 2008년 광우병 파동 당시 열렸던 미국산 쇠고기 수입 반대집회는 단지 미국산 쇠고기 수입 문제뿐 아니라 국민 건강권을 본격적으로 제기했다. 2015년의 역사 교과서 국정화 반대운동은 교과서 서술 내용에 대한 문제 제기를 넘어서 그것이 국민의 문화와 교육을 향유할 권리와 학생 인권을 침해하고 있다는 사실을 제기했다. 또한 절차와 추진 과정에서 민주주의의 기본 원리를 위배한다고 비판했다.

이른바 '광우병 파동'으로 촉발된 2008년의 미국산 쇠고기 수입 반대집회는 10대 여학생들이 처음 개최한 촛불문화제가 촉매제 역할을 했다는 점에서도 의미가 있다. 이전과 달리 특정 주도 세력이나 시민운동단체의 조직적 동원 없이 그야말로 중고등학생부터 대학생, 회사원, 유모차를 끄는 젊은 주부들까지 다양한 개인이 자발적으로 참여해 전국적으로 촛불집회를 이끌었다. 또한 기존의 시민운동이 오프라인 중심이었다면 촛불집회는 SNS 등 온라인 네트워크를 통해 시민들이 자발적으로 모이는 형식을 취했고, 집회 현장을 휴대전화 등을 통해 실시간으로 공유함으로써 공감대를 확산시켰다.

무엇보다 광장에 쏟아져 나온 참여 시민들이 집회를 함께 어울려 즐기는 축제로 만듦으로써 더 많은 시민들의 참여를 자극했다. 대중은 집회에서 표출된 흥미 있는 연출이나 현안 및 구조적 문제에 대해 서로 예리한 비판 의식을 공유하며 의식을 고양했고, 해결 방안도 함께 제시하며 시민 참여에 의한 직접민주주의의 한 전형을 만들어냈다. 촛불집회는 모바일과 온라인 네트워크라는 한국사회의 기술적 진보를 적극 활용하고, 그것을 시민들의 자발적 참여와 결합한 거대한 대중 행동으로 이끌었다. 축제형의 비폭력 평화 시위 형식을 취하면서도 집회 참가 인원과 규모, 기간의 지속성과 장기성, 행동의 집중성과 강렬함에서 다른 나라에서 찾아보기 힘든 독특한 대중적 행동 양식과 문화를 만들어냈다.

2000년대 들어 진화를 거듭해온 촛불집회는 이제 한국의 대표적인 대중

도판22 **촛불집회**
2002년 11월 효순·미선사건으로 시작한 촛불집회는 미국산 쇠고기 수입 협상 반대 촛불집회, 세월호 희생자 추모 및 진상 규명 촉구 촛불집회 등으로 이어졌고, 박근혜·최순실 국정 농단 규탄 및 박근혜 대통령 퇴진 요 구 촛불집회는 2016년 10월부터 2017년 3월까지 장장 6개월간 연인원 1,500만 이상이 참여했다. 촛불집회는 이제 한국의 대표적인 대중적 행동 양식이자 직접민주주의를 실현하는 시민운동의 한 형식으로 자리 잡았다.

적 행동 양식이자 직접민주주의를 실현하는 시민운동의 한 형식으로 자리 잡았으며, 실질적으로 한국의 정치와 사회에 큰 영향을 발휘했다. 효순·미선 사건에 대해 미국 대통령이 직접 사과했고, 미국산 쇠고기 수입 재협상을 끌어냈다. 노무현 대통령 탄핵에 반대하는 촛불집회가 제17대 국회의원 총선거에서 탄핵을 주도한 한나라당의 참패를 가져온 것도 주목할 만하다.

촛불집회는 대의민주주의의 한계를 극복할 수 있는 직접민주주의의 새로운 형식으로 높이 평가받고, 시민들의 참여가 정부나 정치권을 압박하는 대중적 압력으로 작용하기도 했다. 그러나 이를 통해 표출된 국민적 요구가 여전히 제도화되지 못하고 있으며, 일상에서도 구체화되지 못하고 있다. 한편으로 많은 국민이 주말을 반납하고 광장으로 쏟아져 나온 것은 정부와 국회 등 기존의 정치제도가 국민의 요구를 제대로 수렴하지 못하고 있다는 반증일 수 있다. 다른 한편 일상에서 제도적으로 보장된 수단으로 문제를 제기하고 해결할 수 있는 가능성이 없거나 설사 있더라도 제대로 작동하지 않고 있음을 뜻한다고 할 수 있다. 촛불집회에 나타난 국민적 요구와 기대를 정치·사회·경제·문화의 제 영역에서, 또한 국민의 일상에서 해소할 수 있는 제도와 절차의 마련으로 연결하려는 노력이 절실하다.

2 탈냉전 이후의 한반도 정세 변화와 G-2 시대의 신냉전체제

소련·동구 사회주의의 붕괴와 한중 수교

1980년대 후반이 되면서 소련과 동구유럽에서 변화의 바람이 불기 시작했다. 소련은 1985년 미하일 고르바초프(Mikhail Sergeyevich Gorbachyev, 1931~)가 집권하면서 페레스트로이카(perestroika)라는 개혁정책을 실시했다. 페레스트로이카는 '재건', '개혁'이라는 뜻으로 헌법과 권력구조 개편을 주요한 내용으로 했다. 공산당으로부터 노동조합과 소비에트를 분리했고, 대통령의 권력을 강화하면서 선거에 복수입후보제가 가능하도록 했다. 페레스트로이카정책은 후에 소련의 붕괴와 연방체제 아래 있던 주변국가들의 연쇄 독립을 가져오면서 오히려 고르바초프가 실각하는 원인이 됐지만, 소연방의 해체와 러시아의 출범이라는 새로운 역사를 쓰는 동인이 되기도 했다.

소련의 주도 아래 있었던 동구유럽에서도 연쇄적으로 변화가 나타났다.

공산 정권의 폭압에 반대했던 폴란드의 자유노조는 1989년 6월 의회 선거에서 승리했으며, 헝가리에서는 1989년 10월 국명을 '인민공화국'에서 '공화국'으로 바꾸고, 스탈린주의를 배제하며 복수 정당을 인정하는 내용으로 헌법이 개정됐다. 1989년 10월부터는 동독에서 개혁을 요구하는 시위가 시작됐고, 같은 해 11월 9일에는 베를린장벽이 무너졌다. 역시 11월에는 체코슬로바키아에서 20만 명이 참여한 반정부시위가 시작되어 공산당의 지도적 역할이 폐지됐다. 동독과 체코에 이어 1989년 12월에는 불가리아와 루마니아에서 공산당 주도의 정권이 몰락했다. 또한 1990년에는 폴란드에서 공산당이 해체됐으며, 체코슬로바키아에서 소련군이 철수했다. 소련의 페레스트로이카 이래로 동유럽 국가들이 흔들리다가 1991년 결국 소비에트연방이 해체되고 러시아공화국이 수립되어, 소비에트연방에 속해 있던 동유럽과 중앙아시아의 국가들이 독립했다. 전 세계가 냉전체제의 붕괴 속에 놓이면서 국제 환경이 변화한 상황은 한국 정부가 구공산권까지 대외관계를 확장할 수 있는 기회로 작용했다.

특히 1988년 서울올림픽 개최는 한국에 좋은 기회가 됐다. 1980년의 모스크바올림픽에는 자유세계 국가들이, 1984년 로스앤젤레스올림픽에는 공산권 국가들이 참여하지 않았던 데 반해, 인류의 제전인 올림픽이 더 이상 정치적 논리에 휘말려서는 안 된다는 공감대에 의해 서울올림픽에는 북한과 쿠바를 제외한 대부분의 공산권 국가들이 대거 참여했기 때문이다.

올림픽을 앞둔 상황에서 노태우 대통령은 1988년 7월 7일 「민족 자존과 통일 번영을 위한 선언(7·7 선언)」을 발표했다. 7·7 선언의 1항부터 5항까지는 북한과의 관계 개선과 관련된 내용을 담고 있으며, 6항에서 소련·중국을 비롯한 사회주의 국가와의 관계 개선 추구를 선언했다. 국내 보수 세력에서 7·7 선언에 대해 반발하기도 했으나, 한국 정부는 이 선언을 통해 1989년 이후 구 공산권 국가와 외교관계를 맺을 수 있었다. 실상 7·7 선언은 1973년 6·23 선언의 맥을 잇는 것이었다.

7·7 선언은 1991년 남북 간의 기본합의서를 통해 남북관계에 획기적인 변화를 가져왔지만, 이에 못지않게 중요한 변화도 있다. 바로 한국과 중국의 수교였다. 한중 수교는 중국사회의 변화에서부터 시작됐다. 특히 1989년 발생한 톈안먼사건이 가장 중요한 배경이 됐다. 톈안먼사건은 1989년 4월 15일 개혁주의자 후야오방(胡耀邦, 1915~1989) 전 당 총서기의 사망이 계기가 됐

다. 그가 사망하자 정치적 자유를 주장하며 5만여 명의 시위대가 톈안먼 광장에 모였다. 1978년 개혁개방 이후 경제적 자유가 허용되고, 해외 상황을 접하게 되면서 중국에서도 정치적 자유의 확대가 필요하다는 공감대가 형성되고 있었던 것이다. 특히 대학생들이 시위에 적극 참여했다. 시위가 계속 확대되자 중국 정부는 베이징 지역에 계엄령을 선포하고, 6월 4일 군대를 동원해 시위대를 진압했다. 이 과정에서 적지 않은 희생자가 나왔고, 톈안먼시위는 결국 종결됐다. 이후 중국은 대외관계를 전향적으로 확대했다. 이는 중국 정부가 군을 동원하여 톈안먼시위를 무자비하게 탄압하면서 국제적으로 고립을 자초했기 때문이었다. 따라서 중국은 주변 국가와의 관계 정상화를 적극적으로 추진했다.

이 과정에서 1992년 한중 관계가 정상화됐다. 중국은 일찍이 한국의 빠른 경제성장에 주목해왔고, 한국은 1970년대부터 중국과의 관계 개선에 노력을 기울여왔다. 특히 한국은 중국과 관계 정상화를 이루면 정치·군사 면에서 북한을 고립시키는 결과를 가져올 수 있다고 여겼기 때문이다. 또한 세계 최대 규모인 중국 시장에 접근할 수 있게 된다면, 대외 의존도가 높은 한국 경제에도 긍정적 효과를 가져올 수 있었다. 수교 이전에도 홍콩을 통해 한중 교역이 진행됐으나 한중 수교로 인해 본격적인 교역이 가능해진 것이다.

한중 수교가 맺어진 시점인 1994년, 중국은 판문점 군사정전위원회에서 대표를 철수시켰다. 북한의 요구에 의한 것이었지만, 북한 대표와 함께 중국 대표까지 철수하면서 군사정전위원회는 더 이상 열리지 않았다. 그리고 한중 수교 이후 북한의 핵 개발이 본격적으로 시작됐다. 이제 북한은 소련이 무너진 데다 한중 수교까지 이어지면서 안보적으로 기댈 수 있는 강대국을 잃은 상황이 됐다.

북한은 1992년 1월 30일 국제원자력기구(IAEA)의 핵안전협정에 서명했지만, 1993년 3월 12일 핵확산방지조약(NPT)으로부터 탈퇴를 통고했다. 이에 카터 전 미국 대통령이 북한을 방문해 북미 간 갈등을 중재했고, 그 결과 1994년 10월 21일 북한과 미국은 제네바 기본합의문을 조인했다. 북한이 핵무기 개발을 중지하는 대가로 미국이 중유를 공급하고, 동맹국과의 협조하에 핵무기 원료 개발이 불가능한 경수로 발전소를 건설해준다는 내용이었다. 이로써 북한 핵위기는 한동안 수면 아래로 가라앉았다. 그러다 부시 행정부가 2001년 9·11 테러 이후 테러 세력을 지원할 수 있는 국가에 강경책을 취했고, 북한도 그중 하나로 지목되면서 제네바 합의가 파기됐다. 이후 미국은 북한의 핵 개발에 대해 강력하게 압박을 가했지만, 북한은 결국 2006년 10월 9일 제1차 핵실험을 감행했다.

탈냉전을 통해 한국이 과거 적대국이었던 러시아·중국과 수교했고, 북한과도 기본합의서를 작성하고 6·15 남북정상회담을 진행하며 관계가 개선되는 것 같았다. 그러나 역설적이게도 한반도에서 안보 상황은 점차 악화됐다. 이는 2008년 이후 한국 정부가 북한과의 대화를 거부하고 강경책을 추진했던 데서 비롯하지만, 다른 한편 외교·안보적으로 고립된 북한이 여전히 벼랑 끝 전술을 쓰고 있기 때문이기도 했다. 한반도의 안보적 불안정성은 뚜렷한 해결책을 마련하지 못한 채 계속되고 있다.

세계화와 금융위기, 그리고 동북아 국제관계의 변화

1980년대 이후 한국 정부는 점차 시장 개방을 확대했고, 이를 통해 한국의 경제 규모는 지속적으로 커졌다. 이 과정에서 김영삼 정부는 1993년 6월 금융 자율화와 외환 및 자본 거래 자유화 조치를 단계적으로 추진한다는 정책을 발표했다. 외국인 투자 자유화를 위한 5개년 계획이 입안됐고, 1994년에는 외국인 투자 환경 개선을 위한 종합 대책이 발표됐다. 그리고 1996년 3월에는 자본시장을 전면적으로 개방하기 위한 조치가 실시됐다. 이를 통해 일반 투자자의 해외증권투자 자유화가 단행됐고, 외국인 주식투자 한도가 확대됐으며, 외국 기업의 국내 주식 발행 및 상장이 허용됐다.

이 과정에서 한국은 OECD와 WTO에 가입했다. 한국 정부는 이미 시장 개방의 과정에서 농산물 시장 개방을 위한 우루과이라운드에 가입을 결정했다. 이에 대한 농민들의 반대가 있었지만, 한국의 시장 개방은 전 분야에 걸쳐 전 방위적으로 이뤄졌다. 시장 개방과 금융 자율화가 급작스레 실시되면서 한국은 선진국으로 나아갈 수 있는 발판을 마련한 것처럼 보였지만, 결과적으로 한국은 금융위기에 놓였다. 보호무역정책을 통해 경쟁력을 갖추지 못했던 한국의 기업과 금융이 세계 시장에 노출되면서 급속하게 붕괴했던 것이다.

1997년 말 한국 경제는 거의 파산 직전에 이르렀고, IMF의 구제금융에 의해 겨우 살아날 수 있었다. IMF는 구제금융의 대가로 금융 개혁, 무역 자유화, 기업 지배구조 개혁, 노동시장의 유연성 제고, 외환 금융 정보 공개 등을 요구했고, 한국 정부는 이러한 요구를 수용함으로써 구제금융을 받을 수 있었다. 이후 한국 정부는 금융위기에서 벗어날 수 있었지만, IMF가 내세운 신자유주의적 대외경제관계 속에 깊숙이 편입됐다.

이러한 상황에서 한국의 대외정책은 한미 간의 안보동맹이 한 축을 이뤘지만, 다른 한편으로는 신자유주의에 기초한 자유무역협정(이하 'FTA') 체결이 그 중심 현안이 됐다. 한국은 먼저 칠레와 같은 주변부 국가와 FTA를 체결했지만, 이후 점차 미국·EU·중국과 FTA를 체결하면서 경제 중심의 외교관계를 더욱 확대했다.

그러나 2008년 세계적 차원의 경제위기가 닥치자 동북아시아에서는 또 다른 국제관계의 변화가 일어났다. 미국발 금융위기가 미국 중심의 경제권에 부정적인 영향을 미쳤던 반면, 중국은 지속적인 경제성장을 통해 2013년 GDP 총액에서 일본을 따라잡고 세계 2위의 경제대국으로 발돋움했다. 19세기 말 이래 동북아시아에서 주도권을 일본에 빼앗겼던 중국은 이제 다시 동아시아의 최강국이자 미국과 함께 세계 경제를 주도하는 강대국으로 성장하기 시작했다.

이 과정에서 한국의 대외무역관계에 큰 변화가 나타났다. 2000년 이전 한국의 가장 큰 무역 상대국은 미국이었지만, 21세기에 들어서면서 중국이 가장 큰 무역 상대국이 된 것이다. 이후 중국과의 무역은 한국 전체 무역액의 30% 이상을 차지했고, 중국에 투자하는 한국 기업들이 급증했다. 이를 통해 한국은 미국과 일본 일변도에서 한중 간 무역이 대외경제관계에서 가장 중요한 축을 차지하는 구조로 변화했다. 2008년 세계 금융위기 당시 한국이 다른 나라와 달리 크게 동요하지 않았던 것도 한편으로는 미국 중심의 무역에 의존하고 있었지만, 다른 한편으로는 중국과의 무역이 큰 축을 차지하고 있었기 때문이다.

한중관계가 긍정적으로 발전한 것과 대조적으로 한미관계와 한일관계에는 여러 균열이 나타났다. 미국은 한미일 동맹을 통해 중국의 팽창을 봉쇄하는 정책을 취하고자 했지만, 한일관계가 개선되지 않는 한 미국의 동북아시아정책은 원활하게 진행되기 어려웠다. 미국은 경제적인 어려움과 탈냉전을 이유로 주한미군의 규모를 축소하고 한국군의 전시작전통제권을 주한미군사령관으로부터 한국 정부에 이관하고자 했으며, 아시아에서 일본의 경제적 역할뿐만 아니라 군사적 역할도 강화하려고 했다.

　　그러나 한일관계는 쉽게 좋아지지 않았다. 일본의 대중문화가 한국에서 확산되고 한류 역시 일본에서 확산되면서 한일관계는 그 어느 때보다 좋은 조건 속에 있었지만 독도 문제와 일본군 '위안부' 문제 등과 같이 쉽게 해결될 수 없는 사안들이 남아 있기 때문이다. 반면 중국과 일본은 센카쿠(댜오위다오) 문제와 역사 문제를 놓고 서로 대립하면서도 더욱 가까워지는 양상을 보였다. 미국은 한일관계를 개선하기 위해 2015년 한일 간 소위 '위안부 합의'에 대해 압박했고, 한일 간 군사정보협정 체결도 추진했다. 한일 양국은 미국의 요구를 수용했고, 미국은 안보 면에서 북한과 중국을 압박할 수 있는 환경을 만들고자 한국에 사드 배치를 진행했다.

　　이러한 미국의 정책으로 한중일관계는 여전히 불안정한 상태에 놓여 있다. 식민지기 징용 배상에 대한 한국 대법원의 판결을 둘러싸고 시작된 한일 간의 갈등은 경제·안보 문제로 확대됐다. 사드의 한국 배치에 대해서는 북한 핵을 견제한다는 것이 표면상 이유였지만, 한반도에 인접한 중국의 강한 반발을 불러일으켰다. 미국은 중국을 압박하기 위해 인도에까지 영향력 확장을 꾀하고 있으며, 일본이 이에 적극적으로 호응하고 있는 상황이다.

　　중국의 부상과 미일동맹의 지역적 확장, 그리고 북한 핵 문제 등으로 인해 동북아시아의 국제관계는 매우 복잡하게 진행 중이며, 미래를 예측하는 것도 쉽지 않다. 동북아는 복잡한 전환기에 놓인 것이다. 평화와 공존, 그리고 경제적 번영의 지속이라는 원칙하에 국익을 우선하는 대외정책을 실시해야 할 필요성이 더 커지고 있다.

3　1987년 이후 남북관계

6월항쟁 직후 민간 통일운동의 분출과 남북관계의 개선

1987년 6월항쟁은 남북관계에도 영향을 미쳤다. 남북의 집권자들은 분단 상황을 활용해 권력을 강화해왔는데, 남한에서 전개된 민주화운동은 이러한 양상에 균열을 일으킨 것이다. 6월항쟁 이후 남한에서는 4월혁명 때와 마찬가지로 민간 통일운동이 분출했고, 이는 소련과 동구권 공산 진영의 붕괴로 말미암은 탈냉전 국면과 겹치면서 날로 확장됐다. 게다가 이듬해 개최될 서울 올림픽을 앞두고, 대학생들은 남북학생회담 추진과 공동 올림픽 개최를

도판23 임수경의 북한 방문
1989년 7월 임수경의 북한 방문 활동 광경. 임수경의 자유분방한 행동은 북한 주민들에게도 강한 인상을 남겼다.

촉구하는 통일운동을 진행했다. 여기에는 많은 학생들이 함께해 민주화의 과제를 남북관계의 개선과 통일 문제의 해결과 연결시켜 학생운동의 의제를 확대하는 데 성공했다. 4월혁명 때와 달리 군축 및 평화협정 체결 등 군사, 정치적 문제를 함께 거론한 것도 특징이었다.

대학가와 일부 종교 단체 등에서 통일 문제에 대한 강연회 및 토론회가 활발하게 열리면서 이를 통해 '북한 바로 알기 운동'이 전개됐다. 북한 관련 서적들이 활발하게 출간됐고, 북한의 실상을 알려주는 영화와 다큐멘터리 상영, 관련 전시회 등이 개최됐다. 물론 당시 대중에게 보급된 북한에 대한 정보가 모두 정확했던 것은 아니었다. 그러나 남한에서 오랫동안 북한에 대한 정보가 엄격하게 통제됐던 점을 고려할 때 이는 북한에 대한 이해와 통일에 대한 인식을 넓히는 기회를 제공했다고 할 수 있다.

종교계도 움직임이 있었다. 해외에서 북한 종교인들과 접촉하며 교류를 추진했다. 농민운동 단체인 전국농민운동연합은 1989년 1월 남북 농산물 교류를 추진했으며, 1988년 7월 민족문학작가회의가 남북작가회담을 제안하는 등 문화계 인사들도 남북관계 개선을 위해 노력했다. 한국여성단체연합을 비롯한 여성 단체들은 주로 반전반핵 등 평화운동에 초점을 맞춰 분단을 극복하자고 주장했다.

1989년 1월 정주영 현대그룹 회장이 북한을 방문했고, 같은 해 4월에는 통일운동가 문익환(文益煥, 1918~1994) 목사가 북한을 방문해 김일성을 만났다. 문익환은 허담(許錟, 1929~1991) 조국평화통일위원회 위원장과 함께 4·2선언을 발표했다. 남북의 정치군사적 대결 상태의 종식, 이산가족 문제와 다방면에 걸친 남북 교류, 연방제의 점진적인 추구를 모색한다는 등이 그 내용이었다. 4·2선언은 남북관계와 통일문제에 대한 남북의 시각 차이를 좁히고, 상호 이해와 합의를 도모하는 데 기여한 것으로 평가됐다.

1989년 7월에는 평양에서 열린 세계청년학생축전에 전대협 대표로 임수경이 파견됐다. 그러나 문익환과 임수경의 방북은 정부의 허가 없이 진행됐다는 이유로 노태우 정부에 탄압을 받았고, 이후 정부의 반공, 안보 공세가 강화되면서 공안 정국이 조성되게 했다. 1990년부터는 남한·북한·해외 동포들의 '3자 연대' 구도로 치러지는 범민족대회가 매년 8월 15일 광복절 무렵에 개최됐다. 범민족대회는 많은 대중을 통일운동에 동원했지만, 남한·북한·해외의 상황과 조건이 다른 상태에서 3자 연대에 집착하는 통일운동이 과연 현실적이냐는 논란이 초기부터 일었다. 또한 통일운동과 민주화운동, 민중운동의 관계를 둘러싸고도 민주화운동 진영 내에 서로 다른 시각이 생기면서 입장을 좁히기가 쉽지 않았다. 이에 1993년 하반기부터 '3자 연대'보다는 각기 다른 조건을 인정하고, 새로운 방식의 통일운동을 추진하려는 흐름이 본격적으로 나타나면서 범민족대회 추진 세력이 분화했다.

노태우 정부는 남북한 사이의 접촉과 교류는 모두 정부의 허락과 통제를 받아야 한다는 창구 단일화 논리를 내세워 대부분의 민간 통일운동을 탄압하거나 통제하려 했다. 한편으로는 민간 통일운동의 분출을 체제 내로 수용하고, 탈냉전 국제 정세에 부응하기 위해 7·7선언을 발표하기도 했다. 이 선언을 통해 남북 교류의 확대, 공산권 국가와의 외교 관계 수립(북방정책), 해외 동포들의 자유로운 북한 방문 허용, 북한이 미국 및 일본과 관계 개선을 하는 것을 반대하지 않겠다는 입장을 공표한 것이다. 이는 과거 정부의 정책과 비교해볼 때 상당히 전향적인 내용을 담고 있었다. 북방정책의 결과 남한은 1990년에는 소련과, 1992년에는 중국과 수교하는 데 성공했다. 민간 통일운동과 그로 인한 남북관계의 개선은 북방정책을 추진하는 데 큰 도움이 됐다. 그러나 북한은 미국 및 일본과의 외교 관계 수립에는 큰 진전을 보지 못했다. 이는 여전히 한반도에 불안함을 가중하는 요소로 작용하고 있다.

1989년 9월 노태우 정부는 남북이 국가연합 단계를 거쳐 하나의 국가로 통일하자는 '한민족공동체통일방안'을 제시했다. 이는 남북 연방 상태를 통일로 규정했던 북한의 연방제 통일안과 차이가 있지만, 점진적이고 복합적인 방식의 통합을 추구한다는 면에서 유사한 부분도 있었다. 국가연합안은 2020년 현재까지 공식적인 한국 정부의 통일 방안의 기본 골격으로 유지되고 있다.

노태우 정부 시기에는 남북관계가 여러모로 발전했다. 1989년부터 남북 고위급 회담(총리급)이 시작됐고, 마침내 1991년 12월 한반도의 평화 유지와 남북 교류 및 협력의 기본 틀을 합의한 「남북기본합의서」가 채택됐다. 같은 달 남북 비핵화 공동선언도 체결됐다. 1970년대 초부터 진행된 남북대화 과정에서 남측은 남북 교류 협력 문제를 우선시했고, 북측은 군사·정치 문제를 선결과제로 주장했다. 「남북기본합의서」는 이러한 쟁점이 모두 망라되어 남북한 사이에 어떤 합의를 형성해가는 모습을 보여줬다. 또한 「남북기본합의서」는 남북관계를 서로 다른 국가 사이의 관계가 아닌 '잠정적 특수 관계'로 명시했으며, 7·4 공동성명의 통일 3원칙을 재확인했다. 또한 제5조에는 "현 정전상태를 남북 사이의 공고한 평화상태로 전환시키기 위해 공동으로 노력하며 이러한 평화 상태가 이룩될 때까지 현 군사 정전협정을 준수한다."라고 명시했다. 「남북기본합의서」와 그 부속 합의서에는 남북의 경제·사회·문화 교류를 전면적이고 장기적으로 수행할 수 있는 제반 조치에 대한 합의 내용이 담겨 있었다.

남북 교류에서도 큰 진전이 있었다. 일부 인사의 방북 활동과 공안 정국이 교차하던 1989년을 기점으로 남북의 인사 교류, 경제 교류는 비약적으로 증가하는 양상을 보였다. 남북 경제 교류는 1989년에 실질적으로 시작됐는데, 이해에는 반입과 반출을 합쳐 1,800만 달러 정도의 규모를 이뤘다. 1991년에는 1억 달러를 넘어섰고, 이후에도 꾸준히 증가해 1997년에는 3억 달러를 넘었다. 정부가 승인한 북한 방문도 1989년에는 현대그룹 회장 정주영이 방문한 경우에 그쳤으나 1990년에는 남한 인사 183명(3건)이 방북했고, 북한 인사 291명(4건)이 공식 방문했다. 1991년과 1992년에도 비슷한 수준을 유지했다.

한편 민간 통일운동이 전개되고, 탈냉전의 기운이 뚜렷해지면서 1990년대 초에는 국제대회를 위한 남북 단일팀이 꾸려졌다. 냉전 시기까지만 해도

올림픽 등 각종 국제대회가 열릴 때마다 남북한은 남북 단일팀 구성을 위한 협상을 거듭 벌였지만 한 번도 성사시키지 못했다. 그러나 1991년 4월 일본에서 개최된 제41회 세계탁구선수권대회에 남북 단일팀이 출전했고, 우승해 금메달을 획득했다. 같은 해 6월 포르투갈에서 열린 제6회 세계청소년축구대회에도 남북 단일팀이 출전해 8강에 진출했다. 민간 통일운동의 충격파가 없었다면 이러한 획기적인 성과가 도출되기 어려웠을 것이다.

북한 핵 위기의 발생과 김영삼 정부 시기 남북관계

1993년 2월 취임한 김영삼 대통령은 취임 직후 전향적인 대북 정책을 표방하고, 비전향장기수 이인모(1917~2007)를 조건 없이 북한으로 송환했다. 그러나 이러한 노력과 달리 북한에서 핵 개발 위기가 발생하면서 남북관계는 안정을 찾지 못했다.

북한이 핵무기를 개발하고 있다는 의혹은 1980년대 말부터 제기됐다. 1991년 12월 채택된 남북 '비핵화 공동선언'은 북한의 핵 개발 시도를 막기 위한 것이기도 했다. 1993년 2월 IAEA는 북한 영변에 있는 흑연 감속 원자로 등 핵시설에 대해 특별 사찰을 결의했다. 그리고 북한이 여기에 반발해 핵확산방지조약(NPT) 탈퇴를 선언하면서 위기 상태가 조성됐다(1차 북한 핵 위기). 같은 해 6월부터는 북미 고위급 회담이 진행되어 사태 해결을 시도했으나 결국 갈등은 계속 고조됐다. 1994년 5월과 6월, 북한이 원자탄 개발에 필요한 플루토늄을 추출할 수 있는 폐연료봉을 영변 핵시설에서 인출하기 시작하자 미국은 북한 핵시설 폭격을 검토하는 등 군사적 위기 사태가 발생했다.

1994년 6월 15일 미국 전직 대통령 카터의 평양 방문을 계기로 북한 핵 문제는 해결의 실마리를 다시 찾았다. 김일성은 카터에게 남북정상회담을 할 의향이 있다며, 이를 김영삼 대통령에게 전달해줄 것을 요청했다. 상황은 다시 급변해 남북정상회담을 위한 실무 접촉이 열렸고, 1994년 6월 28일에 '김영삼 대통령이 7월 평양을 방문해 남북정상회담을 개최한다'는 합의가 이뤄졌다. 그러나 정상회담 직전인 7월 8일 김일성이 사망함으로써 남북정상회담은 실행되지 못했다. 김일성 사망 이후 남한 내부에서는 그에 대한 조문 여부를 둘러싸고 논란이 벌어졌다. 김영삼 정부는 정부 차원의 조문단을 보내지 않았고, 민간 인사가 조문을 하러 방북하는 것도 허용하지 않았다. 북한은 여기에 크게 반발했고, 남북관계는 다시 경색됐다.

1994년 10월 북한과 미국 사이에 제네바 합의가 타결됐다. 그러나 이 역시 합의과정에서 여러 차질이 발생했고, 북미 갈등 역시 지속됐다. 남북관계도 크게 다르지 않았다. 1995년 여름 북한에 큰 홍수가 발생해, 다수의 주민들이 굶어죽는 사태가 발생했다. 김영삼 정부는 북한에 15만 톤의 식량을 제공해주기로 했으나 전달하는 과정에서 북한이 인공기 게양을 강요하고 남한 선원을 일시 억류하는 사건이 일어나면서, 남북관계는 좀처럼 개선의 실마리를 찾지 못했다.

한편 1996년 4월 한미정상회담 과정에서 양국의 김영삼, 빌 클린턴(Bill Clinton, 1946~) 대통령은 한반도 평화체제 구축을 위한 4자회담(남북한·미국·중국)을 제안했다. 몇 차례 관련 모임이 열렸으나 양측의 의견차가 좁혀지지 않아 실질적인 성과를 거두지는 못했다.

김대중·노무현 정부 시기 남북정상회담과 남북관계의 개선

1998년에 대통령으로 취임한 김대중은 대북 포용 정책을 추진했으며, 과거 정권과 달리 북한이 미국 및 일본과의 관계를 개선하는 데 도움을 주려는 입장과 정책을 취했다. 1998년 11월 남한 민간인들에게 북한 금강산 관광을 허용한 것도 그러한 결과라고 할 수 있다. 그러나 제네바 합의 이행과 북한 장거리 미사일 개발문제로 북미 갈등은 계속됐고, 연평도 근처 해역에서 두 차례 서해교전까지 발생했다.

그럼에도 남북관계를 개선하기 위해 지속적으로 노력해 2000년 6월에는 김대중이 평양을 방문해 김정일 위원장을 만나는 역사적인 남북정상회담이 성사되고, 6.15 공동선언이 발표됐다. 이 선언에서 남북한 두 당국은 남측의 국가연합제 안과 북측의 낮은 단계의 연방제 안이 서로 공통점이 있음을 인정하고, 앞으로 이 방향에서 통일을 지향해가며 이산가족 문제를 해결하고, 남북 경제 협력 및 다방면에 걸친 남북 교류를 활성화하기로 합의했다. 또한 6·15 선언에서 김정일의 서울 방문이 거론됐지만, 이는 성사되지 않았다.

남북정상회담 이후 남북관계는 크게 진전됐다. 김대중 정부 기간 중 남북대화가 무려 76회나 개최됐고, 그 방식도 남북 장관급 회담, 민간인들 사이의 회담 등으로 다양해졌다. 1985년에 단 한 번 성사됐던 남북 이산가족의 만

남도 남북정상회담을 계기로 김대중 정부기에 모두 다섯 번 진행됐고, 총 5,000여 명의 이산가족의 재회가 성사됐다. 남북 교역도 증가해 정상회담 이후 총 교역액이 4억 달러를 넘어섰으며, 2002년에는 6억 달러를 넘었다. 2000년 11월 남측의 현대건설과 북측의 조선아시아태평양평화위원회는 개성 인근 판문군 일대 총 2,000만 평을 공단으로 개발하기로 합의해 공단 조성 작업에 착수했다.

김대중 정부는 북한과 미국의 관계 개선에 지지하는 입장을 취했다. 당시 클린턴 대통령도 북한 핵 문제를 평화적으로 해결하고 북한과 관계를 개선하는 데 관심을 보였다. 2000년 10월 미국의 국무장관 매들린 올브라이트 (Madeleine Albright, 1937~)가 평양을 방문했는데, 미국의 현직 고위 관리가 평양을 공식 방문한 것으로는 처음이었다. 그녀의 방북에는 클린턴 대통령의 평양 방문을 준비하려는 목적도 자리했으나, 임기 말이었던 클린턴은 결국 방북하지 못했다.

2001년 부시 행정부가 출범하고, 같은 해 9·11 테러가 발생하자 미국의 대북한 정책은 강경 노선으로 바뀌어갔다. 2002년 10월 미국 국무부는 제임스 켈리(James Kelly, 1936~) 특사의 평양 방문 과정에서 북한이 새로운 농축 우라늄 핵 개발 프로그램을 진행하고 있다고 스스로 실토했다고 발표했다. 미국은 제네바 합의에 따른 중유 제공을 중단했고, 북한은 봉인되어 있던 연료봉을 재가동해 북한 핵 위기가 재연됐다. 이 문제를 해결하기 위해 2003년 8월부터 남북한과 미국·일본·중국·러시아 사이에 6자회담이 진행됐다. 2005년 9월 19일 6자회담 당사자들은 북한이 모든 핵무기 개발 계획을 포기하고 미국은 북한과의 관계 정상화를 약속한다는 내용의 공동 성명서를 발표했다. 아울러 "한반도의 항구적 평화체제"의 구축을 위해 직접 관련 당사국들이 회담을 가질 것, 그리고 6자회담 당사자들이 "동북아시아에서의 안보 협력 증진을 위한 방안과 수단을 모색"할 것이 공표됐다.

그러나 9·19 공동 선언 직후 미국 정부는 방코델타아시아 은행이 위조지폐를 포함해 북한의 자금을 세탁한 혐의가 있다고 보고, 거래를 중단하는 조치를 취했다. 북한이 여기에 강하게 반발하면서 갈등이 다시 시작됐고, 2006년 10월 북한은 핵실험을 감행했다. 북한의 핵실험 이후 6자회담이 다시 열려, 2007년 2월 13일 9·19 공동 성명의 이행을 위한 초기 조치를 구체화하는 합의를 발표했다(2·13 합의).

2003년에 출범한 노무현 정부는 김대중 정부의 대북 포용 정책의 계승을 표방했지만 북한 핵 위기 사태 때문에 남북관계는 더 이상 획기적인 진전을 보지 못했다. 다만 2003년 6월 개성공단 착공식이 거행됐으며, 실제로 남한 기업이 여기에 입주하고 북한 노동자를 고용해 2004년 말부터는 생산된 제품을 남한으로 반출하기 시작했다. 개성공단에서 일하는 북한 노동자들은 점차 늘어났는데, 2012년 1월에는 그 수가 5만 명을 넘었다. 금강산 관광도 꾸준히 활성화되고, 이산가족의 만남도 간헐적으로 성사됐다.

2007년 10월 노무현은 평양을 방문해 김정일과 정상회담을 개최했다. 10월 4일 두 정상은 공동 선언을 발표해 6·15선언의 내용을 재확인하고, 서해 5도 지역에 공동 어로 구역을 설정하며, 나아가 북한의 해주와 그 주변 해역을 서해평화협력특별지대로 만들어가기로 합의했다. 나아가 현 정전체제를 종식시키고 항구적인 평화체제를 구축하기 위해 3자 또는 4자 정상들이 한반도 지역에서 만나 한국전쟁의 종전을 선언하는 것을 추진하기로 합의했다. 이에 남북관계는 획기적인 개선의 전기를 맞이했으나 정상회담 당시 노무현 대통령의 임기는 반년도 남지 않은 상황이었다.

남북관계의 경색과 개선 시도

2008년 2월 대통령에 취임한 이명박은 과거 정부의 대북 포용 정책을 계승하지 않았다. 다만 북한이 먼저 비핵화를 단행하고 개방 정책을 실시하면, 북한이 1인당 국민소득 3,000달러를 달성할 수 있도록 지원하겠다고 공표했다. 북한은 이명박 정부의 정책을 경제력의 우위를 활용해 북한을 굴복시키려는 기도로 받아들였다. 북한은 이명박 정부에 '10·4선언'을 즉각 이행할 것을 주장했고, 반면 남측은 북한에 1991년 12월 체결한 「남북기본합의서」를 즉각 이행할 것을 요구했다.

남북의 신경전이 진행되는 상황에서 2008년 7월 금강산에 갔던 남한 관광객이 북한 경비병의 총격을 받아 사망하는 사건이 발생했다. 한국 정부는 금강산 관광을 중단했고, 이는 2022년 현재까지도 재개되지 못하고 있다. 2009년과 2010년 추석을 맞이해 남북 이산가족 상봉 행사가 진행된 적도 있으나, 남북관계는 결국 악화일로를 치달았다.

2010년 3월 백령도 부근에서 남한의 해군 함정 천안함이 침몰하는 사건이 발생했다. 이명박 정부는 북한의 어뢰 발사로 천안함이 폭침됐다고 결론

짓고, 5월 24일 대북한 봉쇄 조치를 취했다. 이로 인해 북한 선박의 우리 해역 운항 불가, 남북 교역 중단, 민간인 방북 중단 및 대북 신규 투자 중단, 그리고 일부 인도적 지원을 제외한 대북 지원 사업의 불허 등의 조치가 단행됐다. 같은 해 11월 북한이 연평도에 대대적으로 포격을 가하는 사건까지 더해지면서 남북관계는 과거 냉전 시기로 완전히 회귀하는 양상을 보였다.

북미관계 역시 북한 핵 개발 문제를 둘러싸고 계속 악화되어 갔다. 미국에서 민주당의 버락 오바마(Barack Obama, 1961~)가 대통령에 오른 직후인 2009년 5월, 북한은 2차 핵실험을 단행했다. 오바마는 대통령 선거운동 과정에서 북핵 문제의 평화·외교적 해결과 북한과의 협상 가능성을 이야기했지만, 정부 출범 직후 북한이 핵 실험을 하자 협상에 대한 기대를 접는 모습을 보였다. 여기에다 북한에서는 김정일이 2008년부터 건강 이상을 보이면서 그의 아들 김정은(金正恩, 1984~)이 후계자로 떠오르며 승계 문제가 거론됐다. 결국 2011년 12월 김정일이 사망한 후에 김정은이 북한의 최고 지도자가 됐다.

2013년 2월 출범한 박근혜 정부도 대북 강경책을 이어갔다. 박근혜는 이명박과 달리 통일준비위원회를 만드는 등 통일을 강조했다. 그러나 실제로는 북한과 타협과 협상에 적극성을 보이지 않아 북한 붕괴론에 입각해 흡수통일을 추진하는 것이 아니냐는 의혹을 받기도 했다. 김정은은 한동안 아버지 김정일보다 더욱 강경한 대미·대남 정책을 취했다. 집권 이후 네 차례나 핵실험을 감행(2013년 2월, 2016년 1월과 9월, 2017년 9월)했고, 지속적인 국제적 제재에도 불구하고 잠수함에서 발사하는 미사일(SLBM)을 비롯해 연달아 장거리 미사일 발사 실험을 했다. 2016년 2월 박근혜 정부는 이에 맞서 이명박 정부의 5·24 조치에도 불구하고 남북협력의 마지막 불씨로 남아 있던 개성공단을 폐쇄했다. 이에 남북관계는 20년 전으로 완전히 후퇴하는 양상을 보였다.

촛불집회로 박근혜 대통령이 탄핵되고, 2017년 5월 출범한 문재인 정부는 이듬해 2월 평창 동계올림픽을 계기로 남북관계의 개선을 시도하려고 했다. 2018년 판문점과 평양에서 세 차례에 걸쳐 문재인과 김정은의 정상회담이 개최됐고, 비무장지대 내에 있는 감시초소(GP)를 철거하는 등 남북관계에 일정 부분 진전이 있었다. 또한 같은 해 6월 트럼프 대통령과 김정은 국방위원장 사이에 북미정상회담도 개최됐다. 그러나 2019년 2월 진행된 북미정상회담에서는 비핵화의 방식과 범위에 대해 의견을 좁히지 못해 결국 결렬됐고, 한동안 급진전되던 남북관계도 다시 정체됐다. 이처럼 1990년대 초 시작된 북한 핵 개발문제를 둘러싼 갈등은 거의 30년 가까이 진행되고 있으며, 한반도의 탈냉전과 평화 정착은 아직도 과제로 남아 있다.

4.

현대 한국의 경제

1 1950년대 원조경제

원조경제의 구조

6·25전쟁 직전 미국은 한국에 공산주의 침투와 내부 붕괴를 방지하기 위해 경제적으로 지원하겠다는 입장을 기본적으로 가졌다. 한국 정부는 미국과 1948년 12월 경제원조협정을 체결하며 경제 재건에 나섰고, 인플레이션을 억제하는 정책을 최우선 과제로 삼아 어느 정도 경제 안정을 달성할 수 있었다. 그러나 이를 기반으로 본격적인 생산정책을 수행하려던 계획은 1950년 6·25전쟁의 발발로 중단됐다.

3년여 동안 전쟁이 지속되면서 한국 경제는 막대한 피해를 입었다. 전쟁 동안 농사를 제대로 지을 수 없었기에 식량이 부족했고, 공장과 기간시설이 파괴되어 생필품 역시 부족했다. 화폐 가치도 폭락해 물가가 크게 올랐다. 경제를 복구하기 위해서는 미국 원조에 전적으로 의존할 수밖에 없는 상황이 된 것이다.

그러나 경제 복구 과정은 미국이 동아시아 안에서 설정해놓은 한국의 지위 때문에 제약을 받았다. 전쟁 이후 공산 중국이 위협을 가하는 상황 속에서 한국의 안보적 중요성이 강조되고, 한국군을 강화하는 방침이 세워졌다. 과도하게 책정된 군사력을 유지하기 위해 미국은 한국에 대한 경제 원조를 군사적인 목적을 위한 수단으로, 직접적인 군사 원조가 줄어들 경우에 대비한 2차적인 수단으로 설정했다. 1955년 중반 이후 한국에 도입된 미공법 480호(이하 'PL 480호')[1]에 의한 미국 잉여 농산물 원조는 1950년대 미국 원조의 특징을 잘 보여준다.

PL 480호에 의한 잉여 농산물 도입액은 1960년까지 1억 5,700만여 달러에 달했는데 주요 품목은 소맥·원면·보리 등이었다. 여기에는 잉여 농산물의 재고를 처리하고 이를 통해 대외 군수물자를 판매하려는 목적이 자리했다. PL 480호 원조물자의 판매 대금 중 미국 측 사용분은 주한 미대사관 경비로 지출됐고, 한국 측 사용분은 80~90%가 국방비로 들어갔다.

미국은 한국에 보내는 원조가 늘어날수록 자국의 의도대로 사용될 수

도판24 미국 원조 포스터
포스터 하단의 '힘을 합하여 한국을 재건하자'라는 문구처럼 미8
군 총사령관이 국제연합군사령부를 대표하여 원조운영의 책임을
맡고, 미국 원조기관과 긴밀한 협조를 통해 1954년부터 1958년까
지 3,767건의 공사를 전국 일대에 준공시켰다. AFAK(대한 군 원
조계획, Armed Forces Assitance to Korea)는 1953년 발족해 미군부
대 군인들이 개별적으로 담당하던 지원 사업을 확대해 학교, 교회,
병원 등의 보건 시설, 관공서 건물, 토지개량, 사방공사, 도로 보수
등 각종 분야에 원조를 제공하는 역할을 수행했다.

있도록 영향력을 행사하고자 했다. 1953년 12월 14일 한국과 미국은 '경제 재
건과 재정 안정 계획에 관한 합동경제위원회 협약(이하 '백·우드 협약')'을 조
인하며, 미국의 경제원조정책과 한국의 전후 재건 계획의 방향을 설정했다.
원조물자를 기반으로 수행되는 경제계획은 인플레를 유발하지 않고 재정안
정을 해치지 않는 범위에서 진행되도록 원칙을 정했고, 도입되는 원조물자
의 구성과 원조물자의 판매대금인 대충자금의 인출 규모가 이 원칙에 부응
하도록 합동경제위원회에서 합의해 결정하도록 했다. 원조물자에 적용하는
환율 수준도 시장원리에 입각해 현실적인 가격 수준으로 조정해 1달러 당
180원으로 결정했다.

1952년 5월 24일 '대한민국과 유엔군사령부 간의 한국 경제 문제에 관한
조정을 위한 협정(마이어(Myer)협정)'을 통해 설치됐던 합동경제위원회는
백·우드 협약을 통해 그 역할이 더욱 강해졌다. 전쟁 이후 유엔을 통해 도입
되는 원조와 미국 원조를 통합 관리할 수 있도록 해 합동경제위원회가 한국
에 도입되는 원조물자 운용 전반에 주도적인 역할을 하도록 했고, 원조 업무
와 관련된 사안들과 대충자금의 운용에 대해 사전에 협의해 조정하는 권한
을 합동경제위원회에 부여해 원조물자를 한국이 임의적으로 사용하지 못하
도록 했다.

1954년 원조 도입이 본격화되고 원조물자의 판매 대금이 대충자금 계정
에 오르면서 한국 정부의 세입구조에서 원조가 차지하는 비율이 급격히 증
가했다. 1957년에는 54.1%로 국내 재원보다 높았고, 원조가 감소하는 가운데
1959년에는 42.1%, 1960년에는 35.2%로 여전히 재정 수입의 주요 부분을 차

지했다. 한국 정부의 재정 지출이 대충자금의 배분과 밀접히 연결되면서, 미국은 대충자금 용도와 관련한 합의 규정을 매개로 한국 정부의 재정 운용정책에 개입했다. 전쟁 이후 맺어진 한국과 미국의 원조협정 등을 통해 합동경제위원회는 재정 안정 계획을 비롯한 한국의 경제정책 전반에 영향력을 행사했고, 원조를 기반으로 한 한국의 경제 재건 계획은 합동경제위원회에서 한미 간 논의를 통해 수립·조정되어 갔다.

한편 전쟁을 거치면서 한국에는 미국을 대표해 현지에서 원조운영을 책임지는 새로운 기구가 설치됐다. 6·25전쟁 이후 한국에 원조가 들어올 때는 미국뿐 아니라 유엔 계통의 유엔한국재건단(United Nations Korean Reconstruction Agency, UNKRA), 한국민사처(Korean Civil Assistance Command, KCAC) 등을 거쳐야 했다. 따라서 한국에는 미국의 다른 원조 수혜국과 달리 미국 원조와 유엔 원조를 함께 조정하고 집행할 별도의 기관이 필요했다. 이에 경제조정관실(Office of the Economic Coordinator, OEC)은 한국에 대한 여러 기관의 원조를 미국이 주도적으로 관리하기 위한 기구로 설치됐다. 더구나 전쟁 상황에서 경제 원조는 군사 원조와 밀접한 관련을 갖지 않을 수 없었고, 휴전 이후 도입된 경제 원조도 일정한 군사력을 유지하기 위한 보완의 성격이 강했다. 원조의 성격을 반영하듯 한국의 경제조정관실은 유엔군총사령관의 관할하에 배치됐고, 이는 한국에 대한 원조 문제에서 미국 군부의 영향력을 키우는 결과를 초래했다. 1959년 주한 미대사관 산하의 주한 미국경제협조처(United States Operations Mission to the Republic of Korea, USOM)로 변경될 때까지 이 관계는 계속 유지됐다.

원조협정의 체결과 원조기구의 설치 등으로 한국 경제는 재정과 재건자금, 경제 운영에 대한 전반적인 문제를 모두 외국에 의존하는 구조가 만들어졌다. 원조자금을 주된 재원으로 하는 경제계획이 수립되고 시행되는 과정은 원조의 효율적 관리라는 차원에서 진행됐다. 이렇게 1950년대 한국 경제는 일차적으로 미국의 원조 방침에 영향을 받았다.

1950년대 산업화와 농촌경제

한국에 도입된 원조물자의 구성은 원조 총액 기준으로 시설재가 전체의 19%이고, 원자재 및 소비재 도입이 81%였다. 기계시설류의 경우도 교통·운수·통신 등 사회간접자본의 건설을 위한 것이었다. 1950년대 산업구성 비율을

도판25 원면 입항
원면을 실은 배가 한국에 입항한 모습
이다. 항구 주변에서 원면 입항을 축하
하는 기념식이 거행되고 있다. 1955년
중반 이후 미공법 480호(PL480)에 의
해 도입된 잉여농산물 품목은 밀, 보리,
쌀 등의 곡류와 원면이 대부분이었다.

보면, 1차산업은 1954년 41.5%에서 1956년 31.3%로, 2차산업은 1954년
10.1%에서 1956년 13.2%, 3차산업은 1954년 48.4%에서 1956년 55.5%로 1·2
차산업보다는 3차산업의 비율이 더 증가하는 경향이 나타났다. 이는 1950년
대 산업화 과정이 소비재 중심의 원조물자 도입에 영향을 받아 생산이 중심
이 된 것이 아니라 유통 면에서 이윤을 취하려는 상업계통이나 서비스업에
종사하는 산업이 늘어났음을 의미했다. 이는 국내 실업인구를 안정적으로
흡수하지 못하는 산업구조의 한계를 노정시켰다.

공업구조의 측면에서는 원조물자를 원자재로 하는 식료품공업과 섬유
공업 중심의 소비재공업이 공업 전반을 주도했다. 1958년 공업 부문별 부가
가치를 기준으로 삼을 때 섬유공업·식품공업이 전체 공업의 50% 이상을 차
지했고, 기계·금속·화학공업은 20% 정도에 불과했다.

소비재공업 가운데 소위 삼백산업이라 불리는 면방·제분·제당공업에
서는 대기업의 독점화 현상이 나타났다. 대기업에 유리한 환경은 원조물자
배정방식과 정부의 특혜에 기반을 뒀다. 원조물자의 배정방식은 실수요자 우
선으로, 당해 시설을 많이 보유할수록 소요 원자재를 많이 배정받을 수 있었
다. 원자재를 배정받은 기업은 공식환율과 실제환율의 차이를 이용해 이윤을
획득했다. 원조물자의 우선 배정권 등의 이권을 획득한 대기업들은 대한방직
협회·대한모방협회·한국제분공업협회·한국제당공업협회 등과 같은 이익
단체를 만들어 원조배분에 대한 독점적 권익을 유지했다. 이 협회들은 일정
규모 이상의 대기업에만 회원 자격을 주고 신규 기업이 진입하지 못하도록
막았다. 정부는 금융 및 조세에 특혜를 줬을 뿐 아니라 해당 제품을 수입하지

못하도록 하는 동시에 대기업이 독점으로 판매할 수 있도록 방임했다.

그 결과 삼백산업과 관련한 업종들만 집중적으로 늘어나는 현상이 두드러지면서 과잉투자 문제를 초래했다. 이 업체들은 수요에 대한 조건을 염두에 두지 않고 원조물자의 배정을 위해 무모한 시설확장을 이어갔다. 무분별한 시설과잉은 원조의 감축으로 원자재 공급이 줄어들면서 확장된 생산시설을 가동시킬 수 없게 되고, 생산을 위축시키면서 결국 불황으로 이어졌다. 소비재공업은 원료 면에서는 전적으로 미국의 원조에 의존했기에 국내 농업과 유리될 수밖에 없었고, 자본과 기술면에서는 국내 생산재공업과 괴리되어 발전하면서 결국 국내 각 산업 상호 간에 유기적 연결을 무너뜨렸다.

원조경제의 구조적 한계는 농업 부문에도 영향을 미쳤다. 대규모 제분시설의 확장에 따른 공장제분용 원맥을 거의 원조 밀로 충당하게 되면서 국내의 밀농업은 원료농업으로서의 지위를 상실했다. 목화농업의 경우도 면방공업에서 국산 원면의 사용 비율이 현격히 감소하고 원조 원면으로 대체되면서 명맥을 유지하기 어려워졌다. 외국 농산물의 도입은 농업을 비롯한 1차 산업의 침체를 가져왔고, 농촌경제에도 악영향을 끼쳤다.

쌀·보리·밀가루·콩 등 PL 480호에 의한 잉여농산물이 대량으로 도입되면서 국내에 식량공급이 증가했고, 곡가 폭락 현상도 나타났다. 1950년대 후반 국내 생산량이 증가했음에도 도입 양곡의 규모는 오히려 더 늘어났다. 전반적인 물가에 비해 곡가 폭락의 폭은 컸으며, 농산물과 비농산물 간의 가격차이도 커 그 피해를 농민이 고스란히 짊어지게 됐다. 1950년대 농가 호당 부채 규모는 1953년 4,036환이었는데, 1957년 4만 6,200환으로 10배 이상 늘어났다. 전체 농가 중 부채 보유 농가의 비율은 90%에 달했다. 농가 부채의 주요 용도는 각종 소비성 가계자금에 해당되는 것이었다. 농민은 농업생산만으로는 가계를 꾸려갈 수 없는 적자구조에 놓여 있었던 것이다. 1950년대 농촌경제의 피폐화는 생산성 저하로 이어졌고 결국 잠재 실업문제를 심화시켰다.

원조의 축소와 장기적인 경제개발계획의 모색

1950년대 중반 이후 미국은 원조에 대한 자국의 부담을 줄이기 위해 원조정책의 변화를 모색했고, 이는 원조의 삭감과 개발차관기금의 제공, 일본 경제의 부흥을 중심으로 하는 아시아지역통합전략 구상으로 나타났다. 원조를 둘러싼 대외적인 환경 변화와 더불어 전쟁 복구 사업이 추진되면서 생산수

도판26 1958년 한미합동경제위원회 개최 모습.
당시 미국 측 경제조정관을 맡았던 윌리엄 원(William Warne, 1905~1996)과 한국 측 송인상이 보인다. 1950년대 중반 이후 합동경제위원회는 매주 정기적인 회합을 가지면서 원조 운영 및 한국의 경제 문제에 대해 활발히 토의했고, 특히 1958년부터는 장기 경제개발계획 관련 문제를 주요하게 검토했다.

준도 점차 1949년으로 회복해가고 인플레이션도 안정추세에 접어들면서 한국 경제 내부에서는 장기적이고 종합적인 경제개발계획이 필요하다는 인식이 대두했다. 특히 1958년 3억 2,120만 달러였던 대한원조가 1959년 2억 2,220만 달러로 감소하면서 원조 삭감에 대한 위기의식 속에서 합동경제위원회를 중심으로 장기경제개발계획 논의가 본격화됐다.

합동경제위원회는 1958년, 개발계획을 위한 여러 문제들을 검토하고 이를 장기경제개발계획 수립을 위한 조사·심의·결정을 주도하기 위해 설치된 산업개발위원회에 제출하고, 산업개발위원회가 계획안을 작성할 수 있도록 협조하도록 조치했다. 한편 미국은 산업개발위원회에 고문단을 파견해 경제개발계획의 목표 설정, 계획 작성 시 필요한 통계수치의 정리 방식 등 계획 수립과 관련한 이론적인 세미나를 진행하며 경제개발계획 수립에 필요한 행정적인 기술지원을 제공했다. 합동경제위원회와 산업개발위원회의 활발한 의견 교환과 산업개발위원회 내에서의 토론을 거쳐 1959년 초 3개년계획안의 시안이 입안됐고, 다시 몇 차례의 심의를 거쳐 1959년 12월 경제개발3개년계획이 공표됐다.

3개년 계획은 계획 기간 중 22%, 연평균 5.2%의 경제성장 달성이 목표였다. 또한 농공의 균형, 중공업과 경공업의 조화, 국제 수지의 균형 등 자립적인 균형 성장을 추구했다. 산업구조적인 면에서 계획안은 3개년 기간 중 총 성장률을 1차산업 16%, 2차산업 및 3차산업 각각 53.1%, 15.8%로 설정했다. 2차산업의 발전은 불균형적이고 왜곡된 한국의 산업구조를 재편하기 위한 것이었으며, 공업화와 산업구조의 근대화를 상징하는 조건으로 강조됐다. 제조업은 중소기업의 육성을 통해 소비재공업의 발달을 도모하는 동시에 기반이 취약한 생산재공업의 신설과 확충에 주력했고, 업종별로는 화학공업·금속공업·기계공업·요업 등에서의 증산을 계획했다. 농업에서는 미곡 증산을 통한 수출증대로 국제수지 개선을 도모했다.

계획을 실행하는 부분과 관련해서 정부는 "자유경제 원칙을 존중해 민간 기업 활동을 최대한으로 조성하는 방침을 견지"한다고 밝혔으며, 정부의 통제를 최소화하는 방안을 제시했다. 이러한 원칙은 투자 재원을 확보하는 것과 관련이 있었다. 당시 국내에는 재원이 부족한 상황이었기 때문에 계획을 추진하려면 해외 재원에 상당 부분 의존할 수밖에 없었다. 그러나 해외 재원의 주요 원천인 방위 지원 원조는 시설 투자가 줄어들 것으로 예상됐고, 잉여 농산물 원조는 계획 기간 중 지속되겠지만 주로 군사비와 원조기관의 경비로 사용되므로 투자 재원으로는 기대하기 어려웠다. 결국 해외 재원은 개발 차관(DLF)과 민간 외자의 유치가 관건이 될 수밖에 없었는데 이를 위해서는 한국 경제가 투자를 유인할 수 있는 환경을 갖추는 것이 주요 과제였다. 이에 3개년 계획에서는 무엇보다도 자유경제 원칙과 정부 통제의 최소화를 강조했던 것이다.

또한 해외 재원 마련의 불안정성을 해소하기 위해서는 국내 재원을 확보하는 일이 관건이었기 때문에 3개년 계획에서는 정부 재정의 균형과 행정비 감축을 계획했다. 군사비를 포함한 행정비를 적정 수준으로 유지하고 재정 투자를 증대시키는 등 정부 재정·금융정책을 안정적으로 수행하는 일이 개발계획을 성공적으로 실행하는 데 주요한 전제였다. 그러나 대통령 선거를 앞두고 정국이 불안정해지면서 한국 정부는 정부의 투자 지출은 줄이고, 국방비, 행정비를 증가시킴으로써 계획을 위한 재원 마련은 더욱 어렵게 됐다. 이러한 상황에서 경제개발계획안은 선거를 앞두고 정치적 선전용으로 활용됐다.

경제개발 3개년 계획안은 국무회의에 상정된 후 만 1년이 지나도록 심의조차 이뤄지지 않았고, 1960년 4월 15일에야 비로소 국무회의에서 통과될 수 있었다. 하지만 4·19로 이승만 정부가 붕괴되면서 계획안은 실행되지 못했다.

2 1960~1970년대 경제개발정책의 추진과 공업화

경제개발계획의 수립과 1960년대 공업화

4월혁명 이후 등장한 민주당 정부는 경제 제일주의를 표방하며 1961년 5월 5개년 경제개발계획을 입안했다. 그러나 5.16 군사쿠데타로 실현되지 못했다가, 쿠데타 직후 군사정권이 이 안을 건설부를 통해 발표했다. 이후 군사정권의 정당성 확보를 위해 경제개발이 필요하다는 점을 절감하며 경제세획을 전담할 경제기획원을 신설하고, 기존의 안 중 일부 수정한 제1차 경제개발 5개년 계획안을 1962년 1월 5일 발표했다. 계획안에서는 1962~1967년을 계획 연도로 했는데, 연평균 성장률을 높게 책정하고 산업화 전략으로 내포적 공업화와 수입 대체 산업화를 내세웠으며, 내자 동원과 경제개발에 대한 정부의 역할을 강조했다.

경제개발계획안이 발표되자 국내외적으로 비판이 제기됐다. 국내에서는 제반 계획이 비현실적이고 물가 및 통화량에 대한 고려가 미흡하다는 점, 과도한 내자 동원의 비현실성 등이 지적됐다. 미국 또한 목표로 삼은 7.1%라는 높은 경제성장률과 제철소 건설과 같은 중화학공업에 대한 투자 계획에 비관적이었다. 미국은 한국이 비교우위의 원칙에 따라 노동 집약적 경공업을 중심으로 경제개발을 추진해야 한다는 입장이었다. 미국은 한국이 무엇보다 일본과의 경제관계를 재구축해 국제 분업체제하에서 경제발전을 달성해야 한다고 생각했고, 이것이 동아시아 냉전체제하에서 자유 진영을 강화하는 데도 가장 효율적이라고 보았다. 이에 미국은 원조의 효용을 극대화하고, 재정 안정화를 추구하며, 민간 기업의 역할을 강조하는 방향으로 경제개발계획을 수정해야 한다고 압력을 가했다.

여기에 더해 군사 정부가 1962년에 추진한 통화개혁[2]이 실패하고, 농산물 흉작, 의욕적 투자정책이 초래한 개발 인플레, 외환 보유고의 격감 등으로 경제개발계획은 수정·보완 과정을 겪어야 했다. 1964년 2월 발표된 수정안은 재정 안정을 기본 원칙으로 삼고, 목표 경제성장률을 5%로 하향 조정했

---

2   1962년 통화개혁 1962년 통화개혁은 1월에 발표된 경제개발계획의 수행을 위해 국내 자본을 동원하고자 하는 의도에서 기존의 환화와 신종 원화를 10:1의 비율로 설정하고 예금동결 조치를 취한 5·16 군사정부의 경제정책이다.

다. 또한 제철소 건설과 종합기계제작소 건설 계획을 백지화했으며, 투자 계획 책정에서 민간 기업의 역할을 대폭 강화하는 방향을 제시했다. 투자 자원을 조달하는 데 있어서도 정부 담당 부분이 줄고 민간 담당 부분이 늘었으며, 내·외자에서 외자의 비중을 좀 더 늘리는 것으로 조정했다. 투·융자의 순위에서는 수출과 관련된 부분이 1순위로 올랐고, 당시 경공업 수출 호조의 상황을 반영해 경공업 제품을 중심으로 수출 목표를 높이 설정하고 수출 진흥에 주력하도록 했다.

계획 변경과 더불어 1965년 한일협정의 체결로 외자 도입의 기회가 확대되면서 민간 기업들의 역할도 주목받았다. 특히 부정 축재자로 몰려 있던 기업들은 이 기회를 활용해 경제성장 목표 달성에 조급해하는 정부의 기대를 충족시켜줄 주체로 등장했다. 기업들은 공장을 건설하기 위해 정부 보증을 받고 외자를 유치하는 데 적극 나서면서 부정 축재자에서 벗어나 정부와 유착관계를 유지하며, 대자본가로 그 위치를 공고히 해갔다.

1960년대 중반 환율을 인상해 현실화하는 동시에 단일변동환율제도를 채택했다. 외국환 거래에 동일한 환율을 적용하고, 실세 환율에 의해 사용하게 함으로써 국제수지를 개선하려는 조치였다. 조세 감면 및 수출 금융의 지원, 수출품 생산에 사용되는 투입재 수입에 대한 관세 면제 등과 같은 수출 지원정책이 강화됐고, 외자가 적극적으로 도입되면서 섬유·합판·가발·신발 등 노동 집약적 경공업 제품의 수출이 급증했다. 외국 자본과 기술을 들여와 낮은 임금으로 만든 상품을 외국 시장에 파는 발전전략은, 정부의 적극적인 지원과 값싸고 풍부한 노동력을 바탕으로 경공업 중심의 경제성장을 이룩했다.

그러나 1969년에 들어서면서 달러위기에 몰린 미국은 경공업 제품에 대한 수입을 규제했고, 한국 경제는 그동안 도입된 차관에 대한 원리금과 이자를 상환해야 하는 상황에 직면하게 됐다. 1969년까지 도입된 외자는 상당한 액수에 이르렀는데, 당시의 고환율정책은 수출진흥에는 일정 성과를 거뒀으나 외채 부담을 가중시키는 조건이 되기도 했다. 게다가 금융정책의 혜택을 입은 기업들이 생산량 증대를 위해 자본재 수입을 늘리면서 경상수지 적자는 지속됐다. 이는 당시 유럽의 정치위기 및 선진국의 금리 인상과 맞물리며 외채 관리의 시급성을 부각시켰다. 이에 정부는 부실기업을 구조조정하고 지불 보증 사업의 채무를 대신 지불하는 한편, 외환 통제를 강화했다. 그 결과 경상수지 적자는 어느 정도 해소됐으나 투자율이 하락하는 등 자본재 수입에 의존하는 경공업 육성정책의 한계가 나타났다.

한편 당시 금융계는 일반 은행에서 장기 설비 자금을 제공했고, 사금융 시장에서 단기 민간 자금 수요를 담당했다. 물가 안정을 위해 한국은행은 유동성[3] 규제를 실시했고, 이에 기업들은 단기 자금을 사금융에서 충당하는 일이 잦았다. 자기 자본이 취약한 상태에서 단기 채무를 높은 이자율로 부담하다 보니 기업의 재무 상태는 급격히 악화됐다. 외채 상환 만기일이 다가오자 부실기업의 연쇄 도산 위험까지 나타났다. 1968년 말 외자 기업 55개사가 은행 관리로 넘어갔고, 1969년 6월까지 10개사가 상환을 이행하지 못해 정부가 대신 지불해야 하는 상황이 닥쳤다. 당시 차관업체 83개 중 45%에 해당하는 37개가 부실기업이었다.

1960년대 한국 경제는 수출 주도형의 외향적 공업화를 추진하면서 고도의 경제성장을 달성했다. 그렇지만 국내외 채무가 늘어나고 대기업에 경제력이 집중됐으며, 과잉 설비 투자, 채무 원리금 상환 부담 및 채무 누적, 자본·시설재·원자재의 지나친 해외 의존 등 구조적 한계를 노정했다.

1970년대 공업화 과정과 경제위기

1970년대 들어 심각하게 대두된 문제는 기업의 과대한 부채 비율과 금융산업의 취약성 및 금융 시장의 불안정성이었다. 여기에 달러화 가치가 하락하면서 미국을 필두로 전 세계적으로 인플레이션의 확산이 일어났다. 미국은 한국에 대해 경공업 제품의 수출을 규제하고 차관을 갚도록 재촉했다. 자기 자본이 16%에 지나지 않고, 외자로 성장해온 기업 중 200여 곳이 원금과 이자 부담 때문에 도산위기에 몰렸다.

이러한 상황에서 정부는 1972년 8월 3일, '경제의 안정과 성장을 위한 긴급 명령 제15호'(8·3조치)를 단행했다. 8·3조치는 기업이 보유한 모든 사채의 동결과 대폭적 금리 인하가 주요 내용이며, 이로 인해 제조업체들, 특히 대기업이 특혜를 받았다. 이는 구조적 문제를 개선하기보다 자본의 요구에 맞춰 물량 자원을 통해 기업부터 살리겠다는 정부의 의지가 발현된 것이었다. 이로 인해 비효율적으로 기업을 확장했던 책임을 국민 모두가 지게 된 셈이었

---

3 유동성 금융기관이 필요한 경우 보유 중인 자산을 즉시 현금화하거나 정상적인 비용으로 자금을 조달할 수 있는 정도를 말한다.

다. 결국 8·3조치는 정부가 기업의 방만한 금융 행위에 따른 위험을 분담하는 선례를 남김으로써, 기업의 도덕적 해이를 조장하고 차입 경영의 타성을 강화하는 결과를 초래했다. 한편 경제위기 상황에서 정부는 8·3 조치를 통해 대자본에 파격적인 지원을 함으로써 대기업과의 주도권 겨루기에서 우위를 점할 수 있었으며, 정부가 추진하는 중화학공업정책에 대기업의 적극적인 협조를 얻어낼 수 있었다.

1973년 1월 정부의 중화학공업화 선언에 이어 5월 중화학공업추진위원회가 신설됐고, 1974년 2월부터는 강력한 권한을 갖춘 중화학공업위원회 기획단이 이 분야의 정책 기획 및 집행을 실질적으로 총괄했다. 철강·비철금속·조선·기계 전자·화학의 6개 업종이 전략 사업으로 선정됐다. 정부는 적극적으로 외자를 도입해 포항·창원·여천·온산·울산·옥포 등지에 대규모 중화학공업단지를 조성하고, 기업을 유치하기 위해 참여하는 기업에 재정·금융 지원을 했다. 또한 정부는 중화학공업 제품을 수출하는 기업에 소득세와 법인세의 50%를 감면해줬고, 재정·금융·조세상의 특혜와 지원을 계속 이어갔다. 특히 정부의 특혜가 재벌 기업에 집중되면서 현대·삼성·럭키·대우는 빠르게 몸집을 키워갔다.

1970년대 후반, 중화학공업에 대한 정부의 집중 투자가 대기업을 중심으로 진행된 결과 재벌의 팽창이 나타났다. 또한 수출 위주의 노동 집약적 산업(조선·중공업)과 공해 산업(알루미늄·플라스틱·석유화학)은 발전했으나, 공작기계 등 기초 부문 기계류와 기술은 외국에 의존하는 양상을 보였다. 그 결과 중화학공업은 연평균 20.9%의 높은 성장률을 기록해 1970년대 고도성장의 원천이 됐지만, 중요한 설비재와 원자재는 계속 일본에서 도입해야 했고, 주요 기술 역시 미국과 일본에서 수입해야 했다.

1979년 제2차 석유 파동이 발생하면서 세계 경제에 다시 불황이 찾아왔다. 차관과 수출에 기대 급성장했던 한국의 중화학공업은 세계 경제의 위기에 직접적인 영향을 받았다. 기업의 부실화로 가동률이 크게 떨어졌고 수출 경쟁력이 약해졌으며, 국제 유가까지 폭등하면서 무역적자가 누적됐다. 외자에 의존했던 중화학공업의 부실화와 무역적자의 확대는 외채를 누적시켰고, 외환 사정을 악화시켰다. 대규모 자금 수요를 해외에서 충당하는 중화학공업화의 진행 과정과 제2차 석유 파동으로 세계 경기가 하강하면서 한국 경제는 또다시 위기를 맞았다.

우연한 세계 경제의 호황으로 순간적으로 경제위기가 해결되는 것처럼 보였지만, 이는 임시방편에 불과했다. 수출에 과도하게 집중된 한국의 산업구조는 세계 경제와의 관계를 더욱 강화하며 구조적 한계를 노정했다.

1960년대 이후 농업의 성장과 변화

공업화와 고도성장은 한편으로 국민 경제에서 농업의 상대적 지위를 지속적으로 떨어트리는 요인이 됐다. 1950년대 원조 농산물이 들어오면서 생산이 위축되고 식량 상황이 악화되자, 1962년부터 시작된 경제개발 5개년 계획에는 농업증산 5개년 계획을 포함시켰다. 그러나 이 계획만으로는 식량 자급자족과 농업 근대화를 달성할 수 없다고 판단한 정부는 1965년 7개년계획을 수립했고, 이때부터 식량 증산 및 자급화를 위해 고미가정책(1968)·4대강유역종합개발계획(1969년)·통일벼 재배(1973년) 등 주곡의 자립을 최우선으로 하는 정책이 하나씩 추진됐다.

1969년부터 고미가정책으로 수매가가 상승했으며, 농가 소득도 일정 부분 늘어났다. 그러나 1970년대에는 물가 상승을 막기 위해 쌀 수매가는 다시 동결됐고, 저임금에 기반을 둔 수출 중심의 공업화 정책을 유지하기 위해 노동자의 생계비 지출을 줄여주는 저곡가정책은 한동안 지속됐다. 또한 쌀의 단작화와 다수확 품종인 통일벼의 보급, 농약과 비료 사용 증대, 농업 기계화의 추진 등으로 쌀 자급률은 늘어났지만 여전히 불안정한 상황이었다. 특히 통일벼는 밥맛이 일반미보다 떨어졌고, 1978년에는 병균이 돌아 폐농하는 사태가 발생하면서 더 이상 재배하지 않는 품종이 됐다.

정부의 농업정책은 생산 기반 조성, 자재 보급, 토양조사와 기술 보급, 법적·제도적 정비가 중심을 이뤘는데, 이는 농업생산 과정에 정부가 개입하는 방식으로 시행된 것이었다. 이 과정에서 제반정책을 통해 농민이 혜택을 입는 경우도 있었지만 결국은 농촌·농민·농업이 정부와 자본에 강하게 종속되는 결과를 초래했다. 1971년부터 농촌 근대화와 생활 향상을 명분으로 하는 새마을운동이 시작됐지만, 농민의 경제 상황은 도시에 비해 별로 나아지지 않았다. 또한 농업의 낮은 지위와 농업생산력의 정체 및 불균형 등 한국 농촌이 안고 있던 구조적인 문제들도 해결하지 못했다. 이러한 가운데 매년 50만 명이 농촌을 떠나 도시로 이주했다. 농촌이 농민의 삶을 더 이상 보장해주지 못하고 공업화정책으로 인한 흡수 요인이 생기면서 농민들은 뚜렷한

도판27 통일벼
통일벼는 시험재배를 거쳐 1972년부터 전국적으로 확대·보급됐다. 통일벼는 신품종으로 냉해에 약하고 비료 주기가 중요했기 때문에 통일벼 재배의 확대는 영농법에 대한 관공서의 개입을 강화했다.

대책도 없이 도시로 이주했던 것이다. 농촌은 해체되기 시작했고, 일부는 제조업 노동자가 됐으나 대부분은 도시빈민이 되어 빈민에서 벗어나지 못한 채 일일 노동자로서 살아갔다.

3 1980~1990년대의 한국 경제

개발 독재체제의 위기와 구조조정

1980년대 초 한국 경제는 위기에 봉착했다. 20년 가까이 성장우선정책을 추진하면서 인플레이션이 만성화됐다. 산업 분야에서는 재벌이 중화학공업에 무분별한 중복 과잉 투자를 하면서 기업이 부실해지고 수출 경쟁력이 약화됐다. 또한 정부 주도의 산업화 정책이 지속되면서 경제 운영의 효율성이 떨어지고, 기업과 정치인 간에 정치자금과 특혜가 오가는 정경유착이 한국 경제의 고질적인 문제로 자리 잡았다. 저임금구조와 극심한 노동 탄압도 해결해야 할 과제였다. 개발 독재체제가 낳은 총체적 위기 상황이었다.

정치적인 혼란과 박정희 대통령의 급작스러운 죽음, 개발 독재체제의 만성적 문제로 인해 1980년 한국 경제는 마이너스 성장을 기록했다. 이에 전두환 정부는 먼저 강력한 경제안정책을 추진했다. 환율과 금리를 대폭 인상하고 예산을 동결했다. 쌀값과 임금 억제를 단행해 물가 인상률을 한 자릿수로 묶었다. 그다음 자본가의 시장지배적 지위 남용과 과도한 경제력 집중을 막기 위해 「독점규제 및 공정거래에 관한 법률」을 통과시키는 한편, 정부의 규제를 완화했다.

　그리고 「공업발전법」에 따라 중화학공업에 대한 과감한 구조조정을 단행하고 부실기업을 정리했다. 자동차·건설 중장비·디젤 엔진·중전기기·합금철·직물·염색 가공·비료산업·신발산업을 산업 합리화 대상 업종으로 지정하고 전문화를 위한 업체 통폐합을 단행한 것이다. 예를 들면 자동차 부문에서는 현대자동차와 지엠(GM)이 승용차를, 기아자동차와 동아자동차가 상용차와 특장차를 전담하고 나머지 업체는 전담 기업에 통폐합하는 방식이었다.

　구조조정정책을 추진하는 가운데 1986년부터 저유가·저환율·저금리의 3저 호황 시대가 열렸다. 국제 경제의 호조건이 마련되자 전두환 정부는 정책의 방향을 안정에서 '성장'으로 전환해서 투자를 늘리고 수출을 독려했다. 이에 수출이 급증하고 국제 수지가 호전되면서 흑자 경제 시대의 막이 올랐다. 3년 동안 286억 달러의 흑자를 내면서 단군 이래 최대의 호황을 맞은 것이다. 전두환 정부가 추진했던 위기관리정책도 수출 증대에 한몫을 했다. 이는 한국 경제가 지닌 근본적인 문제가 해결된 결과라기보다는 국제 유가가 하락하고 세계 경제가 호전되면서 발생한 반사이익이었다.

　그러나 예상치 못했던 호황은 내외 환경의 변화에 대한 정부의 위기관리정책을 느슨하게 만들었다. 강력히 추진되던 안정화시책은 중단됐고, 경공업과 해운업에 대한 산업 합리화 조치가 미뤄졌다. 미래 산업에 대한 장기적인 전략도 마련하지 못한 상태였다. 여기에다 전두환 정부는 노조를 사회 불안 세력으로 몰아 탄압하는 노동 탄압 일변도의 정책을 고수했다. 이는 1987년 6월항쟁 이후 7월부터 9월까지 노동자대투쟁이 일어나는 한 원인이 됐다.

　　노동자대투쟁과 경제 민주화의 요구

수출 호조로 막대한 흑자 경제를 실현했음에도 경제성장의 주역이었던 노동자와 농민의 삶은 나아지지 않았다. 오히려 노동자의 실질 임금은 1986년까지 계속 하락했다. 장시간 노동, 높은 노동 강도와 열악한 작업 환경, 산업재해 빈발 등이 겹치면서 노동자들의 불만은 최고조에 달했다. 결국 노동자들은 6월항쟁으로 정치 민주화가 실현되자, 열린 공간을 뚫고 거리로 나와 자신의 요구를 외치는 한편, 스스로 권익을 찾기 위한 투쟁을 시작했다. 1987년 7월 5일 울산 현대엔진 노동조합 결성투쟁을 필두로 마산, 창원, 거제를 거쳐 8~9월에는 전국적으로 노사 분규가 확산됐다(노동자대투쟁).

도판28 **울산 거리를 가득 메운 노동자들**
현대그룹 7개 계열사 노조원들이 민주노조 인정과 임금 인상을 요구하면서 거리로 진출하고 있다. 이 시위는
개별 기업 단위로 투쟁하던 노동자들이 공동의 구호를 내걸고 연대투쟁을 전개한 상징적인 사건이었다.

471

　　노동자들의 요구 사항은 8시간 노동, 자신들의 이해와 요구를 대변할 수 있는 민주적인 노동조합의 결성, 단결권·단체교섭권·단체행동권 등 노동3권의 보장, 블랙리스트 철폐, 생존권 보장, 저임금과 작업 조건의 개선 등이었다. 노동자대투쟁 이후 1987년 초 2,675개에 불과하던 노동조합은 1989년 7,883개로 3배 가까이 급증했다. 1990년 민주노동조합 전국조직인 전국노동조합협의회(전노협)가 발족했고, 1995년에는 전노협을 모태로 한 전국민주노동조합총연맹(민주노총)이 창립됐다. 자본가가 전국경제인연합회(전경련)[4]나 한국경영자총협회(경총)[5]를 결성해서 자신의 이익을 옹호하듯 노동자도 자신의 이해와 요구를 반영할 전국 조직을 갖게 된 것이다.

　　노동자대투쟁을 경험하면서 노동자·농민의 열악한 현실이 널리 알려졌다. 노동자, 농민도 정당하게 경제성장의 주역으로서 권리를 보장받아야 한다는 국민적 공감대가 형성됐다. 정치 민주화에 이어 분배정의의 실현, 경제 주체 및 각 부문 간 조화로운 발전에 대한 요구도 확산됐다. 1987년 10월 29일 개정된 헌법에는 이러한 경제 민주화의 요구가 반영됐다.

　　다시 찾아온 불황과 불황 타개책

수출의 호조와 흑자 경제의 실현은 한국 경제의 근본적인 위기를 극복한 결과라기보다는 3저 호황이라는 국제 경제의 호조건에 크게 힘입은 것이었다. 1987년 대통령 선거로 인한 통화 증발로 물가가 오르기 시작했고, 미국의 환율 인상 압력 속에 원화의 가치가 높아지자 1990년 국제 수지는 다시 적자로 돌아섰다. 저임금에 의존한 한국의 수출산업도 국내의 임금 인상 요구와 동남아 국가의 저가 공세로 급속히 국제 경쟁력을 상실해갔다.

4　전국경제인연합회(전경련) 대기업 자본가들이 중심이 된 민간 종합 경제단체다. 5·16군사정변 이후 부정 축재자 처리에 대응하기 위해 1961년 8월 이병철 전 삼성그룹 회장 등 13명의 경제인이 만든 경제재건촉진회를 모체로 해서 조직됐다. 1968년 3월 '전국경제인연합회'로 개칭했다. 국가의 경제정책에 부응하고, 자유시장경제의 창달과 건전한 국민 경제의 발전, 올바른 경제정책 구현 및 경제의 국제화를 촉진하는 것을 목적으로 한다. 설립 이후 경제정책에 깊이 개입해서 영향력을 행사해왔다.

5　한국경영자총협회(경총) 노동문제가 사회문제로 대두되자, 1970년 노사문제를 전담하기 위해 설립된 자본가단체다. 전국경제인연합회(전경련)·대한상공회의소·한국무역협회·중소기업협동조합과 함께 '경제 5단체'로 불린다. 노사 간 협력체제의 확립과 기업 경영의 합리화, 합리적인 노사관계 정립, 산업 평화 정착과 경제발전을 목표로 활동한다. 1990년 3월 '무노동 무임금 원칙'을 발표했고, 1997년에는 노동법 개정 관련 노동계 총파업에 대응하기 위해 특별대책반을 편성·운영하기도 했다. 1998년부터 노사정위원회에 사용자 측 자격으로 참여하고 있다.

1980년 헌법	1987년 헌법
제120조 ②국가는 모든 국민에게 **생활의 기본적 수요를 충족시키는 사회정의의 실현과 균형 있는 국민 경제의 발전을 위해** 필요한 범위 안에서 경제에 관한 규제와 조정을 한다.	제119조 ②국가는 **균형 있는 국민 경제의 성장 및 안정과 적정한 소득의 분배를 유지하고, 시장의 지배와 경제력의 남용을 방지하며, 경제주체 간의 조화를 통한 경제의 민주화를 위해** 경제에 관한 규제와 조정을 할 수 있다.
제122조 농지의 소작제도는 금지된다. 다만 **농업생산성의 제고와 농지의 합리적인 이용을 위한** 임대차 및 위탁경영은 법률이 인정하는 바에 의해 인정된다.	제121조 ①**국가는 농지에 관해 경자유전의 원칙이 달성될 수 있도록 노력해야 하며,** 농지의 소작제도는 금지된다. ② **농업생산성의 제고와 농지의 합리적인 이용을 위하거나 불가피한 사정으로 발생하는** 농지의 임대차와 위탁경영은 법률이 정하는 바에 의해 인정된다.
제123조 국가는 **농지와 산지 기타 국토의** 효율적이고 균형 있는 이용·개발과 보전을 위해 법률이 정하는 바에 그에 관한 필요한 제한과 의무를 과할 수 있다.	제123조 국가는 **국민 모두의 생산 및 생활의 기반이 되는 국토의** 효율적이고 균형 있는 이용·개발과 보전을 위해 법률이 정하는 바에 그에 관한 필요한 제한과 의무를 과할 수 있다.
제124조 ①국가는 **농민·어민의 자조를 기반으로 하는 농어촌개발을 위해** 필요한 계획을 수립하며, 지역사회의 균형 있는 발전을 기한다.	제124조 ①국가는 **농업 및 어업을 보호·육성하기 위해 농·어촌종합개발과 그 지원 등** 필요한 계획을 수립하며, 지역사회의 균형 있는 발전을 기한다. ④ 국가는 **농수산물의 수급균형과 유통구조의 개선에 노력해 가격안정을 도모함으로써 농·어민의 이익을 보호한다**(신설).

도표5 1980년과 1987년 헌법 경제 조항 비교

거품이 꺼지자 불황이 찾아왔다. 임금 인상과 흑자 경제에 힘입어 시장에 풀렸던 돈이 불황으로 인해 갈 곳을 잃으면서 부동산 경기가 과열되기 시작했다. 이 조짐은 전두환 정부 시절부터 있었다. 3저 호황 직전까지 경기 침체가 계속되자 전두환 정부가 건설 경기를 통한 경기 부양책에 의존했기 때문이다.

서울시 개포 지역과 고덕 지구, 상계동에 개발 작업이 추진되면서 건설 경기가 탄력을 받았다. 뿐만 아니라 여야가 대통령 선거 과정에서 새만금 간척 사업, 국제공항, 서해안고속도로, 고속 전철, 그린벨트 해제 등 개발 공약을 남발하면서 투기 바람을 부추겼다. 노태우 정부는 투기 수요 억제와 과감한 주택공급정책을 병행하는 안을 구상했다. 토지 공개념 관련 법안과 주택 200만 호 건설 계획 추진이 그것이었다.

도판29 **분당 시가지 전경**
주택 200만 호 건설 계획으로 탄생한 첫 신도시 분당의 모습이다. 전체 개발면적 555만 평, 주택 면적 192만 3,000평, 건설된 주택 총 9만 7,500가구로 1기 신도시 가운데 가장 큰 규모로 건설됐다.

1989년 노태우 정부는 택지 소유 상한제, 토지 초과 이득세, 개발 부담금 추징 등 토지 공개념 관련 3대 법안을 통과시켰다. 곧이어 주택 200만 호 건설 계획을 공표했다. 택지가 부족한 서울시 대신 서울 외곽의 그린벨트를 풀어 분당·일산·산본·중동·평촌 등에 5개 신도시를 건설하겠다는 계획이었다. 이에 따라 1991년 말까지 주택 214만 호가 건설됐다. 노태우의 공약 사업도 추진됐다. 1991년에는 새만금 간척 사업과 서해안고속도로가, 1992년에는 인천국제공항이 착공됐다.

북방정책도 추진됐다. 미국과 일본, 동남아 시장에서 경쟁이 치열해지면서 새로운 시장을 개척해야 하는 상황이었다. 그동안 국교 단절 상태였던 공산권 국가와 맺은 수교는 새로운 시장 개척을 위한 신호탄이었다. 노태우 정부는 1990년 30억 달러의 경제협력을 조건으로 소련과, 1992년에는 중국 및 베트남과 수교를 맺었다. 현재 러시아를 비롯한 구 소비에트연방 국가들과 중국, 베트남 시장은 유럽과 미국, 일본을 합친 것보다 더 큰 규모의 수출 시장이 됐다.

세계 시장과 개방체제

1980년대 들어 전 세계적인 경기 침체가 일상화되면서 세계를 하나의 자유로운 시장으로 통합하려는 강대국들의 노력이 가속화됐다. 그 중심에 '관세 및 무역에 관한 일반 협정(GATT)'이 있었다. GATT는 1948년 각국의 다각적인 교섭을 통해 관세 장벽과 수출입 제한을 제거함으로써 국제무역과 물자 교류를 증진시키기 위한 목적으로 출발했다. 수출 주도 산업화 정책을 추진해왔던 한국은 1967년 일찍이 GATT에 가입했다.

도판30 **한중 수교**
탈냉전을 맞아 1990년에는 한소수교, 1992년에는 한중수교 등 공산권 국가들과 잇달아 수교함으로써 한국은
새로운 시장과 성장동력을 얻었다.

GATT는 1960~1970년대 각국의 관세 인하를 주도했다. 1987년에는 우루과이라운드(UR)를 통해 관세와 더불어 금융, 정보통신, 건설 등 서비스 무역으로까지 자유화의 폭을 넓혔다. 공격적인 자유무역정책이 추진되기 시작한 것이다. 미국을 비롯한 선진국들은 신흥공업국에 그간의 자국 산업 보호 정책에서 벗어나 관세 장벽을 제거하고, 국내 시장을 개방할 것을 요구했다. 한국 역시 1980년대 중반부터 개방 압력을 받기 시작했다.

GATT는 우루과이라운드의 준수 여부를 감시하고 무역 자유화를 확대하기 위해 더욱 강력한 조직체계를 갖추고자 했다. 그 결과 1995년 세계무역기구(WTO)가 탄생했다. 한국은 WTO체제의 탄생에 적극 호응했다. 그러나 WTO체제 참여는 양날의 칼과 같았다. 수출하는 과정에서 자유무역의 혜택을 받았지만, 국내 시장의 전면 개방이라는 규정을 준수해야만 했다. 더불어 2000년대에는 양국 간의 협상으로 시장을 통합하는 자유무역협정(FTA)도 발효됐다. 한국은 2004년에 칠레를 시작으로 2006년 싱가포르 및 유럽과, 2007년에는 미국과 FTA를 체결했다.

국내 시장 개방에서 가장 타격을 입은 부문은 농업이었다. 수출 상품으로서 세계 시장 개척을 선도했던 공산품과 달리 농산물은 대규모 농장을 기반으로 한 미국·남미의 농산물과 경쟁할 수 없었다. FTA 체결부터 이미 전두

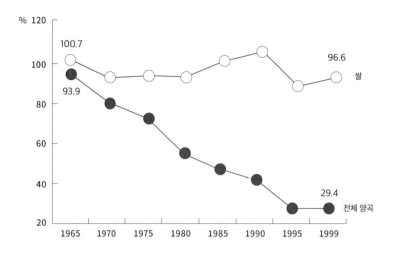

도표6 1965~1999년 한국의 식량 자급도

환 정부는 비교우위론에 입각해서 농업을 포기해야 할 산업으로 지목하고 있었다. 농산물 시장이 개방되면서 보리·밀·콩·옥수수 등의 식량 자급률은 갈수록 낮아졌다. 쌀농사에 집중된 한국의 농업구조에서 쌀 시장까지 개방된다면 농업 경제는 붕괴할 수밖에 없다는 위기감이 팽배했다. 농민들은 쌀 수입 개방을 결사적으로 반대했다. 김영삼 대통령은 선거운동 당시 "대통령직을 걸고 쌀 시장 개방을 막겠다"고 농민들에게 약속했지만 결국 1993년 12월 우루과이라운드 협상이 타결됐다. 협상에서는 쌀 시장 전면 개방을 10년간 유예하는 대신 매년 5%의 관세율로 쌀 수입을 늘려가기로 결정했다. 유예 조항을 달았지만 결국 쌀 시장의 개방을 약속한 것이다.

수입 개방은 먹을거리 안전에 대한 우려를 함께 몰고 왔다. 2008년 광우병 쇠고기 수입을 우려해 미국산 쇠고기 수입을 반대하는 전 국민적인 촛불 시위가 일어났다. 이후 친환경 농산물에 대한 관심이 높아졌다. 농민들은 농산물 수입 개방에 맞서 친환경 농산물 생산을 확대하면서 개방 농정에 대응했다.

문민정부의 등장과 자유화·개방화·세계화

1993년 오랜 군사 정부 시대가 막을 내리고 민간 정부가 등장했다. 김영삼 정부는 문민정부로서 군사 정부와의 차별화를 시도하기 위해 두 가지 정책 키워드를 내놓았다. 하나는 '신경제'였고, 다른 하나는 '세계화'였다. 신경제는 군사 정부의 개발 독재체제와 결별하고 민간 정부에 걸맞은 새로운 경제 패러다임을 만듦으로써 경기를 부양하겠다는 의욕을 담은 용어였다.

신경제를 실현하기 위해 김영삼 정부는 첫째, 개발 연대의 상징이었던 경제개발5개년계획을 폐지하고 경제기획원을 해체했다. 이는 국가주의 경제정책을 민간 주도로 이양하겠다는 상징적인 조치였다. 둘째, 금융실명제와 부동산실명제를 전격 단행했다. 예금과 부동산 거래의 투명성을 확보해서 부패를 척결하고 경제 운영을 강화하겠다는 의지였다.

이와 더불어 김영삼 정부는 매우 빠른 속도로 세계화를 추진했다. 당시는 소련을 비롯한 구 공산권 국가의 몰락으로 냉전체제가 무너지면서 세계화와 신자유주의가 확산되던 시점이었다. 김영삼 정부는 1993년 12월 우루과이라운드 협상을 타결해 농산물 시장을 개방하는 한편, 1994년에는 외환 거래를 자유화해서 외국인 투자의 길을 열었다. 1996년에는 선진국 경제협력개발기구(OECD)에 가입하면서 주식 시장 등 자본 시장을 완전히 개방했다.

김영삼 정부는 "고립 아니면 개방"이라는 구호 아래, 수출에 의존해온 한국 경제가 살아남기 위해서는 세계화·개방화에 적극 부응해야 한다고 주창했다. 1995년 수출 1,000억 달러, 1인당 국민소득 1만 달러, 종합주가지수 1,000선을 돌파하면서 자신감도 급증했다. 개방화에 따라 한국 경제는 유동적인 국제 금융 시장의 위험에 완전히 노출됐다. 이를 선도한 것은 종합 금융 회사였다. 종합 금융 회사는 회수 가능성과 수익성을 점검하지 않은 채, 앞다퉈 외국의 단기성 차입금을 끌어들여 기업에 조달했다. 국내 금리보다 싼 돈이 대거 들어오자 대기업은 석유화학·철강·자동차 등의 업종에 문어발식으로 기업을 확장했다. 중소기업 또한 차입금으로 몸집을 불렸다. 총 외채 비율이 1993년 439억 달러에서 1996년 1,047억 달러로 급증했고, 기업의 부채 비율은 400%대까지 치솟았다.

국가 주도에서 민간 주도의 경제 운용으로 전환되고, 세계화·개방화 추세에 맞는 자금 운용 및 기업의 체질 변화를 이루기 위해서는 자율화와 규제 완화를 뒷받침할 수 있는 제도와 시스템을 구축해야만 했다. 특히 국가의 역할을 대신해서 기업의 건전성을 점검하고, 부실을 감시할 금융 기관의 역할이 중요했다. 그러나 시스템 전환에 실패하면서 기업이 부실화되고 경쟁력이 약화됐다. 실력과 준비가 미흡한 상태에서 급속히 추진한 세계화·개방화로 인해 한국 경제는 곧 파멸적 위기를 맞았다.

IMF 사태와 경제 신탁통치

1997년 1월 한보철강의 부도를 시작으로 삼미·진로·대농·한신공영·기아 등 대기업이 연쇄적으로 도산했다. 쌍방울·해태·뉴코아·한라 그룹 등 30대 기업도 도산 행렬의 줄을 이었다. 김영삼 정부는 부도 유예 협약을 맺고 기업을 구제해보려고 했지만, 부실해질 대로 부실해진 기업의 줄도산을 막지는 못했다. 1997년 10월에는 한국 경제에 대한 신용 평가가 하향 조정됐다. 외국 투자자와 금융 기관은 대출을 회수하고 썰물처럼 빠져나갔다. 외환 보유고가 바닥나면서 한국은 국가부도사태에 빠졌다. 결국 1997년 12월 3일 한국 정부는 IMF에 195억 달러의 구제 금융을 요청했다.

IMF 사태의 직접적 원인은 기업의 무분별한 과잉 투자와 차입 경영, 차입을 지원한 금융기관의 관리 감독 소홀이었다. 민간 주도의 자율화 기조 속에 기업은 방만한 경영을 일삼았다. 정경유착으로 인한 관치 금융 특혜도 여전했다. 낙후된 금융시스템은 오히려 기업의 부실과 거품을 끌어안음으로써 IMF 사태에 이르는 도화선이 됐다. 정부의 위기 대응 실패도 외환위기를 자초했다. 이미 1997년 초부터 이상 징후가 나타나고 있었다. 기업들이 줄줄이 도산했고, 외국 자본의 한국 경제에 대한 불신감이 고조됐다. 1997년 4월 태국 바트화의 가치 폭락과 7월의 홍콩 주가 폭락에 이어 10월에는 말레이시아·싱가포르·필리핀 증시가 동반 폭락하면서 외국 투자자들이 동아시아 경제에 대한 자금 공급을 중단했다. 이러한 상황에도 불구하고 김영삼 정부는 10월까지도 사태의 심각성을 깨닫지 못했다. 임기 말에 이르러 대통령과 경제 관료가 가진 소극적인 태도도 위기를 증폭시키는 데 한몫했다.

국민총생산 세계 11~12위를 자랑하면서 OECD에 당당히 입성했던 한국 경제는 외환위기를 맞아 붕괴했다. 1997년 9월 1일 1달러에 902원이던 환율은 12월 23일 1,950원까지 치솟았고, 코스피(KOSPI) 지수는 9월 647.1에서 12월에는 376.3으로 폭락했다. 외환 보유고도 39.4억 달러에 불과했다. IMF는 구제 금융의 대가로 통화 긴축을 통한 경제 안정화와 더불어 기업·금융·공기업·노동 부문에 대한 대대적인 구조조정을 요구했다. 경제 주권을 빼앗긴 한국 정부는 IMF의 요구에 순응할 수밖에 없었다. IMF는 금융 지원의 대가로 한국 경제를 외국 자본이 자유롭게 이동할 수 있는 투명하고 개방적인

도판31 **금 모으기운동**
"장롱 속의 금 모아 나라 경제 되살리자", "금모아 외채상환 뜻모아 경제회복"과 같은 슬로건을 내걸고 국가의
외채 상환을 위해 국민들이 각 가정에서 보관하고 있던 금을 자발적으로 기부하고 있다.

경제체제로 만들기를 원했다. 이를 위해 IMF는 김대중 정부에 부실한 은행
과 기업을 과감하게 도산시키는 한편, 생존 기업의 부채비율을 내리고, 은행
의 자기자본비율을 높일 것을 요구했다. 더불어 공기업을 민영화하고 노동
시장을 유연화할 것도 요구했다.

이에 따라 부채 비율 200% 이상인 기업, 자본 비율 8% 이하인 은행은 곧
바로 퇴출됐다. 30대 재벌 중 대우를 비롯한 15개 재벌이 도산했고, 상업·한
일·조흥·제일·서울신탁은행이 간판을 내렸다. 포항제철·한국중공업·국정
교과서·종합기술금융·대한송유관·한국종합화학·한국전기통신공사·대한
인삼공사가 민영화됐으며 외국인 지분이 높아졌다. 정리해고제를 통한 노동
시장 유연화가 실행되면서 실업자가 1998년에는 150만 명을 넘어섰다. 한국
은 뼈를 깎는 구조조정과 165조 원의 공적자금 투입, 금 모으기운동 등의 자
구책으로 1년 6개월 만에 IMF의 경제 신탁통치에서 벗어날 수 있었다.

IMF 이후 한국 경제의 변화와 신자유주의

IMF 사태로 한국 경제는 엄청난 대가를 치렀다. 수많은 기업이 문을 닫았고,
정리해고가 단행되면서 셀 수 없는 노동자들이 직장을 잃고 길거리로 내몰

렸다. 위기에서 살아남은 자와 위기를 극복하지 못한 자 사이에 빈부격차가 더욱 크게 벌어지면서 양극화가 심각한 사회문제로 대두했다.

IMF의 고금리정책은 수많은 기업이 흑자 도산하는 상황을 낳았다. 정부의 단기적인 기준을 맞추지 못하면 중장기적으로는 흑자를 낼 수 있더라도 부도 처리됐다. 소재·부품·조립으로 연결되는 산업 네트워크가 무너지면서 그동안 쌓아왔던 산업 기반이 유실되고 성장 잠재력도 크게 떨어졌다.

구제 금융을 통해 IMF가 의도한 것은 한국 경제를 국가가 보호하는 폐쇄적인 경제체제에서 자본이 자유롭게 이동할 수 있는 개방형 경제체제로 만드는 것이었다. IMF 구제 금융을 거치면서 부채 비율을 낮춘 기업과 자기자본 비율이 높아진 은행 등 건전화된 기업들은 외국 자본의 적대적 인수합병의 공격 대상이 됐다. 그 결과 국민은행·삼성전자·포스코 등 우량 기업들의 외국 자본 지분이 높아졌다. 외국 자본의 국내 경제 장악력이 높아진 것이다.

기업의 투자 풍토도 달라졌다. IMF 사태 이전까지 기업들은 국가의 산업정책과 관치 금융의 보호 아래 놓여 있었다. 국가의 산업정책 방향에 따라 적극적으로 투자하고, 관치 금융의 혜택을 보는 구조였다. 그러나 IMF 사태 이후 기업들은 이익이 나면 적극적으로 투자하기보다 부채비율을 낮추고 만일을 대비해 사내 유보금을 축적하는 방향으로 움직였다. 기업의 재무 건전성은 높아졌지만 한국 경제의 성장을 선도했던 기업활동은 소극적으로 변화했다.

또한 IMF 사태 이후 한국사회는 시장과 경쟁질서가 확산되는 신자유주의사회로 변모했다. 신자유주의 사회는 국가와 사회로부터 시장을 분리하고 모든 문제를 시장의 논리에 따라 조절하고 해결한다는 특징을 가진다. 신자유주의는 시장을 둘러싸고 있는 사회제도와 조건에 국가가 인위적으로 개입해서 시장 친화적인 상황을 만든다는 점에서 자유방임형의 고전자유주의와 차이점이 있다. 예를 들면 노동시장에서 종신고용제를 폐지하고, 능력별 성과급제도를 만들어 경쟁을 유도하는 일 등이 그것이다.

신자유주의 사회에서는 경쟁을 통한 생산성과 효율성을 최고의 가치로 삼는다. 노조 활동을 노동자 사이의 경쟁을 방해하는 방해물로 간주하고, 경쟁력이 없는 것은 곧 부도덕한 것으로 취급한다. 경쟁력이 없는 사람에게 명예퇴직과 해고를 강요하는 것을 당연시한다. 신자유주의 사회에서 명예퇴직을 당하거나 해고된다는 것은 사회에서 더는 존재 가치를 인정받지 못한다는 뜻이 된다. 구직의 대가로 무한 경쟁을 강요당하는 사회가 된 것이다.

신성장 동력의 육성 : IT 산업, 동북아 물류 허브, 녹색성장

한국 경제는 제조업을 기반으로 한 수출로 성장을 이뤄왔으나, 1990년대 중반 이후 제조업의 성장 잠재력이 둔화되면서 새로운 성장 동력을 육성해야 할 필요성이 높아졌다. 김대중 정부는 새로운 경제성장 동력으로 IT 산업에 주목했다. 마침 세계적으로 인터넷을 기반으로 한 정보통신산업이 붐을 일으키고 있었다.

김대중 정부는 정보통신산업 육성을 위해 초고속 인터넷 통신망을 구축하는 한편, 중소기업을 대상으로 하는 창업 지원제도를 강화했다. 1999년부터는 IT산업을 중심으로 벤처기업의 창업 시대가 열렸다. 1999년 정보통신 기기의 수출이 우리나라 무역의 25%를 차지하는 등 IT 산업은 한국 경제를 선도하는 중요한 성장 동력이 됐다. 단, 반도체 분야에 생산과 수출이 집중됐다는 점에서 정보통신산업의 편중성 문제가 제기됐다.

노무현 정부는 한국의 앞선 IT 기술을 바탕으로 동북아 IT 허브를 선도적으로 구축하고 이를 금융 허브·물류 허브·연구 개발 허브로 발전시켜 나간다는 구상을 갖고 있었다. 동북아 IT 허브는 한중일이 IT 산업을 공동 발전시키는 것을 기본 목표로 하되, 한국이 IT 표준을 마련하고 IT 네트워크를 구축하는 데 주도적인 역할을 수행한다는 것이었다. 구체적으로는 인천 송도를 동북아 물류 허브의 중심지로 개발하고 각 권역별로 지역 산업의 특성을 살린 IT 특화 단지를 구축할 계획이었다. 노무현 정부의 의욕적인 동북아 물류 허브 구상은 한중일의 이해관계 조정과 남북관계의 개선을 비롯한 동아시아 긴장 완화를 전제로 삼았다. 그러나 남북관계를 비롯해 국제적인 여건 조성이 벽에 부딪히면서 실현되지 못했다.

이명박 정부는 경제성장과 함께 환경보호 문제가 세계적 화두로 떠오르자 녹색성장정책을 추진했다. 환경 문제와 경제성장 문제를 동시에 해결하겠다는 것이었다. 4대강 사업은 녹색성장을 위한 핵심 사안으로서, 2008년부터 2012년까지 22조 원의 예산을 투입해 추진한 대대적인 하천 정비사업이었다. 4대강 사업은 한강·낙동강·금강·영산강의 4대강 강바닥을 깊이 파서 친환경적인 보를 설치해 부족한 물을 확보하고 홍수를 방어하며 수질을 개선해서 지역 발전을 도모하고자 했다.

그러나 2011년 1월부터 2013년 10월까지 총 4차례에 걸쳐 실시된 감사원의 감사 결과, 4대강 사업은 기존의 수자원장기종합계획을 무시한 채, 한

반도 대운하 재추진을 염두에 두고 진행된 대대적인 토목공사임이 드러났다. 4대강 사업은 하천 생태계를 복원하는 친환경 사업으로 강조됐지만, 실제로는 수질 오염과 녹조 문제가 심각해서 생태계 복원에만 수많은 추가 예산이 투입돼야 하는 상태였다. 4대강 사업은 지속 가능한 발전과 사회정의에 입각하지 않은 성장정책이 결국 환경파괴로 이어질 수 있음을 보여준 대표 사례였다.

노사정위원회의 출범과 사회적 대타협

IMF 사태 이후 재벌 개혁, 금융 개혁, 공공 부문 개혁, 노동 개혁 등 뼈를 깎는 구조조정이 이어졌다. IMF 사태는 기업의 방만한 경영과 정부의 정책 실패로 인해 발생했지만, 노동 개혁이 정리해고제를 통한 인력 감축에 집중되면서 가장 큰 희생양이 된 것은 노동자였다. 김대중 대통령은 대선 당시 노사정위원회 구성을 공약으로 내세웠고, 당선 후 제일성으로 노사정위원회 구성을 지시했다.

노동자, 사용자, 정부가 사회적 논의기구 신설에 합의함에 따라 1998년 1월 15일 노사정위원회가 출범했다. 노사정위원회는 노동자, 사용자, 정부를 대표하는 15인 이내의 위원으로 구성된 협의체로서 고용 안정과 노사 협력, 경제위기 극복과 복지정책 등 현안 문제에 대한 해결 방안을 심의·의결하는 대통령 자문기구다. 노사정위원회는 정부의 노동 탄압, 기업의 노동자 배제, 노동자의 투쟁문화를 변화시켜 발전적인 노사관계를 만들고 정부가 그것을 보장함으로써 사회를 안정시키는 데 목적이 있었다.

IMF 사태 직후 출범한 제1기 노사정위원회는 재벌 개혁과 실업 대책, 노동기본권 신장, 노동시장 유연성 제고 등 경제위기 극복을 위한 사회 협약 90개항을 체결했다. 제1기 노사정위원회는 경제위기를 맞아 구조조정의 원칙과 방향을 설정하고 노사 협력의 새 지평을 열었다는 평가를 받았다. 제2기 노사정위원회에서는 노동조합의 정치활동, 4대 사회보험 제도, 교원노조 합법화 등에 합의했고, 제3기 노사정위원회에서는 공기업 구조조정, 사회보장 관련 제도 개혁을, 제4기 노사정위원회에서는 비정규직제도 시행에 따른 중소기업 지원 방안을 논의했다.

그러나 제1기 노사정위원회의 사회 협약을 통한 사회적 대타협과 같은 성과는 제2기부터는 도출되지 못했다. 제2기 노사정위원회에서 민주노총과 한국노총이 구조조정과 정리해고를 반대하며 노사정위원회를 탈퇴했고, 제3기 노사정위원회에서는 사측 대표였던 경총이 법정근로시간 단축에 반대하면서 노사정위원회를 탈퇴하는 등 악순환을 거듭했기 때문이었다.

노사정위원회는 사회적 합의기구로서 법적·제도적 기반을 갖춰갔지만 각 주체들이 머리를 맞대고 합의점을 찾고 합의 내용을 충실히 이행하는 데 있어서는 미흡함을 면치 못했다. 사안에 따라서는 합의 결과가 번복되기도 했다. 그럼에도 노사정위원회는 노동조합의 정치활동 보장과 4대 사회보험제도, 교원노조의 합법화, 사회보장제도 개혁에 합의함으로써 합의 내용을 제도로 정착시켜 가는 데 기여했다.

한국 경제의 과제

최근 한국 경제를 둘러싼 경제환경이 급속히 변화하고 있다. 디지털을 기반으로 한 기술혁명, 이른바 제4차 산업혁명이 일어나면서 디지털과 바이오산업, 물리학의 융합 기술들은 경제체제와 사회구조를 급격히 변화시키고 있다. 산업 현장에 도입된 이러한 기술들로 생산성은 극대화되고 있지만, 일자리는 감소하고 노동시장 내에 '고기술-고임금'과 '저기술-저임금'의 격차가 커지면서 사회적 불평등이 심화되고 있다.

노동시장의 변화와 유연화로 인해 전형적인 사용자-피용자의 관계에서 벗어난 노동도 늘어나고 있다. 이에 따라 비정규직과 플랫폼 노동자, 특수형태 근로 종사자들이 증가하는 가운데 열악한 노동환경과 불안한 노동에 시달리는 이들에게 중대재해도 집중되고 있다. 이 경우에도 기술은 노동자를 위험 노동에서 해방시키는 것이 아니라 오히려 노동자들 통제하는 도구가 되고 있다.

한국 경제는 인공지능 기술을 활용한 정보, 의료, 교육, 서비스산업 육성 등 제4차 산업혁명에 따른 경제환경의 변화에 대응하면서도 그것이 사회적 불평등으로 이어지지 않도록 제도적 기반을 마련해야 하는 과제를 안고 있다. 또한 비정형 노동자들에 대한 사회안전망을 강화하고 중대재해기업처벌법 등 사각지대에 놓인 노동자를 보호할 수 있는 법제적인 정비를 해나가야 하는 과제 또한 안고 있다. 이를 해결하기 위해서는 경제 민주화에 대한 경제 주체와 시민사회의 사회적 합의와 지속적인 노력이 필요하다. 이를 통해 한국 경제는 외형적인 성장을 넘어 지속 가능한 성장의 길로 나아갈 수 있을 것이다.

5. 현대 한국의 문화

1 1950년대: 한글세대와 대중사회

냉전문화와 남한문화계

분단과 전쟁은 문화계를 재편시켰다. 해방 후 문화계에서 큰 비중을 차지하던 좌파 지식인과 문화인들은 분단과 전쟁을 거치면서 대부분 월북하거나 납북됐다. 전쟁 초기 인민군이 서울을 장악했을 때 피난 가지 않고 머물렀던 잔류파 지식인들도 정전협정 이후 대학에서 대부분 추방됐다. 좌파 문화예술인들의 대거 월북은 문화계에 엄청난 인적 공백을 가져왔다. 연극계에서는 주연급 배우들이 거의 사라졌으며, 연쇄적으로 영화계도 큰 타격을 입었다. 또 좌우익 언론이 맞서고 있었던 해방 정국과 달리, 분단과 전쟁을 거치면서 우파 성향의 신문만 살아남았다.

이러한 지성계와 문화예술계의 우경화는 극우 반공주의를 기반으로 하는 냉전문화가 사회 전반에 자리 잡는 계기가 됐다. 전후 미국의 교육 원조를 통해 성장한 친미적 지식인들은 공산주의보다 자유민주주의가 우월성을 지닌다고 강조했는데, 이는 민주주의의 보편적 원리에 바탕을 두고 독재를 비판하는 근거가 됐다. 1953년 창간된 종합 월간지 『사상계(思想界)』는 반공주의를 기반으로 하면서도 독재체제를 비판하고 민주주의를 지향하는 지식인들의 대표 언론이었다.

문학계에서는 김동리(金東里, 1913~1995)를 주축으로 하는 반공주의 문

실존주의·데카당스·니힐리즘

실존주의는 제1·2차 세계대전을 겪은 서구사회, 특히 독일과 프랑스를 중심으로 일어난 철학사조로서 문학과 예술에 큰 영향을 미쳤다. 한국에서도 전후의 암울한 일상 속에서 존재론적 고뇌에 휩싸인 인간을 묘사하면서, 현실의 부조리 속에 상처받은 인간을 치유하려는 휴머니즘과 주체적 의지를 강조한 실존주의 문학이 등장했다. 데카당스는 19세기 후반 프랑스에서 시작되어 유럽에 퍼져나간 퇴폐적 경향의 예술사조다. '세기말(fin de siécle)'이라는 별칭처럼 19세기 말에 전성기를 맞았으며, 관능에 대한 병적인 집착과 탐미주의, 현실 참여적인 예술을 부정하고 예술을 위한 예술을 추구하는 데카당스의 정신은 기존 체제는 몰락했지만 새로운 체제는 오지 않은 상태를 대변하는 시대정신이기도 했다. 1950년대 한국에서 데카당스는 현실 참여를 부정하며 '순수예술'이라는 이름으로 등장했다. 허무주의를 뜻하는 니힐리즘은 삶의 태도 면에서 회의주의·상대주의·무정부주의 등의 의미로 확장되기도 한다. 전쟁으로 인해 죽음과 절망을 맛본 전후의 한국문학과 예술에 니힐리즘의 영향이 엿보인다.

학이 '순수문학'이라는 이름으로 주류를 형성했다. 전후 지식인들은 실존주의(existentialism)·데카당스(Décadence)·니힐리즘(nihilism) 등 세계대전을 계기로 서구 지성계를 풍미했던 문예사조의 영향을 받았으며, 특히 실존주의에 대한 관심은 이 시기 문학뿐 아니라 영화에도 큰 영향을 끼쳤다. 남한 사회가 급속히 우경화된 1949년경부터 반공 이데올로기를 전파하려거나 북한의 실정과 분단의 비극을 소재로 삼은 영화들이 만들어졌고, 전후에는 더욱 활발해져 한형모(韓瀅模, 1917~1999) 감독의 〈운명의 손〉(1954)과 이강천(李康天, 1921~1993) 감독의 〈피아골〉(1955)을 필두로 반공 영화들이 제작됐다.

한글 독서층의 성장과 대학생의 증가

1948년 「한글 전용에 관한 법률」이 제정되면서 한글 사용이 본격화됐다. 각 공공 기관의 공문서와 간행물은 한글로 쓰는 것을 원칙으로 삼되 필요한 경우에만 한자를 병용하도록 했다. 교과서도 한글 위주의 가로쓰기로 새로 만들어졌다. 한글학회에서는 교사들을 상대로 한글 강습회를 열었으며, 한글 교육을 위한 놀이가 개발되는 등 한글 배우기 운동이 국민운동으로 전개됐다. 초등학교에서 집중적으로 한글 교육이 이뤄지면서 1930년대에 77%가 넘었던 문맹률이 1955년에는 22.3%로 급격히 낮아졌다. 초등교육이 급속히 확산된 1950년대에는 초등학교에서 한글뿐 아니라 한자도 가르쳤는데, 이는 1970년 교과서에서 한자 병기가 폐지될 때까지 계속됐다. 이에 따라 한글 독서층이 급격히 증가했다. 1950년대 후반에는 『일리어드』와 『신곡』을 비롯하여 셰익스피어의 작품들, 『몽테크리스토 백작』과 『레미제라블』 등 세계문학사의 흐름이 엿보이도록 구성한 세계문학전집이 번역되고 한글 문고본 출판이 활성화됐으며, 신문 구독자도 크게 늘었다. 신문의 연재소설이 큰 인기를 얻어 신문의 발행부수를 늘리는 데 큰 영향을 미쳤다. 잡지 발간도 활발해졌다. 『사상계』 등 종합 월간지를 비롯해 『소년세계(少年世界)』, 『학원(學園)』 등 초등학교와 중고등학교 학생을 대상으로 한 잡지들과 『여원(女苑)』 같은 여성 잡지도 큰 인기를 끌었다. 한글 독서층의 확대는 대중의 정치의식과 교양수준을 끌어올리는 데 기여했다.

한편 1950년대에 대학생이 크게 늘어난 점도 주목할 만하다. 1950년대 초에 1만 명도 안 되던 대학생이 1950년대 말에는 10만 명으로 늘어났다. 물론 대학 교육이 확대되는 과정에서 진통도 없지 않았다. 미군정기에는 수많은 교수와 강사들은 물론 대학생 중 절반 이상이 국립서울종합대학안(국대안) 반대운동을 벌이다 학교를 떠나기도 했다. 전쟁 중에는 대학생이 오히려 늘어나는 양상을 보였는데, 이는 서울에 있다가 부산으로 피난 온 대학들이 학생을 무분별하게 받았기 때문이었다. 그러나 당시는 늘어난 대학 졸업생들을 감당할 만큼 일자리가 충분하지 않은 상황이었다. 부모가 어렵게 마련한 등록금으로 대학을 졸업했지만, 졸업생 4명 중 1명이 실업자가 됐다. 1950년대에 대학생들은 한편으로는 고학력 실업자로 표류하고 방황하기도 했지만, 또 한편으로는 사회적 특권을 누리는 혜택받은 계층이자 그만큼 사회적 책무를 지는 지식인으로 여겨졌다. 1955년을 전후해서 대학교 내에 진보적인 이념 서클이 만들어지기 시작한 것은 대학생들의 이러한 자의식의 소산이기도 했다.

대중예술계의 변화와 영화산업의 시작

해방 전후부터 1955년경까지 한국의 대중예술에는 악극과 여성 국극이 크게 유행하며, 무대예술이 중심을 이뤘다. 그러나 1950년대 중후반 한국영화의 잇단 흥행으로 한국대중예술의 왕좌는 곧 스크린으로 넘어갔다. 대중음악계에도 변화가 있었다. 조선악극단의 핵심 인물이었던 작곡가 김해송(金海松, 1910~?)이 조직한 KPK 악극단(一樂劇團)은 주한미군을 위문하는 대표 악단이 됐다. 1950~1960년대에 주한미군 부대 내의 '미8군 쇼'는 대중음악인을 데뷔시키는 가장 중요한 무대였다. 수차례의 엄격한 오디션을 거쳤고, 선발되면 미국의 최신 유행곡을 연습해 실력을 쌓았다. 훗날 한국 가요계를 대표하는 김시스터즈(The Kim Sisters, 김민자·김애자·김숙자)와 같은 걸그룹, 박시춘·이봉조(李鳳祚, 1931~1987)·신중현(申重鉉, 1938~) 같은 작곡가 겸 연주인, 패티김(Patti Kim(김혜자(金惠子)), 1938~)·윤복희(尹福姬, 1946~) 같은 가수들이 모두 미8군 쇼 출신이었다. 가요 시장에는 도미노·유니버설·오아시스·미도파·신신·킹스타의 6대 음반 회사가 뛰어들어 최초로 국산 레코드 제작에 성공했다. 당시 대중예술계의 각 분야는 인적 유동성이 높았고, 한 예술가가 여러 분야를 넘나들며 활동하는 일이 잦았다. 특히 악극단은 노래와 연기를 동시에 요구해서 다른 분야에 인력을 제공하는 학교와도 같았다. 악극단 출신 배우들은 음반을 내고 가수가 되거나 영화배우로 데뷔했고, 악

도판32 김시스터즈

가수 이난영과 작곡가 김해송의 두 딸과 조카로 이뤄진 여성 보컬 그룹이다. 1963년에 결성돼 미8군 무대에서
선풍적인 인기를 끌었으며, 1959년 걸그룹으로서는 최초로 미국에 진출했다.

극 무대에서 대본·연출·음악을 담당했던 이들이 영화에서도 그대로 시나리오·연출·음악을 담당하기도 했다.

한편 전쟁기에 미공보원(USIS)과 국방부 정훈국 촬영대, 공보처 영화과 등에서 기록 영화를 만들며 생계를 유지하던 영화인들은 전쟁이 끝나자 본격적으로 상업 영화 제작에 돌입했다. 1950년대 중반까지 국산 영화는 제작 편수가 한 해 10여 편에 불과했기 때문에 극장에 걸리는 영화는 대개 외화였고, 그중 90%는 할리우드 영화였다. 이후 프랑스의 누벨바그(nouvelle vague) 영화나 이탈리아의 네오리얼리즘(neorealism) 영화와 같은 새로운 경향의 영화들도 수입됐다. 이러한 영화들은 영화의 스타일과 주제의식뿐만 아니라 유럽의 지적 문화적 분위기까지 한국사회에 전달하는 데 크게 기여했다.

1954년 티켓 값의 60%를 차지하던 한국 영화 입장세에 면세 조치가 내려지면서 영화산업은 전기를 맞았다. 1955년 이규환(李圭煥, 1904~1982) 감독의 〈춘향전〉과 1956년 한형모 감독의 〈자유부인〉이 공전의 히트를 친 것을 계기로 영화계에 투자가 몰리면서 1953년에 6편에 불과하던 한국 영화 제작 편수는 1956년 30편에서 1959년에는 111편으로 기하급수적으로 늘어났다. 개봉관이 늘어나고 지방 배급 네트워크가 자리 잡자 취약한 형태로나마 영화가 산업화될 수 있는 기반도 마련됐다. 1956년부터는 전후 상황이 복구되고 전력이 안정적으로 수급되면서 라디오 방송이 확대됐고, 1950년대 말부터는 라디오 드라마가 인기를 끌기 시작해 영화의 소재 공급원이 됐다.

미국화와 댄스홀

전쟁이 끝나자 한국사회에는 미국문화 열풍이 불었다. 전시에 삐라와 팸플릿을 제작하고 뿌리며 심리전의 도구로 삼았던 미공보원은 전후에는 농촌 계몽을 위한 잡지를 발간하고 뉴스 영화와 문화 영화를 제작해 각 지역에 순회상영하며 선진 문명국으로서 미국의 이미지를 전파했다. 지역과 계층을 불문하고 지식인과 관료, 군인에서부터 청년, 주부, 농민에 이르기까지 광범위하게 미국문화가 전파됐다. 특히 미국은 대학과 교육 엘리트층에 교육 원조를 제공하고, 도미 유학생을 지원해 친미 엘리트층을 만드는 데 기여했으며, 막대한 원조물자를 통해 들어온 미제 물건은 대중에게 미국문화에 대한 동경과 환상을 심어줬다. 또한 PX(군대 내 매점)에서 흘러나온 물건뿐 아니라

489

밀수품까지 섞인 미제 물건이 파주의 양키시장, 부산의 국제시장, 서울의 도깨비시장 등에 유통되면서 미국에 대한 기대와 욕망을 부추겼다. 대중은 미국 영화를 통해 풍요로움과 교양이 넘치는 서구 중산층의 삶을 동경했고, 잡지에 소개되는 여배우들의 옷차림과 머리 모양을 따라하기도 했다.

당시 미국은 민주주의와 문명의 귀감으로 표상됐지만, 미군 부대를 통해 흘러나오는 GI문화[1]는 퇴폐적이고 상업적인 문화로서 부정적으로 인식됐다. 미군정기부터 성행한 댄스홀은 미국문화 중에서도 가장 위험한 것으로 간주됐다. 가정부인들이 출입구에 장바구니를 맡기고는 서양식 드레스로 갈아입은 후 끈적끈적한 재즈와 춤곡에 맞춰 낯선 남자와 사교춤을 추는 장면은 댄스홀이 갖는 대표 이미지였다. 장교를 사칭해 수십 명의 여성을 농락한 죄로 기소된 박인수 사건 역시 댄스홀이 주요 무대였다. 또한 미8군 쇼나 미군 부대 근처에 형성된 기지촌의 모습 등 주로 여성을 통해 발현되는 미국문화의 부정적 측면은 가부장적 남성에게 가부장제와 민족문화의 위기를 동시에 체감하게 했다. 반공주의와 미국식 자유민주주의, 그리고 자본주의가 결합된 남한사회에 미국화가 미친 영향은 절대적이었으나, 미국문화에 대해서는 양가적인 감정을 갖고 있었던 것이다.

여성 지위의 변화

해방 후 여성에게 찾아온 가장 중요한 변화는 참정권의 실현이었다. 1948년 3월 17일 공포된 국회의원 선거법으로 여성은 남성과 동등한 자격의 선거권을 갖게 됐다. 이승만 정부기에는 초대 상공부장관 임영신(任永信, 1899~1977), 공보처장 김활란(金活蘭, 1899~1970), 무임소장관 박현숙(朴賢淑, 1896~1980)이 장관에 올랐고, 고황경(高凰京, 1909~2000), 박순천(朴順天, 1898~1983), 김철안(金喆安, 1912~1992) 등과 같이 관료나 국회의원 중에서도 여성이 나오면서 전과 다르게 여성의 정치활동이 늘어났다. 1953년 간통쌍벌죄[2]

---

1   GI문화 GI란 'Government Issued'의 약자로, 미국 육군 병사의 속칭이다. 원래는 정부에서 발급한 관급품을 뜻했는데, 미군이 사용하는 군복과 군장비 모두 관에서 지급됐기 때문에 붙여진 이름이다. GI 문화란 미군 부대에서 흘러나온 저급한 문화라는 의미로서 미국문화와 거의 동의어로 쓰였다.

2   간통쌍벌죄 전통사회에서 축첩은 남성의 재력과 권력을 과시하는 수단으로 여겨졌고, 전쟁 이후 여성이 남성보다 많아진 시점에서 경제적 이유로 첩이 되는 여성들도 많았다. 하지만 공공연한 남성들의 외도와 축첩 행위는 가장의 역할을 방기해 여러 가정에 곤란한 상황을 초래했고 일부일처제를 기반으로 한 가족제도 자체를 뒤흔드는 것이었기에 법적으로 규제할 필요가 있었다. 여성에게 고발권을 부여했

법률이 통과되어 사회에 만연한 축첩 문제가 해결될 실마리를 보인 것도 획기적인 일이었다.

참정권 획득과 축첩 문제의 해결은 여성의 지위가 법적으로 높아졌다는 증거였으나, 여성이 전근대적 굴레에서 벗어나게 된 직접적 계기는 전쟁이었다. 막대한 인적·물적 피해를 가져온 전쟁으로 수많은 전쟁미망인이 생겨났다. 또한 집안의 남성이 불구가 되거나 납북·월북 등으로 이산가족이 되어 미망인과 다름없던 여성도 삯바느질이나 행상을 하며 가족의 생계를 부양했다. 생활고에 쫓기거나 오빠와 남동생의 학비를 벌기 위해 도시로 온 여성 중에는 중산층 가정의 '식모'가 되거나 '양공주'라 불리는 기지촌의 매춘 여성이 되는 경우도 있었다. 전업주부, 부녀자, '유한마담' 등은 계를 조직하고 밀수에 손을 대며 장사를 하고 식당이나 유흥주점 따위의 자영업에 종사하는 등 활발한 경제활동을 이어나갔다. 그러나 여성 중에는 사실상 가계를 책임지고 있었음에도 색안경을 쓰고 보는 비뚤어진 시선 때문에 이중 고통을 받는 이들도 많았다.

전후 여성을 뜻하는 아프레걸[3]은 전통적인 여성상에서 벗어난 전후의 새로운 여성을 의미했으나 한국 지식인사회의 가부장적 시선 속에 이 용어는 미국문화를 무분별하게 좇으며 방종을 일삼는 여성을 비판할 때 주로 사용됐다. 특히 여대생의 등장은 여성 지위의 변화를 가시적으로 보여줬다. 1950년대에 대학생의 수가 비약적으로 늘어났을 때도 여대생은 여전히 소수에 불과했다. 그러다 이화·숙명·덕성 등과 같은 식민지기의 명문 여학교가 해방 후에 종합대학으로 승격했고, 남녀공학 대학교에도 여대생이 입학하면서 여대생은 교양과 지성을 갖춘 현대적 여성상으로 표상됐다. 1950년대 영화에서 타이피스트, 산부인과 의사, 양품점 매니저 등 취업 여성이 등장했으며, 이들은 현대적 매너와 지성의 소유자로 묘사됐다. 『여성계(女性界)』, 『현대여성』, 『여원』과 같은 여성 잡지들은 엘리트 여성들을 독자층으로 흡수하며 현대 여성이 갖춰야 할 교양을 비롯해 미국 영화에 나오는 여배우의 패션

을 뿐만 아니라 순결 이데올로기 속에서 여성의 간통만을 처벌하던 관례를 깨고 남녀 모두를 형사처벌하기로 함으로써 남녀평등을 명시한 헌법을 수호하고 현실적으로 고통받는 여성들을 구제하기 위한 방법으로 간통쌍벌죄가 통과된 것이다.

3   아프레걸 '전후(戰後)'를 뜻하는 프랑스어 'apres-guerre(아프레게르)'와 영어 'girl'을 합성한 조어다. 한국에서 이 용어가 부정적 의미로 사용된 것은 1920~30년대의 '신여성'에 쏟아진 관심이나 비판과 일맥상통하는 것이었다.

과 미용을 경쟁적으로 소개했다. 또한 피임과 낙태 등을 통해 출산을 조절할 수 있게 된 점은 여성이 보다 주체적으로 자신의 삶을 살게 하는 획기적인 계기가 됐다.

2 1960~1970년대: 대중문화와 검열, 영화와 텔레비전의 시대

한국 영화, 제1전성기에서 침체기까지

5·16군사정변 직후 박정희 정부는 국립영화제작소를 설립해 뉴스 영화·문화 영화를 체계적으로 제작하는 일에 나섰다. 1962년에는 영화법이 제정되고 이후 8년간 6차례에 걸쳐 개정됐는데, 이에 따르면 극장에서 영화를 상영할 때는 정부의 시책을 홍보하거나 계몽적 내용을 담은 뉴스 영화·문화 영화를 반드시 함께 상영해야 했다. 영화법은 처음에 군소 영화사가 난립하고 영세한 한국 영화계를 할리우드의 제작시스템을 도입해 체계화·산업화하자는 취지로 제정됐으나, 실상은 일제가 1940년 제정한 「조선영화령」의 틀을 그대로 가져온 것에 지나지 않았다. 사전 제작 신고제, 상영 허가제, 영화 각본과 필름의 이중 검열과 함께 영화사를 통폐합하고 영화사의 설립 요건을 강

〈춘향전〉과 〈성춘향〉

홍성기 감독의 〈춘향전〉과 신상옥 감독의 〈성춘향〉은 당시 '홍춘향'과 '신춘향'이라고 불릴 만큼 경쟁작으로 세간의 관심과 이목을 끈 작품들이었다. 두 영화는 소재가 같다는 점 이외에도 홍성기-김지미, 신상옥-최은희라는 흥행 감독과 당대 최고의 여배우가 결합한 부부간의 대결이라는 점, 한국 최초의 시네마스코프 영화라는 점 등 여러모로 유사한 점이 많아 더욱 화제가 됐다. 결과는 신상옥-최은희 커플의 완승이었다. 배우

의 매력이나 연기력에 대한 평가도 있었지만, 연출력과 함께 컬러의 색감이나 시네마스코프를 얼마나 잘 활용했는가 하는 부분도 영향을 줬다.

도판33, 34
〈춘향전〉과 〈성춘향〉 포스터

도판35 〈바보들의 행진〉의 한 장면
1970년대 청년문화를 대표하는 작품으로, 답답한 현실 속에서 고뇌하는 젊은이들의 꿈과 좌절을 담아 큰 인기를 끌었다. 영화 삽입곡인 송창식의 〈고래사냥〉과 〈왜 불러〉는 반항적 가사로 금지곡이 됐다.

화하는 것이 주된 내용이었다. 이 법으로 인해 당시 영화 제작 허가를 받으려면 일정 규모 이상의 스튜디오와 전속 배우 및 기술자, 촬영 및 조명 기자재 등을 갖추고 연간 15편 이상을 제작해야 했다. 이 때문에 영세한 제작사들은 기업형 영화사에 이름을 빌려 영화를 제작할 수밖에 없었다. 또한 국가정책에 기여한 영화를 우수 영화로 선정해 외화 쿼터를 할당하는 보상제를 실시했는데, 이로 인해 많은 계몽영화, 반공영화, 문예영화 등이 제작되는 계기가 됐다.

영화 기술과 내용 면에서도 변화를 맞았다. 홍성기(洪性麒, 1928~2001) 감독의 〈춘향전〉(1961)과 함께 최초의 컬러 시네마스코프(cinemascope) 영화[4] 시대를 연 신상옥(申相玉, 1926~2006) 감독의 〈성춘향〉(1961)은 서울 관

4　시네마스코프 영화 화면 비율이 2.35:1인 영화, 와이드 스크린(wide screen) 영화를 말한다. 이전의 영화는 화면 비율이 1.33:1이었으나 가로의 비율을 늘림으로써 화면에 훨씬 많은 정보를 담을 수 있어 주로 스펙터클한 영화에 쓰인다.

객 38만 명을 동원하여 3억 환에 달하는 흥행 수익을 거뒀다. 신상옥 감독이 설립한 신필름은 이후 박정희 정부의 영화정책에 적극 협조하며 '연산군 시리즈', 〈빨간 마후라〉 등의 대작을 제작하고 홍콩과 일본 등과 합작 영화 제작을 꾀하며 해외 시장 진출을 모색하는 등 영화법의 수혜 속에 당대 최고의 영화사로 군림했다.

1960년대에는 사극과 반공 영화를 비롯해 가족 멜로드라마·코미디·공포·액션 스릴러·첩보극·청춘 영화·사회 드라마·모더니즘 등 다양한 장르 영화가 인기를 끌었다. 대중이 즐길 다른 오락거리가 없던 1960년대에 연간 제작 편수가 100~200편을 넘으며 호황을 누리던 영화계는 1970년대가 되면서 대중문화를 대표하는 매체로서 지위를 텔레비전에 내주게 됐다. 텔레비전 보급이 본격화된 데다가 검열의 강화로 창작열이 크게 위축됐기 때문이다. 몇몇 반공 영화와 '새마을 영화'로 명명된 국책 영화만이 정부의 대대적인 지원을 받았을 뿐, 관객의 지지를 잃어버린 영화계는 이른바 호스티스물이나 학원물 등으로 명맥을 이어갈 수밖에 없었다. 그러는 중에도 이장호(李長

중산층과 가전산업

1960년대는 한국에서 본격적으로 중산층이 형성되기 시작하고 가전산업이 출범한 시기이기도 하다. 중산층의 상징이자 선망의 대상이었던 대표 가전제품은 텔레비전·냉장고·세탁기였다. 1954년 대중 앞에 첫선을 보인 텔레비전 수상기가 국산화에 성공한 것은 1966년의 일이다. 이 해에 금성사는 1만여 대의 국산 텔레비전을 생산했고, 1969년에는 7군데의 제조업체가 7만여 대를 생산하기에 이르렀다. 금성사는 1965년에 최초 국산 냉장고인 '눈표냉장고'를 출시했으며, 1969년에는 '백조'라는 최초의 국산 세탁기도 선보였다. 이후 삼성전자, 대한전선 등 많은 회사가 가전제품 생산에 뛰어들었으며, 1970년대와 1980년대를 거치면서 이 가전제품들은 중산층 가정에 필수적인 제품들로 자리 잡았다. 가정 내에서 높아진 여성의 지위는 가전제품 구입으로 이어졌고, 이는 가사노동의 합리화를 통해 여성의 위상과 역할을 재구성하는 데 기여했다.

한편 가전제품의 생산에는 섬세한 여성노동이 필요했기 때문에, 가전산업의 생산과 소비에는 모두 여성의 노동력과 구매력이 영향을 줬다고 할 수 있다. 한국 재벌기업의 근간을 이루는 가전산업은 "누구나 가전제품을 가질 수 있고 그렇다면 그가 바로 중산층이다"라는 신화의 급속한 확산과 함께 성장했다.

도판36 중산층 가정의 필수 제품으로 자리 잡은 TV.

鎬, 1945~) 감독의 〈별들의 고향〉(1974), 김호선(金鎬善, 1941~) 감독의 〈영자의 전성시대〉(1975), 하길종(河吉鍾, 1941~1979) 감독의 〈바보들의 행진〉(1975)과 같은 영화는 사회현실에 대한 비판적 시선을 담아내기도 했다.

텔레비전과 드라마

한국 최초의 텔레비전 방송국은 1956년 선보인 HLKZ-TV였지만, 본격적인 텔레비전 시대 개막을 알린 것은 1961년 12월 KBS-TV의 개국이었다. 군사정권의 시책을 선전하려는 정치적 목적에 의해 만들어진 KBS-TV는 1964년 말에 첫 방송을 내보낸 민간 상업 방송 TBC-TV, 1969년 개국한 민영 방송 MBC-TV와 함께 이른바 'TV 3국(局)시대'를 구가하며 경쟁했다. 1962년에 2만 2,000여 대에 불과했던 텔레비전은 1971년에는 61만 6,000대로 증가해 보급률이 10%가 됐고, 1978년에는 500만 대를 돌파해 대도시 보급률이 90%에 육박했다. 이러한 텔레비전 보급의 비약적 증가에는 대기업 위주의 경제개발정책하에 수입 대체 산업으로 떠오른 가전산업의 활성화, 도시화의 진전과 함께 형성된 중산층 신화의 확산과 여가 확대 등에 따른 대중의 구매욕 증가라는 배경이 있었다. 여기에 재건국민운동이나 새마을운동이라는 의사(擬似) 범국민운동이 전개되면서 효율적인 지배 이데올로기의 전파 도구가 필요했던 정부의 요구도 자리했다. 정부는 방송국의 편성에 지침을 내리고 각종 캠페인이나 건전가요, 뉴스 등을 통해 각 가정의 안방까지 손쉽게 공보적 내용을 전달할 수 있었던 것이다. 그러나 텔레비전 보급률의 가파른 상승에는 무엇보다 선풍적인 인기를 끌며 대중들의 일상을 파고든 드라마가 큰 몫을 차지했다.

1960년대까지 드라마는 라디오드라마가 중심이었다. 특히 라디오의 가족 멜로드라마는 1950년대 후반부터 1960년대까지 영화의 단골 소재가 될 정도로 인기가 많았다. 1970년대 초 일일드라마 〈아씨〉(1970~1971, TBC)와 〈여로〉(1972, KBS)가 공전의 히트를 치면서 드라마의 중심도 TV로 옮겨왔다. 방송 3사는 가족 멜로드라마뿐만 아니라 범죄물·수사물·간첩물·전쟁물을 경쟁적으로 제작했다. 실화를 토대로 하여 만든 〈수사반장〉(MBC, 1971~1989), 〈113 수사본부〉(MBC, 1973~1983), 〈전우〉(KBS, 1983~1984) 등이 대표적이다. 이들 드라마의 인기는 텔레비전 수상기의 보급에 영향을 미쳤을 뿐만 아니라 중산층 가정의 일상 풍경을 변화시켰다. 일터에서 돌아와 가족과 함께 텔레비전을 보는 가장, 가전의 보급으로 가사노동이 줄어들어 상대적으로 여가가 늘어난 주부, 저녁식사를 마치고 텔레비전 앞에 옹기종기 앉아 이야기를 나누는 아이들의 모습은 이전 시대보다 훨씬 더 민주적이고 평등한 핵가족의 이미지로 표상됐다. 그러나 텔레비전의 일일드라마가 대중에게 큰 사랑을 받은 것과는 대조적으로 당시 지식인들은 이를 신파적이고 감상적이라며 비판했다. 실제로 저질 드라마 시비가 연일 신문지상을 오르내렸는데 이를 구실로 문화공보부는 드라마를 비롯한 저질 연예오락프로그램에 대한 강력한 심의 지침을 내리고 드라마 편수를 제한했으며, 방송사의 편성에 개입했다.

검열

1960~1970년대 문화계에는 강한 규제와 검열로 인한 각종 필화사건이 벌어졌다. 우선 언론계에서는 1961년 5·16군사정변 직후 『민족일보(民族日報)』 사장 조용수(趙鏞壽, 1930~1961)에게 재일본조선인총연합회(조총련)의 자금으로 북한의 평화통일 주장을 그대로 선전했다는 논설을 쓴 혐의로 사형이 선고됐다. 1964년에는 문화방송 사장 황용주(黃龍珠, 1919~2001)가 『세대(世代)』에 발표한 통일론에 대한 논설이 북한을 국가로 인정하고 남북한 유엔 동시 가입을 주장하는 내용을 담고 있다며, 반공이라는 국시에 위반된다는 이유로 황용주뿐 아니라 『세대』 발행인과 편집자까지 입건한 사건이 있었다. 1964년 창간된 진보 잡지 『청맥(靑脈)』도 통일혁명당사건에 연루되어 강제 폐간됐다. 문학계에서도 박계주 소설 『여수』(1962)는 신탁통치를 지지하는 등장인물의 발언이 문제가 되어 게재 중지됐고, 남정현의 『분지』(1965)는 반미적 내용을 담았는데 북한 잡지에 게재되면서 작가가 반공법 위반으로 구속됐다. 김지하는 시 「오적」(1970)과 「비어」(1972)에 강한 사회비판과 신랄한 풍자가 있다는 이유로 2번이나 구속됐다.

'어두운' 한국 영화

영화가 '어둡다'는 것은 영화 내에서 한국사회가 부정적이고 암울하게 그려졌다는 의미로 쓰인다. 또 한편으로는 동시에 할리우드 영화와 비교했을 때 영화 화면이 유난이 어두운 기술상의 문제를 이르기도 한다. 예산 부족으로 조명에 많은 비용을 쓰지 못하는 상황이었기 때문이다. 특히 영화 〈휴일〉은 밤 장면이 많이 어둡게 촬영됐는데, 이것이 어두운 사회 분위기와 잘 맞아 떨어졌다.

영화계에도 시나리오와 필름의 이중 검열로 인해 상영이 금지되거나 감독이 구속되는 경우가 있었는데, 대개가 반공법 위반이었다. 군사정변 직후에 이범선(李範宣, 1920~1981)의 소설을 원작으로 한 유현목(俞賢穆, 1925~2009) 감독의 영화 〈오발탄〉(1961)이 분위기가 어둡고 부정적이라는 이유로 상영 금지됐다가 샌프란시스코영화제 출품을 계기로 재상영이 허가되는 소동이 있었다. 1965년 이만희(李晚熙, 1931~1975) 감독의 〈7인의 여포로〉(1965)는 북한 인민군이 국군으로 귀순한다는 내용의 반공 영화지만, 인민군을 민족의식과 인간미가 있는 군인으로 그리면서 인민군을 찬양하고 외세배격을 주장했다는 반공법 위반 혐의로 감독이 구속됐다. 유현목은 1965년 세계문화자유회의 세미나에서 「은막의 자유」를 발표하면서 이 사건에 대해 언급했는데, 검찰은 이 글이 북한 인민군을 인간적으로 그린 것에 동조했다며 반공법 위반이라고 주장했다. 1968년 이만희 감독이 연출한 〈휴일〉 역시 사회를 너무 어둡게 그렸다는 이유로 상영이 금지됐다. 상영 금지를 받으면 제작자나 감독에게 막대한 손해를 가져오므로, 영화인들은 점차 정치적 소재를 피하고 문제가 되지 않을 문예 영화나 하이틴 영화 또는 반공 영화 같은 국책 영화 등을 주로 제작했다. 1970년대 한국 영화가 침체기에 접어든 이유도 바로 이러한 가혹한 검열제도에 기인한 창작열 저하가 하나의 원인이었다.

청년문화

1960~1970년대에 대학생 수가 급증하면서 그들만의 독특한 문화가 생겨났다. 1960년대 후반 한국에도 구미의 반전운동이나 히피문화 등이 소개되기 시작했고, 1970년대 초에는 대학생이 주로 향유하는 서구식 대중문화의 한 경향을 가리키는 '청년문화'라는 용어가 등장했다. 식민지기에 교육을 받거나 어린 시절을 보냈던 기성세대와 달리 전후에 성장해 미국식 교육과 가치에 익숙한 청년세대는 성향이나 취향 면에서 새로운 문화적 감수성을 갖고 있었다. 장발에 미니스커트와 청바지를 입고 통기타를 치며 생맥주를 마시는 대학생의 모습은 새로운 세대의 소비문화를 상징하는 동시에 청년문화의 표상이 됐다. 1970년대 중반까지 큰 인기를 누렸던 청년문화는 기성세대에 반감을 지닌 청년세대, 특히 대학생들이 기성세대 및 일반 대중으로부터 자신을 구별하려는 문화적 정체성의 표현이라 할 수 있다. 청년문화가 가진 낭

만적 퇴폐주의는 유신정권의 탄압의 대상이 됐으며, 감상적 자유주의와 엘리트주의는 당시 지식인들로부터 비판받기도 했다.

청년문화를 상징하는 통기타 가수들의 메카 세시봉은 훗날의 MC·프로듀서·작곡가·가수들을 배출한 음악 감상실이었다. 조영남(趙英男, 1945~), 이장희(李章熙, 1947~), 윤형주(尹亨柱, 1947~), 송창식(宋昌植, 1947~), 김세환(1948~) 등이 팝과 포크 음악 등 번안곡으로 이곳에서 데뷔해 방송으로 진출했다. 청년문화를 대표하는 또 다른 축인 한대수(韓大洙, 1948~), 김민기(金民基, 1951~), 양희은(楊姬銀, 1952~) 등은 조금 더 저항적인 노래를 만들고 불렀다. 김민기가 작곡하고 양희은이 부른 〈아침 이슬〉, 〈작은 연못〉, 〈상록수〉 등은 이후 민주화를 열망하는 대학생들에게 대학가요·운동가요의 대표적인 곡으로 널리 불렸다. 작가 최인호(崔仁浩, 1945~2013)의 동명 소설을 영화화한 〈바보들의 행진〉은 미팅이나 장발 단속, 음주문화, 입대 등 당시 청년들의 문화와 풍속도를 생생하게 묘사했다. 청년문화는 미국식 대중문화와 소비문화에 대한 동경, 대학생들의 엘리트 의식, 기성세대에 대한 반항, 독재체제에 대한 저항 등 다양한 층위의 감수성이 결합된 것이었다.

대중문화 통제

5·16군사정변 직후 많은 대중문화예술인은 각종 관변 행사와 궐기대회 등에 불려 다니며 쿠데타를 합리화하고 정부에 협조하도록 강요받았다. 대중문화예술인을 직접 장악해 대중문화를 통제하려고 했던 박정희 정부는 대중음악 분야에서 특히 맹위를 떨쳤다. 1962년 신설한 방송윤리위원회와 그 산하의 가요심의전문위원회는 방송 프로그램에서 방영되는 가요들에 대한 심의를 실시했다. 1965년 월북 작사자 조명암(趙鳴岩, 1913~1993)의 노래 79곡을 금지시킨 것을 시작으로 이후 수백 곡이 방송 금지를 당했다. 가령 이미자(李美子, 1941~)의 〈동백아가씨〉를 왜색풍이라는 이유로 금지했는데, 이는 한일 국교정상화에 반대하는 국민의 저항 앞에서 일본에 저자세를 보인다는 비난을 피해가기 위한 것이었다. 1968년 문화공보부가 출범하자 한국예술문화윤리위원회 산하의 가요심의위원회는 음반 제작을 전제로 한 모든 작사, 작곡, 악보에 관한 사전 심의를 실시하고 모든 음반에 대한 재심의를 실시해 100여 개의 음반에 대해 제작·배포·판매·공연을 금지시켰다. 또한 1975년 긴급조치 9호가 공포되자 문화공보부는 모든 공연예술에 대한 검열을 강화하고 그

때까지 발표된 모든 노래에 대한 재심 방침을 발표하며 3차에 걸친 심의 끝에 총 222곡을 금지곡으로 확정했다.

여기에는 월북 작가의 노래 87곡을 비롯해 김추자(金秋子, 1951~), 이미자 등 당대 최고 인기가수들의 노래뿐 아니라 록과 포크 음악을 선도한 신중현과 이장희, 대학가를 풍미했던 김민기와 송창식의 곡도 포함되어 있었다. 금지 사유는 가사 저속·퇴폐·불신 조장·계급의식 조장·비판·불건전·치졸·창법 저속·왜색·품위 없음 등이었다. 김민기의 〈아침 이슬〉과 〈작은 연못〉은 북한을 연상시키는 단어와 묘사가 들어 있다는 이유로, 송창식의 〈왜 불러〉와 〈고래사냥〉 등은 반말이라는 점과 고래의 상징성을 문제 삼아 금지곡이 됐다. 특히 가요를 개사해서 정부를 풍자하는 대학문화·청년문화의 온상이라고 여겨진 포크나 록은 불온하게 여겨졌으며, 이를 만들고 연행하는 음악인 역시 사회와 격리하는 게 마땅하다고 몰아갔다.

한편 1975년 12월부터 1976년 1월까지 가수 54명이 대마초 흡연 혐의로 구속되어 실형을 선고받는 일이 있었다. 이들에게는 방송 출연은 물론, 음반 제작이나 공연까지 금지됐다. 금지곡과 대마초 파동은 청년문화를 백안시하고 대중문화예술인을 멸시하는 권위주의 정부의 대중문화 통제와 탄압이 절정에 이르렀음을 보여줬다.

3 1980~1990년대: 문화운동과 대중문화의 성장

국풍'81과 문화정책

전두환 정부는 집권 초기 유신 시대와의 단절을 내세우고 민심을 회유하기 위해 새문화 정책을 펼쳤다. 정부의 지지기반을 확대해 정당성을 확보하기 위해 국민 대중의 자발적 참여를 강조한 문화정책이었다. 또한 체제 저항 세력인 대학생을 체제 내로 포섭하기 위해 국풍'81이라는 관제 축제를 열었다. '민속'과 '젊음'을 캐치프레이즈로 내걸었던 국풍'81에는 각종 민속놀이·대중가수의 공연·전통 음식과 특산물 판매·바자회·불꽃놀이·학술제 등 30여 개의 행사에 6억 5,000만 원의 예산을 투입했다. 그러나 1만 4,000명의 참가자와 연인원 천만 명에 이르는 방문자는 대부분 대가를 받고 동원된 사람들이었다. 행사 속의 민속문화 역시 모조 민속이라고 비판받았다. 대학생과 대학

도판37 국풍'81
1981년 5월 28일부터 5일간 여의도에
서 열린 관제 축제다. 1979년 동양방송
이 개최한 '제1회 전국 대학생 축제 경
연대회'가 전두환 정권의 언론통폐합
후 제2회를 준비하는 과정에서 대규모
축제로 키워졌다.

문화를 포섭하려는 계획은 실패로 돌아갔다.

국풍'81의 실패는 정부의 민족문화 창달을 위한 문화정책에서 민속문화
는 관제화되어 슬그머니 빠지고 대중문화가 전면에 나서게 되는 계기가 됐
다. 그러나 검열 완화나 표현의 자유 보장과 같은 실질적인 조치가 뒷받침되
지 않은 규제 완화는 대중문화의 선정주의화와 탈정치화를 불러왔다. 1980
년대 대중문화계는 에로 영화가 뒤덮은 극장가, 황색 저널리즘이 판치는 신
문과 잡지, 대중의 관심을 정치로부터 멀어지게 하는 프로스포츠, 건전 가요
의 의무화를 통한 밝고 명랑한 곡조와 가사의 노래 등으로 가득 찼다. 1980년
대의 문화정책을 두고 '스크린(Screen)·섹스(Sex)·스포츠(Sports)'로 대표
되는 3S정책, 혹은 우민화 정책이라 부르는 것은 바로 이 때문이었다.

그러나 1980년대는 대중문화의 암흑기만은 아니었다. 1970년대 말부터
시작된 대학가요제, 강변가요제 등은 관제적 의도로 시작했지만 대중가요계
에 젊은 바람을 일으키는 데 기여했다. 또한 이 시기에 한국형 락그룹이 결성
되고, 조용필(1950~) 등 대형가수가 등장해 팬클럽문화가 시작되기도 했
다. 김현식(1958~1990), 유재하(1962~1987) 등이 데뷔해 한국 가요의 새로운
가능성을 보여주는 등 대중문화의 잠재적 역량이 성장하는 시기이기도 했
다. 1987년 이후 민주화의 흐름에 따라 시민이 부각되면서 대중문화의 중요
성이 더욱 커졌으며, 86아시안게임과 88서울올림픽을 계기로 민족문화를 세
계에 알리기 위한 방안으로서 고급문화의 대중화가 화두로 떠올라, 발레나

오페라 등 외국의 예술 형식에 한국적 소재를 접목하는 새로운 시도가 일어나기 시작했다.

문화운동론과 문화운동의 전개

1964년 5월 20일 대학생들의 '민족적 민주주의 장례식'에서 나타난 향토 의식 초혼굿, 1970년대 대학가를 풍미한 탈춤운동, 「오적」과 『분지』 등의 문학 작품을 둘러싼 필화사건, 1980년 광주항쟁 시기의 문화패활동 등은 1980년대 문화운동의 실천적 연원이 됐다. 이후 연행예술 중심에서 벗어나 노래와 미술 분야가 가세하면서 문화운동론으로 이론화됐다. 1980년대 문화운동론은 정부가 주도하는 지배층 중심의 '민족문화'를 비판하는 민중 중심의 민족문화, 곧 민중문화론이었다. 이는 1970년대의 민족문학·민중문학이라는 지식인 중심의 문학적 논의를 반성하고 민중의 삶(현장)을 주제로 한 실천적 문화를 지향한 것으로, 보수적 기성문화에 대한 저항·도전·진보의 성격을 지니고 있었다. 문화운동론이 심화되면서 '민중 주체'와 '민중 지향'이 결합되어 경합했던 '민중문화'라는 개념은 점차 '민중 지향' 문화로 정리됐다. 민중문화는 민중의식과 공동체의식이 바탕이 되어 민족 해방과 인간 해방을 꾀하는 데 기여하는 민중 지향적 문화라는 것이다. 민중문화는 민중이 생산하거나 향유한 무형의 문화유산을 재조명하고 민중적 형식에 현대적 해석을 가미하거나 재창조한 것으로서, 상황적 진실성·집단적 신명성·현장적 유동성·민중적 전형성이라는 본질적 성격을 지닌다고 이해됐다. 민중문화운동의 전위로 자부하던 대학생들은 종래의 향락적·소비적 축제문화를 거부하고, 민중적 형식인 판·놀이·굿·풀이 등을 총체적으로 결합한 새로운 축제로서 대동제를 열었다.

문화운동론의 이론화를 꾀하는 『공동체문화 1~3』, 『문화운동론 1~2』 등의 발간은 출판운동의 일환으로 전개돼 과거의 문화주의와 문화운동론의 구분을 명확히 하는 데 기여했다. 여기에 더해 공동체·돌베개·풀빛 등 수많은 출판사가 생겨나 사회과학 서적을 출판했다. 또한 1970년대에 결성된 대표적 문학운동단체인 자유실천문인협의회가 펴낸 『실천문학』을 비롯해 『시와 경제』, 『르뽀시대』, 『삶의 문학』, 『시대정신』, 『한국문학의 현단계』, 『한국사회연구』, 『제3세계연구』 등 다양한 무크지가 발간됐다. 민중미술운동도 민중이 주체가 되는 삶의 미술을 지향하며 '현실과 발언', '두렁' 등의 동인지

활동을 활발히 이어나갔다. 대학가에서는 걸개그림과 판화 등을 이용한 미술운동이 진행됐다.

노래운동에서도 1970년대부터 등장했던 민중가요가 민요와 포크 등의 음악 장르를 아우르며 운동가요·대학가요 등으로 불리며 이어졌다. '메아리', '울림터' 등 대학가의 노래 서클에서 노래집을 발간하고, 시위 현장에서 연설과 구호 후에 노래가 이어지는 것은 당시 시위문화의 보편적인 풍경이었다. 1980년대 말에는 영화운동도 시작됐는데 그 일환으로 영화 창작집단 '장산곶매'는 〈오! 꿈의 나라〉(1989), 〈파업전야〉(1990), 〈닫힌 교문을 열며〉(1992) 등 사회비판적 영화들을 제작했다.

스포츠와 올림픽

국가가 스포츠를 조직적으로 지원해 체육 엘리트를 양성하는 정책은 1962년 「국민체육진흥법」에서 시작됐고, 박정희 정부는 스포츠 내셔널리즘을 활용해 국민 통합의 도구로 삼기도 했다. 그러나 국가주의적 체육정책이 본격화된 것은 전두환 정부가 대중 회유책 중 하나로 스포츠 육성을 전략적으로 선택하면서부터였다. 전두환이 직접 축구와 야구의 프로화를 지시한 지 불과 수개월 만에 프로팀 창단이 추진됐다. 정부의 압력으로 대기업들은 지역을 기반 삼아 팀을 창단하고 구단주가 되는 조건으로 스포츠 육성을 떠맡았으며, 그에 대한 보상으로 면세 등 각종 혜택을 받았다. 1970년 시작된 박스컵(Park's Cup) 국제축구대회[5]는 1980년에 '대통령배 국제축구대회'로 명칭이 바뀌어 계속됐다. 1980년대 초반 프로축구(1981), 프로야구(1982), 프로씨름(1983)이 차례대로 첫 경기를 치렀다. 최초의 프로축구팀은 '할렐루야'였고, 유공·대우·포항제철·국민은행·현대·럭키금성 등이 뒤를 이어 창단했다.

프로스포츠 중에서 가장 인기가 있었던 것은 프로야구였다. 1970년대 중반부터 큰 인기를 끌고 있던 고교 야구의 대중적 기반에 힘입어 1982년 출범 당시 140만 명이었던 프로야구 관중은 꾸준히 늘어나 1986년에는 200만 명을 훨씬 넘겼다. 프로씨름은 1983년 천하장사씨름대회에서 첫 경기를 치

---

5 박스컵 국제축구대회 1970년 방콕 아시안게임에서 한국 축구팀이 우승을 차지한 것을 계기로 만들어진 대회로, 처음 공식 명칭은 '박대통령컵 쟁탈 아시아축구대회'였다. 1975년 제5회 대회까지는 아시아 국가들만 참가했으나, 6회 대회부터는 세계대회로 규모가 확장되어 명칭도 '박대통령컵 쟁탈 국제축구대회'로 바뀌었다.

렸으며 아마추어씨름과 구별하기 위해 '민속씨름'이라고 불렀다. 민속씨름대회는 설날·단오·추석 등에 체급별로 열렸는데 매년 한 번 열렸던 천하장사씨름대축제는 1990년대 중반까지 큰 인기를 끌었다. 프로스포츠는 지역을 연고로 했던 까닭에 경기장에서의 관객 동원을 통해 스포츠 팬덤 형성에 기여했고, 텔레비전 중계에서도 높은 시청률을 올리는 등 여가문화에도 변화를 가져왔다.

엘리트 체육[6]에 기반한 국가주의 스포츠의 결실은 88서울올림픽에서 종합 4위라는 기록을 세우는 데 일조했다. 제24회 올림픽의 서울 유치는 1979년 서울시장이 그 계획을 공식 발표하면서 시작됐다. 1980년 본격적으로 활동을 시작했고, 1981년 바덴바덴에서 열린 제84차 국제올림픽위원회 총회에서 1988년 하계올림픽의 개최지로 서울이 선정됐다. 불과 두 달 후에는 아시아경기연맹이 아시안게임의 서울 개최를 확정 지었다. 소련의 아프가니스탄 침공에 항의해 미국·일본·중국 등 66개국이 불참한 1980년의 모스크바올림픽과, 그 대응으로 소련 등 동유럽 국가 18개 국가가 불참한 1984년 LA올림픽에 비해, 1988년 9월 17일 개막된 88서울올림픽은 분단국가인 한국에서 12년만에 동서 양 진영의 160개 국가가 참가했다는 의의가 있었다. 아시안게임과 올림픽 양 대회를 위해 막대한 비용이 든 만큼 경기 부양 효과도 있었고, 도시 정비를 명목으로 이른바 '달동네'라 불리는 판자촌이 대폭 정리되는 등 서민의 삶에도 영향을 미쳤다. 문화의 대중화와 세계화가 화두로 떠오른 것도 88서울올림픽 이후라고 할 수 있다.

1990년대 대중문화의 질적·양적 성장

1987년 6월항쟁 이후 민주화의 열기 속에서 문화 관련 각종 규제도 완화됐다. 가요계와 영화계에서 가장 변화가 두드러졌다. 1987년 공연윤리위원회는 금지곡 382곡에 대한 심의 끝에 186곡을 해금했다. 이어 1988년에는 납북·월북 음악가 63명의 작품이 해금됐다. 방송심의위원회도 1987년 공연윤

6　엘리트 체육 어릴 때부터 체육에 재능이 있는 인재를 선발해 초중고대학까지 체육 전문가에게 체계적인 교육을 받게 하는 제도로서 학업과 생업을 병행하는 '생활체육'과 반대되는 개념이다. 생활체육이 발달했던 구미 나라들과 비교했을 때 한국이 경제력이나 인구수에 비해 올림픽 메달이 많고 각종 국제 체육대회에서의 성적이 좋은 이유는 엘리트 체육에 기반했기 때문이다. 하지만 지나친 성과 중심주의와 만연한 체육계의 내부 비리 등 그에 수반한 여러 가지 문제점도 있다.

제4편

리위원회의 금지곡 해제에 맞춰 방송금지곡 499곡을 해제했다. 더 자유로운 표현이 가능해지면서 1990년대에 한국 가요는 황금기를 맞았다. 이전에 팝송을 즐겨듣던 젊은이들이 본격적으로 가요를 듣기 시작해 라디오에서 가요 전문 프로그램과 그 DJ들이 인기를 끌었다. 이에 힘입어 100만 장이 넘는 판매고를 올린 앨범이 대거 등장했고, 1970~1980년대 한국적 록을 이끌었던 그룹 산울림·송골매·시나위·부활의 보컬을 맡았던 가수들이 1990년대에도 큰 인기를 누렸다. 기존의 발라드 이외에 댄스곡이 등장하여 인기를 끌기 시작했고, 힙합·알앤비·소울 등 다양한 장르의 대중음악이 수입되어 한국적 정서의 가사와 만나 큰 반향을 일으켰다. 특히 1992년에 데뷔한 서태지(1972 ~)는 한국에 힙합과 랩을 도입하고 이를 한국의 상황에 맞게 소화하며 가요 시장에 돌풍을 일으켰다. 댄스곡을 위주로 하는 아이돌그룹 1세대들이 등장해 가요 시장에 팬덤문화가 본격적으로 일어났다.

1996년 헌법재판소가 영화의 사전 검열제도가 위헌이라는 결정을 내리면서 검열제도가 폐지됐다. 이후에도 검열제도를 대체한 등급제와 제한상영가제도가 결과적으로 표현의 자유를 제약한다는 논란이 일었다. 제한상영가영화의 경우 전용 극장이 없었기 때문에 제한상영가 판정을 받으면 사실상 상영할 수 없었기 때문이다. 그럼에도 과거 시나리오와 필름의 이중 검열과 같은 문제가 사라졌으며, 정치적 표현의 자유도 어느 정도 허용됐기에 1990년대 한국 영화는 제2의 전성기를 맞았다.

1980년대에 대학을 다니며 외국문화원과 영화 서클에서 영화를 공부했던 새로운 세대가 대거 영화계로 진출했다. 특히 1992년 김의석 감독(金義石, 1957~)의 〈결혼 이야기〉를 필두로 정착되기 시작한 프로듀서시스템은 한국 영화 제작의 합리화와 체계화를 꾀하며 새로운 영화 생산의 문화를 제시했다. 1993년에는 임권택(林權澤, 1936~) 감독의 〈서편제〉가 사상 최초로 서울 관객 100만 명을 넘으며 흥행 돌풍을 일으켰고, 1999년 강제규(姜帝圭, 1962~) 감독의 〈쉬리〉는 제임스 카메론(James Cameron, 1954~) 감독의 할리우드 영화 〈타이타닉(Titanic)〉(1997)과의 흥행 경쟁에 앞서면서 이후 한국 영화가 안정적으로 산업화되는 데 기여했다. 가요계와 영화계의 두드러진 변화는 문화 산업의 양적 증대와 더불어 대중문화의 질적 성장을 의미하는 것이었다.

여성운동과 페미니즘

1980~1990년대는 민주화에 대한 열망이 가득한 시기로서 노동운동·농민운동·도시빈민운동 등 기층 민중운동뿐만 아니라 학생운동·시민운동·여성운동 등 다양한 주체의 운동도 활발한 시기였다. 1980년대 여성들이 민주화운동에 적극적으로 참여하면서 여성 활동가군이 창출됐다. 1970~1980년대 대화운동을 주창했던 크리스찬아카데미도 중간집단 교육 등을 통해 시민운동·여성운동 등을 수행할 여성 활동가들을 배출했다. 여성운동은 기층 민중운동·학생운동 등과 결합하면서 엘리트 중심 운동에서 대중운동, 시민운동으로 전화해갔다. 1983년에는 진보적 여성운동 조직인 여성평우회와 여성인권 보호조직인 여성의전화가 결성되어 성차별 문화 타파와 인간화, 분단극복과 평화사회 건설 등을 운동의 목표로 천명했다. 1987년에는 진보적 여성단체들의 연합인 한국여성단체연합이 발족돼 여성운동의 대중적 기반 확보와 연대운동을 지향했다. 이후 여성운동은 민중운동 속에서 여성들의 활동을 지원하는 한편, 여성 노동권 문제, 가족법 개정운동, 반(反)성폭력 투쟁, 일본군 '위안부' 문제 등과 같은 국내외 여성 연대운동을 펼쳐갔다. 또한 시민의 생활과 직접적으로 관련된 시청료 거부투쟁이나 최루탄 추방운동 등을 펼치기도 했다.

한편, 1970년대 중반 서구의 여성 해방 이론이 유입되어 사회주의 여성해방론과 마르크스주의 여성 해방론, 그리고 급진적 여성 해방론 등이 소개됐다. 1977년 이화여자대학교에서 처음으로 여성학 교양강좌가 개설된 이래 1980년대 각 대학에서도 여성학 관련 강좌가 연달아 등장했다. 미국과 유럽에서 페미니즘을 공부하고 돌아온 신진 여성학자들이 여성학을 강의했고, 1982년에는 한국 대학 최초로 이화여자대학교에서 여성학 석사과정이 개설됐다. 대학의 이러한 흐름은 1987년 이후 민주화의 흐름 속에서 성평등의 가치를 확산시키는 데 크게 기여했다. 성평등사회를 구현하고자 하는 여성주의가 궁극적으로 지향하는 바는 가부장제와 성차별의 철폐, 여성의 성적 자율권과 주체성 확보 등으로 이어졌고, 이는 군가산점폐지와 호주제폐지 등과 같은 일정한 성과를 거두는 데 기반이 됐다.

4 21세기: 문화 산업과 세계 속의 한국문화

세계화

1988년 서울올림픽 이후 제기되기 시작한 '한국문화의 세계화'라는 의제는 1993년 김영삼 정부의 출범과 함께 문화 담론의 주류를 차지했다. 세계화는 과거 민족문화와 외국문화를 배타적으로 여겼던 것에서 벗어나, 상호 보완하고 융합해 사고하려는 특징을 가진 국가의 문화 전략이었다. 이러한 취지 아래 만들어진 세계화의 슬로건이 바로 "가장 한국적인 것이 가장 세계적이다"라는 문구였다. 발레나 오페라와 같은 서구문화 형식에 한국적 소재를 접목하거나, 사물놀이와 판소리 같은 한국의 전통문화를 고급화해 발표하는 것 등이 세계화의 기본 방향으로 설정됐다. 세계화 전략은 한국의 국제적 위상을 제고하고 한국문화의 브랜드화에 기여하기도 했다. 삼성·LG·현대 같은 글로벌 기업은 컴퓨터·가전제품·핸드폰과 스마트폰·자동차 등의 분야에서 이름을 알리기 시작했다. 이들은 'made in Korea'를 숨긴 채 기업명만을 전면에 내세웠던 시기도 있었으나 최근에는 'Korea' 자체가 브랜드화되어 세계 시장에서 긍정적인 이미지를 갖게 됐다.

세계화 담론은 교육과정에도 영향을 미쳐 과거 중학교부터 실시하던 영어교육을 초등학교로 앞당겨 놓았고 대도시와 신도시를 중심으로 영어유치원이 인기를 끄는 현상도 일어났다. 1989년부터 시작된 해외여행 자유화 조치에 따라 1990년대부터 대학생들이 재학 중 활발하게 교환학생을 가거나 배낭여행과 워킹 홀리데이 등을 떠나는 것이 유행이 됐다. 세계화의 추세는 생활 곳곳에 파고들었으며, 건설이나 문화 등 많은 전문 분야에서 사용하던 일본식 전문 용어가 상당 부분 영어로 대체되기도 했다. 반면 소련이 해체됨으로써 미국의 헤게모니가 더 강해지자 유학생들은 유럽보다 미국을 선호했고, 할리우드 영화와 팝송으로 대표되는 미국문화가 전 세계 문화시장을 석권하는 등 문화의 편중 현상이 심해졌다.

뉴미디어와 디지털문화

1990년대 들어오며 개인용 컴퓨터와 인터넷이 대중의 생활 전반에 광범위한 영향력을 행사하기 시작했다. 1998년 김대중 정부가 출범하면서 전국적 통신망을 확충함으로써 한국은 '인터넷 강국'이라고 불릴 정도로 빠른 속도의 인터넷을 자랑하게 됐다. 뉴미디어 기술의 개발은 아날로그 시대에서 디지털 시대로 전환되는 견인차였다. 영상과 음악이 아날로그 방식에서 디지털 방식으로, 다시 파일 형태로 전환되면서 문화를 표현하고 소비하는 형식에 혁명적 전환을 가져왔다. 날로 속도와 사양이 갱신되는 인터넷의 발달과 스마트폰의 일상화는 국경을 넘나드는 네트워크와 전자민주주의를 가능하게 한 측면도 있으나, 인터넷상의 표현의 자유와 사이버윤리, 극도의 개인화 등 새로운 이슈를 제기하기도 했다. 특히 페이스북·트위터·인스타그램·유튜브 등 SNS(Social Network Services) 문화의 발달은 익명의 개인을 연결시켜 새로운 온라인 커뮤니티를 창출하게 했고, 개인의 발언이나 표현이 바로 공적 영역에 노출됨으로써 직접민주주의 가능성을 높여줬다. 2017년 촛불혁명은 인터넷 환경에서의 직접민주주의가 어떻게, 어디까지 가능한 것인지를 보여준 대표 사례다.

또한 바야흐로 '제4차 산업혁명' 시대를 앞두고 사물인터넷과 인공지능(A.I.)을 기반으로 한 가전과 자동차, 생활용품 등이 속속 개발되어 실생활에

고령화사회와 N포세대의 등장

UN에 따르면 총인구 중 65세 이상이 7% 이상이면 고령화사회(aging society), 14% 이상이면 고령사회(aged society), 20% 이상이면 초고령사회(post-aged society)라고 한다. 이에 따르면 한국은 전 세계에서 인구고령화 속도가 가장 빠른 나라 중 하나다. 한국은 2000년대에 고령화사회에 접어들었으며 2025년에는 초고령사회에 접어들 것으로 예측한다. 인구고령화의 원인은 출생률과 사망률의 저하로, 소득 수준과 의료의 질이 높아지면서 사망률이 줄어들었지만 동시에 질병과 빈곤, 고독에 고통받는 노년 인구도 늘어나고 있다. 출생률은 100년 뒤 한국 인구가 사라질지도 모른다는 경고를 받을 정도로 더욱 심각한 문제다. 안정적인 일자리를 보장받지 못한 청년세대가 높은 육아비용, 교육비용 등으로 출산을 포기하고, 나아가 결혼뿐 아니라 연애까지 포기하기에 이르렀다는 의미의 'N포 세대'라는 신조어는 청년세대의 불안과 불만이 극심해지고 있음을 보여준다.

세대 갈등과 개인화가 극에 달하면서 학교와 직장에서의 따돌림문화가 심각해지고, 1인 가구가 급격히 늘어났으며 혼자 밥 먹고 혼자 술 마시는 혼밥·혼술 문화까지 자리 잡으면서 공동체적 성격이 강했던 한국의 식사문화를 변화시켰다. 이러한 사회변화는 대중문화에도 영향을 미쳐, 노인이 주인공인 영화나 노년세대의 로맨스를 다룬 드라마가 등장했으며 실업과 비정규직에 시달리는 청년세대의 고충, 그 속에서 자존감과 희망을 잃지 않으려 애쓰는 모습 등이 K-POP을 비롯한 대중문화 여러 장르에서 엿보인다.

적용되고 있다. 과거에는 사람이 하기 어려운 노동을 대신하는 정도로 여겨졌던 로봇이 이제는 인간만이 할 수 있다고 생각하는 판단 능력이나 감정적인 대화까지 가능한 로봇으로 개발되고 있다. 2016년 인공지능 로봇과 인간의 대결로 화제를 모았던 바둑프로그램 알파고와 이세돌 9단의 바둑 대국에서 알파고가 승리함으로써 많은 사람들에게 충격과 기대를 동시에 안겼다. 2020년 전세계적인 팬데믹(pandemic, 감염병의 세계적 유행) 현상으로 '언택트(untact) 시대'가 '새로운 일상(New Normal)'이 됨으로써 디지털문화는 더욱 중요해지고 있다.

문화산업

1994년 스티븐 스필버그(Steven Allan Spielberg, 1946~) 감독의 영화 〈쥬라기 공원(Jurassic Park)〉(1993)이 한 해 동안 벌어들인 수익은 현대자동차가 차량 150만 대를 팔아야 거둘 수 있다는 보고서가 나오면서 국내에서 문화산업의 가능성이 높이 평가되기 시작했다. 통신 자본을 필두로 한 대기업의 문화산업 진출 및 문화 생산의 합리화와 체계화, 그리고 통합 전산망 같은 시스템의 구축은 문화산업의 기반이 됐다. 여기에다 규제 완화와 민주적 사회 분위기가 더해지면서 표현의 자유를 확대했으며, 문화산업은 개성을 중시하는 젊은이들의 에너지를 빠르게 흡수했다. 문화산업이 성장하자 문화가 생산되는 방식도 전보다 합리화·체계화됐다. 영화의 제작시스템은 대자본을 기반으로 한 할리우드를 모델 삼아 더욱 체계화됐고, 음악을 생산하는 방식도 달라져 기획사가 어릴 때부터 재능 있는 인재를 발굴하여 키워내는 스타시스템이 만들어졌다.

문화 소비 형태도 달라져 영화를 단관 극장이 아닌 멀티플렉스에서 관람하고, 음악을 음반이 아닌 음원으로 소비하게 됨으로써 관련 디지털 음향 기기의 발달을 견인하게 됐다. 2004년을 시작으로 천만 명 이상이 관람한 흥행 영화가 속속 등장하고 세계 유수의 영화제에서 한국 영화가 감독상·여우주연상·대상 같은 주요 상을 받는 등 대중문화의 지속적인 발전 속에 문화 산업은 한국에서 가장 유망한 산업의 하나로 꼽히게 됐다. 그러나 이윤 창출을 우선으로 하는 문화산업의 확대는 문화의 표준화·획일화를 초래하고, 대중의 감성을 과장하거나 왜곡·조작할 가능성도 있다는 비판에 직면해 있다. 특히 영화 시장에서 거대 자본이 투자—배급—상영뿐 아니라 기

도판38 유엔에서 연설하는 BTS
2021년 9월 20일(현지 시간) BTS가
뉴욕 유엔본부 총회장에서 열린 제2
차 SDG Moment(지속가능발전목표
고위급회의)의 개회식에서 발언을
하고 있는 모습이다.

획 제작의 전 과정을 독식함으로써 영화의 획일화와 독과점 논란이 끊이지
않는다. 언택트 시대를 맞아 극장보다는 인터넷을 통해 영상 콘텐츠를 제공
하는 OTT(Over The Top) 서비스가 각광받았다. 포털 사이트에서 제공하는
웹툰·웹드라마 등 새로운 형태의 미디어 콘텐츠들이 개발되고 있으며, 영화
도 극장 개봉이 아닌 넷플릭스(Netflix) 같은 새로운 플랫폼을 통한 개봉이
활성화되면서 과거 대중상영을 기본 조건으로 삼던 영화의 정의가 달라지고
있다.

한류

1990년대 후반부터 한국 TV드라마와 K-POP이 중국에 수출되면서 중국 언
론에서 '한류(韓流)'라는 용어를 쓰기 시작했다. 텔레비전드라마 〈사랑이 뭐
길래〉(1991)가 중국에 소개된 것을 시작으로 강제규(姜帝圭, 1962~) 감독의
〈쉬리〉(1998)와 곽재용(郭在容, 1959~) 감독의 〈엽기적인 그녀〉(2001) 등의
영화가 일본과 중국에 수출됐다. 1990년대 후반부터는 댄스 그룹이 중국과
대만에서 활동했고, 2000년대에는 전문 기획사에서 양성한 국내 아이돌 그
룹이 아시아 각국에 진출해 큰 인기를 끌었다. 인터넷 영상 공유 사이트인 유
튜브에서 한국 가수들의 뮤직비디오가 세계적인 인기를 끌면서 아시아뿐만
아니라, 미국·유럽·남미·서남아시아까지 한류의 저변이 크게 확대됐다. 가
수 싸이의 뮤직비디오는 유튜브 조회수 2억 뷰를 넘기고 빌보드차트 2위에
올랐으며, 이에 힘입어 미국에서 K-POP 차트가 만들어졌다. 아이돌 보이그
룹 BTS(방탄소년단)는 2017~2019년 3년 연속으로 빌보드 톱 소셜 아티스트
부문 1위에 올랐고, 2019년에는 톱/듀오 그룹 부문까지 2관왕을 차지했으

며, 2021년에는 빌보드 HOT100 차트에 9주 연속 1위라는 놀라운 기록을 세웠다. 아이돌 걸그룹 블랙핑크 역시 K-POP 최단 기간 유튜브 조회수 6억뷰를 달성하는 등 신드롬에 가까운 전 세계적인 팬덤을 자랑 중이다.

2003년 드라마 〈겨울연가〉(KBS)가 일본 NHK의 전파를 타면서 일본에서 한국 드라마 열풍을 일으켰으며, 이후 〈대장금〉(MBC, 2003~2004)이나 〈주몽〉(MBC, 2006~2007) 같은 사극드라마가 아시아권에 수출되어 큰 인기를 끌었다. 초창기에는 서사적인 멜로드라마가 주류였지만 최근에는 넷플릭스에서 방영하는 〈킹덤〉, 〈지금 우리 학교는〉, 〈오징어게임〉 등과 같이 색깔이 분명한 장르드라마가 해외에서 큰 인기를 끌면서 한국의 문화콘텐츠는 그간 세계 시장을 재패해온 미국문화산업의 아성에 대적할 수 있을 정도로 크게 성장했다. 특히 한국 영화 100주년을 맞은 2019년에는 봉준호(奉俊昊, 1969~) 감독의 〈기생충〉(2019)이 칸영화제에서 그랑프리를 차지한 데 이어, 2020년에는 한국 영화 최초로 미국 골든글로브 시상식에서 외국어영화상을 수상했고, 아카데미 시상식에서는 아시아영화로는 처음으로 작품상·감독상·각본상·국제영화상 등 4관왕을 차지하는 기염을 토했다.

전망

한국은 변화를 즐기는 열정적인 문화 향유자이자 소비자인 대중을 가졌지만 저작권 문제나 사이버윤리 면에서는 인식 개선이 필요한 상황이다. 강한 민족주의적 성향으로 자국 상품에 대한 선호도가 높지만, 세계의 모든 첨단 상품이 테스트되는 중요한 시장이기도 하다. 한류 역시 영화·드라마·K-POP 등의 대중문화뿐 아니라 패션·미용·한식·한옥·한글 등 다양한 분야로 확대되고 있다. 또한 한국문학과 그림책이 번역되어 해외에 소개되는 일이 늘어나고 있다. 2016년에는 작가 한강(韓江, 1970~)이 『채식주의자』(창비, 2007)로 아시아 작가 중 처음 영국의 맨부커상을 받았으며, 2022년에는 이수지 작가가 한국 최초로 '어린이책의 노벨상'이라 불리는 안데르센상을 수상했다.

한국사회는 다문화사회를 지향하며 문화의 다양성이 확대되고 있으나, 문화산업 면에서는 대기업 위주로 투자·제작·유통이 이뤄지면서 독점이 심화되고, 오히려 문화다양성에 역행하는 경향이 있다. 이에 대한 해결과 더불어 일방적으로 우리 것을 수출하는 방식이 아니라, 한류를 문화 간 교류와 소통을 위한 매개로 삼는 노력이 필요하다. 뿐만 아니라 문화를 통해 국가와 지역 간 갈등을 넘는 공감의 장이 넓어지는 기회를 마련해야 할 것이다.

6.

전 후 의
북 한 사 회

1 전후 복구와 김일성 중심의 권력구조 확립

전후 복구 사업과 사회주의적 개조

3년여의 전쟁으로 북한 도시 대부분은 폐허로 변했고, 농촌은 피폐해졌다. 북한 지도부는 전쟁 복구 작업을 모든 일의 우선으로 삼았다. 1953년 8월 조선로동당 중앙위원회 제6차 전원회의에서는 자립 경제에 기반한 사회주의 체제를 건설하기 위해 중공업을 우선시하면서 경공업과 농업을 동시에 발전시킬 수 있는 방침을 세웠다. 전후(戰後) 식량과 생필품의 부족을 해결하는 것이 필요하다는 주장을 뒤로하고, 자립 경제의 토대를 구축하기 위한 노선이 제시된 것이다. 그리고 이는 경공업 우선 노선을 주장하는 중국공산당에서 함께 활동한 최창익(崔昌益, 1896~1957), 김두봉(金枓奉, 1889~1961?)과 같은 연안계(延安系)와 소련에서 온 박창옥(朴昌玉, ?~1958) 등 소련계의 불만을 샀다.

전후 복구 사업에는 소련과 중국 등 사회주의 우방 국가들의 물적·인적 원조가 큰 도움이 됐다. 북한에 주둔한 중국 군대는 복구 사업에 직접 동원됐고, 소련은 휴전 직후 10억 루블에 이르는 대규모 원조를 제공했으며, 동유럽 국가들은 각종 기술 인력과 자재를 보냈다. 북한은 인민경제 복구 발전 3개년 계획(1954~1956)을 세워 우선 전쟁 전 수준으로 경제를 복구하는 데 전력을 기울였고, 그 결과 1956년에 이르러 그 수준을 회복했다. 이를 바탕으로 본격적인 사회주의 경제 건설에 나섰다.

전후에도 군중 동원과 대중운동은 사회·경제 건설에서 주요 운영 방식이 됐다. 1956년 말에 발기된 천리마운동은 대중의 노력을 최대한 끌어내기 위한 노력경쟁운동이었다. 하루에 천 리를 달린다는 천리마를 탄 기세로 사회주의를 건설하는 데 있어 생산성을 획기적으로 높이자는 의도를 담고 있었다. 동시에 공장과 농촌에서 근로자들의 노동 의욕을 높이고, 사상·문화 등의 영역에서도 혁신을 가하려는 집단적 정신운동이었다. 1959년에는 천리마작업반운동을 전개해 공동으로 일하고 배우고 생활하는 방식을 체득하는 집단적 혁신을 불러일으키고자 했다.

북한 경제는 공업 부문에서 해방 후 산업 국유화를 통해 사회주의적 기초를 닦았다. 그러나 경제의 근간인 농업에서는 여전히 개인이 토지를 소유하고 있어서 자본주의적 성격이 우세했다. 이에 공동 소유를 기반으로 하는

도판39 천리마운동 포스터
천리마운동을 상징적으로 보여주는 포스터. 천리
마를 탄 기세로 경제 건설에 나설 것을 독려하는
그림이 나타난다. 전후 복구사업과 경제건설의
박차를 기하기 위해서는 대중적인 노력동원운동
이 최선의 방책으로 선택됐다고 볼 수 있다. 포스
터에서도 드러나듯이 이 운동은 생산경쟁과 함께
사상 개혁을 동반하는 데도 초점이 맞춰졌다.

농업 협동화를 추진하며 북한 경제를 사회주의로 이행시키기 위한 절차를
밟았다. 1955년에 시작된 농업 협동화는 4년 만에 마무리됐다. 이로써 농가
소유 토지는 협동농장[1]에 통합되어 공동 소유가 됐다. 모든 협동조합은 3,800
여 개의 리 단위로 합쳐졌고, 1개 협동농장은 평균 300호의 농가와 500정보
의 토지를 보유하게 됐다. 이와 함께 개인 상공업자들도 사회주의적 개조의
대상이 되어 협동조합으로 묶였다.

　　북한의 사회주의화 과정은 비교적 순탄했다. 이를 저지할 세력이 사실
상 존재하지 않았기 때문이다. 북한의 권력이 주민생활에 강력한 영향을 미
치고 있었으며, 잠재적 반대 세력은 허약했거나 그 이전에 남쪽으로 피난을
간 상황이었다. 또한 전쟁은 국가 주도의 정책에 대한 거부감을 약화시켰다.
이에 따라 1958년경 모든 산업의 사회주의화가 완료될 수 있었다.

　　권력 갈등과 김일성 중심의 권력구조 확립

김일성의 권력은 전쟁이라는 비상 상황 속에서 한층 강화됐다. 반면 전쟁 수
행을 둘러싸고 벌어진 책임 문제로 유력 인사들이 대거 몰락했다. 연안계 지
도자 무정(武亭, 1904~1951)은 평양을 방어하지 못한 것에 대한 책임을 지고
물러났으며, 소련계 지도자 허가이(許哥而, 1904~1953)는 저수지 복구 사업
을 제대로 이행하지 못했다는 당의 비판을 견디지 못하고 자살을 선택했다.
권력 변동은 여기서 멈추지 않았다. 1953년 3월 이승엽(李承燁, 1905~1953)을
비롯한 남로당계 주요 간부 12명이 반국가·반혁명 간첩 혐의로, 뒤이어 북한

1　　협동농장 토지를 비롯해 기타 생산수단을 통합하고, 농장원들의 공동 노동을 바탕으로 운영되는 집단
　　농장을 말한다.

의 2인자인 박헌영(朴憲永, 1900~1956)도 이들과 연루된 혐의로 체포됐다. 이들은 사형 등 중형을 선고받아 정치적 영향력을 상실했다. 박헌영은 자기 부하들의 혐의로 인해 숙청된 것이 분명하지만 그의 숙청은 북한의 정치 지형에서 김일성의 잠재적 경쟁자가 사라졌음을 의미했다.

북한의 모든 정파는 김일성을 중심으로 단결해 정부를 수립하고 전쟁을 치렀다. 남로당 계열이 몰락한 다음 북한의 정치 세력에서는 과거의 연고를 바탕으로 빨치산계·연안계·소련계·국내계가 상호 협력하는 동시에 경쟁하는 모습이 나타났다. 전쟁이 끝난 후에는 김일성 개인숭배 문제와 경제발전 노선을 놓고 세력 간 갈등이 벌어졌다. 특히 소련에서 스탈린 사후 등장한 니키타 흐루쇼프(Nikita Khrushchev, 1894~1971)가 스탈린 개인숭배를 비판하면서 그 영향이 북한에도 미쳤다. 연안계와 소련계 일부는 김일성에 반대해 그를 권좌에서 몰아낼 계획을 꾸몄고, 이는 '8월 종파사건'으로 나타났다. 1956년 8월 말 조선로동당 중앙위원회 전원회의에서 연안계인 상업상 윤공흠(尹公欽, 1904~?)은 김일성 개인숭배를 비판했을 뿐 아니라 '중공업 우선, 경공업과 농업의 동시 발전' 노선을 공개적으로 반대했다. 연안계와 일부 소련계의 공세는 결과적으로 실패로 끝났는데, 이는 다수 중앙위원의 지지를 받지 못했기 때문이다. 중국과 소련은 각각 대표단을 북한에 파견해 김일성 측에 압박을 가했지만 성공을 거두지 못했다. 이 사건으로 연안계·소련계 등 김일성에 반기를 든 세력은 정계에서 추방되거나 중국과 소련으로 돌아갔다. 이후 북한 전역에서 '반종파투쟁'[2]이 전개됐고, 광범위한 사상 검열을 거쳐 김일성 유일체제가 확립됐다.

김일성이 연안계·소련계 지도자 등 잠재적 정치 경쟁자들을 물리치고 1인 권력자로 등장할 수 있었던 이유는 단순하지 않다. 그가 식민지기 빨치산 투쟁으로 얻은 명성에 더해 소련의 지원으로 북한을 통치하면서 쌓은 카리스마는 그 누구와도 견주기가 어려웠다. 박헌영 숙청 이후 정치적 경쟁자가 될 만한 인물도 사실상 존재하지 않았다. 그는 해방 이후 10여 년간 높은 상징성을 획득한 최고 지도자로서 당과 국가조직을 장악했고, 확고한 대중적 위상을 차지할 수 있었다.

---

2   반종파투쟁 김일성 유일체제 수립 과정에서 김일성 세력이 자신과 대립하는 연안계·소련계 세력을 종파주의자로 규정하면서 이들을 제거하기 위해 벌인 투쟁이다.

2 유일체제 확립과 자립 경제 노선

주체 노선과 자주 외교

김일성이 당시 막강했던 연안계·소련계를 일거에 물리칠 수 있었던 이유는 북한의 발전 노선으로서 주체 이념을 선점했기 때문이기도 하다. 주체 이념은 중국과 소련의 갈등이 커지자 어느 한쪽에 기울지 않는 독자적 발전 노선으로 등장했고, 강대국과 가까운 세력을 비판하는 중요한 무기가 됐다. '주체'는 1955년 말 당선전선동원대회에서 처음 제시됐고, 1956년 8월 종파사건을 거치면서 사상과 국가 통치 이념으로 자리 잡기 시작했다.

1961년 9월 열린 조선로동당 제4차 대회는 사회주의 기초 건설을 완수하는 것과 더불어 빨치산계의 권력 장악을 공식화하는 행사였다. 권력의 핵심에는 항일 빨치산 출신이거나 그와 가까운 박금철, 김창만, 이효순 등이 있었다. 대외 압력과 내부의 도전을 극복하고, 수령의 지위를 유지한 김일성은 전 사회적 통합을 통해 권력을 강화했다.

북한은 점차 대외적으로도 독자적인 길을 걷기 시작했다. 비록 1961년 6월과 7월 김일성이 소련과 중국을 각각 방문해 군사동맹을 맺었지만 이는 독자 노선을 반하는 행동이라기보다 두 강국 사이에서 최대한 자국의 이익을 끌어내려는 것이었다. 심지어 북한은 소련의 평화공존정책을 마르크스-레닌주의에서 이탈한 수정주의라 비난했는데, 이로 인해 소련과 관계가 소원해지기도 했다. 중국의 문화대혁명 시기 중국 홍위병들이 김일성 지도부를 비판하자, 북한은 중국이 교조주의에 빠졌다고 응수하기도 했다. 대소·대중 관계에서 한바탕 홍역을 치른 뒤 양국과의 관계는 순차적으로 회복됐지만, 전과 달리 북한에 대한 간섭에는 제약이 생겼다.

북한은 '사상에서의 주체, 정치에서의 자주, 경제에서의 자립, 국방에서의 자위'에서 각기 주체사상을 채워가며 이념적 토대를 만들어갔다. 이를 위해 전통적 대중·대소관계에 치중한 외교에서 벗어나 비동맹 국가와 교류하고 협력하는 데 더 큰 비중을 뒀다. 대외관계는 국제혁명 역량을 강화해 대남 외교적 우위를 확보하고 이른바 '남조선혁명'을 달성하는 데 집중했다.

1966년 10월 제2차 당 대표자대회를 통해 북한의 권력은 항일 빨치산 출신들로 채워졌다. 김일성은 당 중앙위원회 위원장의 칭호에서 격을 더 높인 당 총비서로 취임했다. 그를 중심으로 한 사회적 단결 요구가 급속히 증대됐

도판40 3인군상
주체사상탑과 탑 앞에 있는 노동자·농민·사무원 동상.
이들이 들고 있는 망치·낫·붓은 로동당의 상징이다.
구소련의 국기에는 낫과 망치만이 있는 반면 북한은
지식인의 역할을 중시해 붓을 추가했다.

고, 그의 지도력과 가문에 대한 찬양이 한층 더 강화되는 등 개인숭배가 드높
아졌다. 김일성 혁명활동을 중심으로 한 사상 학습이 전 사회적으로 확대되
는 가운데 유일사상체계를 세우는 데 장애가 되는 인사들은 정치에서 배제
됐다. 1960년대 후반을 거치면서 김일성 유일체제는 북한사회에 확고하게
정착됐다.

자립 경제 노선의 강화

자주 노선이 등장하면서 경제 분야에서도 자립 경제를 강화하자는 목소리가
높아졌다. 전후 복구가 성공하자 이에 힘입은 북한은 본격적으로 사회주의
공업 국가 건설을 내세우고 제1차 7개년계획(1961~1967)을 수립했다. 제1차
는 인민의 물질문화 생활 향상에 중점을 두었다. 그러나 베트남전쟁으로 격
화된 대외적 안보위기에 대처하기 위해 1966년 경제·국방 병진 노선이 공식
적으로 채택됐고, 이에 따라 국방비 지출이 대폭 늘어났다. 주체 노선에 따라
국방에서의 자위를 표방했기 때문에 국방과 안보도 북한 스스로 감당해야만
하는 상황이었다. GNP의 30% 정도가 국방비로 투입되는 데 이르렀으며, 국
방비의 상승은 인민경제 발전을 지연시키는 요인이 됐다. 공업 생산은 침체
에 빠질 수밖에 없었고, 결국 목표 달성 기간을 3년 후로 미뤄야 했다.

비록 경제발전의 목표치에는 도달하지 못했지만, 생활의 여러 부문에서

517

변화가 나타났다. 먼저 식량을 증산하기 위한 노력이 꾸준히 이어졌는데, 북한 농업의 특성에 따라 쌀과 함께 옥수수가 주곡으로 자리 잡았다. 다만 협소한 경작지와 협동농업체계에서 비롯된 식량 문제는 완전히 해결해야 할 숙제로 남았다. 의생활 부문에서는 저명한 화학자 리승기가 주도한 '주체 섬유'인 비날론이 개발되고 생산된 일은 북한의 섬유 산업뿐 아니라 각종 화학제품이 생산·발전되는 데 있어 획기적인 사건이었다. 비날론의 발명은 주체의 물질적 상징으로 널리 선전됐다.

사회주의 건설의 성과는 대규모 건설 사업에서 두드러졌다. 도시마다 새로운 살림집들이 등장했고, 특히 농촌에서는 문화주택 건설이 활발히 진행됐다. 수도인 평양을 건설하는 데 전후 복구 시기부터 많은 역량을 투입했고, 이 시기에 평양학생소년궁전을 비롯한 각종 기념비적인 건축물도 세워졌다.

북한은 사회주의 건설을 촉진하기 위한 지도 관리 방법으로서 김일성이 농민들과 같이 고안했다고 알려진 '청산리 정신'과 '청산리 방법'을 내세웠다. 청산리 정신은 관리자는 군중을 믿고 군중에 의지해서 그들의 지혜와 창조력을 최대한 동원하고, 군중에 군림하지 말아야 한다는 것이다. 공장과 기업소를 관리하는 방식에서는 지배인 1명이 공장 운영 전체를 책임지는 지배인 유일 관리제에서 당 위원회가 집단 지도하는 대안의 사업체계로 변경됐다. 이러한 지도 방식의 도입은 사회주의 건설의 문제점인 관료제를 극복하고 당의 지지력을 확장하기 위한 것이었다. 그러나 유일체계 속에서 집단주의와 규율의 강화는 주민생활의 경직화를 초래하는 부작용을 동반했다.

위기의 남북관계

6·25전쟁 직후에는 남북 간에 상호 적대감이 강해지면서 서로 대화와 교류가 전혀 이뤄지지 않았다. 그러다 1960년 남한에서 4·19혁명이 일어나자 북한은 이를 통일의 기회로 여기고 활발히 움직이기 시작했다. 우선 통일 방안으로 연방제를 제의하는 등 유연한 대남 접근을 시도했다. 대남기구로서 1961년 조국평화통일위원회(祖國平和統一委員會)를 조직해 남북 교류에 대비했다.

하지만 5·16군사정변이 발발하고 쿠바 사태, 베트남전쟁 등으로 동서 진영의 관계가 악화되면서 북한은 유화적인 대남 접근을 포기했다. 박정희 정부 역시 반공을 국시(國是)로 삼으면서 북한과 협력할 뜻이 없음을 밝혔다.

이에 북한은 '남조선혁명'을 통한 통일 방침을 굳건히 했고, 이를 위해 남한에 지하 정당으로 통일혁명당을 만들기도 했다. 그렇지만 당시 남한에는 반공 교육이 강화되면서 북한의 사상이 들어설 여지가 없었다.

한쪽에서는 북한의 대남 혁명 노선이 무력 도발로 이어졌다. 1968년 1월 북한은 특수부대원 31명을 남파해 청와대 기습 사건을 일으켰고, 10월에는 울진·삼척에 무장부대를 침투시켰다. 1968년에 있었던 미 해군 첩보선 푸에블로호 나포와 1969년의 미 해군 정찰기 EC-121기 격추사건도 한반도 상황을 더욱 긴장시켰다. 이러한 군사 노선은 당시 베트남전쟁의 영향을 받은 것으로, 북한 스스로도 나중에 '군사 모험주의'라고 비판할 만큼 한반도 정세에 부정적 영향을 끼쳤다.

3 북한식 사회주의의 전개와 침체

유일체제의 전개

수령을 정점으로 하는 유일체제가 형성되면서 북한사회는 단일한 정치사상 체계로 결속됐다. 북한은 견고한 권력체계를 발판으로 사회주의 경제 건설에 박차를 가하고, 대남 우위를 통한 통일 과제를 이루는 데 역량을 집중했다. 사회주의 사회를 완성하는 데 필요한 물질적·정신적 기초를 세운다는 목표로 3대혁명을 추진했고, 본격적으로 전 사회 구성원을 주체사상으로 무장시키려고 노력했다. 3대혁명은 주로 청년들로 꾸며진 3대혁명 소조가 생산 및 지역 단위에 파견돼 현지 근로자 및 주민들 속에서 활동하는 방식으로 진행됐다. 3대혁명 소조원들은 새로운 기술을 생산에 도입할 수 있도록 하고, 현지민의 문화적 생활수준을 높이기 위한 사업 등을 벌이며 혁신의 기수로서 각지에서 열성적인 활동을 요구받았다.

3대혁명
사회주의의 완전한 승리를 위해 내부적으로 세운 목표로 사상혁명·기술혁명·문화혁명을 말한다. 이는 사상·기술·문화 분야에서 낡은 사회의 유물을 청산하고 새로운 공산주의적 사상·기술·문화를 창조하기 위한 투쟁으로 설명된다. 1980년에 조선로동당 제6차 대회 이후 3대 혁명운동은 사회주의·공산주의 건설의 총노선이 됐지만 달성하지 못한 목표로 남아 있다.

1972년 12월 북한은 사회주의 헌법을 제정해 그간 쌓아온 사회주의 건설 성과를 제도화하는 조치를 실행했다. 이 헌법에 따라 김일성은 주석으로 추대되어 국가제도상 지위가 더욱 높아졌고, 그를 필두로 전 사회조직을 더욱 강하게 결합시켜 나갔다. 수령에 대한 우상화는 여기에 부합하는 수단이 됐다. 모든 사회 구성원이 당이나 직능단체에 소속되어 생활총화[3] 등을 통한 집단주의적 규범의 규제를 받음으로써 당의 통제력은 더 강해져갔다. 당과 인민의 '일심단결'은 북한사회를 특징짓는 구호가 됐다.

수령을 제도화한 구조에서 수령의 자연적 수명이 유한하다는 것을 인지한 북한은 후계자 문제를 해결하려 했고, 어린 시절 빨치산의 보살핌을 받고 성장한 김일성의 아들 김정일이 자연스럽게 후계자가 됐다. 김정일은 처음에는 문화·예술 부문에서 업적을 쌓다가 점차 정치 전반에서 지도자적인 위치를 차지했다. 1980년 10월 조선로동당 제6차 대회는 온 사회의 주체사상화에 전력을 기울이면서 사회주의의 완전한 승리를 달성한다는 목표를 제시했다. 김정일이 후계자라는 것도 공식적으로 이 대회에서 발표됐다. 김정일의 등장으로 북한 정치는 김일성과 김정일 공동의 상징성과 권위에 의존하게 됐다. 김정일은 주체사상을 이론적으로 정교화하고 논리를 강화하는 데 앞장섰고, 주요 테제를 자신의 명의로 발표하며 그 해석권을 독점했다.

당과 수령을 중심으로 한 유일체제로 묶인 북한사회는 집단주의적 규범에 의해 운영됐다. 수령-당-인민은 하나의 유기체로 비유되어 '사회주의 대가정'이라는 범주로 간주됐고, 이를 통해 권력이 주민을 포섭하는 것을 용이하게 했다. 주민들은 당과 단체 등 소속조직 속에서 생활총화를 통해 집단주의적 규율을 배웠다. 주민의 조직생활은 개인의 이탈을 억제하고 집단에 대한 귀속감을 유도하는 기능을 발휘했다.

경제발전과 침체

사상적 단결과 인민의 사회 통합을 통한 경제 건설은 1970년대에도 비교적 눈에 띄는 성과를 이어갔다. 인민경제계획 6개년계획(1971~1976) 기간에 공

---

3   생활총화 북한 주민들은 매주 각자 소속 사회단체별로 생활총화에 참석해 비판과 자아비판을 통해 타인과 자신의 생활상 잘못을 지적한다. 이는 집단주의적 조직생활을 유지하기 위한 방식으로, 개인의 일탈 행위를 막고 사회적 응집력을 유지하는 주요 수단으로 기능한다.

업 생산은 배 이상 늘었다. 이러한 성과는 완전한 세금 폐지, 11년제 의무교육 실시 등 사회보장의 강화로 이어졌다. 이는 대내외적으로 사회주의제도의 우월성을 선전하는 바탕이 됐다. 1978년에 시작된 제2차 7개년계획은 인민경제의 주체화·현대화·과학화를 서둘렀다. 이 기간에 공업 총생산액은 2.2배 늘어났으며, 노동자·사무원과 농민의 실질 소득은 각각 1.6배와 1.4배 증가했다.

그러나 1980년대 중후반에 들어서면서 북한 경제는 정체기에 들어섰다. 이는 몰락해가는 동유럽 사회주의권의 상황과 관련이 있기도 하지만, 계획경제체계를 통한 생산력 확대와 대중동원체계의 한계에서 비롯된 것이기도 했다. 1987년에 시작된 제3차 7개년계획은 초기부터 목표 달성과는 거리가 멀었다. 경제 부진을 만회하고자 200일전투를 연거푸 두 차례 시행했으나 목표를 달성하지 못했다. 특히 사회주의권의 위기와 맞물리면서 1980년대 후반부터는 경제성장의 하강세가 뚜렷하게 나타났다. 게다가 88서울올림픽에 맞서서 1989년 개최한 평양 세계청년학생축전에 막대한 예산이 투입되면서 북한 경제에 큰 부담을 가져왔다.

북한은 일찍이 1970년대 해빙기를 틈타 오스트리아·스위스 등 중립적인 유럽 국가들과 수교를 맺고 경제 교류를 도모했다. 하지만 자본주의 경제와 교류한 경험이 적고 지식이 얕아 북한은 적지 않은 채무만 남긴 채 소기의 목표를 달성하지 못했다. 이후 북한 지도부는 경제위기에 대한 타개책으로 1984년 「합영법(合營法)」[4]을 제정해 부분적으로 해외 자본 유치를 모색했으나, 이 역시 대외관계의 제약 및 제도적 정비 미흡으로 곧바로 한계에 부딪혔다. 대외관계가 악화되면서 북한은 자립 경제 노선을 더욱 강조했다. 그러나 대외적으로 고립된 데다 계획경제체계의 비효율성, 과중한 국방비 부담 등 경제성장의 악재는 북한을 점차 위기로 몰고 갔다.

---

4   「합영법」 1984년 9월, 북한의 최고인민회의에서 제정한 외국과의 합작 투자법이다. 중국의 개방정책을 일부 모방해 공업·건설·운수·과학기술·관광업을 비롯한 다양한 분야에서 북한과 외국인 투자가가 함께 출자하고 기업을 운영하는 방식이다. 북한 대외개방의 시금석이 될 수 있었던 「합영법」은 서방의 투자를 끌어내지 못했고 조총련계 자본을 중심으로 한 소규모 투자만이 진행되면서 소기의 목적을 달성하지 못했다.

남북관계의 명암

1970년대 초 동서 진영 간 긴장이 완화되는 분위기 속에서 남북대화가 시작됐다. 남북 적십자 예비회담에 이어 남북 요인들의 비밀 접촉이 진행됐고, 그 결과 남북은 1972년 자주·평화·민족 대단결이라는 평화통일 3대 원칙을 담은 「7·4남북공동성명」을 발표했다. 이 원칙은 휴전 후 최초의 남북 합의이자 통일의 이정표가 됐다. 이후 남한에 유신체제가 들어서고, 북한에서 유일체제가 강화되면서 남북관계는 악화일로를 걸었다. 그 가운데 1976년 북한이 일으킨 '8·18 도끼사건'으로 한반도는 전쟁 일보 직전까지 가는 위기를 겪기도 했다. 이 일을 계기로 북에서는 '반미 국가', 남에서는 '반공 국가'의 성격이 더욱 짙어졌다.

북한은 1980년 10월 통일 방안으로서 고려연방제를 체계화한 '고려민주연방공화국' 창설안을 제의했다. 이것은 남북이 상대방의 사상과 제도를 그대로 인정하는 '1연방 국가 2체제 2지역 정부'를 두자는 것이었다. 오랜 기간 사실상의 통일 방안이었던 '남조선혁명론'을 유지하면서 연방제라는 또 하나의 방안을 구체화한 것이다.

1980년대에 남북관계는 냉온탕을 오갔다. 1983년 전두환 대통령의 미얀마 방문 때 북한 공작원들이 저지른 '아웅산 폭파사건'으로 한반도의 긴장지수는 일순간 높아졌다. 그렇지만 이듬해 남한에서 수해가 발생했을 때 북한의 수해 지원 제의를 남측이 수용하면서 남북관계의 분위기는 잠시 완화됐다. 1985년에는 분단 후 처음으로 남북예술단이 상호 방문하고 이산가족이 상봉하는 일이 성사됐으나 이러한 기운은 오래가지 못했다. 1987년 발생한 'KAL 858기 폭파사건'으로 남북관계는 다시 악화됐다. 이후 한국이 공산권과의 관계를 증진하는 북방정책을 시행하고 공산권 국가가 참여하는 88서울올림픽을 개최하는 등 전반적 정세는 어느 정도 완화되는 상황을 보였다. 그러나 남북은 유리한 정세 변화를 남북관계 개선을 위해 제대로 활용하지 못했다. 남쪽의 재야인사 및 대학생들이 통일운동을 적극적으로 펼쳤지만, 오히려 당국의 탄압을 받는 등 남북관계는 경색 국면에서 벗어날 수 없었다.

4 김정일체제하의 북한사회와 대외관계

북한의 위기와 선군정치

1980년대 후반 동유럽 국가들은 사회주의 경제위기 속에서 자본주의를 탈출구로 여겼고, 이로써 현실에서의 사회주의는 몰락의 길을 걸었다. 특히 사회주의 종주국인 소련의 해체는 북한의 상황을 악화시키는 데 결정적으로 작용했다. 1990년에는 한소 수교가, 1992년에는 한중 수교가 연달아 맺어지면서 외교적 고립마저 심화됐다. 사회주의권의 몰락 속에서 북한은 '우리식 사회주의'로 나아가는 길을 선택했다.

1994년 7월 반세기에 가까운 기간 동안 북한을 통치한 김일성이 사망하고, 김정일이 권력을 이어받았다. 오랫동안 후계자 수업을 받아왔던 김정일은 곧바로 김일성의 모든 지위를 물려받지 않고, 3년간 유훈 통치를 실시했다. 이 시기 북한은 소련을 위시한 사회주의 국가들이 몰락하면서 국가 간 경제 교류가 사실상 단절되어 북한 경제에는 짙은 어둠이 깔렸다. 더욱이 1995~1997년 북한을 덮친 홍수와 가뭄 등 자연재해는 농업생산을 급격히 악화시켰다. 에너지 부족으로 생산이 마비된 데다가 식량난으로 수많은 주민이 굶주림과 싸워야 했다. 이 시기를 북한은 '고난의 행군'[5]으로 명명했다. 사회주의권의 붕괴와 자연재해 외에도 북한이 지속한 사회주의 계획경제와 자립경제 노선의 한계, 과중한 국방비 부담, 서방 진영의 대북 고립정책 등은 북한 경제를 뿌리째 흔든 요인이 됐다.

심각한 대내외적 위기에 봉착한 북한은 군대를 중시하고 강화하는 데 역량을 집중했다. 바로 안보위기를 타개하고 경제난을 극복하기 위해 군대의 힘을 빌리자는 선군정치[6]를 위기의 극복 방안으로 내세운 것이다. 이로부

---

5 고난의 행군 1990년대 중반 사회주의권 붕괴와 수해 등 자연재해로 인한 최악의 경제난을 말한다. 원래 김일성이 이끈 항일 빨치산이 만주에서 일본군의 추격을 물리치고 감행한 행군(1938~1939)을 의미했으나, 1990년대 중반 식량난으로 인한 기근이 닥치자 어떠한 어려운 역경 속에서도 패배와 동요를 모르는 '불굴의 혁명 정신'을 강조하기 위해 쓰인 말이다. 식량난으로 많은 아사자를 낳은 이 시기의 고통은 2000년대 들어서야 다소 완화됐다.

6 선군정치 1990년대 후반 북한이 대내외적 위기를 맞이해 군대를 앞세워 모든 정책적 문제를 풀어간 정치 방식을 말한다. 국제적으로 북한 핵과 미사일을 둘러싸고 조성된 안보위기에 대처하고 국내적으로 사회간접자본 시설 건설을 비롯한 경제 건설에 나서는 군대의 역할을 강조한 것이다. 선군정치는 김정일의 이데올로기로서 선군사상으로까지 개념의 범위가 확장됐으나 김정은체제에 들어와서 사용 빈도가 현저히 줄어들었다.

터 북한의 대내외정책 결정 과정에서 군부의 영향이 증대됐다. 1998년 9월 북한은 헌법 개정을 통해 주석제와 국가 주권의 최고 지도기관인 중앙인민위원회를 폐지하고 국가권력기관을 국방위원회, 최고인민회의 상임위원회, 내각으로 대체했다. 비상한 시기에 김정일을 중심으로 한 권력 집중은 상대적으로 중앙당의 기능과 역할을 축소시켰다. 김정일은 당 총비서와 국가의 최고 직책으로 규정된 국방위원장 직위를 통해 권력을 행사했다.

선군정치는 김정일의 집권기를 특징짓는 통치 방식으로 자리 잡았다. 김정일의 현지 지도가 가장 많은 곳이 군부대였을 정도로 군대에 대한 의존은 심화됐다. 당의 요직에 조명록(趙明祿, 1928~2010), 김영춘(金英春, 1936~2018), 김일철(金鎰喆, 1933~) 등 군 출신이 눈에 띄게 부상했다. 그런 점에서 선군정치로 명명된 김정일의 집권기는 붕괴된 경제와 대외적 안보위기로 점철된 시기였다. 북한은 이 위기를 타개하는 데 국가적인 역량을 집중했다. 식량위기를 비롯한 경제난은 시간이 지나면서 완화됐지만 주민 생활을 본격적으로 개선하는 데는 이르지는 못했다. 그런 와중에 2008년 김정일이 뇌졸중을 겪었고, 이듬해 그의 아들 김정은이 후계자가 됐다.

더딘 경제 개혁 성과

북한은 1990년대 초 경제 악화 상황을 자본주의권과 경제 교류를 통해 벗어나고자 했다. 1991년 말 함경북도 라진·선봉 지역을 경제특구[7]로 선포하고 새로 외국 투자를 유치하려고 시도했다. 그러나 미국 등과의 대외관계가 불안한 상황에서 이는 뚜렷한 해결책이 되지 못했다. 대외적으로 고립된 북한은 문호개방을 통해 경제발전을 추구하기보다는 '우리식 사회주의'라는 구호 속에서 폐쇄적인 경제체제를 유지하는 데 힘을 쏟았다. 대외 개방이 위기를 가속화할 것이라는 판단이 우선했고 그것을 감당할 자신도 없어 보였다.

1990년대 중후반 북한은 고난의 행군이라는 고비를 가까스로 넘겼지만, 경제 상황은 좀처럼 회복되지 않았다. 인민생활을 회복하고 경제를 회생시키기 위한 다양한 조치가 취해졌다. 식량난을 해결하기 위해 전국적인 토지 정리 사업을 진행했고, 감자 농사와 축산·양식업을 확대했다. 2002년 7월에

---

7   경제특구 외국의 자본과 기술을 유치할 목적으로 법률적 혜택을 주고 자국 내에 설치하는 특별 구역을 말한다.

도판41 북한의 장마당
북한에서 가장 큰 평양 통일거리 시장 내부 모습이다. 1990년대 후반 '고난의 행군' 이후 국가 주도의 공급체계에 어려움을 겪게 되면서 시장이 활성화됐고, 국가에서도 나중에 이를 법적으로 뒷받침했다. 북한에서는 통상 '장마당'이라 불리며, 북한 전역에 500개 정도의 시장이 있는 것으로 알려졌다. 북한에서 고수익을 올리는 이른바 '돈주'의 출현은 시장 거래를 통해 이뤄졌다.

는 생산을 증대하고 공급을 원활히 하고자 시장경제적 경제 관리 개선 조치(7·1 조치)를 시행했다. 이는 재화와 용역에 대한 국가 보조금을 축소하고 생산을 늘리기 위해 각종 성과제도를 도입하는 조처였다.

북한은 경제 회생을 위해 다시 대외 경제 교류에 관심을 기울였다. 라진·선봉 경제특구에 이어 2002년에는 중국 및 남한과 각각 교류를 예정한 신의주특별행정구·금강산관광지구·개성공업지구를 연이어 지정했다. 이 중 신의주특구 개발은 중국과 조정에 실패해 진행되지 못했다.

북한의 경제 사정은 좀처럼 개선되지 않았다. 대외적 고립과 미미한 대외 교역, 과도한 국방비 지출이 주요 원인이었지만 자립 경제정책이 가진 분명한 한계도 있었다. 이러한 상황에서도 북한은 자립적 경제발전 전략을 중심에 놓는 방침을 포기하지 않았다. 다만 고난의 행군을 거치면서 국가가 인민의 삶을 보장해주기 어려워지자 배급제가 더 불안정해졌고, 이는 장마당의 활성화로 이어졌다. 장마당은 배급제의 보완재로서 기능했지만 판매하는 대부분의 생필품 값이 비쌌기에 빈부격차를 확대하는 부정적인 면도 있었다.

2009년에는 인플레이션을 완화하고 재정 악화를 방지하기 위해 화폐 개혁이 실시됐으나 소기의 목적을 달성하지 못했다. 2000년대 후반 북한 경제는 비록 최악의 국면은 넘어섰지만, 인민 생활이 질적으로 향상됐다고 내세울 수 있을 만한 단계에 진입하지는 못했다.

남북 교류의 성과와 굴곡

1991년 말 남북은 고위급 회담을 개최해 「남북기본합의서」를 채택했다. 이 합의서는 서로 상대방의 체제를 인정하고 내정 간섭을 하지 않으며 무력을 사용하지 않는다는 것을 골자로 했다. 이러한 합의에도 불구하고 소련과 동유럽 사회주의 국가의 와해로 인한 북한의 고립으로 남북관계는 쉽게 개선되기 어려웠다. 게다가 한소 수교·한중 수교가 북미·북일관계를 정상화하는 쪽으로 이어지지 못했고, 북한에 대한 압박정책까지 지속됐다. 결국 북한은 핵 개발을 통한 생존 전략을 선택했다. 그러는 중에 1994년 남북정상회담에 합의하는 등 극적 변화의 계기를 맞았지만, 김일성이 사망하면서 무산되고 말았다.

이후 남북 간에 의미 있는 교류는 이뤄지지 못했고, 오히려 1996년 북한에 의한 강릉 잠수함 침투사건이 일어나는 등 서로 상대에 대한 적대감이 고조됐다. 하지만 1998년 김대중 정부 출범과 함께 제창된 대북 화해 협력 정책('햇볕정책')은 대화와 협력의 가능성을 열었다. 현대그룹의 주도로 금강산 관광 사업이 성사돼, 분단 이후 처음으로 민간인이 북한을 여행할 수 있게 됐다. 2000년에는 남북 정상이 평양에서 만나 6·15 남북공동선언을 발표했다. 이 선언에서 남북 정상은 자주적으로 통일을 이루자고 약속했다. 당시 북한이 남북대화에 적극적으로 응한 데에는 남한의 포용정책에 대한 호응과 동시에 남북 교류를 통해 경제적 난관을 타개하려는 의도가 크게 작용했다. 그러나 이 기간에 서해상에서 일어난 두 차례의 남북 해상교전은 남북관계의 긴장과 대결을 여실히 드러내기도 했다. 이후 남북관계는 북한 핵 문제에 대한 국제 제재에 영향을 받아 큰 진전을 이루기 어려웠지만 크고 작은 교류와 협력은 지속됐다. 2003년 이후 금강산에서 이뤄진 남북 이산가족 상봉과 개성공단의 가동이 대표 사례다.

2007년 10월 남북은 제2차 남북정상회담을 열고 6·15선언을 계승하는 10·4선언을 발표했다. 이 선언은 한반도의 항구적인 평화체제를 구축하고, 서해평화협력특별지대 설치, 공동 어로구역과 평화수역 설정, 상시적인 이산가족 상봉 등에 합의했다. 이처럼 남북관계에 획기적인 진전을 이룰 기회가 마련됐지만, 남한 내부에서 대북 퍼주기에 대한 비판의 목소리는 실질적인 성과를 확대하는 데 장애 요인이 됐다. 안타깝게도 2008년 금강산에서 벌어진 남한 관광객 피살, 2010년 천안함 침몰 등으로 남북관계는 사실상 협력의 틀을 잃었다. 게다가 위기에 직면한 북한이 핵과 장거리 로켓 실험을 감행한 점은 남북관계를 더욱 악화시키는 요인이 됐다.

위기의 대외관계

1990년 초 현실에서 사회주의 국가가 몰락하면서 북한사회에는 한층 더 위기감이 고조됐다. 북한은 미국·일본과의 관계 정상화를 위기 극복의 기회로 삼고자 했으나 두 나라와의 협상은 성공하지 못했다. 1993년 3월 북한은 핵확산금지조약(NPT)에 탈퇴를 선언하며 핵을 생존수단으로 삼기 시작했다. 국제적인 긴장 국면 속에서 북한과 미국은 1994년 10월 북한이 핵 개발을 중단하고, 미국은 그 대가로 경수로 건설과 중유 제공을 약속하는 제네바 기본합의서를 채택했다. 양국은 장차 정치·경제관계에서 완전한 정상화를 추구하기로 약속한 듯이 보였지만, 양측의 신뢰 부족으로 협약은 제대로 이행되지 못했다.

고난의 행군 시기 북한은 군사력 강화를 통해 안보위기를 해결하려고 했다. 1998년 8월 전략 로켓인 광명성 1호 발사 실험 후 미국과 협상을 거쳐 2000년에는 북미관계 정상화를 예정한 외교적 타결을 목전에 두기도 했다. 그러나 이듬해 출범한 미국의 조지 부시(George Walker Bush, 1946~) 행정부의 대북 강경정책이 시작되자 북한은 핵 카드를 다시 꺼내들었다. 그 후 북핵 문제에 대한 타결책은 남·북·미·중·일·러의 6자회담 틀 속에서 모색됐다. 미국의 완전한 핵 폐기 주장을 거부한 북한은 2006년 10월 첫 번째 지하핵실험을 실시했다. 6자회담에서는 북한의 핵무기 포기를 대가로 대북 지원과 한반도 평화체제 건설을 규정한 9·19공동성명(2005)과 이 성명의 이행을 위한 초기 2·13합의(2007)가 채택되어 북핵 문제 해결과 북한의 국제사회 진입을 위해 노력하기도 했다. 그럼에도 북한에 대한 의혹의 눈길을 거두지 않은 미국 내 보수 세력이 내건 대북 강경정책과 북한의 꺾이지 않는 핵과 장거리로켓 개발에 대한 욕구로 양자의 타협을 어렵게 했다.

5 김정은체제하의 북한사회

김정은의 등장과 북한의 변화

2010년 9월 김정일 국방위원장의 3남 김정은은 당 중앙군사위원회 부위원장 직위를 받으면서 수령의 공식 후계자로 등장했다. 그에 대해서는 청소년 시절 2년여간 스위스에서 유학하고, 그 후 북한에서 군사학을 전공했다는 정도만 알려져 있다. 2011년 12월 김정일이 사망하자 김정은은 자연스럽게 새로운 수령으로 등장했다. 이듬해 그는 조선로동당 제1비서와 국방위원회 제1위원장에 추대돼 당과 정부의 최고 직위에 올랐다.

짧은 후계 기간에도 불구하고 그가 권력의 정상에 오를 수 있었던 이유는 수령이라는 지위가 제도화, 규범화된 데다가 이를 뒷받침하는 통치기구인 조선로동당에 힘입었기 때문이다. 이러한 배경에서 김정은은 처음부터 무리 없이 자신의 정치적 위상을 세워나갔다. 다만 권력의 2인자로 행세한 그의 고모부 장성택(張成澤, 1946~2013)이 국가 전복 음모죄로 처형된 일은 김정은체제 정립 초기에 일정한 장애가 있음을 확인시켜줬다.

김정은은 갑작스러운 권력 승계 속에서 짧은 기간 동안 자신의 지도력을 과시하고 정치·경제적인 성과를 내야만 하는 과제를 안게 됐다. 그는 김정일이 내세웠던 강성국가 건설 노선을 이어받는 동시에 핵무기 보유와 경제발전을 병행하는 전략을 실시했다. 핵과 장거리 미사일에 대한 강한 집착은 대외관계(안보) 문제를 해결하기 위한 유일한 선택지로 보였다. 북한은 2013년 2월 제3차 핵실험을 마친 후 헌법에 북한이 핵 보유국임을 명시하고 핵·경제 병진 노선을 공식적으로 채택했다. 과거 경제·국방·병진 노선이 새롭게 재탄생한 것으로 볼 수 있다. 북한은 대외 고립에 맞서 자강력 제일주의를 내세움으로써 사회주의 강국 건설 목표에 다가서고자 했다. 이를 위해 과거 천리마운동을 계승한 만리마운동이 발기되고 70일전투, 200일전투 등 대중노력동원운동이 전개됐다.

김정일 집권 말기부터 조금씩 호전되던 경제 상황은 김정은 집권 이후에도 점차 향상됐다. 급속한 발전이라고 보기는 어렵지만 각종 생산 지표가 개선됐고, 특히 살림집과 공장 등의 건설 분야에서 변화가 두드러졌다. 농업 분야에서는 침체된 생산성을 회복하기 위해 분조관리제(分組管理制) 안에서 포전담당제[8]를 도입했고, 공업 분야에서는 경영 자율성 확대 및 인센티브 도입 등을 골자로 하는 사회주의 기업 책임관리제를 실시했다. 이와 함께 이른바 장마당이라 불리는 시장이 전국적으로 활성화되어 개인의 상업활동이 북한 경제에서 비중을 높이기 시작했다. 이를 통해 '자본'을 축적한 이른바 '돈주'로 불리는 자산계층이 등장하여 국가경제 영역의 틈바구니를 채웠다.

북한은 대외 경제 교류를 통한 경제 활성화를 위해 2013년과 2014년에 걸쳐 5개의 국가급 경제특구와 19개의 경제개발구를 선포함으로써 대외 개방을 모색했다. 이를 제도적으로 뒷받침하기 위해 경제개발구법을 제정했고, 대외 경제 교류를 총괄하기 위해 관련 부처들을 통폐합해 대외경제성을 신설했다. 석탄·철광 등 자원 수출과 섬유 등 가공무역이 활발해지고, 중국·러시아를 비롯한 해외에 대규모로 노동력이 송출되면서 외화를 벌어들이는 데 적극적으로 나섰다.

2016년 5월 조선로동당 제7차대회가 개최됐다. 36년 만에 열린 당대회는 경제 회복과 인민생활의 향상에 힘입어 개최된 것이었으나 과거 당대회와 달리 전환적 목표를 제시하지는 않았다. 다만 북한은 국가경제발전 5개년 전략을 내놓음으로써 1990년대 초 이후 중단된 체계적인 경제성장 목표치를 설정했다. 다만 이 목표치는 대외적으로 공개하지 않고 있다. 당대회에서 김정은의 직위가 당 제1비서에서 당 중앙위원장으로 개편되는 등 그 위상이 한층 공고화됐다. 같은 해 6월에 열린 최고인민회의에서 김정은의 국가 직책이 헌법 개정을 통해 국방위원회 제1위원장에서 국무위원장으로 변화되면서 '선군정치'의 역할을 점차 축소하는 방향이 취해졌다. 김정은 시대의 지도 이념은 김일성의 주체사상과 김정일의 선군사상을 결합해 김일성-김정일주의로 나타났다. '우리식 사회주의' 체제의 유지·발전을 위해 두 선대 수령의 이념을 정식화하고 그들의 업적을 부각하는 것이다. 반면 경제적으로는 과학과 기술의 발전을 더욱 중시하고 대외관계를 개선하고 시장경제 요소를 도입함으로써 낙후된 경제 수준을 끌어올리려는 전략을 적극적으로 제시했다.

---

8 분조관리제와 포전담당제 '분조관리제'는 협동농장의 말단 조직인 분조를 단위로 해 실시하는 협동농장의 생산 조직 및 분배 형태다. '포전담당제'는 3~5명의 농민에게 하나의 포전(일정한 면적의 논밭)을 맡겨 생산 의욕을 높이는 농업 개혁 조치를 말한다.

도판42 조선로동당 제8차 대회

2021년 1월에 개최된 제8차 조선로동당대회 회의 모습. 당대회는 지나온 기간을 평가하고 향후 발전 전망을
제시하는 북한 최대의 행사다. 국가운영이 정상적으로 이뤄졌다면 5년에서 10년 주기로 당대회가 개최돼야
하지만 1980년 제6차 당대회 이후 제7차 대회는 36년이 지난 2016년에 열렸다. 동구사회주의권 붕괴로 인한
국제정세의 악화와 경제위기가 북한의 비상체제를 불러왔다고 볼 수 있다. 제8차 당대회가 5년 만에 열린 것
은 북한의 대외적 난관이 완전히 회복된 징표는 아니지만 향후 당국이 체계를 정상적으로 작동하겠다는 이지
를 확인해준다고 볼 수 있다.

생존과 발전을 위한 갈림길

김정은이 지도자로 등장한 이후 북한은 국가의 생존과 발전을 위한 수단으
로 4차례에 걸친 핵실험과 대륙간 탄도미사일을 포함한 다수의 미사일 발사
시험을 진행했고, 이는 국제사회에 위기의식을 불러일으켰다. 핵과 미사일
실험에는 늘 북한에 대한 국제적 제재가 뒤따랐으며, 이는 북한 경제에 적지
않은 타격을 안겼다. 특히 2017년에 유엔안보리에 의해 취해진 일련의 대북
제재로 북한이 외화를 획득할 수 있는 대외교역과 노동인력 송출이 사실상
차단되는 결과를 가져왔다.

그 가운데 2018년 2월 북한이 평창동계올림픽에 참가하면서 일순간 한
반도 정세에 훈풍이 불었다. 같은 해 4월 남북은 판문점 남북정상회담을 열
고 '한반도의 평화와 번영, 통일을 위한 판문점 선언'을 채택했다. 6월 12일에
는 역사상 처음으로 북미정상회담이 싱가포르에서 개최됐다. 이 회담에서
북미 정상은 새로운 북미관계 수립과 한반도 평화체제 구축, 판문점 선언의
재확인과 한반도의 완전한 비핵화 등에 합의했다. 이어 9월에는 남북 정상이
평양에서 만나 비핵화와 군사·경제·이산가족·체육문화 분야의 교류 증진을
위한 합의를 내놓았다. 그러나 북한 비핵화 진전과 제재 해제 문제에서 일정
한 쟁점이 타결될 것으로 기대를 모았던 2019년 2월에 열린 북미 하노이 정

상회담이 성과를 거두지 못한 채 끝나면서 북미관계뿐 아니라 남북관계의 교착 상태가 이어졌다.

북한은 대외교역이 사실상 막히게 된 상황에서 설상가상으로 2020년 초 세계적으로 불어닥친 코로나-19 감염병 사태로 인해 자체 국경을 전면 폐쇄하고 '완전한 은둔국가'로 변모했다. 거의 모든 대외교류가 중단된 가운데 2021년 1월 북한은 5년 만에 제8차 당대회를 열었다. 당대회는 제7차 당대회가 제시한 5개년 경제발전전략의 목표들을 달성하지 못했다고 평가하고, 새로운 국가경제발전 5개년 계획을 제시했다. 새로운 계획은 인민경제 전반을 활성화하고 인민생활을 향상시킬 수 있는 튼튼한 토대를 구축하는 것에 기본 방향을 뒀다. 국경 폐쇄에 따른 대외교역의 중단으로 거의 모든 부문이 내수에 의존하도록 하고, 자력갱생을 더욱 추구할 수밖에 없는 환경이 된 것이다.

향후 북한의 생존과 발전의 길을 열어줄 대외관계의 정상화는 핵과 제재 문제에 대한 해결을 통해서만 가능하다. 이 문제들은 어느 한편의 일방적인 양보나 항복에 의해 해결되기는 어렵다는 점을 지난 수십 년의 역사적 경험이 보여준 바 있다. 미국이 핵무기를 가진 북한을 그대로 인정하고 제재를 풀어줄 리 만무하며, 북한 또한 '대북 적대시' 정책 철폐 없는 비핵화에 응하지 않을 것이 분명하다. 결국 북한이 직면한 생존과 발전의 문제는 복잡한 국제환경과 북미의 갈등적 상황을 먼저 타개해야만 하는 커다란 장애가 가로놓여 있는 셈이다.

시각자료 소장처 및 출처

이 책에 실린 시각자료 중 저작권자를 확인하지 못한 경우가 있습니다.
추후 정보가 확인되는 대로 적법한 절차를 밟겠습니다.

도판34   일본 法政大学 大原社会問題研究所.

도판39   『조선일보』 1928년 2월 8일.

도판40   『조선일보』 1928년 2월 9일.

도판43   『매일신보』 1927년 2월 28일.

도판44   『동아일보』 1932년 7월 17일.

도표1   조선총독부 농림국, 『조선소작연보』, 1938.

도표2   허수열, 『개발 없는 개발』, 은행나무, 2011. 통계 수치 일부 정정.

도표3   조선총독부, 『조선국세조사보고』(국가통계포털).

도표4   조선총독부 경무국, 『최근 조선의 치안 상황』, 1936.

도표5   오성철, 『식민지 초등 교육의 형성』, 교육과학사, 2000.

제8편 ── 현대

도판1   국사편찬위원회.

도판2   국사편찬위원회.

도판3   국사편찬위원회.

도판4   국사편찬위원회.

도판7   국사편찬위원회.

도판8   국사편찬위원회.

도판9   중국 해방군화보사 지음, 노동환 옮김, 『그들이 본 한국전쟁1』, 눈빛, 2005.

도판10   『국사편찬위원회 수집 사진자료 2』, 2017, 444쪽.

도판11   국사편찬위원회.

도판14   5·18기념재단.

도판15   5·18민주화운동기록관.

도판16   민주화운동기념사업회.

도판18   연합뉴스.

도판22   연합뉴스.

도판25   국사편찬위원회.

도표2   박동찬, 『통계로 본 6·25전쟁』, 국방부 군사편찬연구소, 2014. 55쪽.

도표3   민관식, 『재일본한국인』, 아태정책연구원, 1990, 345쪽.

도표5   국가법령정보센터(http://www.law.go.kr), 헌법 제9호와 헌법 제10호.

찾아보기

인명

ㄱ

작품명

『시민의 한국사』 편찬위원회

제2권(근현대편)

— 기획

김정인(춘천교대), 도면회(대전대), 박윤재(경희대), 박찬승(전 한양대), 서영희(한국공학대)
왕현종(연세대), 정연태(가톨릭대), 정용욱(서울대), 하일식(연세대, 위원장)

— 교열, 감수

김정인(춘천교대), 김태우(한국외대), 도면회(대전대), 박은숙(동국대), 오제연(성균관대)
정숭교(사회평론), 이기훈(연세대), 정연태(가톨릭대), 정용욱(서울대), 조재곤(서강대)
한모니까(서울대), 홍종욱(서울대)

— 집필

기광서(조선대), 김보영(인천가톨릭대), 김정인(춘천교대), 김제정(경상대), 김종준(청주교대), 김태우(한국외대), 노영기(조선대), 도면회(대전대), 류시현(광주교대), 박성준(경희대), 박윤재(경희대), 박종린(한남대), 박태균(서울대), 신주백(독립기념관), 심철기(연세대), 염복규(서울시립대), 오제연(성균관대), 왕현종(연세대), 이기훈(연세대), 이송순(고려대), 이은희(가천대), 이태훈(연세대), 이하나(연세대), 이현진(국사편찬위원회), 정연태(가톨릭대), 정용욱(서울대), 정진아(건국대), 한모니까(서울대), 한성민(세종대), 한승훈(건국대), 홍석률(성신여대), 홍종욱(서울대)

— 편찬간사

장병진(연세대)

* 가나다 순서(교수, 강사, 연구원 구분 없이 소속만 표시)